天同诉讼圈

2015—2016 精选集

天同律师事务所 编著

人民法院出版社

图书在版编目（CIP）数据

天同诉讼圈精选集. 2015-2016 / 天同律师事务所编著. -- 北京：人民法院出版社，2017.5

ISBN 978-7-5109-1808-7

Ⅰ. ①天… Ⅱ. ①天… Ⅲ. ①诉讼—案例—中国

Ⅳ. ① D925.05

中国版本图书馆 CIP 数据核字（2017）第 090853 号

天同诉讼圈精选集（2015—2016）

天同律师事务所　编著

责任编辑：兰丽专　赵作榛
出版发行：人民法院出版社
地　　址：北京市东城区东交民巷 27 号（100745）
电　　话：（010）67550626（责任编辑）　67550558（发行部查询）
65223677（读者服务部）
客服 QQ：2092078039
网　　址：http：//www.courtbook.com.cn
E-mail：courtpress@sohu.com
印　　刷：三河市国英印务有限公司
经　　销：新华书店

开　　本：787×1092 毫米　1/16
字　　数：612 千字
印　　张：45
版　　次：2017 年 5 月第 1 版　2017 年 6 月第 2 次印刷
书　　号：ISBN 978-7-5109-1808-7
定　　价：148.00 元

卷首语

一转眼，“天同诉讼圈”已经满3周岁了。在这3年多时间里，我们发布了超过1200篇文章，其中超过80%是天同律师有关诉讼知识与经验的原创。借助于移动互联网，这些文章广为传播，累计阅读数超过3400万。

我们相信，好内容不会只有一时的生命。在2015年年初，我们就尝试印制了1000册2014年“天同诉讼圈”精选集，23分钟之内就被抢光。这一次，我们想更好地呈现内容，把它分享给更多的人。

我们梳理了“天同诉讼圈”2015年和2016年发布的内容，精选了其中最受欢迎、最具深度的87篇文章，通过人民法院出版社正式出版发行。精选集的栏目也有了很大的变化，而它的背后，正是天同律师事务所本身的变化。

这两年，我们的四合院里新来了3位合伙人。他们在过往职业经历中积累的出色能力让我们在高端民商事争议解决领域的能力拼图更加完整。

“民商辛说”栏目的主持人辛正郁老师原为最高人民法院民一庭审判长，他的理论功底和审判业务就算是在高手如云的最高人民法院也是相当出色的。他的加盟让我们能够更好地理解法官的裁判思路，拥有更强的结合理论与实践的能力，从而在复杂民商案件处理的更高层面发挥作用。

“法务芳谈”栏目的主持人朱华芳律师原本是世界五百强企业中国中化集团的法律部副总经理，她的加盟帮助我们补足了涉外诉讼仲裁业务领域的能力。同时，央企法务的出身使得她更懂法务，也帮助我们全面提升了服务法务的能力。

“抗诉真言”栏目的主持人王真律师曾经是北京市人民检察院的一位检察官，获得过首届“全国检察机关民事行政检察业务竞赛”的第一名。她的加盟帮助我们补足了民事抗诉业务领域的能力，成为我们既有的再审案件业务链的自然延伸。

更让我们感到高兴的是，新同事的加入并没有让天同一贯的分享精神和“天同诉讼圈”传播诉讼正能量的初心有丝毫改变。无论工作多忙，天同的律师们仍然会用心地准备文章，毫无保留地和大家分享我们在案件代理和课题研究中的知识成果。

新加入的3位合伙人兴致盎然地开办了专栏，每周定期更新；年轻律师们积极参与到各个栏目的写作中，带来丰富多彩的选题视角；更不用说已经从知识主管晋升合伙人的陈枝辉律师，从“天同诉讼圈”创办之初就每周推出一期“天同码”，已经坚持了3年有余。

常常有人对此表示不解，问我：“蒋律师，你们这样开放自己的知识成果，不担心培育竞争对手，削弱自己的竞争优势吗？”

我总是笑着摇摇头说：“其实恰恰相反。”

竞争优势不是靠保守得来，而在于自身的不断进步。更重要的是，这些年来，我们从开放中收获了很多。

开放让我们收获了更多进步。“天同诉讼圈”每天的发稿压力促使我们在平日的工作中不断学习、思考和总结。每一次写作的过程，也是我们不断整理知识，把它内化于心的过程。每每想到这些文章将被全国众多的法律人审视，我们就立马打起十二分精神，反复打磨，力争呈现最好的内容。就拿我自己来说，正是不能让“每周蒋讲”栏目“空窗”的压力激励我无论再累再忙，都一定会挤出时间来写作和思考，收获了难得的成长。

开放让我们收获了更多朋友。目前，“天同诉讼圈”的粉丝数量已经突破35万，其中有许多是我们的律师同行，也有法官、检察官、公司法务和法学院学生等。他们在文章的评论区与我们互动，甚至特意撰文与我们商榷，让我们受益匪浅；他们在“天同开放日”来到我们的四合院，分享他们的故事，也进一步了解天同；他们向我们发来了分享交流的邀请，我们也由此认识了全国各地更多的法律人，无论是知识上的交流还是业务上的合作都越来越密切。

开放让我们看到了律师行业的变化。过去，或许正是由于对削弱自身竞争力的担心，许多律所和律师都希望把自己封闭起来，行业里的交流机会并不多见，执业中的困惑也只能独自摸索。但当我们主动开放自己，我们发现，越来越多的同行也乐意向我们开放，向全行业开放。最近这几年来，开放已经逐渐成为整个行业的风气。越来越多的律师同行乐意通过写文章、做演讲等方式，分享自己的知识和技能。越来越多的人相信技术是可以驱动法律的，并且愿意为之努力。律师行业的力量因此被空前地凝聚了起来，包括我们在内的每一位律师都能从这样的风气里获益。

这时常让我回想起2013年的冬天，我们筹划给这个即将开通的微信公众号取名的时候。大家七嘴八舌，一直没有讨论出满意的方案。最后我说，就叫它“天同诉讼圈”吧，这源自于天同为自己设定的愿景：参与打造一个更加公平正义的法律生态圈。

在那时，我其实并不确定这样的一个“诉讼圈”能否真正为“更加公平正义的法律生态圈”贡献力量，但渐渐地，我发现，“诉讼圈”传播的专业法律知识在这个移动互联网的时代充分地发挥了“圈层效应”，让共同关注这些知识的法律人因此在线上被识别出来，连接起来。法律人的身份认同被强化，地域的边界被打破，无边界的交流和协作也成为可能。这样一个在线上聚成的“诉讼圈”，竟实实在在推动着我们，朝着那个有关法律生态圈的愿景迈进。

因此，当我们重新审视“天同诉讼圈”这两年来发布的内容和我们在这两年里的成长，我们无比庆幸。拒绝开放或许能让我们在封闭领地里短暂地自成一体，却会与这个正在飞速成长的广阔世界失之交臂。虽然我们也曾经为是否向同行开放、是否创办微信公众号有过犹豫，但我们最终坚定地迈出了这一步。

我们必须感恩这个时代。它让我们这一步可以被更多人看到，把我们和所有乐意开放的人连接在一起，由此碰撞出无限可能。

我们更感恩陪伴我们一路走来的你们。你们的真诚和善意让我们的开放之路愈加坚定，你们的关注与支持是让我们努力进步的不竭动力。我们深知，“天同诉讼圈”早已不只属于天同，而是承载着所有热爱诉讼的人对诉讼的坚持与执着。

我们精选这两年来“天同诉讼圈”上的内容，付梓成册，呈现为更加厚重的纸质书，是对这两年来我们一同成长的时光的纪念，亦是对未来的期许。

都说这是一个线上线下相融合的时代，未来，我们希望“天同诉讼圈”也能像它曾经生产的这些内容一样，从线上走到线下，让热爱诉讼的人们有机会做更深度的交流，让那些在线上广为传播的诉讼理念与方法在我们的不断切磋中，真真切切地融入我们的日常工作，进一步提升法律行业诉讼业务的整体水平。

3 年前，无讼阅读 App 在首个国家宪法日举办的发布会上，我的演讲主题就叫“法律人的大连接时代”。未来，我们将更加深度地融入这个“法律人的大连接时代”，更加努力地提供更有价值的内容，为诉讼生态圈乃至整个法律生态圈贡献更多建设性的力量。

愿与你携手，共创未来。

蒋　勇

2017 年 5 月

目录

民商辛说 MINSHANG XINSHUO

天同码 TIANTONGMA

下午茶 XIAWUCHA

抗诉真言 KANGSU ZHENYAN

涉外邦 SHEWAIBANG

法务芳谈 FAWU FANGTAN

每周蒋讲 MEIZHOU JIANGJIANG

法务圈 FAWUQUAN

民商辛说

从最高人民法院到天同，我对法律的热爱以终为始

◎辛正郁

他在最高人民法院任职20余年，审结近千件各类民事案件，多次参与司法解释执笔、起草和法律制定、修订工作，在学术领域亦多耕耘。而今，他离开钟爱的审判岗位，加入天同律师事务所。他是辛正郁。

因此，由辛正郁主笔/主持的天同诉讼圈全新栏目“民商辛说”应运而生。在今日这篇开栏文章中，辛正郁回忆了自己走上法律职业道路的过程和经历、对法官生涯的感悟与感恩，是对过往的纪念，更是对未来的期许：希望这个专注于解析民商实务热点难点的栏目，能将其多年来的所学所悟，与各位读者朋友分享。

“越专注，越宁静”。每周二晚6点，“民商辛说”期待与您共建一方民商实务问题交流探讨的净土。

一、注定之缘

知者乐水。吉林市，一个松花江穿城而过的北方城市，她是我的家乡。父亲是20世纪60年代的工大毕业生，身边的人常说："你也得考上大学才行"，而我更想以后在父亲工作的国营工厂做一个工人，这样就可以永远和幼儿园的小朋友朝夕相处了。

那一天至今清晰印刻在我记忆里，一个普普通通冬季的周末下午。父亲要到市里办事，红旗牌"二八"自行车是他的座驾，而长长的横梁是我的专座。一路上，父亲时不时对我进行理想教育：上小学了，好好学习、天天向上是必须的。80年代初的北方工业城市，高楼大厦并不多见，遮挡少了，风景自然也就多了。指着一栋栋楼房问"这里是干什么的"，是我一路上最重要的问题。路旁矗立着一幢有至少两层楼高且宽阔台阶的建筑，不只气势恢宏，并不多见的明白色调在一众灰暗中也格外跳脱，"这里是干什么的？"我问。父亲侧头答道："这儿是市司法局。"继续前行，父亲突然又补充道："那里面都是带大盖帽的，还有枪，你好好学习考上大学，毕业了就能到这里工作。"那个时代老百姓对政法系统的直观认识，虽不准确但足够威武气派。

小学、初中、高中的学习按部就班，我偶尔淘气但还算务正业，学习成绩始终优异。记得一次开家长会，小学班主任对各位家长教育子女的方式方法乃至成效做了点评，我作为正面典型受到表扬，"娇惯而不溺爱"，是王老师对父亲的评价。父亲自己的总结则是注意培养孩子的学习兴趣、教会孩子学习方法最重要，不打孩子的经验之谈让我的童年平凡而幸福。高二期末，我们面临最重大的人生抉择是文理分班。有了数理化，走遍天下才不怕，那时的人们对此深信不疑。年级第一名当然得选择理科班，而我的最爱是语文、历史和地理，百般坚持下，我如愿成为文科班的一员。此后很多年，都不相信人生的轨迹真就是早已注定的，但我一直没搞清楚，尚不知法律为何物之时，怎么偏偏在第一志愿中只选了中国政法大学。其实，宇宙人生的真道理往往通过这种方式化现，今天，我对此深信不疑。

报到前夕，我还和父亲聊起过那个普普通通冬季的周末下午，当时也就是一笑而过。现在回想，我此后的人生起点，就在这里，一个法律人的缘分由此徐徐展开。

二、精进承业

据说 1994 年是国家分配与自主择业相结合的第一个年头。7 月，包括我在内的 12 名年轻人走进最高人民法院。源自百姓之家的我，能够成为国家最高审判机关的一员，家族荣耀的承载，自我虚荣的满足，这种喜悦一生能得几回。虽然没能走进儿时艳羡不已的那幢大楼，但我已经处在法律职业最为庄严殊胜的庙堂之中了。

20 出头到年逾不惑，是人生最华彩的一章。书记员、助理审判员、审判员、审判长，看似简单的角色转换占满了我的这 20 多年。法官的艰辛、压力、困惑甚至些许无奈，对我而言实实在在。但对工作，我仍深怀感恩。在工作中，自己逐渐养成较为完善的法律思维，成长为一名还算合格的法官。期间，还获得公派赴日留学的宝贵机会，这次深造带给我的影响今天仍明澈可见，未来亦会如是。如果说法学基础理论的根基是在中国政法大学筑就的话，第一次升华则是在此间完成的。不知不觉中，人生的意义变得不再虚无，有时还更像朝夕相处的朋友。**珍贵的经验、良好的训练、才能的表现、品格的修养，除了父母的养育之恩、爱人的终生相伴，又有什么能像工作这样对你慷慨给予呢？**每每念及得到的如此之多、付出的如此之少，心中总有不安。

人有什么样的品质，外界就会给他什么样的评价。检验人的品质最简单的方法，就是看他以什么样的精神面貌工作，看到一个人的工作，就如见其人了。回首历往的岁月，基于对法律职业从未消退的钟情热爱、对法治精神的信仰坚持，我倾己所能力争尽善完成每一项工作，虽无成绩可言，已能问心无愧。敬业是我对自己的要求，对工作始终保有一份敬畏甚至虔诚之心，勤恳踏实、不贪功不诿过、谨言慎行、真诚待人，坚持初心不为庞杂所动，我自信做到了这一点。在这份坚持中，我从青葱岁月步入不惑之年。

民庭（2000 年后为民事审判第一庭）是最高人民法院历史最为悠久的两个审判庭之一。后来除刑事审判庭之外的所有审判部门几乎都可以从民庭找到某种渊源。民事审判领域广、范围宽、难点多、体量大，看似下里巴人，实则兹事体大。它是一片沃土，只要你勤奋就一定能收获属于你的果实。我所在的合议庭在办案的同时，还专项承担物权、农村法治、基层基础等研究指导任务，客观地说，这些也是我国立法相对薄弱、政策更新较多、深层次问题聚集的领域。相关司法解释、司法政策的制定，是此间最高人民法院监督指导全国审判工作的重点。自 2003 年起，在起草农村土地承包、建筑物区分所有权、物业服务、物权法等司法解释过程中，人物债的衍生交织，情理法的此消彼长，静态动态的盘根错节，纵向横向的时空转换，无时无刻不考验着我们的智力、耐心、勇气乃至人性。解释每易其稿，都体现出对局部与整体、部门与体系、专门与一般、逻辑与经验的深入研判与螺旋升华。

前后十几年间，我所得到的锻造源于站在最高人民法院这个坚实宽广的平台之上。我最引以为傲的光环、最冀望得到的认同，只源于且仅终于“法官”这两个字，法官最好的舞台只在法庭，法官最好的作品就是裁判，我和我的同事特别是合议庭的年轻法官秉持了这一信念，与他们共度的每一天都是愉快和难忘的。他们日后取得的每一点进步，我都会默默祝福。没有他们，我又怎能如此不舍。慈悲是人与生俱来的品格，但一定也必须体现在具体实在的事物之中。立法目的或有不同，但其道德伦理基础是一致的，即培植善念、鼓励善行；

抑制恶念、惩戒恶行。法官的使命在于抽丝剥茧，让隐藏在纷繁复杂案件事实背后的善恶美丑显现出来，判断善恶美丑毕竟相对简单，拿捏得当即可为司法裁判赢得最广泛的民意认同。做到这一点，是法律对包括自由、正义、秩序等价值的终极关怀召唤使然。**作为一名法官，就是要怀菩萨心、出霹雳手，宽仁与严厉之间，彰显的是人性的光辉。**于此间，我和合议庭的同事们通过裁判尽心竭力昭示善恶，孜孜以求弘扬正道，纵使或有不足，但无怨无悔。前辈们如父如兄、亦师亦友的关怀鼓励，让我真切体会什么是知遇提携之恩、扶助宽容之谊，他们博学、审问、慎思、明辨、笃行的良好品质，是对我最好的传承和馈赠，对此，我永存感激、终生难忘。愿他们万好顺安。

2011 年 3 月，最高人民法院参考美国法学院案例教程（Casebook series）和日本司法研修所等机构教材编写方法，决定启动《案例与资料》（共计 20 册）丛书编撰工作。编写队伍由最高人民法院院领导、著名学者和资深法官组成。堪称豪华已极的编写队伍汇聚了国内法律实务和法学理论界享誉最高权威的大家巨匠，蒙错爱，我以区区审判长的身份被聘为《物权法学教程——案例与资料》的执行副主编。作为后学晚辈，能与各位大法官、法学大家和最高人民法院各位庭领导共同参与此一浩大工程的建筑，我倍感荣幸。接受任务后，我组织最高人民法院民一庭以及法院系统在物权法方面钻研精深的近 30 位法官开始编写工作，在国家法官学院和北京大学法学院的大力支持下，第一个完成了所有工作。但遗憾的是，时至今日仍未能结集出版，看着电脑中洋洋百万余字的书稿，心底时常涌起莫名的惆怅。

《华严经》中说，所见诸佛，皆由自心。成功失败、褒奖抑贬，又何尝不是如此。外界他人的评价，本质上都不重要，也可能不尽真实。静夜长思中，能否自我认同是谁都无法回避的。躬身自省，我自认当已做到了。

三、是日已过

在法官职业道路上继续前行，已似顺理成章，但工作家庭两相成全，有时恰恰难以遂愿。或许是个人福报亏损，抑或自身资粮本就不足，我已无法一如既往地全身心投入审判工作了。为不至留下人生难以承受之痛，我只能选择一份更具弹性的工作，以便有更多时间陪伴家人，尽管从未想过有一天会以辞职的方式走出法院，也不知道果真如此，自己会如何自处和经历。2016 年 3 月 24 日，是我与东交民巷 27 号说再见的日子。几位同事帮我捆扎书籍，我只想记住自己的法官服和法袍是装在那个最大的蛇皮袋子里。

离开钟爱的审判岗位，不能再和这些优秀的法律人共同实践崇高的法治信仰，与最高人民法院法官的职业梦想失之交臂，难再体味法官群体的光辉荣耀，是我心中难以抹去的遗憾。而我又是如此幸运，能带着那么多人的祝福离开法院，真希望留下的是最美好的回忆。知身从缘起，究竟无所著。我心是平静的。

有时还是会想，如果儿时艳羡不已的那幢大楼属于中级法院，该有多好。

四、中和无讼

《中庸》载："中也者，天下之大本也；和也者，天下之达道也。"贵和持中、贵和尚中是我国的传统文化理念乃至法律文化传统的主要特征。无讼理念体现的就是这样一种价值取向。2004 年，Google 在招股说明书提出："不要作恶。我们坚信，作为一个为世界做好事的公司，从长远来看，我们会得到更好的回馈——即使我们要放弃一些短期收益。"这份"不作恶宣言"，赢得人们朴素道德观念的深深认同。天同星是紫微斗数 14 主星中的最后一颗，个性最为平和，古称"福星"。天同星平易近人、知足常乐、心地宽宏、愿解纷争，故而轻松惬意，是谓之福。作为一家律所，取名天同并将无讼作为文化图腾，其对传统的正向持守虽理想国色彩浓厚，但这种文化皈依有新意，也有勇气。这应该是一条正确的路。

天同律师事务所确实有些与众不同，就传统角度看，似乎还有点不务正业。于我而言，它却符合我对未来职业生涯的所有想象。在天同将近一周的时间里，肆意漫扬的青春气息无处不在，我尽力熟悉新的工作氛围。虽然很难以与他们一般的蓬勃姿态进取，但巨大的推力已经使我发生了些许改变。这是一个有要求有品质的组织，一个有追求有梦想的集体，一个有激情有活力的团队，身处这个同时充盈着新媒体意识和力量的群体，我第一次拿起了智能手机，开通了微信。希望自己真能完全融入其中，不要掉队才好。天同诉讼圈是国内最大的法律公众号之一，近 30 万的粉丝究竟意味着什么，我至今也不是十分清楚。蒋勇同学鼓励我开一个栏目，我却感觉很惶恐，所幸专业团队的栏目设置构想十分灵活，目前看似乎压力不是很大。仔细想想，此身别无精业，民商法律充其量也就是略知一二，此番尝试权作无知者便无畏吧。惟愿能不负自己的既往经过。

所谓“民商”，一是扣在天同所致力的细分职业领域，二则回应整个团队的法学兴趣所在，绝无民商法学宏大建构的痴妄。至于“辛说”，源于“每周蒋讲”的名式启发，**既有我个人长期法官生涯趣事故章、典型案例的回顾整理、由来细说，也有同仁大方的如炬真知、不吝赐教**。设想中的“民商辛说”应该是这样一个栏目：**随性**，随性在我的能力和精力不允许做得更严谨和更多；**真诚**，真诚在都是我的有感而发实实在在；开放，开放在期望得到法律共同体中诸位良师益友的鼎力相助；**投入**，投入在我把它视作法官职业之后的情感寄托和延续；**素简**，素简在既然品质如何仁智互见不如务求干净纯洁之美。万事不可执着，我必会尽力，能走多久、成效如何不作任何奢望。新的职业生涯若仍能收获自我的认同，当足矣。

惊诧不已的是，自己似乎还是轮回般地走进了儿时艳羡不已的那幢大楼。

五、视远惟明

20 多年最高人民法院的工作经历，是我一生最为重要的一页，我将永远引以为傲，无法想象未来的某一天，它会淡出我的记忆。那么多亲爱的同事以成远算者不恤近怨的大气度，任大事者不顾细谨的大格局，实践着胸中的法治梦想。**在宏大的司法改革进程中，“法官”一定也必将得到本属于他们的职业尊崇，他们完全值得起。**曾经与之共同奋斗，我无上光荣。

法治承载着人类对美好生活的终极向往，需要吾辈法律人毕生投入其中。对职业的转换，我深知当以得其意忘其形为重，亦不会执着于法官职业的远离，毕竟自己肩上一份沉甸甸的责任还在。**知者不惑，仁者不忧，勇者不惧，真的希望最优秀的法律人以锐利之视觉高广之眼界，共同柄执国之重器，树起家国天下的法治尖峰。**

爰缀数语，抒泻情意，留作纪念，不让始终难守。

2016 年 4 月 9 日深夜

于南湾子胡同 3 号院

物权法司法解释拾遗系列：流押禁止不必如此强势

◎辛正郁

自2002年起，我开始承担并参与司法解释制定工作。2009年，我和合议庭的同事们就投身于物权法司法解释的研究、论证。作为聚焦《物权法》中重要基础性问题的首部司法解释，《最高人民法院关于适用〈中华人民共和国物权法〉若干问题的解释(一)》[以下简称《物权法司法解释(一)》]虽然只是局部和阶段性的成果，但在长达7年的时间里，我们为这项工作倾注了几乎全部的身心精力。

因无法形成共识等种种原因，我们倾注大量思考的诸多重要问题，未能体现在最终颁行的司法解释之中。此外，就已经呈现在我们面前的条文而言，也有一些文本之外的思考需要加以说明和阐释。因此，在职业转换之后，我希望借"拾遗系列"，以上述问题为重点展开连续探讨，慰藉在解释制定过程中的未竟之业。

流押禁止正在失去其强势的基础。但遗憾的是，在《物权法司法解释(一)》中，由于物权法定主义余威犹存，建构非典型担保制度的努力未能取得成效。本文将就其中的取舍之道进行分析。

司法裁判是根据法律规范对具体案件的认定和处理作业。然而，构成法律条文的语言，或多或少总有不明确之处。语言的核心部分，其意义固甚明确，但越趋边缘则越模糊。语言边缘之处的边缘意义（fringe meaning）一片朦胧，极易引起争执。法律条文尚且如此，总有所谓边界案例（borderline case），濒临法律边缘，究竟是否属于该法律条文规范的范畴，亦费斟酌。[①]

一、问题的提出

2007 年 1 月 25 日，张某与甲公司签订房屋买卖合同，购买甲公司开发的商铺，双方办理了合同备案登记手续，甲公司出具不动产销售发票。次日，双方签订借款协议约定，如甲公司借期 3 个月届满不能偿还，则履行房屋买卖合同。因甲公司未能偿还借款，张某遂诉请甲公司履行房屋买卖合同。[②]

日本民法学者加藤一郎将法律规定形象比喻成一个中心浓厚、边缘稀薄的框，其文义在框之朦胧地带，将有复数解释之可能性，因而应依其他解释方法始能解决。[③]**《物权法》第 186 条规定："抵押权人在债务履行期届满前，不得与抵押人约定债务人不履行到期债务时抵押财产归债权人所有。"**依规范事项，前述规定之含义当属明确，所谓"框的中心浓厚"，即是如此。但题设类案是否属于该法律条文规范的范畴，则将我们引入"框之朦胧地带"。近来，有关该规定在前述类案中适用问题的争论，颇为引人注目。主要争议为：**如何看待当事人法律关系的性质；如何适用流押禁止原则。**

---

① ［英］威利姆斯：《语言与法律》，转引自梁慧星：《民法解释学》，中国政法大学出版社 2003 年版，第 215 页。

② 涉案原型案件为最高人民法院（2011）民提字第 344 号，相关文书见中国裁判文书网或无讼案例，亦可见《最高人民法院公报》2014 年第 12 期（裁判文书选登栏）。

③ ［日］加藤一郎：《民法的理论与利益衡量》，有斐阁 1974 年版，第 36 页。

二、法律关系性质分析——房屋买卖与非典型担保

民法上的担保，依是否为制定法明定之标准，分为典型担保与非典型担保。就制度构造看，**非典型担保是在不移转占有的前提下，以移转担保标的物所有权或其他权利方式，实现债权担保之目的，故又被称为权利移转型担保。**题涉交易情形的出现，与非典型担保的域外发端有着极为类似的实践动因。站在比较法层面，考察域外法制应对之策的演变轨迹，当属必要。

依担保标的物所有权或者其他权利转移的时间，非典型担保主要分为三类：**假登记担保**（代物清偿契约、买卖预约）、**让与担保和所有权保留。**[①] 题设情形有别于所有权保留无需赘言，是否属于让与担保不无疑问。让与担保中，标的物权利系在先转移于债权人，依此初步判断，题设情形不属于让与担保。从类型分析看，**广义的让与担保**包括**让与式担保**（让渡担保）和**买卖式担保**（卖渡担保）。前者是指债务人将标的物的财产权转移给债权人，债权人享有请求债务人履行债务的权利，在债务人不履行债务时，债权人可以就标的物取偿；后者是指以买卖的方式进行信用的授受，授信者没有请求返还价金的权利，但受信者享有通过支付一定的金额而请求返还其所让与标的物的财产权。质言之，让与式担保权利移转的原因是债权的担保，当事人之间仅存在债权债务关系；买卖式担保中权利移转的原因是买卖，当事人之间没有除此以外的债权债务关系。因买卖型担保已成特例，几近萎缩，**现实语境下的让与担保就是指狭义的让与担保，即让与式担保。**即使仍从广义角度理解，题述情形因存在买卖关系而不属于让与式担保，又因存在债权担保而不属于买卖式担保。

假登记担保契约，其发端旨在规避法律中有关流担保约款禁止的规定。学理上的分类主要包括**买卖预约、代物清偿契约以及附停止条件的代物清偿契约**

① 因非典型担保本非担保物权的预定制度而由立法者所设计，各国（地区）学者对其种类的认识存在较大差异。本文采纳日本学界的观点。

等。代物清偿契约，是指债权人和债务人之间指定特定财产，在债务人不履行债务时，则转让该财产并以之充当债务清偿的合意。[①] 其特点有二：一是当事人之间存在债权债务关系；二是特定财产之财产权在债务不履行时才移转于债权人，而非在缔结代物清偿契约时发生移转。其与**附停止条件代物清偿契约**的差别在于，债务人不履行债务时，标的物权利并非当然归属于债权人，而须债权人行使权利的意思表示，标的物方可移转归属于债权人。[②] 买卖预约情形中，债权人、债务人不设立担保物权而设定买卖关系，在债务人不清偿债务时，债权人有权以一定价格买受该标的物。**综合来看，买卖预约与题设情形最为相近，可为题设命题提供非典型担保物权上的学理归位，后续的比较法解释、分析乃至判断的基础亦由此奠定。**当然，概念化的法学研究成果，亦会存在不被实践引据的可能，理论上有无必要拓展非典型担保之类型，可予更进一步研究。

三、虚伪表示之检讨——非典型担保物权合法化努力之一

当前，我国理论与实务界中有关当事人之间并不存在真实买卖关系的观点，正是着眼于通过买卖移转标的物所有权仅属形式，当事人间实质上并无移转标的物权利之意思，故构成**通谋虚伪意思表示**的判断。域外物权实践中，非典型担保物权之滥觞有其深刻的社会背景。纵观其渐生发展的过程，大体经历了否定、改良、承认的演变过程。在否定阶段，主要理由就在于，当事人设定让与标的物物权（以所有权为代表）移转之意思，构成虚伪表示。[③]

---

① ［日］我妻荣：《新订担保物权法》，岩波书店 1981 年版，第 570 页。

② ［日］四宫和夫：《让渡担保》，日本评论社 1972 年版，第 528 页。

③ 但此种见解，仅在德国普通法时代与日本明治末年至大正初年曾经出现，其后即无径以其为通谋虚伪表示，认其为无效者。参见谢在全：《民法物权论》，自发行，台湾地区三民书局经销 2004 年修订三版（六），第 456 页。

非典型担保物权制度藉由学说鼓噪并最终通过判例甚至立法得以确立，此中最具代表性的理论与实务努力首先表现在，赋予其设定目的上的独立性，使其摆脱了“虚伪表示”的嫌疑。**非典型担保中，担保金钱债务履行是当事人的目的，通过买卖或者其他设定行为移转权利则属于手段。**之于目的而言，手段是否反映了当事人的真实意思，一直纠结着学者的逻辑思维。最终确立该手段合法性的理论创造和移植，也历经了一个不断完善自洽的过程，第一步体现在虚伪表示概念的重新界定上。耶林在其《罗马法的精神》中，从技术意义上阐释了一个区别于虚伪表示的新概念,即伪装行为。与虚伪表示的不同之处在于，**伪装行为并非旨在排除因其法律行为所生之法律效果，而恰恰是为了获得在该行为中所包含的两次性效果。**于历史角度考察，该行为多是因为企图回避不便的法律而为,其概念系经由习惯法上的长期沉淀而最后形成。[①] 库勒在继受与虚伪表示相区别的伪装行为概念基础上，认为其间存在一个**隐匿行为，亦即当事人虽然意图某一法律效果，但该行为自身却是为了与该法律效果不同的经济目的而进行。**题涉类案中，作为目的存在的“担保”，即属隐匿行为，但系双方当事人有真意意思表示不一致的结果。在内部关系中,应对各方产生拘束力。学说上根本解决“虚伪表示”问题的标志，是信托行为理论的提出。非典型担保物权之理论溯源于罗马法中信托行为理论并吸收日耳曼法上之信托成分，经由百多年发展演变而来。英美法中信托财产之所有权采“二元所有权”观念，大陆法系继受信托制度时虽未确定承袭该称谓，但无不认为受托人之所有权及受益人之受益权决不可与民法中所有权及债权请求权相提并论。亦即，信托财产具有独立性。信托制度中对该独立性的把握体现了信托关系的内外权利构成，也为学说最终以担保权架构理论取代所有权架构理论解释非典型担保物权架构奠定了基础。在信托行为理论更为精准划分当事人内部关系权利义务内容

---

① Jhering, Geist des romischen Rechts, II2, 4.Anfl.(1883), §III1, § 58 S.281 ff.转引自王闯:《让与担保法律制度研究》，法律出版社2000年版，第41页。

的基础上，德国学者 Rigelsberger 认为，信托行为就是当事人为一定目的而采取的超出必要限度手段的法律行为，最终是为了达到法律所许可的目的。就法律效果而言，标的物所有权基于买卖而转移，但经济上或者说实质层面的担保设定，应被视为该法律行为的动机。① 建立在学说的一系列努力之上，日本于 1977 年颁行《假登记担保契约法》。至此，假登记担保契约这一非典型担保物权终获立法肯认。尽管仍然间或面对“卑劣的担保手段”“私法上的泥沼植物”乃至“私法交易上的私生子”等质疑和讥讽，但理论上已一致认为当事人就非典型担保物权之约定，乃出于真正之效果意思而为表示，与通谋虚伪意思表示，双方当事人间故意为不符真意之表示，欠缺效果意思者，显有不同。②

四、脱法行为之反思——非典型担保物权合法化努力之二

否定非典型担保物权最为坚挺的理由在于，其违反了流担保禁止原则，构成不正义的法律规避，即脱法行为。域外学说在解决此问题时，重要着力点之一，是将**强行法禁止规范**区分为**目的行为禁止和方法行为禁止**两种类型。在前者，强行法规系在防止当事人企图实现一定事实之效果，若有违反自属无效，此类脱法行为亦同。至于后者，强行法规仅在禁止以特定手段发生一定之效果，因之：如直接违反此项强行法规者，同属无效；惟倘系依其他手段发生同一效果者，则不在禁止之列，仍属有效。流担保禁止规定即属此种强行法规，亦即仅在禁止以设定抵押权、质权之手段达到取得标的物所有权之效果，并非一概不许依其他担保方法发生相同效果。③《物权法》中有关流担保禁止规定之立法目的、条文性质与域外法例完全相同，在解释上作一体解读，应无不妥。

---

① ［日］田高宽贵：《担保法体系的新发展》，劲草书房 1996 年版，第 48 ~ 49 页。

② 谢在全：《民法物权论》，自发行，台湾地区三民书局经销 2004 年修订三版（六），第 456 页。

③ 谢在全：《民法物权论》，自发行，台湾地区三民书局经销 2004 年修订三版（六），第 464 页。

如果说前述努力还带有分析法学的色彩，那么彻底扫清非典型担保物权之伦理障碍并使其最终摆脱脱法行为质疑的，当属清算义务的确立。该项成果的取得，离不开对流担保禁止制度的一系列深刻反思。以流押禁止为例，其系基于民法公平、等价有偿原则以及抵押权价值权属性，为杜绝债权人压榨债务人，禁止当事人在抵押权设立至债务履行期届满前，约定债权人未获清偿即取得抵押财产所有权的法律制度。在采禁止主义的国家和地区中，改变原有立场已有著例，如我国台湾地区。[①] **禁止流押的立法考量主要有二：一是债权人、债务人地位失衡，债务人极易受到胁迫和压榨，而其往往无法充分证明其受到的胁迫和压榨；二是执行流押条款将严重损害债务人的合法权益，使其高额财产低价转至债权人处**。其中，后者应为法律禁止流押的核心考量和实质要件。此种立法考量折射出慈悲的家父情怀，应然主义色彩浓厚。但从实然层面检验，其制度目的很难在实践中予以理想化地贯彻。抵押财产之价格随着市场波动而变化，达成流押条款之时与债权人取得抵押财产之时往往存在价格差异，是否一定会在客观上导致债务人权利受损的结果，不能一足而定。此外，抵押权实现程序往往存在时间、金钱上的高昂成本支出，这些最终还是要由债务人来承担。从抵押权实现的一般途径看，拍卖、变卖为典型方式。基于强烈的变现偿债（而非最大化实现市场价值）需求，抵押物在拍卖、变卖过程中普遍通过逐次降价方式，最终在低于市价相当比例之价格区间内成交变现。所谓依抵押权实现时抵押物市价担保债务履行不过是制度设计的美好愿望，现实情况大体都不会按此设想运行。此外，在抵押财产价格降低时，若否定流押条款之效力，债务人仍需就不足清偿部分承担责任。按此操作，则在实质上确立了债权人于流押条

① 参见我国台湾地区“民法”（2007 年 3 月 28 日修订）第 873-1 条、第 893 条。前条内容为：约定于债权已届清偿期而未为清偿时，抵押物之所有权移属于抵押权人者，非经登记，不得对抗第三人。抵押权人请求抵押人为抵押物所有权之移转时，抵押物价值超过担保债权部分，应返还抵押人；不足清偿担保债权者，仍得请求债务人清偿。后者第二款规定质权之实行准用第 873-1 条规定。

款“损害”其债权情形下之复次救济权。此种结果是否符合流押禁止原则之初衷，不无疑问。

以上述反思为切入点之一，学界从未放弃对违反物权法定法律后果的研判和反思。当事人订立流押条款，构成对物权法定原则的违反。违反物权法定的法律后果有二：一是相关约定不发生物权效力；二是该民事行为无效。**物权法定主义的奉行出于公益维护之考量自无疑问，但在方法论上，是否有所节制将失之毫厘差以千里，按照比例原则平衡好目的与手段的关系也很重要。尽量减少无效情形是一项重要的法政策。**如借鉴抵押权实现的一般路径即可消弭压榨债务人后果的发生，填置清算义务便能公平兼顾双方利益，则应采取对当事人意思自治最低程度的干涉手段。仅因当事人订立了流押条款就否定整个合同对当事人的约束力，显属过度干预。亦即，虽当事人有关债务不履行时抵押财产归债权人所有之约定不发生物权效力，但其担保设定之意思当为有效。申言之，对当事人违反物权法定之约定，应当首先将其确定为不发生物权效力，在运用法理将其作有效转换失败的情况下，才可依法律、行政法规之效力性强制性规定认定民事行为无效。所谓不发生物权效力，实为不发生当事人意欲实现的物权设立、变更、转让和消灭的效力（内部），以及不发生直接支配和排他的效力（外部）。无效民事行为转换这一成熟民法理论的价值取向殊值借鉴。当事人违反物权法定所作的约定虽然不产生物权效力，但如果符合其他法律行为的生效要件，应当认定其产生相应法律效果，比如，在让与质型让与担保中，虽不发生所有权转移的物权效力，但可以认定当事人之间产生质押法律效果；再比如，债权人与抵押人（非债务人）约定，就某项不动产不论是否办理抵押登记均设定抵押权，此时虽然《物权法》意义上的具有优先受偿效力的抵押权不能成立，但在内部关系中，应当认定债权人享有依据合同约定主张就该项不动产变价受偿的权利。

当然，清算义务的确立，离不开担保权架构理论取代所有权归属架构理论这一前提。基于此，尽管在目的上主要是为了保护债务人利益，但清算义务的确立对当事人而言均属法定义务，由此便可实现平等保护之目的：一方面，可以有效解决片面执行流押禁止规定所无法回避的类似囚徒困境的难题；另一方面，也使非典型担保在当事人之间的约束力受到了某种符合法律正义观念的规制和干预。但质言之，这不过是还原了非典型担保物权的担保物权本质，即控制标的物之交换价值同为目的与手段。

流押禁止适用交易类型的细化，是民法理论精耕细作的又一范例。**从制度目的上看，流押禁止一般应在民事交易场合发挥作用**，这一点在立法机关阐释流押禁止不公平性时所拟举的预想案例中，也能找到答案。[①] 较之民法对公平正义的孜孜以求，商法更加注重效率与秩序。**某些利益在民事交易中被视为性命攸关，而在商事交易中往往因系商行为人基于更高风险判断和承受能力，所为旨在获取更高营业利益之正常行为的判断，被予以分别化的评价**。比如，在民法中定有流质禁止原则的日本（《日本民法典》第 349 条），其商法典中则没有此种限制（《日本商法典》第 515 条），商行为人可以约定在债务人不能履行债务时，质物之权利转移至债权人名下。再比如，针对留置物占有与债权发生之间的牵连关系，《日本民法典》（第 295 条）与《日本商法典》（第 521 条）的分野亦同。[②] 其中的利益把握，体现出立法者对商行为人意思自治更具弹性的容忍和尊重。题设案件显然不属于民事交易，其商行为特征十分显著。在这类纠纷中，适用流押禁止原则的妥当性本身就值得商榷。此外，就规避角度而言，债权人将借款关系彻底隐藏起来并不困难，若在双方并未隐藏借款关系的情形中认定当事人所订房屋买卖合同构成流押，将充分释放债权人隐藏借款关系的激情，当我们只能面对一份房屋买卖合同时，又该如何判断呢？流押禁止原则，

① 胡康生主编：《中华人民共和国物权法释义》，法律出版社 2007 年版，第 408 页。

② 前述日本相关条文，均引自 1999 年修订版《日本民法典》《日本商法典》。

无需通过牵强绞杀某类疑似行为彰显其存在价值。于流押禁止反场合，根据事实情况，依是否有悖公序良俗、是否构成暴利行为而决定其法律后果似乎更为妥当。

人而无信，不知其可也。一个人抑或一个社会，最无法承受的代价付出，就是诚实信用。以摧毁诚实信用原则为代价，让法律的强制性规定客观上成为背信一方手中的武器，无疑将间接而深刻地挑战立法目的。按禁止反言原则，不允许当事人对其先前表述的事实或者主张的权利作出不一致的表示，尤其是另一方当事人对其先前表示已经给予信赖并依其行事的时候。尽量限缩流担保禁止原则的过度适用，其伦理基础建诸意思自治和诚实信用的维护。法学家们在试图摆脱法律适用的道德拷问中，付出了所有努力。抛开所有的逻辑与技术问题，若不惜开动法律解释机器，只是为背信者开辟获取“无效利益”的“合法通道”，实为足够奢侈的司法成本付出。实践中，我们经常会遇到诸如“还有什么合同是无效的”“某某规定岂不是要被架空”之类的疑问，但法官对法律的解释和执行，显然不应附加必须将某类社会生活积极主动填充到效力性强制性法律规定所预设情境之中的“硬指标”。

近现代物权立法的实践表明，非典型担保物权几乎与制定法中典型担保物权共其发展，物权法定主义的奉行始终未能摆脱所谓非典型担保物权的干扰和困惑。非典型担保物权在域外终获承认的现实，有理由让我们反思今天“该如何面对”的重大问题。

五、代物清偿之廓清——以物抵债之本土化归位

代物清偿，其基本含义为：**当事人之间约定由债务人以他种给付代替原定给付且债权人予以受领，从而消灭原债关系。**对代物清偿的性质，有特殊变更契约、债务更新、要物合同说等诸多观点。目前实务中，将代物清偿定性为要

物合同（实践性合同）的观点较为普遍。以此为支点，很多人认为，我国实践中的“以物抵债”言简意赅、通俗易懂，虽非民法用语，但其本质就是代物清偿。而在题设类案中，当事人实际上是以变更原给付的方式消灭原债，当属以物抵债（代物清偿），而因要物性之控制，在债权人未实际受领他种给付时，代物清偿不生效力，双方权利义务仍处在原债关系之中。

代物清偿，我国民法未作制度性的明确规定。但因实践的客观存在，学说的妥当运用显得尤为重要。传统民法肯认代物清偿有其较为明确的社会背景，亦即在相对简单的民事交往中，简单债的关系最好做简便化处理，添置复杂意思层次自无必要。审视本土实际可知，现前的所谓“以物抵债”早已不似前述类型一般单纯，引发争执的恰恰是仅就“变更原给付”达成一致，但实践性未获满足的情形。在交易类型上，后者基本上都是利益较为重大、目的较为复杂的商行为。在此情况下，仅仅看到代物清偿的要物性特征，显然是不够的。实际上，对代物清偿性质的分野，很大程度上即来自于日益复杂交易生活的现实需求。由此，至少可以在逻辑上将以物抵债性质作出区分：简单民事交易中为要物性，复杂交易中为诺成性。尽管在何为简单、复杂的判断上，仁智互见，但法律源于实践，简单民事交易中，因不履行以物抵债所生之纠纷毕竟极为罕见。由此，可将司法实践中大量存在的以物抵债总体上都纳入诺成性范畴，其合理性在于：（1）可极大限度尊重意思自治；（2）最大程度维护诚实信用；（3）更加充分保护债权人利益；（4）极尽所能鼓励交易；（5）精准契合《合同法》之本意。就最后一点，略作引申为：《合同法》对合同究属诺成性抑或要物性的立场是明确的，即前者为主后者为辅；立法者对后者情形均采明确列举之立场，如该法第210条（自然人间借贷）、第367条（保管）等，在合同不依诺成而立显属合同成立一般情形之例外且已呈式微之势的情况下，解释上自然也应坚持相同取向，哪怕面对的是无名合同。至于第（1）点、第（2）点，在域外法治为非典型担保正名的努力中，我们已可找到答案。崔建远教授对此有精辟见解，即不宜硬性地套用境外关于代物清偿的规则及其理论，削足适履式地、作茧自缚般地处理，而应更注重实际生活的本质要求，从更有利于实现当事人合法权益、尽可能地贯彻意思自治（除非它违背公序良俗）的立场出发，来类推适用有关法律规定。[①] 当然，在解决这个问题之后，我们仍然要面对诸多疑难问题，比如新债旧债之间的关系问题，此种需要精准把握以物抵债与相关制度（如新债清偿、专为清偿、债务更新等）之间的关系。囿于本文论题及篇幅，不再赘言。

六、比较法解释的司法运用尝试

基于域外法制实践的启示，在题设案例的原型案件中，考虑到非典型担保物权尚未获得实定法肯认，加之《物权法》制定过程体现出的对通过裁判确立新物权种类的抑制倾向，最终变通选择了“尊重当事人交易安排”的路径，以迂回实现确认“非典型担保意思独立性”之目的。前述理论上一致肯认之所谓“当事人就非典型担保物权之约定，乃出于真正之效果意思而为表示，与通谋虚伪意思表示，双方当事人间故意为不符真意之表示，欠缺效果意思者，显有不同”，于此间可以产生契合与共鸣。简言之，即便房屋买卖并非当事人的真实意思，但通过履行买卖合同担保借款之偿还的意思当属双方之真实意思。而对是否构成流押禁止违反问题，则借鉴学理有关强行法禁止类型区分之研究成果，将《物权法》第 186 条理解为方法行为禁止规范，排除其在题设类案中的适用。

至于清算义务，在法律依据尚付阙如的情况下，虽可依维护公序良俗、禁止暴利等原则添加清算程序，但为避免裁判依据过于笼统之诟病，在查明事实阶段，综合运用和借鉴了举证责任以及撤销权之制度机理。由于该案债务人未

---

① 崔建远：《以物抵债的理论与实践》，载《河北法学》2012 年第 3 期。

能证明价格条款的不公平性与施加清算义务的合理性，遂判决按照房屋买卖合同履行。

七、《最高人民法院关于审理民间借贷案件适用法律若干问题的规定》折中立场的解读

作为一种“非正规”金融形态，民间借贷从未像今天这样深刻而广泛地作用于当今中国的经济社会生活。自新民间借贷司法解释起草工作启动以来，有关题涉问题司法应对方案的争论，无疑也是焦点之一。随着裁判案例的渐次纷呈，带有制定法规范色彩的司法解释究竟会采纳何种立场，可谓万众期待。历经多次讨论，**《最高人民法院关于审理民间借贷案件适用法律若干问题的规定》（以下简称《民间借贷司法解释》）第 24 条最终规定：当事人以签订买卖合同作为民间借贷合同的担保，借款到期后借款人不能还款，出借人请求履行买卖合同的，人民法院应当按照民间借贷法律关系审理，并向当事人释明变更诉讼请求。当事人拒绝变更的，人民法院裁定驳回起诉。（第 1 款）按照民间借贷法律关系审理作出的判决生效后，借款人不履行生效判决确定的金钱债务，出借人可以申请拍卖买卖合同标的物，以偿还债务。就拍卖所得的价款与应偿还借款本息之间的差额，借款人或者出借人有权主张返还或者补偿。（第 2 款）**总体来看，物权法定主义的威仪仍然存在，非典型担保制度于某种程度上的构建努力失之交臂。但即便如此，我们还是有必要细细品味其中的取舍之道。

抛开上述些许遗憾，笔者认为司法解释前述规定之积极意义不容忽视：（1）从逻辑上讲，第 1 款规定虽在实质上仍认为买卖合同构成虚伪表示，但“当事人以签订买卖合同作为民间借贷合同的担保”这一适用前提的添加，显然表明其并未采纳实践中既已存在的，不问青红皂白简单粗暴认定买卖合同只

能作为民间借贷担保而存在的不当做法。毕竟在解释上，当事人所签买卖合同不能仅作为借款担保而存在的可能性客观存在。当事人之意思自治并未受损，进一步的探索和努力还有空间。笔者进而认为，仅因当事人之间存在两种合同关系，就认定房屋买卖是民间借贷的担保在文义解释角度就是错误的，且担保意思之有无须有当事人明确约定，推定存在当慎之又慎；（2）在第1款规定前提下，第2款规定显非必须明确的事项，因其完全可被纳入判决生效后，如何通过强制执行程序实现债权的范畴之内。司法解释看似闲来一笔的规定，实质上正是注意到了清算义务的合理价值和积极作用。由是以观，该解释相关规定应被视为对争执两端立场的技术性糅合，但在度上当属更多采纳比较解释结论后所形成的结果。从这个意义上讲，其已然是一个"在路上"的阶段性成果。

八、《物权法司法解释（一）》之无奈遗珠

在《物权法司法解释（一）》制定过程中，针对违反物权法定之法律后果，我们的思考已如前述。为了扭转实践中的模糊认识，参酌无效民事行为转换法理，**解释稿中曾经作出如下规定：当事人之间关于物权种类和内容的约定违反《物权法》第5条规定，其依据相关约定请求确认物权或者保护其物权的，人民法院不予支持。（第1款）前款所称当事人的约定虽不发生物权效力，但符合其他法律行为生效要件的，依据相关法律、行政法规的规定处理。（第2款）**今天看来，耗时近7年的起草工作最为遗憾之处莫过于未能保留该条文。虽然今天我们不认为题设案件情形构成流押禁止违反，但即便这一认识仍存商榷空间，按照解释稿中的立场，至少也可以对尊重当事人意思自治有所裨益。

九、结语

回顾近现代民法发展的历史脉络，我们不难发现这样一个十分有趣但却令人深思的现象：社会交往相对简单时，法律的刚性特征非常突出，复杂交易所体现的意思自治往往受到压制；市场交易纷繁复杂时，法律的柔性色彩日益浓厚，复杂交易所体现的意思自治往往获得尊重。在法律自严苛向宽容转变的过程中，先前视为怪胎后来登堂入室的情形，并不鲜见。融资租赁即为著例，域外法制中的非典型担保亦如是。所有的转变，最终都离不开对当事人真实意思螺旋式上升的探究和琢磨。可谓败也意思自治、成也意思自治，当事人之意思自治未曾改变，改变的只不过是面对它时所秉持的态度。以当事人意思自治为思考和解决问题的出发点和归宿点，妥帖把握干预的强度，事关契约精神的树立与合同自由的维护，没有这个基础，司法判断的正义性或将存疑。

典型担保物权的创设是法学思维为促进交易繁荣倾力奉献的杰作之一，但在日益丰富的社会生活背景下，成文法的僵滞性愈发凸显。百多年前，非典型担保物权之萌芽，也被视为洪水猛兽。基于对物权法定主义僵化执行以及流担保禁止原则强势运用的担忧，学界、实务界耗时百多年为非典型担保物权正名的努力虽然艰苦，但成效卓然。此间，各种解释方法频繁运用，遇有不济之时，不惜发明创造；判例的配合作业，尽管缓慢但颇为坚实；制定法的接力亦已有所著例。当下对非典型担保物权的种种质疑，域外法制均曾面对并已成功解决。即使重复他人久远以来走过的路，也应对走向何方有所斟酌。正确和妥当的解释，是法律实现良法之治的重要手段。经验性地运用比较法解释，是通过探寻域外相似规则在特定法律体系中产生的社会效果，来预测和评估对本国法相关条款作相应解释时将产生的社会影响。司法审判中虽很少运用比较法解释方法，但在解决题涉一类较为特殊的案件时，却是不能也无法回避的问题。纵使成效有待检讨，但努力不应停止。

注：本文曾以“比较法解释的司法运用尝试”为名发表于《判解研究》2015年第1辑“焦点笔谈”栏目，此次除更名外还作了适当文字修改。同时，另作两点增加：（1）鉴于与此有关的争议中也涉及如何理解以物抵债，而该问题单独成文的意义不是很大，虽其与本文所论主要问题相距较远，但笔者也将其增加进来；（2）《物权法司法解释（一）》曾经对违反物权法定之法律后果作出规定，在本文中也对此作出一定介绍。

物权法疑难问题再思考：不动产善意取得中的无权处分

◎辛正郁

按照体系解释，“无权处分”是善意取得制度的适用前提。正确理解“无权处分”的内涵和外延关乎善意取得制度目的的实现。否则，不仅影响其功能的有效发挥，也将引发民法诸多制度规则适用上的混乱。

本文以不动产为例，对“无权处分”的概念、界限和界定等问题进行了深入探讨，认为不动产善意取得制度中的“无权处分”仅应限定在登记错误之情形。

根据《物权法》第106条的规定，无处分权人将不动产或者动产转让给受让人的，所有权人有权追回，但符合善意取得构成要件的除外。尽管该条未将“无权处分”作为善意取得的构成要件，但依体系解释，“无权处分”是善意取得制度的适用前提，此后才会涉及相关构成要件是否具备的判断问题。如不能尽快就此形成共识，势必影响善意取得制度目的的精准实现。考虑到动产善意取得制度中相关问题的理论实务争议不大，故本文以不动产为例作简要探讨。

一、无权处分概念之确定

学理上最广义的处分，包括事实上与法律上的处分。前者指就原物体加以物质的变形、改造或毁损的行为，后者包括负担行为和处分行为。广义的处分，仅指法律上的处分而言。狭义的处分，系指处分行为而言。对处分之含义，学界至今仍有纷争，然就实务而言，随着《最高人民法院关于审理买卖合同纠纷案件适用法律问题的解释》（以下简称《买卖合同司法解释》）的颁行，法律规定中之“处分”已经被限定在狭义范围之内，即仅指处分行为。对处分之能力，可从两个维度展开思考：（1）处分权是否有法律事实作为支撑——内部关系/实质；（2）处分资格能否满足物权变动形式要件——外部关系/形式。与此相适应，无权处分也可包含两类：（1）实质意义上的无权处分；（2）形式意义上的无权处分。由于处分行为通常以负担行（如合同）为基础，而负担行为之成立，须反映真实权利人之让与意思，故法律上对处分权的判断应以实质评价为逻辑前提。按此解读，**对无权处分的理解应当是：（1）无实质意义上的处分权，即便处分人为登记权利人亦属无权处分；（2）具有实质意义上的处分权，即便其并非登记权利人亦非无权处分。**

二、不动产善意取得中无权处分的界限

《最高人民法院关于适用〈中华人民共和国物权法〉若干问题的解释（一）》[以下简称《物权法司法解释（一）》]第15条第1款规定，受让人受让不动产时，不知道转让人无处分权且无重大过失的，应当认定受让人为善意。其理由在于，善意取得制度系为保护交易安全而设立，但其逻辑前提乃至道义基础则在于有一个外部的标记，使得无处分权人“具备”了足以让外界产生信赖的“处分权”，

如其信赖成立，即构成善意。据此，在不动产情形中，对《物权法》第106条所称“无权处分”的理解，应当建诸受让人是否对登记所表彰的权利状态存在信赖，离开这个前提去探讨不动产善意取得的适用，无疑与《物权法》第106条的本意相去甚远。换言之，只有在登记权利人处分不动产之时，才有可能产生受让人善意取得问题。否则，《物权法》规定的不动产善意取得制度在实践中就几乎没有适用的可能。因为在实际权利状态与登记所体现的权利状态一致的情况下，该处分为有权处分；而在处分人本身并非登记权利人的情况下，受让人的善意信赖无从谈起。之所以说只有在登记权利人处分不动产之时，才有可能产生受让人善意取得问题，原因是仅在登记权利人为处分行为时，方存在登记表彰的权利状态与真实权利状态不一致的可能，亦即处分人无实质意义上的无权处分，且该无权处分被登记表象掩盖，外界的“信赖”由此产生。申言之，如登记表彰的权利状态与真实权利状态不一致，则处分人无处分权之事实根本无法从登记权利状态查知。由此，**不动产善意取得中的无权处分应当采纳“登记错误说”，亦即不动产登记权利人在登记错误的情况下，依其登记权利人之名义处分了该不动产**。至于因某种原因没有不动产登记的情形，如农村房屋买卖、在建工程转让等，一种观点认为，可依登记之外公认的物权表彰方式判断受让人之善意（即可以适用善意取得制度）。笔者认为，不动产善意取得制度是建立在登记公示效力基础上的物权法特别制度，其目的和功能并不在于解决前述问题。此外，在乡土熟人社会、行政审批等特定环境下，借助善意取得制度纾解权利冲突的现实需求和必要性均极为罕见。

三、不动产善意取得中无权处分的界定

在登记表彰的权利状态与真实权利状态不一致，且处分人无处分权之事实根本无从就登记权利状态查知的场合中，是否必然产生善意取得制度的适用，

也需进一步厘清。核心问题是，受让人是否基于登记而信赖处分人有处分权。如果受让人知道作为登记权利人的处分人并非真实权利人，但其有理由相信处分人具有真实权利人的授权，则其信赖非由登记状态而来，不应产生善意取得制度的适用余地。详言之，买受人有理由相信出卖人有代理权的，由表见代理制度解决；买受人不知道且不应当知道法人或者其他组织的法定代表人、负责人超越权限的，由表见代表制度解决。两类情形中，买受人系相信对方具备代理权、代表权而为交易，只要符合《合同法》第49条、第50条规定情形，该代理行为、代表行为有效。不论能否最终得到履行，因买受人之“信赖”并非通过登记或者占有而来，故皆与善意取得制度无关。由此，**不动产善意取得中的无权处分，应当进一步界定为处分人无实质意义上的处分权，但错误登记状态在形式上赋予其完全的处分资格，受让人基于此种信赖而为交易的情形。**

《物权法司法解释（一）》第16条第1款规定：“具有下列情形之一的，应当认定不动产受让人知道转让人无处分权:（一）登记簿上存在有效的异议登记；（二）预告登记有效期内，未经预告登记的权利人同意；（三）登记簿上已经记载司法机关或者行政机关依法裁定、决定查封或者以其他形式限制不动产权利的有关事项；（四）受让人知道登记簿上记载的权利主体错误；（五）受让人知道他人已经依法享有不动产物权。”比较该条款所列诸情形可知，前三类非指登记存在错误，既然如此，是否可以得出司法解释在不动产善意取得中未采纳“登记错误”说？笔者认为，对此重大问题，不宜作简单推定。何为无处分权属更为一般的抽象问题，在未设专条的情况下，司法解释前述条文的本意应在于技术性提示受让人及裁判机关，对异议登记、预告登记、查封等制度功能保有警惕和预判，毕竟在实务上，不应适用善意取得制度和适用善意取得制度但不构成善意的结果很多时候并无二致。需要格外注意的是，异议登记、预告登记之效力并非与登记状态之“形式存在”共相始终，如受让人有证据证明，在其受让不动产时，异议登记、预告登记已因《物权法》第19条第2款、第20

条第2款规定情形而失效，则不能再依照司法解释前述条文作出不利受让人之认定。至于查封等情形，亦同。

四、《合同法》《物权法》中的无权处分

《合同法》第132条第1款规定："出卖的标的物，应当属于出卖人所有或者出卖人有权处分。"第51条规定："无处分权的人处分他人财产，经权利人追认或者无处分权的人订立合同后取得处分权的，该合同有效。"就《合同法》第132条规定文义看，立法者似将无所有权与无处分权视为不同的法律概念。这一点或可从《合同法》第51条的用语（处分他人财产）以及该条所处位置（位于表见代理、表见代表之后）找到依据。在此基础上，《合同法》第51条中处分人之无处分权在外观上就是确定的，而在善意取得中，处分人在外观上看起来是有处分权的。换言之，前者适用于无处分权处分他人财产的情形（没有所有权具备的外部表征），后者适用于处分人处分"自己"财产的情形。如此以来，两个法条各安其道，并行不悖。[①]

但经反思即可发现，按此理解带来的问题是比较明显的：（1）该种理解将颁行时间相距近10年的两部基本法有关无权处分规定的含义作两段式解读，是否真的符合立法本意；（2）《物权法》施行前，没有实质意义上所有权的人以其形式意义上所有权人名义处分标的物时，究竟依据何种法律规则加以规范；（3）《物权法》施行后，善意取得制度是站在末端审视取得人能否取得所有权，在法律行为过程中，其并不关注真实权利人该如何依法保护其权利的问题，此时又该如何回应前述疑问。当然，可向《民法通则》寻求救济，该法第55条规定，民事法律行为应当具备的条件之一为"意思表示真实"，而以该法区别使用"民

---

① 相关详细理由参见笔者：《夫妻共有房屋单方处分中的法律适用问题》，载《人民司法·应用》2011年第19期。

事法律行为”及“民事行为”的目的看，意思表示真实被认为是民事法律行为（有效的民事行为）的构成要件。与此类似的思路还包括撤销权制度的援引。但无所有权的人嗣后取得所有权或者得到所有权人的追认也并非不可能，处分“他人”财产情形中权利人也可以借助前述途径寻求救济。所以，认为《合同法》将该类处分排除于第51条适用范围之外，理由和实益将沦于模糊。基于此，《合同法》第132条第1款并非意在区分“有所有权”和“有处分权”，其表述的本意当为出卖人有所有权则其有权处分，无所有权但有代理权、代表权亦为有权处分。亦即，该法第51条所称的无权处分，包括了出卖人不享有所有权、无代理权或者代表权等情形。由此，**《合同法》第51条与《物权法》第106条所称无处分权的关系应为：前者中的无处分权人可能是登记或者占有人，也可能根本就不是；而在后者中，处分人一定是登记权利人或者占有人（看起来有处分权），虽然他在实体法上没有相应的真实权利支撑。**对于其中的重合部分，《合同法》与《物权法》的规定并不会产生适用冲突：假使《合同法》第51条所称“合同”（处分行为）因处分人嗣后未取得处分权或者权利人的追认而不发生效力，但并不妨碍取得人基于善意取得制度而获得物权；《合同法》所称“合同”（处分行为）的无效，则为权利人追究处分人责任提供了请求权基础；如果取得人无法取得物权，可依《买卖合同司法解释》第3条第2款之规定，请求无权处分人承担违约赔偿责任。质言之，**《合同法》第51条所关注的是无权处分情形下处分行为能否最终完成的问题，其与《物权法》第106条的着眼点及所担负的功能不同，根本无法也无需从一般法与特别法的关系计算中得出谁更优先适用的结论。**

五、处分权受限与无权处分

在不动产上，往往设立定限物权，以抵押权为典型。根据《物权法》第191条第2款的规定，抵押期间，抵押人未经抵押权人同意，不得转让抵押财产。《物权法》第 15 条确立了债权行为与物权变动的区分原则，故违反《物权法》第 191 条第 2 款之法律后果，当非负担行为无效。那么，抵押人的转让是否属于无权处分呢？一种理解为，该条规定的法律后果是抵押人未经抵押权人同意不得处分抵押物，其处分也不会发生物权移转的效力；另一种理解为，该条规定并未否认抵押权的追及效力，抵押权人的同意并不针对处分行为的效力，而仅意味着抵押权人同意在债权未获全部清偿时向抵押物的受让人而非抵押人主张抵押权。如其不同意，则抵押物的转让对抵押权人不发生效力。按照第一种理解，在不动产上存在抵押权的情况下，转让人之处分权业已受到限制，取得人应当对“抵押权人同意”限制了转让人的处分权有清醒的预判，加之根据房地产登记办法相关规定，抵押不动产之变更登记，必须提交抵押权人同意转让的书面文件。此种情况下，很难基于善意取得制度取得物权。笔者认为，能否得到善意取得制度保护与应否适用善意取得制度并非同一问题。**尽管设定了抵押权，但该不动产上之登记权利状态并非登记权利人不享有真实物权，物权负担业已通过登记公示，应当认为登记的权利状态与真实权利状态一致，既然不存在登记错误，就不应产生善意取得制度的适用问题。**如果按照另一种理解，善意取得制度不必介入的结论更是顺理成章。在处分权受限制可依登记或者特别公法程序公示的情形中，亦可作一体解读。

对处分权的限制还有一种类型，也就是一般不会经由登记公示但确实存在的限制。比如，根据《物权法》第 97 条规定，处分共有的不动产或者动产，应当经占份额 2/3 以上按份共有人或者全体共同共有人同意，但共有人之间另有约定的除外。在共有不动产场合，有可能适用善意取得制度的情形，应当是物之权利状态未全面真实反映在登记簿上。如前所述，作为登记权利人的部分共有人处分不动产时，如其对受让人传达的信息是其处分行为已经满足《物权法》第 97 条规定的条件，则不属于善意取得制度调整范围。但若处分人隐藏了共有人同意（法定或者约定）的事实，该处分权之限制已经被登记错误吸收，才应按善意取得加以评价和判断。

需深入思考的前提性问题是，基于约定产生的不动产共有关系，如未经登记，该如何看待共有权之设定。《物权法》第 9 条规定，不动产物权的设立、变更、转让和消灭，经依法登记，发生效力；未经登记，不发生效力，但法律另有规定的除外。何为“法律另有规定”，在理解上，包括婚姻关系、遗产继承以及该法第 2 章第 3 节规定的诸多情形等。然非属上列情形，在未经登记时仅基于约定（合同）能否设定共有权，不无疑问。**如何理解《物权法》第 9 条规定所称“发生效力”“不发生效力”的含义，意义殊巨。**从解释上看：(1)“效力”的内涵是“物权的设立、变更、转让、消灭”，即物权变动；(2) 依法登记是发生物权变动效力的要件，物权变动效力是否发生，取决于是否登记。笔者认为，登记在物权变动中的意义因内部外部关系而有不同含义：**在内部关系中**，登记标志着交易双方之间旨在设立、变更、转让、消灭不动产物权的权利义务关系划上句号，不动产物权的取得及享有受当事人意思自治约束，登记只不过是表彰当事人贯彻其意思的结果；**在外部关系中**，业已发生的物权变动通过登记将向社会公示，外界经不动产登记对不动产物权状态产生信赖。然而，**法律建立不动产登记制度，本质上非为确认当事人间债的履行结果，若不涉及外部关系，该技术性标识并无意义。申言之，登记虽客观上确认了特定当事人之间以设立、变更、转让、消灭不动产物权为目的的债的履行结果，却不能反过来说不动产物权系由登记所赋予，因为交易双方不动产物权得丧变更的基础只能是一个相对的债的关系。**《物权法》第 9 条所称“经依法登记发生效力，未经登记不发生效力”，当然也可以从内部关系加以解读，不过仅是显而易见地说明登记是作为债的履行结果而存在。基于此，登记虽为不动产物权变动生效的要件，但“要件”不同于“原因”，不动产物权变动的原因或基础只能是买卖、赠与、抵押等当事人的单方或双方法律行为。登记制度的构建，盖因交易安全需以清晰权威的物权状态表彰体系为基础和前提。故其宗旨存乎交易秩序之维护，在方法上就是将一个一个本属特定当事人之间物权流转的结果事实公之于众。由此，《物权法》第9条规定的意旨主要在于协调外部关系，其对内部关系的作用发挥是提示特定当事人，如不将仅对双方具有约束力的物权变动以登记方式公开，外界将对错误的不动产物权状态产生信赖。比较登记在确认特定当事人之间的不动产物权变动以及公开这种物权变动两者，后者才是登记的本质。综此，基于约定产生的共有关系，虽未登记，但不宜认为在内部关系中不成立共有关系。进而，也将对判断处分人是否构成无权处分具有实质意义上的决定作用。

六、结语

保护真实权利、维护交易安全是整个民法关注的问题，这是一个全方位、多维度的体系化事项，没有哪一个单项制度有能力担负起全局性的使命。有必要正确评估善意取得制度对交易安全的保护功能，使其仅在特定情形下发挥其应当发挥的作用。放大“无处分权”的范围，不仅将使善意取得制度难堪重负，不利交易秩序及安全的维护，更会导致民法体系的不安定甚至紊乱。

物权法疑难问题再思考：特殊动产物权变动登记对抗之理解

◎辛正郁

我国《物权法》规定了特殊动产物权变动登记对抗制度。然而，在《物权法》的适用中，如何厘清“登记对抗”与其他制度之间的关系是一个难点。人们在把握“交付生效”和“登记对抗”之间的逻辑关系时，容易认为“登记对抗”制度是“交付生效”的例外情形，进而对善意第三人之理解与善意取得制度之适用范围产生认识上的偏差。

本文以善意第三人为切入点，对特殊动产物权变动登记对抗制度与其他相关制度进行深入辨析，试图通过解释论对《物权法》规则的设立旨趣进行全面、系统的把握。

《物权法》第 24 条确立了特殊动产物权变动的登记对抗制度。《最高人民法院关于适用〈中华人民共和国物权法〉若干问题的解释（一）》[以下简称《物权法司法解释（一）》] 第 6 条针对其中善意第三人问题作出专门规定，但制度性的理解与把握还有空间，这也是《物权法》适用中的一个重点难点问题。

一、交付生效与登记对抗

《物权法》第 6 条规定：不动产物权的设立、变更、转让和消灭，应当依照法律规定登记。动产物权的设立和转让，应当依照法律规定交付。此条文系对形式主义物权变动模式的一般规定。《物权法》第 23 条规定：动产物权的设立和转让，自交付时发生效力，但法律另有规定的除外。这是对动产物权依交付发生物权变动的具体落实。《物权法》第 24 条规定：船舶、航空器和机动车等物权的设立、变更、转让和消灭，未经登记，不得对抗善意第三人。这是对特殊动产物权变动对抗力的特别规定。就《物权法》第 23 条和第 24 条规定之间的关系，**首先要明确《物权法》第 23 条但书所称“法律另有规定的除外”，究为何指**。有观点认为，《物权法》第 24 条中的“船舶、航空器和机动车”，其物权变动不依交付发生，特别是在《道路交通安全法》第 12 条明确要求机动车所有权转移、抵押等应当办理登记的情况下，以机动车为代表的特殊动产物权变动的生效要件就是登记。进而，该观点认为，《物权法》第 24 条就是第 23 条但书所称“法律另有规定除外”的情形之一。笔者认为，这种理解是不正确的，理由为：（1）如果特殊动产物权变动不因交付生效，《物权法》第 23 条应明确将其排除于依交付发生物权变动的动产范围之外；（2）物权是否变动与能否具有对抗力属不同法律判断，即便在一般动产上，由于观念交付方式的存在，相应物权变动同样存在不具备对抗力的可能，但《物权法》并未也无意否定物权变动业已发生；（3）依《物权法》第 24 条之文义，其仅是明确了特殊动产物权变动未经登记不能对抗善意第三人，但无对抗力的前提仍然是承认“物权的设立、变更、转让和消灭”。换言之，无对抗力的前提是物权已经变动，否则又岂是“不能对抗善意第三人”可以了得。从另一个角度看，就文义的确定性信息传达而言，特殊动产物权变动即使未经登记，对善意第三人之外的人也是具有对抗力的，其逻辑基础当然是已经发生了物权变动；（4）登记对抗主义之采纳，只不过是对特殊动产依交付发生的物权变动效力的特别限制，而非对交付生效这一动产物权变动模式的取代抑或颠覆。由此，交付与登记在特殊动产物权变动中具有不同意义：**交付是生效要件，未经交付，物权不发生变动；登记是对抗要件，有交付无登记，物权也能发生变动，但没有对抗善意第三人的效力；欠缺交付这一物权变动的生效要件，即便存在登记也不会产生对抗力有无的问题**。由此，《物权法》第23条但书主要指向以下几种情形：（1）《婚姻法》《继承法》等法律的特别规定；（2）特殊动产抵押权的设立；（3）依《物权法》第2章第3节规定发生的物权变动；（4）如将该条中“交付”界定为现实交付，则简易交付、指示交付、占有改定三种观念交付亦应理解为“法律另有规定”。质言之，**《物权法》第23条所称的“法律另有规定的除外”，应当是针对动产物权不依交付即可发生变动的特殊规定，与作为限制物权变动对抗力的情形无关**。《道路交通安全法》之立法目的并不涉及物权归属之明确，依其规定“反思”特殊动产物权变动生效要件，实在是勉为其难。至于日常交易经验中，对特殊动产处分人处分权之充备，需结合占有和登记而定，是为满足善意取得制度中判断取得人是否构成善意之需，不能藉此推翻特殊动产亦依交付发生物权变动的结论。

二、善意第三人

因特殊动产登记对抗效力系在外部关系中发生，且原则上系向后发生，故

从产生权利冲突的关系范围看，内部关系当事人应当绝对排除，比如特定动产物权交易的转让方及其继承人，连环交易的前手或者后手当事人。无论其是否善意，均不得主张对抗利益。当然，排除侵权人等恶意第三人主张对抗利益的可能性，亦同属善意判断的逻辑必然。

物权优先效力是物权法的基本原则，其地位由物权的支配和排他效力决定，不因制定法是否明定而左右。由前述，受领交付而取得特殊动产所有权的人虽未登记，仅是不能对抗善意第三人，而非不享有物权。在此基础上，《物权法司法解释（一）》第 6 条排除转让人的债权人主张对抗利益的可能，意旨应在贯彻物权优先效力。**有疑问的是，破产债权人、强制执行债权人、参与分配债权人等特殊债权人是否也不享有对抗利益。**在日本法中，这些债权人都是典型的不登记就不能对抗的第三人，其主要理由是，在债务人陷入破产、财产被扣押或者分配程序中，已经发生了某种竞争对抗。但必须看到，日本民法与《物权法》所采物权变动模式的差异，物权变动经意思一致抑或须交付发生物权效力，存在隐秘和公开的分野。日本法中，适度放宽善意第三人的范围，将前述特殊债权人纳入其中具有一定的必要性与合理性。毕竟，较之“只因当事人的意思表示而发生的”物权变动，破产债权人、强制执行债权人、参与分配债权人都依托了相应的公程序，相当于进行了一定程度的公开。但这一必要性及合理性在我国法中并不存在。将前述特殊债权人与不享有对抗力的特殊动产所有人理解为一种竞争对抗关系没有问题，若进而据此认为其可主张对抗利益，将与物权优先效力原则产生激烈冲突。假使某种债权人得主张对抗利益，将导致对《物权法》第 23 条所称“自交付时发生效力”的理解疑难，从而引发权利体系的紊乱。毕竟，《物权法》第 23 条所称“发生效力”，指向的是发生物权效力，即《物权法》第 2 条第 3 款所称的直接支配和排他的效力。立法者对善意第三人的解释是“不知道也不应知道物权发生变动的物权关系相对人”，[①] 其欲排除所有债权人的意图十分明显。基于此，前述类型债权人是否可以主张对抗利益的认识，当可厘清。从参考立法例看，美国动产担保交易制度中，正常交易的买受人也是不得主张登记欠缺利益的，依据其《统一商法典》第9-317（b），未公示的物权仅仅劣后于支付了对价且取得标的物占有的买受人。以强制执行债权人为例，对依法受领不动产交付但未经登记的人与强制执行债权人的保护顺位问题，相关司法解释［如《最高人民法院关于人民法院民事执行中查封、扣押、冻结财产的规定》(以下简称《查封、扣押、冻结财产规定》) 第17条］的态度是明确的。那么，在交付、登记两者于效力层级呈逆向强弱比较关系时，认为强制执行债权人可以对抗已经由交付取得特殊动产物权的人，违反基本形式逻辑规则。善意第三人保护机制仅系协调民事权利冲突方法之一，无法完美化解所有问题。以破坏物权优先效力为代价，对特定债权人施以对抗保护，说服力孱弱。**只有深刻理解民法乃至整个法律体系的完整性、价值追求的一致性以及法益保护渠道的多样性，在面对很多裹挟着道德拷问和利益平衡的疑难问题时，才不至总是备感纠结。**比如，在涉及人身损害及道路交通损害赔偿时，目前国际上通行的做法是通过保险制度分担侵权行为带来的风险，而非一味执着于侵权人的责任财产。再如，2007年6月施行的《企业破产法》第113条改变了《企业破产法（试行）》第37条对劳动债权的保护顺位，将“破产债权”修改为“普通破产债权”，即是出于可以或者说应当主要通过社会保障制度在根本上解决劳动权益保护问题的立法政策考量。综上，对《物权法》第24条所称善意第三人，可抽象解释为“在欠缺登记场合中，不知道且不应知道特定动产物权变动的事实，并对标的物享有正当物权利益的人”。亦即，得主张对抗利益的人，必须基于法律规定已经取得特殊动产之物权（通常发生在前手交易中的交付方式为观念交付，后手受让人受领交付源自转让人直接占有的场合）。

---

① 胡康生主编：《中华人民共和国物权法释义》，法律出版社2007年版，第69页。

三、登记对抗与善意取得

登记对抗与善意取得在产生背景、目的功能、规制重点等方面的区别无疑是明显的，但实践中于各自竞争关系中最终胜出的善意第三人与善意取得人却往往是一致的。有观点进而认为，《物权法司法解释（一）》第 6 条实际上已经将特殊动产的登记对抗与善意取得等同起来。笔者认为，这种理解或属情有可原，但理据难谓充分：（1）登记对抗中，善意问题并非天然存在，而是在不断剔除第三人获得对抗利益的非正义性过程中被逐渐重视并不断完善的。善意取得中，善意必须被具备是自始就存在的。（2）登记对抗中首要面对的是登记欠缺是否存在，善意取得中则必须先解决取得人善意与否的问题。申言之，登记对抗中善意第三人认为受让人之物权不能对抗自己，只要举证证明受让人取得的物权欠缺登记的事实存在即可（此非属就消极事实承担证明责任），如果受让人未就第三人为恶意提出主张并完成证明责任，第三人就无需对此承担下一步的证明责任。善意取得中取得人若主张其善意取得物权必须就其善意承担证明责任，只不过一般而言，公示权利状态存在即可推定其存在善意的路径选择，使得其举证证明责任显得并不困难。（3）登记对抗系在“一物数卖”，即发生对抗关系的物权设定关系中发挥作用。[①] 善意取得只关注转让人是否为无权处分，至于无权处分是否发生在“一物数卖”之中在所不问。（4）登记对抗中，转让人为后手交易时一般情况下已经构成无权处分，而在前手物权取得人为抵押权人时，转让人则为有权处分，但因抵押权未登记，仍可能引发有无对抗力的问题。善意取得中转让人须为无权处分。即便在无权处分场合，前者中的无

---

① 重复转让的前后关系，并不都能通过合同成立时间确定，此时，只能借助交付、登记的时间顺序确定交易的先后。如果交付在先且未登记，对抗力有无的问题始生。如有证据证明某一买受人受领交付或者办理登记存在恶意，则另当别论。

权处分仅为所有权丧失所致，而善意取得中转让人无权处分的原因更为复杂和丰富。[①]（5）登记对抗中若前后两个物权并非不能同时存在，则受让人之物权并不因第三人之物权存在而当然丧失，其物权不能对抗善意第三人，但绝非对所有的人均无对抗力。善意取得中（《物权法》第108条）即使真实权利人之物权（原有权利）与取得人之物权非属零和关系，但只要善意取得成就，该真实物权（原有权利）即确定地消灭，除非取得人受让时知道或者应当知道该权利存在。在原权利（包括无对抗力的物权）人受到侵害时，此种差别在程序乃至实体法上的意义就会显现。所以说，甄别登记对抗与善意取得的制度差异，有助于各自制度功能的精准发挥。

四、结语

物权法理论艰深、逻辑复杂、体系严密、学说丰赡、著述浩繁。妥当执行《物权法》的最佳因应之道，是依循立法目的运用法理结合实践对法律作出恰当的解释，这是一场通过解释印证制定法完美逻辑自洽的智力挑战。本文以善意第三人为切入点，前后延伸探讨交付生效与善意取得两个问题，试图证成解释论在全面和体系把握《物权法》规则设置意旨中所具有的重要意义。

---

① 在极端特殊的情形中，登记对抗中前手交易的转让人也可能不具备处分权（且不限于单纯的无所有权），在此情况下，前手买受人之物权取得亦属善意取得，与此相应，后手交易的转让人之无权处分类型就具有复合性。

物权法疑难问题再思考：《物权法司法解释（一）》重点内容理解

◎辛正郁

《最高人民法院关于适用〈中华人民共和国物权法〉若干问题的解释(一)》[以下简称《物权法司法解释(一)》]对许多重要的基础性问题作出了解释和规定。从不动产登记、特殊动产的登记对抗制到生效法律文书的范围、优先购买权，再到善意取得等诸多方面的规定，无不体现着这部司法解释对《物权法》制度设计意旨的深度把握和思考。

本文对《物权法司法解释(一)》的几个重点内容进行了深入解读，揭示其背后深刻的法理基础。

法律是一个高度抽象化、概念化的行为规则体系，从某种意义上说，没有解释就没有法律。仅就抽象化、概念化而言，《物权法》堪称集大成者。《物权法司法解释（一）》是聚焦《物权法》重要基础性问题的首部司法解释，准确把握相关规定之意旨，不仅事关其正确适用，也对更深入研究物权法诸多重大问题具有积极意义。

一、以制度功能和效力边界为支撑，妥当安置不动产登记

不动产登记久已有之。从沿革看，不动产登记均由具有行政机关性质的登记机构办理，不动产登记行为因此具有浓厚的行政色彩；从社会生活看，老百姓也根深蒂固地认为不动产登记与其他行政管理措施在性质上别无二致，登记机构也是以管理者的角度认识和开展登记工作。实践中，大多数的不动产纠纷都会直接间接地涉及登记行为，这些争议的司法救济路径一直都在民事诉讼与行政诉讼之间左右徘徊。除基于法律特别规定，登记与否并不决定物权状态的情形外，在物权变动依登记发生效力的一般场合中，《物权法》采纳了形式主义的物权变动模式，即债权行为加登记。**明确登记的性质，核心是如何看待登记与不动产物权变动之间的关系，关键在怎样理解《物权法》第 9 条所称的“发生效力”“不发生效力”**。从解释上看有两个层面：（1）“效力”的内涵是“物权的设立、变更、转让、消灭”，即物权变动；（2）依法登记是发生物权变动效力的要件，物权变动效力是否发生，取决于是否登记。笔者认为，登记在物权变动中的意义因内部外部关系而有不同含义：在内部关系中，登记标志着交易双方之间旨在设立、变更、转让、消灭不动产物权的权利义务关系划上句号，不动产物权的取得及享有受当事人意思自治约束，登记是表彰当事人贯彻其意思的结果；在外部关系中，业已发生的物权变动通过登记将向社会公示，外界经不动产登记对不动产物权状态产生信赖。然而，法律建立不动产登记制度，

本质上非为确认当事人间债的履行结果，若不涉及外部关系，该技术性标识并无意义。申言之，**登记虽客观上确认了特定当事人之间以设立、变更、转让、消灭不动产物权为目的的债的履行结果，却不能反过来说不动产物权系由登记所赋予，因为交易双方不动产物权得丧变更的基础只能是一个相对的债的关系。**《物权法》第9条所称"经依法登记发生效力，未经登记不发生效力"，当然也可以从内部关系加以解读，但仅是显而易见地说明登记是作为债的履行结果而存在。基于此，登记虽为不动产物权变动生效的要件，但"要件"不同于"原因"，不动产物权变动的原因或基础只能是买卖、赠与、抵押等当事人的单方或双方法律行为。登记制度的构建，盖因交易安全需以清晰权威的物权状态表彰体系为基础和前提，故其宗旨存乎交易秩序之维护，在方法上就是将一个一个本属特定当事人之间物权流转的结果事实公之于众。由此，**《物权法》第9条规定的意旨主要在于协调外部关系，其对内部关系的作用发挥是提示特定当事人，如不将仅对双方具有约束力的物权变动以登记方式公开，外界将对错误的不动产物权状态产生信赖。**比较登记在确认特定当事人之间的不动产物权变动以及公开这种物权变动两者，后者才是登记的本质。除法律另有规定外，因物权归属或基础关系所生纠纷，是平等民事主体间之财产争议，理应通过民事诉讼对相应法律行为及其他法律事实进行判断。作为不动产物权变动的公示方法和手段，登记表彰的不动产物权权利状态是一种拟制事实，它并不总能反映真实不动产物权关系。所以，**赋予不动产登记以终局证明效力，既为登记制度功能所不能承受之重，也有违诉讼证据规则。**这一点在内部关系中尤为重要，而在外部关系中，则需协调好保护真实权利与维护交易安全之间的关系。**在不动产物权归属以及作为不动产物权登记基础的买卖赠与、抵押等产生的争议中，依据既有不动产登记决定物权归属，或者因存在登记而将不动产物权归属争议排除于民事诉讼主管范围的认识和做法，都是不正确的。**从立法层面看，2014年修正后的《行政诉讼法》第61条第1款规定，在涉及行政许可、登记、征收、征用和行政机关对民事争议所作的裁决的行政诉讼中，当事人申请一并解决相关民事争议的，人民法院可以一并审理。此前，《最高人民法院关于审理房屋登记案件若干问题的规定》（以下简称《房屋登记案件规定》）第8条规定，当事人以作为房屋登记行为基础的买卖、共有、赠与、抵押、婚姻、继承等民事法律关系无效或者应当撤销为由，对房屋登记行为提起行政诉讼的，人民法院应当告知当事人先行解决民事争议……已经受理的，裁定中止诉讼。出于方便诉讼的目的，《行政诉讼法》作出前述规定，但考虑到案件解决的具体情况和诉讼程序功能的差别，其第61条第2款又规定，在行政诉讼中，人民法院认为行政案件的审理需以民事诉讼的裁判为依据的，可以裁定中止行政诉讼。以上表明，《物权法司法解释（一）》第1条规定符合立法的选择。**尽管不动产登记在本质上是一种不动产物权的公示方法，但其工作开展是依托行政权力、遵循行政程序进行的，所以，也要对不动产登记的复合性有清醒认识，确定争议的司法解决途径，必须视具体情况而定，不能在民事诉讼与行政诉讼中作简单的单项选择。**

纳入登记的不动产权利推定为正确是一种法律为稳定经济秩序所作的推定，而非表明其绝对正确，登记的权利状态和真实的权利状态存在不吻合的可能性。法律不但要承认和保护真实的权利，而且有必要提供权利人或者利害关系人依据真实权利对现时登记的权利进行更正。考虑到更正程序较长以及与登记权利人之间的争议很可能一时难以解决的情况，法律建立了**异议登记制度**，作为一种临时性的保护真实权利人的措施。异议登记就是真实权利人和利害关系人对现时登记权利的异议的登记类型。就制度目的而言，异议登记旨在保护真实权利人及真正权利状态；在法律效力层面，异议登记使登记簿上所记载权利在一定期间内失去正确性推定力，第三受让人无从主张登记信赖。**异议登记因申请人未在法定期间内起诉而失效的法律后果，应在前述制度目的及法律效力范围内确定，不得任意扩张。**认为异议登记因罹于法定起诉期间而失其效力后，利害关系人亦丧失提起物权确认诉讼的权利，其谬误之处即在于没有准确理解异议登记的性质和功能究竟是什么。

预告登记制度为德国中世纪民法所创立，系不动产登记的重要内容，是为了保全一项以将来发生不动产物权变动为目的的请求权的不动产登记。预告登记的特殊性集中体现在，其他的不动产登记都是已经完成的不动产物权登记，即现实物权的登记；预告登记所登记的，不是现实的不动产物权，而是目的在于将来发生不动产物权变动的请求权。预告登记赋予被登记债权以一定物权效力：对违背预告登记内容的后发不动产物权处分行为具有排他效力；现时登记权利人的物权处分自由受到限制。于法律上危及抑或妨碍债权如期实现的处分行为，未经预告登记权利人同意不发生物权效力。《物权法司法解释（一）》第4条以此为立足点，从正面对现时登记权利人针对保全标的物的处分行为作出限制性规定。藉此，**现时登记权利人所设负担行为之效力不受预告登记限制；即便负担行为生效同时具有物权设立效果，亦仅物权效力的发生与预告登记权利人之同意有关**。预告登记所保全请求权之标的物之上极易衍生复杂权利冲突或者权利变形，如何协调保护值得深入思考。因篇幅所限，本文不再展开，**但妥善解决这些问题的关键，是要把握好这样几个问题**：（1）预告登记"保障当事人将来实现不动产物权"的制度目的，既为保护预告登记权利人提供法律依据，也预告登记权利人之权利保护划定边界；（2）经由预告登记保全的请求权与其他债权（包括一般债权及特定物债权）产生冲突时，《最高人民法院关于适用〈中华人民共和国民事诉讼法〉的解释》（以下简称《民事诉讼法司法解释》）和涉及强制执行的相关司法解释对预告登记权利人的保护问题已经作出了相关规定，应按其精神执行；（3）除保全效力外，还应准确把握预告登记之顺位及破产保护效力。学理的借鉴和运用必须对本土制定法实际给予充分照顾，切忌文本主义；（4）正确认识预告登记所保全债权请求权的**期待性特征**，避免基于标的物物理状态之未完成性特征解读前述期待性的含义，将本登记错误视作预告登记（如在建工程抵押权）。**综合运用《物权法》《合同法》等法律制度手段从标本两方面确定恰当的体用关系，为预告登记权利人提供准确适度的保护。**何谓债权消灭，时点如何判断，原则上应依债法确定。债权消灭后，纵预告登记尚未注销，现时登记权利人处分物权之限制亦随即解除，预告登记权利人不得主张登记利益。自能够进行本登记之日起3个月内未申请预告登记时，亦同。《物权法司法解释（一）》第5条未对《合同法》第91条所列情形作完全列举并非疏漏而是均有所考虑，未列举之其他情形对预告登记效力产生何种法律后果也需更进一步的深入研讨以形成共识，从而更好指导审判实践。除《物权法》第20条第2款规定的两种失效事由外，预告登记效力终于本登记完成，因被注销而失效。

二、以登记欠缺和对抗利益为视角，精细落实登记对抗

略，详见“民商辛说”2016年5月10日所刊《特殊动产物权变动登记对抗之理解》一文。

三、以改变既存物权关系为标准，准确框定法律文书范围

如何理解《物权法》第28条规定中的生效法律文书的范围，是一个自《物权法》施行后即争论不休的问题。其中，有关物权归属的确认法律文书，是否具有导致物权设立、变更、转让或者消灭的效力，认识极不统一。很多人认为，确认类法律文书当然应该具有物权效力，否则它还有什么法律意义呢？

《物权法》第28条所称的导致物权设立、变更、转让或者消灭，是指既存物权状态因法律文书生效而发生改变。确认法律文书，是对当事人之间民事实体法律关系或特定法律事实是否存在所作权威性判定的载体。**就物权归属争议**

而言，确认法律文书只是判断当事人是否享有所争议的物权，并不改变既存物权关系。申言之，这类法律文书的生效并非“物权设立、变更、转让或者消灭”的原因，不应该也不可能导致物权变动。至于有些场合中，被确认的权利人据此要求涂销原“登记权利”，但这并非说明确认法律文书产生了“消灭物权”的效力，因为在实体法上**并不承认该物权曾经存在**；若其曾经之存在引发外部交易风险，交给善意取得制度解决即可。

人民法院在**执行程序**中作出的**拍卖成交裁定**以及**以物抵债裁定**能否产生物权变动效力，也有不同认识。从司法解释的立场看，基本上均采肯定立场。前述两类裁定基本上源自给付判决的执行程序，为何《物权法司法解释（一）》会作此选择，有必要厘清。此时需要回应两点质疑：（1）几乎所有涉及标的物物权移转的给付判决，都需要具体履行或者执行，为何不将给付判决也纳入导致物权变动的法律文书范围；（2）如依前述执行裁定之生效确定物权变动时点，实际上对权利人反而可能不利。因为标的物之物权在外观上仍未体现，登记权利人或者占有人仍可再行处分或者毁损标的物。即使所谓物权人可以物权法寻求物权保护，但其风险已然陡增。**首先，**在《最高人民法院关于人民法院在民事执行中拍卖、变卖财产的规定》（以下简称《拍卖、变卖财产规定》）第29条区分动产、不动产及特殊动产对物权变动时间予以差异化规定的情况下，**《民事诉讼法司法解释》第493条作出一体规定，**拍卖成交或者依法定程序裁定以物抵债的，**标的物所有权自拍卖成交裁定或者抵债裁定送达买受人或者接受以物抵债的债权人时转移。其次，**两类裁定的执行虽然也会伴随交付乃至变更登记，但这种物权变动**并不是基于当事人的意思，也不是源于给付裁判的明确授受**（这两种裁定存在于非特定物给付的裁判中），由此，**其性质当可归为形成性质。最后，**即使将前述两类裁定理解为给付法律文书，使其归入导致物权变动的法律文书范围内，亦可理解为并非不可接受的技术性处理。如此一来，**绝对地说给付法律文书不能导致物权变动也可能是不尽正确的，认为形成法律**

文书都具有导致物权变动的效力也是存在问题的，比如涉及身份关系的形成裁决就不涉及物权变动。这可以视作对质疑（1）的回应。至于质疑（2）所担心的问题，在形成裁判中也会存在，如依其得出否定结论，则没有哪一类生效法律文书能够直接导致物权变动。

四、以消除盲点和规则创设为手段，全面激活优先购买权

《物权法》第101条确立了按份共有人优先购买权制度，但优先购买权行使的前提条件、具体方法及法律效果亟需进一步明确。《物权法司法解释（一）》根据立法精神和目的，对优先购买权制度进行了较为充备的细化，基本解决了主要问题，可以极大促进该项权利的正确行使和功能发挥。只有按份共有人转让其共有份额，才会产生优先购买权的行使问题，所以必须首先明确转让的含义。依文义，转让的含义侧重于变动。而由权利变动是否等价有偿以观，有无偿、有偿之分。**行使优先购买权以存在同等条件为逻辑前提，若无法依一般等价物量化的财产观念评价同等条件，即应排除其他按份共有人行使优先购买权。**因存在共有份额转让之动因及紧迫程度等具体情况，转让价款支付方式、履行期限亦属评价同等条件的重要考量因素。优先购买权之设置，意在简化共有关系，防止因外人介入而使共有人内部关系日趋复杂。基此并虑及按份共有人优先购买权与承租人优先购买权权源基础、法律性质、客体等方面的差别，无需考虑近亲属间有偿转让情形中所含人身关系成分。至于转让人所怀特殊交易目的、所采特殊交易方式，如为实现优先购买权制度目的而应作技术性限制甚至变种，亦属合理干预。

合理确定优先购买权行使期间，虽表现为一项技术性作业，但根本还在于准确理解立法目的，以实现转让人权利行使自由与简化共有关系之间的协调与平衡。期间长短的取舍，应最大限度防止一方滥用权利损害对方合法权益。**对**

转让人课以通知义务，可为明确不同情形下行使期间的起算点奠定基础。考虑到转让人不履行通知义务的情形时有发生以及通知内容千差万别等复杂情况，**《物权法司法解释（一）》第11条对各类情形下优先购买权行使期间乃至期间的起算问题分别加以明确，有效解决了“无起点即无期间”的实践难题。**共有份额转让时，两个以上按份共有人可能同时主张优先购买，如何协调方为妥当，殊值斟酌。于制度目的计，转让人既然决定转让共有份额、退出共有关系，苛求其以更好维系共有关系之动机行事当不现实，故依其选择确定优先购买权行使顺位已无实益。优先购买权裁判保护方法的观点立场、实践把握极不统一，其直接后果是，转让人和优先购买权人的权利都没有得到有效保护，制度效用几近萎缩。优先购买权源于物权，权利目的在于“购买”，物权效力使之“优先”。综合《物权法》《合同法》立法目的与规则设置，提供平等保护各方利益之更为彻底的应对方案，对有效化解前述弊端殊为必要。**建诸合同效力理论与实务的丰富发展，侵害优先购买权并不产生转让合同无效抑或应撤销的法律后果顺理成章。**

五、以制度目的和法益协调为始终，谨慎搭建善意取得规则网格

善意取得集中体现了物权法理论逻辑严密的特点，被誉为法学思维的精灵。目前的实践疑难可抽象归纳为“该不该用、如何适用”，这是执行《物权法》的重点、难点和热点之一。《物权法司法解释（一）》严格遵循立法本意、注重关联制度内在关系、妥善平衡冲突利益，最大限度实现了善意取得制度的本土优化运行。

善意与否的判断，应以受让人对不知且不应知转让人无权处分无重大过失以上过错为标准。受让人认为其受让不动产或者动产时为善意，应当承担证明

责任；真实权利人如主张受让人不构成善意，亦应承担证明责任。善意取得制度的重要目的在于维护交易安全，权利外观系通过登记或者占有表彰，依表彰效果之存在即可推定受让人为善意。**不动产物权以登记方式公示时，应围绕登记表彰的物权状态判断善意。**但因登记或占有并不一定准确反映真实物权状态，如登记簿上明确记载处分人之处分权受到限制、存在争议，或者受让人知道标的物物权已由他人依法律特别规定享有，可认定受让人明知处分人无处分权；真实权利人有其他证据证明受让人应当知道处分人欠缺处分权，可认定其具有重大过失。至于《物权法司法解释（一）》第16条所载有关情形下，因取得人获得物权变动在实践中并不可能所导致的该人根本无法得到善意取得制度保护的问题，并不会动摇该规定的妥当性。**因为司法解释也具有指引社会生活的功能，该条规定正是从另一角度重彰了异议登记、预告登记的制度功能，引导取得人谨慎从事经济交往。**鉴于《物权法》对各类不动产物权虽未登记亦可设立的情形有诸多特殊规定，若受让人知晓该相关事实，其亦属明知处分人无处分权，至于该受让人之范围，应依是否具备了解相关物权变动之可能性而有所限制，以免不当增加受让人之注意义务危及交易安全。特殊动产物权变动以登记为对抗要件，不能仅凭占有而赋予公信力也符合社会一般观念。**观念交付**是法律为促进和方便物之流转对交付方式的便捷化创造，如果转让人间接占有标的物，**受让人需就其善意信赖转让人之间接占有表彰其处分权充分举证。**占有对动产物权的公示效力较登记之于不动产物权为弱。故在动产善意取得，尤具实践意义的作业在于如何判断受让人"应当知道"处分人无处分权。对此，需依交易习惯综合考量。对一般动产，可从标的物种类、来源，交易对象、过程、场所、时机等方面着手；对特殊动产，则应重视登记的重要意义。假使不符合同类交易人对正常交易的判断，即可认定受让人具有重大过失。妥定善意之判断时点，关系重大。

适当后置善意判断时间，确定为完成不动产登记、动产交付之时，可

深植善意取得制度之伦理根基并可极大抑制善意取得之负面效果。不论以何种方式交付，均须基于物权移转之意思，且标的物须为法律许可自由流通；就物权取得附条件或期限的，需以条件成就、期限届至时定之。不可机械理解动产之范围，记名有价证券，依证券表彰之动产、债权等，应依法律特别规定之物权变动时加以判断。需重点研究善意取得中“交付”的类型及其时间。比较法立场之借鉴，必须深入分析《物权法》规定善意取得制度的社会背景、要件配置之目的，以有效发挥制度功能：**（1）排除某种观念交付（如占有改定）是否具有充分的法正当解释基础；（2）清醒认识对观念交付情形施加格外限制之妥适性。**比如，先行之占有是否需自转让人处受让，债权性返还请求权让与是否需通知第三人，占有改定中转让人是否已为现实交付等。《物权法司法解释（一）》对这些问题采取不同方式予以回应，有的已经彻底解决，有的还需更进一步研究论证。就**指示交付**中的物权变动时点而言，其立场是：让与返还请求权有债权性和物权性的区分，但《物权法》第26条对直接占有标的物的第三人施加了“依法”的限定，**故其所指的让与返还请求权应为债权性质。**既属债的范畴，**应依转让人与受让人之间有关让与返还原物请求权的协议生效之时确定动产交付以及判断善意的时间。**当然，这一结论至少看起来并不是无懈可击的。《合同法》第80条第1款规定，债权人转让权利的，应当通知债务人。未经通知，对债务人不发生效力。对债务人而言，债权转让未通知尚且对其不发生效力，而善意取得中即使牺牲真实权利人之利益也不要求“返还原物权利让与需通知第三人”，是否符合法解释所应秉持的正义观念呢？对此，首先应看到的是，债权转让如未通知债务人，其后果是对债务人不发生效力，但在债权人与受让人之间，债权的转让合意对双方具有约束力，这是由债的相对性决定的。当事人依指示交付方式完成物权变动，即使没有通知第三人（债务人），但认可其物权效力首先来说符合其真实意思。此外，还必须看到《物权法》与域外法制规定的不同之处。以《德国民法典》为例比较，其对善意取得中观念交付情形下物权特别变动时点（受让人必须直接占有标的物才能成立善意取得）专门作出了规定。《物权法》并没有采用此种立场，在一般物权变动与特别物权变动中，都是采纳了相同的表述。由是，《物权法》第106条第1款第（3）项所称“不需要登记的已经交付”，只能理解为该法第2章有关动产交付的一般规定要求。而在该一般规定情境中（第26条），显然不能强加“受让人必须直接占有标的物”抑或“返还原物权利让与需通知第三人”的额外限制。最后，依照《物权法司法解释（一）》第18条第2款后段确定善意取得中指示交付下物权变动时间，也并非绝对地引发“灾难性”后果，因直接占有人之占有仍可为其他取得人之“善意信赖”提供处分权表彰基础，亦即其对交易安全的威胁是可控的。至于真实权利人，应通过司法解释的风险提示，增强自身的权利维护意识。这一结论也得到了立法者的肯认。而基于解释论从事，是司法解释必须遵守的行为准则。**关于占有改定，《物权法》第27条规定语义清晰，借鉴域外法制立场的妥当性已被封闭。**《物权法司法解释（一）》第18条第2款一直保留了相关规定内容，但在最终定稿时，出于该种观念交付方式极易为背信之人利用，如何规定方能更有利于《物权法》的本土实施还需更多的实践积累与成效分析，故删除了相关内容。不过可以确定的是，此种技术处理绝非意味着排除占有改定在善意取得制度中的适用。

准确判断价格是否合理，需严循立法目的与价值取向，立足个别交易具体情况，深刻体察社会一般交易认知感受。经验与逻辑同等重要。**合理价格条件，意在强调一般等价物抽象评价，非在限定对价表现形式，且对价支付与否并非必要。无对价情形应排除善意取得制度之适用，**在外部关系以赠与为代表，在内部关系比如继承。**合理与否，重点在于排除不合理低价，对个别交易中存在的高价乃至过分高价，如不能否定受让人之善意，即不宜视之为不合理。**善意取得特殊动产所有权是否应同时满足“交付 + 登记”，争议尤烈。善意取得制度旨在解决物权变动问题，对特殊动产物权变动的生效要件，《物权法》第 23 条规定为交付，故《物权法》第 106 第 1 款第（3）项中“依照法律规定应当登记”之含义，应解释为就物权变动发生物权效力而言依法应当登记。**登记仅系特殊动产物权变动具备对抗力之要件，认其所有权可依交付发生善意取得当为合理。**获得完全对抗力应属取得特殊动产物权之一般目的，如依同类交易习惯可以得出容忍并放任对抗力缺失后果存在显系异常的结论，则认定单纯占有之事实尚不足以产生处分权充备之信赖效果，更符合日常经验；对善意取得人施加此项注意义务，可在判断其善意与否时发挥严格评价作用。

善意取得因转让人欠缺处分权而被拟制为原始取得，原因行为有效并非善意取得的要件。但若该交易因危及公共利益、公序良俗等绝对不可受损之利益而无效，或者因受让人存在欺诈、胁迫、乘人之危等法定情形而被撤销场合，即便受让人善意信赖处分人享有处分权，亦应另作评价。此时，尽管受让人业已取得物权之事实客观存在，尽管受让人之非善意并非针对知道或应知转让人无处分权，但依不当得利返还发生复原性物权变动，自属必要。于此考虑，《物权法司法解释（一）》第 21 条规定利于简化裁判理据，利于夯实善意取得制度的法理根基，利于增进裁判的社会认同。原因行为除上述情形外还可能存在诸多瑕疵情形，如若不加区分一概予以排除就会危及制度目的顺利实现，故该条意旨绝非视原因行为无无权处分之外的瑕疵为善意取得制度适用前提。未排除原因行为因可归责于转让人的事由被撤销之情形，概因善意取得之善意非指转让人亦需具备善良交易动机。无权处分本身并非合同绝对无效之当然法定原因，否则将彻底封闭善意取得制度的适用空间。

物权是社会生活中最基础、最常见、最重要的财产权利，《物权法》对财产关系的规范也最为直接和深刻。**执行好《物权法》，解决好物权疑难问题，是激发财富创造激情，维护人的尊严自由，促进社会有序协调最为重要的制**

度需求。于此间，深谙物权法体系中各项原则规则之精义当为前提，熟练掌握和运用妥当适度的法律解释方法殊为必要，深刻认识和体察本土社会生活及法文化传统之承继脉络是为基础，准确而高超地掌控包括自由、正义、秩序在内的法价值则为根本。实现逻辑与经验之间的良性互动、理性糅合乃至完美自洽，是走向幸福与安宁的必由之路。抱怀善良、纯和、悲悯、宽仁之心念，毕其生化逻辑于无形，让普罗大众共沐世间法的光芒，法律人首当其冲，责无旁贷。

注：本文曾以“逻辑与经验的深入研判及审慎选择”为题发表在《法律适用》2016 年第 5 期，此次作了适当文字修改，个别部分的论理做了重大调整。文中略去部分已更名载于“民商辛说”2016 年 5 月 10 日版，但为不失完整性，此次仅保留该部分在原文中的一级标题，并作必要提示。针对物权法相关疑难问题的板块性集中思考，至此阶段性结束，但对物权法上诸问题的研究，仍将是“民商辛说”关注的重点。

对方同意在合同权利义务转让中的法律效果

◎辛正郁

《合同法》对未经对方同意而为的合同权利义务之转让未作明确规定，在实践中，很多人误认其为无效、未生效的民事行为。然而，该种理解不仅使当事人获取了不正当利益，也有违法解释逻辑，使得《合同法》提供的多种救济途径被废置。

本文从一则设例入手，对合同权利义务转让中“未经对方同意”的法律后果进行了探究，旨在通过体系解释、目的解释、当然解释等方法，挖掘《合同法》相关制度设计的丰富内涵。

《合同法》第88条规定：当事人一方经对方同意，可以将自己在合同中的权利义务一并转让给第三人。一方将其合同权利义务一并转让给第三人时，对方之同意究竟具有何种法律意义、产生何种法律效果，认识还不统一。为抽象探讨之便，笔者排除合同权利义务概括移转因违反法律、行政法规效力性强制性规定的情形,仅将问题集中在“未经对方同意”之上。（文中所称“一方”为《合同法》第88条所称“当事人一方”，“原合同”为一方与对方所签合同，“转让合同”系一方与第三人签订的合同权利义务转让合同）

设例：2001年5月，甲公司与乙公司签订《联合改造开发协议》，约定乙公司出地、甲公司享有开发权并出资拆迁改造、开发建设，乙公司分得相应面积房产。其后，甲公司取得相关土地的建设用地使用权。2003年4月，甲、丙公司签订《移交开发权协议》，约定甲公司自愿退出《联合改造开发协议》，并将项目开发权益以及相关土地使用权转让给丙公司。嗣后，甲公司按约移交相关手续并收取了丙公司支付的相关费用。后因甲公司未履行《移交开发权协议》，丙公司诉请甲公司按约为其办理土地使用权变更手续。甲公司辩称，双方所签《移交开发权协议书》未经乙公司同意，应为无效。

一、法律效果之选择

作为两大法系合同法共同遵循的一项重要原则，合同相对性是合同法一系列规则、制度的基石。随着合同理论的现代化进程，各国立法及司法基于现实考量，在信守合同相对性原则的前提下，不同程度地承认一些例外的存在，如为第三人利益合同、侵害债权禁止、合同保全措施，亦即特定债权物权化以及授权第三人规范等。综合来看，这些突破都是在具备极端利益救济及价值取向需求时才产生一定的合理性，并经由法律规则予以逐一明确，但在探讨题涉问题时，其并无实证意义。学界对合同效力判断的相对性是否属于合同相对性原则的应有之义尚存争论，但就一般情形而言，合同之成立、生效乃至有效、无效，仅对合同当事人的权利义务关系产生影响。

合同依法成立后，除非法律特别规定或者当事人另有约定，任何一方当事人都不能摆脱合同的约束。**一方未经对方同意就将其合同权利义务转让给第三人，无疑会严重损害对方的缔约自由和目的，所以必须加以规制，而《合同法》第 88 条就是主要规制方法之一。**合同的产生和消灭历经当事人磋商、成立直至履行，虽然这是一个完整的过程，但每个阶段也有其相对的独立性。综合来看，对方同意这一法律事实，在转让合同磋商的阶段显然无法发挥作用，对其法律效果的研究，应限定在转让合同的生效、有效以及履行之内。实践中的不同认识和观点，由此产生。

二、法律效果之排除

《合同法》施行后，相关理研究论取得诸多成果，而效力学说的全面深入发展堪称典型。纵观各国合同法，合同无效都是被严格限制的，只有在损害社会公共利益、有悖公序良俗等极为严重的场合中，才会对合同效力施加干预和否定。**《合同法》施行前，存在这样一种倾向，即在处理合同争议时，往往将解决方案系于效力判断之上。这种做法当然简单、方便，但带来的问题是：忽略了合同制度固有的丰富内涵，当事人合同责任的承担简单、粗暴，进而合同自由受到压制，诚实信用难以弘扬；理直气壮地恶意主张合同无效、未生效，并从中获利的现象司空见惯。**此局面虽未伴随《合同法》的施行得到迅速改变，但改变从未停止。1999 年底施行的《最高人民法院关于适用〈中华人民共和国合同法〉若干问题的解释（一）》[以下简称《合同法司法解释（一）》] 确立了**从旧兼从轻**的合同效力认定原则，极大缓解了过度膨胀的无效干预所带来的消极后果。此外，尽管《合同法》第 52 条第（5）项已经明确规定认定合同无效的依据应当是“法律、行政法规的强制性规定”，但前述解释第4条还是用心良苦地告诉我们：“合同法实施以后，人民法院确认合同无效，应当以全国人大及其常委会制定的法律和国务院制定的行政法规为依据，不得以地方性法规、行政规章为依据。”此后，合同法理论对法律规范性质的研究日益深入，对强制性规定的类型分析研究取得了丰富成果、取得了广泛共识。建诸近10年的理论研究成果之上，**《最高人民法院关于适用〈中华人民共和国合同法〉若干问题的解释（二）》[以下简称《合同法司法解释（二）》]将《合同法》第52第（2）项所称“强制性规定”，限缩解释为“效力性强制性规定”**。近年来，陆续出台的相关司法解释通过解释《合同法》相关规定，对原已固化的诸多观念加以矫正，比如《最高人民法院关于审理买卖合同纠纷案件适用法律问题的解释》对《合同法》第51条的解释性规定。**总体而言，我们的任务不是让公权力限制乃至否定合同效力的情形继续扩大，而应当是相反**。唯如此，《合同法》分置各章的洋洋400余条的规定才能真实地发挥其应有作用，而不是只有合同效力一章。

合同无效是对当事人合同自由的强力介入，若与社会公共利益、公序良俗无关，司法权则应保持谦抑。**一方未经对方同意转移其合同权利义务，显然同社会公共利益、公序良俗无关，自当不必启动合同无效的利剑**。至于是否生效，可以通过当然解释方法求得答案。较之牵涉具体当事人利益的情形，那些涉及事项相对重大的合同往往需要经过批准、登记。在《合同法》合同效力一章，首个条文（第44条）即明确规定，依法成立的合同，自成立时生效。法律、行政法规规定应当办理批准、登记等手续生效的，依照其规定。由此，那些须经批准、登记的合同，只有法律、行政法规明确规定“应当办理批准、登记等手续生效”时，才能依其规定将批准、登记作为合同的生效要件。不论如何看待两类合同的“轻重关系”，即使按照同种问题同种处理的解释原则，也应避免机械理解《合同法》第88条的规定意旨。申言之，**在该条并未明确规定转让合同因未经对方同意而不生效的**

情况下，将对方同意确定为转让合同的生效要件是不正确的。因此，把对方同意视作转让合同的生效要件抑或有效要件都是不正确的。对此种解释方法究属当然解释抑或类推适用，有不同认识。笔者认为，两种解释方法的区别是明显的。笔者认为其不属于类推适用的核心理由是，类推适用是法律漏洞的补充方法之一，所谓法律漏洞，则是指因法律所未定事项乃出于立法者疏忽未预见，或情事发生变更所致的情形。《合同法》第 88 条未对“未经对方同意”时转让合同生效与否作出规定，并不构成法律漏洞（具体理由见下文）。

三、法律效果之确定

如前述，**在转让合同成立、生效乃至有效、无效问题上，对方同意并未也不必发挥作用。**对《合同法》第 88 条的切入场合与规制目的，就应综合考虑原合同及转让合同的履行阶段，围绕其立法本意来理解。

依体系和目的解释，《合同法》第 88 条是该法有关合同的变更和转让一章（第 5 章）中的条文。**该章所有条文要解决的问题，自应归集在合同的变更和转让之上。在此前提下，就前述条文之目的，并无作出他种解读的必要**（如转让合同的成立、生效乃至无效）。根据《合同法》第 89 条规定：权利和义务一并转让的（即第 88 条规范事项），适用《合同法》第 79 条、第 81 ~ 83 条、第 85 ~ 87 条的规定。第 79 条规定情形，与“须经对方同意”无关；第 81 ~ 83 条解决的主要问题是债权转让后，受让人、债务人相关权利行使问题；第 85 ~ 86 条解决的主要问题是债务转移后，新债务人的权利行使和义务承担问题；第 87 条规定，法律、行政法规规定转让权利或者转移义务应当办理批准、登记等手续的，依照其规定。由此可以推导出的结论有二：(1) 第 81 ~ 83 条、第 85 ~ 86 条是针对合同主体变更后，相关当事人合同权利义务的享有和承担问题的规定。这印证了《合同法》第 5 章条文所要解决的就是“合同的变更和转让”问题；（2）第87条是对第44条第2款的呼应，结合第89条规定，即可说明《合同法》对权利、义务一并转让的生效问题应采第44条第2款规定立场。《合同法》第89条在性质上属于**法律依据参照型规范**，根据其规定，应当认为立法者已经明确指引出了第88条所称的“权利义务一并转让”场合中的法律适用问题，故不能认为《合同法》对未经对方同意时转让合同是否生效问题未作规定构成法律漏洞。

那么，转让行为未经对方同意的法律效果究竟该作何种理解呢？《合同法》之意旨尚需进一步琢磨。除前述《合同法》第5章规范事项（即合同的变更和转让）可资参考外，还有一条思考路径。对债权转让，根据《合同法》第80条的规定，债权人转让权利的，应当通知债务人。**如果债权转让“未经通知”，其法律效果为该转让对债务人不发生效力，而非该转让合同不生效或者无效。**亦即，该债权转让对债务人没有约束力，债权受让人无权主张债务人履行债务。**虽然《合同法》对债务转移**（第84条）、**合同权利义务概括移转**（第88条）**未经债权人、对方同意的法律后果没有作出明确规定，但从体系解释角度看，应对其立场作同一理解。**亦即，紧紧把握住转让合同能否约束对方，能否产生合同变更和转让的法律效果就可以了。**只要未经对方同意，一方就不能摆脱其与对方之间的法锁，仍要受到原合同的约束。**此时，一方如有违约行为，就应承担违约责任；第三人不能取代一方在原合同中的地位，转让合同仅对一方与第三人产生拘束力。

四、法律效果之效果

原合同和转让合同各自独立，**对方无法对转让合同本身的效力性评价伸出长臂，但这绝非意味着对方只能坐视和接受一方擅自转让合同权利义务。**《合同法》有关合同履行、违约责任乃至合同权利义务终止的诸多规定，完全能够为其提供充分的救济。比如，可以将一方擅自转让合同权利义务约定为合同解除条件（第93条第2款）；在第三人进入转让合同履行阶段时，依据第94条第（2）项之规定，以一方“明确表示或者以自己的行为表明不履行主要债务”为由，解除合同。此外，在一方履行债务不符合约定时，对方还可基于原合同约定、对方履行债务能力等，从自身利益出发行使先履行抗辩权（第67条）、不安抗辩权（第68条），以及要求一方承担继续履行、采取补救措施或者赔偿损失等违约责任（第107条），甚至在履行期限届满之前要求一方承担违约责任（第108条），等等。

综上，未经对方同意的法律效果应当是：**一方无法离开原合同关系，不能逃避合同责任；转让合同无法得到全面履行所带来的责任承担问题，交由一方与第三人在相对关系内依法依约解决。**各当事人在不同的合同中享有权利、承担义务，并行不悖而又秩序井然。把对方同意确定为转让合同的效力要件，其所关心的问题和所要实现的目的，通过上述法律效果的确定，都可以得到解决。具体到题设案例，对甲公司有关《移交开发权协议书》未经乙公司同意而无效的抗辩，不应支持。

五、结语

法律就当事人违反特定规则的法律后果未作明确规定时，**不必过分执著于“可以”“应当”“必须”“不得”等语辞含义，通过法解释方法的综合运用，准确判断其法律后果才是最佳因应之道。**立法也有成本，立法目的的应有之义绝不包含对大量条文被闲置和浪费的容忍。当事人是自身利益的最佳判断者。一方向第三人转让合同权利义务并非世界末日，无需谈虎色变。《合同法》内容立体而丰富，信守合同的对方一定会在其中找到保护自身利益最合适的武器，法官的职责不过是确保他正确持有的武器能够如愿以偿地发挥作用而已。

注：本文原发表于《人民司法》2014年第1期，此次刊载笔者增加了设例部分并作了较大文字修改，相关论理也有较大变更和增添。

以物抵债法律性质刍议

◎辛正郁

债务履行期届满之后，当事人达成“以物抵债”的协议，若债务人未履行该协议，债权人能否诉至法院要求债务人履行此协议？以物抵债的法律性质是“代物清偿”？还是“债之更改”，即成立新债，同时消灭旧债的契约？亦或是“新债清偿”，债务人因清偿债务为债权人负担新债，旧债不消灭？

本文针对上述三种以物抵债法律性质的可选项，结合我国目前民商事实践中当事人双方为商人主体的一般情况，因“代物清偿”具有要物特征，认为在意思主义的背景下，选择“新债清偿”和“债之更改”更为合理，且为了更好地保护债权人利益，对选择“债之更改”以消灭旧债的约定必须明确无误。故，以物抵债的法律性质应以“新债清偿”为一般，“债之更改”为例外。

一、设例

A公司对B公司享有金钱债权，B公司届期未清偿，双方约定B公司以其名下一房地产抵偿原金钱债务。B公司未履行，A公司诉至法院。问题：双方达成的以物抵债协议为何种法律性质？B公司应否履行？

二、推理

实践中，显性、隐性的以物抵债，不同阶段、不同表现形式的以物抵债并不鲜见，其法律性质为何，认识不尽一致。至于债务履行期限届满前当事人达成的“以物抵债”协议，因涉及所谓“名实不符”“非典型担保”等情形下的辗转解释及迂回法律适用争议，在往期“民商辛说”若干文章中，笔者已作粗浅探讨，故本文不再涉及。

（一）以物抵债法律性质之可选项

1. 代物清偿。谈到以物抵债，一般都会首先以代物清偿作学理归位。所谓代物清偿，是指债权人**受领**债务人提出的他种给付以**代替**原定给付，并使原债消灭的有偿要物契约。我国现行法对此未作规定，我国台湾地区“民法”第319条则有明定——债权人受领他种给付以代原定之给付者，债之关系消灭。

2. 债之更改。债之更改又称债务更新，是指成立新债务，同时消灭旧债务之契约。[①] 新债不成立、无效或者被撤销，债之更改不存在，旧债仍不消灭。债之更改有广义与狭义的分野。虽多数认为应当包括债之主体变更，但笔者认为，将其限制在债之内容、客体变更似较妥当（既可以是债之法律原因，也可以是给付标的物，抑或两者兼而有之，等等），债的主体变更可归入债权让与、

① 林诚二：《民法债编总论——体系化解说》，中国人民大学出版社2003年版，第541页。《日本民法典》第513条（1）之规定为：当事人订立变更债务要素的契约时，其债务因更改而消灭。

债务承担、债的加入等制度予以解决。在性质上，债之更改为诺成契约。

3. 新债清偿。现行法对新债清偿未作规定。我国台湾地区“民法”第 320 条对新债清偿的规定为：因清偿债务而对债权人负担新债务者，**除当事人另有意思表示外**，若新债务不履行时，其旧债仍不消灭。比如，为清偿金钱之债而交付同额票据。[①] 据之债即为新债，其目的为清偿原金钱之债，但在票据兑现前，当事人并无即时消灭金钱之债的意思。新债清偿系给予债权人额外之保障，或使之易于主张权利，原则上系一新的债之契约。[②] 对新债清偿是否亦属要物契约，学界也有不同观点，笔者赞同邱聪智教授所言：“新债清偿亦为契约，但非如代物清偿之为要物契约，仅须债务人与债权人合意即为成立。”[③]

（二）以物抵债法律性质之选项排除

很多人认为，我国实践中的“以物抵债”言简意赅、通俗易懂，虽非民法用语，但其本质就是代物清偿。按其逻辑，在设例 1 中，当事人实际上是以变更原给付的方式消灭原债，当属代物清偿，因要物性之控制，在 A 公司未实际受领房产（取得所有权）时，代物清偿不生效力，双方仍处在原债关系之中。

如依代物清偿定性，本案如下场景在实践中就会不胜举凡：A 公司要求 B 公司履行，B 公司以实践性不具备拒绝履行；A 公司认为双方签订协议就是为了让 B 公司履行，B 公司坚持认为代物清偿未履行则不生效。此过程可形象概括描述为：你给我→我不给→为什么不给→因为我还没给→你没给为什么不给→因为我没给所以不必给。这真的是代物清偿的存在价值和制度功能吗？

清偿是指依照债之本旨实现债务内容的给付行为，是债消灭的首要法定原因。清偿的本意在于按约全部履行，但也许可一部清偿及代物清偿的存在。由此，对

① 王泽鉴：《民法概要》，中国政法大学出版社 2003 年版，第 300 页。

② 黄立：《民法债编总论》，中国政法大学出版社 2002 年版，第 672 页。

③ 转引自林诚二：《民法债编总论——体系化解说》，中国人民大学出版社 2003 年版，第 540 页。

代物清偿的理解应当从清偿制度出发方为源清本正。对清偿的本质，学说纷呈，笔者赞同渐趋一致的“事实行为为主、法律行为为辅”的观点（抑或准法律行为说）。代物清偿为有偿要物契约。按此，作为一项清偿制度，代物清偿的切入点存乎债权人“受领”他种给付之事实。很明显，这集中体现了清偿的本质特征。

要物合同源于罗马法，有学者认为，它是罗马法传统的一项遗产。[①] 还有学者指出，严格意义上的契约观念或法律行为观念只有在有约束力的意思表示无须靠即时交付来保障，并且在时空上与后者分离时，才可能真正形成。脱离了“法律上可期待的信用”这一命题，就不可能充分理解法律行为的本质。从这个意义上说，要物行为并不能反映法律行为的实质，只有诺成行为才反映这一实质。[②] 即便如此，除极少数立法例外，大多国家民事立法均在承认诺成合同为一般合同类型的同时，例外作出要物合同的特别规定。但各国立法例基本上都规定，要物合同只在使用借贷、消费借贷及寄托等情形中才适用。我国《合同法》等法律中的要物合同主要有 4 种：客运合同（《合同法》第 293 条）、保管合同（《合同法》第 367 条）、自然人之间的借款合同（《合同法》第 210 条）、定金合同（《担保法》第 90 条）。[③] 在这几类合同中，就算罕见地存在“书面合同”，那么在旅客未交付客票、保管物未交付、借款未提供、定金未交付时，所谓权利人要求义务人“交付”标的物的情况无疑更为罕见甚至不可思议。与之相似，传统民法中的代物清偿中，以物抵债人倘使拒绝交付抵债物（一般为动产），双方一般也是自动恢复到原债关系之中，债权人也很少诉请债务人交付抵债物。在这些相对简单的民事交往中，要物合同概念的引入可使简单债的关系简便化处理，添置复杂意思层次毫无必要。然而问题在于，它是否契合当下的“以物抵债”实践呢？综观目前我国民商事实务中因所谓“以物抵债”所

① ［葡］平托：《民法总论》，澳门大学法学院、澳门法律翻译办公室 1999 年版，第 222 页。

② 董安生：《民事法律行为》，中国人民大学出版社 1994 年版，第 5 页。

③ 当然，本诸意思自治原则，原则上应许可当事人就本为诺成性质合同作实践性的特约。

产生的争议，基本上已非简单民事交易，很多“所抵之债”均系重大复杂的债之关系，抵债物则基本上皆为价值巨大的不动产，“以物抵债”一般都是双方充分协商后所达成的交易安排，抵债双方亦以商人主体为一般。绝大多数类案争议，都是当事人已就“变更原给付”达成一致，但所谓“实践性”未获满足的情形。如果仅仅看到代物清偿及其要物性特征，并以债权人未完成他种给付之受领为由，将双方拉回到原债关系中，将使当事人之间变更给付约定之约束力丧失殆尽，进而对意思自治构成剧烈干预。

（三）以物抵债法律性质之应选项

承认原债可因债之更改而消灭，或因新债清偿而与新债并存，都是最大限度尊重当事人意思自治的产物，虽未写入我国制定法，但已为民法理论通说肯认为债之清偿制度中的重要内容。根据实际案件情况，在其中择一而定，符合立法目的，利于促进交易，有助维护诚信，裨益意思自治。具体理由为：

1.《合同法》对合同究属诺成性抑或要物性的立场是明确的，即前者为一般，后者为例外。**对制定法未予明定之非典型合同究属要物性质抑或诺成性质的解释作业，自然也应坚持相同取向。**

2. 在 2015 年《最高人民法院关于审理民间借贷案件适用法律若干问题的规定》出台前，实践中广泛存在扩大适用《合同法》第 210 条的倾向。只要借贷双方一方为自然人，就依照该条规定以要物合同控制借贷关系的成立与生效。针对这种实际情况，前述司法解释第 10 条明确提出，除非借贷双方均为自然人，否则若无特约或法律、行政法规特别规定，当事人主张借贷合同为诺成性质的，应予支持。由此可见：**要物合同不仅日渐式微，亦且日渐退化。**①

3. 学理解释是一个重要的法学发展的推动力量，其虽属无权解释，但对司法裁量乃至立法参照的影响力巨大，因而成为极其重要的法解释方法。当前，越来越多

① 邱聪智：《新订民法债编通则—上》，中国人民大学出版社 2003 年版，第 26 页。

的裁判者借助学理解释成果对裁判决断的生成加以阐释论述。但**若学理上有多种选项可资选择时，依何种价值判断来取舍也是值得重视的问题。假设一项选择否定合同成立，另一选项可利于维护意思自治、促成合同成立，显然后者更具妥当性。**

4. 尽管理论上不排除债权人以代物清偿欠缺实践性为由要求债务人履行原债的可能性，但显然债权人要求债务人履行新债而债务人提出前述抗辩者占压倒性比例。**维护债权人利益是民法特别是合同法的重要价值取向，存在多种解释可能时，坚持"债之更改"的一体性判断，至少在可预见的时间内能够最大限度维护债权人利益。**

5. 如A公司未受领房地产而认为代物清偿不发生效力，首先面临的是，《物权法》相关规定[①]精神该如何理解。而且，债之更改（狭义说）抑或新债清偿还有没有生存空间，也令人费解。可能会有观点提出，倘使如此，代物清偿制度还有没有存在的意义。笔者认为，**在当前乃至今后的民商事实践中，代物清偿制度的适用空间不应以侵蚀其他清偿制度功能为成本，更不能藉由强势解释后的继续扩张吞噬意思自治，而是着重在债权人受领他种给付后再发生争议的场合中发挥作用。**[②]

6. 债务履行期限届满后，债权数额业已确定，债权人已无压榨债务人的所谓"优势地位"，在此基础上达成的以物抵债协议，一般也不会存在所谓显失公平的问题。在以物抵债行为不存在违反法律、行政法规禁止性规定的情形下，应当尊重当事人的意思自治。排除代物清偿之后，不论是债之更改（原债消灭）还是新债清偿（原债、新债并存），债权人要求债务人履行新债，都有合同依据。但新债清偿既为契约之性质，当事人必受契约之约束。故债权人请求债务人履行债务时，应先请求履行新债务，必新债务不能履行、无效或撤销时，始能就

① 该法第195条第1款规定：债务人不履行到期债务或者发生当事人约定的实现抵押权的情形，抵押权人可以与抵押人协议以抵押财产折价……

② 代物清偿一经成立，无论他种给付与原定给付之价值是否相当，原债均消灭。参见王泽鉴：《民法概要》，中国政法大学出版社2003年版，第301页。

旧债务请求。[1]

7. 债之更改中，当事人成立新债务的目的在于**消灭**旧债，而在新债**清偿**中，新债之负担是为了清偿旧债。一般来说，只要当事人没有约定**消灭旧债**，抑或解释上存有疑义时，即应定性为新债清偿。换言之，应以新债清偿为一般，债之更改为例外。

针对设例，如果认定为债之更改，当新债因法律上或者事实上等原因沦为给付不能时，债权人之债权则无法回复到原债并概括存在于债务人的一般责任财产，于其而言显然较为不利。为更好保护债权人利益，对"消灭旧债"的约定必须明确无误，原则上似不宜通过对所谓"抵偿""抵顶"等语义较为模糊语词的解释得出"消灭旧债"结论。故笔者倾向观点为：A 公司与 B 公司之间成立新债清偿。就此而言，与其表述为"新债清偿"，毋宁说别称**"间接给付"**[2]更为准确地描述了其制度特性。

三、心得

从合同演变的历史发现，实践合同（要物合同）在类型方面呈逐渐减少的趋势，在强调意思主义的背景下尤其如此。在中国现行法未将代物清偿合同作为典型合同予以规定的情况下，更应顺应这个潮流，没有必要削足适履地受制于要物合同的窠臼。[3] **实践中的以物抵债纠纷，大体都应按照新债清偿抑或债之更改加以思考和处理，代物清偿型以物抵债的解读应被极度压缩。**

---

① 林诚二：《民法债编总论——体系化解说》，中国人民大学出版社 2003 年版，第 541 页。

② 王泽鉴教授即径采间接给付而非新债清偿之称谓。参见王泽鉴：《民法概要》，中国政法大学出版社 2003 年版，第 300 ~ 301 页；史尚宽先生则采为清偿之给付——间接给付，见所著：《债法总论》，中国政法大学出版社 2000 年版，第 819 页。

③ 崔建远：《以物抵债的理论与实践》，载《河北法学》2012 年第 3 期。

以物抵债与物权变动

◎辛正郁

债务履行期届满之后，债务人未清偿，当事人双方可能在三个不同的阶段通过“以物抵债”方式清偿债务：诉前—协议、诉中—调解书、诉后—执行裁定。那么基于发生阶段不同而产生的“以物抵债”，何时发生物权变动效力？

本文从三个具体设例出发，认为诉前达成的“以物抵债”协议是新债清偿法律关系，应遵循因法律行为发生物权变动的一般规则；调解书是对当事人达成“以物抵债”调解协议的确认，并未改变既存物权关系，也应遵循上述一般规则；法院在执行程序中作出的生效“以物抵债”裁定，属于改变原有物权关系的形成性质，产生物权变动效力，但该物权取得人处分物权的能力因抵债物性质不同而不同。

一、设例

1. 甲对乙享有金钱债权，乙届期未清偿，双方约定以乙名下 A 房产抵偿原金钱债务；

2. 甲对乙享有金钱债权，乙届期未清偿，甲诉至法院，在法院主持下双方达成调解协议，乙以名下 A 房产抵偿原金钱债务，法院据此制作调解书并已生效；

3. 甲对乙享有金钱债权，乙届期未清偿，甲诉至法院并胜诉，在执行程序中，法院就乙名下 A 房产作出以物抵债裁定并已生效。

二、推理

从发生阶段和外在形式看，以物抵债大体可以分为三种:（1）诉前—协议；（2）诉中—调解书；（3）诉后—执行裁定。其在物权变动方面具有何种意义、产生何种效果，实践中看法仍未尽一致。

物权之变动乃是物权所生之一种动态现象，此系就物权自体为观察而言，即指物权之发生、变更及消灭。如以物权权利人而言，乃物权之取得、设定、丧失与变更。[①]《物权法》第 2 章是针对物权变动的专门规定,总的来说,物权的设立、变更、转让和消灭,除法律另有规定外,需依特定方式公示才能产生效力。一般来说,在动产为交付，在不动产为登记（《物权法》第 9 条、第 23 条）。

准确把握《物权法》语境下的物权变动模式，关键要正确解读相关条文的适用场合。《物权法》第 2 章包括 3 节内容，第 3 节是对非依法律行为所生物

① 谢在全 :《民法物权论》1，自发行，台湾地区文太印刷有限公司印刷 2004 年修订三版，第 77 页。

权变动的特别规定（遗赠虽属单方法律行为，但在物权变动规则上，并不适用基于法律行为的物权变动的一般规定）。因此，在解释上，分置“不动产登记”“动产交付”两节中的第 9 条（不动产物权的设立、变更、转让和消灭，经依法登记，发生效力；未经登记，不发生效力，但法律另有规定的除外）、第 23 条（动产物权的设立和转让，自交付时发生效力，但法律另有规定的除外）所确立的物权变动一般规则，应在物权变动基于法律行为所生的场合中适用和执行。其所谓物权变动，不仅要审查登记、交付之事实，更要考察行为人是否具有变动物权的真实意思。**但需注意前述两个条文在文字表述上的差异：设立、转让，侧重于物权变动的原因**（法律行为），**变更、消灭侧重于物权变动的事实**。在此基础上，前述条文所言“但法律另有规定除外”的物权变动，大体可按三个层次甄别归纳：（1）非依法律行为；（2）依法律行为，但无须登记或交付；（3）不考虑变动物权之意思及登记、交付，径由法律特别规定。《物权法》第 28 条规定：因人民法院、仲裁委员会的法律文书或者人民政府的征收决定等，导致物权**设立、变更、转让**或者**消灭**的，自法律文书或者人民政府的征收决定等生效时发生效力。既然该条所处“第三节”是对非依法律行为所致物权变动的规定，为何仍然使用了“设立、转让”等法律行为的表述呢？笔者认为，倘若此系立法者有意为之，其原因或在于该条重点为揭示生效法律文书与物权变动事实之间的特殊对应关系，即在所谓物权分割形成之诉抑或征收法律关系之中，亦不能否认当事人对物权变动的意思存在。当然，即使如此，物权变动的生效要件也不是登记或者交付而已。

纵观三个设例，所谓以物抵债，既有法律行为性质，也有裁判公权属性，所涉物权变动问题不应一概而论。

设例 1：双方之间为新债清偿法律关系，[①] 性质为法律行为，协议依诺成

① 笔者观点及理由可参阅“民商辛说”2016 年 9 月 6 日《以物抵债法律性质刍议》一文。

性质自当事人意思表示一致时成立，乙依约所负为甲转移A房产所有权的新债义务。不过，以物抵债协议之成立仅发生债的约束力，其虽为最终完成物权变动提供了动因和基础，[①] 但因循依法律行为所生物权变动（设立、转让）的一般规则，在完成登记前，A房产物权不发生变动。

需引申考虑的问题是，**如果抵债物是依合同生效即可设立的物权，该如何判断物权变动效力**？这种情形主要发生在不动产用益物权中，如土地承包经营权。不容否认，土地承包经营权为抵债物的情形在实践中基本不会发生，但由于流转中产生的土地承包经营权同样具有财产权性质，且现行法律、司法解释并无禁止抵债的规定，[②] 在应然层面仍有可能性。此外，在农村土地"三权分置"改革试点过程中，经营权从承包经营权中分离出来，也有可能通过抵债等方式发生权利变动。故，在分析抽象问题时，自有探讨价值，且不考虑该种情形至少在逻辑上有失周延。笔者认为，在不违反法律、行政法规效力性强制性规定，或者符合"三权分置"改革试点方案的前提下，即使两项合意于形式上体现在一个"以物抵债"协议之中，导致农村土地经营权权利变动的也不是以物抵债本身，而是双方当事人有关经营权转移的合意。[③]

设例2：法院出具的调解书是对当事人调解协议的司法公权确认，一经生效，乙如不自动履行，甲即可申请强制执行。由此可知三点：(1)甲乙之间变动A房产所有权的一致意思源于调解协议（法律行为，设立或者转让），而非调解书；(2)调解书生效系为乙不履行义务时甲申请强制执行提供依据；(3)

---

① 对我国现行法中应否承认当事人就标的物物权移转达成的独立于债权行为的意思合致，即所谓物权行为问题，学界仍有争论，笔者赞同否定观点。

② 根据《最高人民法院关于审理涉及农村土地承包纠纷案件适用法律问题的解释》（以下简称《农村土地承包解释》）第15条的规定，将设权程序中通过家庭承包方式取得土地承包经营权抵债的，应为无效。

③ 根据《农村土地承包法》第41条的规定，如为转让方式，则应由受让方与发包方确立新的承包关系。

A房产所有权并不是随着调解书生效而自动归属于甲，只有在乙自动履行或被强制执行完成变更登记后，才发生物权变动。调解书在类型上虽属《物权法》第28条所称“法律文书”，但因以物抵债生效调解书并未改变既存物权关系，故根据《最高人民法院关于适用〈中华人民共和国物权法〉若干问题的解释（一）》[以下简称《物权法司法解释（一）》]第7条规定，当然不属于《物权法》第28条所称“导致物权设立、变更、转让或者消灭”的生效法律文书。

设例3：对法院在执行程序中作出的以物抵债裁定能否产生物权变动效力问题，从司法解释的立场看，均采肯定立场（2015年《最高人民法院关于适用〈中华人民共和国民事诉讼法〉的解释》第493条、《物权法司法解释（一）》第7条）。从有关比较立法例看，立场亦均类似。[①] 以物抵债裁定源自给付裁判的执行程序，此时需要考虑两个问题：（1）几乎所有涉及标的物物权移转的给付判决，都需要具体履行或者执行，为何不将给付判决也纳入导致物权变动的法律文书范围；（2）如依以物抵债裁定之生效确定物权变动时点，对权利人反而可能不利。因为标的物之物权在外观上仍属原权利人，该人仍可再行处分或者毁损标的物。即使所谓物权人可以物权法寻求物权保护，但其风险已然陡增。笔者认为，以物抵债裁定的执行虽然也体现为交付或者变更登记，但**这种物权变动既不是基于当事人的意思，也不是源于裁判的明确授受，**其性质当可归为“改变原有物权关系”的形成性质。这可以视作对质疑（1）的回应。至于质疑（2）所担心的问题，在形成裁判中也会存在，如依其得出否定结论，则没有哪一类生效法律文书能够直接导致物权变动。据此，设例3中，自法院作出的以物抵

① 《德国强制拍卖与强制管理法》第90条（1）规定，只要是并非在抗告过程中废止拍卖成交裁定的法律效力，买受人就因拍卖成交而成为土地所有权人；《日本民事执行法》第79条规定，承买人在支付价款时取得不动产；《韩国民事执行法》第135条规定，买受人全部交付价款时，取得卖出标的的权利；我国台湾地区“强制执行法”第98条第1款规定，拍卖之不动产，买受人自领得执行法院所发给权利移转证书之日起，取得该不动产所有权，债权人承受债务人之不动产者亦同。转引自沈德咏主编：《最高人民法院民事诉讼法司法解释理解与适用》（下），人民法院出版社2015年版，第1315～1316页。

债裁定发生法律效力时（即抵债裁定送达买受人或者接受以物抵债的债权人时）起，A房产之所有权发生物权变动。

以物抵债裁定生效，抵债物之物权随之变动。物权取得人在办理登记或者受领交付之前，法律也应对其提供物权保护。（1）**物权取得人可以对抗原权利人的债权人**。基于生效以物抵债裁定取得物权的人，虽未经登记或者交付，但其物权人地位已经确立。抵债物业非原权利人之责任财产，其债权人（包括强制执行债权人）之债权不得及于该抵债物。至于很多人担心的所谓虚假诉讼等问题，笔者认为均非否定物权取得人权利的理由。（2）**物权取得人可就抵债物主张物权保护**。该人虽尚非抵债物登记权利人或者占有人，但对来自原权利人或他人的侵害物权、妨害物权等不法行为，有权请求返还原物、排除妨害、消除危险、恢复原状、损害赔偿等。但其效力并非完全等同于登记、交付。

但需明确的是，基于生效以物抵债裁定取得物权的人，其处分物权的能力因抵债物性质而有别：

1. **抵债物为依法需要办理登记的不动产**（如设例所称A房产）。依照《物权法》第31条规定，当抵债物为依照法律规定需要办理登记的不动产时，处分物权时，未经登记不发生物权效力。因登记前，物权变动效力业已发生，故此“登记”无创设物权之效力，不过系将已发生之物权之变动宣示于人而已，是以性质上为宣示登记，而与设权登记相对。且此种登记非绝对必要，仅因不经登记，当事人不得处分其物权，故亦称为相对登记。[①] 法律要求前述物权取得人处分物权须完成宣示登记才发生物权效力，主要理由为：（1）登记簿的存在使得保存完整连续的登记过程成为可能，其成果可最大限度贯彻不动产物权变动以登记为公示方法的原则；（2）登记连续性之保存在公法上具有特别意义和功能（登记程序要求及税收征管之需）；（3）在逻辑上力求与《物权法》第

① 谢在全：《民法物权论》1，自发行，台湾地区文太印刷有限公司印刷2004年修订三版，第130页。

9 条将不动产物权之“变更、消灭”亦纳入登记范围之意旨相协调，只不过在技术上，此登记在性质上为宣示登记、相对登记。

2. **抵债物为无需登记的不动产用益物权**（如农村土地经营权）。因合同在该类权利设定中的意义等同于登记之于需要办理登记的不动产物权，既然法律对依法需要办理登记的不动产物权已经规定权利人需办理宣示登记，其处分行为才发生物权效力，则要求当事人依法履行物权转让的法定形式（如签订合同），似更为妥当。

3. **抵债物为一般动产**。占有外观之于动产，显然无法具有登记或者其他法定形式之于不动产物权流转而言的记载可能性和连续保存必要性。此外，基于以物抵债裁定取得动产物权，同样侧重在“变更、消灭”之物权变动事实状态，而与“设立、转让”之法律行为范畴无涉，交付系针对基于法律行为**设立**和**转让**动产（包括特殊动产）物权的生效要件。而且，《物权法》第 31 条只对不动产物权需办理宣示登记作出特别规定，其意旨已然确定无误，排除了类推适用至动产的可能。退而言之，占有有观念占有形态存在，物权取得人即使未直接占有动产，但已因对直接占有人享有返还占有请求权而取得间接占有，故无需苛求其必须在直接占有动产后才能处分其物权。

4. **抵债物为特殊动产**。虽法律备有登记制度，但登记仅为特殊动产物权变动的对抗要件，故要求物权取得人处分物权必须在办理登记后才产生物权效力，不符合《物权法》第 31 条规定的精神。但该物权取得人能否在未经登记时对抗善意第三人，可有不同解读：（1）登记方能对抗。《物权法》第 24 条（船舶、航空器和机动车等物权的设立、变更、转让和消灭，未经登记，不得对抗善意第三人）虽亦属基于法律行为所生特殊动产物权变动对抗要件的规定，但物权变动生效要件与对抗要件立法目的有异，《物权法》第 2 章第 3 节系对物权变动生效要件一般规则（《物权法》第 23 条）的例外规定，而非针对物权变动对抗要件一般规则（《物权法》第 24 条）的例外规定。通过以物抵债裁定取得特殊动产物权，显属“变更、消灭”之物权变动事实状态，而与“设立、转让”之法律行为范畴无涉，在逻辑上即应解释为不论基于法律行为抑或非依法律行为，都有登记对抗制度的适用必要。（2）不经登记亦可对抗。基于生效法律文书取得物权来自法律直接规定，已经具有一定公示效力，不宜与基于法律行为取得的物权同等视之。笔者倾向于前者，补强理由为登记对抗有其重要的交易安全保护作用，抛开第一种解读的法解释理由外，该观点在当前中国社会也有其应被视为合理的必要性。

物权取得人不得对抗抵债物的善意取得人。物权取得人基于生效以物抵债裁定取得物权，虽原权利人同时丧失权利，但在变更登记或者完成交付之前，原权利人还是有可能处分抵债物的。此时，权利外观与实际状态之间已不吻合，无权处分由此产生。藉此，抵债物被第三人善意取得的可能性就会存在。

三、心得

不论物权变动基于何种原因发生，只要把握住法律规定的物权变动生效要件，即可准确判断物权的设立、变更、转让或者消灭。

以物抵债与保证责任

◎辛正郁

保证人对债务人的金钱债务提供连带责任保证，债务人届期未清偿并与债权人约定“以物抵债”，但是，债务人仍然不履行“以物抵债”协议，债权人还能请求保证人承担保证责任吗？

本文从“以物抵债”的法律性质出发,若“以物抵债”性质为“债之更改”时，新债成立旧债消灭，因“债之更改”要求“新债”与“旧债”在内容上不具有同一性，故保证人均不承担保证责任；若“以物抵债”性质为“新债清偿”时，新债不履行旧债不消灭，则保证人对旧债仍承担保证责任，对新债不承担保证责任。

一、设例

甲对乙享有金钱债权，丙提供连带责任保证。乙届期未清偿，甲乙约定以乙名下 A 房产抵偿原金钱债务。乙仍未履行，甲诉请丙承担保证责任。

二、推理

作为一种人的担保，保证是指保证人与债权人约定，在债务人不履行债务时，保证人按约履行债务或者承担责任的无偿、单方法律行为。严格意义上的保证，是保证人和债权人之间的法律关系。保证债务具有从属性、独立性和补充性。与设例密切相关的，是如何理解其从属性，即主债务消灭，保证债务随之消灭。以物抵债的法律性质，或为债之更改，或为新债清偿，故笔者从这两个角度简要探讨丙之保证责任承担问题。①

（一）债之更改

债之更改又称债务更新，是指成立新债务，同时消灭旧债务之契约。虽多数认为应当包括债之主体变更，但笔者认为，将其限制在债之内容、客体变更似较妥当，债的主体变更可归入债权让与、债务转移等制度予以解决。② 保证债务对应之主债务固然存在于债权人与债务人之间，但并非债权人与债务人之间的所有债务均应由保证债务担保履行，当属逻辑必然。债之更改的首要效力就是旧债消灭，既然债权人与债务人一致意思以新债消灭旧债，两者自应判然

---

① 保证人与债权人就以物抵债发生后保证责任承担问题存在特约的，依其约定，本文不讨论。

② 如将债之主体变更也纳入债之更改范围内，《担保法》第 22 条、第 23 条以及《最高人民法院关于适用〈中华人民共和国担保法〉若干问题的解释》（以下简称《担保法解释》）第 28 条、第 29 条等，也已对保证责任承担问题作出了明确具体的规定。

有别，除非保证人另有为新债之履行提供保证之独立意思表示，否则，保证人对新债不负保证担保责任。[①]《日本民法典》第519条规定，更改当事人，于旧债务标的限度内，可以将担保旧债务的质权或抵押权转移于新债务。但是，其质权或抵押权为第三人提供者时，应经该第三人承诺。解释上有两点值得注意：（1）第三人为债务提供担保，则债务更改后仅在该人同意时发生担保的转移，如第三人为保证人，亦应同理；（2）担保为债务人提供时，对该条首句或有不同认识，但笔者赞同更改当事人需以特约使旧债担保随同移转于新债的观点。[②]

尚需厘清的问题为：（1）如何理解《担保法》第24条（债权人与债务人协议变更主合同的，应当取得保证人书面同意，未经保证人书面同意的，保证人不再承担保证责任。保证合同另有约定的，按照约定）、《担保法解释》第30条第1款（保证期间，债权人与债务人对主合同数量、价款、币种、利率等内容作了变动，未经保证人同意的，如果减轻债务人的债务的，保证人仍应当对变更后的合同承担保证责任；如果加重债务人的债务的，保证人对加重的部分不承担保证责任）的规定。这涉及债之更改构成要件的把握问题。通说认为，债之更改中的新债务与旧债务须异其要素。[③]如果债之内容的变化没有达到相当重大程度，就应认为所谓"新债"与"旧债"不失同一性。此时，应按前述法律特别是司法解释之规定，认定保证债务的承担问题。何为债之内容的重大变更，应依当事人意思及一般交易观念定之。依一般社会见解，利息、违约金、担保等从债务，给付物体数量，履行期、履行地或约为分期支付等内容的变更，不发生更改效力。[④]相应地，债之法律原因（买卖价款→消费借贷）、

---

① 黄立:《民法债编总论》，中国政法大学出版社2002年版，第675页;史尚宽:《债法总论》，中国政法大学出版社2000年版，第832页，等。

② 史尚宽:《债法总论》，中国政法大学出版社2000年版，第832页。

③ 《日本民法典》第513条第（1）项规定：当事人订立变更债务要素的契约时，其债务因更改而消灭。

④ 史尚宽:《债法总论》，中国政法大学出版社2000年版，第832页。

给付物性质（种类物→特定物,但种类物通过特封等方式转化为特定物的除外）变更等，应属债之更改所必要的债之要素变更。此外，把附条件债务变为无条件债务，对无条件债务附以条件或变更条件，均应视为变更债务要素。[①] 由此可见,《担保法》及其司法解释前述相关规定所指情形并非针对债之更改，其意旨系在规范“新债”与“旧债”不丧失同一性情形下的保证债务承担问题；（2）债之更改协议即便解除，旧债亦不因此复活。债之更改为诺成契约，当事人自然有权合意解除。但除非新债不成立、无效或者被撤销，旧债因债之更改不存在而不消灭，否则，旧债在新债成立时即已消灭，故恢复原状之义务仍仅在于债务人；（3）依照《担保法解释》第30条第3款规定（债权人与债务人协议变动主合同内容，但并未实际履行的，保证人仍应当承担保证责任），债之内容若发生不丧失同一性的变化，只要未实际履行，即使加重了债务人的债务，保证人也要承担保证责任。但在债之更改中，即使当事人未实际履行，保证债务仍然免除；（4）既然如此，在主债务附有保证担保时，债权人还有无可能与债务人达成更改契约？笔者认为，这取决于债权人对保证人清偿能力与更改后债权实现可能性、便捷性等的优劣评估与决断。不过，为更好地保护债权人利益,应在当事人针对“消灭旧债”的约定明确无误时运用债之更改处理。[②]

（二）新债清偿

新债清偿中，新债之负担是为了**清偿**旧债，而非**消灭**旧债。除当事人另有意思表示外，若新债不履行时，其旧债仍不消灭。既然旧债（附有保证债务）在新债未履行前依然存在，保证人自应按约承担责任。含义有二：（1）新债清偿中新债的设立，并不豁免保证人对旧债的担保责任；（2）保证人对新债的履行不负担保责任，除非另有特约。

---

① 《日本民法典》第513条第（2）项。

② 可参阅“民商辛说”2016年9月6日《以物抵债法律性质刍议》一文。

尚需厘清的问题为：(1) 新债履行前，旧债诉讼时效如何进行。对此，有中断说和中止说的不同见解。邱聪智教授认为，惟时效一度中断，须重新起算；如嗣后视为不中断，时效回溯表见中断自始继续进行。对于债务人嗣后不履行新债务，债权人请求债务人履行旧债务时，中断说似有轻重失据之虞，解释上宜认为仅生类如时效不完成之效力。为免混淆，特称之中止。[①] 比较而言，中止说在均衡保护债权人、债务人利益方面更优。(2) 旧债诉讼时效期间如何进行，对保证人而言利益重大。如债权人通过与债务人订立新债清偿契约，客观上导致保证人在一定程度上丧失期限利益，参照《担保法解释》第 30 条第 2 款之规定精神处理（债权人与债务人对主合同履行期限作了变动，未经保证人书面同意的，保证期间为原合同约定的或者法律规定的期间），应较为适宜。

三、心得

以物抵债，不论其性质为债之更改抑或新债清偿，均属债的清偿范畴。保证人责任承担问题应从相应法律关系中旧债存废入手，作进一步的精细分析；不能仅考虑是否加重了债务人的债务。据此，机械适用《担保法》及《担保法解释》相关规定，认定和处理保证债务承担问题，并不妥当。

---

① 邱聪智：《民法债编通则》，1997 年修订 6 版，第 503 页注 27-1，转引自林诚二：《民法债编总论——体系化解说》，中国人民大学出版社 2003 年版，第 541 页。

最佳证据规则的实践把握

◎辛正郁

在商人交易纠纷中，当事人所主张的法律关系不一致，尤其是在未能提供充分直接证据的一方所主张的法律关系似乎更为“合理”时，法官应该如何抉择这一问题，非常值得探讨。

本文通过一则设例，向读者展示了最佳证据规则的运用在解决以上问题中的重要作用。笔者认为，即便是伪装行为，对外呈现的合同所承载之权利义务关系也是双方真实意思表示的内容。在有直接证据能够证明一方所主张的法律关系时，必须有足够的相反证据方可否认该主张。法官不可片面地以生活经验来替代逻辑和证据的运用，主观地推测当事人的真实意图。

一、设例

2013年8月21日，甲公司与乙签订房屋买卖合同，乙购买两层商铺，总价款9840万元，分两期支付，交房日期为12月14日。当日，乙按照甲公司指示向甲公司及其法定代表人丙汇款9840万元；双方另办理了合同备案手续，丙向案外人丁转款1840万元。8月26日、9月18日，丙向乙各汇款368万元，款项用途均记载为私人汇款。2014年，乙诉请甲公司交付案涉商铺并承担逾期交房违约金及相关损失。甲公司辩称，本案实为民间借贷纠纷，双方借款本金8000万元（9840万元－1840万元），两笔368万元即月4.6%的利息；房屋买卖合同仅是民间借贷的担保形式，应为无效。乙认为，丙向丁转款与乙无关，736万元是甲公司支付的销售返款。

二、推理

题设案例核心争议焦点是如何确定双方当事人之间法律关系的性质。

民事法律关系是民事法律规范调整社会关系过程中形成的民事主体之间的民事权利义务关系。除基于法律特别规定，民事法律关系的产生、变更、消灭需要法律关系参与主体的意思表示一致才能形成。判断民事主体根据法律规范建立一定法律关系时所形成的一致意思表示，目的在于明晰当事人权利义务的边界、内容。何为当事人的真实意思，是民商事审判中经常要面对的疑难问题。**探究当事人之真实意思，需作全面准确的把握。一方的真实意思与双方真实交易目的之间很多时候并非完全吻合，而一项民事交易特别是类似本案重大交易的达成，往往存在复杂的背景，并非一蹴而就且一成不变。当事人的意思表示于此间历经某种变化并最终明确的情况并不鲜见。有些最终通过书面合同确立**

的交易行为，恰恰也经历过当事人对法律关系性质的转换过程。而基于各自利益考量，交易形成过程中的很多细节并不都能获得诉讼证据的有效支撑。

透过解释确定争议法律关系的性质，应当秉持使争议法律关系项下之权利义务更加清楚而不是更加模糊的基本价值取向。具体到题设案例，如果否定房屋买卖法律关系，依民间借贷确定当事人法律关系的性质，就将使得双方权利义务的确定性大打折扣，如借款期限、利率标准、逾期还款的违约责任等。**在没有充分证据佐证当事人之间存在隐藏法律关系且该隐藏法律关系真实并终局地对当事人产生约束力的场合，不宜简单否定既存外化法律关系对当事人真实意思的体现和反映，避免当事人一方不当摆脱既定权利义务约束的结果出现。即便在两种解读结果具有相当合理性的场合，也应朝着有利于书面证据所代表法律关系成立的方向作出判定，藉此传达和树立重诺守信的价值导向。**由此，若要否定书面证据所体现的法律关系，并确定当事人之间存在缺乏以书面证据为载体的其他民事法律关系，必须在证据审核方面给予更为审慎的分析研判。总的来说，**在审判实践中，应充分考量既有证据对当事人真实意思的客观体现，“雾里看花、遮遮掩掩”并不总是值得裁判者“深入思考”，其很有可能就是当事人真实交易目的的复杂性所致，事后的“弄清楚、搞明白”往往会摧毁交易达成的基础。因此，要控制好动辄探究和挖掘当事人真实意思的冲动，尽量呈现和传达出基本一致、大体一贯的思考路径和判断标准，切实增强交易的确定性。**

民事诉讼中的案件事实，应为能够被有效诉讼证据证明的案件事实。根据《最高人民法院关于民事诉讼证据的若干规定》（以下简称《民事诉讼证据规定》）第 77 条有关证据证明力认定原则的规定，**案涉合同在类型上属书面证据，在性质上为直接证据，应当重视其相对于言词证据、间接证据所具有的较高证明力，并将其作为确定当事人法律关系性质的逻辑起点和基本依据。**仅可在确有充分证据证明当事人实际履行行为与书面合同文件表现的效果意思出现显著差异时，才可依前者确定其间法律关系的性质。亦即，除在基于特定法政策考量，有必要在书面证据之外对相关事实予以进一步查证等情形，推翻书面证据之证明力应仅属例外。申言之，一份形式完备、内容明确无异议的书面合同文件，已经具备了最佳证据的可采性要件，理应推定其最为准确记载和传达了文书制作者（当事人）的真实意思表示。除非证据链条已经形成并使待证事实的存在具有高度可能性，抑或该书面证据的证据能力并未达到证明标准，否则，依据口头证据、间接证据对其加以修改乃至废除，应当是绝对不能接受的事情。《最高人民法院关于适用〈中华人民共和国民事诉讼法〉的解释》（以下简称《民事诉讼法解释》）第 90 条规定，当事人对自己提出的诉讼请求所依据的事实或者反驳对方诉讼请求所依据的事实，应当提供证据加以证明，但法律另有规定的除外。在作出判决前，当事人未能提供证据或者证据不足以证明其事实主张的，由负有举证证明责任的当事人承担不利的后果。根据该规定，凡当事人提出了于己有利的事实主张，均有提供证据加以证明的义务和责任。题涉案例中，乙业已完成双方当事人之间存在房屋买卖法律关系的举证证明责任，甲公司主张与乙之间仅存在民间借贷法律关系，其对反驳对方诉讼请求所依据的于其有利的事实，应当提供证据加以证明。证明标准是负担证明责任的人提供证据证明其所主张法律事实所要达到的证明程度，是裁判者对待证事实作出肯定或者否定性评价的最低要求。甲公司就丙向案外人丁转款 1840 万元以及向乙汇款 736 万元之事实所举证据，在性质上属于间接证据。该等证据只有与其他证据结合组成一个完整体系时，才能证明案件的基本事实。比如，丙系依乙之指示向丁付款、丁与乙之间存在某种关系、丁受领款项的原因、736 万元在性质上实为利息等。仅此以观，甲公司为反驳乙主张之事实所提出的于其有利事实所作的举证，没有达到《民事诉讼法解释》第 108 条规定的证明标准。

在回应“民间借贷还是房屋买卖”的问题时，我们还必须注意这样一个问题：**与虚伪表示不同，伪装行为并非旨在排除因其法律行为所生之法律效果，而恰**

恰是为了获得在该行为中所包含的两次性效果。在有些情况下，当事人虽意图实现某一法律效果，但实施一个与该法律效果不同（隐匿行为）的法律行为（为他种经济目的）也并非不可接受。当事人为此而采取的超出必要限度手段的法律行为，最终不过是为了达到法律所许可的目的，这也是当事人出于真正之效果意思而为的表示，与通谋虚伪意思表示，双方当事人间故意为不符真意之表示，欠缺效果意思者，显有不同。退而言之，就在我们徘徊于两份合同之间难以决断之时，也应清醒认识到，将借款关系彻底隐藏起来对债权人来说并不困难，当只是面对一份房屋买卖合同的时候，又该如何判断。

在题设案例的原型案件中，甲公司乃至一审法院还以交易习惯为切入点，论述了所涉房屋买卖关系的种种可疑之处，进而认为民间借贷才是双方之间真实存在的法律关系。**但《合同法》针对“交易习惯”问题作出相关规定，其意旨侧重于完善和补充当事人权利义务的内容，增强当事人合同权利义务的确定性。**该案并不涉及运用交易习惯弥补当事人合同约定不明确、不完整所致权利义务确定性不足的问题。在前述立法意旨之外，运用“交易习惯”认定当事人交易行为之“可疑性”，应格外谨慎。此外，**较诸高度可能性之一般证明标准，合理怀疑排除属于提高证明标准的特殊情形，其实践运用须有法律、司法解释明确规定作为依据。**《民事诉讼法解释》第109条对排除合理怀疑原则适用的特殊类型民事案件范围已有明确规定，题设案件显非“当事人对于欺诈、胁迫、恶意串通事实的证明，以及对与口头遗嘱或者赠与事实的证明”情形。在设案中援引合理怀疑排除规则提高甲公司的证明标准，也不符合司法解释有关规定精神。

三、心得

在商人交易纠纷中，应尽量避免以裁判者的判断替代交易人的自主选择和安排，遑论片面迎合所谓日常经验。**司法判断若被简单异化为生活经验判断，将使常理评价的差异性因法官个体感知水平的不同而广泛存在，司法判断的专业性和确定性势必沦于模糊。即便认为逻辑与经验之间存在体用关系，也绝不意味着经验可以漠视乃至吞噬逻辑。**求助于证据法则，无疑是最为稳妥的方案之一。**案件中的待证事实，应当根据证据的不同分类，比较各类证据的证明效力，采用可能得到的最令人信服和最有说服力的有关证据加以证明。**《民事诉讼证据规定》语境下的所谓“最佳证据规则”，大体如是。

注：题设案例的原型案件为最高人民法院（2015）民一终字第78号案件，该裁判文书获评最高人民法院2015年度精品裁判文书，可登录中国裁判文书网、无讼案例查阅，亦可参见《最高人民法院公报》2016年第1期。

“天价”约定违约金该如何“适当减少”

◎辛正郁

在民商事审判和仲裁实践中，对如何适当减少过分高于造成损失的约定违约金的争议由来已久。如何理解《合同法》第114条第2款中的“过分高于造成损失”？该“损失”仅指“实际损失”，还是应当包括“预期利益”，甚或是包括商业正当利益在内的“合理利益”？如何理解《最高人民法院关于适用〈中华人民共和国合同法〉若干问题的解释（二）》[以下简称《合同法司法解释（二）》]第29条第1款和第2款的适用顺序？

本文从约定违约金调整的实践出发，结合约定损害赔偿的制度价值以及各国立法例，对约定违约金调整思路进行重构，认为约定违约金调整的标准不在于法定损害赔偿中的“损失”，而在于判断约定违约金的“合理性”，应将“意思自治、诚实信用”与“证据法则”体用结合，以“不调或微调为原则，严格限制调整特别是剧烈调整”为价值取向，最大限度发挥约定违约金的制度功能。

在民商事审判、仲裁实践中，有关何谓约定违约金“过分高于造成的损失”、如何“适当减少”的争议由来已久。不仅法官、仲裁员在审理、仲裁案件中多有困惑，公司法务、诉讼律师在起草合同条款、提供法律意见时同样莫衷一是。笔者以解释论出发，对现行法律、司法解释相关规定的再认识提出浅见，以见教于大方。

一、约定违约金调整的实践运行

违约损害赔偿有法定、约定之分，是最常见和最重要的合同责任形式。前者体现在《合同法》第 113 条第 1 款（当事人一方不履行合同义务或者履行合同义务不符合约定，给对方造成损失的，损失赔偿额应当相当于因违约所造成的损失，包括合同履行后可以获的利益，但不得超过违反合同一方订立合同时预见到或者应当预见到的因违反合同可能造成的损失）；后者体现在《合同法》第 114 条第 1 款（当事人可以约定一方违约时应当根据违约情况向对方支付一定数额的违约金，也可以约定因违约产生的损失赔偿额的计算方法）。一般认为，不论是约定一定数量的违约金，还是约定因违约产生的损失赔偿额的计算方法，既然是违约损害赔偿，就应是一种补偿性或者说填补性的合同责任。即便约定违约金具有补偿性和惩罚性的双重属性，那也是以前者为主后者为辅。依照《合同法》第 114 条第 2 款规定（约定的违约金低于造成的损失的，当事人可以请求人民法院或者仲裁机构予以增加；约定的违约金过分高于造成的损失的，当事人可以请求人民法院或者仲裁机构予以适当减少），应当根据违约造成的损失进行相应调整。

值得注意的是，若仅从字面理解，《合同法》第 114 条第 2 款仅对约定违约金的调整作出规定，对“约定因违约产生的损失赔偿额的计算方法”的情形，应否及如何进行相应调整未作规定。在解释角度，基于该条两款语义的明确程度，似乎不宜基于解释论将第 2 款确立的调整规则类推至“约定因违约产生的损失赔偿额的计算方法”的场合。但显而易见，这种解释结果一定会面临《合同法》第 114 条第 1 款、第 2 款解释逻辑面上的诸多漏洞和质疑。比如，当事人放弃约定一定数额违约金的做法，转而只约定“计算方法”，在满足第 114 条第 2 款假设情形时当事人还有无权利主张调整？裁判机关又该如何应对？若答案为否，不啻承认立法者有意预留了规避通道。

调整包括增加和适当减少。如果约定违约金低于违约造成的损失，当事人请求增加虽在客观上造成约定损害赔偿功能一定程度上的发挥不便，但其妥当性还是大体能够被接受和认可的：（1）《合同法》第 113 条第 1 款确立了法定损害赔偿的完全赔偿原则，而法定损害赔偿是违约损害赔偿合同责任的最低限度，依该标准补足约定违约金不足赔偿部分具有合理性；（2）从学理上看，尽管一般认为约定违约金应当视为约定的损害赔偿，但当违约金不足以弥补实际损失时，守约方仍然可基于法定损害赔偿要求赔偿损失，亦即在前述特定情况下，所谓“增加”其实是“违约金责任与损害赔偿责任可以并存”的简化表达而已。从实务看，大家的关注点也不在该不该增加，而是在于如何认定守约方的实际损失。这似乎应被看作是一个技术问题。

《合同法》施行近 10 年后，《合同法司法解释（二）》公布，该解释第 29 条仅就“适当减少”约定违约金作出规定（当事人主张约定的违约金过高请求予以适当减少的，人民法院应当以实际损失为基础，兼顾合同的履行情况、当事人的过错程度以及预期利益等综合因素，根据公平原则和诚实信用原则予以衡量，并作出裁决。当事人约定的违约金超过造成损失的 30% 的，一般可以认定为《合同法》第 114 条第 2 款规定的“过分高于造成的损失”）。这一切入点无疑是十分务实和精准的。实践中，遇到这一类争议时，裁判机构基本上都会根据违约方的主张而降低违约金数额，但幅度已经远非“适当减少”所能描述。依前述,《合同法》第 114 条第 1 款确立的是约定损害赔偿制度，如以剧烈调整为一般，则**有将约定损害赔偿变相转化为法定损害赔偿之嫌**。其后果为:（1）协商确定的东西等同无物;（2）意思一致的预定力荡然无存；（3）违约后的补救效力无从谈起；（4）民事责任的承担难以落实。**引发的深层次问题则是，在实质上摧毁了约定损害赔偿制度的存在基础，排除了当事人预先安排违约后果的自治权利，诱发了先允诺再反悔的背信激情，动摇了契约自由的底线共识。**

二、约定损害赔偿的制度价值

前述问题的本质，既是如何全面理解法律、司法解释规定的问题，更是如何看待约定损害赔偿制度功能的问题。约定损害赔偿是合同自由原则的体现，可以带来如下好处：（1）夯实双方达成交易的基础；（2）明确合同履行不适格的风险预期;（3）消弭违约责任的不确定性;（4）降低和缓解当事人（尤其是守约方）事后的举证证明成本及负担；（5）提高裁判者妥善及时解决纠纷的质量和效率。所以，各国合同法普遍承认约定损害赔偿。

如何看待约定违约金制度功能，不可避免地涉及怎样理解意思自治在近现代民法中的运行轨迹。意思自治、契约自由是合同法得以构建的基石。与所有权社会化理念兴起相映成趣的学术思潮，是契约正义在 20 世纪出现的新的诠释。有学者指出，现代契约法的中心问题已不是契约自由而是契约正义的问题。[①] 对意思自治原则在我国民法上的价值及其立法表达问题，尹田教授指出，在民法诸多基本原则之中，意思自治原则具有特别重要和基础性的地位，中国民法对于意思自治原则的大力推崇、倡导和贯彻正是推动社会

① 王晨：《日本契约法的现状与课题》，载《外国法译评》1995 年第 2 期。

进步之必需。[①] 这一点，在国家业已确立的尊重和发挥市场主导作用，简政放权、建立权力清单制度的改革实践中，亦可得到印证。

如果约定损害赔偿条款极易被变更，所谓的“合同正义”不仅很难使公平正义理念得以贯彻落实，反而对意思自治、诚实信用形成干扰、构成挑战。笔者认为，**在何种程度上维护诚实信用，决定了意思自治在多大程度上成为可能；在何种程度上尊重意思自治，决定了合同自由在多大程度上成为可能；离开合同自由的合同正义，不仅是荒谬的，更是极其危险的。**对意思自治的干预主要有排除和否定两种形式，前者涉及公权力对私权利行使自由的限制，后者表现为对合同自由的容忍边界。过度干预约定损害赔偿的调整思路就是后者的典型。既然承认约定损害赔偿的应有之义理应是尽可能发挥其制度功能，既然意思自治原则在我国民法中仍应得到格外重视，我们就有理由对约定损害赔偿制度在实践中未能良好运行作出检讨。

三、约定违约金调整立场的比较参考

从比较法上看，长久以来，英国合同法中都存在一个令人困惑也带来无数争议的问题：如何区分违约赔偿金条款（liquidated damages clause）和违约罚金条款（penalty clause）？其实益在于，罚金条款不能强制实施。罚金规则的起源，可以追溯至衡平法中的可撤销保证。衡平法认为，当事人使用可撤销保证的真实意图，仅仅是担保债务的履行（真实发生的损失），如果债务人支付了损害赔偿金和利息之后，此种可撤销保证就不能得到执行。但在 Export Credits Guarantee Department v. Universal Oil Products Co[1983]1WLR399 一案中，英国上议院的 Lord Roskill 曾论述道：“也许与

① 尹田：《民法典总则之理论与立法研究》，法律出版社 2010 年版，第 161 页。

罚金条款有关的法律的真正目的，是防止原告索赔的数额与被告违约给原告造成的实际损害完全无关或仅有少许关联。”Lord Roskill 接着强调：“但是，**法院的工作从来都不是把当事人从其签订的一个负担沉重的或没有尽到商业审慎义务就达成的交易中解救出来。”**在具有惩罚性质的可撤销保证的使用逐渐减少，普通法对于罚金规则的发展几乎就完全建立在损害赔偿条款的背景下，英国最高法院幸运地迎来了两个上诉案件 Cavendish v. ELMakdessi 与 Parking Eye v. Beavis。两案涉及的核心法律问题都是：诉争合同相关条款是否是罚金条款？英国最高法院决定将两个案件合并审理，并派出首席大法官 Lord Neuberger 领衔的 7 位法官听审案件。2015 年 11 月 4 日，两案判决作出。

英国最高法院指出，与罚金有关的法律已经不幸地成为了人为类型化的“囚徒”：在罚金和真实预估损失之间，及在真实预估损失和具有威慑目的的数额之间制造了不能令人满意的区分标准。**一个条款规定的数额不是在订立合同的时候对损失的真实预估不必然意味着该数额是罚金，将条款目的描述为“威慑”，也不必然意味着该条款是罚金条款。具有威慑目的的条款不过仅仅是一类设计出来影响当事人行为模式的条款，此类条款并不具有内在的惩罚性或者与公共政策相违背。此类条款能否被强制实施，取决于条款设计的影响当事人行为的方法是否是显失公平或过分的。**

在以上分析的基础上，英国最高法院最终重构了罚金条款的认定标准：真正的判断标准是诉争条款是否是一个次要义务条款，该条款施加给违约方的损害与非违约方能从首要义务的履行中获得的任何合法利益是否完全不相称（在 Lord Mance 撰写的协同意见中，他认为这个标准的适用可以细化为两部分：第一，诉争条款是否能满足任何合法商业利益的需要并为这些利益提供保护，如果是，那么第二，该条款是否是过度的、过分的、显失公平的）。在简单直接的损害赔偿金条款中，当事人的此种合法利益几乎不会超出违约赔偿。但要注意的是，**违约赔偿并不仅仅是非违约方希望从违约方首要义务**

之履行中获得的唯一合法利益。最后，英国最高法院提醒道：**罚金规则是对合同自由的干预。它侵蚀了当事人有权期待的法律的稳定性。**所以，**如果订约双方谈判力量均等，且订约时都获得了适当的法律意见，那么，法律的初始假定必然应当是当事人自己才是他们利益的最好判断人，法院对于此种背景下拟定的有关违约后果的条款，必须要非常谨慎地判断诉争条款是否构成罚金条款。**

通过前述两案，英国最高法院重新建构了以合法利益为核心的新的判断标准。在新的标准下，法院对于将条款认定为罚金条款并宣告其无效必然会采取非常慎重的态度，在双方谈判力量均等的情况下，法院很少会干预双方约定的条款的实质内容，即使该条款看上去对一方当事人会比较苛刻。[①] 当然，英国合同法中有关罚金规则的立场演变并非判断标准的更新那么简单，还包括了罚金条款本身应为首要义务而非次要义务、主张诉争条款不是罚金条款的举证证明责任等一系列问题。

相类似的域外立法，还有诸多实例。比如：《德国民法典》第343条（减少违约金）之1规定，处罚的违约金过高的，经债务人申请，可以判决减至适当的金额。在对违约金是否适当作判决时，**应考虑债权人的一切合法利益，而不只是考虑财产上的利益**；《瑞士债法典》第163条规定，违约金的数额由双方当事人确定。因不可归责于债务人的客观情况致使合同履行不能的，**为保全非法或者不道德承诺的违约金不能请求支付，**但当事人另有约定的除外。对于**不合理**的违约金，法院可以予以减少；2010年《国际商事合同通则》第7.4.13条之2规定，如果约定违约金对于该不履行所导致的损害以及相对于其他情况严重过高，则可将该约定金额减少至一个合理数目。可见，尽管

---

① 英国最高法院对两案的详细认定和精彩论述，均可参见郑睿：《英国合同法下罚金条款认定标准之重构：英国最高法院 Cavendish v. ElMakdessi 与 Parking Eye v. Beavis 判例解读》，载2015年11月12日"海商法资讯"公号。

诸立法例中的表述方式不尽一致，但基本立场并无不同，亦即，**约定违约金的调整标准都不取决于法定损害赔偿中的“损失”，而是重在对约定违约金“合理性”的判断上。**

四、约定违约金调整思路的重构设想

如果我们认为约定损害赔偿制度仅为违约损害赔偿制度的形式之一，笃定只要是损害赔偿制度就应以存在违约行为、造成损失为适用前提，并应以补偿性为界限，则将约定违约金纳入约定损害赔偿制度范围的逻辑必然是，根据实际发生的损害进行调整当然再正常不过了。然而，约定违约金条款的达成，大概率地凝结了双方当事人对违约可能造成后果的评估预判，约定违约金，阻遏、惩罚违约行为一定会成为当事人达成一致的背后意思之一。在约定违约金制度功能已被实践大幅压制的情况下，应适当提高《合同法》第 114 条第 2 款对约定违约金的“惩罚功能”容忍界限的解读。约定违约金与法定损害赔偿的最大不同在于，其不必也无须以实际损害发生为“前提”。否则，就会带来“约定”“法定”的混同。合同正义不能被赋予宽泛无限的内涵，否则，裁判干预长臂的伸展空间一定会屡屡突破市场主体的预期极限。而从笔者曾经的有限审判实践看，可称为“赌博”的“超高”违约金并不常见，更多的其实还是到底该如何综合判断“过分高于”。关键是怎么样准确认定《合同法》第 114 条第 2 款所称“造成的损失”，若将其等同于范围狭窄的“实际损失”，则“过分高于”的情形就会大量产生。

民法典编纂工程已经启动。假使认为解决约定违约金制度功能发挥不畅问题的治本之道在于立法（如改变以所谓“造成的损失”为调整坐标），则立法者基于无上的智慧能够彻底加以解决，当然是值得期待和信赖的。而在此间，延续既有裁判惯例抑或应当有所作为，明显后者更有意义，其路径，只能从现有法律规范的解释入手。虑及法治背景、现行法框架以及社会环境等方面存在的显著差别，笔者对约定违约金调整思路提出如下重构设想：

1. 商事合同中要慎重调整约定违约金。对于不公平条款的立法控制确实有加强的趋势，如英国先后就制定了《1977 年不公平合同条款法》和《1999 年消费者合同不公平条款条例》，**但是，这些立法主要还是适用在消费者领域，并不适用于商事合同**。商事合同通常凝聚着较为重大复杂的交易预期和目的，就商人之间对自身利益的判断能力与风险的控制和交换能力来说，很难也不必区分出强弱关系。① 自上世纪 90 年代始，商事裁判思维的相对独立性业已确立，这为最大限度尊重商事主体的意思自治奠定了坚实基础。

2. 正确界定“损失”范围。《合同法》第 114 条第 2 款使用了“造成的损失”的表述，完全不考虑“损失”的想法和操作显然并不妥当。但若以“合理性判断”取代“实际损失控制”的思维模式，则是失之毫厘差之千里。基于前述，按照目前实践中的普遍做法，依法定损害赔偿审查约定违约金在实质上几乎否定了《合同法》第 114 条第 1 款赋予当事人协商确定违约金的意思自由。所以，重新确定“损失”的内涵，是符合《合同法》第 114 条的立法目的的。合同非违约方在相关义务得以履行后能够获得的利益，并不必然限于违约损害赔偿。违约救济的方式不仅仅是一个提供履约的金钱替代，它衔接了更宽泛的社会和经济考虑因素。② 包含商业正当性在内的更为广泛的“合法利益”，可以有效拓

① 2010 年《国际商事合同通则》第 7.4.13 之 1 规定，如果合同规定不履行方应就不履行向受损害方支付一笔约定的金额，则受损害方不管其实际损害如何，均有权获得该笔金额。

② 在前所述及两案以及相关的其他案例中，法院倾向达成的目标，是将商业正当性引入判断诉争条款是否是罚金条款的标准。法院的简单做法，就是判断诉争条款的目的是否是威慑或阻吓。但英国最高法院不认为这是正确的做法：“如果一个条款有商业正当性，它就不能有威慑功能，在我们看来是有疑问的。”不过，上述案件中法官对于“正当性”的强调确实为罚金规则的真正基础提供了一个有价值的洞察视角。一个损害赔偿金条款完全可以因除了为填补违约损失之外的其他目的而正当存在。这取决于除了违约金钱赔偿之外，非违约方对义务之履行是否还有其他合法利益。参见郑睿：《英国合同法下罚金条款认定标准之重构：英国最高法院 Cavendish v. ElMakdessi 与 Parking Eye v. Beavis 判例解读》，载 2015 年 11 月 12 日“海商法资讯”公号。

展调整约定违约金的基准覆盖面，即不必仅仅局限和纠结于实际损失。按此，《合同法》第114条第2款所称“造成的损失”，既包括第113条第1款所称的包括实际损失、可得利益在内的损失，也应包括《合同法司法解释（二）》第29条第1款所称“兼顾合同的履行情况、当事人的过错程度以及预期利益等综合因素，根据公平原则和诚实信用原则予以衡量”所确定的损失。依此思路，可在不违反现行法规范意旨的同时，迂回借鉴前述立法例的一致立场。

3. 合理区分审查视角。法定违约损害赔偿额的确定着重站在事后考量违约行为造成的损失并据以确定赔偿责任的范围，但约定违约金产生于当事人债的关系形成过程中，其数额是否过高不能采相同的事后判断方法，必须高度关注合同订立过程中双方达成一致意思的“交易判断上的合理性”。

4. 依法分配举证证明责任。在《合同法司法解释（二）》出台后不久，最高人民法院印发《关于当前形势下审理民商事合同纠纷案件若干问题的指导意见》（以下简称《指导意见》），其中第8条提出，人民法院要正确确定举证责任，违约方对于违约金约定过高的主张承担举证责任，非违约方主张违约金约定合理的，亦应提供相应的证据。该条系对司法解释本身并未涉及的举证责任问题提出的意见，具有极强的参考和指导作用。行为意义上的举证证明责任是在诉讼过程中无条件出现的一种举证责任，在形式上受到当事人主张的影响。只要当事人提出主张，就会发生提供证据的责任问题。[①] 这是行为意义上举证证明责任承担的一般规则。违约方既然提出降低违约金数额的主张，理应承担举证证明责任。在证明对象和审查判断上，除了具备举证可能性的“实际损失”外，重点应当关注超出“可预见范围”、违反“公平原则”、无违“诚实信用原则”等足以否定约定违约金数额属于守约方“合法利益”的事实之上，并将其作为《指导意见》第8条所说的“违约方对于违约金约定过高的主张承担举证责任”

① 沈德咏主编：《最高人民法院民事诉讼法司法解释理解与适用》（上），人民法院出版社2015年版，第310页。

的应有含义。**在违约方之举证达到一定证明程度之后，由裁判者准确判断是否足以将行为意义上的举证证明责任转移至守约方处，**由其承担《指导意见》第8条所说的“非违约方主张违约金约定合理的，亦应提供相应的证据”的举证证明责任。如此，或能扭转和改变业已大量存在的首先要求守约方承担相应举证责任的不当观念和做法。

5. 精准把握“适当减少”。“适当减少”的强度应解释为“微调”。如果约定违约金确实过分高于“造成的损失”，所谓“适当减少”原则上应当有一个比例限制，笔者的观点是控制在约定数额的30%以内，否则已经不属于“适当减少”，而是“剧烈调整”。

6. 正确适用调整依据。《合同法司法解释（二）》第29条是约定违约金调整的最为重要的规范依据。该条第2款规定，当事人约定的违约金超过造成损失的30%的，一般可以认定为《合同法》第114条第2款规定的“过分高于造成的损失”。但是，很多裁判者忽略了该款的适用规则问题，往往首先就依据该款调整约定违约金。这种惯常思路带来的问题是，在法定损害赔偿情形下，守约方尚且有可得利益可资救济，而在约定违约金时，调整的坐标却限于实际损失，或者说如有考虑也只是在实际损失30%之内，抽象地看，这无异于另一种形式的否定意思自治。而从第29条规定看，第1款才是约定违约金调整的一般和首要规则，只有在根据前述作业均无法证明约定违约金数额“合理性”的情况下，才能援引第2款。

五、结语

约定违约金的调整是一个复杂的系统工程，“一概不调整”并非解决问题的可选项。但必须明确，**调整约定违约金的目的，在于夯实意思自治的伦理根基，而非否定意思自治。立足解释论，笔者建议以尊重意思自治、维护诚实信用为**

体，以严循证据法则为用，坚持“不调或微调为原则，严格限制调整特别是剧烈调整”的价值取向，最大限度尊重意思自治，更好发挥约定违约金的制度功能。同时，对调整作业妥当性的评价，需在评价方法科学性层面展开，至于具体结论，不可能也不应该被看作只能产生唯一答案的简单数学问题，应当接受其在一定容度内的模糊性和非确定性。从某种意义上说，所谓“天价”，反而可能才是最为“合理”的。

出质人处分已出质机动车是否构成无权处分

◎辛正郁

质权人对质物的占有是他主占有，出质人仍应具有处分质物的能力。然，《物权法》对出质人未经质权人同意处分质物并未作出类似“涤除抵押权”的规定，又因质权和抵押权存在担保权人是否占有担保物的显著差异，而应从“质权”一章中最相类似的其他规定（权利质权部分）入手。那么，如何理解《物权法》第226条和第228条第2款中“质权人同意”的法律效果呢？是选择出质人有权处分但再设物权对质权人不发生物权效力的解释路径，还是选择出质人无权处分由第三人善意取得的解释路径呢？

本文以出质人处分已出质机动车为例，结合指示交付和简易交付这两种观念交付方式，从质权设立的时间、出质人未经质权人同意处分质物是否构成无权处分、“质权人同意”之法律效果出发，认为出质人未经质权人同意复设物权是有权处分，但该物权对质权人不发生物权效力。

一、设例

甲向乙借款10万元，并以指示交付方式将出借给丙之A机动车为乙设立质权，后甲又通过简易交付方式为丙设立质权。问题：甲为丙设立质权是否属于无权处分。

二、推理

乙之质权何时设立。《物权法》第212条规定，质权自出质人交付质物时设立。对交付的方式，除现实交付外，《物权法》还规定了简易交付、指示交付及占有改定三种观念交付方式。学理通说认为，质物交付，可为现实交付、简易交付以及指示交付，但占有改定方式则不可。对其原因，有观点认为，系占有改定在质权设立中不具有物权公示效力。[①] 但动产所有权的变动在强度上显然大于质权之设立，而在前者中尚且可以通过占有改定方式发生物权变动，不仅如此，在指示交付中同样也存在所谓“不具有物权公示效力”问题的情况下，单单以此否定占有改定在质权场合的适用，理据薄弱。实际上，**质权人占有质物，目的在于确保质权的留置作用。由是观，现实交付、简易交付能力最强，指示交付弱之，占有改定几无。其他国家或地区有“质权人不得使出质人代自己占有质物”的规定，[②] 其意旨即为排除占有改定在质物交付方式中的适用。**

指示交付情况下，讨论质权何时设立的本质是指示交付何时发生物权效力。对此问题，《物权法》第26条规定似不甚明确。**让与返还请求权有债权性和物权性的区分，但因《物权法》第26条对占有动产的第三人施加了“依法”的限定，**

---

① 最高人民法院物权法研究小组编著：《〈中华人民共和国物权法〉条文理解与适用》，人民法院出版社2007年版，第631页。

② 参见我国台湾地区1991年6月26日修正“民法”第885条第2款。

故其所指让与返还请求权应为债权性质。既属债的范畴，就应该依照转让人与受让人之间让与返还原物请求权的协议生效之时确定动产交付以及判断善意的时间。《最高人民法院关于适用〈中华人民共和国物权法〉若干问题的解释（一）》［以下简称《物权法司法解释（一）》］第18条第2款对此有明确规定。对是否应通知第三人及其相应法律后果，应类推适用《合同法》有关债权让与的规定，即未经通知，对该第三人不发生效力。[①] 回到题设案例，若就返还请求权让与事项已经通知丙，则丙即丧失对乙之质权的抗辩权。此处需要引申论及两个问题：（1）《物权法司法解释（一）》对指示交付何时发生物权效力问题虽规定在"善意取得"部分，但其本意也在于明确其他场合中指示交付何时发生物权效力的问题，重点则在突出"一般交易"与"善意取得"均采同一立场。（2）该解释第20条在第18条第2款基础上，明确规定特殊动产善意取得中，仅需交付而无需登记即可善意取得物权。那么，一般交易中交付未登记不得对抗善意第三人，但交付未登记却可以善意取得，此时是否存在基于有权处分所取得物权的效力有可能反而不如无权处分情形下所取得物权效力的评价矛盾？笔者认为，**登记对抗协调的是先手取得人与后手取得人（善意第三人）之间的物权对抗关系，善意取得回答的是处分人无权处分真实权利人之物权时受让人能否善意取得物权的问题。对抗效力与物权特别取得分属不同范畴。**善意取得虽为原始取得，但若未经登记，也会产生向后欠缺对抗效力的可能。亦即，**善意取得的特殊性仅在于设权路径，此后即与其他物权性质相同、困扰相同、风险相同、命运相同。**

甲是否构成"无权处分"。《物权法》第106条所称无权处分，是指处分人基于登记抑或占有公示的权利状态与真实权利状态不符。在特殊动产，因其物

① 笔者对此问题的详细理由，可参阅2016年5月17日"民商辛说"《〈物权法司法解释（一）〉重点内容理解》一文。

权变动[①]生效要件及对抗要件分别为交付和登记，故情形异常复杂。但总体而言，由于交付为物权变动的生效要件，故登记一般仅在判断受让人是否具备善意问题上具有补强性的判断价值。必须明确的是，善意取得场合中，该交易亦与一般正常交易并无不同，要件是否满足，不过是在产生争议后所作的事后判断。基于此，**判断甲是否享有处分权，核心还是要看其在实质上有无处分能力和资格，其对质物的占有形态如果未能真实抑或正确反映其处分能力和资格的欠缺，才产生"处分权表彰错误"的问题。**

动产质权的设立，标志是质物占有的转移；质物占有的转移则是通过当事人基于设质意思的交付完成的。甲将A机动车交付给乙，不论是基于现实交付、简易交付还是指示交付，均产生交付的法律效果。该法律效果首先体现为质权设立的物权效果，其次也是更为重要的则是出质人对质物占有的丧失。但**关键问题是要厘清出质人丧失占有的内涵是什么。**质权一经设立（现实交付），质权人为质物的直接占有人，出质人则系质物的间接占有人；如依简易交付方式设立质权，出质人虽仍为间接占有人，但该间接占有的内核已随着质权人对质物直接占有意思的改变而改变；在质权依指示交付方式设立的场合，出质人仍保有间接占有地位，而第三人为谁（出质人或质权人）直接占有取决于返还请求权让与是否已为通知。**质权本质仍是对质物价值交换权的控制，质权虽设立，但质权人对质物的占有属他主占有性质；出质人并未丧失所有权，亦可通过偿还债务消灭质权，故其既可保持转让质物的能力，也应具有再行设定质权的资格。尤其是在质物之价值高于先设立质权所担保债权数额时，许可出质人就该质物续设另一项质权，不会冲击质权制度的基本目的和功能。**

《物权法》对动产质押期间出质人未经质权人同意转让质物的问题，未作类似第191条第2款的规定，但如何看待抵押权和质权在"担保物占有"上

---

① 此处所称物权变动不包括抵押权设立情形。

的差别以及由此带来的担保人（抵押人、出质人）处分能力问题，颇为复杂。在抵押权情形中，《物权法》第191条第2款虽首先明确，抵押期间，未经抵押权人同意不得转让抵押物，但亦随后规定了受让人的涤除权，如可类推适用，即应认为出质人未经质权人同意转让、出质质物也可纳入有权处分范畴。

类推适用的本质要求，是寻找最相类似的情形。质权与抵押权虽同为担保物交换价值之控制权，但因存在担保权人是否占有担保物的显著差异，对立法目的的解读，似不应在抵押权部分相关规定中寻找答案，而应从"质权"一章中最相类似的其他规定（权利质权部分）入手展开解释作业。[①] 比较《物权法》第226条至第228条第2款规定（出质后，不得转让，但经出质人与质权人协商同意的除外。出质人转让所得的价款，应当向质权人提前清偿债务或者提存）与第191条第2款可知，法律对未经担保权人同意转让担保物的态度是有些不同的：抵押权场合中，在满足特定条件时（受让人行使涤除权），即使抵押物转让未经抵押权人同意，受让人亦可取得物权；在权利质权场合，法律则未作此规定。那么，究竟该如何理解质权人同意的法律效果？笔者认为，或也可从如下层面展开思考。依文义，**对质权人同意之法律效果可配置两个选项：(1)未经质权人同意，出质人虽有复次设立物权的处分权，但该物权对质权人不发生物权效力；(2)未经质权人同意，出质人丧失再行设立物权的"处分权"，即构成无权处分。如为前者，即便后设物权存在，除非法律另有规定，质权人之优先受偿权都是安全无虞的；倘系后者，第三取得人至少在理论上有可能基于善意取得而原始取得物权，且该物权原则上可以消灭原有物权（所有权）或者取得在先顺位（质权）**。比较言之，前者虽在形式上较弱，但更符合质权本质属性并有助于实现质权制度功能，对质权人也更为有利，其效果相对合理且

---

① 当然，如果将"抵押权人同意"之法律效果归结在抵押权如何具体行使上时，亦即《物权法》并未否定抵押权的追及效力、并非将"抵押权人同意"作为决定"转让行为"效力的条件，则抵押人处分抵押物就根本不存在无权处分问题。

为比例原则所乐见。《物权法》规定未经出质人与质权人协商同意质物不得转让，目的在于保护质权人利益，就质权人同意之法律效果，应作于其而言最为有利的解读，不宜在形式上赋予最强效果反在实质上增加其风险。

甲为无权处分时，丙可能依善意取得制度取得质权，为何甲为有权处分，反而丙却要让位于乙？**题设案例属于“一物数处分”的情形，前后手之物权取得只要不是零和关系，就不存在你死我活的激烈对抗。此时，应按照物权顺位效力原则解决权利冲突，一物之上在先设立的物权优先于在后设立的物权（非指所有权与定限物权情形），当为题中应有之义。**

《物权法》第217条规定了责任转质，质权人据此享有质押期间未经出质人同意即可转质的权利。既如此，若认为出质人未经质权人同意即丧失再行设定质权的处分权，显然需要提供极具说服力的法律依据、学理支撑。

综上所述，甲虽已就A机动车为乙设立质权，但其处分权并未丧失，多维度考察分析，都不宜也无需得出其为无权处分的结论。

三、心得

无权处分是民法思维的顶尖级孤岛，准确把握其逻辑中线不仅事关善意取得制度的有效运行，更有可能决定人、物、债的衡量摆布是否合理。**以处分能力、权源基础等为切入点，辅之以各项制度核心要素与价值考量的科学研判，或可有助于对无权处分的妥帖把握。**

特殊动产抵押权善意取得构成要件简析

◎辛正郁

《物权法》第106条第3款(当事人善意取得其他物权的,参照前两款规定)是善意取得制度中极为重要却常被忽视的一个条文,"其他物权"究为何指,构成要件怎样"参照"把握,于实务中乃至学理上似有厘清和探讨的空间。"其他物权"包括依法得流通的用益物权自无疑问(当然实例殊为罕见),不同观点主要集中在担保物权上。较之质权、不动产抵押权等"其他物权",特殊动产抵押权更具探讨价值,是故设定本文论题。

一、特殊动产抵押权能否善意取得

依《物权法》第 180 条第 1 款（抵押物范围法定）的规定，债务人或者第三人**有权处分**的特定财产**可以抵押**。既然善意取得以**无权处分**为适用前提，加之有权处分之物“可以”抵押，那么“善意取得抵押权”于法有据吗？[①]物权的种类由法律规定，包括所有权、用益物权和担保物权，担保物权包括抵押权、质权、留置权。《物权法》第 106 条第 1 款已就所有权作出规定，则“其他物权”理应包括特殊动产抵押权。即便作极简考量，也**不应把“违反”《物权法》第 180 条第 1 款规定的法律后果绝对化：法律、行政法规禁止抵押之物上，不能设立抵押权；适格抵押物非属抵押人有权处分，抵押权仍可能设立。**《物权法》中的类似条文还有，第 208 条第 1 款（动产质权——为担保债务的履行，债务人或者第三人将其动产出质）、第 230 条第 1 款（留置权——债务人不履行到期债务，债权人可以留置已经合法占有的债务人的动产）。更具说服力的是，《合同法》第 132 条第 1 款规定，出卖的标的物，应当属于出卖人所有或者有权处分。如采他种理解，善意取得的生存空间将被彻底封闭。主张善意取得抵押权的人（为简便表述，以下称抵押权人）对抵押人处分权的判断与买受人对出卖人所有权的判断没有本质差别，只要承认抵押担保在交易中的重要作用，且无法排除无权处分特殊动产的可能性，就不应忽视通过善意取得制度为特殊动产抵押权特别取得提供保护的合理性和必要性。

---

① 抽象地看，这是一个颇具体系性的“大问题”，有多种观察和讨论维度，在“民商辛说”往期数篇文章中，笔者从其他若干角度做了碎片化思考，如有兴趣可参阅，本文仅围绕处分权展开。

二、特殊动产抵押权善意取得之构成要件

（一）善意

抵押权人之善意，就是对抵押人有抵押特殊动产之处分权的信赖。抵押人的处分权主要源自所有权等物权或者基于权利人之授权（代理、代表等），在前者，其物权通过占有公示，依法登记后产生对抗效力。[①] 抵押权人善意与否，主要取决于抵押人之占有状态本身是否值得信赖。**较之登记权利人与登记，占有人之占有意思相对来说更容易也更应该在占有维持过程中被渗透和贯彻，抵押权人的信赖需受抵押人占有所反映的占有意思约束。**占有意思的体现有主客观途径的区分，前者如占有人自己的表示，后者包括占有场合、形式等。如果两者出现不一致，信赖主张人应就其选择前者的合理性为更进一步举证。占有对权利的公示效力并不是很强，因法律规定有登记对抗制度，故在特殊动产上更是如此。既然单纯的占有外观不足以完全支撑外界的信赖，仅此即接受抵押就有悖同类交易人的一般判断，也显然未对法律已经给出的风险提示（登记对抗、观念占有）保持警惕。因此，若占有表彰的所有权欠缺登记背书的对抗力，抵押权人却不作必要之调查而径行接受抵押，即有可能致其善意主张不被采纳。此即《最高人民法院关于适用〈中华人民共和国物权法〉若干问题的解释（一）》[以下简称《物权法司法解释（一）》] 第 17 条所称，不符合交易习惯的"受让人具有重大过失"的情形。准此以观，**于抵押权人而言，登记本身无法支撑信赖，却可能影响对其善意与否的判断。**至于可能动摇抵押权人善意基础、减损乃至抵销抵押人占有所表彰处分权的其他因素，受篇幅所限，不再展开。[②]

---

① 质权较为特殊，参见"民商辛说"2016 年 7 月 19 日《特殊动产质权与登记对抗》一文。

② 论题虽非中间型物权变动抑或特殊动产多重买卖，但笔者仍建议参阅"民商辛说"2016 年 10 月 14 日陈永强教授《论中间型物权变动之多元要素解释方法》、2016 年 11 月 1 日《特殊动产多重买卖解释要素体系之再构成——以法释〔2012〕8 号第 10 条为中心》两文。

引申问题：（1）当抵押人的处分权表现为权利人之授受，因其非由物权法意义上的公示方法所标识，对该所谓“信赖”的保护，善意取得制度力所不逮；（2）如主债权包含非法部分（如高利贷等），其法律后果原则上只是非法部分不受保护而不是债的关系绝对无效，故不得援引《物权法司法解释（一）》第21条排除善意取得之适用。另，善意取得中之善意，仅指取得人基于法律规定的物权公示方式（登记、占有）对处分人有权处分的信赖，与其他范畴的“善意、恶意”无涉，故也不能单以此推翻抵押权人对抵押人有相应处分权的信赖；（3）登记与占有不一致，并不必然导致抵押权人不构成善意的结论，如其有证据证明该不一致没有危及抵押人之处分权“成立”，其仍可构成善意。同理，即便占有获得了登记的配合，抵押权人之善意也不是就安全无虞了。

（二）合理的价格

善意取得制度在外部关系中发挥作用，目的是维护交易安全。关键问题是：

1. 设定抵押权是交易吗？在抵押人即债务人时，自可认其为交易；若为第三人，则不无疑问。笔者认为，应将其纳入交易范畴，主要理由是：**（1）经济上的非一体性**。如果债务人逾期不履行债务，作为抵押人的第三人将按约承担担保债务，此中利益关系（抵押人与债务人之间亦非总是利益共同体）虽非“你来我往”般简单和典型，但也足以说明抵押权人与抵押人的经济目的实系相对而非相同，这是构成交易的前提。[①] **（2）特殊的有偿性**。债权人接受第三人提供抵押旨在担保债权实现，就其债权而言，债务人之清偿自为对待给付无疑，不过抵押之提供也是主债权债务法律关系得以形成的重要基础。债权人向债务人履行给付义务后（债权形成），虽在债务人清偿与抵押人担保之间择其一（包括排除式及混合式）即可确保其债权实现，不过对债权人来说，两者的一体性大大超过其内部之间的差异性。抵押人提供抵押虽表现为“无偿”，却不妨碍

---

① 详细理由，参见“民商辛说”2016年7月12日《出资行为效力与善意取得》一文。

在抵押权人一侧观察并确认其权利取得的有偿性，这是构成交易的关键。**（3）从属性的逻辑必然。**担保合同是主债权债务合同的从合同，担保债务相对主债务居于从属地位。尽管抵押权人形式上无需为接受抵押支付对价，主债权债务的对价关系自然应被视为已覆盖了抵押担保，即便抵押人是第三人。债权人取得抵押权并非空穴来风自然难谓无偿，否则，该抵押权将皮之不存而毛将焉附。简言之：（1）不要将抵押担保与主债权债务关系割裂开并使之孤立化；（2）确定债务人清偿与抵押人担保对债权人实现债权的实质一体性；（3）依主债权债务关系将三方关系作两端划分，去形式化地理解以给付和对待给付为特征的有偿性。

2. 如何判断"合理的价格"。《物权法》将"以合理的价格转让"作为善意取得要件之一，目的有二：（1）排除无偿取得；（2）排除不合理价格转让。价格合理意味着给付与对待给付大体相当，而在逻辑上和实践中，似只有抵押物价值与主债权数额可供量化判断。不过，两者之间显然并不存在买卖关系中标的物与价款那样的对应关系。此外，即使债权数额与抵押物价值显不匹配，其原因十分复杂（市场环境、交易动机等），也很难说就是不合理的。抵押权为优先受偿权，极端言之，不论担保的债权数额多么"不合理"（畸低），公开透明的抵押权实行程序也可以给予有力制约和矫正。因此，笔者认为，只要主债权债务真实存在，原则上即应认定满足了"合理价格"要件。

引申问题：（1）主债权债务如未真实发生，即可认为缺乏"合理价格"要件，但不可依此否定抵押权人的"善意"。（2）合理与否，重在款额本身的判断，而不应指向其构成部分。若主债权包含"非法"部分（如法外高利等），则已非"不合理"，故不属"合理价格"要件所应控制的客体。（3）在解释上也有另一路径可供思考，即因抵押场合中无对价可言（债权人未向抵押人"支付"），可按照《物权法》第106条第3款规定，对第1款第（2）项"以合理的价格转让"要件，不予"参照"。笔者原采此观点，其主要问题首先存在于法解释成本之上，亦即不参照的成本显然高于迂回参照。又，自抵押人未获抵押权人对待给付切入并展开论证，对判断抵押权之善意取得来说，应属逻辑错位。

（三）完成物权变动

特殊动产抵押权既非依登记设立，也非依交付设立，而是自抵押合同生效时设立（《物权法》第188条）。由此带来的问题是，如何“参照”《物权法》第106条第1款第（3）项规定（转让的不动产或者动产依照法律规定应当登记的已经登记，不需要登记的已经交付给受让人）。笔者认为，《物权法》第106条第1款是以所有权的特别取得为示范场景，登记、交付是不动产、动产所有权变动的生效要件，故第1款第（3）项本质上是对“完成物权变动”要件的规定。在参照该项规定时，不应执着于“登记、交付”，而应抽象理解“必须满足法律规定的物权变动（设立）生效要件”。特殊动产抵押权自抵押合同生效设立后，是否还需完成作为对抗要件的“登记”，学界有不同观点。对此问题，按《物权法司法解释（一）》第20条规定的立场［转让人将《物权法》第24条规定的船舶、航空器和机动车等交付给受让人的，应当认定符合《物权法》第106条第1款第（3）项规定的善意取得的条件］衡量，既然善意取得所有权都不需要登记，此中答案也应为否。当然，未经登记就会面临不能向后对抗善意第三人的风险。

三、结语

《物权法》第106条第3款并非单纯的法律依据参照型抑或法律效果参照型规范，笔者浅见疏漏谬误在所难免，惟望尽可能深刻理解立法本意、准确把握制度目的，以期妥帖适用法律。

主合同被转性认定时的担保人责任

◎郑　杰

辛正郁按：在商事纠纷中，名实不符的合同并不鲜见，法院应根据查明的真实合意判断合同性质、认定当事人权利义务，已成共识。但不无疑问的是，若名实不符合同涉及第三人担保，在主合同被转性认定后，担保人的责任该何去何从？

担保人是否承担担保责任，取决于其真实意思表示是否局限于为名义上的主合同提供担保。揭示担保人真意，应正确认识和准确把握担保合同的从属性与独立性，不仅需要在个案中查明合同内容、交易细节及担保人地位，而且依赖于法的价值取向与利益衡量。

一、问题的提出

虽然合同如实反映当事人真实意思（即合同名实相符）是经济生活的常态，但出于规避监管、虚增贸易量、满足企业内部要求等不一而足的原因，合同名实不符的情况时有发生。例如，在融资性贸易中多见“名为买卖、实为借贷”，在房地产开发实务中则经常出现“名为合作开发、实为房屋买卖”或“名为合作开发、实为借款”等情形。名实不符的合同进入诉讼后，法院基于意思表示理论，通过查明事实揭示当事人的真实合意，并据此判定合同性质、确定当事人权利义务，已成共识。

问题是，如果名实不符合同附有第三人提供的担保，在主合同被法院转性认定后，如以买卖之名行借贷之实的合同被认定为借款合同且合法有效，担保人是否还需承担担保责任？在这类纠纷中，担保人往往会抗辩其真实意思是为买卖合同而非借款合同提供担保，虽然转性认定后的主合同依然有效，但担保合同因缺乏真实意思表示而无效。债权人则会针锋相对地主张，合同性质并不改变合同所产生的债务内容，也不会加重担保责任，因此，担保效力不应受到影响。如何处理主合同性质与担保合同效力的关系，合理划分债权人、债务人与担保人的责任，成为名实不符合同纠纷的一大难点。

假使名实不符的主合同因构成以合法形式掩盖非法目的等事由而归于无效，主合同无效导致担保合同无效后的各方责任承担问题，已有明确裁判规则[《最高人民法院关于适用〈中华人民共和国担保法〉若干问题的解释》（以下简称《担保法司法解释》）第8条]，故不在本文讨论范围之内。

二、类型化分析

有观点表示，为保护债权人信赖，只要主合同合法有效、主债权真实存在，无论主合同性质如何，都不影响担保效力。此种观点过于绝对，担保合同的从属性决定了主合同的性质通常会对担保决策和担保人利益产生重大影响，无论是站在尊重当事人真意，还是惩戒欺诈、维护利益平衡的立场，都有必要作更精细的区分。

法院根据事实认定主合同真实性质对于第三人提供之担保效力的影响，取决于担保人的真实意思表示是否限于为名义上的主合同提供担保。具而言之，在担保合同订立时，若担保人对于主合同之名实不符明知或应知，则视为担保意思涵盖被转性认定后的主合同所生债权，担保责任不受影响。但若担保人成功证明自己不知且不应知，则需进一步考察担保人是否受到欺诈或发生重大误解，若担保意思表示确实存在瑕疵，担保人可免于承担担保责任。

（一）担保人明知或应知

梳理最高人民法院与高级人民法院对此类案件的处理结果，可以发现主流裁判思路倾向于认定担保人对于主合同真实性质是知道或者应当知道的，这也符合一般交易常识。法院据以判断担保人认识状态的因素包括：

1. 担保条款内容

一种简单的情形是，根据担保条款约定即可判断出担保人对于主合同真实性质是知情的。例如，在中国银行深圳分行与江阴市第三工业供销公司担保纠纷案［（2000）经终字第256号］中，主合同名为合作开发房地产、实为企业间借贷，《担保保证书》载明“当债务人无法偿还4000万元投资本息及固定利润时，由担保人负责偿还”，最高人民法院据此认定担保人明知主合同的借贷实质。

2. 主合同内容与担保人注意义务

若担保人通过阅读主合同条款即可发现其真实性质，则无论担保人是否参与主交易的谈判磋商，是否因其特定地位、角色或关联关系而具有信息优势，原则上推定担保人知道或者应当知道主合同真实性质。主合同被转性认定的，担保责任不受影响。

担保人作为具有完全民事行为能力的主体，在签订担保合同时应当承担审慎注意义务，仔细阅读主合同内容，理解各方权利义务。若单纯根据主合同内容，无须借助其他文件（如融资性贸易链条上的其他合同），也无须探知实际履行情况（如售后回租型融资租赁实际未转移租赁物所有权），一般民商事主体即可发现主合同真实性质，则推定担保人知情或应知。如果担保人是专业担保公司或是有偿提供担保，则其注意义务标准还有必要相应提高。

例如，在方健辉与广东海景进出口贸易有限公司、湖南株洲化工集团临氮有限责任公司借款合同纠纷案［（2009）粤高法民二终字第157号］中，保证人主张其没有参与主合同的谈判起草及签订，对主合同真实性质不知情，只是基于对朋友的信任而草率提供担保。但法院认为，主合同虽名为买卖，但其内容已经表明不转移标的物所有权，也不支付标的物价款，且多处明确约定临氮公司向海景公司支付固定利润。因此，担保人知道或应当知道这与买卖合同具有本质区别，实为借款合同。

提供担保是风险显著的重大交易，名实不符合同是非正常的隐藏行为，即便单凭主合同本身不足以让担保人确信存在隐藏行为，但主合同内容明显与正常交易不同，足以引起一般理性主体怀疑的，担保人只有做到必要调查，方可谓谨慎无过失。例如，大宗商品买卖合同没有约定货物质量或交付细节，融资租赁合同的租赁物显然无价值，若担保人未作任何调查即签订担保合同，则事后不能主张善意不知情。

以五莲汇丰典当有限责任公司与日照市源亿建材有限公司、丁召海等典当纠纷案［（2014）鲁商终字第79号］为例，主合同《典当借款合同》未列明当物的具体明细，实际上也未办理当物抵质押的相关手续，法院认定担保人在担保人栏签字时，视为知道主债务人未提供当物，主合同名为典当、实为借贷。

3. 担保人在交易中的地位和角色

纵使主合同内容与正常交易无异，也不能贸然支持担保人不知情的抗辩。**在商业实践中，担保人虽是主合同所涉交易的第三人，但其与主合同交易往往存在千丝万缕的特殊联系，通常属于了解实情的“内部人”。**例如，在融资性贸易中，企业担保人一般是同一交易链条上的参与方或关联企业，自然人担保人则多是交易的经办人或与当事企业存在特殊关系的人，如企业的法定代表人、大股东或其近亲属等。**在此种情形下，担保人在交易中的特殊地位和角色意味着其所承担的注意义务标准更高，基于其信息优势，担保人更容易也更应该发现交易实质。因此，推定其明知或至少应知，担保责任不受主合同转性认定的影响。**

举例而言，在国泰租赁有限公司与山东鑫海投资有限公司、山东鑫海担保有限公司等企业借贷纠纷案［（2014）民二终字第109号］中，融资租赁交易只融资、不融物，被法院认定为名为融资租赁、实为借款法律关系。国泰租赁公司（出借人）并非以发放贷款为主要业务或利润来源,企业间借款合同有效。两位自然人担保人分别是债务人的法定代表人和股东，应当知道主合同实为借贷的事实，故应承担担保责任。保证人鑫海投资公司、鑫海担保公司在本案之前即与债务人存在业务关系，且案涉交易系由鑫海投资公司介绍撮合而成，债务人正是用案涉借款偿还了对鑫海投资公司的欠款，作为专业的投资、担保公司，二保证人在签订保证合同时应当知道主合同名为融资租赁、实为借贷，故法院最终认定保证合同是其真实意思表示，为有效合同。

再如，中材供应链管理有限公司与上海浩轩国际贸易有限公司、上海泓星物贸有限公司等合同纠纷案［（2013）一中民初字第10671号］，通过查明整个贸易链条上的相关事实，法院认定主合同名为买卖、实为企业间借贷，因中材公司（出借人）并非以资金融通为常业，借款合同有效。一位保证人是实际用资方的法定代表人，另一保证人则是交易链条上多个过桥企业的法定代表人，且二保证人系兄妹关系，法院因此认定二保证人明知主合同的借贷性质，判令其承担保证责任。

（二）担保人不知且不应知

从当前司法实践来看，担保人成功证明其对主合同真实性质确实不知且不应知的情形应为少数。名实不符合同作为隐藏行为的表现形式，属于民事法律行为的“异类”，这类非正常交易必然存在诸多不同于普通交易的疑点，除非主合同当事人有意隐瞒，否则，谨慎担保人通常是能够察觉主合同之不同寻常的。担保人事后主张自己已尽到审慎注意义务却仍未能发现主合同真实性质，并不容易。

担保人不知且不应知的典型情形是，主合同当事人故意隐瞒交易性质的真实情况或提供虚假信息，即在担保关系中存在欺诈。

1. 欺诈

在债权人起诉要求担保人承担担保责任的案件中，原则上债权人只需提供合法有效的主合同与担保合同即可。若担保人提出欺诈抗辩，需就担保合同订立时受到主合同当事人欺诈的事实承担证明责任。

在名实不符合同纠纷中，债权人欺诈担保人与债权人、主债务人串通骗取第三人提供担保的情况往往是相互交叉的。比如，主合同双方以买卖之名行借贷之实，第三人在不知情的情况下为“卖方”的按约交货义务提供担保，既构成债权人欺诈担保人，又构成债权人与债务人串通骗保，此时《担保法》第30条第（1）项和第（2）项发生竞合，担保人可选择适用任意一项。

实践中，担保人选通常由债务人提供，担保人与债务人的关系往往更为紧密。因此，可能出现债务人欺诈担保人而债权人未参与的情形。例如，债务人推荐其合作伙伴A作为名为买卖、实为借款合同的保证人，而债务人单独向A承诺主合同是普通买卖合同。A未再向债权人核实，债权人亦未主动披露，双方即签订保证合同。因债权人有理由相信债务人已向其推荐的保证人披露了交易实质，单纯沉默不足以构成欺诈，此时只有债务人一方欺诈保证人。因债务人并非保证合同当事人，受债务人欺诈一般不能成为保证人免责的理由。例外规定在《担保法司法解释》第40条，**若担保人能证明"债权人知道或者应当知道欺诈事实"，可以因债务人欺诈而不承担担保责任。**

有观点认为，主合同当事人对合同性质的欺诈不影响担保人最终承担的责任，因此，欺诈与担保人作出担保意思表示之间不存在因果关系。此观点值得商榷。**不同性质的合同具有不同特征，当事人的权利义务不同，担保人的风险也随之不同，特别是在债务人偏离主营业务从事例外交易，并且以隐藏行为掩盖交易实质的情况下，断不能否认主合同性质可能会对担保人之决策产生影响。**相较于币种、利率、期限等仅影响债务数额与履行时间的因素，主合同性质对于担保人风险的影响甚至更大。而且，担保人风险并不仅限于经济利益上的风险，比如，担保人的内部规范明令禁止为企业间借贷合同提供担保，若无欺诈，担保合同根本不可能订立。

主合同当事人故意采用名实不符合同，该隐藏行为本身即有一定可谴责性，而担保人因受欺诈未能发现主合同真实性质，更值同情。从鼓励诚信、保护善意外部人的角度，不应对因果关系要求过苛。当主合同性质很可能影响担保人的风险时，可初步推定担保人的真实意思表示仅限于为名义上的主合同提供担保。

上述推定并非终局性的，债权人可反证证明担保人并不在乎主合同性质，故担保合同有效。例如，厦门水产集团有限公司与厦门玖玖世邦担保有限公司、厦门市晟亚贸易有限公司等买卖合同纠纷案［（2014）闽民终字第523号］，担保函指向的是主债权债务的结算结果，虽然该等债权债务的产生基础是一系列名为买卖、实为借款的交易，但法院认为，无论债权人与主债务人之间是买卖合同关系还是企业间借贷关系，均为合法有效，担保函指向的债务是真实存在的，主合同性质不同也并未加重担保人的责任。因此，担保函是担保人真实意思表示，合法有效。

2. 重大误解

从逻辑的周延性考虑，有可能存在担保人对主合同性质发生重大误解，且该误解并非源于欺诈的情形。然而，从现实来看，此种情况应当是极其少见的。主合同当事人合意从事一项名实不符的非正常交易，且专门选择了第三人担保这样的保险措施，表明当事人对于该交易是十分在意的，硬要事后主张自己“分不清楚”，很难说得过去。就担保人而言，要证明自己既未受欺诈，也已尽到注意义务，但仍然发生了重大误解，也十分不易。倘若真的出现此种极端情况，那么担保人可因重大误解而撤销担保合同。

3. 担保合同效力与民事责任

在担保人受欺诈的情况下，关于担保合同的效力，存在《担保法》规则与《合同法》规则的冲突。根据《合同法》，因受欺诈订立的合同属可撤销合同，担保人受制于除斥期间的约束；在《担保法》下，若担保人因受欺诈而提供担保，法律后果直接是不承担民事责任。应如何解决这一冲突，不乏争论。担保是单务合同，担保人仅负义务而债权人纯获利益，在债权人欺诈担保人或债权人明知/应知欺诈事实时，为惩戒欺诈、平衡各方利益，不应为担保人施加除斥期间限制。换言之，**《担保法》规则应优先适用，这也符合当前主流裁判思路。担保人因受欺诈而提供担保的，担保人并无过错。因此，其不仅免于承担担保责任，而且不需要承担任何民事责任。**

担保人因重大误解而提供担保的情形在《担保法》中并无规定，应当适用《合同法》一般规则，担保人须先撤销担保合同，方可免于承担担保责任。撤销权除斥期间以担保人“知道或应当知道撤销事由”为起算点，具体来说，应以下面两个时点的较晚者为准：（1）债权人要求担保人承担担保责任；（2）主合同被法院生效判决作出转性认定。

在担保合同因重大误解被撤销之后，担保人的民事责任可参照主合同有效而担保合同无效的规则加以认定，因合同无效与被撤销在法律效果上十分相似，以过错标准划分各方责任，亦公平合理。在名实不符合同纠纷中，债权人无过错应当是极其罕见的，通常是各方均有过错，应按过错比例分配担保合同无效后的民事责任，担保人承担的责任以不超过债务人不能清偿部分的 1/2 为限。

三、结语

意思表示真实是私法自治的理想状态，但现实生活纷繁复杂，不可避免地会出现当事人为隐藏行为导致合同名实不符的情形。出于尊重意思自治的基本原则，只要不存在法定无效事由，名实不符合同的法律效果应根据当事人共同的真实意思予以确定。若名实不符合同存在第三方担保，担保效力同样应以担保人真实意思为准。在担保合同订立时，若担保人知道或应当知道主合同真实性质，则担保效力不受主合同转性认定的影响；若担保人不知且没有理由知情，则需根据个案事实判断其对主合同真实性质的错误认识是否构成意思表示瑕疵，进而确定担保人应承担的民事责任。诚然，本文结论与直觉一致（即在多数情形下担保人无法脱责），但此种思考路径能够更好尊重当事人真意、平衡各方利益及鼓励诚信。精细的案件处理与严密的逻辑推演，无疑是有意义的。

主债权转让，质权是否随同移转

◎郑　杰

辛正郁按：担保物权是可由当事人最大限度自主安排的一类物权，独特的制度功能使其在经济生活中具有最广泛的施展舞台。担保物权不仅记录了近现代物权法制发展的重要脉络，物权法未来发展的成色如何也将主要通过担保物权制度来检验。随着现实交付对质物占有形态的束缚被观念交付制度极大缓解，三大担保物权中，质权运用的广泛性和深入程度最为引人注目。

我国法对债权转让时质权能否及如何转让未作明定，本文首先将其界定为法律漏洞，进而启动解释作业。对登记型质权运用类推方法，对占有型质权，则综合运用体系解释、目的解释等方法加以解决。作者以交付（移转占有）在物权变动中的意义、效果为中线，以统筹协调合同、担保、物权等法律本旨目的为基础，着重思考了如下问题：（1）质权的从属性怎样体现和贯彻；（2）质权是不是“与债权有关的从权利”；（3）如何看待债权转让后的质权归属问题，是基于法律行为还是法律特别规定的物权变动；（4）不同类型物权变动中，生效要件是否要区别确定。至此，对“‘占有’究竟是在怎样公示质权”这一质权制度中最为核心问题的回应，应已顺理成章。

一、设例

1. 为担保对甲的借款，乙以一台机器出质，并将机器现实交付于甲占有。后甲将其对乙的债权转让给丙，但未向丙交付该机器。

2. 为担保对甲的借款，乙将存储于丁处的一批钢材为甲设立质权，丁与甲签订《质押监管协议》并出具了《质物清单》。后甲将其对乙的债权转让给丙，并向丙交付《质物清单》，但未通知丁，其间出质钢材始终存放于丁之仓库。

3. 为担保对甲的借款，乙以名下股权为甲设定质权，并办理了股权质押登记。后甲将其对乙的债权转让给丙，但未办理股权质押转移 / 变更登记。

在以上三种情形中，债权受让人丙是否享有质权？

二、漏洞填补：质权的可转让性

在我国法下，关于抵押权的可转让性，因法有明文，并不存争议。根据《担保法》第 50 条与《物权法》第 192 条之规定，抵押权不得与债权分离而单独转让或者作为其他债权的担保。债权转让的，担保该债权的抵押权一并转让，但法律另有规定或者当事人另有约定的除外。可见，抵押权是可以转让的，但须受到担保物权从属性的限制，只能与主债权一同转让。

不同于抵押权，关于质权可否以及如何转让，现行法并未明确。《物权法》对于质权转让的沉默，究竟属于有意义的否定，还是思虑不周的漏洞，不无疑虑。**通说认为，该等沉默应为法律漏洞，而非有意否定质权的可转让性，**主要理由如下：首先，质权属于财产权，且不具有专属性，法理上并无禁止其转让的理据，若质权不能随债权一同转让，必将极大遏制债权流通，于经济发展显著不利；其次，我国法并未明令禁止质权转让，质权作为债权的从权利，《合同法》

第 81 条关于“债权人转让权利的，受让人取得与债权有关的从权利”的规定完全可以作为质权随债权转让的法律依据；最后，比较法上（如德国、法国、日本、我国台湾地区等）均承认质权的可转让性，同时坚持担保物权的从属性，我国并不存在排除质权转让的特殊国情。

既然属于法律漏洞，就需要通过法律解释加以填补。质权属于意定担保物权，其法理逻辑及特征属性与抵押权最为相似，质权转让应当参照适用抵押权转让的相关规则。概言之，**质权不得脱离债权而单独转移，质权原则上随主债权一并转让，无须得到出质人的同意，但法律另有规定或当事人另有约定的除外**。法律另有规定主要是指最高额质权情形，参照最高额抵押权的规定，在最高额质权担保的债权确定前，部分债权转让的，最高额质权不转让，但当事人可以作出相反约定。如果当事人特别约定质权不随同主债权转移，则在主债权转让后，质权即归于消灭（但不知该特约的债权受让人能否善意取得质权，学理上存在争议）。上述解释结果不仅为学界通说，而且得到了主流司法裁判的认可。

三、登记型权利质权转让与转移 / 变更登记

根据《物权法》规定，以股权、知识产权、应收账款等财产权利出质的，只有办理相应的质权登记，质权方能有效设立。以登记作为公示方式且不存在转移占有的无形财产质押与抵押权十分相似，故登记型权利质权转让参考抵押权转让的相关规则具有合理性。

债权受让人取得抵押权是否以办理登记为前提条件，司法裁判与理论界已有较多讨论，但至今未达成共识。多数意见认为，抵押权作为从权利随主债权一同转移系基于法律规定而直接发生的物权变动，不以办理抵押权转移 / 变更登记为生效要件；少数意见则坚持，抵押权随同债权的转让而转移时，须办理

登记始生效力，以确保登记簿的记载与真实的物权状况相一致，贯彻物权公示与公信原则。[①] 本文认可多数意见，抵押权随主债权转移属于或近似于“法定转移”，无须登记即发生物权变动效力。参照适用上述规则，**登记型权利质权随同主债权转移时，亦不以登记为生效要件。**

目前，司法裁判不仅普遍支持债权受让人享有抵押权不以办理转移登记为前提条件，[②] 而且，已有法院将该规则扩展适用于登记型权利质权的转移，认定权利质权随主债权一并转让，即使债权受让人未就股权 / 应收账款质押办理变更登记，其仍对质物享有优先受偿权。[③] 因此，在第 3 例中，债权受让人丙虽未办理转移登记，但仍可享有股权质权。

四、动产质权及占有型权利质权的转让与交付要件

动产质权以及占有型权利质权（如仓单、提单、存款单等）的公示方式为转移占有，质权的有效设立和存续必须以质权人对质物的支配和控制为必要条件。由此引发的问题是，若原债权人未将质物交付给债权受让人，受让人是否享有质权？

我国法对该问题并无规定，目前也尚未找到相关司法裁判，学说上主要有以下两种观点：

第一种观点主张，质权不能脱离占有而存在，只要债权受让人未取得对质物的占有，动产质权就不能随债权转移。鉴于债权自当事人达成合意时即转移

---

① 程啸：《主债权的转让与不动产抵押权转移登记》，载《财经法学》2016 年第 5 期。

② 参见最高人民法院（2015）民申字第 2040 号裁定书、（2014）民二终字第 199 号判决书。

③ 例如，陕西省高级人民法院（2015）陕民二初字第 00001 号判决书、新疆维吾尔自治区高级人民法院（2014）新民二初字第 65 号判决书、重庆市第五中级人民法院（2016）渝 05 民终 2939 号判决书等。

至受让人，如果采纳该主张，就会出现债权已经转移但质权因没有交付而未随同转移的现象，根据担保物权从属性，质权会因失去担保债权而归于消灭。即便质物后来交付给受让人，其也无法重新取得质权，此种结果显然不合理。

利用观念交付来调和动产质权必须转移占有与质权从属性之间的矛盾，似有解释上的空间。若原债权人直接占有质物，可以将原债权人在债权转让后继续占有质物的行为解释为占有改定，即质物在观念上已完成交付，受让人成为新的质权人，只是仍由原债权人继续占有质物。通说认为，为确保质权的留置作用以及对出质人之其他债权人的公示效应，必须剥夺出质人对质物的直接占有，故占有改定在质权设立阶段无适用余地。但在质权转让中，因出质人始终未直接占有质物，排除占有改定的理由并不成立。原债权人基于其与受让人之间的“约定”继续占有质物，受让人取得对质物的间接占有，出质人则从第一层间接占有人变为第二层间接占有人，理论上并无不可。按照此种解释路径，第 1 例中的甲虽未向丙现实交付质押机器，但可认为甲与丙达成占有改定约定，丙因取得对质物的间接占有而享有质权。

若原债权人间接占有质物，则可以解释为原债权人在转让债权的同时，向受让人转让了质物返还请求权以代替现实交付。在第 2 例中，乙以存放于丁处的钢材为甲设立质权，在该质物上成立双层间接占有，其中，监管人丁为实际占有人，质权人甲为第一层间接占有人，出质人乙为第二层间接占有人。甲向丙转让债权并交付了《质物清单》，可以解释出甲存在向丙转让返还请求权的意思表示，丙因此取得质权。唯须考虑的是，通知实际占有人是否为质权转移的必要条件？《最高人民法院关于适用〈中华人民共和国担保法〉若干问题的解释》第 88 条与《最高人民法院关于适用〈中华人民共和国物权法〉若干问题的解释（一）》第 18 条 2 款对此有不同认识。本文认为，物权变动仅涉及当事人之间的内部关系，若将通知实际占有人作为质权变动的成立要件，有失平衡，而且可能因成立要件过严导致法律行为效果的不安定以及权利关系的复杂化。因此，**质权转让虽未通知实际占有人丁，不影响受让人丙取得质权，但未经通知，质权转让对丁不生效力。**

通过解释出债权转让双方就质物存在占有改定或指示交付的意思表示，在逻辑上可以同时满足质物交付与质权从属性的双重要求，缓和受让人因质物未交付而丧失质权的严苛后果，但**缺点是拟制色彩过浓**。如果原债权人完全没有向受让人交付质物的意思，乃至故意隐瞒了质权的存在，此时坚持认为质物已完成拟制交付，在本质上其实与质权法定转移已无二致，反而不如按照质权随债权直接转让、不以交付为前提的处理方法简洁。

第二种观点认为，**质权基于从属性而随同债权转移，不以质物交付为生效要件**，即使原债权人拒绝转移质物占有，也不影响受让人取得质权。主要理由如下：首先，依据《合同法》第 81 条规定，质权随同转移应为债权转让行为的法定效果，属于基于法律规定而直接发生的物权变动，应为《物权法》第 23 条规定的例外情形，不以交付为生效要件。其次，质权与抵押权的法律逻辑与立法目的具有一致性，在法律及司法实务已认可抵押权随债权转让不以登记为生效要件的情形下，对于质权转让应当得出类似结论。最后，参考其他国家和地区规定，德国和我国台湾地区均认为债权受让人取得质权不以占有质物为前提，新质权人可基于其享有的质权请求原质权人交付质物（此系物上请求权）。如果认可质权法定转移，那么，在第 1 例与第 2 例中，就无须再纠结于甲是否交付了质物，质权随债权当然转移至受让人丙。

反对质权法定转移的观点认为，质权以占有作为公示方法，如果取得质权不要求转移占有，有违物权公示原则，不利于交易安全。该批评看似合理，实则说服力不足：

其一，动产物权虽自古即以占有作为公示方法，但随着交易日繁，观念交付兴起，占有作为公示方法已变得越来越不充分。例如，以占有改定方式转移动产所有权，实际上根本起不到公示的效果。可以说，**近代法已经放弃了单纯**

以占有来贯彻动产物权公示原则的做法，在物权变动与物权公示分离的大趋势下，固守“无占有，无质权”的信条，已然不合时宜。

其二，**质权转让不以占有转移为生效要件，并不会额外损害交易安全。**法律之所以要求质权的设立必须交付质物，一方面是确保质权的留置作用，通过剥夺出质人对质物的用益，迫使债务人尽快清偿；另一方面，是保护出质人的其他债权人，防止债权人误以为质物仍为出质人的一般责任财产而向其放贷，同时限制出质人向不知情债权人一物数质。然而，要求交付质物的这两点理由在质权随同债权转让中都不能成立，在质权有效设立的情形下，出质人已丧失对质物的直接占有，交付的留置功能与公示功能均已实现，至于质物在原债权人与受让人之间如何转移占有，并不影响出质人及其他债权人的利益。关于保护善意第三人与交易安全，更是与质权转让无关，无论原债权人占有质物是否为有权占有或是基于何种权源占有，占有的公信力都是推定其为动产所有权人，第三人都可基于对占有的正当信赖而善意取得物权。可见，以物权公示与交易安全作为反对质权法定转移的理由，逻辑上难以自洽。

相较而言，**从贯彻担保物权从属性、保护债权受让人的角度，质权随债权一同转让、不以质物交付为要件的观点更值赞同，**不仅在逻辑上更加简洁、清楚，而且在我国现行法下也有成立的解释空间。要强调的是，虽然质权法定转移会导致质权脱离占有，但并不会因此给交易安全造成额外不利，故本文采纳质权法定转移的观点。

五、小结

在当今经济生活中，债权的交易极为频繁，债权的流通性也越来越高，质权能否随债权一并转移，对于债权受让人的利益关涉重大。虽然我国现行法对质权转让未置一词，但通过前述解释可得出两点结论：第一，**质权原则上随债权一并转让，无须得到出质人的同意，但法律另有规定或当事人另有约定的除外**；第二，**质权随债权当然转移，不要求进一步的交付或登记，**动产质权及占有型权利质权的转让不以转移质物占有为生效要件，登记型权利质权的转让也不以办理转移登记为生效要件。

合伙人越权提供合伙企业担保的效力

◎郭佑宁

合伙企业之成立,人合乃其基础。合伙人对合伙企业共同经营、共担风险，故有关决议需经合伙人多数乃至一致同意。但部分合伙人擅以企业之名义对外行事的现象常有发生，越权对外提供担保即是。

较之公司法律制度，合伙企业领域的规范体系上不尽完善，且实务关注亦较少。对合伙人越权以企业之名义提供担保的效力，理论上与实务中的见解观点均有不同。本文从检视司法实践以“效力性”与“管理性”二分强制性规范的通行立场入手，借鉴公司法领域处理类似问题所持代表人行为效力思路，着眼合伙企业的人合性，对论题进行细致严谨的探究。

一、设例

甲是A合伙企业的普通合伙人，但非执行合伙人。甲向丙借款，并擅自以A名义（加盖A公章）提供连带责任保证。甲逾期未还款，丙起诉甲、A承担保证责任。A认为，该保证未经全体合伙人一致同意，应为无效。

二、对主流裁判思路的检视

《合伙企业法》第31条（除合伙协议另有约定外，合伙企业的下列事项应当经全体合伙人一致同意：……（五）以合伙企业名义为他人提供担保……）确立了合伙企业对外担保的一致同意规则，但是，对于合伙企业未经全体合伙人一致同意而对外担保的效力，司法实践则莫衷一是。少数观点认为，《合伙企业法》第31条为效力性强制性规定，违反该规定将导致担保无效。多数观点认为，《合伙企业法》第31条属管理性强制性规定，仅涉及合伙企业内部决策程序，而不得约束外部主体，故对外担保不因违反一致同意规则而无效。

上述两种观点的逻辑进路基本一致：首先，界定《合伙企业法》第31条的规范性质；进而，如为效力性强制性规定，则违反导致担保无效；如为管理性强制性规定，则违反不影响担保的效力。问题在于，**区分效力性强制性规定与管理性强制性规定的标准并不清晰，故法官对规范性质的认定具有极大的裁量权，**[①] 这不免引发忧虑：**所谓规范性质的认定可能流变为掩饰司法擅断的幌**

① 据学者研究，在最高人民法院和高级人民法院适用效力性强制性规定认定合同效力的案例中，约47%的裁判未提供（明确）理由阐释所涉强制规范并非"效力性"或仅为"管理性"规范，约18%的裁判以相关强制规范未明确规定违反则无效，认定其为非"效力性"或仅为"管理性"规范。参见姚明斌：《"效力性"强制规范裁判之考察与检讨》，载《中外法学》2016年第5期。

子——法官先以某种不公开的方式形成对行为效力的内心确认，再通过解释规范性质而赋予此种确认以逻辑上、法律上的正当性。由此，关于代表人行为效力的规则体系及推理结构可能被架空，导致法律适用失去安定性、可预期性。因此，司法实践的主流裁判思路虽简单明快，但其正当性与合理性有待商榷。

三、合伙人越权提供合伙企业担保的效力分析

设例所涉问题在公司领域更为突出，相关讨论也更为深入。鉴于合伙企业与公司皆为商主体，法律对其代表人行为的对外效力采取相同的规范框架（代表人行为的归属——商主体的责任），故公司法领域的讨论对于本文主题具有重要的参考意义；此外，合伙企业亦明显有别于公司，所以，须从合伙企业自身的性质出发加以论证。循此思路，本文对设例分析如下。

（一）公司对外提供担保效力的思路借鉴

关于公司法定代表人越权以公司名义对外提供担保，《最高人民法院公报》曾发布两个案例。[①] 两案裁判思路与合伙领域的主流思路颇为相似，都是先界定《公司法》第16条为管理性强制性规定，故公司担保不因此而无效，再在《合同法》第50条越权代表规则的框架下，评价法定代表人越权提供担保的行为是否应归属于公司。

上述裁判思路引发了一些质疑。理由除如前已述"以粗糙划分的规范性质作为法律行为效力标准"缺乏正当性与合理性之外，还包括裁判逻辑上的混乱，即关于越权代表行为的效力，《合同法》已有完整的规范，《公司法》第16条仅为"判断代表权限有无的辅助规范""在法律适用技术层面，借助于管理性规范或效力性规范的分析框架评价这一越权行为的效力，明显属于多此一

---

① 中建材集团进出口公司进出口代理合同纠纷案，载《最高人民法院公报》2011年第2期；招商银行股份有限公司大连东港支行借款合同纠纷案，载《最高人民法院公报》2015年第2期。

举。”[①]

在反思主流裁判思路的基础上，最高人民法院正在起草的物权法担保物权编司法解释对越权担保的处理方案，似已摒弃简单地将规范性质作为越权担保行为效力认定标准的思路，取而代之的是“以《合同法》第50条的越权代表规则作为解释基础，将《公司法》第16条作为判断相对人是否知道或者应当知道法定代表人超越担保权限的标准之一”。[②] 照此思路，**法定代表人越权提供公司担保的处理分为两步：先按照《公司法》第16条等规则判断越权代表行为是否归属于公司，即判断担保行为是否为公司行为；如能得出肯定性结论，再进一步判断公司担保行为本身的效力。**本文认为，就逻辑思路而言，该方案遵循代表人行为效力的规范框架（代表人行为的归属——商主体的责任），较好地实现了《公司法》《合同法》《担保法》关于代表人行为效力规则体系的自我融洽与内在协调，在处理合伙企业领域的类似问题时可兹借鉴。

（二）代表人行为效力规则框架下的设例问题分析

参考上述思路，对设例的处理应先判断甲以A企业名义向丙提供的保证能否视为A企业的行为，相应的规范基础包括《合伙企业法》第26条前两款（合伙人对执行合伙事务享有同等的权利）（按照合伙协议的约定或者经全体合伙人决定，可以委托一个或者数个合伙人对外代表合伙企业，执行合伙事务）、第37条（合伙企业对合伙人执行合伙事务以及对外代表合伙企业权利的限制，不得对抗善意第三人）等。据此，甲越权提供担保的行为能否归属于A企业，核心问题是债权人丙是否属于善意第三人，亦即丙是否知道或者应当知道甲不具有代表A企业提供担保的权限。此问题包含两个层次：**第一，债权人丙是否负有义务审查甲有无代表A企业的权限；第二，此种审查义务应至何种程度，**

---

① 周伦军：《公司对外提供担保的合同效力判断规则》，载《法律适用》2014年第8期。

② 高圣平：《担保物权司法解释起草中的重大争议问题》，载《中国法学》2016年第1期。

具体来说，合伙企业对外担保权的归属取决于合伙协议的约定（《合伙企业法》第 31 条“除合伙协议另有约定外”所示），那么，合伙协议及合伙企业的内部意思形成载体（如合伙人决议等书面文件或其他非书面形式的载体）是否属于债权人丙的审查义务范围。

关于第一层次的问题，基于诚实信用原则和商业交易应有的审慎，债权人丙自当注意交易对手的代表权限（如是否具有代表合伙企业的形式外观），但于后一层次的问题，本文则认为债权人丙的审查义务无须深入至合伙协议及合伙企业内部意思形成过程，试分析如下。

首先，“合伙分为对内和对外关系。就外部关系而言，虽然合伙协议也进行调整，但外部关系主要由法律法规的强制性规定调整，因此对外部关系上的责任承担，主要应根据法律的规定加以确认。”① 但是，《合伙企业法》未对违反合伙协议之行为的外部责任作出规定，而是在第 97 条（合伙人对本法规定或者合伙协议约定必须经全体合伙人一致同意始得执行的事务擅自处理，给合伙企业或者其他合伙人造成损失的，依法承担赔偿责任）确立了内部追偿的解决路径。通过体系解释可知，**违反合伙协议或法律规定的一致同意规则，不构成第三人产生外部责任的依据**。但是，向债权人科以审查合伙协议、合伙人决议等文件的义务，逻辑上的后果将是债权人就担保人内部决策的瑕疵承担外部责任，此种状态有悖立法原意。

其次，虽然主流意见认为在担保人是公司的情形下，债权人负有审查公司章程和决议的义务，但此种结论不应照搬至担保人为合伙企业之情形。其一，公司法的价值取向除保护债权人外，还包括保护中小股东利益，故须尤其注意平衡债权人与中小股东的利益。但较之公司，**合伙企业犹如熟人社会，合伙人基于某种密切的人身关系形成的利益通常一致**。因此，合伙企业一般不存在类

① 王利明：《论合伙协议与合伙组织体的相互关系》，载《当代法学》2013 年第 4 期。

似于公司中小股东（相对独立于大股东）的利益群体，因而也难以肯认合伙人具有类似公司中小股东需要平等于乃至优先于债权人而受保护之地位。相反，**由于合伙企业高度的人合性，合伙人更可能合谋利用一致同意规则损害外部债权人的利益**。其二，《公司法》第16条明确规定公司担保决策的方式是召开股东（大）会或董事会，内部意思形成的载体是决策机构决议，但《合伙企业法》第31条仅规定“一致同意”，而未对一致同意的方式、载体等作出规定，这使得债权人的审查难度陡然增大（例如，合伙人可能以口头或其他难以审查的方式达成一致）。此时，**若要求债权人审查合伙协议及合伙企业内部意思形成过程，极易激发合伙人的道德风险**。其三，公司奉行股东有限责任原则，债权实现所依赖的责任财产（公司财产）数量相对固定，因而公司对特定债权人提供担保，意味着其他债权人的受偿风险可能增大，故对担保债权人施加审查义务，有利于平衡公司多个债权人之间的利益。而**合伙人原则上对合伙企业债务承担无限连带责任，故合伙企业担保特定债权一般不会对其他债权的受偿产生显著影响**。基于上述理由，本文认为，将控制合伙人越权担保风险的义务分配给合伙企业，更具有法律上的正当性和经济上的合理性。

最后，债权人不承担审查合伙协议及合伙企业意思形成载体的义务，虽可能诱使合伙人利用合伙企业对外担保而损害其他合伙人的利益，但此种风险应理解为追求合伙企业的灵活与效率所付出的成本。① **合伙企业维系于合伙人之间的信任，对于信任崩塌的风险和损失，亦应由合伙企业内部消化而不是外溢于债权人。**

综上，**在担保人是合伙企业的情形中，只要债权人尽到初步的、表面的审查义务，即应推定为《合伙企业法》第37条所指的善意第三人**。设例中，甲为A企业普通合伙人且持有A的公章，故应认为债权人丙已尽到审查义务。

① 合伙中各个普通合伙人对合伙事务的代表权，从根本上是为了降低交易成本而采取的措施。参见叶林、叶敏:《〈合伙企业法〉的定位与法律协调》，载《国家检察官学院学报》2006年第6期。

除非A企业能够举证否定丙的善意,甲以A企业名义提供的保证应当归属于A。在此基础上，如该保证本身不存在效力瑕疵，A企业应向丙承担保证责任。

四、结语

理论和实务对合伙担保问题的关注明显少于公司担保，在借鉴公司担保问题思考框架的同时，更应着眼合伙企业的特性考虑具体规则的设置与权利义务的安排。**合伙企业的人合性显著强于公司，决定了债权人保护在处理合伙企业对外关系问题时应处于更为优先的位置。因此，当保证人是合伙企业时，债权人对代表人权限的审查标准应低于保证人为公司的情形。**

从方法上讲，本文结论虽与主流裁判观点结论一致，但分析逻辑判然有别。二分强制性规范为“效力性”和“强制性”并僵化地设定其私法后果，已经受到越来越多的批判与反思，实务亦应予以关注和回应，以促进理论与实践的良性互动。

指示交付中的“指示”和“交付”

◎石　睿

辛正郁按：交付抑或移转占有是横跨物和债的重点问题、疑难问题，观念交付更为显著，指示交付最为突出。现代经济生活中，大量商事交易特别是担保领域都会涉及指示交付的问题。与其他两种观念交付方式的日渐式微形成鲜明对比，指示交付焕发出极为旺盛的生命力。但必须看到，指示交付在一般民事交易中极为鲜见，如果离开商事交易特别是大宗商品商事交易，对指示交付制度当前及未来的探讨一般来说将会是空洞的。

从有关理论研究及实务把握情况看，由于逻辑起点、思考路径、价值取向等方面的差异，对指示交付制度如何才能更好在实践中运行，仍有较大的分歧，或许最为紧迫的是尽快形成共识。本文从“概念式”的分割切入，分清了本末术道，毕竟共识现于顶端、实则结在基础。作者近年来持续关注和精专研究贸易性融资领域包括动产担保在内的法律问题，围绕通知第三人作用究竟何在，代替交付是不是交付两大问题的阐述，实则引发如下思考：指示交付应在何种范围解决问题？解决多少问题？能否解决全部问题？这是制度功能和制度荷载问题。

《物权法》第 26 条确立了指示交付制度，即动产物权设立和转让前，第三人依法占有该动产的，负有交付义务的人可以通过转让请求第三人返还原物的权利代替交付。然而，指示交付四个字其实很难准确表达前述法条的内涵，甚至可能引发误解。本文拟分别以“指示”和“交付”为切入点，对《物权法》第 26 条做一解读。

一、“指示”对物权变动的影响

《物权法》第 26 条并无关于“指示”的表述，参考《最高人民法院关于适用〈中华人民共和国担保法〉若干问题的解释》（以下简称《担保法司法解释》）第 88 条的规定，可将其理解为转让人将其与受让人的物权变动合意通知依法占有动产的第三人的行为。在此基础上，关于“指示”对《物权法》第 26 条语境下物权变动的影响就可以拆分为两个递进式的问题：（1）通知第三人是否构成物权变动的必要条件；（2）如非必要条件，则通知行为能够产生何种效力。

（一）通知第三人并非发生物权变动的必要条件

《担保法司法解释》第 88 条规定，出质人以间接占有的财产出质的，质押合同自书面通知送达占有人时视为移交。由此可知，在以指示交付方式设定动产质权时，通知第三人是质权设立的必要条件。在司法实践中，这一精神曾被适用于其他依指示交付发生物权变动的场合。例如：在“肯考帝亚农产品贸易（上海）有限公司与广东富虹油品有限公司、第三人中国建设银行股份有限公司湛江市分行所有权确认纠纷案”［案号：最高人民法院（2010）民四终字第 20 号］中，最高人民法院认为，根据该条规定的精神，“本案提货单的交付，仅意味着富虹公司的提货请求权转移给了肯考帝亚公司，在富虹公司未将提货请求转移事实通知实际占有人时，提货单的交付并不构成我国《物权法》第 26 条所规定的指示交付”。

然而，根据《最高人民法院关于适用〈中华人民共和国物权法〉若干问题的解释（一）[以下简称《物权法司法解释（一）》] 第 18 条 2 款规定，当事人以《物权法》第 26 条规定的方式交付动产的，转让人与受让人之间有关转让返还原物请求权的协议生效时为动产交付之时。笔者认为，这一条文不仅是对《物权法》第 106 条的解释，也是对《物权法》第 26 条适用场景的明确。因此，在《物权法司法解释（一）》生效后，通知第三人已不再是指示交付发生物权变动的必要条件。

与《担保法司法解释》相比，《物权法司法解释（一）》更为清晰地区分了动产物权变动的对内关系与对外关系，也更贴近《物权法》的立法思路。因为《物权法》第 23 条与第 26 条在立法逻辑上是一致的，无论是“交付”还是“转让请求第三人返还原物的权利”，其所规定的物权变动都是就转让人与受让人间的内部关系而言，不依赖于外部行为也不应以通知第三人为必要条件。**理由有三：**

第一，如果转让人与受让人间已就物权变动形成合意并产生物权变动已完成的合理信赖，则此合意及信赖对两者具有约束力，即无论外界是否知悉，在两者间应发生物权变动的效力。

第二，转让人与受让人间交付动产或转让请求第三人返还原物的权利的行为难以为第三人所知，即使第三人在场，其也难以判断该行为背后是否包含发生物权变动的意思表示，故不应使其对物权变动产生影响。

第三，在受让人要求交付标的动产前，物权变动是否发生对第三人权利义务并无实质影响。因此，即使不通知第三人也不会损害其合法利益。

综上，是否通知第三人不宜成为依《物权法》第 26 条发生物权变动的必要条件。

（二）未经通知，第三人有权拒绝向受让人交付动产

由于《物权法》第 26 条将第三人占有动产限定在“依法”范围内，因此，转让人与第三人间必然存在导致“占有”与“所有”相分离的法律行为，并据此产生合法的债权债务关系。学界虽对此尚有争议，但从《物权法》的既有规定来看，“请求第三人返还原物的权利”解释为债权请求权更为适宜。所以，可以参考《合同法》相关规定分析通知行为对第三人的效力。

根据《合同法》第 80 条第 1 款规定，债权人转让权利的，应当通知债务人，未经通知，该转让对债务人不发生效力。借鉴此规定，在适用《物权法》第 26 条时，未通知第三人虽不影响物权变动的效力，但第三人可因此拒绝向受让人交付动产。

二、“交付”对物权变动的影响

就文义而言，《物权法》第 26 条是以转让请求第三人返还原物的权利代替“交付”。既然是代替交付，说明在以该条方式实现物权变动时，无需考虑是否完成交付（包括实物交付和权利凭证交付），只要审查是否已转让返还原物请求权即可。虽然《物权法》第 26 条未规定应如何转让，但《物权法司法解释(一)》第 18 条 2 款将其解释为“转让人与受让人之间有关转让返还原物请求权的协议生效”。由此可知，在《物权法》第 26 条的适用场景下，转让人与受让人间应以“协议”方式完成物权变动。

从“交付”到“转让”再到“协议”，我们对如何完成指示交付的认识不断加深，但疑惑也随之而来，这就是《物权法司法解释（一）》第 18 条 2 款所称的“协议”应如何理解？在我国民法语言体系中，“协议”与“合同”通常可以相互替换的，两者均指当事人间具有拘束力的合意。而根据与作为物权变动原因的基础合同关系的不同，转让人与受让人间就物权变动的合意可能有两种：一是包含于基础合同的物权变动合意；二是独立于基础合同的物权变动合意，包括物权性和债权性两种。由于一般认为我国物权法体系中并不认可物权行为的独立性，故独立于基础合同的物权性合意可以暂不考虑。那么，我们讨论的问题就简化为：转让人与受让人是否需要在基础合同外就物权变动另行达成合意？换言之，《物权法司法解释（一）》第18条2款所称“协议”是指基础合同还是其他合同？

有观点认为，该条款所称“协议”是指转让人与受让人间除基础合同外另行达成的物权变动合意，理由是：动产物权变动应同时具备作为物权变动原因的基础合同和交付两个要件，只有当转让人与受让人间另行达成物权变动合意时才能与交付相对应，也才能同时满足基础合同和交付两个要件，否则将造成交付的缺位。说白了，指示交付是一种“替代交付”，而不是用基础合同“取代”交付。例如，《上海市高级人民法院物权民事纠纷办案要件指南（总则部分）》认为：“与不动产物权的登记公示方法不同，动产主要采取占有和交付的公示方法，因此在动产物权产生争议时，除了应证明存在取得标的物物权的合同协议等法律行为外，还应证明存在交付行为。”

上述观点试图在民法既有体系中为指示交付寻找理论支持，固然有其合理性，但是这种强行创造交付行为替代物的“刚性”努力，可能有违现实生活常理，也会伤害法律应有的“弹性”。因此，笔者认为，《物权法司法解释（一）》第18条第2款所称协议就是指转让人与受让人间的基础合同，**主要理由有三：**

第一，从《合同法》角度，交付或者说“请求第三人返还原物权利的转让”都是基础合同的履行行为，能够为基础合同所吸收，故无需另行达成协议。简言之，基础合同已经包含了发生物权变动的合意。

第二，从《物权法》角度，《物权法》第25~27条原本就是第23条的例外规定，其具有独立的逻辑基础，无需援引第23条作为依据。事实上，“替代交付”的存在本身就说明传统动产交付理论无法更好解决现实生活中的问题，因此，在指示交付中寻找“交付”行为的对应物，其实是一种倒退。

第三，从生活常理角度，转让人与受让人在签订基础合同时就已经存在物权变动的期待，并由此产生只要完成特定条件（例如支付货款）就取得动产物权的合理信赖，如果要求双方另行达成合意，就相当于说“买一个东西要签两份合同”，显然违背生活常理，甚至有可能鼓励当事人以不诚信的方式进行交易。

指示交付中，转让人与受让人间除基础合同外无需另行缔结物权变动的协议。当然，在具体案件中，转让人与受让人订立基础合同时可能尚未确定通过指示交付完成物权变动，也可能双方对基础合同是否约定采用指示交付存在不同认识，但这些都可以从基础合同履行方式角度，根据《合同法》第6条、第61及第62条审查，不应对判断物权变动产生实质影响。

天同码

最高人民法院要案传真：天价违约金被支持

◎陈枝辉

本期天同码，裁判规则来源于最高人民法院最新作出、具有一定颠覆意义的裁判文书。

本案中，双方当事人约定按工程总价款20%支付违约金，在一方拖欠1300万余元构成违约情况下，法院依约定违约金计算标准，判决违约方另行支付违约金1200万余元。最高人民法院法官在阐述二审裁判理由时，从可预见原则、举证责任、合同目的等多角度论证高额违约金被支持原因，其中关于举证责任的表述，明显区别于以往司法实践中做法，将“违约金数额明显高于实际损失”的举证责任加于违约一方。

长期以来，当事人合同约定违约金“明显过高”时，违约方请求调低，甚至在未请求情况下，法院亦会作出调整。原因就在于，立法及司法实践长期遵循违约金以弥补损失为主要功能的原则。作为市民社会基石性原则的“意思自治”，亦因此在一定程度上受贬抑：契约不再是“法锁”，违约后果不清晰。由此导致社会生活中，违约现象频仍，契约精神寝衰，诚信道德颓丧。或正基于此，本案裁判，彰显了一种力挽狂澜的司法价值取向。

【主题案例：天价违约金】

约定违约金是否过高，违约方主张调减时举证义务

——违约方以违约金过高主张调减，但未举证，且该调减请求与合同约定高额违约金目的明显不符的，法院不予支持。

标签：违约责任 | 违约金调整 | 举证义务 | 合同目的

案情简介：2011 年，开发公司与建筑公司未依法招投标情况下签订建筑工程承包合同，工程总价款 6000 万余元。2013 年，因施工纠纷，在县政府组织协调下，双方签订《纠纷处理协议》。建筑公司依协议约定完成竣工验收后，以开发公司未依约履行付款义务，诉请开发公司支付工程余款 1300 万余元，同时主张 1200 万余元违约金，其依据为："双方承诺若任何一方违反约定，违约方须向守约方承担该项目工程总价款 20% 的违约金。"

法院认为：（1）案涉建设工程施工合同虽因违反有关招投标强制性法律规定被认定无效，但双方就施工纠纷协商达成的《纠纷处理协议》有效。本案应依《纠纷处理协议》认定案涉工程交付、工程款结算及违约责任。（2）综合本案事实，建筑公司履约行为符合县政府专题会议纪要及《纠纷处理协议》中所有约定条款，但开发公司未依协议关于剩余工程款支付时限约定，构成违约。（3）依《纠纷处理协议》约定，开发公司应就其违约行为向建筑公司支付工程总价款 20% 的违约金。该协议中违约金数额的约定，系在双方当事人就案涉工程施工已发生较大矛盾并造成停工情况下，在当地政府主持下达成，高额违约金约定主要目的在于预防双方再次出现违约行为，激化双方矛盾。该违约金约定适用条件对双方当事人公平一致，即任何一方违约均应适用。且在签订《纠纷处理协议》时，双方当事人对于工程总造价应具有合理预期，任何一方违约承担的支付违约金的数额，并未超出双方当事人签

订该协议时应预见范围。现开发公司上诉主张违约金数额明显过高，一方面，并未就其该主张提供证据证明约定违约金数额明显高于建筑公司实际遭受损失；另一方面，该违约金调减请求，与双方当事人签订上述协议时约定高额违约金目的明显不符，故一审判决判令开发公司支付建筑公司违约金 1200 万余元（工程总造价 ×20%），符合双方协议约定，法院予以支持。

实务要点：约定违约金未超出双方当事人签订协议时应预见范围，违约一方以违约金过高主张调减，但未就其该主张提供证据证明约定的违约金数额明显高于实际遭受损失，且该调减请求与双方当事人签订协议时约定高额违约金目的明显不符的，法院不予支持。

案例索引：最高人民法院（2016）民终 106 号“某开发公司与某建筑公司建设工程合同纠纷案”，见《普定县鑫臻酒店有限公司与普定县鑫臻房地产开发有限责任公司与黑龙江省建工集团有限责任公司建设工程合同纠纷二审民事判决书》（审判长韩玫，代理审判员司伟、沈丹丹），载《中国裁判文书网》（2016 年 7 月 26 日发布）。

【附 1：清算协议效力】

施工合同无效，不影响清算协议独立性和法律效力

——建设工程施工合同虽因违反有关招投标强制性法律规定被认定无效，但双方就施工纠纷协商达成的清算协议有效。

标签：施工合同 | 合同效力 | 清算协议

案情简介：2011 年，开发公司与建筑公司签订建筑工程承包合同，涉及商住总建筑面积 6 万余平方米，工程造价逾亿元。2013 年，因项目施工发生纠纷，在县政府组织协调下，双方签订《纠纷处理协议》，约定了工程交付、工程款结算及违约责任等事项。2015 年，因开发公司未履行协议，建筑公司起诉。

开发公司抗辩称，该施工合同未经招投标程序应无效，《纠纷处理协议》系施工合同补充合同，亦应无效。

法院认为：（1）《招标投标法》第3条第1款规定："在中华人民共和国境内进行下列工程建设项目包括项目的勘察、设计、施工、监理以及与工程建设有关的重要设备、材料等的采购，必须进行招标：（一）大型基础设施、公用事业等关系社会公共利益、公众安全的项目……前款所列项目的具体范围和规模标准，由国务院发展计划部门会同国务院有关部门制订，报国务院批准。"《工程建设项目招标范围和规模标准规定》第3条第（5）项规定："关系社会公共利益、公众安全的公用事业项目的范围包括商品住宅，包括经济适用住房……"第7条规定："本规定第二条至第六条规定范围内的各类工程建设项目，包括项目的勘察、设计、施工、监理以及与工程建设有关的重要设备、材料等的采购，达到下列标准之一的，必须进行招标：（一）施工单项合同估算价在200万元以上的……"根据以上规定，案涉工程项目属于必须进行招标的项目，双方当事人未履行法律规定的招标投标程序，违反了法律强制性规定。（2）《最高人民法院关于审理建设工程施工合同纠纷案件适用法律问题的解释》第1条规定："建设工程施工合同具有下列情形之一的，应当根据合同法第五十二条第（五）项的规定，认定无效：……（三）建设工程必须进行招标而未招标或者中标无效的。"根据前述法律及司法解释规定，案涉建筑工程承包合同应为无效。（3）《纠纷处理协议》系在本案双方当事人因项目施工发生纠纷，县政府组织进行协调并达成一致意见情况下，双方就纠纷处理方案所签协议。该协议在性质上属开发公司、酒店和建筑公司对双方之间既存债权债务关系的结算和清理，因而具有独立性。《纠纷处理协议》作为清算协议，具有单独的法律效力，应作为处理双方争议依据。案涉工程交付、工程款结算及违约责任的确定等，应依该协议内容确定。

实务要点：建设工程施工合同虽因违反有关招投标强制性法律规定被认定无效，但双方就施工纠纷协商达成的清算协议，系对双方之间既存债权债务关系的结算和清理，因而具有独立性，应作为处理双方争议依据。

案例索引：最高人民法院（2016）民终106号“某开发公司与某建筑公司建设工程合同纠纷案”，见《普定县鑫臻酒店有限公司与普定县鑫臻房地产开发有限责任公司与黑龙江省建工集团有限责任公司建设工程合同纠纷二审民事判决书》（审判长韩玫，代理审判员司伟、沈丹丹），载《中国裁判文书网》（2016年7月26日发布）。

【附2：造价文件瑕疵】

工程造价成果文件签字签章瑕疵，不一定导致无效

——工程造价成果文件签字签章虽有瑕疵，但并不能因此直接得出否定其证据证明力结论，不能因此全面否定其内容。

标签：工程款 | 结算依据 | 工程造价鉴定 | 签字签章瑕疵

案情简介：2011年，开发公司与建筑公司未依法招投标情况下签订建筑工程承包合同。2013年，因项目施工发生纠纷，在县政府组织协调下，双方签订《纠纷处理协议》，约定开发公司与建筑公司项目部共同委托审计单位对工程造价进行审计，审计单位依据建筑公司提交的施工资料进行结算编制，审计结果作为工程结算的法定依据。2014年1月，双方共同委托评估公司对工程量和造价进行审计。同年11月，开发公司致函评估公司，要求取消委托审核，解除委托合同关系。2015年，因开发公司未依《纠纷处理协议》履行付款义务，建筑公司依评估公司所作结算报告追索工程款及违约金。诉讼中，开发公司针对评估报告提出如下质证意见：委托评估合同已通知解除；评估依据非其提交、未经其确认；结算编制与审核均由评估公司完成，违反《建设项目工程结算编

审规程》；结算报告上无编制人、复核人签字。

法院认为：（1）案涉建设工程施工合同虽因违反有关招投标强制性法律规定被认定无效，但双方就施工纠纷协商达成的《纠纷处理协议》有效。选定评估公司作为工程造价结算审核机构，符合《纠纷处理协议》约定。在与评估公司的委托合同关系中，开发公司系与建筑公司项目部共同作为委托方，故解除该委托合同关系，应由委托方共同作出解除意思表示，且该委托合同系根据《纠纷处理协议》约定，经双方按照协议约定程序，共同选定受托机构后签订的，系双方对《纠纷处理协议》实际履行行为。开发公司主张解除该委托合同，系对《纠纷处理协议》约定的违反。（2）根据会议纪要内容，评估公司主要依据建筑公司提交的施工资料进行结算编制，系经各方共同协商决定的结果，开发公司现以评估依据非其提交、未经其确认为由，主张结算报告违反约定程序，法院不予采信。（3）中国建设工程造价管理协会制定的《建设项目工程结算编审规程》，不属强制性法律规范，是否违反该规程，不能作为认定案涉结算报告可否作为结算依据的法律依据。且根据该规程第1.0.5条规定，“工程造价咨询单位和专业人员不得接受同一项目工程结算编制与结算审查的委托”，系为确保工程结算编制与结算审查的相对独立性。本案不存在评估公司进行案涉工程结算编制同时或嗣后又进行该工程结算审查情形，评估公司系受双方当事人共同委托，就案涉工程结算价款出具结算报告，以作为双方结算依据，不属上述编审规程所禁止情形。（4）根据《工程造价咨询企业管理办法》第22条规定，工程造价咨询企业从事工程造价咨询业务，应当按照有关规定的要求出具工程造价成果文件。工程造价成果文件应当由工程造价咨询企业加盖有企业名称、资质等级及证书编号的执业印章，并由执行咨询业务的注册造价工程师签字、加盖执业印章。案涉结算报告在签章上确实存在一定瑕疵，但并不能因此直接得出否定其作为证据证明力的结论。依《最高人民法院关于民事诉讼证据的若干规定》第27条、第28条规定，对于一方当事人自行委托或人民法院委托的鉴定，只有在鉴定结论存在严重缺陷或者鉴定程序严重违法、鉴定人员或机构不具备相关资格等情况，致使鉴定结论不能作为认定案件事实依据的情形，对当事人申请重新鉴定的，方应准许。仅因上述签字盖章瑕疵，不足以推翻结算报告结论，不能因此全面否定该报告的内容。本案一审、二审期间，开发公司既未申请就双方争议工程造价进行鉴定，亦未就结算报告申请补充鉴定、重新质证或补充质证等予以修正。开发公司于二审中提出的专家证人意见及相关证据，不足以推翻结算报告，故对开发公司基于上述上诉理由，提出结算报告不应作为认定案涉工程结算价款依据的主张，法院不予采信。

实务要点：工程造价成果文件未按《建设项目工程结算编审规程》进行签章，确实存在一定瑕疵，但并不能因此直接得出否定其作为证据证明力的结论。

案例索引：最高人民法院（2016）民终106号"某开发公司与某建筑公司建设工程合同纠纷案"，见《普定县鑫臻酒店有限公司与普定县鑫臻房地产开发有限责任公司与黑龙江省建工集团有限责任公司建设工程合同纠纷二审民事判决书》（审判长韩玫，代理审判员司伟、沈丹丹），载《中国裁判文书网》（2016年7月26日发布）。

【附3：工程款优先受偿权】

工程款优先受偿权行使期限起算点，应遵合同约定

——《合同法》第286条规定的工程款优先受偿权行使期限，其起算点不应早于当事人之间约定的工程价款支付期限。

标签：工程款｜优先受偿权｜起算点｜付款期限

案情简介：2011年，开发公司与建筑公司签订建筑工程承包合同。2013年，因项目施工发生纠纷，在县政府组织协调下，双方签订《纠纷处理协议》，约

定开发公司应在县住建局收到工程结算报告之日起20天内据实向建筑公司付完工程余款。2014年3月11日，工程竣工验收。同年11月20日，工程结算报告作出，5天后送至县住建局。2014年12月22日，建筑公司以开发公司未履行付款义务为由起诉，同时主张工程款优先受偿权。

法院认为：（1）案涉工程竣工验收之日虽为2014年3月11日，但根据《纠纷处理协议》约定，开发公司应在县住建局收到工程结算报告之日起20天内据实向建筑公司付完工程余款，在项目工程未进行竣工验收和结算审计情况下，不得以任何理由向开发公司索要工程款。（2）《合同法》第286条规定承包人就未付工程款对所承建工程享有优先受偿权，系为保护承包人对工程价款的实际受偿，在认定该优先受偿权的行使期限时，应遵循案件客观事实，尊重当事人之间关于支付工程价款期限约定。优先受偿权行使期限的起算点，不应早于当事人之间约定的工程价款支付期限，以保证实现该优先权权能。故建筑公司于2014年12月22日提起本案诉讼，未超出优先受偿权行使期限。开发公司以案涉工程于2014年3月11日竣工验收，并应从此时开始计算优先受偿权行使期限的理由不能成立。

实务要点：《合同法》第286条规定的承包人工程款优先受偿权行使期限，其起算点不应早于当事人之间约定的工程价款支付期限，以保证实现该优先权权能。

案例索引：最高人民法院（2016）民终106号“某开发公司与某建筑公司建设工程合同纠纷案”，见《普定县鑫臻酒店有限公司与普定县鑫臻房地产开发有限责任公司与黑龙江省建工集团有限责任公司建设工程合同纠纷二审民事判决书》（审判长韩玫，代理审判员司伟、沈丹丹），载《中国裁判文书网》（2016年7月26日发布）。

最高人民法院要案传真：以物抵债的诺成性质

◎陈枝辉

本期天同码“最新案例”，来源于中国裁判文书网最新公布的一份最高人民法院二审生效裁判文书。该案例涉及理论和实践中极富争议的以物抵债法律性质问题。

从合同成立条件角度，合同可分为诺成合同与实践合同。前者以缔约当事人意思表示一致为充分成立条件，后者除当事人意思表示一致外尚需交付标的物才能成立。长期以来，以物抵债协议属诺成性还是实践性合同存在争议。在《债务清偿期届满后当事人间达成以物抵债协议但未履行物权转移手续，该协议效力如何确定》一文[①]中，将以物抵债协议视为实践性合同，可为代表。

法律生命在于经验而非逻辑。观察诺成说与实践说不同适用情景下具体

① 载《民事审判指导与参考·指导性案例》2014年第2辑（总第58辑）第121页，见本文第三个案例。

案例，我们会发现各自逻辑自洽背后的利益考量：将以物抵债协议视作诺成性合同，可能导致以物抵债被虚假诉讼利用；作实践性合同对待，无法诉请继续履行，又会带来请求权之惑。

本期天同码主旨案例，应系以物抵债法律性质诺成说首次较为鲜明地体现在最高人民法院裁判文书中。有关以物抵债法律性质及其他相关争议法律问题，有兴趣读者，推荐您点击阅读天同诉讼圈“民商辛说”前几期辛正郁老师专题研究文章:《以物抵债法律性质刍议》(见2016年9月6日“民商辛说”文章);《以物抵债与物权变动》(见2016年9月20日“民商辛说”文章);《以物抵债与保证责任》(见2016年9月27日“民商辛说”文章)。

【最新案例】

1. 以物抵债协议应系诺成合同，且原则上不消灭旧债

——以物抵债协议原则上不消灭旧债，且不以债权人现实受领抵债物或取得抵债物所有权、使用权为成立或生效要件。

标签：以物抵债 | 合同效力 | 工程款

案情简介：2012年，开发公司与建筑公司签订以房抵债协议，约定前者以建成部分房屋顶抵所欠建筑公司部分工程款，但事后并未办理相关产权登记手续。建筑公司诉请支付拖欠工程款2600万余元时，开发公司称应从中扣除约定抵债部分1000万余元，因该抵债协议并未被解除，亦未被法院确认无效或撤销。

法院认为：(1)以物抵债系债务清偿方式之一，是当事人之间对于如何清偿债务所作安排，故对以物抵债协议效力、履行等问题的认定，应以尊重当事人意思自治为基本原则。一般而言，除当事人明确约定外，当事人于债务

清偿期届满后所签以物抵债协议，并不以债权人现实地受领抵债物，或取得抵债物所有权、使用权等财产权利，为成立或生效要件。案涉抵债协议双方当事人意思表示真实，合同内容不违反法律、行政法规强制性规定，故应有效。（2）基于保护债权理念，债的更改一般需有当事人明确消灭旧债的合意，否则，当事人于债务清偿期届满后达成的以物抵债协议，性质一般应为新债清偿。换言之，债务清偿期届满后，债权人与债务人所签以物抵债协议，如未约定消灭原有的金钱给付债务，应认定系双方当事人另行增加一种清偿债务的履行方式，而非原金钱给付债务的消灭。本案中，抵债协议并未约定因此消灭相应金额的工程款债务，故该协议性质上应属新债清偿协议。（3）所谓清偿，是指依债之本旨实现债务内容的给付行为，其本意在于按约履行。若债务人未实际履行以物抵债协议，则债权人与债务人之间的旧债务并未消灭。本案中，抵债房屋既未交付建筑公司实际占有使用，亦未办理所有权转移登记，开发公司并未履行抵债协议约定的义务，故旧债并未消灭。（4）开发公司未履行抵债协议约定义务，其行为有悖诚实信用原则，建筑公司签订抵债协议目的无法实现。此种情况下，建筑公司提起本案诉讼，请求开发公司直接给付工程欠款，符合法律规定精神及本案实际，判决开发公司支付建筑公司工程款2600万余元及相应利息。

实务要点：以物抵债协议未约定消灭原有的金钱给付债务，应认定系双方当事人另行增加一种清偿债务的履行方式，而非原金钱给付债务的消灭。以物抵债协议不以债权人现实受领抵债物或取得抵债物所有权、使用权等财产权利为成立或生效要件。

案例索引：最高人民法院（2016）最高法民终484号“某建筑公司与某开发公司建设工程施工合同纠纷案”，见《通州建总集团有限公司与内蒙古兴华房地产有限责任公司建设工程施工合同纠纷二审民事判决书》（审判长韩玫，代理审判员司伟、沈丹丹），载《中国裁判文书网》（2017年2月10日发布）。

【以往案例】

2. 以物抵债协议解除后，此前履行所得，属不当得利

——债权人和债务人达成以物抵债协议解除后，债务人依据该协议而取得的相关利益失去了合法依据，构成不当得利。

标签：以物抵债｜合同解除｜不当得利｜部分履行

案情简介：2000年，受让银行不良金融债权的资产公司与工程公司签订以物抵债协议，约定由工程公司用价值3000万余元的房产抵偿所欠资产公司2000万余元债权，就超过抵债部分的1000万元工程公司对资产公司的债权，由水泥厂向工程公司提供水泥以冲抵水泥厂所欠资产公司债务。2004年，因工程公司未缴交土地出让金，转让房产无法办理房产证，资产公司催告履行无果情况下，诉请解除合同，并偿还贷款。

法院认为：（1）工程公司在签约之后长达4年的时间里虽经多次催告仍未将抵债房产过户给资产公司，违反了以物抵债协议约定的主要义务，资产公司合同目的没有实现。根据《合同法》第94条第1款规定，工程公司的行为已构成根本性违约，资产公司依据法律规定及合同约定有权行使合同解除权并主张违约金。（2）依法律规定，房屋产权证书和土地使用权证书是房产所有人合法权利凭证，工程公司仅与资产公司签订《商品房预售（预购）合同》，而未将上述房产过户登记至资产公司名下，不能确认资产公司是该抵债房产的合法所有人。资产公司没有对该房屋的占有、使用、收益和处分权，本案抵债协议并未履行完毕。（3）资产公司、工程公司在以物抵债协议的基础上分别与水泥厂签订《资产置换协议》，以资产公司减免水泥厂部分债务为条件，水泥厂向工程公司提供了部分水泥实现冲抵。现以物抵债协议解除，工程公司依上述

协议而取得的相关利益失去了合法依据，构成不当得利。工程公司应以现金方式将其依上述协议所取得的资产公司债权及利息返还给资产公司。

实务要点：债权人和债务人达成以物抵债协议，在以物抵债协议解除后，债务人依据该协议而取得的相关利益失去了合法依据，构成不当得利。

案例索引：最高人民法院（2004）民二终字第168号"某资产公司与某工程公司等借款合同纠纷案"，见《重庆中建工程公司与中国信达资产管理公司重庆办事处等借款合同纠纷上诉案》（审判长姜伟，代理审判员钱晓晨、杨征宇），载《民商事审判指导·判决书选登》2005年第1辑（总第7辑）第260页。

3. 约定以物抵债，未办物权转移的，清偿行为未成立

——当事人之间达成以物抵债协议，因以物抵债行为系实践性法律行为，在办理物权转移手续前，清偿行为尚未成立。

标签：以物抵债 | 合同效力 | 清偿行为

案情简介：2009年，陈某向廖某借款4.5万元的清偿期满，双方达成房屋买卖合同，约定借款转为购房款，陈某向廖某出具收到5万元购房款的收条。2010年，陈某将房屋产权证及钥匙交予廖某。2011年，廖某诉至法院，要求办理过户手续。

法院认为：（1）根据债法原理，清偿是消灭债的最主要方式。而清偿除了要有债务人的给付行为之外，尚须有债权人的受领并取得所有权和占有权，才发生给付效果。以物抵债目的在于用他物抵原债，抵债行为并未改变原债同一性，故只有物权转移至债权人，债务方消灭。仅有合意，而未实际履行物权转移的，债务并未消灭，抵债目的亦未实现。《最高人民法院关于人民法院执行工作若干问题的规定（试行）》第87条规定："当事人之间达成的和解协议合法有效并已履行完毕的，人民法院作执行结案处理。"从该规定看，和解协议只有履行完毕，债务才算消灭。基于此，亦可推断出抵债协议的实践性。故，

将以物抵债作为实践性合同对待有法律依据。（2）本案中，陈某与廖某达成了以物抵债协议，虽交付了房产证和钥匙，但因未办理物权转移手续，以物抵债尚未成立。陈某不履行抵债协议，廖某不得要求继续履行。廖某可另案以民间借贷起诉，要求陈某偿还债务。

实务要点：债务清偿期届满后，当事人达成以物抵债协议，在尚未办理物权转移手续前，债务人反悔不履行抵债协议，债权人要求继续履行抵债协议或要求确认所抵之物所有权归自己的，法院应驳回其诉讼请求。但经释明，当事人要求继续履行原债权债务合同的，法院应继续审理。

案例索引：见《债务清偿期届满后当事人间达成以物抵债协议但未履行物权转移手续，该协议效力如何确定》（江苏省高级人民法院，夏正芳、潘军锋；最高人民法院民一庭，仲伟珩），载《民事审判指导与参考·指导性案例》2014 年第 2 辑（总第 58 辑）第 121 页。

4. 以物抵债取得房产，不能对抗承包人的优先受偿权

——通过以物抵债方式取得建设工程房产所有权的第三人，依法不能对抗承包人就其承建的建设工程行使优先受偿权。

标签：以物抵债｜工程款优先受偿权｜消费者

案情简介：2009 年，经结算，实业公司欠建筑公司工程款 1700 万元。此前，实业公司因欠殷某借款 3000 万元，双方约定以部分房产抵偿，并由殷某办理了房产证。在建筑公司向实业公司主张工程款时，殷某以其交付全部购房款，建筑公司依法不能主张优先权。

法院认为：（1）根据《最高人民法院关于建设工程价款优先受偿权问题的批复》第 2 条，“消费者交付购买商品房的全部或者大部分款项后，承包人就该商品房享有的工程价款优先受偿权不得对抗买受人”，该优先受偿权只受交

付大部分或大部分购房款的消费者限制。（2）本案中，殷某系实业公司债权人，其所拥有的债权系通过以物抵债方式取得，为一般债权，不属于前述批复所称的消费者，故建筑公司的建设工程优先受偿权不受殷某债权的限制。

实务要点：通过以物抵债方式取得建设工程所有权的第三人，不是《最高人民法院关于建设工程价款优先受偿权问题的批复》第 2 条规定的消费者，不能对抗承包人就其承建的建设工程行使优先受偿权。

案例索引：见《通过以物抵债方式取得建设工程所有权的第三人，不能对抗承包人行使建设工程价款优先受偿权》（最高人民法院民一庭，司伟），载《民事审判指导与参考·指导性案例》2012 年第 3 辑（总第 51 辑）第 159 页。

5. 以产权不明房屋抵债致合同无效，应承担过错责任

——第三人以产权未确定的房屋承诺以房抵债，导致合同无效，债权人债权无法实现的，各方当事人均应负相应责任。

标签：以物抵债 | 合同效力 | 产权未确定 | 过错责任

案情简介：1993 年，银行与信用社签订拆借合同拆借资金 300 万元，拆借期限 3 个月。因到期未偿，银行、信用社、工贸公司达成三方协议约定由工贸公司以某处房产作为抵偿物。因工贸公司未取得前述房屋产权，致使房产权手续无法办理。

法院认为：案涉三方协议系经债权人同意的由债务人将所负债务转由第三人承担的协议。工贸公司以产权未确定的房屋作为履行其债务的标的，致使银行债权无法得以实现，依法应确认三方协议中关于以房抵债约定无效。对此，三方均有过错，应按过错程度各自承担相应的民事责任。

实务要点：第三人以产权未确定的房屋承诺以房抵债，导致合同无效，债权人债权无法实现的，各方当事人均应承担相应的过错责任。

案例索引：最高人民法院（2001）民二监字第264号“某银行与某贸易公司等借款合同纠纷申请再审案”，见《交通银行延边支行与延吉市城市信用社、延吉市工商贸易总公司借款纠纷申请再审案》（最高人民法院立案庭，侯永安），载《立案工作指导与参考·再审复查案例评析》2003年第2辑（总第3辑）第134页。

6. 当事人直接以物抵债损害其他债权人利益，应无效

——当事人之间虽借款关系明确，但双方直接以物抵债，损害了其他债权人利益的，该直接以物抵债协议应认定无效。

标签：以物抵债 | 合同效力 | 调解书

案情简介：1998年，陈某据借款协议起诉甘某，经法院调解，达成协议：甘某欠陈某109万余元，甘某自愿将其铺面11间作价等额偿还陈某。法院对此作出民事调解书予以确认。后商业公司以其就该铺面享有优先受偿权为由，申请再审。

法院认为：甘某向陈某借款逾期未还，双方债权债务关系明确，陈某合法债权依法应得到保护。法院民事调解书确认，甘某自愿将其铺面房地产直接抵偿其欠陈某债务，损害了其他债权人利益，该抵债协议无效。法院以调解书形式确认其合法性不当。

实务要点：当事人之间借款关系明确，债权人追索借款的权利应予保护。但当事人之间直接以物抵债，损害了其他债权人利益的，该直接以物抵债协议应认定无效。

案例索引：最高人民法院（2010）民抗字第25号“陈某与甘某借款合同纠纷案”，见《当事人协议直接以物抵债损害其他债权人利益的，该协议无效——陈昌光与甘树北借款纠纷再审案》（最高人民法院审监庭，何东宁），载《审判

监督指导·案例评析》2011 年第 4 辑（总第 38 辑）第 179 页；另载《最高人民法院民商事案件审判指导（第 1 卷）》2012 年版第 50 页。

最高人民法院：民间借贷，还是真的房屋买卖

◎陈枝辉

本期天同码，主题案例来源于2016年第1期《最高人民法院公报》。该案作为识别民间借贷与其他法律关系性质的重要案例，通过对“书面合同”“交易习惯”“证明标准”等概念或内涵的重申，丰富和完善了同类案件的裁判原则和方法，对司法实务具有很强的指导意义。

【主题案例】

1. 疑点重重，仍应认定商品房买卖合同而非民间借贷

——对是否构成“名为商品房买卖实为民间借贷”法律关系的判断，应将双方书面合同作为判断逻辑起点和基本依据。

标签：借款合同 | 合同性质 | 交易习惯 | 证明标准

案情简介：2013 年 8 月，洪某与开发公司签订商品房买卖合同，约定洪某分期支付共计 9000 万余元购买开发公司已建成商铺，4 个月后交房。随后，洪某一次性支付上述款项，开发公司开出收据。2014 年，洪某诉请开发公司交房并支付逾期交房违约金 1800 万余元。开发公司主张双方系民间借贷关系，并举出其向洪某转款 736 万元的证据，证明此“私人汇款”系借款高息。

法院认为：（1）一项民事交易特别是类似本案重大交易达成，往往存在复杂背景，并非一蹴而就且一成不变。当事人意思表示此间历经某种变化并最终明确的情况并不鲜见。合同在性质上属原始证据、直接证据，应重视其相对于传来证据、间接证据所具有的较高证明力，并将其作为确定当事人法律关系性质的逻辑起点和基本依据。若要否定书面证据所体现的法律关系，并确定当事人之间存在缺乏以书面证据为载体的其他民事法律关系，须在证据审核方面给予更为审慎的分析研判。（2）根据《最高人民法院关于适用〈中华人民共和国合同法〉若干问题的解释（二）》第 7 条规定，“交易习惯”是指不违反法律、行政法规强制性规定的，在交易行为当地或者某一领域、某一行业通常采用并为交易对方订立合同时所知道或者应当知道的做法，或者当事人双方经常使用的习惯做法。本案不涉及运用交易习惯弥补当事人合同

约定不明确、不完整所导致的权利义务确定性不足问题：交付时间上，案涉房产存在违反规划超建楼层事实，当事人约定迟延4个月交付有其合理性；房屋价格上，从当事人之间密切关系及地方政府出台预售政策情形看，应认定交易价格符合合理区间；付款上，虽约定分期支付，但洪某一次性支付应属合同履行变更；收据问题上，发票系办房地产变更登记过程中所必需，认定先行开具收据违背交易习惯缺乏足够事实和法律依据；关于736万元性质，双方所述均无合同依据且无其他证据佐证，亦不宜据此通过解释和推断得出推翻书面证据所反映当事人法律关系存在的结论。（3）洪某与开发公司签订房屋买卖合同且已备案登记，在实际履行过程中，虽然有些事实可能引发不同认识和判断，但在无任何直接证据证明双方存在民间借贷法律关系，且开发公司对其所主张民间借贷法律关系诸多核心要素陈述并不一致情况下，认定本案系民间借贷性质缺乏充分事实依据。考虑到洪某对其收取736万元款项性质的主张未能提供充分证据，为更好平衡当事人利益，该款可从违约金总额中予以相应扣减。判决开发公司交付洪某商铺并办理产权变更登记，同时支付洪某违约金1100万余元。

实务要点：对是否构成“名为商品房买卖实为民间借贷”法律关系的判断，应将书面合同作为判断的逻辑起点和基本依据。反驳一方所作举证虽构成合理怀疑，但未达到高度可能性之证明标准情况下，不宜简单否定既存外化法律关系对当事人真实意思体现和反映。

案例索引：最高人民法院（2015）民一终字第78号“洪某与某开发公司房屋买卖合同纠纷案”，见《洪秀凤与昆明安钡佳房地产开发有限公司房屋买卖合同纠纷案》（审判长辛正郁，代理审判员潘杰、司伟），载最高人民法院公报·裁判文书选登》2016年第1期（总第231期）第35页。

【同类指导案例】

2. 名为商品房买卖合同，实为民间借贷法律关系认定

——购房合同双方并非以房屋买卖为目的，而是为资金融通，应认定双方之间真实法律关系是民间借贷而非房屋买卖。

标签：借款合同 | 合同性质 | 民间借贷 | 商品房买卖 | 回购条款

案情简介：2011年7月，开发公司与吴某签订《商品房买卖合同》，约定吴某以4960万元总房款购买开发公司的预售房屋。同日，双方签署《回购协议》，约定开发公司“欲将回购”吴某所购商品房，回购款须在原购房款之外，按每1个月增加100万元的标准计算。随后，双方办理了《商品房买卖合同》的备案登记手续，吴某向开发公司汇款，开发公司出具收到4960万元的借条，并为吴某开具部分发票。2012年12月，吴某诉请开发公司履行回购协议，偿还本金4960万元及利息。

法院认为：（1）不签订书面借款合同，只用签订《商品房买卖合同》并登记备案的方式作担保，同时签订回购协议，然后再用出借人向借款人实际交付款项方式建立债权债务关系，系目前一些民间借贷当事人选择的借贷方式。判断当事人之间法律关系的性质，不能仅看合同名称、形式和内容，更重要的是分析当事人之间法律关系的实质。（2）本案中，案涉《商品房买卖合同》中的售房方并未准备实际交付房屋，而购房一方亦不关心取得所购房屋产权，双方当事人关注点集中在《回购协议》及相应的违约金上。双方在合同签订和履行中的做法，可印证双方之间并非真正的商品房买卖合同关系。仅凭双方办理了商品房买卖备案登记手续和开发公司为吴某开具部分发票行为，并不能证明商品房买卖合同关系真实性。（3）开发公司与吴某签订《商品房买卖合同》与《回购协议》，并非以取得案涉房屋所有权为目的，而是为了实现资金融通。

卖方取得资金用于竞拍土地，买方收取利息，《商品房买卖合同》不过系为担保吴某债权实现。双方之间真实的法律关系是民间借贷。判决开发公司偿还吴某4960万元本金及利息，利息按同期中国人民银行贷款基准利率的4倍计算，其中应扣除已支付的300万元。

实务要点：判断当事人之间法律关系的性质，不能仅看合同名称、形式和内容，更重要的是分析当事人之间法律关系的实质。如购房合同、回购协议等证据证明双方之间并非以取得房屋所有权为目的，而是为实现资金融通，则应认定双方之间真实的法律关系是民间借贷。

案例索引："吴俊妮与安华房地产开发有限公司民间借贷纠纷案"，见《是民间借贷还是商品房买卖》（最高人民法院民一庭，韩玫），载《民事审判指导与参考·指导性案例》2014年第2辑（总第58辑）第96页。

3. 名为商品房买卖，实为借贷，可视为借款担保关系

——当事人以签署商品房买卖合同并办理备案登记方式进行民间借贷的，应认定双方之间成立了一种非典型担保关系。

标签：借款合同 | 合同性质 | 抵押 | 流抵契约 | 民间借贷 | 非典型担保

案情简介：2007年，开发公司为偿还严某等5人的340万元到期借款，与杨某签订商品房买卖合同，约定杨某购买开发公司1400余平方米的53间商铺。在杨某付全款后，开发公司撤销了与严某等5人的购房备案登记，而办理了与杨某的购房合同备案登记。同时，开发公司向杨某账户汇入61.1万元，其称系借贷利息，另向杨某开具购房发票，但未将发票原件交付杨某，后又在税务部门做了缴销。2008年，杨某诉请开发公司交付房屋。

法院认为：法律关系性质应依当事人真实意思表示予以认定。本案现有证据证明，开发公司与杨某之间应为借贷关系：（1）就开发公司而言，其签订商

品房买卖合同真实目的，系向杨某借款以偿付严某等人已届清偿期的 340 万元借款，防止案涉房屋因就前述债权提供担保、办理了登记备案而丧失所有权。对此，有开发公司与严某等 5 人的在先类似交易模式、开发公司向杨某支付 61.1 万元借款利息、开发公司持有发票原件等证据和事实佐证。如开发公司真实意思表示系以 340 万元价款出售案涉房屋，则直接依其与严某等 5 人所签合同之约定即可实现，无需徒增与杨某协商签订买卖合同、以杨某支付 340 万元购房款偿还严某等人的 340 万元借款、撤销严某等 5 人的备案登记后再申请将杨某作为购房者登记备案等繁琐步骤和程序。（2）发票是交易真实发生的证明，更是办理不动产权属登记的重要依据。本案中，杨某作为买受人，在交纳了全部房款后，始终未向开发公司索要发票原件，直到本案诉讼中向法院提交的亦仅系复印件。且近三年时间内未要求办理权属登记，明显不符合交易习惯。开发公司作为售房一方，在始终认可收到杨某房款情况下，未将发票原件交付杨某，嗣后却将该发票连同其他各联在当地税务机关作了缴销，充分说明开发公司否认房产交易的真实性。而缴销行为发生在非诉讼中，则从另一侧面证明开发公司否认与杨某之间存在真实的房产交易关系的态度是一贯的，故仅凭杨某提供的发票复印件，尚不能认定其与开发公司之间存在商品房买卖合同关系。（3）杨某收到开发公司支付的 61.1 万元，并对该款项性质始终以商业秘密为由拒绝作出说明，考虑到民间借贷支付利息的一般做法，综合全案情况分析，在杨某未能举证证明双方存在其他经济往来的情况下，认定开发公司上述款项系其为向杨某借用 340 万元而支付利息的主张具有更高的可信度。再者，案涉商品房买卖合同以一口价 340 万元方式，交易了 1400 余平方米的 53 间商铺，亦与一般房地产交易习惯不符。综上，书面借款合同并非认定债权债务关系不可缺少的要件。杨某向开发公司支付 340 万元并收取利息的行为，足以认定双方之间成立了债权债务关系。双方签订商品房买卖合同并办理备案登记行为，足以认定双方之间成立了一种非典型的担保关系。杨某作为债权人，可以适当方式就合同项下商铺主张权利，以担保其债权的实现。但其请求直接取得案涉商铺所有权的主张，违反了《物权法》关于禁止流质的规定，不予支持。判决驳回杨某诉讼请求。

实务要点：法律关系的性质应依当事人真实意思表示予以认定。书面借款合同并非认定债权债务关系不可缺少的要件。充分证据证明当事人以签署商品房买卖合同并办理备案登记方式进行民间借贷的，应认定双方之间成立了一种非典型的担保关系。债权人可以适当方式就合同项下不动产主张权利，以担保其债权实现。但其请求直接取得案涉不动产所有权的主张，违反了《物权法》关于禁止流质的规定，应不予支持。

案例索引：最高人民法院（2013）民提字第135号“某开发公司与杨某商品房买卖合同纠纷案”，见《广西嘉美房地产开发有限责任公司与杨伟鹏商品房买卖合同纠纷案》（审判长张勇健，审判员韩玫，代理审判员沈丹丹），载《民事审判指导与参考·裁判文书选登》2014年第2辑（总第58辑）第192页；另见《意思与表示不一致时，对法律关系性质的司法认定——广西嘉美房地产开发有限责任公司与杨伟鹏商品房买卖合同纠纷申请再审案》（最高人民法院立案二庭，梁曙明、刘牧晗），载《立案工作指导·申诉与申请再审疑案评析》2013年第4辑（总第39辑）第55页。

4. 就同笔款项签订购房协议和借款协议，亦可均有效

——借贷双方约定以签订购房合同形式提供担保的，通过规避流押条款，亦可达致购房协议和借款协议均有效的效果。

标签：借款合同 | 合同性质 | 抵押 | 流抵契约 | 选择履行

案情简介：2007年，朱某与开发公司签订14份《商品房买卖合同》并办理了销售备案登记手续，开发公司开具了1035万余元的发票。次日，双方又签订《借款协议》，约定开发公司向朱某借款1100万元，开发公司自愿将前述

商品房抵押给朱某，并约定如按期偿还借款，购房协议不再履行；否则，购房协议应继续履行。因到期未偿，朱某起诉要求继续履行14份《商品房买卖合同》。

法院认为：双方当事人基于同一笔款项先后签订了14份《商品房买卖合同》和《借款协议》，且办理了销售备案登记手续，依法应认定上述合同和协议均成立并已生效。《担保法》第40条规定："订立抵押合同时，抵押权人和抵押人在合同中不得约定在债务履行期届满抵押权人未受清偿时，抵押物的所有权转移为债权人所有。"《物权法》第186条规定："抵押权人在债务履行期届满前，不得与抵押人约定债务人不履行到期债务时抵押财产归债权人所有。"这是法律上禁止流押的规定。禁止流押的立法目的是防止损害抵押人利益，以免造成对抵押人实质上的不公平。本案《借款协议》中诉争条款并非法律禁止的流押条款，理由：（1）开发公司到期未偿借款时，朱某并不能直接依上述约定取得"抵押物"所有权，其只能通过履行《商品房买卖合同》实现。（2）双方当事人在《借款协议》中约定以签订商品房买卖合同形式为《借款协议》提供担保，并为此在《借款协议》中为案涉14份《商品房买卖合同》附设了解除条件，该约定并不违反法律、行政法规的强制性规定。实际上，双方当事人对履行14份《商品房买卖合同》或《借款协议》具有选择性，且从合同选择履行角度看，开发公司更具主动性。（3）开发公司如认为履行14份《商品房买卖合同》对其不公平，损害其利益，其完全可依《合同法》相关规定行使合同撤销权，但其未在法定除斥期间内行使，而是拒绝履行生效合同，其主张不符合诚信原则，不应得到支持。故案涉14份《商品房买卖合同》与《借款协议》均为依法成立并生效的合同。《借款协议》约定的商品房买卖合同的解除条件未成就，判决继续履行案涉14份《商品房买卖合同》。

实务要点：双方当事人基于同一笔款项先后签订购房协议和借款协议，并约定如按期偿还借款的，购房协议不再履行；否则，购房协议应继续履行。依前述约定，应认定双方之间成立房屋买卖和民间借贷两个民事法律关系。在借款人到期未偿的情况下，对方当事人诉请继续履行购房协议取得房屋所有权的，不违反《担保法》第40条、《物权法》第186条有关“禁止流押”的规定。

案例索引：最高人民法院（2011）民提字第344号“朱某与某开发公司商品房买卖合同纠纷案”，见《朱俊芳与山西嘉和泰房地产开发有限公司商品房买卖合同纠纷案》（审判长辛正郁，审判员王友祥，代理审判员仲伟珩），载《最高人民法院公报·裁判文书选登》2014年第12期（总第218期）第18页。

5. 以转让股权解决资金困难并设定担保，不等于借贷

——一方通过转让股权筹资，同时约定以银行贷款先行收回部分投资的，不能据此定性为名为股权转让实为借款合同。

标签：借款合同｜合同性质｜股权转让｜筹资方式｜保底条款｜债务担保

案情简介：2007年，投资公司竞拍取得实业公司股权，随后与开发公司签订《股权转让及项目合作合同》，约定将其中28.5%股权转让给开发公司。嗣后，投资公司称：从合同订立背景和目的看，该合同实质上是其在资金困难情况下与开发公司所签借款合同；双方约定投资公司和开发公司在实业公司获得的银行贷款中提取一部分先行收回投资是保底条款；他人为该合同履行提供了担保。据此，投资公司主张该合同是企业间借贷性质，应认定无效。

法院认为：（1）案涉合同名称为《股权转让及项目合作合同》，其内容亦系开发公司受让投资公司所持28.5%股权，股权需变更至开发公司名下，并约定了未按期完成股权变更的违约责任，故该合同是典型的股权（权益）变更合同。（2）该合同签订背景是投资公司在竞拍实业公司权益时出现资金缺口，这是事实。但在现实经济生活中，通过借款解决资金困难非唯一方式，当事人

还可通过转让股权（权益）等方式筹资。本案当事人选择了转让股权（权益）这种方式筹资，并无借款意思表示。案涉合同约定投资公司和开发公司在实业公司所获贷款中提取一部分先行收回投资，该条款系提前收回出资条款，而非保底条款，更不能据此认定整个合同是借款合同。（3）《担保法》第2条第1款规定："在借贷、买卖、货物运输、加工承揽等经济活动中，债权人需要以担保方式保障其债权实现的，可以依照本法规定设定担保。"该条仅列举了适用担保的部分情形，不能依该款规定得出只能为借贷、买卖、货物运输、加工承揽提供担保的结论。根据《民法通则》第89条规定，当事人可为各类债务履行设定担保。股权（权益）转让合同属民法上的债，为其履行设定担保符合法律规定。故不能根据肖某等人为《股权转让及项目合作合同》的履行提供担保即认定该合同只能是借款合同。

实务要点：在资金困难情况下，一方通过转让股权（权益）筹资，并为股权转让合同履行提供担保，同时约定以银行贷款先行收回部分投资的，不能据此定性为名为股权转让实为借款合同。

案例索引：最高人民法院（2009）民申字第1068号"某开发公司与某投资公司等股权转让纠纷案"，见《广州市仙源房地产股份有限公司与广东中大中鑫投资策划有限公司、广州远兴房产有限公司、中国投资集团国际理财有限公司股权转让纠纷案》（审判长陈纪忠，审判员奚向阳，代理审判员高晓力），载《最高人民法院公报·裁判文书选登》2010年第8期（总第166期）第27页。

6. 借贷双方同时又是合作双方，不能单主张借贷关系

——借贷双方同时又是合作双方，一方将借款合同与合作合同割裂开来，独立请求另一方承担贷款本息的，不予支持。

标签：借款合同 | 合同性质 | 不良资产 | 法律关系 | 出资责任 | 证据规则

案情简介：1992年5月至1993年11月，开发公司与银行签订总额为

4400 万元的借款或转贷合同。1992 年 11 月，开发公司与银行签订《经济合作合同书》，约定共同寻找、合作项目，银行以贷款形式进行融资。1993 年 1 月，双方签订《合作兴建度假村合同书》等合同，约定银行负责房地产开发所需的资金筹措工作。随后，开发公司、银行等筹建项目公司，银行以合作项目中的部分权益作为对价认购项目公司股份 1100 万股。1999 年，银行将借款本息共计 5700 万余元转让给资产公司。后资产公司诉请开发公司归还贷款本息。法院将银行追加为第三人。

法院认为：（1）开发公司与银行在原《经济合作合同书》基础上，又签《合作兴建度假村合同书》等合同，表明双方在度假村等房地产开发项目上存在分工明确的合作关系，体现了收益共享、风险共担的合作原则。（2）资产公司主张本案借款合同与合作合同之间无关联性，系两个独立的法律关系，但其起诉要求开发公司返还借款的重要证据是开发公司与银行所签借款合同，本案贷款亦确用于合作项目。当事人签订民事合同具有复杂动机、目的和作用，该合同可具有规范和指引作用，即当事人通过要约承诺方式规范和指引以后发生的权利义务关系；合同亦可具有确认和评价作用，即双方通过合同方式对双方既往发生的民事法律行为性质、目的和作用作出评价，进行确认、补充和完善。本案当事人正是通过签订合作合同和转贷合同等民事法律行为，对先前发生的借款合同性质、内容和作用进行了确认。资产公司以借款合同发生在前、合作合同签订在后为由，否认两者之间的关联性缺乏事实和法律依据。同时，资产公司未能提供证据证明本案借款合同项下借款是独立于合作合同之外的其他借款，其关于开发公司应按借款合同约定偿还借款而不受合作合同影响的诉讼主张不能成立。此种情况下，无论银行所认购的项目公司股份的出资来源问题查明与否，均不影响本案最终处理结果，但上述事实认定可能影响当事人其他民事法律关系的认定。（3）资产公司系债权受让人，非合作合同当事人，其在本案诉讼中仅主张借款合同法律关系，未提出有关合作合同的诉讼请求。银行与开发公司系合作合同当事人，双方在本案借款纠纷诉讼中未提有关合作合同的诉讼请求，法院不能超出当事人的诉讼请求范围进行判决，有关当事人因签订和履行债权转让合同、合作合同而引起的民事责任问题可另案解决。本案中借款合同签订和履行是合作合同履行内容一部分。依合作合同约定内容，合作双方对合作项目应共担风险、共享利润，且双方在合作合同中对资金分配顺序作了明确规定。现资产公司将借款合同与合作合同割裂开来，独立请求开发公司承担贷款本息无事实依据，故应驳回其诉请。

实务要点：借款合同的借贷双方同时又是合作开发合同的合作双方，借款合同的签订和履行是合作合同履行内容的一部分，一方将借款合同与合作合同割裂开来，独立请求另一方承担贷款本息的，不予支持。

案例索引：最高人民法院（2008）民二终字第118号“某资产公司与某开发公司借款纠纷案”，见《中国信达资产管理公司西安办事处与海南华山房地产开发总公司、中国建设银行股份有限公司西安曲江支行借款合同纠纷案》（审判长钱晓晨，代理审判员刘敏、杨征宇），载《最高人民法院公报·裁判文书选登》2009年第12期（总第158期）第22页。

7. 认定名为合作开发实为房屋买卖或借款合同的条件

——认定名为合作开发房地产，实为房屋买卖合同或借款合同的条件，均应当具备“不承担经营风险”这一法律特征。

标签：借款合同｜合同性质｜清理、补偿协议｜独立性

案情简介：2004年，村委会、镇政府与开发公司签订《合作协议》，约定镇政府提供村委会集体土地，开发公司提供资金并负责该地块的一、二级合作开发，并约定开发公司在收回垫付款后，享有建成后各类物业建筑面积80%

的固定比例分配权，同时约定“开发公司垫付的款项在利益分配时，由开发公司在村委会应得的可销售的物业建筑面积中，或在村委会委托开发公司销售的物业收益中予以扣回”。村委会据此认为该协议名为合作开发房地产，实为房屋买卖合同或是借款合同，应为无效。

法院认为：（1）《最高人民法院关于审理涉及国有土地使用权合同纠纷案件适用法律问题的解释》第25条规定，合作开发房地产合同约定提供资金的当事人不承担经营风险，只分配固定数量房屋的，应当认定为房屋买卖合同。第26条规定，合作开发房地产合同约定提供资金的当事人不承担经营风险，只收取固定数额货币的，应当认定为借款合同。无论是认定为房屋买卖合同还是借款合同，均须具备“不承担经营风险”这一法律特征。（2）根据《合作协议》约定可知，实业公司从将来村委会可能分得的物业建筑面积或物业收益中扣回垫付款的前提是有利益可分配，如无利益可分配，则无法依约履行，这与“不承担经营风险”这一法律特征并不相符。且依《合作协议》约定，该协议不仅约定了案涉地块的一级开发合作事项，还包括了二级开发合作内容。实业公司预期的收益回报不仅指收回垫付款，还包括预期分得双方建成后的各类物业建筑面积的80%，这与前述司法解释规定的“只分配固定数量房屋”和“只收取固定数额货币”法律特征并不相符，故村委会关于《合作协议》应定性为房屋买卖合同或借款合同的理由不能成立。

实务要点：依《最高人民法院关于审理涉及国有土地使用权合同纠纷案件适用法律问题的解释》第25条、第26条规定，认定名为合作开发房地产，实为“只分配固定数量房屋”或“只收取固定数额货币”的房屋买卖合同或借款合同，均须具备“不承担经营风险”这一法律特征。

案例索引：最高人民法院（2011）民二终字第97号“某投资公司与某村委会等债权纠纷案”，见《在合同已经不能履行的情况下达成的清理、补偿协议，具有独立性，其性质与违约金不同——北京门头沟区永定镇冯村村民委员会与利嘉实业（福建）集团有限公司、北京昆仑琨投资有限公司、北京市门头沟区永定镇冯村经济合作社债权纠纷案》（审判长宫邦友，代理审判员林海权、高燕竹），载《最高人民法院商事审判指导案例（6）·合同与借贷担保卷》2013年版第187页。

最高人民法院 2016 年公报：精选十大民事案例

◎陈枝辉

本期天同码，精选了 2016 年第 1 ～ 12 期《最高人民法院公报》中有代表性的典型民事案例 10 则。

【规则详解】

1. 正常社会交往活动中因意外因素致损，不承担责任

——行为人在正常社会交往活动中，因意外因素造成他人权益受损，如行为人无过错的，依法不应承担侵权赔偿责任。

标签：侵权责任 | 意外事件 | 正常社会交往活动

案情简介：2015 年，覃某孙子将手中芭蕉分享给一起玩耍、同样不满 6 岁的曾某，后曾某因一时咬食芭蕉过多、吞咽过急死亡，经鉴定系“异物吸入窒息死亡”。曾某父母起诉覃某，索赔 70 万余元。

法院认为：（1）《侵权责任法》第 6 条第 1 款规定：“行为人因过错侵害他人民事权益，应当承担侵权责任。”本条是过错责任原则规定。过错责任是指造成损害并不必然承担赔偿责任，须看行为人是否有过错，有过错有责任，无过错无责任。一般而言，过错包括故意和过失，故意是指行为人以损害他人为目的而实施加害行为，或明知自己行为会造成损害仍实施加害行为；行为人因疏忽或懈怠未尽合理注意义务的，为过失。（2）根据本案查明事实，覃某无故意加害曾某目的和行为，且本案亦无证据证明覃某在明知曾某有不能独立进食芭蕉的特殊体质情况下，仍放任曾某独立进食芭蕉，故覃某不存在故意侵权行为。（3）本案事发时，曾某是已满 5 周岁的学龄前儿童，从一般生活经验来看，其已具备独立进食包括本案芭蕉在内的常见食物的能力，比曾某年幼的覃某孙子事发当天亦独立进食芭蕉，由此可见，覃某对曾某独立进食芭蕉的注意标准与其处理自己同样事务标准一致。同时，对于并非曾某临时监护人的覃某，不能苛求其一直照看曾某，且事发当日早上，曾某已与覃某孙子一起进食过芭蕉，当时并无异常，而事发时为当日下午，才发现曾某进食芭蕉窒息，对此后

果无法预见，事后其亦尽力协助救治曾某，不能据此认为覃某存在疏忽或懈怠。从民法基本价值立场出发，民法应是鼓励民事主体积极地展开社会交往，如将小孩之间分享无明显安全隐患食物的行为定性为过失，无疑限制人之行为自由，与过错责任原则的立法宗旨不符。（4）本案曾某系因在进食过程中一时咬食芭蕉过多、吞咽过急等偶发因素而导致窒息死亡，应属意外事件，覃某不存在故意或过失侵害曾某行为，对曾某死亡无过错，在本案中无需承担侵权损害赔偿责任，判决驳回原告诉请。

实务要点：行为人在正常社会交往活动中，因意外因素造成他人权益受损的，如行为人无过错，且其行为与损害结果之间无任何因果关系的，行为人依法不承担赔偿责任。

案例索引：广东省佛山市中级人民法院 2015 年 8 月 27 日判决“蒋某与覃某等生命权纠纷案”，见《蒋海燕、曾英诉覃维邱、苏燕弟生命权纠纷案》，载《最高人民法院公报·案例》2016 年第 11 期（总第 241 期）第 44 页。

2. 高速公路遗撒物引发事故，推定公路管理者有过错

——高速公路遗撒物引发交通事故，高速公路管理者不能举证证明其已尽及时巡视和清障义务的，应负相应赔偿责任。

标签：交通事故｜道路遗撒物｜高速公路｜清障义务

案情简介：2009 年，龚某驾车在高速公路上碾压一铁制品造成车辆侧翻，乘车人丁某受伤，交警认定系意外事故。丁某诉请高速公路公司、龚某赔偿其损失 26 万余元。

法院认为：（1）高速公路是由专门机构管理的具备高速、封闭、机动车专用等特点的道路。在高速公路上，直接引发事故因素往往除了机动车（含事故车和其他违章车辆）驾驶人员外，还可能包括非机动车因素，如不应进入高速

公路的人或物，以及其他车辆的抛洒、散落物体等。在此情况下事故赔偿主体应不限于导致事故发生的人或物的支配者，亦可能包括未尽相关管理义务的高速公路经营者。(2) 本案系侵权之诉，公路公司是否构成侵权主体及是否应承担赔偿责任，关键看其是否已尽管理义务。车辆进入高速公路系通过付费方式以获得运行高效的保障，高速公路管理者应保证道路畅通安全，如未尽管理义务或管理有瑕疵，应承担相应赔偿责任。《最高人民法院关于审理人身损害赔偿案件适用法律若干问题的解释》第16条载明："道路、桥梁、隧道等人工建造的构筑物因维护、管理瑕疵致人损害的，由所有人或管理人承担赔偿责任，但能够证明自己没有过错的除外。"依该规定，高速公路管理者如想减免己方责任，其前提是须证明已尽及时巡视和清障义务，否则将因自身不作为而承担相应赔偿责任。(3) 本案中，龚某与公路公司系有偿使用高速公路的民事合同关系，公路公司收取车辆通行费用，即应保障龚某、丁某等司乘人员在通过高速公路时的安全、畅通。现公路公司未举证证明其已尽及时巡查义务，更不能证明已达到保障公路安全通行目的，据此可认定其存在疏于管理的不作为。公路公司怠于巡查和清障的不作为，与事故发生有相当因果关系，其依法应对丁某损失承担主要赔偿责任。龚某在高速公路上驾驶机动车，未尽充分的安全谨慎义务，未及时发现障碍物，对事故发生亦存在一定过错，判决丁某损失26万余元分别由公路公司、龚某赔偿80%、20%。

实务要点：通行者在高速公路驾车行驶时碾压到车辆散落物导致交通事故，高速公路管理者不能举证证明其已尽到及时巡视和清障义务情况下，应承担相应赔偿责任。

案例索引：江苏省扬州市中级人民法院2013年2月19日判决"丁某与某公路公司等人身损害赔偿纠纷案"，见《丁启章诉江苏京沪高速公路有限公司等人身损害赔偿纠纷案》，载《最高人民法院公报·案例》2016年第10期（总第240期）第35页。

3. 网络交易中买家给卖家差评，不构成网络侵权行为

——网络交易中买家对卖家给予差评，虽具有一定主观性，但非出于恶意诋毁商誉目的，则不应认定为侮辱诽谤行为。

标签：消费者权益 | 网络购物 | 商誉 | 差评

案情简介：2014 年，王某在申某淘宝网店上购买一条裤子后给予差评并留言。2015 年，申某以王某侮辱诽谤其商誉为由起诉。

法院认为：（1）淘宝网设置买家评论功能目的系出于网络购物具有虚拟性特征，希望通过买家网购后的真实体验评论在买卖双方之间构建一个信息对称平台。本案中，王某作为买家有权在收到货品后凭借自己购物体验感受在申某淘宝网店评论栏中选择是否给予差评，而买家在淘宝网上给出何种评级和评论往往系基于货品本身是否与网店描述相符、卖家服务态度等综合因素进行考量，且买家作出的相应评级和评论具有一定的主观性，但只要这种评级和评论非基于主观恶意目的，卖家则不能过分苛求每一个买家必须给予好评。（2）从申某提供的相关证据来看，王某给予差评的行为及相关评论内容并非系出于恶意诋毁商业信誉目的。故从主观上来看，王某行为并非属于侮辱诽谤行为，其给予差评行为及相关评论内容不构成网络侵权行为，判决驳回申某诉请。

实务要点：网络交易中买家对卖家给予差评，虽具有一定主观性，但只要非出于恶意诋毁商誉目的，即不应认定为侮辱诽谤等侵权行为。

案例索引：上海市第二中级人民法院（2015）沪二中民一（民）终字第 1854 号“申某与王某侵权纠纷案”，见《申翠华诉王铮韵网络侵权责任纠纷案》，载《最高人民法院公报·案例》2016 年第 12 期（总第 242 期）第 26 页。

4. 发帖人网络举报未成年人受虐待信息，不构成侵权

——为保护未成年人利益和揭露可能存在的犯罪行为，发帖人在网络发表

未成年人受伤害信息的举报行为不构成侵权。

标签：侵权｜名誉权｜肖像权｜隐私权｜网络举报

案情简介：2015年，徐某在新浪微博发表图文内容，显示“六岁男童”长期受虐，该男童照片面部经徐某模糊处理。后经网民搜索，显示该男童系施某，其生父母遂以自己及施某名义，以侵犯其肖像权、名誉权、隐私权为由起诉徐某。

法院认为：（1）《民法通则》第100条规定，公民享有肖像权，未经本人同意，不得以营利为目的使用公民的肖像。《未成年人保护法》第6条第2款规定，对侵犯未成年人合法权益的行为，任何组织和个人都有权予以劝阻、制止或者向有关部门提出检举或者控告。本案中，徐某在知晓施某被伤害后，为揭露可能存在的犯罪行为和保护未成年人合法权益不受侵犯而使用施某受伤照片，虽未经施某同意，但其使用系为维护社会公共利益和施某本人利益需要，亦未以营利为目的，且使用时已对照片脸部进行了模糊处理，应认定该使用行为不构成对施某肖像权侵害。（2）《民法通则》第101条规定，公民、法人享有名誉权，公民的人格尊严受法律保护，禁止用侮辱、诽谤等方式损害公民、法人的名誉。以书面、口头等形式宣扬他人的隐私，或者捏造事实公然丑化他人人格，以及用侮辱、诽谤等方式损害他人名誉，造成一定影响的，应当认定为侵害公民名誉权的行为。本案中，徐某通过网络公开了男童遭受虐待事实，是一种公开的网络举报行为，不存在主观过错。徐某所发微博内容既未夸大或隐瞒事实，更无虚构、造谣和污蔑，且施某受到伤害情况客观存在，微博反映内容与客观事实基本相一致，微博中亦未使用侮辱、诽谤性语言，客观上不会造成施某社会声望和评价降低。徐某所发微博内容未涉及施某生父母任何信息资料，不存在侮辱或诽谤。原告亦未能提供充分证据证明由于徐某网络发帖行为导致名誉受损事实。故原告主张徐某侵犯其名誉权不能成立。（3）隐私权是指自然人享有的对其个人的与公共利益无关的个人信息、私人活动和私有领域进行支配的一种人格权。是否构成侵犯隐私权，应根据受害人确有隐私被损害事实、行为人行为违法、违法行为与损害后果之间有因果关系、行为人主观过错来认定。本案中，徐某对相关信息的披露是节制的，对相关照片进行了模糊处理，未暴露受害儿童真实面容，亦未披露施某姓名和家庭住址，其目的是揭露可能存在的犯罪行为。徐某所发微博内容虽出现收养词语，但微博文字与照片结合后，第三人不能明显识别出微博中受害儿童即为施某。徐某所发微博内容未涉及施某生父母任何信息资料，至于徐某发表微博后，网民搜索导致相关信息被披露,不应由徐某承担责任。故原告主张徐某侵害其隐私权不能成立。判决驳回原告诉请。

实务要点：行为人为保护未成年人利益和揭露可能存在的犯罪行为，依法在其微博中发表未成年人受伤害信息，该网络举报行为不构成侵权。

案例索引：江苏省南京市江宁区人民法院（2015）江宁少民初字第 7 号“施某等与徐某肖像权、名誉权、隐私权纠纷案”，见《施某某、张某某、桂某某诉徐某某肖像权、名誉权、隐私权纠纷案》，载《最高人民法院公报·案例》2016 年第 4 期（总第 234 期）第 46 页。

5. 父母赠与房产，子女行使物权，不得损害父母生活

——父母出资购房并将产权登记在子女名下，子女对该房行使物权将损害父母生活，有违公序良俗的，法院不予支持。

标签：权属登记 | 赠与房产 | 物权行使 | 伦理道德

案情简介：2012 年，刘某父母全款出资 28 万元购房并将产权登记在刘某名下，约定父母各占 5% 份额，刘某占 90% 份额。2014 年，因房屋装修问题，刘某与父母发生纠纷，刘某要求父母赔偿其擅自装修造成的损失 5000 元，并要求判决父母的 10% 房屋产权部分分割归其所有，其补偿 2.8 万元给父母。

法院认为：（1）讼争房屋系刘某父母、刘某按份共有。《物权法》第 97 条规定："处分共有的不动产或者动产以及对共有的不动产或者动产作重大修缮的，应当经占份额三分之二以上的按份共有人或者全体共同共有人同意，但共有人之间另有约定的除外。"单从该条规定看，刘某占份额 90%，有权决定本案讼争房屋的处分，但本案中刘某父母与刘某系父母子女关系，双方以居住为目的购房，从购房相关证据看，大部分房款由刘某父母出资，刘某父母购房时将大部分财产份额登记在刘某名下，超出刘某出资部分，具有赠与性质，系父母疼爱子女善良风俗的具体表现。父母将子女抚养成人，含辛茹苦，殊为不易。为人子女，应常怀感恩之心，不仅应在物质上赡养父母，满足父母日常生活的物质需要，亦应在精神上赡养父母，善待父母，努力让父母安宁、愉快地生活。（2）本案中，刘某虽承诺财产份额转让后，可由父母居住使用该房屋至去世时止，但双方目前缺乏基本信任，父母担心刘某取得完全产权后变卖房屋而导致其无房居住，有一定合理性。父母承诺有生之年不转让处分享有的份额，去世之后其份额归刘某所有，父母持有的财产份额价值较小，单独转让的可能性不大，刘某担心父母将其财产份额转让他人，无事实根据，且刘某承诺该房由其父母继续居住，目前要求其父母转让财产份额并无实际意义，徒增其父母担忧，不符合精神上赡养父母的伦理道德要求，并导致父母与子女之间的亲情关系继续恶化。《物权法》第 7 条明确规定："物权的取得和行使，应当遵守法律，尊重社会公德，不得损害公共利益和他人合法权益。"综上，刘某要求其父母转让财产份额的诉求与善良风俗、传统美德的要求不符，判决驳回诉请。

实务要点：父母出资购房并将产权登记在子女名下，具有赠与性质。子女对该房行使物权将损害父母生活的，法院可依《物权法》总则规定不予支持。

案例索引：重庆市第五中级人民法院（2015）渝五中法民再终字第 00043 号"刘某与周某等共有物分割纠纷案"，见《刘柯妤诉刘茂勇、周忠容共有房屋分割案》，载《最高人民法院公报·案例》2016 年第 7 期（总第 237 期）第 43 页。

6. 夫妻一方向非婚生子女支付抚养费，亦属法定义务

——夫妻一方向非婚生子女支付抚养费并不当然侵犯夫妻共同财产权，除非明显超过负担能力或有转移共同财产行为。

标签：抚养 | 抚养费 | 非婚生子女 | 夫妻共同财产

案情简介：2008 年 4 月，刘某与徐某结婚。同年 5 月，徐某与尹某就非婚生女儿殷某抚养达成协议，约定徐某每月支付殷某 2 万元抚养费。2014 年 7 月，生效判决确认该协议有效。同年 12 月，刘某以前述生效判决侵犯其夫妻共同财产权，诉请撤销。徐某每月收入超过 12 万元。

法院认为：（1）诉争抚养费费用多少和期限长短，系先由父母双方协议，协议不成时再由法院判决。本案中徐某对于支付尹某抚养费费用和期限均已明确作出承诺，原审法院在审查双方当事人陈述、提供的证据、徐某收入等材料后，确认徐某应按其承诺内容履行，据此判决徐某按每月 2 万元标准支付抚养费到殷某 20 周岁时止，该判决内容并无不当。（2）父母对未成年子女有法定抚养义务，非婚生子女享有与婚生子女同等的权利，不直接抚养非婚生子女的生父或生母，应负担子女的生活费和教育费，直至子女能独立生活为止。虽然夫妻对共同所有的财产，有平等的处理权，但夫或妻亦有合理处分个人收入的权利，不能因未与现任配偶达成一致意见即认定支付的抚养费属于侵犯夫妻共同财产权，除非一方支付的抚养费明显超过其负担能力或有转移夫妻共同财产的行为。本案中，虽然徐某承诺支付的抚养费数额确实高于一般标准，但在父母经济状况均许可情况下，均应尽责为子女提供较好的生活、学习条件。徐某承诺支付的抚养费数额一直在其个人收入可承担范围内，且徐某近几年收入情况稳中有升，支付殷某抚养费在其收入中的比例反而下降，不存有转移夫妻共同财产行为。故应认定徐某就支付殷某抚养费费用和期限所作承诺，并未侵犯刘

某的夫妻共同财产权，判决驳回刘某诉请。

实务要点：虽然夫妻对共有财产有平等的处理权，但夫或妻亦有合理处分个人收入的权利，不能因未与现任配偶达成一致意见即认定一方向非婚生子女支付的抚养费属于侵犯夫妻共同财产权，除非一方支付的抚养费明显超过其负担能力或有转移夫妻共同财产的行为。

案例索引：上海市第一中级人民法院（2015）沪一中民一（民）撤终字第1号“刘某诉徐某等抚养费纠纷案”，见《刘青先诉徐飚、尹欣怡抚养费纠纷案》，载《最高人民法院公报·案例》2016年第7期（总第237期）第46页。

7. 离婚协议约定房产归属，成立案外人执行异议情形

——案外人执行异议是否成立，应根据案件具体情况，对异议人、申请执行人及被执行人的权利作出比较并综合判断。

标签：执行 | 案外人异议 | 离婚协议

案情简介：2012年，王某依生效判决申请执行林某名下房产。2013年，林某前妻钟某以其1996年与林某所签离婚协议证明诉争房屋归女方及所生子女所有提出执行异议。

法院认为：（1）《最高人民法院关于人民法院办理执行异议和复议案件若干问题的规定》系关于执行程序中当事人提出执行异议时如何处理的规定。由于执行程序需贯彻已生效判决执行力，故在对执行异议是否成立判断标准上，应坚持较高的、外观化的标准。此一标准，要高于执行异议之诉中原告能否排除执行的判断标准。故前述司法解释第25条至28条规定应作如下理解，即符合这些规定所列条件的，执行异议成立；不满足这些规定所列条件的，异议人在执行异议之诉中请求亦未必不成立。是否成立，应根据案件具体情况，对异议人所主张权利、申请执行人债权实现效力及被执行人针对执行标的权利作出比较并综合判

断，从而确定异议人权利是否能排除执行。（2）本案中，钟某与林某于1996年签订离婚协议，约定诉争房产归钟某及其所生子女所有，该约定系就婚姻关系解除时财产分配约定，在诉争房产过户登记前，钟某及其所生子女享有将诉争房产所有权变更登记至其名下请求权。该请求权与王某金钱债权请求权在产生时间、内容、性质及根源等方面，能阻却对本案诉争房产执行，故判决支持钟某异议。

实务要点：案外人执行异议是否成立，应根据案件具体情况，对异议人所主张权利、申请执行人债权实现效力及被执行人针对执行标的权利作出比较并综合判断，从而确定异议人的权利是否能排除执行。

案例索引：最高人民法院（2015）民一终字第150号"钟某与王某等案外人执行异议纠纷案"，见《钟永玉与王光、林荣达案外人执行异议纠纷案》（审判长姚爱华，审判员王毓莹，代理审判员姜强），载《最高人民法院公报·裁判文书选登》2016年第6期（总第236期）第19页。

8. 交房义务不仅包括交钥匙，还应包括签署交接单等

——商品房买卖中，开发商的交房义务不仅局限于向购房者交钥匙，还需出示相应的证明文件，并签署房屋交接单等。

标签：商品房买卖｜交房办证｜交钥匙｜交接单

案情简介：2012年，周某与开发公司签订商品房买卖合同，约定了逾期交房及逾期办证违约金。交房日期届满前，开发公司与周某签署《双方同意书》："经本人与开发公司协商一致，本人按照合同约定时间配合办理相关交房工作，以便按期办理相关产证等手续，但不领取×幢×号钥匙等物料"。嗣后，开发公司以周某无正当理由不予以配合交房工作系明显违约行为，其不应承担逾期交房及逾期办证义务。

法院认为：（1）《最高人民法院关于审理商品房买卖合同纠纷案件适用

法律若干问题的解释》第11条规定：对房屋的转移占有，视为房屋的交付使用，但当事人另有约定的除外。从《双方同意书》文字表述看，并未包含开发公司无须书面通知周某办理房屋交付手续的意思表示，只是周某表明愿意按合同约定时间配合开发公司办理相关交房工作，即并未免除开发公司书面通知以及签署交接单等义务，故商品房达到交付使用条件后，开发公司仍应按合同约定以书面方式通知周某办理房屋交付手续，双方进行验收交接，并签署房屋交接单等，且不仅局限于领取钥匙。（2）根据双方在2013年9月23日就涉案房产有关车库、地下室、进户门、阳台等方面存在的质量瑕疵问题的说明及一直未对存在问题的整改作出结论情况看，双方至今并未解决交房问题，开发公司存在逾期交房的违约行为。故判决开发公司向周某交付房屋及办理该房转移登记过户手续，并支付周某逾期交房违约金（至实际交付房屋之日），同时，支付逾期交付房地产权属证书违约金（至判决生效之日止）。

实务要点：商品房买卖中，开发商的交房义务不仅局限于向购房者交钥匙，还需出示相应的证明文件，并签署房屋交接单等。

案例索引：浙江省宁波市中级人民法院2014年8月13日判决“周某与某开发公司等商品房销售合同纠纷案”，见《周显治、俞美芳与余姚众安房地产开发有限公司商品房销售合同纠纷案》，载《最高人民法院公报·案例》2016年第11期（总第241期）第37页。

9. 分别约定逾期交房与逾期办证违约责任的，均有效

——商品房买卖合同约定开发商承担逾期交房违约责任后，逾期办证违约责任免除的，因属免责格式条款，应为无效。

标签：房屋买卖 | 交房办证 | 免责条款

案情简介：2012年，周某与开发公司签订商品房买卖合同，约定了逾期

交房及逾期办证违约金，同时约定“若出卖人逾期交房并承担了逾期交房违约责任的，则出卖人承诺取得土地、房屋权属证书的时间相应顺延，顺延期限与商品房交付的逾期期限相同”。嗣后开发公司据此主张免除逾期办证违约责任。

法院认为：（1）商品房买卖合同中明确了开发公司取得土地、房屋权属证书，并交付给周某的日期，不能理解为开发公司自身取得土地、房屋初始登记日期，否则无法确定周某何时才能取得房地产权证书（将房产从开发公司公司转移登记过户至周某名下），现开发公司已逾期交付房地产权属证书，应承担违约责任。（2）依《合同法》第39条、第40条规定，采用格式条款订立合同的，提供格式条款的一方应当遵循公平原则确定当事人之间的权利和义务，并采取合理的方式提请对方注意免除或者限制其责任的条款，按照对方的要求，对该条款予以说明；格式条款具有本法第52条和第53条规定情形的，或者提供格式条款一方免除其责任、加重对方责任、排除对方主要权利的，该条款无效。本案中，合同关于出卖人承担了逾期交房违约责任免除逾期办证义务违约责任的约定系开发公司提供的格式条款，且开发公司并未采取合理方式提请对方注意，而其内容显然对周某利益不利，导致周某权益处于不确定状态，免除了开发公司按时交付房地产权属证书义务，应为无效。故判决开发公司向周某交付房屋及办理该房转移登记过户手续，并支付周某逾期交房违约金（至实际交付房屋之日），同时，支付逾期交付房地产权属证书违约金（至判决生效之日止）。

实务要点：商品房买卖合同分别约定了逾期交房与逾期办证违约责任，同时又约定开发商承担逾期交房责任后，逾期办证违约责任免除的属无效格式条款。

案例索引：浙江省宁波市中级人民法院2014年8月13日判决“周某与某开发公司等商品房销售合同纠纷案”，见《周显治、俞美芳与余姚众安房地产开发有限公司商品房销售合同纠纷案》，载《最高人民法院公报·案例》2016年第11期（总第241期）第37页。

10. 劳务派遣方式不应成为工作年限连续计算阻却因素

——劳动者用人单位虽通过劳务派遣方式多次变更，但工作场所、工作内容并无变化的，不影响工作年限的连续计算。

标签：劳动争议 | 工作年限 | 用人单位 | 劳务派遣

案情简介：2006年4月4日，包某进入食品公司。2010年2月，双方签订劳动合同。此前，包某一直以不同劳务派遣公司劳动者身份在食品公司从事销售工作。2012年8月起，包某基本工资为2259元/月。2013年3月25日起，包某休病假。2013年4月1日至同年6月30日期间，食品公司支付包某工资6153.79元，此后两月支付工资2027元。2013年9月13日，食品公司通知包某解除劳动合同。至2013年12月25日，包某一直在休病假。包某主张恢复劳动关系并支付疾病救济费、病假工资。

法院认为：（1）包某于2006年4月4日起，一直在食品公司从事销售相关工作，其用人单位虽然先后多次变更，但工作场所并无变化，且从事的工作内容亦无变化。食品公司主张用人单位主体变更系包某本人原因造成，但未就此充分举证。食品公司亦承认由于公司人员需要，从2010年2月1日起与包某建立劳动关系，根据《最高人民法院关于审理劳动争议案件适用法律若干问题的解释（四）》第5条第2款第（1）项规定，可认定本案情形属于“劳动者非因本人原因从原用人单位被安排到新用人单位工作”。故依《劳动合同法实施条例》第10条规定，可确认包某在食品公司工作年限应自2006年4月4日起计算。（2）参照《上海市关于本市劳动者在履行劳动合同期间患病或者非因工负伤的医疗期标准的规定》，医疗期按劳动者在本用人单位的工作年限设置，劳动者在本单位工作第1年，医疗期为3个月，以后工作每满1年，医疗期增加1个月，但不超过24个月。故本案包某可享受医疗期为9个月，食品公司在包某医疗期未满情况下通知终止双方劳动合同系属违法。鉴于包某医疗期现已届满，双方劳动合同亦应延续至该日终止，现已无恢复劳动合同必要。（3）包某病假前工资标准为2259元/月，双方未约定病假工资计算基数，故法院参照《上海市企业工资支付办法》第9条第1款第（3）项规定，以包某所在岗位正常出勤月工资标准70%确定病假工资计算基数。因包某在食品公司工作已满6年不满8年，故其病假工资标准应为上述计算基数的90%即1423.17元。包某病假已超过6个月，故食品公司应向其支付疾病救济费；因包某工作年限在3年以上，故疾病救济费标准应以1581.3元的60%标准计算；因计算结果低于本市2013年最低工资标准的80%即1296元，故食品公司应按1296元标准支付。判决食品公司支付包某2013年9月3日至2013年9月24日病假工资1084.32元、2013年9月25日至2013年12月24日期间疾病救济费3840.31元、2013年4月1日至2013年8月31日病假工资差额1367.53元。

实务要点：劳动者用人单位虽然先后多次变更，但工作场所、工作内容并无变化的，应认定属于“劳动者非因本人原因从原用人单位被安排到新用人单位工作”。劳务派遣方式不应成为工作年限连续计算的阻却因素。

案例索引：上海市第一中级人民法院（2014）沪一中民三（民）终字第1258号“包某与某食品公司劳动合同纠纷案”，见《包利英诉上海申美饮料食品有限公司劳动合同纠纷案》，载《最高人民法院公报·案例》2016年第12期（总第242期）第28页。

最高人民法院2016年公报：精选十大商事案例

◎陈枝辉

本期天同码，精选了2016年第1～12期《最高人民法院公报》中有代表性的典型商事案例10则。

【规则详解】

1. 疑点重重，仍应认定商品房买卖合同而非民间借贷

——对是否构成“名为商品房买卖实为民间借贷”法律关系的判断，应将双方书面合同作为判断逻辑起点和基本依据。

标签：借款合同 | 合同性质 | 交易习惯 | 证明标准

案情简介：2013 年 8 月，洪某与开发公司签订商品房买卖合同，约定洪某分期支付共计 9000 万余元购买开发公司已建成商铺，4 个月后交房。随后，洪某一次性支付上述款项，开发公司开出收据。2014 年，洪某诉请开发公司交房并支付逾期交房违约金 1800 万余元。开发公司主张双方系民间借贷关系，并举出其向洪某转款 736 万元的证据，证明此“私人汇款”系借款高息。

法院认为：（1）一项民事交易特别是类似本案重大交易达成，往往存在复杂背景，并非一蹴而就且一成不变。当事人意思表示此间历经某种变化并最终明确的情况并不鲜见。合同在性质上属原始证据、直接证据，应重视其相对于传来证据、间接证据所具有的较高证明力，并将其作为确定当事人法律关系性质的逻辑起点和基本依据。若要否定书面证据所体现的法律关系，并确定当事人之间存在缺乏以书面证据为载体的其他民事法律关系，须在证据审核方面给予更为审慎的分析研判。（2）根据《最高人民法院关于适用〈中华人民共和国合同法〉若干问题的解释（二）》第 7 条规定，“交易习惯”是指不违反法律、行政法规强制性规定的，在交易行为当地或者某一领域、某一行业通常采用并为交易对方订立合同时所知道或者应当知道的做法，或者当事人双方经常使用的习惯做法。本案不涉及运用交易习惯弥补当事人合同约定不明确、不完整所导致的权利义务确定性不足问题：交付时间上，案涉房产存在违反规划超

建楼层事实，当事人约定迟延4个月交付有其合理性；房屋价格上，从当事人之间密切关系及地方政府出台预售政策情形看,应认定交易价格符合合理区间；付款上，虽约定分期支付，但洪某一次性支付应属合同履行变更;收据问题上，发票系办房地产变更登记过程中所必需，认定先行开具收据违背交易习惯缺乏足够事实和法律依据；关于736万元性质，双方所述均无合同依据且无其他证据佐证，亦不宜据此通过解释和推断得出推翻书面证据所反映当事人法律关系存在的结论。(3)洪某与开发公司签订房屋买卖合同且已备案登记，在实际履行过程中，虽然有些事实可能引发不同认识和判断，但在无任何直接证据证明双方存在民间借贷法律关系，且开发公司对其所主张民间借贷法律关系诸多核心要素陈述并不一致情况下,认定本案系民间借贷性质缺乏充分事实依据。考虑到洪某对其收取736万元款项性质的主张未能提供充分证据，为更好平衡当事人利益，该款可从违约金总额中予以相应扣减。判决开发公司交付洪某商铺并办理产权变更登记，同时支付洪某违约金1100万余元。

实务要点:对是否构成“名为商品房买卖实为民间借贷”法律关系的判断，应将书面合同作为判断的逻辑起点和基本依据。反驳一方所作举证虽构成合理怀疑，但未达到高度可能性之证明标准情况下，不宜简单否定既存外化法律关系对当事人真实意思体现和反映。

案例索引：最高人民法院（2015）民一终字第78号“洪某与某开发公司房屋买卖合同纠纷案”，见《洪秀凤与昆明安钡佳房地产开发有限公司房屋买卖合同纠纷案》(审判长辛正郁，代理审判员潘杰、司伟)，载《最高人民法院公报·裁判文书选登》2016年第1期（总第231期）第35页；另见《如何正确适用证据规则认定当事人之间法律关系的性质——上诉人洪秀凤与被上诉人昆明安钡佳房地产开发有限公司房屋买卖合同纠纷案》(最高人民法院民一庭，司伟)，载《民事审判指导与参考·最高人民法院案件解析》2015年第3辑（总第63辑）第186页。

2. 合建一方为另一方对外借款所出具担保承诺函效力

——合作建设一方为另一方对外借款向债权人所出具担保性质的承诺函，应认定合法有效，在当事人之间具有约束力。

标签：保证 | 保证成立 | 承诺函 | 合作开发

案情简介：2010 年，实业公司与开发公司签订某地块产业项目合作开发合同。2013 年，开发公司向投资公司借款，实业公司向投资公司出具担保承诺函。该承诺函确认案涉地块产业项目除 15000 平方米商铺外的土地使用权、在建工程和房屋所有权及相关一切权益均属开发公司所有，实业公司对开发公司的所有债权劣后于投资公司的债权。2014 年，因开发公司违约，投资公司诉请归还借款本息，并要求确认实业公司承诺函有效，投资公司有权对案涉地块产业项目中全部权益进行处置以清偿债务。

法院认为：（1）实业公司在承诺函中的意思表示清晰明确，该函并未载明开发公司享有权益另附加条件，不存在实业公司答辩所称需符合联合开发的三个条件开发公司才能取得产权、开发公司在该地块中的权利是一种可能性的问题，且实业公司在该承诺函中亦承诺实业公司对开发公司的所有债权劣后于投资公司的债权。（2）从承诺函设置义务内容看，系实业公司对投资公司在委托贷款合同中的债权作出的一种担保性质承诺，虽不具有《物权法》上排他性物权效力，不能对抗第三人，但该承诺不违反法律、法规禁止性规定，应合法有效，在当事人之间具有约束力。故开发公司、实业公司关于开发公司在案涉地块产业项目是否有权益及投资公司是否有权处置并非本案审理范围的主张不能成立，投资公司在本案中主张对开发公司在案涉地块产业项目的全部权益进行处置以清偿本案债务，应予支持。（3）至于开发公司与实业公司在案涉地块产业项目中的权利义务关系，应根据该公司与实业公司之间相关合同另行确定，对投资公司在案涉地块产业项目上的权利并无影响；投资公司如何对开发公司在案涉地块产业项目的全部权益进行处置，非本案解决范畴，处置中与他人争议系另案或执行程序解决问题。故判决开发公司偿还投资公司借款本息，实业公司出具承诺函有效，投资公司有权对开发公司在实业公司案涉地块产业项目中的全部权益进行处置以清偿本案债务。

实务要点：合作建设一方为另一方对外借款向债权人所出具担保性质的承诺函，虽不具有《物权法》上的排他性物权效力，不能对抗第三人，但该承诺不违反法律、法规禁止性规定，应合法有效，在当事人之间具有约束力。

案例索引：最高人民法院（2016）最高法民终 124 号“某投资公司与某开发公司等委托贷款合同纠纷案”，见《北京长富投资基金与武汉中森华世纪房地产开发有限公司等委托贷款合同纠纷案》（审判长黄年，审判员李京平，代理审判员李志刚），载《最高人民法院公报·裁判文书选登》2016 年第 11 期（总第 241 期）第 7 页。

3. 是否在项目公司持股，不影响合作协议中约定权益

——房地产合作开发各方当事人在项目公司中是否具有股东资格，并不影响各自在合作开发合同中依约应享有的权益。

标签：合作开发 | 项目公司 | 产权归属

案情简介：2007 年，工贸公司出地、投资公司出资，双方签订房地产开发合作协议，约定共同设立项目公司，各自持有 23.8%、76.2% 股权并以此分配权益。其后，工贸公司将约定的土地使用权变更至 2006 年成立的置业公司名下。2008 年，投资公司受让工贸公司实际控制人邢某所持置业公司 23.8% 股权。2009 年，投资公司将所持置业公司 76.2% 股权全部转让给他人。因后续股东拒绝投资，合作项目拆迁停止。2010 年，工贸公司诉请解除合作协议，置业公司将名下项目开发权及土地使用权返还变更至工贸公司。投资公司以工贸公司已不享有项目公司股权为由进行抗辩。

法院认为：（1）尽管置业公司作为项目公司系各方当事人均认可的客观事实，但其是否系工贸公司、投资公司依合作协议设立的项目公司，应依《公司法》规定，而不应仅凭当事人自认。置业公司虽承担了项目开发建设职能，但其只是被工贸公司和投资公司为项目合作而借用的一个项目公司，从其成立时间和股东构成亦可进一步证实。故置业公司非系依诉争合作协议约定设立的项目公司。（2）依《公司法》规定，股东资格认定应以工商登记和股东名册进行确认。公司是否形骸化，公司与股东之间是否构成人格混同，应严格依法律关于公司法人终止、股东是否滥用权利、是否混同等因素判定。本案事实不能证明邢某所持置业公司股权系工贸公司在合作协议中的权利。工贸公司未向置业公司缴纳注册资金，其所享23.8%权益系依合作协议对项目利益分配比例，而非置业公司股东权。故工贸公司非置业公司股东，亦无证据证明其委托邢某代为持股。（3）工贸公司已依合作协议将土地变更至置业公司名下，但该义务履行并非是向置业公司出资，不构成置业公司法人财产权。因投资公司未依合作协议履行拆迁、投资等主要义务，且未经工贸公司同意将其所持置业公司股权转让，后续股东不仅未继续投资完成拆迁工作，且拒绝与工贸公司协商，充分表明投资公司不再履行合作协议，从而导致工贸公司合同目的落空，投资公司行为构成根本违约。故判决解除合作协议，置业公司将名下项目开发权及土地使用权返还变更至工贸公司。

实务要点：房地产合作开发各方当事人在项目公司中是否具有股东资格，并不影响各自在合作开发合同中依约应享有的权益。

案例索引：最高人民法院（2015）民提字第64号“某工贸公司与某投资公司等合作开发房地产合同纠纷案”，见《海南海联工贸有限公司与海南天河旅业投资有限公司、三亚天阔置业有限公司等合作开发房地产合同纠纷案》（审判长韩延斌，代理审判员王林清、于蒙），载《最高人民法院公报·裁判文书选登》2016年第1期（总第231期）第19页。

4. 高管签订合同实施诈骗，单位应承担相应民事责任

——行为人以所在单位名义与他人签订经济合同构成诈骗犯罪的，单位应对给他人造成的经济损失承担相应民事责任。

标签：诉讼程序｜刑民交叉｜法院受理

案情简介：2008 年，工业公司委托实业公司进口棕榈油，双方签订代理协议。2010 年，实业公司起诉工业公司要求支付拖欠货款及代理费等共计 3000 万余元，法院以工业公司负责贸易主管人员赵某构成诈骗罪被判处刑罚、刑事判决判令将部分发还并继续追缴犯罪所得、实业公司损失已在刑事案件中得到处理为由，裁定驳回起诉。

法院认为：（1）从本案合同订立过程看，实业公司在合同签订前，对工业公司经营地进行资信考察，工业公司亦向实业公司提供加盖公章的营业执照、组织机构代码证及进出口企业资格证书复印件；在办理进出口许可证时，实业公司申报过程中使用的是工业公司电子密钥向商务部提交文件，并与销售商签订销售合同。在合同履行过程中，工业公司在代理、销售、仓储等合同上加盖该公司合同章，代理进口货物亦已全部进入该公司储油罐，故该外贸代理合同已全部履行完毕。（2）《最高人民法院关于在审理经济纠纷案件中涉及经济犯罪嫌疑若干问题的规定》第 3 条规定：“单位直接负责的主管人员和其他直接责任人员，以该单位的名义对外签订经济合同，将取得的财物部分或全部占为已有构成犯罪的，除依法追究行为人的刑事责任外，该单位对行为人因签订、履行该经济合同造成的后果，依法应当承担民事责任。”实业公司据此并依代理协议提起本案诉讼，符合法律规定，应作为民事案件进行审理。（3）工业公司职员赵某合同诈骗行为，虽已被生效刑事判决予以确认，但该个人犯罪行为与本案代理协议履行无关联，亦不能因此免除工业公司在本案中的民事责任，裁定由原审法院继续审理。

实务要点：行为人以所在单位名义与他人签订经济合同构成诈骗犯罪的，除依法追究行为人刑事责任外，其所在单位亦应对给他人造成的经济损失承担相应民事责任。

案例索引：最高人民法院（2015）民提字第128号“某实业公司与某工业公司进出口代理合同纠纷案”，见《中国远大集团有限责任公司与中国轻工业对外经济技术合作公司进出口代理合同纠纷案》（审判长尹颖舜，代理审判员周其濛、宋冰），载《最高人民法院公报·裁判文书选登》2016年第2期（总第232期）第30页。

5. 第三人承诺非连带责任保证，应认定债务承担情形

——第三人就债务人逾期债务向债权人承诺以其自有房产销售款偿还，债权人可基于该约定要求第三人承担还款责任。

标签：保证 | 保证成立 | 第三人承诺 | 债务加入 | 并存的债务承担

案情简介：2014年，就矿业公司拖欠实业公司股权转让款，开发公司向实业公司出具承诺书，承诺以房产销售款首先按合同约定偿还，并在保证人处盖有公章。

法院认为：（1）开发公司向实业公司所出具承诺书系其真实意思表示，该承诺不违反法律、行政法规禁止性规定，理应依此履行相应义务。（2）实业公司起诉开发公司实质是请求开发公司基于承诺函约定承担相应法律责任，一审法院经审查认定开发公司不构成连带保证责任，但应在其房产销售款中对矿业公司债务承担还款责任，实质上并未加重其民事责任。（3）开发公司房产是否销售，相关部门均有登记，税务部门亦有凭证，不存在不确定性问题，亦不存在无法执行情况，故对一审判决开发公司在其房产销售款中对矿业公司债务承担还款责任予以维持。

实务要点：第三人就债务人逾期债务向债权人承诺以其自有房产销售款偿还，该承诺虽不构成连带责任保证，但债权人可基于该承诺函约定要求第三人承担相应法律责任。

案例索引：最高人民法院（2015）民二终字第236号“某实业公司与某矿业公司等股权转让纠纷案”，见《大宗集团有限公司、宗锡晋与淮北圣火矿业有限公司、淮北圣火房地产开发有限责任公司、涡阳圣火房地产开发有限公司股权转让纠纷案》（审判长贾清林，审判员肖宝英，代理审判员武建华），载《最高人民法院公报·裁判文书选登》2016年第6期（总第236期）第32页。

6. 保证金专用账户金钱质押权，可排除另案债权执行

——银行承兑汇票保证金专用账户交存保证金作为垫付票款担保，银行享有优先受偿权并足以排除另案债权强制执行。

标签：执行 | 保证金 | 执行异议 | 专用账户

案情简介：2011年，建材公司向郑某借款8000万元，同时建材公司与银行签订汇票承兑合同，建材公司依约向设在银行的保证金账户缴存4000万元保证金，银行开具出票人为建材公司、收款人为物资公司、付款人为银行的8000万元承兑汇票，银行在出票同时即通过加盖承兑专用章形式承诺到期承兑。2012年，因建材公司到期未偿还借款4000万元，郑某起诉并申请财产保全，法院裁定冻结建材公司上述账户保证金4000万元。银行提执行异议，请求解除冻结措施，被驳回。2013年，银行另向法院提执行异议之诉。

法院认为：（1）金钱作为一种特殊动产，具备一定形式要件后，可用于质押。银行与建材公司所签汇票承兑合同具备质押合同一般要件，符合《最高人民法院关于适用〈中华人民共和国担保法〉若干问题的解释》第85条规定关于金钱质押的规定。（2）案涉资金已通过存入保证金专用账户形式予以特定化。

保证金特定化实质意义在于使特定数额金钱从出质人财产中划分出来，成为一种独立存在，使其不与出质人其他财产相混同。同时，使转移占有后的金钱亦能独立于质权人财产，避免特定数额金钱因占有即所有的特征混同于质权人和出质人一般财产中。具体到保证金账户特定化，即要求该账户区别于出质人的一般结算账户，使该账户资金独立于出质人的其他财产。本案中，双方当事人依约开立了保证金专用账户，用途均与保证金有关，不同于建材公司在银行开立的一般结算账户。建材公司依约定额度比例向该账户缴存保证金，银行向建材公司出具了《保证金冻结通知书》，对保证金账户进行了冻结。故本案符合金钱以保证金形式特定化的要求。银行能对案涉保证金专用账户进行实际控制和管理，实现了移交占有，故应认定本案金钱质押已设立，银行对案涉保证金享有质权。（3）银行在履行案涉承兑汇票付款义务后，对建材公司享有垫款之债权，亦即汇票承兑合同约定的担保之债已发生，为实现该债权，银行有权就保证金主张优先受偿并足以排除郑某与建材公司借款案的强制执行，故裁定案涉保证金 4000 万元不得执行，银行对该保证金享有质权，并可优先受偿。

实务要点：承兑汇票出票人向银行承兑汇票保证金专用账户交存保证金作为承兑汇票业务担保，该行为性质属于设立金钱质押，银行享有优先受偿权并足以排除另案债权强制执行。

案例索引：最高人民法院（2015）民提字第 175 号“某银行与某建材公司等执行异议案”，见《大连银行股份有限公司沈阳分行与抚顺市艳丰建材有限公司、郑克旭案外人执行异议之诉案》（审判长王涛，代理审判员梅芳、杨卓），载《最高人民法院公报·裁判文书选登》2016 年第 10 期（总第 240 期）第 18 页。

7.“未进场则视为放弃优先购买权”交易规则应无效

——享有优先购买权股东未明示放弃情况下，产权交易所自行制定的“未进场则视为放弃优先购买权”交易规则无效。

标签：股权转让 | 优先购买权 | 视为放弃 | 交易规则

案情简介：2012年，电力公司将所持能源公司61.8%国有股权在交易所挂牌交易，持有能源公司38.2%股权的实业公司向交易所提出异议，要求行使优先购买权。交易所以其自行制定的“未进场则视为放弃优先购买权”规则，径行促成电力公司与水利公司的产权交易合同。

法院认为：（1）考虑到有限公司人合性特征，我国《公司法》等相关法律法规规定了股东向股东以外的人转让股权的，应向其他股东充分履行通知义务。其他股东在同等条件下享有优先购买权。此处所涉通知内容，应包括拟转让股权数量、价格、履行方式、拟受让人有关情况等多项主要转让条件。结合本案，首先，在电力公司于能源公司股东会议中表示了股权受让意愿后，实业公司已明确表示不放弃优先购买权。其次，电力公司确定将股权转让给水利公司后，亦并未将明确的拟受让人情况告知实业公司。故对于实业公司及时、合法行权造成障碍。而权利放弃需明示，故不能当然认定实业公司已放弃或丧失优先购买权。（2）实业公司在交易所挂牌公告期内向交易所提出异议，并明确提出了股东优先购买权问题，要求暂停挂牌交易。但交易所未予及时反馈，而仍促成电力公司与水利公司达成交易，并在交易完成之后，方通知实业公司不予暂停交易，该做法明显欠妥。需说明的是，交易所性质为经市政府批准设立，不以盈利为目的，仅为产权交易提供场所设施和市场服务，并按规定收取服务费的事业法人。基于此，交易所并非司法机构，并不具有处置法律纠纷职能，其无权对于实业公司是否享有优先购买权等作出法律意义上认定。故当实业公司作为能源公司股东在挂牌公告期内向交易所提出异议时，交易所即应暂停挂牌交易，待能源公司股东之间纠纷依法解决后方恢复交易才更为合理、妥当。故其不应擅自判断标的公司其余股东提出异议成立与否，其设定的交易规则亦不应与法律规定相矛盾和冲突。判决实业公司对电力公司与水利公司转让的股权享有优先购买权并应在20日内行使，逾期视为放弃，实业公司优先购买权行使内容、条件，与电力公司和水利公司所签产权交易合同相同。

实务要点：享有优先购买权的股东未明示放弃情况下，产权交易所不能根据自行制定的“未进场则视为放弃优先购买权”交易规则，得出其优先购买权已丧失结论。

案例索引：上海市第二中级人民法院（2014）沪二中民四（商）终字第1566号“某实业公司与某电力公司等股权转让纠纷案”，见《中静实业（集团）有限公司诉上海电力实业有限公司等股权转让纠纷案》，载《最高人民法院公报·案例》2016年第5期（总第235期）第44页。

8. 一人公司股东个人财产与公司财产是否混同的审查

——债权人诉请一人公司股东对公司债务承担连带清偿责任，股东应就其个人财产与公司财产是否混同承担举证责任。

标签：公司人格否认 | 一人公司 | 财产混同

案情简介：2012年，应某与陈某独资经营的商贸公司签订投资合同，约定应某投资200万余元取得51%股权，同时，约定相关品牌、陈某控股的礼品公司业务划转等事宜，特别约定：签约后三个月内，若应某对商贸公司财务和经营报表有不同意见，且双方无法协调取得共识时，应某有权撤销投资合同，商贸公司同意无条件返还应某的投资资金，并终止此合同。期间，应某以财务报表不实、构成违约为由，通知商贸公司终止投资合同，并要求退还全部投资款。陈某返还40万元后，称其余投资款只能折返商贸公司5%股权及已购礼品公司货物。应某诉请陈某与商贸公司连带返还剩余160万余元投资款及利息。

法院认为：（1）本案应某诉请商贸公司返还全额投资款符合双方合同约定，在应某通知解除投资合同后，商贸公司对应全额返还投资款亦未提出异议，至于投资款是否已用于经营及商贸公司是否无力还款事实并不能改变双方合同约定，亦不能据此免除商贸公司还款义务。（2）《公司法》第63条规定，一人有限责任公司的股东不能证明公司财产独立于股东自己的财产的，应当对公司债务承担连带责任。上述法律规定要求一人有限责任公司股东将公司财产与个人财务严格分离，且股东应就其个人财产是否与公司财产相分离负举证责任。本案中，陈某提供了商贸公司相关审计报告，可反映商贸公司有独立完整的财务制度，相关财务报表亦符合会计准则及国家外汇管理的规定，且未见有公司财产与股东个人财产混同迹象，可基本反映商贸公司财产与陈某个人财产相分离事实。（3）《公司法》第63条规定旨在限制一人有限责任公司股东采用将公司财产与个人财产混同等手段，逃避债务，损害公司债权人利益，故股东对公司债务承担连带清偿责任前提是该股东个人财产与公司财产出现了混同。本案中，商贸公司收到应某投资款后，虽有部分用于支付礼品公司员工工资及货款等费用，但依双方投资合同约定，应某投资后，礼品公司业务将全部转入商贸公司，故礼品公司业务支出与应某投资项目直接有关；这些费用支出均用于礼品公司业务支出，并无款项转入陈某个人账户记录，不能反映商贸公司财产与陈某个人财产有混同迹象，判决商贸公司返还应某投资款160万余元并赔偿相应逾期返还利息损失。

实务要点：一人公司财产与股东个人财产是否混同，应综合审查并考量公司是否建立了独立规范的财务制度、财务支付是否明晰、是否有独立的经营场所等。

案例索引：上海市第一中级人民法院2014年10月27日判决“应某与某商贸公司等合同纠纷案”，见《应高峰诉嘉美德（上海）商贸有限公司、陈惠美其他合同纠纷案》，载《最高人民法院公报·案例》2016年第10期（总第240期）第41页。

9. 信托财产上存在权利负担，并不因此影响信托效力

——信托财产上存在权利负担或他人就该财产享有购买权益，并不因此影

响信托财产的确定，亦不因此影响信托效力。

标签：信托 | 信托财产 | 信托财产的确定 | 权利负担

案情简介：（1）2010 年，石化公司借壳上市，基金公司参与重组过程中，通过上市公司实业公司定向增发获得股票。期间，实业公司与基金公司签订业绩补偿协议，约定实业公司一定业绩条件下对基金公司所持股票的回购权。（2）2012 年，基金公司与信托公司签订股票权益转让协议，信托公司据此购买基金公司所持石化公司股票收益权，同时签署股票质押合同。随后，信托公司与投资公司签订信托合同，投资公司据此出资 1 亿余元认购信托公司发行、基金公司所持石化公司股票收益权。（3）信托合同签订后，股票价格下跌。2014 年，投资公司最终作为资产清算次劣级投资者，受偿率为零。（4）2015 年，投资公司以基金公司转让股票权益时隐瞒标的股票上附有第三人权利的真相、信托公司未充分尽职调查发现股票存在“所有权”不确定情况等理由，诉请确认信托无效。

法院认为：（1）投资公司提出案涉股票“所有权”不确定进而股票收益权亦不确定主张，实质是认为实业公司对案涉股票回购权益将使基金公司无法拥有股票“所有权”进而信托公司无法享有股票收益权。（2）信托公司从基金公司取得案涉股票收益权前，基金公司在与实业公司所签业绩补偿协议中承诺回购条款。在上述股票收益权转让给信托公司后，前述承诺回购情形一旦发生，实业公司回购权益即需与信托公司收益权进行协调，该股票权益协调问题与股票收益权确定与否问题，属不同法律问题，二者并无法律上关联。权益协调并不当然导致信托公司丧失其所取得股票收益权。本案中，信托公司未保障股票收益权实现已取得该股票质押权，故在案涉股票上，信托公司权利优先于实业公司，且本案中，实业公司亦未回购案涉股票，故案涉股票并未因实业公司回购而使信托公司无法拥有股票收益权。（3）投资公司认可实业公司对案涉股票享有回购权益属公开披露事实，故即使基金公司与信托公司所签转让协议中未专门披露上述事实，亦不构成恶意串通隐瞒，且实业公司对案涉股票回购权益事实上未影响信托公司实际取得案涉股票收益权或处置股票，故投资公司以信托公司、基金公司恶意串通，以及信托财产上存在权利负担为由主张信托无效，不能成立。

实务要点：信托财产上存在权利负担或他人就该财产享有购买权益，与信托财产的确定属不同的法律问题，亦不因此影响信托效力。

案例索引：最高人民法院（2016）最高法民终第19号“某投资公司与某信托公司等信托合同纠纷案”，见《世欣荣和投资管理股份有限公司与长安国际信托股份有限公司等信托合同纠纷案》（审判长刘崇理，代理审判员李玉林、杜军），载《最高人民法院公报·裁判文书选登》2016年第12期（总第242期）第14页。

10. 持有提单是否取得物权及其类型，取决于合同约定

——提单具有债权与所有权凭证的双重属性。持有提单是否取得物权及取得何种物权，取决于其所依据合同如何约定。

标签：信用证 | 提单 | 担保物权 | 合同解释

案情简介:（1）2011年，银行与能源公司签订包括开立承兑远期信用证5.5亿元的《贸易融资额度合同》。附件《关于开立信用证的特别约定》：“能源公司违约或发生可能危及银行债权情形之一的，银行有权：①处分信用证项下单据及/或货物；②行使担保权利；③要求能源公司追加保证金或银行认可的其他担保。”（2）2012年，能源公司向银行申请开立8592万元远期信用证；同时，电力公司签订《最高额保证合同》；能源公司与银行签订《保证金质押合同》，并向银行出具《信托收据》；银行开立跟单信用证后，能源公司进口16万余吨煤炭；随后，银行对该信用证承兑，向能源公司放款8400万余元。《信托收据》约定：“一旦银行向能源公司交付或同意能源公司使用信用证项下的提单或货物，自该收据出具之日起，银行即取得上述信用证项下所涉单据和货物的所有

权，双方确立信托法律关系：银行作为委托人、受益人，能源公司作为受托人，有权处理信托财产。”（3）2013年，因能源公司涉及另案仓储纠纷，信用证项下提单对应煤炭被法院财产保全而查封，银行提出财产异议及执行异议。能源公司到期未清偿信用证垫付款，银行亦无法提货变现，遂诉请能源公司偿还信用证垫付款8400万余元及利息，电力公司承担连带责任，确认其对案涉提单项下货物享有所有权及优先受偿权。

法院认为：（1）依《海商法》规定，提单既是证明运输合同成立证据，亦系承运人保证交付货物单证；提单持有人可据此请求承运人交付货物，故提单是债权凭证；同时，提单是据以向承运人提取货物唯一凭证，从此意义上说，提单亦系所有权凭证。故提单具有债权与所有权凭证的双重属性。（2）虽然提单交付可与提单项下货物交付一样产生提单项下货物物权变动的法律效果，但提单持有人是否因受领提单交付而取得物权及取得何种类型物权，均取决于其所依据合同如何约定。本案银行持有提单，但银行与能源公司未约定若能源公司不能付款赎单，银行即对货物享有所有权；银行未将提单或货物交付能源公司，故依《信托收据》约定，能源公司未让与提单项下货物所有权。银行所称“以其享有所有权的货物处置价款优先清偿信用证垫款”，该“让与动产所有权担保”非法定担保物权类型，不产生物权效力。（3）依《物权法》第224条关于设立权利质押规定，需具备书面合同、交付提单两条件。《信托收据》虽有担保还款意思表示，但该担保系以让与提单项下货物所有权来实现，明显区别于动产质押或权利质押，不应作为设立提单权利质押合同依据。《开立信用证的特别约定》中“能源公司违约……银行有权：①处分信用证项下单据及/或货物；②行使担保权利”，依据合同解释原则，应指：银行设定提单权利质押、行使提单或提单项下担保物权。判决能源公司偿还银行垫付款本息，电力公司承担连带清偿责任，银行对案涉信用证项下提单对应的货物处置所得价款享有优先受偿权。

实务要点：提单具有债权与所有权凭证的双重属性。提单持有人是否因受领提单交付而取得物权及取得何种类型物权，均取决于其所依据合同如何约定。

案例索引：最高人民法院（2015）民提字第126号"某银行与某能源公司等信用证开证纠纷案"，见《中国建设银行股份有限公司广州荔湾支行与广东蓝粤能源发展有限公司等信用证开证纠纷案》（审判长刘贵祥，审判员刘敏、高晓力），载《最高人民法院公报·裁判文书选登》2016年第5期（总第235期）第31页。

附（其他16则公报商事案例裁判规则）：

1. 教育用地与设施，在不影响使用前提下，亦可查封

——豁免执行须有法律法规明确规定。在不影响民办学校教育功能发挥前提下，应允许对教育用地与设施的执行查封。

索引：1.1（201610/240:30）[①]。

2. 以交纳保险费作为保险合同生效条件的，约定有效

——财产保险合同明确约定以交纳保险费为合同生效要件的，则保险人对交纳保险费前所发生的损失不承担赔偿责任。

索引：1.1（201607/237:20）。

3. 股权转让不导致矿业权主体变更的，无需办理审批

——矿业权与股权系两种不同民事权利，如仅转让公司股权而不导致矿业权主体变更的，不属矿业权转让，无需审批。

索引：1.1（201606/236:32）。

4. 早期民间借贷利息和违约金过高，亦可按24%调整

——民间借贷司法解释施行前的逾期利息和违约金等明显过高的，可参照

---

① 本文索引中1.1指《最高人民法院公报》，201610/240:30指2016年第10期（总第240期）第30页，下同。

该司法解释确定的年利率 24% 上限进行调整。

索引：1.1（201611/241:7）。

5. 停窝工及材料价差损失，承包人不享有优先受偿权

——因发包人违约导致承包人的停窝工损失和材料价差损失，均不属承包人建设工程价款优先受偿权的权利行使范围。

索引：1.1（201502/62:164）。

6. 施工合同解除，工程量减少，管理费并不必然增加

——建设工程施工合同合意解除情况下，合同通用条款关于合同履行完毕后浮动管理费的约定应视为前提条件未满足。

索引：1.1（201502/62:164）。

7. 分包合同终止后，分包人一般应向项目原业主索赔

——因发包方投资经营权被收回导致分包施工合同终止的，基于合同相对性原则，分包人只能向发包人请求赔偿损失。

索引：1.1（201502/62:164）。

8. 出租消防不合格房屋导致火灾，出租人应过错赔偿

——出租人将不符合消防安全的房屋出租给承租人用于生产易燃产品，由此导致火灾的，应承担相应的过错赔偿责任。

索引：1.1（201603/233:42）。

9. 事后投反对票股东，有权请求公司回购其股权情形

——非因自身过错未能参加股东会并对公司转让主要财产决议投反对票的股东，有权请求公司以公平价格回购其股权。

索引：1.1（201601/231:43）。

10. 委托贷款合同中，委托人介入权约定赋权条款情形

——借款人在知晓银行与委托人之间代理关系情况下，嗣后不得以委托贷款合同中委托人赋权条款对抗委托人介入权。

索引：1.1（201611/241:7）。

11. 委托人未行使介入权的，隐名代理人仍系合同主体

——受托人以自己名义与第三人签约，在无证据表明委托人行使介入权情况下，受托人仍得以自己名义主张合同权利。

索引：1.1（201601/231:46）。

12. 委托贷款合同，银行不担风险，实质民间借贷情形

——借款人通过银行向委托人借款，委托贷款合同约定银行不承担信用风险的，实质是委托人与借款人之间民间借贷。

索引：1.1（201611/241:7）。

13. 合同一方当事人涉嫌犯罪，不必然影响合同有效性

——在合同约定内容本身不属于无效事由的情况下，合同中一方当事人实施犯罪或涉嫌犯罪的行为不影响合同有效性。

索引：1.1（201601/231:46）。

14. 迟延履行期间，国家政策变化，不应构成情势变更

——迟延履行生效合同约定义务的一方当事人，以迟延履行期间国家政策变化为由主张情势变更的，法院应不予支持。

索引：1.1（201606/236:32）。

15. 虽除权判决，合法持票人仍可请求不当申请人赔偿

——票据经公示催告程序被法院作出除权判决后，最后的合法持票人可请求公示催告的不当申请人承担损害赔偿责任。

索引：1.1（201606/236:42）。

16. 执行事务合伙人怠于行权时，有限合伙人可以起诉

——有限合伙企业执行事务合伙人怠于行使权利时，有限合伙人可督促其行使权利或为了本企业利益以自己名义起诉。

索引：1.1（201612/242:14）

一方当事人犯罪，合同是否有效

◎陈枝辉

本期天同码，主题案例来源于2016年第1期《最高人民法院公报》。该案属于司法实践中经常出现的“刑民交叉”案件。本案的处理进一步厘清了相关类案裁判规则。

【主题案例】

1. 合同一方当事人涉嫌犯罪，不必然影响合同有效性

——在合同约定内容本身不属于无效事由的情况下，合同中一方当事人实施犯罪或涉嫌犯罪的行为不影响合同有效性。

标签：合同效力 | 刑民交叉 | 贸易合同

案情简介：2011 年，李某通过实业公司向贸易公司购买钢材，并指定贸易公司向钢贸公司购货，李某行贿钢贸公司经理 1.3 万元，使钢贸公司向李某控制的钢铁公司购货，并伪造贸易公司公章签订担保合同，骗取贸易公司购货款 1300 万余元。2012 年，法院以合同诈骗罪判处李某无期徒刑。随后，实业公司以其未收到货物起诉钢贸公司返还货款本息。钢贸公司主张本案购销合同系李某实施合同诈骗的手段，系以合法形式掩盖非法目的的合同，故应认定无效。

法院认为：（1）判定合同效力时，不能仅因一方当事人实施了涉嫌犯罪行为，而当然认定合同无效。此时，仍应根据《合同法》等法律、行政法规规定对合同效力进行审查判断，以保护合同中无过错一方当事人合法权益，维护交易安全和交易秩序。在合同约定本身不属于无效事由情况下，合同中一方当事人实施涉嫌犯罪行为并不影响合同有效性。（2）本案中，无证据证明贸易公司明知或参与李某实施的犯罪行为，故案涉购销合同效力不受李某犯罪行为影响。本案购销合同系双方当事人真实意思表示，不违反法律、行政法规强制性规定，合法有效。在符合法定解除条件情况下，贸易公司有权解除购销合同，并要求钢贸公司返还货款。

实务要点：在合同约定内容本身不属于无效事由的情况下，合同中一方当事人实施犯罪或涉嫌犯罪的行为不影响合同有效性。

案例索引：最高人民法院（2015）民申字第 956 号“某钢贸公司与某贸易

公司买卖合同纠纷案”，见《上海闽路润贸易有限公司与上海钢翼贸易有限公司买卖合同纠纷案》（审判长王富博，审判员朱海年，代理审判员林海权），载《最高人民法院公报·裁判文书选登》2016 年第 1 期（总第 231 期）第 46 页。

【同类指导案例】

2. 借款人是否骗保，不影响贷款合同和担保合同效力

——借款人在取得担保时是否存在诈骗行为，不影响贷款合同的效力，亦不影响贷款人与担保人之间担保合同的效力。

标签：借款合同 | 刑民交叉 | 保证 | 恶意骗保

案情简介：2003 年，实业公司为通信公司向银行贷款提供担保。2004 年，银行起诉时，实业公司以通信公司虚构会计报告、虚列应收账款、虚增固定资产骗取银行和实业公司信任为由报案，公安机关同时向法院发送已刑事立案请求中止审理的函。

法院认为：通信公司在取得实业公司为其出具的担保时是否存在诈骗行为，不影响通信公司与银行之间贷款合同的效力，亦不影响实业公司与银行担保合同的效力。故公安机关对通信公司的刑事侦查结果不影响本案所涉借款担保纠纷案件的处理结果，本案不存在中止审理的具体情形。

实务要点：借款人在取得担保人出具的担保时是否存在诈骗行为，不影响贷款合同的效力，亦不影响贷款人与担保人之间担保合同的效力。

案例索引：最高人民法院（2005）民二终字第 57 号“某银行与某通信公司等借款担保合同纠纷案”，见《借款人在取得担保人出具的担保时是否存在诈骗行为，不影响贷款合同的效力，也不影响贷款人与担保人之间担保合同的效力——长丰通信集团股份有限公司与招商银行股份有限公司成都营门口支

行、重庆太极实业（集团）股份有限公司借款合同纠纷案》（审判长徐瑞柏，代理审判员王涛、雷继平），载《最高人民法院商事审判指导案例·借款担保卷（下）》2011年版第961页。

3. 高管以单位名义贷款构成诈骗不免除单位民事责任

——单位直接负责的主管人员以单位名义对外质押贷款，将贷款占为己有构成犯罪的，不免除单位应承担的民事责任。

标签：借款合同｜刑民交叉｜质押｜公司高管｜诈骗

案情简介：1995年6月，银行以其存于信用社的款项1500万元为医疗公司向信用社等值贷款提供质押并办理登记。2000年，医疗公司总经理邹某被法院以诈骗罪判处有期徒刑十年。

法院认为：（1）案涉贷款合同和质押合同合法有效。出质人银行将存单质押后，在主债务人医疗公司未偿还信用社贷款情况下，无权要求质权人信用社兑付存单。（2）虽然医疗公司总经理邹某因诈骗罪被判刑，但本案审理的双方当事人之间的纠纷与邹某诈骗案件属于两个不同性质的案件。根据《最高人民法院关于在审理经济纠纷案件中涉及经济犯罪嫌疑若干问题的规定》第3条“单位直接负责的主管人员和其他直接责任人员，以该单位的名义对外签订经济合同，将取得的财物部分或全部占为己有构成犯罪的，除依法追究行为人的刑事责任外，该单位对行为人因签订、履行该经济合同造成的后果，依法应当承担民事责任”规定，邹某因诈骗罪被追究刑事责任，不能免除医疗公司依法所应承担的民事责任。本案仍应按银行、信用社和医疗公司之间形成的民事法律关系进行处理。

实务要点：单位直接负责的主管人员以单位名义对外签订借款合同，将取得的贷款占为己有构成犯罪的，不免除单位应承担的民事责任。

案例索引：最高人民法院（2005）民二终字第242号“某银行与某医疗公司等存单纠纷案”，见《〈最高人民法院关于在审理经济犯罪（编者注：此处“犯罪”应为“纠纷”）案件中涉及经济犯罪嫌疑若干问题的规定〉第三条在实际当中的应用——中国工商银行股份有限公司三峡夷陵支行与宜昌市商业银行股份有限公司、武汉迅康呼叫医生有限公司存单兑付纠纷案》（审判长付金联，审判员张树明，代理审判员李京平），载《最高人民法院商事审判指导案例（4）·金融卷》2011年版第255页。

4. 同业拆借构成犯罪，不影响金融机构民事责任承担

——金融机构名为资金拆借实为挪用公款，金融机构负责人及实际用资人涉嫌刑事犯罪的，不影响金融机构责任承担。

标签：借款合同｜刑民交叉｜同业拆借｜挪用公款｜过错责任

案情简介：1997年，经季某与银行负责人张某、信用社负责人崔某谋划，由银行与信用社签订同业拆借2000万元的合同。拆借资金汇至季某在银行所设账户后，季某取走并分别向张某行贿100万元、支付信用社高息93万余元。1999年，信用社以同业拆借合同为名，诉请银行偿还欠款。2001年，刑事判决认定张某、崔某、季某涉嫌挪用公款等经济犯罪并分别判处死缓及十年以上不等刑罚。

法院认为：（1）生效刑事判决虽认定挪用公款的刑事犯罪行为，但张某、崔某分别是以双方单位名义签订资金拆借合同，并加盖了双方单位公章，双方当事人对涉案款项流失均有过错。（2）根据《最高人民法院关于在审理经济纠纷案件中涉及经济犯罪嫌疑若干问题的规定》第1条、第3条规定，“同一公民、法人或其他经济组织因不同的法律事实，分别涉及经济纠纷和经济犯罪嫌疑的，经济纠纷案件和经济犯罪嫌疑案件应当分开审理”；“单位直接负责的主

管人员和其他直接责任人员，以该单位的名义对外签订经济合同，将取得的财物部分或全部占为己有构成犯罪的，除依法追究行为人的刑事责任外，该单位对行为人因签订、履行该经济合同造成的后果，依法应当承担民事责任。”据此，双方当事人均应承担与其过错大小相应的民事责任。本案属民事纠纷案件，属于法院受理民事诉讼范围，应依法进行实体审理。（3）案涉资金拆借合同形式合法，实质内容非法，对该合同无效后果，银行过错大于信用社，故判决银行对拆借合同造成损失 2000 万元承担 1600 万元的赔偿责任。

实务要点：金融机构之间名为资金拆借，实为挪用公款给私人使用，金融机构负责人及实际用资人涉嫌刑事犯罪的，不影响金融机构作为无效合同主体就拆借资金损失在各自过错范围内承担相应赔偿责任。

案例索引：陕西省高级人民法院（2004）陕民再字第 2 号“某信用社与某银行同业拆借合同纠纷案”，见《西安市未央区农村信用社与中国农业银行西安市昆明路支行同业拆借合同纠纷再审案》（审判长王晓刚，审判员靳新建、肖宏果），载《审判监督指导 · 裁判文书选登》2007 年第 1 辑（总第 21 辑）第 180 页。

5. 民间借贷不因涉嫌非法吸收公众存款罪影响其效力

——民间借贷涉嫌或构成非法吸收公众存款罪，当事人可能被追究刑事责任的，并不当然影响到民间借贷合同的效力。

标签：借款合同 | 刑民交叉 | 保证 | 非法吸收公众存款 | 民间借贷

案情简介：2008 年，开发公司为陈某向吴某借款 200 万元提供连带责任保证。2009 年，吴某诉请偿还。开发公司以陈某涉嫌非法吸收公众存款罪被公安机关立案侦查为由，主张本案应中止审理，如确定构成犯罪，其应免除担保责任。

法院认为：（1）本案陈某涉嫌非法吸收公众存款罪，涉嫌犯罪的当事人单个借贷行为不构成犯罪，只有达到一定量后才发生质变，构成犯罪，即犯罪行为与合同行为不重合，故其民事行为应为有效。鉴于此，法院受理、审理可以“刑民并行”。同时，合同效力的认定应尊重当事人的意思自治原则，只要订立合同时各方意思表示真实，又没有违反法律、行政法规的强制性规定，就应确认合同有效。（2）《最高人民法院关于适用〈中华人民共和国合同法〉若干问题的解释（二）》第14条对《合同法》第52条第（5）项规定的“强制性规定”解释为效力性强制性规定。本案陈某触犯刑律的犯罪行为，并不必然导致借款合同无效。因借款合同订立未违反法律、行政法规的效力性强制性规定，效力上采取从宽认定，系该司法解释本意，亦可在最大程度上尊重当事人意思自治，故判决陈某偿还吴某200万元，开发公司承担连带清偿责任。

实务要点：民间借贷涉嫌或构成非法吸收公众存款罪，合同一方当事人可能被追究刑事责任的，并不当然影响民间借贷合同及相对应的担保合同效力。如民间借贷案件审理并不必须以刑事案件审理结果为依据，则民间借贷纠纷案件无须中止审理。

案例索引：浙江省湖州市中级人民法院2010年8月2日判决“吴某与陈某等借贷、担保合同纠纷案”，见《吴国军诉陈晓富、王克祥及德清县中建房地产开发有限公司民间借贷、担保合同纠纷案》，载《最高人民法院公报·案例》2011年第11期（总第186期）第45页。

6. 法定代表人私刻公章骗贷，所签合同应认定为无效

——如合同系以合法形式掩盖非法目的，则合同依法应为无效，在此情况下不应适用《合同法》关于表见代理的规定。

标签：借款合同｜刑民交叉｜法定代表人｜表见代理｜以合法形式掩盖非法目的

案情简介：2003年，主持机场公司日常工作的法定代表人、董事崔某使用私刻的公章与银行签订3亿元的授信合同，先后贷款2.25亿元，全部转入张某控制的公司。2005年2月，张某、崔某被逮捕。2007年，张某以犯贷款诈骗、合同诈骗罪被判处无期徒刑，崔某以犯贷款诈骗罪被判处有期徒刑六年。2005年1月，银行起诉机场公司要求偿还贷款本金2.25亿元，利息及罚息2.1亿余元。机场公司认为系个人犯罪行为导致，银行存在过错，贷款损失不应由机场公司承担。

法院认为：（1）本案所涉贷款系崔某等人伪造文件，虚构贷款用途，通过私刻公章的方式，以机场公司的名义与银行签订借款合同诈骗而来。所骗款项全部由张某控制的公司非法占有，张某、崔某等正在接受国家司法机关的刑事追究。崔某等人的真实目的是骗取银行信贷资产，签订本案所涉基本授信合同及相关贷款合同只是诈骗银行信贷资产的形式和手段。上述行为符合《合同法》第52条第（3）项规定的以合法形式掩盖非法目的导致合同无效情形。（2）表见代理是行为人没有代理权、超越代理权或者代理权终止后继续以代理人名义订立合同，而善意相对人客观上有充分的理由相信行为人具有代理权，则该代理行为有效，被代理人应按合同约定承担其与相对人之间的民事责任。但是，在相对方有过错的场合，不论该种过错是故意还是过失，均无表见代理适用之余地。因本案基本授信合同及相关贷款合同，均为以合法的形式掩盖非法目的的无效合同，且银行在本案所涉贷款过程中具有过错，故本案不适用《合同法》关于表见代理的规定，机场公司和银行应根据各自的过错程度承担相应的民事责任。

实务要点：表见代理是指行为人没有代理权、超越代理权或者代理权终止后仍以代理人名义订立合同，而善意相对人客观上有充分的理由相信行为人具有代理权的，该代理行为有效，被代理人应按照合同约定承担其与相对人之间的民事责任。但如果合同系以合法形式掩盖非法目的，依法为无效合同的，在此情况下不应适用《合同法》关于表见代理的规定。

案例索引：最高人民法院（2008）民二终字第124号“某银行与某机场公司借款合同纠纷案”，判决确认案涉授信合同、贷款合同全部无效，机场公司赔偿银行贷款损失1.9亿余元本息。见《兴业银行广州分行与深圳市机场股份有限公司借款合同纠纷案》（审判长张树明，代理审判员沙玲、周伦军），载《最高人民法院公报·裁判文书选登》2009年第11期（总第174期）第30页。

7. 借款人法定代表人涉嫌犯罪不影响借款担保案审理

——借款人的法定代表人因涉嫌犯罪被追究刑事责任，并不因此影响借款人承担民事责任，亦不需中止民事诉讼程序。

标签：法定代表人｜保证｜诉讼程序｜借款合同｜刑民交叉｜一事不再理

案情简介：2003年，银行诉请酒店对制衣公司所欠借款、信用证垫款承担连带保证责任。公安局认为制衣公司法定代表人杨某采用虚构事实和隐瞒事实真相方法，在无真实货物贸易背景情况下，签订虚假贸易合同，骗取银行信用证款项，涉嫌信用证诈骗罪。受案广州市中级人民法院遂将该案移送公安局。2006年，银行又向广东省高级人民法院起诉，经公安局函复刑事案件仍在侦查中，广东省高级人民法院遂裁定驳回银行起诉。银行不服，向最高人民法院上诉。

法院认为：（1）本案借款人制衣公司、保证人酒店未按还款协议履行，虽然银行曾以相同诉讼标的、相同理由、相同被告在广州市中级人民法院提起过诉讼，广州市中级人民法院经审查认为有经济犯罪嫌疑，已将案件全案移送给公安机关侦查，但广州市中级人民法院并未对当事人之间发生争议的民事纠纷进行实体审理和判决。本案系平等主体之间因财产关系发生纠纷而引起的民事案件，且未经法院实体审理和判决，属于法院受理民事诉讼范围，银行起诉符合《民事诉讼法》规定的受理条件，法院应予受理。（2）制衣公司法定代表人杨某涉嫌信用证诈骗被追究刑事责任并不影响制衣公司承担民事责任。本案所涉合同是否有效，银行、酒店是否应承担民事责任及承担民事责任份额等，应通过实体审理才能依法决定。如本案在审理过程中须以刑事案件审理结果为依据，亦可中止本案诉讼，据此，银行关于本案属于法院受案范围，其起诉应予受理的主张，应予支持。

实务要点：借款人的法定代表人涉嫌犯罪被追究刑事责任并不影响借款人承担民事责任，不需中止诉讼程序。

案例索引：最高人民法院（2006）民二终字第105号“某银行与某制衣公司等借款担保合同纠纷案”，见《借款人的法定代表人涉嫌犯罪被追究刑事责任并不影响借款人承担民事责任，不需中止诉讼程序——中国民生银行股份有限公司广州分行与广州百丰织袜制衣有限公司、广州市肇庆大酒店借款、担保合同纠纷案》（审判长付金联，审判员张树明，代理审判员王涛），载《最高人民法院商事审判指导案例·借款担保卷（下）》2011年版第836页。

8. 法定代表人涉嫌合同诈骗不影响单位所签合同效力

——公司法定代表人虽因涉嫌合同诈骗犯罪被公安机关立案侦查，但不影响该公司已签订并履行的合同民事责任承担。

标签：法定代表人 | 刑民交叉 | 法定代表人合同诈骗

案情简介：2008年，实业公司与贸易公司签订代理进口协议。贸易公司代理进口后将货物卸载在中转油库，因实业公司取货后未偿还贸易公司垫付货款致诉。诉讼中，实业公司以其法定代表人魏某涉嫌合同诈骗罪被公安机关立案侦查为由，申请本案终止审理。

法院认为：（1）案涉合同签订时，魏某系实业公司法定代表人。因贸易公司对外代理业务真实，货物进口后卸载在国内中转油库，且将货权移交给实业公司，双方之间的合同真实有效并已部分履行，实业公司应向贸易公司支付货款及委托代理形成的费用。（2）魏某个人行为是否涉嫌犯罪与实业公司应否承担本案民事责任无关，本案诉讼不受侦查魏某个人犯罪程序的影响，故实业公司关于终止诉讼的请求不予支持。

实务要点：公司法定代表人因涉嫌合同诈骗犯罪被立案侦查，不影响该公司已签订并履行的合同民事责任承担。

案例索引：最高人民法院（2012）民提字第64号“某实业公司与某贸易公司等进出口代理合同纠纷案”，见《违约金约定偏高的，调整应当依照法定程序——北京安捷联科技发展有限公司、北京晓松房地产开发有限公司与中外运国际贸易公司进出口代理合同纠纷案》（审判长王东敏，审判员刘崇理，代理审判员曾宏伟），载《最高人民法院商事审判指导案例（2012）·合同与借贷担保》2013年版第188页。

9. 银行职员犯罪，不影响存款人与银行之间存款关系

——无证据证明存款人参与银行原负责人犯罪行为，故银行内部人员犯罪所应承担的责任并不能排除单位的民事责任。

标签：储蓄合同 | 刑民交叉 | 存单 | 存款关系 | 犯罪行为

案情简介：2002年10月、2004年3月，公路公司分别在银行开立两账户，《账户对账单》《银行询证函》《计息通知单》显示截至2004年12月20日两账户尚有存款2.9亿余元。2005年，公路公司发现两账户余额仅为7万余元，遂诉。银行以另案刑事判决复印件提出：存款丢失系银行原负责人涉嫌刑事犯罪行为所致；公路公司原董事长张某应李某请求，指令公路公司在银行开户、存款而受贿。

法院认为：（1）公路公司与银行之间构成存款合同关系。截至2004年12月20日，公路公司两账户内应有存款约2.9亿余元。银行主张公路公司已将存款自行转出，其提供的转账支票等均不能否定银行对公路公司提供的《账户对账单》《银行询征函》《计息通知单》所载款项数额的认可。（2）即使本案所涉款项丢失系因银行原负责人涉嫌刑事犯罪行为所致，但因公路公司系与银行而非与个人建立存款关系，故银行内部工作人员犯罪所应承担的责任并不能排除单位的民事责任。银行亦无证据证明公路公司参与了该行原负责人的犯罪行为。银行提供的刑事判决书非原件或与原件核对过的复印件，公路公司未予质证，且该判决所认定的仅是张某个人因应李某请求，利用职务之便，指令公路公司在银行开户、存款而受贿等犯罪事实，并不能证明公路公司所存款项的丢失系张某与李某等人串通所为。故判决银行支付公路公司存款2.9亿余元及自2004年12月21日起至给付之日止按中国人民银行同期活期存款利率计算的利息。

实务要点：存款人与银行之间形成存款关系，即使所存款项的丢失系因银行原负责人涉嫌刑事犯罪行为所致，但由于存款人系与银行而非与个人建立存款关系，且无证据证明存款人参与了银行原负责人的犯罪行为，故银行内部工作人员犯罪所应承担的责任并不能排除单位的民事责任。

案例索引：最高人民法院（2008）民二终字第94号“某银行与某实业公司侵权纠纷案”，见《银行工作人员的犯罪行为不影响存款人与银行间的存款关系——中国银行股份有限公司哈尔滨河松街支行与东北高速公路股份有限公司侵权纠纷案》（审判长金剑锋，代理审判员殷媛、潘勇锋），载《最高人民法院商事审判指导案例（3）·公司卷》2011年版第411页。

10. 银行上级主管领导受贿，不免除借款人的还款义务

——银行上级主管领导存在经济犯罪行为，但无证据证明贷款过程中有违

法犯罪问题的，借款人的还款义务不能免除。

标签：借款合同｜刑民交叉｜名义用款｜流动资金

案情简介：2003年，银行依据借款合同，向药业公司发放“流动资金”2000万元。药业公司收款后，划入关联公司账户，用途是“代实业公司还款”。随后，该款由药业公司的关联公司转入科技公司。2004年，药业公司与银行签订展期合同，并由药业公司偿还部分贷款本息。2007年，生效刑事判决认定银行上级主管领导韩某系在收受了科技公司贿赂的情况下，为了使该公司能融入资金，要求药业公司向银行借款并转给科技公司使用，药业公司按韩某要求与银行签订了借款合同并在获得借款后转给科技公司使用。

法院认为：（1）根据生效刑事判决认定事实，本案借款合同是在韩某斡旋甚至指令下签订和履行，但仍不足以构成免除药业公司合同责任。上述情形只表明借款人的借款目的及韩某对借款人真实意思施加了影响，不足以否定既已形成的借贷关系的合法性以及借款人对贷款人应尽的合同义务。（2）韩某作为银行上级机构主要负责人的这种身份，并不能当然说明其斡旋行为代表了作为独立的民事关系主体的银行行为，亦不能推定银行因此知情。贷款审批材料进一步印证本案贷款对象是药业公司以及发放本案贷款的合规、合法性。本案并无证据证明银行指令将借款转给科技公司使用。相反，银行与药业公司展期协议、偿还部分本息行为进一步说明双方系借款合同的当事人。故本案银行上级主管领导存在经济犯罪行为，虽然贷款流向与犯罪分子约定的使用方向一致，但无证据证明本案银行贷款过程中有任何违法犯罪问题，药业公司应承担本案偿还借款的义务。

实务要点：在刑民交叉情形，涉案银行的上级主管领导存在经济犯罪，虽然贷款流向与犯罪分子约定的使用方向一致，但无证据证明本案贷款银行贷款过程中有任何违法犯罪问题。若非贷款银行明知经济犯罪的事实并指令借款人将所贷款项划转给实际用款人的情况，借款人的还款义务不能免除。

案例索引：最高人民法院（2010）民二终字第69号“某银行与某药业公司等借款合同纠纷案”，见《上诉人中国农业银行股份有限公司拉萨市康昂东路支行与被上诉人西藏华西药业集团有限公司、成都达义物业有限责任公司借款合同纠纷案》（审判长周帆，审判员陈明焰，代理审判员林海权），载《商事审判指导·裁判文书选登》2011年第1辑（总第25辑）第241页。

11. 银行内部工作人员犯罪的，不能免除银行民事责任

——银行无证据证明存款人参与银行内部工作人员犯罪行为，内部工作人员刑事犯罪行为并不能免除单位的民事责任。

标签：储蓄合同 | 刑民交叉 | 银行内部人员犯罪 | 中止审理

案情简介：2002年，投资公司在银行存款3000万元。2006年，该款被银行以转账支票划出。经鉴定，支票上作为付款人的投资公司加盖印文与预留印鉴不一致。银行分支机构负责人高某因涉嫌经济犯罪已被立案侦查。

法院认为：（1）即使本案所涉款项丢失系因银行分支机构负责人高某刑事犯罪行为所致，但因投资公司与银行建立存款关系，而非与高某个人建立存款关系，故银行内部工作人员的刑事犯罪行为并不能免除单位的民事责任。（2）根据本案查明事实及民事诉讼优势证据规则，银行并无证据证明投资公司人员参与高某犯罪行为，本案审理无需等待刑事案件审理结果，无须中止审理。银行应在投资公司请求给付存款本息时及时给付，其无合法理由未能给付，已构成违约，故应承担给付本案存款本息的违约责任。

实务要点：银行内部工作人员的刑事犯罪行为并不能免除单位的民事责任。银行无证据证明存款人参与银行内部工作人员犯罪行为，本案审理无需等待刑事案件审理结果，无须中止审理。

案例索引：最高人民法院（2007）民二终字第68号“某银行与某投资公司票据纠纷案”，见《中国银行股份有限公司哈尔滨道里支行与哈尔滨市至祥投资策划有限公司票据付款请求权纠纷案》（审判长吴庆宝，审判员王宪森，代理审判员张雪楳），载《最高人民法院商事审判裁判规范与案例指导·裁判文书》2011年版第53页；另见《各专业银行的分支机构，即各分行和支行均具有民事诉讼的主体资格》，载《最高人民法院商事审判指导案例·金融卷》2011年版第329页。

12. 银行负责人高息揽存构成犯罪不免除银行民事责任

——银行负责人利用职务之便非法出具金融票据，高息揽存，尽管已被追究个人刑事责任，但银行民事责任不能免除。

标签：储蓄合同｜刑民交叉｜职务行为｜高息揽存

案情简介：2003年1月，信用社借用信用联社3000万元后，以信用联社名义汇入金属公司，金属公司办理以销售公司为收款人的银行汇票并存入银行。2003年2月，银行行长李某假借办理票据贴现为由，以特种转账汇票方式辗转划至信用联社3000万元。2006年，生效刑事判决和裁定认定李某采取借用企业账户，非法办理银行汇票，支付客户高息方法，借以吸收100%保证金存款，达到增加存款目的，李某最终被认定构成非法出具金融票据罪而被判处五年有期徒刑。银行认为李某行为系个人犯罪行为，以不当得利诉请信用联社返还3000万元及利息。

法院认为：（1）李某非法出具金融票据，高息揽存行为，是在其担任银行行长期间实施的，并有该行其他高级管理人员共同参与。刑事判决和裁定是已经发生法律效力的判决裁定，具有既判力，可作为证据使用。（2）尽管刑事判决追究的是个人刑事责任，但鉴于李某等人从事非法高息揽存的行为是为了增加银行存款额，所吸纳的款项最终落入银行控制的企业账户，是为银行谋取利益，且对所涉资金的往来流动，李某均系以银行行长身份发出的指令，属于职务行为，其行为后果理应由银行承担，故银行民事责任不能免除。

实务要点：行为人担任银行负责人期间非法出具金融票据，高息揽存行为，尽管已被刑事判决追究其个人刑事责任，但鉴于该行为人从事非法高息揽存行为是为了增加银行存款额，所吸纳的款项最终落入银行控制的企业账户，是为银行谋取利益，且对所涉资金的往来流动，行为人均系以银行行长身份发出的指令，属于职务行为，其行为后果理应由银行承担，故银行民事责任不能免除。

案例索引：最高人民法院（2005）民二终字第191号“某银行与某化工公司等不当得利纠纷案”，见《贷款人收取第三人归还的对借款人的欠款，不属于不当得利——临朐县农村信用合作联社与潍坊市商业银行、潍坊大海洋燃料化工有限公司返还不得得利纠纷案》（审判长叶小青，审判员朱海年、陈明焰），载《最高人民法院商事审判指导案例（3）·公司卷》2011年版第463页。

13. 借款经办人涉及犯罪，不影响债权人民事诉讼权利

——借款人的个别经办人涉及伪造印章等刑事犯罪，不影响贷款人依据合法有效的借款抵押合同行使民事诉讼的权利。

标签：借款合同｜刑民交叉｜抵押｜伪造印章

案情简介：2005年，信用社以其与教会所签《借款合同》《抵押合同》和与开发公司所签《保证合同》为依据，诉请教会归还贷款1200万元，开发公司承担连带责任。教会以开发公司经办人慕某等伪造人民团体和国家机关印章罪，已被生效刑事判决判处有期徒刑并继续追缴1200万元诈骗赃款为由，主张本案不应由法院受理。

法院认为：（1）依据信用社提交的其与教会所签《借款合同》《抵押合同》

和其与开发公司所签《保证合同》等证据，以及相关贷款款项的使用情况，证明在合同双方当事人之间存在着我国民事法律规范所规定的借款担保合同关系及债权债务关系的事实。（2）信用社对上述两被告提起民事诉讼，符合《民事诉讼法》规定的起诉条件，法院应予受理，并对本案进行实体审理。本案中相关经办人员涉及刑事犯罪，不影响信用社行使诉权，故法院应予受理。

实务要点：借款人的个别经办人涉及刑事犯罪不影响贷款人依合法有效的借款抵押合同行使民事诉讼权利。

案例索引：最高人民法院（2010）民二终字第9号“某信用社与某开发公司等借款合同纠纷案”，见《债务人的个别经办人涉及刑事犯罪不影响债权人依法行使民事诉讼权利——兰州市城关区拱星墩农村信用合作社与兰州市天主教爱国会、甘肃润达房地产开发有限责任公司借款合同纠纷案》（审判长王宪森，代理审判员殷媛、杨征宇），载《最高人民法院商事审判指导案例·第五卷（下）》2011年版第759页。

下午茶

股东不履行清算义务承担连带责任的实务分析

◎刘　欢　李文奇

针对实践中大量存在的股东不履行清算义务，损害债权人利益的情况，《最高人民法院关于适用〈中华人民共和国公司法〉若干问题的规定（二）》[以下简称《公司法司法解释（二）》] 第 18 条第 2 款规定了公司股东的连带清偿责任："有限责任公司的股东、股份有限公司的董事和控股股东因怠于履行义务，导致公司主要财产、账册、重要文件等灭失，无法进行清算，债权人主张其对公司债务承担连带清偿责任的，人民法院应依法予以支持。"本文将以实践案例为研究范本，拟对本条适用规则进行探讨。

一、研究范本概述

数据库	探索方式	探索结果	实质相关案件
北大法宝	第 18 条项下的相关案例	92 件	77 件
中国裁判文书网	搜索关键词“《最高人民法院关于适用〈中华人民共和国公司法〉若干问题的规定（二）》第 18 条”	32 件	25 件

上述案件中，有 71 件案例系适用《公司法司法解释（二）》第 18 条第 2 款，其中支持债权诉请的有 52 例。检索时间：2015 年 1 月 24 日。

二、股东承担连带责任的构成要件

（一）股东怠于清算

1. 不成立清算组构成“怠于清算”。《公司法司法解释（二）》第 18 条将股东行为区分为“未成立清算组，完全不清算”以及“形式上虽成立清算组，但没有开始清算义务项下任何具体工作”两种情形。根据《最高人民法院关于公司法司法解释（一）、（二）理解与适用》一书的观点，第 18 条第 2 款中的“怠于清算”是指第二种情形。

实践中，股东欲逃避债务，往往不成立清算组，没有任何清算相关行为。法院大都举轻以明重，认为此时股东同样构成“怠于清算”。换言之，法院通常将前述两种情形均归为“怠于清算”。在支持债权人诉请的 52 例案件中，其中股东未成立清算组也没有任何清算行为的共计 50 件，占比 96%。

2. 长时间未清算完毕，构成怠于清算。但如何认定“长时间”，司法实践的判断标准并未统一。《公司法司法解释（二）》第 16 条规定法院组织清算的期限为 6 个月，可延长。2005 年《公司法》修订前，《外商投资企业清算办法》及长春、上海、青岛等地颁布的《外资、合资企业清算条例》（现均已废止）

对清算期限作出 180 ~ 360 日的规定。上述时限要求，可作为企业自行清算期限的参考标准，即在外商投资、合资等较为复杂的经营模式下，企业的合理清算期限在申请延长后亦不超过 1 年时间。因此，自行清算超过 1 年，甚至长达数年未清算完毕的，如股东不能证明有合理原因，应视为怠于清算。如在（2012）沪二中民四（商）终字第 869 号判决中，公司于 2006 年决议解散，债权人于 2011 年起诉其未履行清算义务的，法院认定构成怠于清算。

（二）公司已处于无法清算状态

通过案例分析得知，除公司主要财产、账册、重要文件等灭失构成公司“无法清算”外，下列情况一般也认为构成“无法清算”：

1. 公司“人去楼空”。在司法实践中，如债权人能够证明公司已处于“人去楼空”状态，法院一般推定其已无法清算。

2. 责令清算但仍不履行。在（2010）苏商外终字第 0068 号等 3 例案件中，法院判决要求股东清算而股东未清算。在（2010）丰民初字第 11248 号判决中，工商机关责令股东清算而股东未清算。上述案例中，法院均以公权力机关已责令股东履行义务而仍未履行为由，认定公司已不能清算。

另需说明的是，在“公司无法清算”的举证责任分配中，在债权人已提供初步证据证明公司无法清算的，公司股东应对其仍能清算承担举证责任，否则，法院认定公司已无法清算。

在（2013）豫法民一终字第 130 号等 6 例案件中，在债权人完成初步举证义务的情况下，法院给予股东举证的机会，在股东不能证明公司仍可进行清算时，认定公司已无法清算。在（2011）洛民终字第 391 号案件中，股东提交了有效的房屋所有权存根、案件受理通知书等证据，证明公司资产仍在处置中，公司仍能清算，法院据此驳回了债权人诉请。

但在实践中，另有法院认为应由债权人完全承担公司已无法清算的证明责任。如（2011）闽民终字第 414 号判决中，法院认为：“债权人有权申请法院指定有关人员组成清算组进行清算。原告直接主张港龙房地产公司已无法清算，应当就该公司无法清算的事实进行举证。”

本文认为，证明公司“不能清算”需证明财务账册等已经灭失，但债权人作为公司外部人，证明此消极事项难度极大，几乎只能以申请法院强制清算的方式进行。如要求债权人完全承担举证责任，实际上等同于将强制清算作为股东承担连带责任的前置程序。因此，我们认为，在未经强制清算程序情形下，法院应合理分配举证责任。首先依据具体情形初步判断公司已处于不能清算状态，如股东不能举证推翻此判断，可认定公司已无法清算。

（三）股东怠于清算与公司无法清算之间存在因果关系

在我们搜集整理的 102 例裁判中，对此因果关系鲜有论述。仅在（2013）穗中法民二终字第 815 号判决中，股东主张财务账册灭失系大雨所致，不能清算并非因“怠于清算”。法院认为，妥善保管公司财务账册是股东履行法定清算义务的具体行为，因此，账册因大雨毁损即证明股东未妥善履行义务，有怠于清算的主观状态，且导致了不能进行清算的客观结果。据此判决股东承担责任。

一般情况下，法院直接推定二者具有因果关系。原因在于，即使导致无法清算的直接原因系种种外力所致，但只要股东及时妥善开展清算工作，无法清算的结果通常可以避免。因此，在“怠于清算”和“无法清算”均满足的情况下，法院推定二者有因果关系具有合理性。

（四）无法清算与债权受损之间存在因果关系

通过案例分析可以发现，股东主张免责的重要抗辩理由为：清算事由发生前，公司已丧失偿债能力，未清算与公司不能清偿债务无关。

我们认为，此类抗辩符合股东承担连带责任的法理基础，如股东能够证明债权人受损与未清算不存在因果关系，应当免责。但在司法实践中，法院对该抗辩理由的审查标准较为严格。很多案例中，法院认定公司无偿债能力的标准是“终结执行的裁判文书”。但在（2013）徐民二（商）初字第169号判决中，法院认为，“即使在执行案件终结执行的情况，也只能证明人民法院在执行中未查找到公司的财产，不能证明公司的财产在被吊销营业执照前已全部灭失”，并以此驳回了股东的抗辩。

三、法律适用的其他问题

（一）法院强制清算并非股东承担连带责任的前置程序

最高人民法院第9号指导案例“上海存亮贸易有限公司诉蒋志东、王卫明等买卖合同纠纷案”及刊载于《人民司法》的（2010）深中法民二终字第1498号判决均明确，如经审查可确定公司已无法清算，从节约司法成本、提高诉讼效率等方面考虑，不要求债权人在追责股东前必须先申请强制清算。

基于此观点，在判决支持的52例案件中，有42例案件未经强制清算程序，法院仍判令股东承担责任。

（二）一般认为不能在执行程序中直接追加股东为被执行人

（2010）浙丽复字第8号裁定认为，申请执行人如主张被执行人股东承担不及时清算的赔偿责任，应通过诉讼途径解决。

虽然（2014）双桥执字第142号裁定支持了债权人追加股东的申请，但我们支持前一观点。前文已对法院审慎适用该条司法解释的必要性进行了论述，以执代审要求股东承担连带责任确有不妥。

（三）名义股东是否需承担清算赔偿或清偿责任

有观点认为，名义股东根本不参加公司的经营管理，不参与公司红利分配，其难以履行清算义务，不应对隐名股东的过错承担责任。

我们对此持相反意见：一方面，债权人追责时通常仅能获得名义股东信息；

另一方面，清算是法定义务，名义股东签订代持股协议应视为接受承担清算义务的风险。在（2011）衡中法民二终字第31号案件中，原股东虽已将股权转让，但工商登记并未及时变更，法院判决原股东因怠于清算承担责任。

（四）有限公司股东不能依据《公司法司法解释（二）》相互追责

针对股份公司，《最高人民法院关于公司法司法解释（一）、（二）理解与适用》一书认为，清算义务人以外的其他股东可以依据《公司法司法解释（二）》第18条要求清算义务人承担相应责任。

但鉴于有限公司全体股东均为清算义务人，并不存在“清算义务人以外的其他股东”情况。有限公司的清算义务人之间能否依据第18条相互追责需要讨论。（2012）普民二（商）再初字第1号案件中，法院认可有限公司股东之间能够相互追责，但主张权利的股东需充分证明自身无怠于履行清算的情况，不能清算系其他股东行为所致。

最高人民法院观点：法定代表人身份的公示效力如何认定

◎李　谦

法定代表人作为公司代表，具有代表公司作出意思表示的天然权利外观。但复杂的公司治理结构及纷繁的交易形态设计，导致法定代表人意思表示与公司本意相悖的情况时有发生，主要表现为两种形态：一为工商登记公示与公司决议通过的法定代表人不一致；二为法定代表人对外意思表示与公司真实意思不一致。司法实践在保护第三人与尊重公司意思之间如何取舍？本文带您透过最高人民法院的案例一探究竟。

一、工商登记公示者与公司决议产生者不一致

此种情况的出现，一般为公司内部发生控制权纠纷：一方是工商登记公示的代表，应维护登记的公信力、保护外部第三人的信赖利益；一方是公司内部经法定程序合意变更的代表，亦需尊重和保护公司意思自治的法律效力。二者如何平衡，最高人民法院在多起案件中的裁判观点可供参考。

在"北京公达房地产有限责任公司诉北京祥和三峡房地产开发公司房地产开发合同纠纷案"[①]中，最高人民法院认为："刘某作为开发公司法定代表人与房产公司签订项目转让协议时，刘某虽已被开发公司上级单位停止工作，但直至1995年4月22日，工商登记才将开发公司法定代表人刘某变更为张某。即刘某在签订案涉协议时，开发公司工商登记上刘某仍系该公司法定代表人。刘某以法定代表人身份与房产公司签订协议符合企业法人对外进行民事活动的形式要件，且该协议也加盖了开发公司公章，故案涉协议应依法成立并生效。刘某在签订协议时虽已被其上级单位决定停止职务，但该决定属开发公司内部工作调整，刘某代表开发公司对外进行民事活动的身份仍应以工商登记的公示内容为依据。不能以其公司内部工作人员职务变更为由，否认其对外代表行为的效力。"

在"大拇指环保科技集团（福建）有限公司与中华环保科技集团有限公司股东出资纠纷案"[②]中，最高人民法院认为："依我国《公司法》第13条规定，公司法定代表人变更应办理变更登记。对法定代表人变更事项进行登记，其意义在于向社会公示公司意志代表权的基本状态。工商登记的法定代表人对

---

① 案号：（2009）民提字第76号，载《最高人民法院公报·裁判文书选登》2010年卷。

② 案号：（2014）民四终字第20号，载《最高人民法院公报·裁判文书选登》2014年第8期。

外具有公示效力，如涉及公司以外的第三人因公司代表权而产生的外部争议，应以工商登记为准。而对于公司与股东之间因法定代表人任免产生的内部争议，则应以有效的股东会任免决议为准，并在公司内部产生法定代表人变更的法律效果。”

最高人民法院裁判观点表明，当对外公示的法定代表人与内部决议产生的法定代表人不一致时，司法实践的基本立场为尊重登记公示外观：对未经工商部门正式变更登记前善意信赖其为法定代表人所实施交易的第三人而言，被代表公司仍应负责。但在强调外观注意的同时，律师实践中仍需注意避免两个雷区：

第一，如果第三人对公司法定代表人变更状况明知或非善意，登记公示的原法定代表人代表行为应为无效。最高人民法院在“潍坊富华新建业房地产有限公司破产清算组与新建业地产（香港）有限公司等欠款担保纠纷案”[①] 中即明确表示：“法定代表人职务随免除决议生效之日即刻免除，凡知道该法定代表人职务免除事实却仍接受其代表行为的，该代表行为效力应为无效。”

第二，证明公司内部已变更法定代表人，需要有符合《公司法》和公司章程的股东会决议或董事会决议。如果内部决议文件在证据三性上存在瑕疵，仍面临法院不认可内部决议已变更法定代表人的风险。最高人民法院在“洛阳市环球房地产开发公司、杨景先与洛阳市环球房地产开发公司工程开发二处合同纠纷案”[②] 中即依据内部决议证明力的瑕疵否认公司法定代表人已完成变更。

---

① 案号：（2005）民四再字第 1 号。

② 案号：（2012）民申字第 163 号。

二、法定代表人对外表示意思与公司真实意思不一致

关于法定代表人违背公司真实意思为他人提供担保的效力认定问题，司法实践中饱受争议。最高人民法院的一系列案例可为此类纠纷的解决提供整体思路。

最高人民法院在“南京华新瑞实业有限公司与武汉瑞通船务疏浚工程有限公司、无锡华业钢铁有限公司、江苏海外集团海通国际贸易有限公司及南京市华新瑞实业有限公司泰州钢铁分公司欠款及担保合同纠纷案”[①] 中认为，“《公司法》第十六条第一款的规定，属于管理性而非效力性规范，不应作为判断公司对外合同效力的唯一依据。公司的法定代表人代表公司签订担保合同，诉讼中担保人没有足够证据证明被担保人在签订合同时知道或应当知道该法定代表人超越公司章程等规定的权限，故应当认为合同相对人有理由相信法定代表人的代表行为，双方所签订的合同有效。”

北京市高级人民法院在“中建材集团进出口公司诉北京大地恒通经贸有限公司、北京天元盛唐投资有限公司、天宝盛世科技发展（北京）有限公司、江苏银大科技有限公司、四川宜宾俄欧工程发展有限公司进出口代理合同纠纷案”[②] 中认为：“有限责任公司的公司章程不具有对世效力，该章程作为公司内部决议的书面载体，其公开行为不构成第三人应当知道的证据。强加给第三人对公司章程的审查义务不具有可操作性和合理性，第三人对公司章程不负有审查义务。第三人的善意是由法律所推定的，第三人无须举证自己善意；如公司主张第三人恶意，应对此负举证责任。故不能仅凭公司章程记载和备案就认定第三人应当知道公司的法定代表人超越权限，进而判定第三人恶意。

① 案号：（2009）民二终字第140号，载《最高人民法院商事审判指导案例》第五卷（上）。

② 案号：（2009）高民终字第1730号，载《最高人民法院公报·案例》2011年卷。

故在科技公司不能举证证明建材公司存在恶意的情形下，应认定建材公司为善意第三人，建材公司已尽到合理审查义务。科技公司出具的承诺书应认定构成合法有效的第三人保证，其应承担担保责任。”

2010年，在济南召开的“全国法院商事审判工作会”中，原最高人民法院民二庭宋晓明庭长的发言也可与上述裁判观点相印证：“公司内部意思形成过程，是公司内部的事情，一个主体对外行为的时候，无论是法人还是自然人作出意思表示，相对人没有理由弄清楚意思是怎么形成的，是不是经过了正当程序。所以，公司为他人提供担保，尽管没有按照《公司法》的规定，未经董事会或股东会、股东大会决议，也不能一概以此为由主张无效。”

可见，对在自然人为交易相对方时，最高人民法院对审查义务的标准要求较低。也有反对观点认为，自然人（尤其是长期从事民间借贷活动的自然人）应对股东会、董事会决议有基本的形式审查义务，否则，《公司法》第16条的规定将流于形式，且无法避免自然人与法定代表人勾结骗取担保、损害公司利益情形的发生。

需要指出的是，如果交易相对方是公司，特别是从事金融活动的公司，最高人民法院则认为必须履行起码的形式审查义务，在某些情况下，甚至需要超越形式审查，进一步谨慎查证。

在“中国光大银行深圳分行与创智信息科技股份有限公司、深圳智信投资有限公司、湖南创智集团有限公司借款保证合同纠纷上诉案”[①]中，最高人民法院认为：“科技公司向社会公布的章程中关于股东大会的职权，并无关于担保问题的规定，可认为科技公司选择由董事会决定担保事项。对于科技公司的董事会决议，银行仅负有形式审查的义务，即只要审查董事会决议的形式要件是否符合法律规定，银行即尽到了合理的注意义务。董事会决议记载的

① 载《最高人民法院商事审判裁判规范与案例指导·案例指导》2010年卷。

是出席会议的董事依职权作出的特定意思表示，其形式要件只需出席会议的董事签名即可。”

在“兴业银行广州分行与深圳市机场股份有限公司借款合同纠纷案”[①] 中，最高人民法院认为："银行作为商业机构，应知机场公司为上市的股份公司，贷款有比一般公司贷款更为严格的条件。但银行人员在洽谈本案巨额贷款时仅与机场公司总经理崔某和李某见面洽谈，未依贷款规章对两人的权限和贷款用途、使用等情况进行严格审查，未履行金融机构发放贷款应尽的谨慎注意义务，轻信崔某的行为系职务行为，致使崔某和李某等人能轻易诈骗贷款。故银行对本案所涉贷款被骗所造成的损失也负有重大的过错责任，应分担本案的贷款损失。”

上述案件展现出如下裁判思路：当法定代表人对外作出的意思表示非公司真实意思时，第三人可否信赖法定代表人的权利外观需依个案具体情况综合判定。但总体来说，法人作为交易相对方时，审查义务高于自然人。如可证明交易相对方明知或应知法定代表人行为系无权或越权，则不可认定其对法定代表人身份的公示效力享有信赖利益。

---

① 案号：（2008）民二终字第 124 号，载《 最高人民法院公报·裁判文书选登》2009 年卷。

因关联交易所致公司的可得利益损失能否获赔

◎彭　卿　李　皓

经济活动中，关联交易呈高发态势，因缺乏监管及信息披露等机制，此种形势在非上市公司层面体现得尤为明显。我国《公司法》对关联交易致害的救济程序设计相对原则，且该类纠纷总体上审理层级较低，裁判尺度不尽统一。就可得利益损失能否在该类诉讼中主张的问题，实践中即有不同意见。笔者认为，可得利益损失应属于关联交易导致公司利益损失的一部分，在符合特定条件的前提下应获得赔偿。

关联交易本质上是利益冲突交易，因交易对象之间的特殊关联，天然地带有利益不当转移的风险，因此，对关联交易进行法律规制极有必要。有鉴于此，我国《公司法》第21条为不正当关联交易的事后救济提供了司法路径，成为了解决此类纠纷最直接的法律依据。因为此类纠纷引发的追责类诉讼在形式上表现为公司关联交易损害责任纠纷，其诉讼目标为填补公司的实际损失。但值得思考的是，**如关联交易本身未致公司发生直接的经济损失，但影响了公司的预期收益，对于该部分“可得利益损失”是否能在该类诉讼中进行主张？如欲获赔，该损失应满足哪些条件？**对此问题，司法尺度并不统一。导致不同认识的原因一方面在于法律规定过于原则，且对于损害赔偿的边界本有争议；另一方面，在于可得利益本身较难认定。对该，笔者从诉讼性质、损害赔偿范围及损失确定三个维度进行分析，并结合实务案例，试图为厘清该问题提供解决思路：

一、关联交易损害责任纠纷应属侵权之诉

该类诉讼系因不公平的关联交易而发生，司法机关审查的重点也是作为关联交易载体的协议是否具备正当性，但对原告而言，其权利基础并非关联交易协议本身，而是法律的直接规定。故在此类诉讼中不存在违约的问题，双方争议的焦点在于协议所体现的交易是否侵犯了公司的利益。原告方认为交易相对方及公司的关联人之间利用对公司的控制，以交易的形式损害公司利益，符合以合法形式掩盖非法目的的特征，故交易合同无合法性，并进而将此种行为界定为侵权行为。以不正当关联交易侵犯公司的财产权利，实施侵害行为的多个主体之间构成共同侵权，应承担连带责任。据此可见，该类诉讼虽围绕交易协议审理，但原告并非基于协议履行提出权利请求，而是在否定关联交易合法性的前提下，对非法交易的实施主体进行追偿，故该类诉讼应属侵权之诉。

二、侵权责任并不排斥可得利益损失

可得利益损失虽然广泛地在违约责任概念下讨论，但侵权责任也未排除该种损失主张，只是在法无明文规定的情况下，经常与“间接损失”等概念替代使用。但实务操作中，在侵权赔偿范围中包含可得利益损失并不鲜见：如在人身侵权中被侵权人可主张的误工费损失、营运车辆受损期间的营运收入损失等即为可得利益损失的体现。在资产转让类的关联交易中，司法机关在转售资产的成本之外，通常也支持转售利益损失，即为佐证。如江苏省高级人民法院审理的泰州浩普投资有限公司与瑞士魏克控股有限公司公司关联交易损害责任纠纷案[①]中，法院确认瑞士魏克公司利用其对泰州魏德曼公司的控制，操纵泰州魏德曼公司以低于内销的价格向瑞士魏克公司控制的香港魏德曼公司销售商品，损害了泰州魏德曼公司的利益，并判令瑞士魏克公司赔偿泰州魏德曼公司的利润损失。

三、损失的确定

承上所述，因关联交易所致公司利益损失应当既包含**现有财产的减少**（直接损失），也应包含**公司未来可获利益的损失**（可得利益损失或间接损失）。故在侵权责任项下，本着填补损失的基本原则，权利人有权就上述损失均提出权利主张。但可得利益损失相较于直接损失而言，不够直观，且因其指向未来的收益，因商业经营的多样性，也必然带有不确定性。上述因素导致对该部分损失的裁判尺度不够统一，缺乏稳定的标准。笔者认为，个案虽有差异，但对于可得利益损失的赔偿范围的确定应至少遵循一个基本原则：**以因果关系作为判断是否保护的唯一尺度**。在此基础上，可得利益损失还需符合以下条件方应纳入司法保护的范畴：

---

① 案号：（2012）苏商外终字第0049号。

第一，资产利用方式应具有合法性。因关联交易受损的公司财产具有多种商业上的可能性，但对于受损公司而言，其对财产的利用不应超出其登记的经营范围。虽然超出经营范围从事的经营活动已经不再作为判定经营活动是否有效的主要标准，但在可得利益保护上，合法性的掌握应更为严苛，带有任何违法因素的可能收益均不应该受到保护。理由在于，超越经营范围的经营活动本身意味着较大的法律风险，且此类收益已超出普通人的预期，支持此类损失将不当放大侵权人的责任负担，亦不公平。

第二,资产利用方式符合其设定用途。公司资产通常具有专门的经营用途，如购进产品用于转售，特定资产用于从事特定经营活动等。基于受损财产所主张的可得利益损失还应符合其设定的经营用途，故原告还应就此提供证据，证明其所主张的可得利益损失具有商业上的合理性，且该种合理性与公司自身的经营规划无明显冲突。否则，将难获支持。如自用设备受损的情况下，主张转售利润损失或者针对企业本应留存用于维系经营的流动资金主张资金拆借的高息等则显然缺乏依据。

第三，利益金额应具有商业上的确定性。符合前述条件的情况下，可得利益损失还应具有商业上的确定性。就可得利益提出权利请求，该部分可得利益的金额应是可证明的，且具有相对客观的标准。如主张转售利润损失则需证明同类资产在市场交易中的一般利润率，或者提供同时期同类产品的交易价格作为确定依据；主张经营利润则至少需提供持续经营的平均利润作为参考依据。

公司关联交易损害责任纠纷在低审级法院呈多发态势,对于直接损失部分，已有成熟的处理方式。但对于可得利益损失的认定尚处于摸索过程中，如认定过严，则难以起到抑制关联交易的作用，有违公平；认定过宽，则又有可能不当扩大交易相对方的责任，引发恶意诉讼，影响公司经营效率。为可得利益损失确定相对明确的标准系推动该类案件审理的重点，希望本文能为从事该业务领域的法律同仁提供参考。

约定利息超出银行同类贷款利率的4倍，一定得不到支持吗

◎曹玉龙

对“银行同期同类贷款利率4倍”这一概念，民商事圈里圈外的人都不陌生，甚至已然成了我们判断当事人能够获支持利益范围的标准。但对于当事人已经支付的超过上述标准部分的利息，法院一定不会支持么？

本文为您解读各地人民法院支持超出银行同类贷款利率的4倍部分的判例。

一、既有之标准

1991年,最高人民法院出台《关于人民法院审理借贷案件的若干意见》(以下简称《若干意见》)。其中第6条规定:"民间借贷的利率可以适当高于银行的利率,各地人民法院可根据本地区的实际情况具体掌握,但最高不得超过银行同类贷款利率的四倍(包含利率本数)。超出此限度的,超出部分的利息不予保护。"

2012年,最高人民法院民一庭出具的《建立和完善我国民间借贷法律规制的报告》,态度仍然十分明确,即"无论以何种形式表现,借贷本金所有的借期收益和逾期收益,均应当以银行同期同类贷款基准利率4倍为限。超出部分或冲抵本金,或不予保护,应把握此限进行计算和重新调整。"

因此,20余年的司法实践,使我们对于借贷案件中当事人双方有关高息之约定形成了固有判断。当事人双方违反法律规定的高息难以得到法院支持,即使债务人已经偿还的高息,也应冲抵借款本金。

二、不落窠臼的判例与法规

然而,在司法实践中,法院并非一以贯之依据上述规则进行裁决。在部分非典型案例中,法院遵照意思自治原则,认可了当事人按约给付高息行为的效力。

例如,在"大连德享房地产开发有限公司与史建昌民间借贷纠纷上诉案"[以下简称德享房地产案,案号:(2013)辽民二终字第38号],辽宁省高级人民法院认为,虽然当事人双方约定4.5%的月息给付标准超过中国人民银行同期贷款利率的4倍,但该利息标准系双方当事人约定并且债务人在该案诉前已经按此实际给付完毕,是其对自己权利的处分,符合合同意思自治原则。若对此予以调整，不利于维护诚实信用原则，保护民间借贷的稳定和市场交易秩序。

另在“钟松和与温州达亿服装有限公司民间借贷纠纷上诉案”［以下简称“钟松和案，案号：（2010）浙商外终字第7号］中，当事人双方约定了5%的月利息标准，并且债务人已经如约支付相应高息。浙江省高级人民法院同样认为，由于债务人已经自愿归还，既未损害国家、社会公共利益或他人合法权益，也未造成不良严重后果，原审法院不再干预并无不当。

上述裁判思路绝非法院在个案中的突发奇想，《浙江省高级人民法院关于审理民间借贷纠纷案件若干问题的指导意见》［浙高法〔2009〕297号，以下简称《指导意见》］第20条明文规定：“……借款人自愿给付出借人四倍利率以上利息，且不损害国家、社会共同利益或者他人合法权益的，法院可不予干预。”

更值得提醒的是，与最高人民法院《若干意见》第6条规定另辟蹊径而为之的，并不是只有个别地方法院。早在2005年，最高人民法院在其公报案例“万通实业公司与兰州商业银行借款合同纠纷案”［以下简称万通公司案，案号：（2004）民二终字第209号］中，已经先行一步，肯定了意思自治原则在高息纠纷中的优先适用性。本案中，债务人主张双方在《证券回购债务清偿合同》中确认的债务数额系依据无效的利息约定条款计算而来。但最高人民法院认为，债务人明知并且认可合同中的一切内容，在没有相反证据证明该合同系违背其真实意思表示而签订的情况下，合同中关于债务数额的约定应视为当事人对自己权利的处分行为。债务人放弃权利的行为并没有损害公共利益，亦未违反法律法规强制性规定，现提出要求确认无效，无相应法律依据。

三、是矛盾，还是一致

上述判例以及法律规定为何会作出与《若干意见》第6条“背道而驰”的

处理结果？我们认为，如果细化案件的事实，或许能在上述案件的共性中获得一些答案。

在“德享房地产案”和“钟松和案”中，债务人首次归还的款项恰好为双方约定的高息数额；在“万通公司案”中，债务人再一次签署了《证券回购债务清偿合同》，承认了先前的利益约定条款。由此可见，债务人都通过自己的实际行为，例如给付行为或债务确认行为，多次认可双方对高息的约定。浙江省高级人民法院的《指导意见》，也是将“债务人的自愿给付行为”作为法院可不予干预的前提。并且，“可不予干预”的表述，也给法院留下了充足的自由裁量权。

因此，法院如此处理，其实并没有违背《若干意见》第6条之规定，更没有破坏该条文平衡债权债务人权利义务之本意。

首先，依最高人民法院《若干意见》的文义表述，只是对“超出部分的利息不予保护”，并没有直接否定其效力。本条并非《合同法》第52条及《最高人民法院关于适用〈中华人民共和国合同法〉若干问题的解释（二）》第14条中的“强制性规定”。当事人关于高息的约定亦不符合《合同法》第52条中其他导致合同无效的情形。故此类借款合同并非无效，债权人对该部分利息享有债权。

其次，债权人享有的上述债权，在法律性质上应当属于自然之债，是不完全之债。具体言之，债务人尚未偿还的高息，债权人不得请求法院予以保护，更无权请求法院支持强制执行。但如果债务人在意思表示真实的情况下自愿履行了该义务，则视为其已经放弃了对此债权的抗辩，应当承认其履行效力，已经支付的超过规定上限的利息法院不应强行干预。

最后，民间借贷存在具有较高市场需求，如果债务人事后对已给付的超过银行同期利率4倍的利息均以“不当得利”或其他理由要求债权人返还，反而会造市场交易秩序的混乱。

我们认为，在此种逻辑分析下，法院可依案件的具体情况自主决定是否调整已支付的高息。即使法院不再干预，也不应视为裁判瑕疵。

四、是主流，还是小众

撰写此文的初衷，源于近期当事人咨询的多起类似案件。其中，北京、辽宁两地高级人民法院都采取了同样的处理思路，认为债务人如果已经以自身行为认可了高息收取，例如，归还的款项数额恰为利息约定数额，那么，法院优先考虑当事人的真实意思表示并无不当。毕竟，法律也不应当鼓励债务人在资金困难时可以通过一次又一次承诺高息进行融资，其后又以“法律如此规定”为由而反言的行为。

当然，我们并不能肯定此种处理借贷纠纷的思路已经成为了主流观点。搜索相关的案例时，依然发现法院仍然更多认为超出银行同期同类贷款利率 4 倍的部分应当冲抵本金。但近些年各案的不断出现，至少看出法院在处理此类纠纷时从民事思维向商事思维的转变。

施工合同无效，当事人是否有权选择工程款的结算方式

◎宋　峰

施工合同无效后，工程款的结算方式问题一直备受争议。《最高人民法院关于审理建设工程施工合同纠纷案件适用法律问题的解释》(法释〔2004〕14号，以下简称《建设工程司法解释》第2条规定："建设工程施工合同无效，但建设工程经竣工验收合格，承包人请求参照合同约定支付工程价款的，应予支持。"然而，对该条的理解仍存在不小争议。例如，承包人是否享有结算方式的选择权？发包人能否援引本条规定？发包人是否享有结算方式的选择权？

对此，天同律师对最高人民法院的裁判规则以及理论观点进行了梳理，希望以此抛砖引玉，引起读者对该问题的关注。

一、承包人是否有权选择按施工合同约定以外的方式进行结算

一种观点认为，从《建设工程司法解释》第2条的文义看，赋予了承包人对工程结算方式的选择权，即承包人既可以请求参照施工合同约定进行结算，也可以主张不参照合同约定，而选择鉴定等方式进行结算，尤其在承包人有证据证明合同约定的价款低于工程成本的情况下，承包人要求通过造价鉴定据实结算工程款，更符合公平原则。

另一种观点认为，《建设工程司法解释》第2条并未赋予承包人选择参照合同约定或其他方式进行结算的权利，无论承包人选择与否，均应参照合同约定支付工程款，除非双方另行协商一致以合同约定方式以外的方式进行结算。

根据相关指导意见及裁判规则，最高人民法院支持后一种意见，即施工合同无效，无论承包人选择与否，原则上都应当参照合同约定确定工程价款。

1. 最高人民法院在致江西省高级人民法院的内部函[①]中认为：关于诉争工程价款的确定应依据鉴定结论还是参照合同约定的问题，涉及对《建设工程司法解释》第2条的理解问题。《建设工程司法解释》对于无效合同的工程价款结算原则上是采取了参照合同约定结算的补偿方式，虽然其在表述中出现“承包人请求参照合同约定支付工程价款”，但这并不意味着承包人对于两种折价补偿方式享有选择权。

2. 在莫志华、深圳市东深工程有限公司与东莞市长富广场房地产开发有限公司建设工程合同纠纷案［(2011)民提字第235号］中，最高人民法院认为：关于涉案工程款是应按照合同约定结算还是据实结算，虽然合同无效，但莫志华与东深公司的劳动和建筑材料已经物化在涉案工程中，依据《建设工程司法

---

① 2010民申字第260号，参见最高人民法院民事审判第一庭编：《民事审判指导与参考》2011年第4辑（总第48辑），人民法院出版社2012年版，第115页。

解释》第 2 条的规定，建设工程无效合同参照有效合同处理，应当参照合同约定来计算涉案工程款。莫志华与东深公司主张应据实结算工程款，缺乏依据。涉案工程款应当依据合同约定结算。

天同律师认为，规定承包人不享有工程结算方式的选择权，至少有两点好处：

1. 维护诚信原则。我国建设工程市场属于发包人市场，承包人为了拿到工程自愿将工程款压得很低，这本质上是由市场供求关系决定的，并不违背公平原则。如果在合同无效的情况下赋予承包人对结算方式的选择权，承包人必然选择对自己有利的方式，合同无效可能比合同有效获得的工程款还高，这显然超过了当事人签订合同时的预期，有悖诚信原则。

2. 节约诉讼成本。如果在合同无效的情况下赋予承包人对结算方式的选择权，无异于告诉承包人只要通过鉴定比约定的工程款高，就可以去申请对工程进行鉴定，这势必增加当事人的时间和金钱成本，增加当事人诉累。

不过，对于《建设工程司法解释》第 2 条的理解也不应僵化。在施工合同无效的情况下，原则上应参照合同约定结算工程款，但该规则亦存在例外：

1. 工程未竣工验收合格。在陈秀各与新疆高原石油装备有限公司与山东国泰集团公司建设工程施工合同纠纷再审案［（2014）民申字第 1525 号］中，最高人民法院认为，《建设工程司法解释》第 2 条适用的前提条件是“建设工程经竣工验收合格”，而本案的实际情况是，对涉案工程陈秀各并未完成施工。在此情况下，一审法院才委托新疆新建联项目管理咨询有限公司对陈秀各已经施工的部分工程进行造价鉴定，一、二审法院依照《工程造价鉴定报告书》处理本案并无不妥。

2. 当事人对结算方式约定不明。在江苏大汉建设实业有限责任公司等与刘军建设工程施工合同纠纷案［（2015）民申字第 379 号］中，最高人民法院认为：在刘军没有依法取得相应建设工程施工资质和劳务分包资质的情况下，二审判决认定上述合同无效正确……双方合同约定的单价系综合单价，但就该主张未提供充分证据予以证明。在此情况下，应认为双方合同约定的计价方式、计价范围、计价标准等存在不明，需进一步予以查明，并依法作出合同解释。一审法院依项目部的申请启动鉴定程序以查明双方争议工程款数额，并无不当。刘军以合同对工程价款有明确约定为由，认为鉴定程序启动没有法律依据的理由不能成立。

3. 当事人签订了多份施工合同，无法确定双方真实意思表示。在齐河环盾钢结构有限公司与济南永君物资有限责任公司建设工程施工合同纠纷案［（2011）民提字第104号］中，最高人民法院认为：按照《建设工程司法解释》第2条的规定，可以参照合同约定支付工程款。但是。由于本案双方当事人提供了由相同的委托代理人签订的、签署时间均为同一天、工程价款各不相同的三份合同，在三份合同价款分配没有规律且无法辨别真伪的情况下，不能确认当事人对合同价款约定的真实意思表示。因此，该三份合同均不能作为工程价款结算的依据。一审法院通过委托鉴定，依据鉴定机构出具的鉴定结论对争议的工程价款作出司法认定，并无不当。

4. 当事人协商一致不按施工合同进行结算。即工程竣工验收合格后，当事人协商同意不按施工合同约定的方式进行结算的，应视为对施工合同约定结算方式的变更，从保护当事人意思自治的角度来看，法律应予保护。在长春永信集团汽车贸易有限公司与长春建工集团吉源建设股份有限公司建设工程施工合同纠纷案［（2014）民提字第00016号］中，最高人民法院认为：根据诚实信用的原则，除非当事人另行协商一致同意按照定额标准据实结算，否则，一般应当参照合同约定支付工程价款。

二、发包人是否有权主张参照合同约定结算工程款

一种观点认为，从《建设工程司法解释》第2条的文义看，只有承包人才能请求参照合同约定结算工程款，发包人无权引用该条规定。

另一种观点认为，《建设工程司法解释》第2条将请求参照合同约定结算工程款的权利平等地赋予了承包人和发包人，双方都有权行使该项权利。

从相关裁判规则来看，最高人民法院支持后一种观点，将请求参照合同约定进行工程结算的权利平等地赋予了承包人和发包人：

1. 在天水市秦州区第四建筑工程公司与天水宝鼎房地产开发有限公司建设工程施工合同纠纷案［（2013）民提字第1101号］中，最高人民法院认为：因建设工程施工合同中有关工程价款的约定属合同双方的真实意思表示，在建设工程经竣工验收合格，承包人请求参照合同约定支付工程价款的，人民法院应予支持；但《建设工程司法解释》并未规定只有承包人请求参照合同约定支付的情况下才能参照适用，即该司法解释并不是对承包人的单独赋权性规定。据此，原审法院依据双方施工合同的约定结算工程款，有事实和法律根据。

2. 在前述（2014）民提字第00016号民事判决中，最高人民法院认为：《建设工程司法解释》第2条确立了建设工程施工合同无效但建设工程经竣工验收合格时的折价补偿原则，即“参照合同约定支付工程价款”，该条既未赋予承包人选择参照合同约定或者定额标准进行结算的权利，也非将请求参照合同约定支付工程价款的权利主体局限于承包人，根据该条规定的精神，发包人也可以请求参照合同约定支付工程价款。

三、发包人能否请求按照合同约定以外的方式进行结算

天同律师认为，从平等保护发包人和承包人、维护诚信原则和节约诉讼成本等方面考虑，既然未赋予承包人选择工程结算方式的权利，那么发包人也不应受到偏袒，即在施工合同无效、工程竣工验收合格的情况下，发包人原则上也只能请求参照合同约定进行结算，其主张按照合同约定以外的方式进行结算的，不应予以支持。

招投标瑕疵的建设工程施工合同是否有效

◎张小健

实践中，当事人之间通过下述方式达成建设工程施工合同关系的情形较为常见：(1)未履行招标投标程序直接签署施工合同并进场施工；(2)先签署一份施工协议书（以下简称为标前合同）并进场施工，然后补办招标投标手续、签署中标合同。

因此类施工合同产生争议后，当事人向律师咨询时通常存有以下认知或疑问：(1)案涉建设工程项目不属于国家投资，是否履行招标投标程序不会影响合同效力；(2)现行司法解释对无效建设工程施工合同采取有效化处理的裁判模式，合同无效对承包人权益的影响亦不大。

一、必须经过招标的工程项目范围

根据《招标投标法》第 3 条第 1 款第（1）项、《工程建设项目招标范围和规模标准规定》第 3 条和第 7 条的规定，商品住宅（包括经济适用住房）项目以及教科文卫体项目，如施工单项合同估算价 200 万元以上或者项目投资总额 3000 万元以上，则与之相关的施工合同均属于依法必须招标的范畴。而此类施工合同在律师受托处理的建设工程非诉和诉讼业务中占据着非常大的比重。

二、必须招标而未招标，将导致施工合同无效

《最高人民法院关于审理建设工程施工合同纠纷案件适用法律问题的解释》（以下简称《建设工程司法解释》）第 1 条第（3）项规定："建设工程施工合同具有下列情形之一的，应当根据合同法第五十二条第（五）项的规定，认定无效：……（三）建设工程必须进行招标而未招标或者中标无效的。"

《招标投标法》第 55 条规定："依法必须进行招标的项目，招标人违反本法规定，与投标人就投标价格、投标方案等实质性内容进行谈判……影响中标结果的，中标无效。"

根据以上规定，对于依法必须进行招标的项目，如当事人未经招标签订施工合同，则该合同由于应招标未招标而无效；如当事人签订标前合同并进场后，再补办招标手续签订中标合同，则标前合同由于应招标未招标而无效，其后进行的招标行为因事先实质性磋商（即"明招暗定"）而中标无效，进而导致中标合同无效。

需要说明的是，有观点认为，建设工程项目进行招标投标属于行政管理规

定,《最高人民法院关于适用〈中华人民共和国合同法〉若干问题的解释（二）》生效后，不应再适用《建设工程司法解释》第1条第（3）项规定认定施工合同无效。

但是，最高人民法院在“新乡市盛鑫房地产开发有限公司与河南科兴建设有限公司建设工程施工合同纠纷申请再审案［（2013）民申字第884号］、汕头公司与秦浪屿公司建设工程施工合同纠纷二审案［（2011）民一终字第62号］等诸多案件中对此类合同均认定为无效。

可见，依法必须招标的建设工程采取“应招标未招标”“明招暗定”方式签订的施工合同属于无效合同，这一认定标准符合《招标投标法》的明确规定，且为司法实践所普遍支持，在就具体案件进行法律适用时也应采取相同标准。

三、施工合同效力对承包人的影响

（一）对承包人进行保护的前提条件不同

根据《建设工程司法解释》第2条和第3条的规定，施工合同无效的，承包人所完成的建设工程经竣工验收合格后，其要求参照合同约定支付工程价款的主张才会得到支持。

而根据《建设工程司法解释》第16条第3款的规定，施工合同有效时，工程质量不合格仅对承包人有权获得的结算价款（即尾款）数额产生相应扣减的影响。即无效施工合同项下的工程在认定为合格之前，承包人无权请求支付工程款；有效合同项下的工程在认定为不合格之后，对承包人有权获得的工程价款总额相应扣减。

这种差异在案涉工程未完工时发生争议，承包人要求发包人按照合同约定支付工程进度款、主张发包人逾期支付进度款构成违约，而发包人以工程质量问题提出抗辩时体现得尤为明显。

需要特别说明的是，实践中，除了竣工验收备案表，分部分项工程验收记录、单体工程验收记录等工程资料也可以作为承包人请求参照合同约定支付工程价款的依据。

（二）对承包人进行保护的范围不同

对于无效施工合同，承包人有明确的法律依据可以要求发包人向其支付的工程价款仅包括工程成本费用，即构成案涉工程的材料、人工等直接成本。而对于管理费、利润、税金等是否应参照合同约定进行结算支付，目前司法实践中并没有统一的认定标准，也没有形成具有指导意义的主流观点。至于承包人根据无效施工合同提出的支付违约金、滞纳金等主张，司法实践中的主流观点认为不应予以支持。

对此，在江苏南通六建建设集团有限公司与山西嘉和泰房地产开发有限公司的建设工程施工合同纠纷二审案一案的生效裁判文书中，最高人民法院认为："涉案建设工程施工合同无效，发包人基于合同有效主张承包人承担违约责任、赔偿损失没有依据……发包人若认为因合同无效承包人给其造成损失，可另寻法律途径解决"；在四川省邛崃市川康建筑工程有限责任公司等与西藏世邦投资有限责任公司建设工程施工合同纠纷再审案等案件中，最高人民法院均仅支持了承包人诉请中有关涉案工程成本费用的支付请求，而对于管理费、利润、税金等则认定为无效合同项下的损失，判由发包承包双方按照过错分担。

（三）无效合同，承包人还是否享有工程款优先权

对于承包人可否基于无效合同对其完成的建设工程主张享有优先权，实践中包括最高人民法院在内的主流观点对此持肯定态度。但是也有地方法院持有不同观点，并且广东、江苏等地的高级人民法院的指导意见甚至明确规定施工合同无效时，承包人主张工程款优先受偿权的，人民法院不予支持。

（四）标前、中标合同均无效时，按实际履行进行结算

虽然《建设工程司法解释》第21条规定"当事人就同一建设工程另行订

立的建设工程施工合同与经过备案的中标合同实质性内容不一致的，应当以备案的中标合同作为结算工程价款的根据”，当事人因施工合同发生纠纷后，也经常主张适用该条文将中标合同作为涉案项目的结算依据。但是，在司法实践中对该条司法解释进行理解和把握时，是以中标合同有效作为适用基础的。在标前合同和中标合同均属无效时，确定结算工程价款时不能适用该条司法解释以中标合同作为依据，而应采用双方实际履行的合同。

对此，最高人民法院在长春永信集团汽车贸易有限公司与四川星星建设集团有限公司的建设工程施工合同纠纷审判监督案、浙江环球房地产集团有限公司与浙江圣华建设集团有限公司与阜阳市环球房地产开发有限公司的建设工程施工合同纠纷二审案、山东日建建设集团有限公司与日照君泰房地产（集团）有限公司建设工程施工合同纠纷申请再审案等案件中均支持了以上观点。

以上是我们对“应招标未招标”“明招暗定”两类施工合同所涉法律问题和最高人民法院对此类案件裁判思路的简单梳理和归纳，难免有所缺漏，供大家参考。

未经批准的矿业权转让合同，如何判断合同效力

◎欧阳春

凡涉合同纠纷，首当审查合同效力。一般而言，合同自成立时即生效，但法律、行政法规规定应当办理批准、登记等手续生效的，依照其规定。实践中，因市场变化、利益驱使或其他原因，致使未能办理相关批准手续的案例屡见不鲜，此情形下，是否属于违反法律和行政法规的强制性规定？合同是有效、无效或未生效？又当如何辨别、判断和处理，问题并非那么简单。本文试以一矿业权转让合同为例，进行初步探究，并与诸位同行分享。

一、案情概要

2010年，神龙公司取得某矿区探矿权证，而后与仙凤公司签订《合作勘探及开采合同》。约定共同设立龙凤公司（已成立），神龙公司占股10%，负责为龙凤公司办采矿证、生产许可证等全部证件；仙凤公司占股90%，负责生产经营（及）所需全部资金，含办证费用及注册资金，并补偿神龙公司1000万元勘探费；双方按占股比分成，且神龙公司有权按销量收取固定提成。嗣后，在该合同未经相关部门批准的情况下，龙凤公司对煤矿进行了开采。

2011年，神龙公司向法院起诉，提出根据《探矿权采矿权转让管理办法》（以下简称《管理办法》）第10条规定，矿业权转让合同，应自批准之日起生效，但案涉合同至今未经批准，故请求确认合同无效。

二、观点争锋

（一）合同有效

1.《合同法》44条第2款虽规定法律、行政法规规定应当办理批准、登记等手续生效的，依照其规定，但根据《物权法》第15条规定，不动产物权合同在成立时生效，“法律”另有规定的除外。按照新法优于旧法的原则，合同效力界定的法律依据已变为“法律”，而《管理办法》系“行政法规”，应排除适用，故合同有效。

2. 根据《合同法》第52条及《最高人民法院关于适用〈中华人民共和国合同法〉若干问题的解释（二）》[以下简称《合同法司法解释（二）》]第14条规定，必须是违反“强制性规定”，并且是效力性强制性规定，方可导致合同无效，而《管理办法》第10条应为管理性强制性规定，故即使合同未经批准，并不导致无效。

3. 法律并未禁止矿业权人通过签订合同方式引进资金、进行合作勘查或开采，且案涉合同为双方真实意愿表达，不损害国家及社会公共利益，根据一贯以来鼓励市场交易、尊重当事人自治、维护交易安全的司法精神以及 2014 年《最高人民法院关于依法平等保护非公有制经济促进非公有制经济健康发展的意见》的规定，对法律、行政法规规定应当办理批准、登记等手续生效的合同，应当允许当事人在判决前补办批准、登记手续，尽量促使合同合法有效。

（二）合同成立但未生效

1.《合同法》第 32 条规定：当事人采用合同书形式订立合同的，自双方当事人签字或者盖章时合同成立。并且，案涉合同并不存在《合同法》第 52 条所规定的合同无效情形，故虽未经批准也只是欠缺生效要件，但不欠缺成立要件。因此，双方就矿业权转让事务达成一致意思表示时，合同即行成立。

2. 本案情形明确符合《最高人民法院关于适用〈中华人民共和国合同法〉若干问题的解释(一)》[以下简称《合同法司法解释(一)》]第 9 条之规定：法律、行政法规规定合同应当办理批准手续，或者办理批准、登记等手续才生效，在一审法庭辩论终结前当事人仍未办理批准手续的，或者仍未办理批准、登记等手续的，人民法院应当认定该合同未生效。

（三）合同无效

1. 根据《矿产资源法》第 6 条规定，矿业权转让，应经依法批准，否则不得转让；根据《管理办法》第 10 条规定，矿业权转让合同，应自批准之日起生效。上述规定系效力性禁止性规定，而案涉合同至今未经批准，故根据《合同法》第 52 条，属于违反法律和行政法规的强制性规定，应为无效合同。

2. 根据《合同法司法解释（一）》第 9 条规定，在一审法庭辩论终结前该合同仍未办理批准手续的，应当认定该合同未生效。所谓未生效，自然意味着不可能有效，意味着其未得到法律的肯定性评价，从法律后果而言，法院不可能判决合同强制履行，甚至是撤销或解除。因此，合同未生效，实质即是无效或应视为无效。

3.《矿产资源法》第 6 条规定：禁止将探矿权、采矿权倒卖牟利。案涉合同约定，仙凤公司负担全部出资，并补偿神龙公司勘探费用 1000 万，而神龙公司不负担任何出资，不参与生产经营，不承担风险，却享有保底利润，实质是在有探矿权的基础上，未经批准，对未来将优先取得的采矿权倒卖牟利。因违反《合同法》第 52 条第（5）项“违反法律、行政法规的强制性规定”，故合同无效。

三、观点评析

（一）关于合同有效

1. 我们认为，本案不能根据《物权法》得出合同有效之结论。虽然采矿权系用益物权的一种，转让矿业权的合同系转让不动产物权的合同，但物权行为效力不影响债权行为效力，案涉合同是否有效，仍要看债权转让行为是否合法。并且《物权法》第 15 条规定“法律另有规定除外”中的“法律”，理应包括《合同法》在内，两者并不冲突排斥，而可相互衔接。故本案仍可根据《合同法》第 44 条适用“行政法规”，即《管理办法》来判断合同效力。

2. 我们认同，“批准生效”应为管理性强制性规定。目前理论界和实务界的通说认为：当法律、行政法规明确规定违反该规定将导致合同无效或不成立的，或虽未作出上述明确规定，但违反该规定时，若使合同继续有效将损害国家或社会公共利益的，属于效力性强制性规定；否则，只是损害当事人利益的，属于取缔性规定，即管理性强制性规定。

具体就《管理办法》而言，根据其第 14 条规定，未经批准，擅自转让探矿权、采矿权的，应责令改正、没收违法所得、罚款、吊销勘查或采矿许可证。可见，违反上述强制性规定的，其法律后果为相关行政处罚，而非否定其民商法上的效力。即使转让合同生效，也不必然导致损害国家或社会公共利益；并且“登记批准”针对的应是履行行为，而非缔约行为，否则所有转让合同尚未批准之前都构成行政违法。故其应为管理性强制性规定。

3. 我们认为，法律虽规定鼓励交易，促进合同有效，但并不能从中直接推导出“未经批准，合同有效”之结论。故是否有效，仍需结合具体案情和其他法律规定而定，详见后述分析。

（二）关于合同成立但未生效

1. 我们认为，仅就“未经批准”这一事项而言，合同成立但未生效，系效力待定状态。对此，《合同法司法解释（一）》第 9 条已作出明确规定，无需论证。需强调的是，合同“成立”和“生效”属于事实判断，但并不等于说合同就“有效”，后者属于法律价值判断。“登记批准”行为，实质为国家行政权力透过法律干预经济、社会秩序的表现形式，涉及国家宏观政策、产业规划调整等公法领域。对于未生效合同，法院如直接认定其有效，可能诱使当事人消极对待审批事项，导致冲击、干预行政权。

2. 我们认为，合同未生效，只涉及其中需报批准的合同条款，而无需报批准的合同条款已生效。一般而言，矿业权转让合同的内容通常可分为两部分：对于直接涉及转让或受让矿业权的条件、资质、交付方式等条款，其需要相关行政部门批准，如未经批准则未生效。但是，其中的履行报批义务、争议解决等条款具有相对独立性，无需批准自成立时即生效。对此可参照《最高院关于审理外商投资企业纠纷案件若干问题的规定（一）》第 1 条之规定：合同因未经批准而被认定未生效的，不影响合同中当事人履行报批义务条款及因该报批义务而设定的相关条款的效力。

但需指出，对案涉合同而言，目前法律并未对此作出明确规定，出于司法慎重的态度，避免越权干涉行政及难以强制执行等考量，实践中，法院并不轻易判决转让方继续履行报批义务，而更倾向于用返还财产，并按过错程度赔偿对方损失的解决方式。

（三）关于合同无效

1. 我们认为，案涉合同“未经批准”并不违反效力性禁止性规定，故并不因此而无效。（参见前述，不再赘述）

2. 我们认为，案涉合同“未经批准”未生效，但并非无效或应视为无效，两者不可等同：其一，合同未生效为事实判断，对应的是合同生效；而合同无效为法律价值判断，对应的是合同有效。其二，合同未生效主要是因未经批准，但却可以转化为生效和有效；而合同无效则因其具有违法性，根本不能转化为有效。简言之，“未经批准”不代表一定不能通过批准，亦不代表直接违反效力性强制性规定，故合同效力处于待定状态。（解决方式可参见前述，不再赘述）

3. 我们认为，案涉合同“未经批准”，虽不导致无效，但因具有其他违法情形，在司法实践中可被认定为合同无效。本案中存在两个细节需要关注：一是在神龙公司仅有勘探权证并无采矿权证的情况下，双方签订了《合作协议》，并对煤矿进行了开采，涉及对国家所有的矿产资源造成非法侵害，可能导致合同无效；二是案涉协议约定仙凤公司负担全部出资，并支付神龙公司勘探费 1000 万，而神龙公司不负担任何出资，不参与生产经营，不承担风险，却享有保底利润；该情形可否认定为“在有探矿权的基础上，对未来将优先取得的采矿权倒卖牟利”，尚值得商榷，因为将来能否取得采矿权证，本身是未知数，并且取得采矿权证后，亦不排除能被行政管理机关正当批准而转让的可能。

但司法实践中，如果当事人签订承包合同，约定将矿山全部或者部分承包给他人进行采矿，由承包人交纳一定数额的费用，开采出来的矿产品由承包人享有，由承包人自负盈亏、独立核算，可以视为以承包方式擅自转让矿业权，人民法院应当认定合同无效。而案涉合同形式虽为合作协议，但实质符合上述情形，故可认定为以承包方式变相转让矿业权的行为，违反了《矿产资源法》第 6 条第 1 款第（2）项、第 3 款“经依法批准可以将采矿权转让他人采矿”“禁止将探矿权、采矿权倒卖牟利”的规定，并违反《管理办法》第 15 条不得以承包等方式擅自将采矿权转给他人进行采矿之规定，属于违反法律强制性规定，应认定为合同无效。

四、参考案例

（一）最高人民法院（2013）民抗字第 17 号判决书

法院认为：当事人签订《承包合同书》，将采矿权以承包方式转给他人开采经营，违反了《矿产资源法》第 6 条第 1 款第（2）项、第 3 款的规定，属于违反法律强制性规定，应当认定为合同无效。对此双方均有过错，应当各自承担相应的责任及损失。

（二）青海省高级人民法院（2015）青民二终字第 83 号判决书

法院认为：双方签订的《矿山合作协议书》，一方提供采矿权收取受益金，另一方负责出资，并独立生产、管理、承担亏损，违反了《矿产资源法》第 6 条第 1 款第（2）项、第 3 款，并违反《管理办法》第 15 条之规定，本案当事人的合作经营属于以承包方式变相转让矿权的行为，属于违反法律强制性规定，应认定为合同无效，对此双方都有过错的，应当各自承担相应的责任。

（三）甘肃省高级人民法院（2012）甘民申字第 128 号裁定书

法院认为：矿产资源属于国家所有，并且从事矿产资源勘查和开采的，必须符合规定的资质，管委会在不具备采矿权证的前提下，将矿发包给个人，损害的是国家及社会公共利益。并且违反了《矿产资源法》第 6 条第 1 款第（2）项、第 3 款规定，依据《合同法》第 52 条第（5）项的规定，属于违反法律强制性规定，应认定为合同无效，对此双方都有过错的，应当各自承担相应的责任。

（四）广西省高级人民法院（2014）桂民提字第76号判决书

法院认为：《矿产资源法》规定：禁止将探矿权、采矿权倒卖牟利。所谓倒卖牟利，指通过各种渠道取得探（采）矿权证后，不进行任何投资，立即高价卖出，以谋取高额收益。而本案中一方取得采矿权后投入资金负责办理相关手续，协调当地关系，仍实际控制着矿产品的生产、销售，而另一方获得的仅为相应的劳务费用。故双方之间的协议并未违反法律法规规定，应合法有效。

如何认定委托质物监管合同的性质及质物是否存在

◎石　睿

委托质物监管是一种整合了融资企业、物流企业，金融机构等多方资源及机构的业务模式，其设计初衷是为了加强企业融资能力，实现多方共赢。从金融机构角度，由于其缺乏对贸易、仓储行业的了解，直接占有质物的成本和风险均较大，将质物监管委托给专业的物流企业相当于用较低的成本设立防火墙。但是，由于金融机构在开展贸易融资业务时大量采用委托质物监管的法律设计，导致有些企业开始以拓展金融物流、质押监管等新兴业务为名，利用制度漏洞，虚构质押关系从银行套取资金，从而引发了大量纠纷。本文结合实务案例，为您分析委托质物监管合同的性质，并对质物是否存在认定标准作出解读。

一、案例

为获取银行贷款，A公司将其存放于B公司仓库的玉米质押给银行。同时，银行、A公司与C公司共同签订《动产质押监管协议》，约定银行委托C公司负责质押玉米的监管，如果因监管不善导致玉米灭失，C公司向银行承担赔偿责任。为履行监管义务，C公司与B公司签订《仓库租赁及委托作业协议》，约定C公司租用B公司仓库用于质押玉米监管，B公司协助C公司进行质押玉米的进出库及库内作业，如B公司未经C公司同意而强行出库，应向C公司承担赔偿责任。在监管过程中，C公司多次向银行出具书面文件，确认质押玉米状态良好。

A公司未能按时偿还贷款，银行申请执行质押玉米，却发现质押玉米并不在库中，银行起诉C公司根据《动产质押监管协议》承担损害赔偿责任。C公司主张，其与银行之间是委托而非仓储保管法律关系，且A公司从未交付质押玉米，《动产质押监管协议》并未实际履行，其无需承担损害赔偿责任。

二、关于委托质物监管合同的法律性质

委托质物监管并非《合同法》明确规定的有名合同，就其法律性质通常有三种观点：一是委托合同法律关系；二是仓储保管法律关系；三是复合法律关系。

有观点认为，从行业惯例看，委托质物监管合同的监管人通常并不实际占有和控制监管物，其主要义务在于帮助质权人监督实际仓储方的仓储保管工作；从合同条款看，委托质物监管合同通常约定，监管人受质押人之托或

作为其代理人履行监管职能，故其性质应为委托合同法律关系。[①]

有观点认为，在委托质物监管法律关系中，监管人通常对监管物负有妥善保管的义务。监管期间，除不可抗力事件或合同特别约定外，质物毁损灭失或变质、短少、受污染的，监管人应承担赔偿责任。因此，即使监管协议中出现监管人作为质权人的代理人代为监管质物的表述，也不影响质押监管协议的整体内容所反映的是保管合同法律关系的性质。[②]

也有观点认为，保管合同是保管人保管寄存人交付的保管物，并返还该物的合同，在委托质物监管合同中，监管人的合同义务不限于保管质物，还包括承担验明质物、监管质物等义务，与保管人在保管合同项下承担的义务有所区别，应视为复合法律关系，案由可直接立为监管合同纠纷。[③]

就前述案例，我们认为，银行与C公司之间应成立仓储保管法律关系。在具体个案中，虽然法律关系的性质应结合合同约定分别判断，但从最高人民法院处理相关案件的司法态度来看，委托质物监管多数会被认定为仓储保管法律关系。

三、关于质物是否存在的认定标准

就前述案例而言，质物是否存在关系重大。如果质押玉米自始不存在，根据《担保法》第64条第2款规定，质权因未完成交付而不能成功设立，C公

---

① 参见蓬达公司在其与中国工商银行股份有限公司淄博分行等保管合同纠纷案中的主张，案号：最高人民法院（2013）民申字第591号。

② 参见中国外运河南公司、中国工商银行股份有限公司息县支行与中国外运河南公司、中国工商银行股份有限公司息县支行保管合同纠纷申请再审案，案号：最高人民法院（2015）民申字第230号。

③ 参见中储发展股份有限公司大连分公司、中储发展股份有限公司与中国民生银行股份有限公司大连分行监管合同纠纷申请再审案，案号：最高人民法院（2013）民申字第138号。

司也无需就质物监管合同承担违约赔偿履行。

在司法程序中，“查明事实真相”是指法院根据证据寻找可以被法律程序认可的真实，也就是“法律真实”。所以，对质物存在情况的认定只能以对证据的认定为基础。也就是说，质物是否存在很大程度上取决于法院所采取的证明标准。而根据我们的观察，法院在审理委托质物监管纠纷案件时，采取的证明标准并不完全一致。

在有些案件中，法院采取“形式审查标准”，仅根据当事人间的书面函件就对质物是否存在作出认定。例如，在中储发展股份有限公司大连分公司、中储发展股份有限公司与中国民生银行股份有限公司大连分行监管合同纠纷申请再审案［案号：最高人民法院（2013）民申字第138号］中，法院认定，中储大连分公司作为保管人负有验明质物无误并出具查询回执的义务，因此，其盖章确认的《查询及出质通知书（回执）》能够证明质物已经存在。在有些案件中，法院采取“实质审查标准”，不但审查当事人之间的文件往来，而且审查质物的来源、运输及出入库等各环节。

法院采取“形式审查标准”具有其合理性：首先，委托质物监管通常发生在商主体之间，采取“形式审查标准”符合商事外观主义的精神；其次，既然监管人已就质物监管出具书面文件，则无论质物是否实际存在，其也应当对其行为承担责任。另外，采取形式审查标准更有利于金融机构回收债权。

尽管“形式审查标准”具有诸多合理性，我们依旧认为，在审理委托质押监管合同纠纷中，采用实质审查标准更为适当，具体理由如下：

第一，如果不对质物存在进行实质审查，可能导致实际用款人脱责。在前述案例中，假设A公司伙同C公司人员出具虚假文件证明质物存在，如果法院不进行实质审查而仅根据书面文件确认质物存在，则A公司可能既无需向银行返还贷款，又不用承担赔偿责任。

第二，如果不对质物存在进行实质审查，可能导致司法资源浪费。在前述案例中，假设A公司伙同C公司人员出具虚假文件证明质物存在而法院对此又未进行实质审查，则C公司只能先承担赔偿责任，然后另诉A公司侵权，可能使原本可以在一个案件中能够解决的问题被拆分为两个案件，进而造成司法资源的浪费。

第三，如果不对质物存在进行实质审查，可能导致不同程序认定事实冲突。从目前情况看，大量委托质物监管合同纠纷涉及民刑交叉。在前述案例中，假设A公司伙同C公司人员出具虚假文件证明质物存在，如果法院不进行实质审查而仅根据书面文件确认质物存在，则可能出现法院认定结论与公安机关侦查结果不符的情况，进而影响判决的公信力。

第四，从长远来看，如果不对质物存在进行实质审查，则可能导致监管人承担责任的风险加大，影响其开展委托质物监管业务的积极性，进而影响此类业务的发展。如前所述，委托质物监管是一种整合多方资源优势的业务形态，法律人应当在既有法律框架下探索有利于其整体健康发展的纠纷解决方式，而不应简单化处理。

法院对现金交付的效力认定

◎孟也甜

在日常交易中，支付款项的方式多种多样，而最为传统的交付现金方式，恰恰在司法实践中面临最多争议。“一手交钱”的模式进入诉讼中，遭遇了当事人举证难、法院认定难的双重难题。针对现金交付这一争议焦点，天同律师查阅了200余例最高人民法院、各地高级人民法院的相关案件，尝试就此问题进一步探析法院的审判思路和价值倾向。

一、案件审理中的“烫手山芋”

以“现金交付”为案件争点的情况，多见于民间借贷、买卖合同、商品房销售合同等纠纷中，其中又以民间借贷纠纷最为集中。

以民间借贷案件为例，出借方主张以现金方式交付款项，但只有《借款协议》《借据》《收条》的孤立证明。更棘手的是，在证据有限的情况下，借款的来源复杂，部分借贷还会通过其他合同关系掩盖借贷关系，或将利息约定在本金中事先扣除，导致借据金额与实际借款金额不同等。法院对现金交付款项的挖掘，直接影响着对借贷关系是否成立的认定。

2013 年 10 月，最高人民法院发布了《关于审理民间借贷案件适用法律若干问题的规定(征求意见稿)》,其中关于民间借贷的事实审查问题拟规定为:“人民法院审理民间借贷案件，应当根据借贷金额大小、款项交付、贷款人的经济能力、当地或者当事人之间的交易方式、交易习惯等因素，综合判断借贷事实是否发生。”[①] 从中虽可窥寻法院在认定支付情况的侧重角度,但显然太为笼统，笔者认为有必要通过判例对之进行填充。

二、少量案件认可现金交付效力

在笔者梳理的案件中，认可现金交付效力的判决屈指可数。但对于这少数几个案例的分析，有助于明晰法院的审查方向，为律师在代理同类案件时挖掘

---

① 该意见稿条文后正式公布为《最高人民法院关于审理民间借贷案件适用法律若干问题的规定》第 16 条第 2 款："被告抗辩借贷行为尚未发生并能作出合理说明，人民法院应当结合借贷金额、款项交付、当事人的经济能力、当地或者当事人之间的交易方式、交易习惯、当事人财产变动情况以及证人证言等事实和因素，综合判断查证借贷事实是否发生。"

事实及组织证据提供线索。

（一）付款方证明交付关系及内容存在；收款方有异议的，需对此举出反证

在现金的交付一方能够提供双方相关合同、协议作为其交付现金的基本证明，并对交付细节，诸如时间、地点、清点现金过程、现金运输方式等作出逻辑自洽的描述时，便初步完成了其举证责任。此时，如果借款人反驳对方主张，则需要另外举证证明。

1. 付款方完成初步举证责任。在（2013）民一终字第61号判决中，最高人民法院改判认可了民间借贷案由下现金支付的事实："本院认为，在现金交付的民间借贷纠纷中，出借人提出相应证据，证明双方之间存在借贷关系及借贷内容，并就借款用途、资金来源、交付细节等进行合理陈述的情况下，借款人否认借贷事实和借贷关系，应当举证推翻出借人的证据和主张，或者就其反驳主张提供相应证据。借款人不能完成上述举证责任的，应当承担相应的不利后果。"

2. 推翻形式合法的借据、收据，收款方需承担举证责任。存在现金支付的案件中，书面证据相对薄弱，只有收款方签具的《借据》等孤证。收款一方企图以存在欺诈、胁迫等情形，否认对方已经付款的事实。但在已有表面证据的前提下，异议方需要完成更高的证明标准。

最高人民法院（2013）民申字第983号再审案件中，债务人以自己是在对方暴力威胁下被迫出具《还款计划》，却没有收到任何款项为由，申请再审。最高人民法院认为，该公司在《还款计划》上盖有真实公章，对真实性无异议；而暴力、胁迫的情况也未有充分证据证明，也未法定期间内撤销。加之，双方在《还款计划》之前存在多笔还款往来，此时出借人无需再进一步提供双方资金往来凭证，已完成了对现金支付行为的证明责任。

各省高级人民法院对于有表面证据支持存在支付行为，而一方主张存在欺诈、胁迫情况的，基本审判思路与最高人民法院一致。如在安徽省高级人民法院（2013）皖民二终字第00092号判决中，中航公司称“借条系在欺骗的情况下书写”，但其在本案诉讼中并未提供相应的证据予以证明，相反，在双方约定的借款期限届满后，中航公司通过银行转账向李某偿还借款计270万元，故法院并未对受欺诈的事由作出认定。

（二）除借据、收据外，存在其他证据证明现金支付的可能

审判中，法院对现金支付产生的可能性十分关注，这对付款方意味着更高的证明标准。比如，大额现金的交付可能、当事人是否便于交付现金等。

1.合同对交付方式有约定。一般情况下，对于百万以上的现金支付，其认可概率远远低于小额支付。但在（2010）民一终字第13号案件中，最高人民法院认可了付款方支付现金达960万元的事实。理由是双方约定支付订金6360万元部分为现金，部分为汇款，且收款方也出具了《收款收据》，其对收据本身的真实性没有异议，收款方也无充分证据推翻该《收款收据》。故付款方以现金形式支付960万元购房订金，符合合同约定。

本案中，法院充分考虑了现金支付方式在双方约定和结合案情的合理性和可能性，进而对现金支付事实作出肯定性认定。

2.付款方有支付能力。大量案件中，法院不认可现金支付的效力原因在于认为现金支付来源、支付能力存疑。因此，付款方对大额现金的“支付能力”也成为法院的审查核心。

在广西壮族自治区高级人民法院审理的（2013）桂民一终字第4号案件中，收款方认为双方有大量往来通过银行转账交易，而出借人居住在外地，不方便、也不适合携带大量现金，进而否认对方的支付行为。而法院结合双方过往的交易情况，认为付款方“在银行有存款1亿元的事实，不能否认周某具有支付110万元现金的能力”，再结合双方的《合作意向书》，认为“带有一定的商业融资性质，因此，双方发生大额的借款行为并不违反商业活动的一般特征”。

1亿元与110万元的对比，立竿见影地体现出了付款方的支付能力。通常情况下，法院还会根据现金支付金额的大小，具体询问当事人其现金来源，综合判断付款一方是否真实具备支付能力，进而对支付事实作出肯定。

3. 存在过往的交易习惯。《最高人民法院关于适用〈中华人民共和国合同法〉若干问题的解释（二）》第 7 条认为 ："交易习惯"是指在交易行为当地或者某一领域、某一行业通常采用并为交易对方订立合同时所知道或者应当知道的做法，或者指当事人双方经常使用的习惯做法。而在习惯中，律师则需要帮助当事人寻找能够证明在某地、某行业范围内"通常采用"的相关做法，来证明现金支付的合理性。

比如，在上海市高级人民法院审理的一起损害公司利益责任纠纷案件中，公司称邝某侵吞大量公司钱款。而法院在传唤该公司财务人员后，查明该公司为避免缴纳个人所得税，很多劳务费用均以现金支付。法院认为，劳务费是现金支付等陈述也与酒吧经营的特点相符。当现金交付符合双方惯常交易习惯时，则可以得到法院的认可。

三、大部分案件的现金支付事实未被法院认可

在大量现金支付情况未被认可的案件中，法院的理由集中在"不符合交易习惯""不符合常理""前后矛盾"上。天同律师认为，对一些典型情景加以把握，可以在未来案件代理过程中，着力攻克这些难点，更好地维护当事人合法权益。

情景一：小额资金银行汇款，大额资金现金支付

最高人民法院（2013）民申字第 1316 号案件中，法院对当事人的支付能力、交易习惯作出了质疑，认为："从某公司提出已向焦某支付款项的方式看……其给付焦某 49999 元款项时是通过银行汇款方式支付，而相对于 200 万元的大额款项却采用现金支付，不符合其交易习惯。"

情景二：关系疏远 / 商人思维，却进行现金交付

在浙江省高级人民法院（2013）浙商外终字第 47 号案件中，付款方称自己将 550 万元交由朋友支付给收款方。法院认为，付款方的陈述不符常理，双方“并不直接认识，双方借款关系缺乏巨额现金转交他人交付的信任基础”“做资金生意，则其对借款往来理应比普通人更重视交付凭证……历史交易明细也反映其有巨额资金银行转账的交易习惯”。

情景三：虽有借条，但前后表述矛盾

民间借贷案件在江苏、浙江、福建、广东等地数量极多，法院在判决中常常利用当事人自己的叙述来否认其表面证据的真实性，进而否定现金交付的存在。

如福建省高级人民法院在（2013）闽民终字第 478 号案件中认为，“上诉人认为另外 10 万元系在《借条》出具当日以现金支付给孙某的，但未能提供证据支持。且上诉人在本次一审庭审中改变了其在原一审庭审中关于讼争借款 80 万元系现金交付某、转账 70 万元给第三人系另一借贷关系的陈述，两次陈述存在重大出入，上诉人对此未能合理解释”，进而对付款人的现金支付主张不予支持。

表面上看，法院对案件中现金支付的事实的认定标准很高，但实际上是因部分借据数额与实际借款有出入而重点查明事实，更是为了避免当事人以现金支付为由制造虚假诉讼、侵害第三人利益。

四、现金交付的举证责任与证明标准

在研究相关案例后，天同律师发现，各地法院针对不同数额的现金支付案件，举证责任分配的倾向各不相同。针对这种倾向，一些观点认为，对于小额借款，出借方只需提供借条即可，无需进一步证明借贷关系真实存在，而将举

证责任推给收款人。

但天同律师认为，不应因金额不同而改变对现金交付事实的举证责任分配，而应提高或降低具体的证明标准。比如，对于小额借贷，考虑到出借人一般都具有支付能力，只要出借人提供借据并作出合理解释的，便可视为出借人已经完成举证责任，认定借款事实存在。但对于动辄百万、千万的大额款项，则需要进一步审查出借人的支付实力、借款人的偿付能力、双方交易往来等因素综合判断。

实践中，在《浙江省高级人民法院关于审理民间借贷纠纷案件若干问题的指导意见》第 17 条、《上海市高级人民法院关于审理民间借贷合同纠纷案件若干意见》第 2 条等规定中，也采取相同的观点。

《浙江省高级人民法院关于审理民间借贷纠纷案件若干问题的指导意见》（浙高法〔2009〕297 号）第 17 条规定：……法院应当根据现金交付的金额大小、出借人的支付能力、当地或者当事人之间的交易方式、交易习惯以及借贷双方的亲疏关系等诸因素，结合当事人本人的陈述和庭审言辞辩论情况以及提供的其他间接证据，依据民事诉讼高度盖然性的证明标准，运用逻辑推理、日常生活常理等，综合审查判断借贷事实是否真实发生。必要时，法院可以依职权进行调查取证。对金额较小的现金交付，出借人作出合理解释的，一般视为债权人已经完成行为意义上的证明责任，可以认定借贷事实存在。对于金额大小的界定，鉴于本省各地经济发展状况、出借人个体经济能力存在差异，可由法官根据个案具体情况裁量。

《上海市高级人民法院关于审理民间借贷合同纠纷案件若干意见》（沪高法民一〔2007〕第 18 号）规定：对于小额借款，出借人具有支付借款的能力，如果当事人主张是现金交付的，除了借条又没有其他证据的，按照交易习惯，出借人提供借据的，一般可视为其已完成了举证责任，可以认定交付借款事实存在。而对于大额借款，涉及几十万甚至几百万的金额，当事人也主张是现金交付，除了借条没有其他相关证据的，则还要通过审查债权人自身的经济实力、债权债务人之间的关系、交易习惯及相关证人证言等来判断当事人的主张是否能够成立，仅凭借条还不足以证明交付钱款的事实。

五、结语

天同律师认为，针对实践中法院对现金支付情节的审查重点，律师可协助当事人在以下方面加强举证：

1. 证明现金交付的原因、用途；

2. 证明现金交付的时间、地点、现金清点过程、运输方式等交易细节；

3. 证明双方亲疏关系存在现金交付的信任基础或当地、该行业、该交易模式下存在现金交付的习惯；

4. 证明付款人具备相应金额的充足支付能力或其他可能性。

借新还旧保证人免责的适用范围与裁判思路

◎刘 欢

借新还旧是实践中经常使用的一种借款展期方式，借新还旧情形下，通常涉及保证责任如何承担的问题。本文为您梳理了借新还旧规则的适用范围等问题，与大家分享讨论。

债务人与债权人协商一致将贷出的新资金直接用于偿还旧借款的，如果前后两笔贷款并非同一保证人，则新贷款的保证人面临极为不利的情况，其担保的借款一经贷出立即归还到债权人处，不能被用于生产经营以提高债务人资力，因此，极有可能新债到期后债务人无能力清偿。一方面，保证人需承担责任；另一方面，保证人再向债务人追偿难度很大。所以，《最高人民法院关于适用〈中华人民共和国担保法〉若干问题的解释》（以下简称《担保法解释》）第39条规定："主合同当事人双方协议以新贷偿还旧贷，除保证人知道或应当知道的外，保证人不承担民事责任。新贷与旧贷系同一保证人的，不适用前款的规定。"

我们收集整理了涉及借新还旧问题的司法裁判案例，归纳出该条款在适用范围以及裁判尺度上的相关规则和思路。

一、借新还旧保证人免责规则的适用范围

（一）适用于民间借贷

在传统观念中，借新还旧主要出现于金融机构贷款。金融机构为消灭逾期贷款，普遍采用"签订新的贷款合同，以贷出的新款项清偿旧贷"的形式进行清收。因此，司法实践中，有法院认为《担保法解释》第39条仅适用于金融机构贷款，进而否定在民间借贷中保证人依据该条款主张免责。

我们认为，第39条的适用不应局限于金融贷款。首先，在实践方面，企业间的借贷已经得到司法实践认可，普通企业作为债权人亦可利用"借新还旧"的形式处理财务问题。更有甚者可能为追逐利益产生欺诈保证人的意思。即民间借贷中极有可能出现借新还旧的情况。其次，从制度目的来看，第39条旨在确保保证人在信息完全对等的情况下审时度势，对是否担保作出理性的价值判断。民间借贷的保证人与金融贷款的保证人应得到同样的司法保护。最后，根据我们检索的案例，最高人民法院认可将该条款适用于民间借贷。例如，在

淄博金海岸公司与卢翠丽、齐建军民间借贷纠纷案［案号：（2014）民申字第1711号］中，各方主体均非金融机构。其中，保证人淄博金海岸公司申请再审称，债权人与债务人借新还旧，主张免除保证责任。最高人民法院适用《担保法解释》第39条，认为原审并未查清保证人是否“知道或应当知道”借新还旧的事实，裁定再审该案。明确认可在民间借贷中适用第39条。

（二）适用于抵押人

《担保法解释》第39条条文本身明确该条款适用于保证人。但我们认为，提供抵押或质押的担保的第三人，同样应有权利依据该条款主张免责。原因在于，借款人借新还旧无论对抵押人还是保证人而言，都有可能改变其提供担保时对担保风险的预期，加重担保责任，理应平等保护。例如，在中国农业银行股份有限公司博尔塔拉分行与新疆新诚基饮服培训商贸有限责任公司、阿拉山口天任贸易有限公司金融借款合同纠纷案［案号：（2014）民提字第136号］中，最高人民法院认为：“单纯从文义上看，该条规定是对保证担保所设，但在以第三人财产设定抵押的情形下，抵押担保法律关系在主体、内容、目的、效果等方面与保证担保的特征相近似，在司法解释未对借新还旧中抵押人的责任承担问题作出明确规定的情形下，《担保法解释》关于保证的相关规定可比照适用于抵押。”

二、何时认定保证人应当明知借新还旧

《担保法解释》第39条规定：“……除保证人知道或应当知道的外，保证人不承担保证责任。”其中，如何判断“保证人知道或应当知道”，需要依据具体情况，也是法官行使裁量权的重点和案例研究的焦点。“天同码”“以贷还贷”项下21例案件均直接针对如何判断“保证人知道或应当知道”这一要件。我们对其中几种典型情况进行了归纳和总结。

（一）保证人事先承诺允许变更用途

很多保证合同或借款合同中，保证人承诺允许债务人变更借款用途。例如，约定“对借款方转移贷款用途等违反本合同的行为承担连带责任”，或者约定“除展期及增加借款金额外，无需征得保证人同意，保证人仍在变更后的保证范围内承担保证责任”。偿还旧贷款可以视为是使用贷款的一种方式，而此类约定等同于保证人事先许可债务人所有的用款方式，当然也包括借新还旧的情况。因此，虽然约定中没有直接指向借新还旧，但是可以代表保证人对这一情形的认可，即应当继续承担保证责任。

（二）保证人与债务人关系密切

为他人提供连带责任保证通常基于利益的对换或密切的联系。第二种情形下，法院有理由认为保证人对债务人的一切商业行为应当是明知的，甚至是参与决策过程的。此时可以推定保证人明知以贷还贷。根据以往裁判思路，密切联系包括保证人与债务人是关联企业、保证人与债务人有上下级主管单位关系、保证人与债务人的法定代表人同一等情况。

相反，第一种情况下，保证人提供担保可获取对等的利益，此时保证人对债务人并无深入了解，更不必然知道债务人的借款用途，不能推定保证人明知借新还旧。例如，（2005）民二终字第235号案件中，保证人与债务人是互保关系。最高人民法院认为，债务人与担保人存在互保关系属于正常的商业交易行为，不能由此推定为保证人明知以贷还贷仍提供担保。

（三）从特定名词含义推定保证人明知

新疆富蕴县可克塔勒富桂铅锌矿与中国农业银行环江毛南族自治县支行、广西环江毛南族自治县福利总公司借款合同纠纷案［案号：（2008）民抗字第39号］中，债务人与银行约定的资金用途为“流动资金（存量盘活）”。法院认为，存量盘活是不良贷款的处置方式，其中包含了对原贷款采取延长期限的内容，即包括了借新还旧。如果保证人不清楚此概念含义，应在签订保证合同时充分了解。在不清楚借款确切用途的情况下即为巨额债务提供连带责任保证，不符合社会一般情理。除金融机构专业名词外，实践中例如“换约”等约定也可能被认为是包含了对“借新还旧”的许可。

以上是我们对典型情况的梳理。另需指出的是，目前司法实践中亦有观点认为，借新还旧是一种极为特殊的使用借款的方式，应该特殊对待，需要更具针对性和更为明确的意思表示。保证人笼统地承诺为一切业务担保，允许改变借款用途，并不必然包括允许借新还旧的情况。因此，借贷关系中，债权人和保证人都应该从维护自身利益出发对担保关系作出更明确的约定。

金钱质押"特定化"的裁判规则和律师建议

◎孟也甜

根据《最高人民法院关于适用〈中华人民共和国担保法〉若干问题的解释》（以下简称《担保法解释》）第85条规定，金钱以特户、封金、保证金等形式特定化后，得以设立质押。但目前，立法或司法解释对于何谓"特定化"，尚未有明确定义或具体解释，各地法院对此认定标准不尽一致，导致银行等担保权人的权利无法得到保障。

天同律师整理了近几年最高人民法院、各地高级人民法院的相关案例，探寻法院裁判规则，以防范银行等债权人在设立金钱质押后可能出现的相应风险。

《担保法解释》第85条规定：“债务人或者第三人将其金钱以特户、封金、保证金等形式特定化后，移交债权人占有作为债权的担保，债务人不履行债务时，债权人可以以该金钱优先受偿。”可见，金钱在一定条件下可以成为质押的标的物。但作为一般等价物，金钱货币转移占有即转移所有权，故其需经过“特定化”、从种类物转为特定物，使其所有权和占有权相分离，才能最终实现设立金钱质押的目的。

根据该条规定，实现货币特定化的情形有：将质押的货币封存；将质押的货币存入银行提供的特定保管箱中；将质押的货币存入特定的银行账户等。其中，最常见的是担保人将货币存入特定的银行账户，作为保证金，设立金钱质押。本文着重讨论司法实践中认定保证金质押中金钱“特定化”的条件与标准。

一、账户特定化：与一般结算账户、基本账户相区别

（一）外观上相区别

构成账户特定化，需要在设立初始，让账户的形式外观有别于普通的结算账户，以便于第三人直观的识别，进而获得公示和对抗第三人的效力。比如，特别设立的账户名称含有“机构名称（保证金）”字样等，让第三人能够明确识别该账户资金性质。

在（2013）民申字第2060号案件中，最高人民法院认为：“银行作为具有存款业务的金融机构，将出质人交付的金钱作为质押财产，应当依法将质押金钱放置于专门的账户，并且对任何第三人均能显示出设立质押的外观，否则难以区分该金钱是出质人交付的普通存款还是质押财产。”该案中，该账户“作为贷款发放和支付的专户，仍然属于一般账户的性质”。故尽管存入了相应保证金，但因该账户不属专门的保证金账户，最高人民法院认为，不能达到质押财产特定化的要求。

外观上，名称的特定化毕竟只是形式上的特定化，而在不涉及第三人的情况下，法院可能会更注重该账户的实质特定化，进而对金钱质押效力作出认定。

如在（2013）民抗字第30号案件中，质押人为证券营业部，其提供的账户乃其用于客户交易结算资金专用账户，依法应当单独管理、专户专用。但最高人民法院认为，该质押人"对此明知，却向某支行提供0621账户作为质押账户，并声明存入自有资金5000万元……其违法、违规行为在先……其提供保证及质押的行为，促使某支行与某公司之间完成承兑交易。在某公司不能归还款项的情况发生后，该证券营业部不仅拒绝履行书面承诺的保证责任，反而以自己的质押行为违法、请求人民法院确认无效来推脱应当代为还款的合同义务，有违诚信和公平原则，本院不予支持"。故，虽然是一般账户、非专用账户，但是由于不涉及第三人且质押人明知，最高人民法院认为该保证金质押成立。

（二）功能上相区别

第一，金钱质押要求相应账户的封闭性和独立性，以保障金钱的特定化。这要求保证金账户不能够敞口开放管理或者使用，不能进行一般的结算业务，以避免与一般账户内资金混同。即货币的特定化，要求其只能用于存储"保证金"，不能有任何担保之外的业务往来，必须做到专款专用。

第二，功能上的区别还要求开立账户的银行即质押权人，能够实际控制该账户。因此，很多保证金账户在开户银行的资料显示，该账户不得支取现金、不通存、不通兑。上文中，在（2013）民申字第2060号案件中，最高人民法院否认该保证金质押的效力，亦因为"直至人民法院因另案采取保全措施时，该账户内700万元仍未显示出质押状态或者被采取冻结措施"，故认定该银行质权并未设立，不能对抗第三人。

第三，功能上的特定化还意味着要求账户内"资金特定化"，即要求担保的主债权明确且具体关联，如若存在相应担保外业务，则法院多数将否认该货币质押的特定化，进而否认质押效力。（具体案例在"资金特定化"中进一步谈及）

二、资金特定化：需主债权明确且对应关联性

在设立货币质押时，双方需有设立保证金账户的明确意思表示，且开立相应账户。同时，还应根据《物权法》第 210 条规定，订立书面质押合同，并将被担保债权的种类和数额、履行债务的期限、质押财产的数量、担保的范围、质押财产交付的时间等明确约定。

草拟相应质押合同时，并不必须要求合同名称中含有“保证金质押”字样，但“特定化”要求保证金所对应的是一定范围内特定的债权担保，需有明确相应的被担保主债务数额、债务履行期限、质押担保范围。

（一）主债权明确

所谓主债权明确，即明确质押担保的担保范围，且需保证不得以主债权以外的事由扣划账户内款项。

如在（2014）湘高法民二终字第 62 号案件中，双方签订了框架性的《贷款担保合作协议》并开立了相应保证金账户，但信用社“就发放的每笔贷款与大富公司没有继续签订具体的质押合同”；同时，该账户内资金“并没有仅限于清偿大富公司所担保的到期债务，大富公司与信用联社还多次将该账户内的资金用于非担保业务”，故湖南省高级人民法院认定该账户内的资金没有特定化，该货币质押不能成立。

在（2014）闽民终字第 686 号案件中，双方签订的《合作协议书》中约定，建信公司向保证金账户存入一定金额的资金作为授信担保业务的保证金，但“未对每笔被担保的主债务的数额、债务人履行债务的期限等进行约定……且从建信公司账户明细上看，资金存入后存在多次转账、进出的情形”，故福建省高级人民法院认为上述账户虽名为保证金账户，但未完全特定化，不符合保证金账户和保证金的相关特征。

（二）对应关联性

所谓对应关联性，是指具体的存入款项的数额、原因、方式、时间等，能够与主合同或质押合同明确甚至一一对应。

在（2011）二中民终字第15465号案件中，河北二建公司的“三笔保证金，均存入同一银行账户，导致无法区分三笔保证金分别对应的履约保函”，此外，“保证金账号……还曾有河北二建公司的其他保证金业务”。故北京市第二中级人民法院认为：“保证金因存入同一账户，无法区分，故该三笔保证金并未实现金钱的特定化，质押法律关系不成立。”

在（2014）闽民终字第692号案件中，从某支行起诉的数十件“保证金”质押系列案件中，各笔不同业务的“保证金”均存在该同一个账户中，某支行自认该账户内“保证金”多达34笔，各笔资金进入该账户后未作技术区分，未能实现特定化。故福建省高级人民法院未支持该保证金质押成立。

（三）特定化不等于固定化

根据担保业务的不同，相应保证金账户金额可能具有流动性，但这是由该保证金账户所担保的标的物变动性所决定的，但这并不影响特定化的构成。

在（2013）皖民二终字第00261号案件（系2015年第1期《最高人民法院公报》案例）中，双方当事人按协议为出质金钱开立了担保保证金专用账户，并按照每次担保贷款额度的一定比例向该账户缴存保证金。故虽然账户内的资金根据业务发生情况处于浮动状态，但均与保证金业务相对应，除缴存的保证金外，支出的款项均用于保证金的退还和扣划，未用于非保证金业务的日常结算，安徽省高级人民法院认定该保证金质押成立。此后，质押人不服，向最高人民法院申请再审，被驳回。

同样地，在房地产开发商以开设按揭贷款保证金专用账户方式向银行提供担保中，账户内资金可能随着放贷余额浮动变化，但满足前述相应条件后，仍会达到货币实质上的特定化，认可其性质上属于动产质押中的货币质押。

三、结语

对于保障货币特定化、顺利设立金钱质押，天同律师建议：

1. 开立账户时，账户外观尽量加注特别标识，如“保证金”等字样，保障对外公示效力。

2. 开立专门、单独账户，限定担保范围内业务，在操作中要严格按照主合同以及质押合同的约定进行，避免为质押事项以外的情形划入划出资金，避免在账户内进行结算业务，不得在账户内存放其他资金。

3. 若同一保证金账户内存在不同笔保证业务，须从技术上加以区分，设立子账户等，保障保证金与主债务一一对应。

4. 银行需保障对账户内资金的控制力，从根本上区分该金钱质物与其他金钱财产。

附：明确保证金质押效力的相关规定

在《担保法解释》第 85 条之外，司法解释、部门规章等对保证金担保效力问题，曾有过若干规定，即对于该种相应形式的货币“特定化”，人民法院确认金钱质押效力。以下为部分总结：

1.《最高人民法院关于人民法院能否对信用证开证保证金采取冻结和扣划措施问题的规定》（法释〔1997〕4 号）规定了信用证开证保证金具有担保支付性质。

2. 最高人民法院和中国人民银行联合下发的《关于依法规范人民法院执行和金融机构协助执行的通知》（法发〔2000〕21 号）第 9 条规定：“人民法院依法可以对银行承兑汇票保证金采取冻结措施，但不得扣划。如果金融机构已对汇票承兑或者已对外付款，根据金融机构的申请，人民法院应当解除对银行承兑汇票保证金相应部分的冻结措施。银行承兑汇票保证金已丧失保证金功能时，人民法院可以依法采取扣划措施。”

3.《中国人民银行关于银行承兑汇票保证金冻结、扣划问题的复函》（银条法〔2000〕9号）中，对人民法院可否对银行承兑汇票保证金采取冻结和扣划问题答复，参照最高人民法院对信用证开证保证金的有关规定，银行承兑汇票保证金，人民法院可以依法冻结，但不应扣划。

4.《最高人民法院关于审理期货纠纷案件若干问题的规定》（法释〔2003〕10号）、《最高人民法院关于审理期货纠纷案件若干问题的规定（二）》（法释〔2011〕1号），规定了期货交易所、期货公司及其会员、客户的保证金账户中的资金不得冻结、划拨。

5. 中国银监会、最高人民检察院、公安部、国家安全部联合发布的《关于印发银行业金融机构协助人民检察院公安机关国家安全机关查询冻结工作规定的通知》（银监发〔2014〕53号）第21条第（4）项规定，商业汇票保证金账户不得冻结。

主债务人破产后，保证人的责任范围是否受破产程序影响而减少

◎孟也甜　郑　杰

根据《担保法》第 21 条规定,保证担保的范围包括主债权、利息、违约金、损害赔偿金和实现债权的费用。而依据《企业破产法》相关规定，主债务人宣告破产后产生的利息、超过实际损失部分的违约金等，不能够作为破产债权求偿。此时，保证责任范围与破产债权范围出现了不一致。

本文结合既往判例及对立法本意的探究，讨论保证人能否援引《企业破产法》相关规定主张免除相应责任。

一、问题的提出

在主债务人进入破产程序后，主债务金额可能因《企业破产法》的特殊规定而少于原合同约定，例如停止计息、重整或和解等。通常情况下，担保合同作为主合同的从合同，保证人所承担的责任范围不大于主债务。而《企业破产法》第92条、第101条中明确规定，在破产重整或和解中，保证人责任范围不受主债务减少的影响，即此时保证责任的从属性受到限制，保证人责任将大于主债务金额。

但对于债权人不能列入破产债权的部分，如破产受理后产生的利息、惩罚性违约金等规定，其效力是否能够及于保证人，立法并未明确。在该情况下，保证人的责任范围是否应与主债务金额保持一致，进而相应减少，实践中尚未达成一致。

二、裁判思路初探

就破产后产生的利息、违约金、实现债权的费用等，保证人的责任范围是否与主债务人同样受到《企业破产法》调整的问题，法院目前存在两种裁判思路：

（一）由于保证责任的从属性，保证责任范围不应大于破产债权

部分法院认为，当主债务人破产时，债权人所享有的主债权范围为破产债权，那么，保证人所承担的保证责任所指向的亦应为该破产债权。因此，主债务人破产受理后，保证债务亦应停止计息。

例如，在宁夏某房地产公司与某资产管理公司保证合同纠纷最高人民法院二审案［案号：（2013）民二终字第117号］中，最高人民法院认为，该案中主债权的利息计算至破产宣告之日（适用旧《企业破产法》）为止，房地产公

司作为连带保证人，其承担的偿还责任不应超过主债务人的责任范围，进而认为保证人无需对宣告破产后的利息承担保证责任。最高人民法院依据保证债务从属性，在部分案件中认为主债权的利息或按日给付的违约金，自破产申请受理时停止计算，保证债务应当同样停止计息。

亦有法院认为，如果担保责任超过破产债权范围，进而丧失追偿可能，对于保证人有失公平。因此，保证责任同样可根据《企业破产法》相关规定停止计息，如某铁路工程公司与某资产管理公司金融不良债权追偿纠纷辽宁省高级人民法院二审案［案号：（2015）辽民二终字第 00321 号］。

（二）破产程序中保证责任从属性受到限制，保证责任不随破产债权而减少

不过，也有法院采不同观点，认为债权人部分债权不能列入破产债权受偿，不应视为是主债务本身依法减少，因而保证责任不会随之减轻。此时，为强化对债权人的保护，保证责任的从属性受到一定限制。《企业破产法》第 92 条、第 101 条中，关于破产重整、破产和解的效力不及于保证人的规定，即为体现。

例如，在天同律师代理并取得胜诉的某电力公司与某金融租赁公司保证合同纠纷案［案号：（2016）京民终 45 号］中，北京市高级人民法院认为，《企业破产法》第 46 条第 2 款是法律针对破产程序中破产债权作出的特殊规定，保证人的责任范围应依据保证合同进行确定。因此，案涉违约金不因主债务人破产而停止计算。

再如，在某国际信托公司与某银联担保公司等金融借款合同纠纷二审案［案号：（2015）鲁商终字第 105 号］中，山东省高级人民法院认为，根据《担保法解释》第 44 条规定，保证期间，人民法院受理债务人破产案件的，债权人既可以向人民法院申报债权，也可以向保证人主张权利。因此，债权人申报债权后在破产程序中未受清偿的部分，保证人仍应当承担保证责任，进而认定保证责任包括截至履行之日的利息。

三、回归立法本意：保证制度的应有之义与破产程序的构建目的

就上述裁判观点，司法实践与理论界尚未达成一致观点，对此，天同律师倾向性认为，主债务人破产的，保证人的责任范围不应受到影响：

（一）《担保法》《企业破产法》相关规定，体现了保证责任从属性受限

第一，《担保法解释》第44条第1款规定："保证期间，人民法院受理债务人破产案件的，债权人既可以向人民法院申报债权，也可以向保证人主张权利。"即主债务人破产时，债权人享有是否参加破产程序的选择权。

在债权人没有参加破产程序而直接向保证人求偿时，债权人因未参与破产程序而不受《企业破产法》约束，此时，保证人应按《担保法》规定承担全部保证责任。那么，在债权人选择参加破产程序时，保证人的责任范围自然也不应减轻，否则，债权人将必然选择不参加破产程序，即《企业破产法》规定实质架空了《担保法解释》赋予债权人的选择权。

同时，这一结论并不会影响保证人利益，无论是债权人自己申报债权，还是保证人以其对债务人的现实或将来求偿权申报债权，保证人承担的终局损失，即其无法向债务人追偿的部分，均是全部债务减去破产债权在破产程序中所得实际清偿的差额。

第二，《企业破产法》已明确规定，在破产重整和破产和解导致主债务数额减少时，保证责任不受主债务减少的影响。这表明在破产程序中，保证债务的从属性是受到相当限制的。实际上，《企业破产法》及司法解释均没有规定破产债权停止计息的规定适用于保证人，反而多次强调保证责任不受破产程序的影响。因此，坚持保证债务不能大于主债务的观点，与立法本意矛盾。

（二）停止计息等规定的目的在于调整多个破产债权人间关系，而不涉及债权人与保证人间关系

破产债权停止计息的规定，位于《企业破产法》第6章“债权申报”之下，该章开宗明义地表示，债权人“依照本法规定的程序行使权利”，即该章属于程序性规定。之所以要将破产债权限定为破产申请受理时享有的债权，在于破产程序为了公平地实现概括清偿，必须先对破产债权的数额加以确认，这就必然要求划定一个统计破产债权的基准时间，否则破产债权就会不断出现和累积，破产程序将永无终结之可能。

因此，该规定的立法目的，在于调整多个破产债权人之间的关系，确保破产程序的顺利完成，并非是为了减轻保证人责任，保证人不能直接援引该规定主张相应责任免除。

（三）保证范围不受破产程序影响，符合担保设立的目的

保证法律制度的存在，便是为了在债务人发生信用风险时，确保债权得以实现，而债务人破产无疑是债权人意图借助担保制度所防范的最典型风险。

若认为停止计息等规则可适用于保证责任范围，则债权人设立担保的目的无法完全实现，反而让保证人获得了额外优待。换言之，在主债务人不能清偿时，保证人按照《担保法》与保证合同承担保证责任，乃保证的应有之义，其在提供保证时对此应有充分的预判。要求保证人承担全部保证责任，并未超过在主债务人未破产情形下其可能承担的保证责任范围，不存在加重其责任的问题。

若认可保证债务同样停止计息，那么将会出现债务人履行不能时保证人责任反而减少的结果，显然有悖于《担保法》的基本宗旨。

此外，担保制度的核心即是将债权人面临的风险转移至保证人身上，在保证设立之初，保证人即应当预见其可能无法从债务人处获得全部清偿。因此，保证人在承担清偿责任后向主债务人追偿时，要受到停止计息规定的限制，对于保证人也并无所谓的不公平可言。

（四）避免保证人利用破产程序逃避保证责任

在实践中，如果认定保证责任范围可以随破产债权而减少，将可能会诱发保证人利用破产程序逃避保证责任的不诚信行为。为债务提供保证的保证人常常与债务人存在密切关系，例如保证人是债务人的大股东、实际控制人或熟识的亲属朋友等。相较于债权人而言，保证人对于债务人的资信状况更具有信息优势，因而可能会基于不正当动机申请破产，利用破产程序逃避保证责任，无法真正实现破产制度“优胜劣汰”的功能。

例如，在前文中提及的（2016）京民终45号案中，保证人即为主债务人的控股股东，其在主动申请主债务人破产后，再主张破产后减少保证责任，显然有违诚信原则。

四、小结

破产程序中各方矛盾集中，且破产制度与《合同法》《担保法》等民商事基本法律相交叉。理解破产规则与其他实体法规则的适用关系，不能脱离规则背后的立法目的、法理逻辑与社会效果。

就《担保法》与《企业破产法》的关系而言，恰恰是在债务人破产时，担保制度才愈发凸显其价值。《担保法》的实体规范在破产程序中应当得到尊重和继续适用，惟此方能实现其保障债权的基本宗旨。因此，天同律师认为，保证人的保证责任范围应当依据《担保法》与保证合同予以确定，而不应受到破产程序的影响。

连带保证的债权人向部分保证人追讨，效力是否及于其他保证人

◎王　峰

近日，无讼阅读发表了王松法官的一篇题为“连带共同保证：债权人在保证期间内向保证人之一主张权利，其效力是否及于其他保证人？”的文章。巧合的是，我们在2012年代理的一宗最高人民法院再审案件中，也涉及同样的法律问题。

一、何为连带共同保证

根据《最高人民法院关于适用〈中华人民共和国担保法〉若干问题的解释》（以下简称《担保法解释》）第 19 条第 1 款的规定，两个以上保证人对同一债务同时或者分别提供保证，且各保证人与债权人没有约定保证份额的，为连带共同保证。

二、连带共同保证中，各保证人之间构成连带债务关系

（一）连带债务的基本特征是“对外连带性”和“对内分担性”

《民法通则》第 87 条规定：“……负有连带义务的每个债务人，都负有清偿全部债务的义务，履行了义务的人，有权要求其他负有连带义务的人偿付他应当承担的份额。”从前述规定可见，在连带债务中，债权人可向任一债务人主张全部债务；任一债务人对债权人均负有清偿全部债务的义务。这就是连带债务“对外连带性”的基本特征。在连带债务人内部，任一承担了全部债务的债务人，均有权行使追偿权，要求其他连带债务人承担其应承担的债务份额。这就是连带债务“对内分担性”的基本特征。

（二）连带共同保证符合连带债务“对外连带性”“对内分担性”的基本特征

《担保法解释》第 20 条规定：“连带共同保证的债务人在主合同规定的债务履行期届满没有履行债务的，债权人可以要求债务人履行债务，也可以要求任何一个保证人承担全部保证责任。连带共同保证的保证人承担保证责任后，向债务人不能追偿的部分，由各连带保证人按其内部约定的比例分担。没有约定的，平均分担。”

从前述司法解释规定可见，连带共同保证是为同一债务设立的保证，各连带共同保证人对债权人均负有承担全部保证责任的义务；承担了保证责任的保证人，向债务人不能追偿的部分，可向其他连带共同保证人追偿，要求其按约定比例或平均分担债务。因此，连带共同保证符合连带债务的“对外连带性”和“对内分担性”的基本特征。

（三）认定连带共同保证人之间构成连带债务，已在司法实践中获得认同

在最高人民法院原副院长李国光主编的《解读最高人民法院司法解释·民事卷（1997-2002）》[①] 一书中，关于连带共同保证中各保证人之间的关系，有如下论述：“在连带保证下，保证人共同对债权人承担连带责任，各保证人都负有对全部债权承担保证责任的义务。各保证人之间是一种连带之债。”

三、在保证期间内，债权人要求连带共同保证人中的任何一人主张权利，该行为对其他保证人同样产生权利主张的法律效果

1.《最高人民法院关于已承担保证责任的保证人向其他保证人行使追偿权问题的批复》（以下简称《批复》）规定：“……承担连带责任保证的保证人一人或者数人承担保证责任后，有权要求其他保证人清偿应当承担的份额，不受债权人是否在保证期间内向未承担保证责任的保证人主张过保证责任的影响。”

根据《批复》的前述规定，在连带共同保证中，即使保证人未被债权人主张保证责任，在其他保证人承担了保证责任的情况下，其仍需与承担了责任的保证人一起，按约定份额或平均分担保证责任。也就是说，连带共同保证的保证人所需承担的保证责任，并不因债权人未向其主张保证责任而免除，其仍需

---

① 李国光主编：《解读最高人民法院司法解释·民事卷（1997-2002）》，人民法院出版社2003年版，第313页。

为其保证行为承担实体责任。我们认为，从内容看，该《批复》直接规制的是连带共同保证的“内部连带性”,但其法理基础仍是体现了连带共同保证的“对外连带性”，两者相辅相成，共同构成连带共同保证的基本特性。

2. 对于上述《批复》规定，在《解读最高人民法院司法解释·民事卷（1997–2002）》和《最高人民法院关于民事案件诉讼时效司法解释理解与适用》等著作中，均曾作出相同解读：

（1）在最高人民法院原副院长李国光主编的《解读最高人民法院司法解释·民事卷（1997–2002）》[①] 一书中，针对《批复》作了专门解读。其中，在论及债权人对保证人主张保证责任行为的效力时，作出如下表述：“债权人可以向其中一个保证人就全部债权主张保证责任，也可以向其中一部分或者全部保证人同时主张保证责任……债权人对其中一个保证人或者一部分保证人主张保证责任行为的效力对其他保证人也有效。”

（2）在最高人民法院民事审判第二庭编著的《最高人民法院关于民事案件诉讼时效司法解释理解与适用》[②] 一书中，对《批复》作出如下解读:“在保证期间，债权人向任一保证人主张保证债权都意味着向其他连带保证人主张了权利。因此，将债权人在保证期间内未向其他保证人主张权利认为是债权人免除了其他保证人的保证责任是错误的，这将导致其他未被要求承担责任的保证人被免除保证责任，已承担全部责任的保证人无法实现其追偿权。”

3. 如在此种情况下认定其他保证人可免于承担保证责任，会产生一个完全背离于当前立法及司法解释精神的悖论。

《担保法》第 26 条第 2 款规定：“在合同约定的保证期间和前款规定的保

---

① 李国光主编：《解读最高人民法院司法解释·民事卷（1997–2002）》，人民法院出版社 2003 年版，第 313 页。

② 最高人民法院民事审判第二庭编著：《最高人民法院关于民事案件诉讼时效司法解释理解与适用》，人民法院出版社 2008 年版，第 300 页。

证期间，债权人未要求保证人承担保证责任的，保证人免除保证责任。”而《批复》则规定，保证人承担保证责任后，可向其他保证人追偿其应承担的份额，不受债权人是否在保证期间内向其他保证人主张保证责任的影响。

根据前述规定，如果认定债权人向部分保证人主张保证责任，其行为效力不能及于其他保证人，那么必然产生一个逻辑悖论：一方面，因债权人未在保证期间内要求部分保证人承担保证责任，该保证人的实体责任已经免除；但另一方面，在其他被主张了权利的保证人依法承担保证责任后，此前的保证人仍需基于《批复》的规定，与实际承担了保证责任的保证人分担责任。我们认为，前述结论是个严重的悖论，其混淆了单独设立的连带责任保证和连带共同保证之间的本质差异，未能充分理解连带共同保证制度的法理基础，未能遵循相关法律、司法解释的精神和立法本意。

担保法律制度的立法意图和主要目的，是为了便于债权人实现权利，并加强对债权人利益的保护。作为一种重要的担保形式，保证分为一般保证和连带责任保证两种形式。根据担保人数量的不同，连带责任保证又可分为单独的连带责任保证和共同连带责任保证。从其保障功能而言，连带责任保证对债权人的保障要强于一般保证；而连带共同保证中关于“债权人可要求连带共同保证人中的任一人承担全部保证责任”的规定，更是充分体现了对债权人权利的保障和强化权利实现的便利性，这与单独的连带责任保证有着本质的区别。

4. 从另一个角度看，认可连带共同保证中债权人向部分保证人主张权利的行为具有涉他效力，不会加大任何一个保证人的担保风险，符合基本的公平原则。

根据《批复》的规定，连带共同保证的任一保证人在承担全部保证责任后，都有权要求其他保证人在其份额内承担保证责任，而不受债权人是否主张过保证责任的影响。因此，在连带共同保证中，各保证人最终承担的保证份额都是确定的，无论债权人是否向全部保证人主张权利，都不会加重任何一个保证人应承担的保证责任，也不会超过任何一个保证人在提供保证时对其保证责任的预期。

预告登记能否排除生效裁判文书导致的物权变动

◎张小健　郭佑宁

根据《物权法》第20条的规定，预告登记后，未经预告登记的权利人同意，处分该不动产的，不发生物权效力。而在《最高人民法院关于适用〈中华人民共和国物权法〉若干问题的解释（一）》[以下简称《物权法司法解释（一）》]对该条的解释中，却并未对预告登记能否排除在后生效裁判文书所导致的物权变动作出规定，造成实践中的困惑。

本文以不同阶段的法律文书为视角，分析了预告登记在相关情形中的效力。

《物权法》第20条规定了**预告登记制度**。该条第1款规定："……预告登记后，未经预告登记的权利人同意，处分该不动产的，不发生物权效力。"《物权法司法解释（一）》第4条将上述条文中的"处分"列举解释为"转移不动产所有权，或者设定建设用地使用权、地役权、抵押权等其他物权"等法律行为。据此，**买卖房屋等不动产物权协议经过预告登记，取得一定的物权效力，可以排除发生在后处分行为导致的物权变动**。从立法初衷来看，预告登记能够限制房地产开发商等债务人处分其权利，有助于解决"一房二卖"等问题。但是，《物权法》和《物权法司法解释（一）》并**未明确规定预告登记能否排除在后生效裁判文书所导致的物权变动**，给实践造成了一定困惑。

根据《物权法司法解释（一）》第7条的规定，导致物权变动的裁判文书包括"人民法院、仲裁委员会在分割共有不动产或者动产等案件中作出并依法生效的改变原有物权关系的判决书、裁决书、调解书，以及人民法院在执行程序中作出的拍卖成交裁定书、以物抵债裁定书"。此外，在民事执行程序中，法院常会作出法律文书，查封或预查封已经办理预告登记的不动产。本文以不同阶段的法律文书为视角，分析预告登记在相关情形中的效力，以期抛砖引玉。

一、预告登记能否排除裁判、裁决等法律文书导致的物权变动

为保障登记权利人将来实现物权，预告登记赋予登记债权排除在后发生的基于法律行为导致的物权变动。在民事裁判、裁决等法律文书导致物权变动的情形中，物权变动的原因虽然不是当事人的法律行为，但相关法律文书反映的本质上也是当事人之间的民事权利义务关系，只不过这种权利义务关系借由国家权力确认和表达出来。所以，**因法律文书导致的物权变动也应当承认为预告**

登记的排除对象。如果不承认预告登记可以排除在后判决等法律文书导致的物权变动，将会使预告登记保全债权的功能大为减损，也可能引致一些当事人利用民事审判或仲裁程序投机取巧，恶意损害预告登记权利人的合法权益。正是出于此种考虑，《德国民法典》《瑞士民法典》都明确规定预告登记可以排除基于判决等司法行为所产生的物权变动。我国虽然没有类似的明确规定，但上述原理同样应当适用。

二、预告登记能否排除查封等强制措施

该问题根据被执行人是否为预告登记权利人，可以区分为两种情况。

在被执行人为预告登记权利人的情况下，因预告登记的不动产将会进入执行财产范围，为保障申请执行人的债权得以实现，法院可以对已经进行办理预告登记的不动产进行预查封。因此，《最高人民法院、国土资源部、建设部关于依法规范人民法院执行和国土资源房地产管理部门协助执行若干问题的通知》（以下简称《协助执行通知》）第15条第（3）项规定，**被执行人办理预告登记的房屋可以进行预查封。**

在被执行人系不动产权利主体，而预告登记权利人为债权债务关系之外的第三人时，对不动产实施查封或预查封将会与预告登记产生冲突。因为，预告登记的目的是保障该第三人在将来实现物权，而查封或预查封阻止了被执行人向该第三人实施处分行为，其结果是该第三人无法有效取得预告登记欲保全的物权。这意味着，普通债权经由强制执行程序便可具有优先于预告登记债权的效力，这不仅违反债权平等性原则，也有违预告登记制度的目的。因此，我们认为，在这种情形下，预告登记权利人对法院采取的查封等措施提出异议的，原则上应该予以支持。

三、预告登记能否排除法院强制执行

同于上述理由，**法院也不得以拍卖、以物抵债等方式强制执行已经办理预告登记的不动产**。对此，《最高人民法院关于人民法院办理执行异议和复议案件若干问题的规定》（以下简称《执行异议和复议规定》）第 30 条规定："金钱债权执行中，对被查封的办理了受让物权预告登记的不动产，受让人提出停止处分异议的，人民法院应予支持；符合物权登记条件，受让人提出排除执行异议的，应予支持。"这种做法较为准确地界定了预告登记的效力，有效保障了预告登记权利人的合法权益。司法实践中，福建省高级人民法院就在（2015）闽执异字第 9 号执行异议裁定书中援引该条规定，支持了预告登记权利人的执行异议申请。

应当注意的是，**上述规定仅适用于"金钱债权"的执行**，因为在这种情形中，申请执行人对被执行人的不动产并无特殊利益，案外第三人针对不动产债权经预告登记而取得优先性，没有理论上的障碍。但是，如果申请执行的债权系以不动产为标的，预告登记能否予以排除？司法实践中，有法院认为："预告登记制度保障了在出卖人'一房二卖'的违约情形下买受人要求实际履行的请求权，其实质作用在于限制现实登记的权利人行使处分权。但房屋预告登记权利人并非房屋物权的享有人，其对该房屋的物权转让请求权不能产生对抗法院执行的效力。"[①] 但是，我们认为上述观点有待商榷。根据《执行异议和复议规定》第 24 条的规定，案外人提出的排除执行异议应当满足三个条件：**（1）案外人系权利人；（2）该权利真实、合法；（3）该权利能够排除执行**。根据《执行异议和复议规定》第 25 条规定，判断案外人是否系权利人，"已登记的不动产，按照不动产登记簿判断"。所以，预告登记权利人一般应认定为待执行不

---

① 湖北省高级人民法院（2015）鄂民一终字第 00137 号民事判决。

动产的权利人。在预告登记真实、合法的情况下，预告登记的债权已经具有一定的物权效力，而申请执行的债权仍为普通债权，故前者应当优先于后者。如果预告登记不能排除对不动产的强制执行，将会破坏正常的债权顺位关系，也会使预告登记的功能大为减损。

综上，我们认为，在现行法律体系下，**应当肯定预告登记能够排除基于在后生效裁判文书或强制执行程序导致的物权变动**。需要注意的是，上述排除效力的适用必须满足预告登记在先发生以及预告登记的权利真实、合法等条件。实务上，法院在按照《协助执行通知》第 2 条的规定向不动产登记机构核实不动产权属时，应当注意核实预告登记情况，避免损害预告登记权利人的合法权益。此外，在因法律文书或强制执行导致物权变动的情况下，也应给予预告登记权利人救济途径，如民事诉讼法上的第三人撤销之诉、执行异议以及不动产登记法上的更正登记、异议登记等。

一图看懂案外人救济途径怎么走

◎曹玉龙　李文奇

2012年《民事诉讼法》创设了我国“第三人撤销之诉”制度。作为案外人维护自身权益的制度构建，此制度也逐渐与执行异议（之诉）和案外人申请再审制度，一并成为案外人权利救济的三大利器。遗憾的是，在案外人救济制度构建中，几种制度的适用不仅存在原告主体重合的情况，最终的法律效果也有颇为相似之处。第三人撤销之诉、案外人申请再审、执行异议（之诉）以及执行行为异议之间剪不断理还乱的关系，并非只给选择困难症患者造成了障碍，更有可能因选择错误而造成巨大损失。对此，我们根据不同诉讼阶段，对案外人救济途径的适用条件、适用结果进行逐一分析。

第一阶段：诉讼前与诉讼中

无论是被**遗漏的必要共同诉讼人还是第三人，**一旦发现自己的权益有可能在诉讼中受到影响，可第一时间向法院申请参加诉讼。如果诉讼已经进入到二审，而案外人是必要共同诉讼人或有独立请求权的第三人，那么法院会组织调解，调解不成会发回重审。[《最高人民法院关于适用〈中华人民共和国民事诉讼法〉的解释》(以下简称《民事诉讼法司法解释》) 第 327 条]

需要考虑的是，在诉前和诉中的财产保全或先予执行程序中，案外人受到损害怎么办？此时法院裁判尚未生效，案外人显然无法通过第三人撤销之诉或审判监督程序进行权利救济。那么，案外人能否在保全或先予执行程序中申请执行异议？

就此问题，《民事诉讼法司法解释》起草者曾出现过分歧，但最终的结论是不可以。因为此时案外人的权益并未真正受到损害，只能向作出保全或先予执行裁定的法院申请复议，待判决生效、进入执行程序后，才可通过执行异议或第三人撤销之诉程序寻求救济。

第二阶段：裁判生效但未进入执行

有些案件尚未进入执行程序，案外人就已敏锐地发现其权益受到了损害；而有些案件，如非给付之诉，可能永远不会进入执行程序，但判决结果已经侵害了案外人的利益。

此时，如案外人是第三人（不论是有独立请求权的第三人还是无独立请求权的第三人），只要证明生效裁判错误并损害了其合法权益，都可提起第三人撤销之诉。(《民事诉讼法司法解释》第 292 条)

如案外人是被遗漏的必要共同诉讼人，可直接申请再审。进入审理程序后，如果按照一审程序再审，其会被追加为当事人；如应按照二审程序再审，法院会组织双方进行调解，调解不成则发回重审，并追加为当事人。

需要指出的是，我们认为，必要共同诉讼人只能在案件尚未进入执行阶段的时候直接申请再审。一旦案件进入执行程序，就只能通过先提执行异议，后申请再审的方式来保护自己。(《民事诉讼法司法解释》第 422 条)

原因在于，整个民事诉讼法体系有关案外人启动审判监督程序的规定，仅在《民事诉讼法》第 227 条可循法源踪迹。在执行异议被驳回后，案外人才可申请再审，即**执行异议是案外人申请再审的前置程序。**(《民事诉讼法》第 227 条)

第三阶段：执行程序中

第一种可能：案外人已经积极主动地申请再审或提起第三人撤销之诉之后(如第二阶段)，执行程序中其权益受到了侵害。

这时，案外人可以申请执行异议，但如果被驳回，其只能继续之前的再审或第三人撤销之诉程序，而不能提起新的案外人申请再审。(《民事诉讼法司法解释》第 303 条)

第二种可能：案外人财产被执行，才发现自己权益受到了侵害。这时，权益受到侵害有如下几种情形：

第一，案外人对执行标的没有异议，但对执行行为有异议。如案外人甲发现自己拥有的财产被执行，虽然甲认可该财产可被执行，但执行法院在执行过程中未履行必要的通知义务、拍卖程序等。这时，案外人可申请执行异议，如果被驳回，只能申请复议。(《民事诉讼法》第 225 条)

第二，案外人对执行标的有异议，但异议的原因在于执行错误，并非执行依据(即生效裁判)错误。如案外人甲发现自己拥有的财产被执行，执行依据系某法院作出的乙对丙享有债权的民事判决，甲对该判决没有异议，但执行法院误将甲的财产视为丙的财产予以执行。这时，案外人可申请执行异议，如被驳回，可提起执行异议之诉。需要指出的是，执行异议之诉必须明确提出排除执行的诉讼请求，当然，也可以同时提出对执行标的进行确权或给付的诉讼请求。(《民事诉讼法》第 227 条)

第三，案外人对执行标的有异议，异议的原因在于执行依据的生效裁判错误。如案外人甲发现自己拥有的财产被执行，执行依据系某法院作出的确认该财产的所有权属于乙的民事判决，即甲提出异议的原因系认为生效裁判错误。这时，如果案外人是第三人，就有两条路可以走：一是直接提起第三人撤销之诉，起诉之后再申请执行异议或提供担保以中止原判决执行。如果执行异议被驳回，案外人只能继续第三人撤销之诉，而不能重新提起案外人申请再审。二是先申请执行异议，被驳回后，只能提起案外人申请再审，不能提起第三人撤销之诉。(《民事诉讼法司法解释》第 303 条)

以上，执行过程中的案外人救济途径较为复杂，可以用图表表示如下：

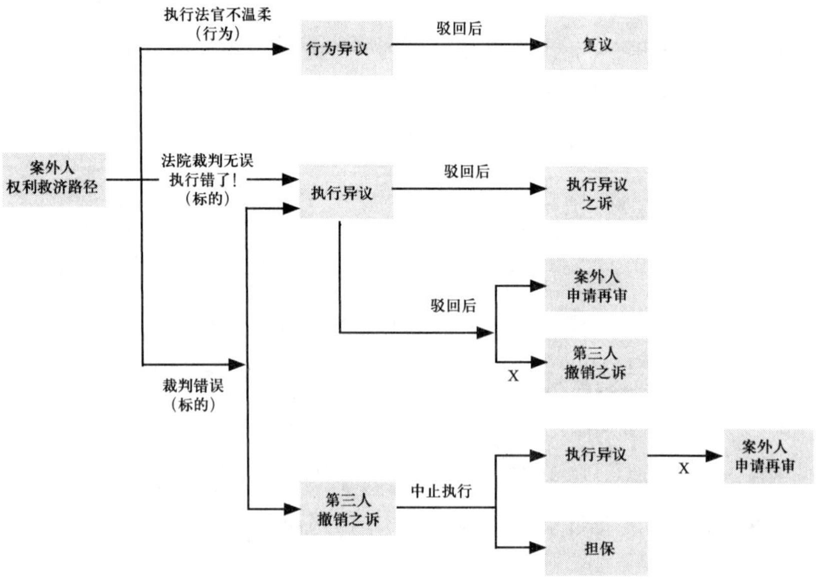

构成、基数、标准：计算金钱债务迟延履行利息的三个要点

◎李 谦

《民事诉讼法》第253条规定："被执行人未按判决、裁定和其他法律文书指定的期间履行给付金钱义务的，应当加倍支付迟延履行期间的债务利息……"但对于"加倍支付"的理解，司法实践长期不统一，逐渐累积成民事执行工作中的一大难点。2014年8月1日生效的《最高人民法院关于执行程序中计算迟延履行期间的债务利息适用法律若干问题的解释》(以下简称《解释》)规范了执行程序中迟延履行期间债务利息的计算方法。从律师实务角度，《解释》第1条确定的计算公式仍有进一步说明之必要。

《解释》第 1 条规定："根据民事诉讼法第二百五十三条规定加倍计算之后的迟延履行期间的债务利息，包括迟延履行期间的一般债务利息和加倍部分债务利息。迟延履行期间的一般债务利息，根据生效法律文书确定的方法计算；生效法律文书未确定给付该利息的，不予计算。加倍部分债务利息的计算方法为：加倍部分债务利息 = 债务人尚未清偿的生效法律文书确定的除一般债务利息之外的金钱债务 × 日万分之一点七五 × 迟延履行期间。"

准确理解第 1 条确定的计算方法，需重点把握如下三个问题：第一，一般债务利息与迟延履行利息的关系，即迟延履行期间的债务利息构成；第二，计算迟延履行利息的基数；第三，计算迟延履行利息的标准。

一、概念

《解释》的创新之处，在于提出了一般债务利息与加倍部分债务利息的概念。

一般债务利息，指在生效法律文书中，根据实体法规定（如《合同法》）所确定的利息。譬如，法院判决债务人自双方签订合同之日起至款项付清之日止，按日万分之五支付利息。按照日万分之五计算的利息为一般债务利息。但并不是所有含金钱给付内容的生效法律文书都包含一般债务利息，侵权案件中，法院一般只确定侵权赔偿数额。

加倍部分债务利息，指在强制执行程序中，被执行人因迟延履行，根据《民事诉讼法》第 253 条的规定需要多支付的利息。

两者主要区别如下图所示：

	一般债务利息	加倍部分债务利息
法律依据	受《合同法》及其他金融法律法规等实体法约束	民事强制执行措施之一，依据为《民事诉讼法》第 253 条规定
性质不同	尊重当事人约定，体现意思自治	兼具有补偿性、惩罚性和强制性，计算方法和方式法定
起算时间	从当事人约定的时间开始计算	从生效法律文书指定的履行期限届满时开始计算

二、构成

（一）生效判决文书确定了一般债务利息

迟延履行期间的债务利息 = 迟延履行期间的一般债务利息 + 加倍部分利息

（二）生效判决文书未确定一般债务利息

迟延履行期间的债务利息 = 加倍部分利息

三、基数

由于法律没有界定迟延履行债务的内涵及外延，各级各地法院在确定迟延履行利息计算的基数时，标准不一：一是仅以债务本金为基数；二是以债务本金加履行期限届满前的利息为基数；三是债务本金、利息、诉讼费用、鉴定费、律师费之和为基数。

《解释》统一了基数范围，明确迟延履行利息计算基数仅为债务本金。将《民事诉讼法》第 253 条的“金钱给付义务”限缩为债务本金清偿义务，防止对利息计收逾期罚息产生复利。

四、标准

此处的“标准”，指加倍部分债务利息的利息率。最高人民法院之前的解释将其与银行贷款基准利率挂钩，考虑到我国利率市场化的发展以及实现利息计算的便捷科学，《解释》改变了以往规定的做法，不再以银行贷款基准利率为计算标准，在计算近 10 年执行的金融机构人民币贷款基准利率的平均值后，采用日万分之一点七五的固定利率计算。

五、示例

例一：生效法律文书未确定一般债务利息

2015年2月28日生效的法律文书载明，债务人应当在10日内支付债权人侵权损害赔偿款100万元；债务人迟延履行的，应当根据《民事诉讼法》第253条的规定加倍支付迟延履行期间的债务利息。债务人于2015年5月9日清偿完毕。

迟延履行期间的债务利息=加倍部分债务利息=1000000×0.0175%×60=10500元。

例二：生效法律文书确定了一般债务利息

2015年2月28日生效的法律文书载明，债务人应在10日内支付债权人借款本金100万，利息20万（利息计算至2014年12月31日），并继续按日万分之五的利率（以本金100万为基数）支付自2015年1月1日至判决确定给付之日止的利息。债务人迟延履行的，应当根据《民事诉讼法》第253条的规定加倍支付迟延履行期间的债务利息。债务人于2015年5月9日清偿完毕。

迟延履行期间的债务利息＝迟延履行期间的一般债务利息＋加倍部分利息＝1000000×0.05%×60+1000000×0.0175%×60=30000+10500=40500元。

迟延履行期间开始前的一般债务利息＝生效法律文书确定的固定利息＋借款本金×生效法律文书确定的一般债务利息率×迟延履行期间开始前的实际天数＝200000+1000000×0.05%×69=200000+34500=234500元。

债权人需支付的金钱债务总额＝债务本金＋迟延履行开始前的一般债务利息＋迟延履行期间的债务利息＝1000000+234500+40500=1275000元。

《解释》出台后，部分观点认为其改变了立法规定，上述计算方法使得迟延履行期间的债务利息相较以前明显偏低，损害了债权人利益。根据最高人民法院执行局的观点，新的计算方式并不会带来损害债权人利益的结果，理由如下：

第一，《解释》坚持加倍支付迟延履行利息是一项严格责任，明确的规定本身即对债权人有利。规定不明确时，各种算法无法统一，法官自由裁量权较大，导致债权人获得保护的力度差异明显。《解释》从限制法官自由裁量权入手，消除了法律适用的模糊地带，有利于债权人获得法律平等保护。

第二，笼统地说根据《解释》计算的迟延履行期间的债务利息是多还是少有失偏颇，在《解释》框架下，计算迟延履行的要素不单与利率相关，还与责任定性、计算构成和计算时间等要素关系密切。只有在个案中才能具体评价。

综上，迟延履行的债务利息，在于迫使债务人履行债务，虽然其核心是保护债权人利益，但不能过分加重债务人责任，导致债权人获得超额利益、债务人不堪重负的后果。《解释》规定的算法，出发点是平等保护当事人合法权益，尽量减少法律适用的不确定性，统一裁判尺度，追求执行措施合理得当。唯有如此，才能防止债权人保护力度的强度差异，保证法律的实质公平。

办理债权文书强制执行公证的三大风险争议点

◎孟也甜

以公证方式赋予债权文书的强制执行效力，在保障当事人尤其是债权人交易安全的同时，能够避免诉讼高昂的时间、经济成本。因此，其渐趋成为众多银行、资产公司等金融机构为保障债权实现而优先选择的法律路径。但目前，我国立法对于强制执行效力的债权文书公证及出具执行证书的规定尚不够成熟、细致，导致实践中存在债权人申请出具执行证书困难或错误难以得到救济、就担保债权文书单独申请执行难、债务人通过诉讼方式干扰公证强制执行等问题。本文与您探讨办理债权文书强制执行公证的三大风险争议问题。

一、在法院出具不予执行裁定前，针对具有强制执行效力的公证债权文书提起诉讼，是否存在被法院受理的例外情况

（一）当事人提起确认无效之诉，亦不属于受理范围

《最高人民法院关于当事人对具有强制执行效力的公证债权文书的内容有争议提起诉讼人民法院是否受理问题的批复》（法释〔2008〕17号，以下简称《17号批复》）中规定："经公证的以给付为内容并载明债务人愿意接受强制执行承诺的债权文书依法具有强制执行效力。债权人或者债务人对该债权文书的内容有争议直接向人民法院提起民事诉讼的，人民法院不予受理。但公证债权文书确有错误，人民法院裁定不予执行的，当事人、公证事项的利害关系人可以就争议内容向人民法院提起民事诉讼。"这一规定视为已经排除了当事人在法院出具不予执行裁定前对内容争议直接提起诉讼的选择权。

但实践中，存在债务人针对公证债权文书向法院提起确认无效的诉讼，并认为债权文书的"效力争议"不属于"对文书的内容有争议"，故不应适用《17号批复》，认为法院应当受理相应诉讼。

对此，天同律师认为，一方当事人申请执行、另一方当事人提出无效事由作为抗辩，仍应由法院执行机构对该事由作出审查。因为《17号批复》所保证的是对公证机构赋予相应债权文书的强制执行效力，法院在作出不予执行裁定前，若受理债务人针对公证债权文书提起的相关诉讼，由于公证不办理涉诉争议事项，公证机构将不会为债权人办理执行证明，这无疑将破坏具有强制执行效力公证债权文书制度的稳定性，无法实现制度设立的初衷。此外，《最高人民法院关于适用〈中华人民共和国民事诉讼法的解释〉》（以下简称《民事诉讼法解释》）第480条第3款、《最高人民法院关于审理涉及公证活动相关民事案件的若干规定》（法释〔2014〕6号）第3条第2款规定，均保留了《17号

批复》的意见。

在（2014）民一终字第220号李某、王某等与苏某其他合同纠纷案中，一方当事人要求确认已经提出强制执行申请的公证债权文书无效，最高人民法院认为："公证债权文书确有错误，人民法院裁定不予执行的，当事人才可就争议内容向人民法院提起民事诉讼。在公证债权文书没有被人民法院裁定不予执行的情况下，其具有法律强制力，当事人不可以提起民事诉讼"，并认为该案争议并非民事诉讼审理程序所要解决的问题，进而维持原审驳回起诉的裁定。

（二）当事人对部分债权又约定可以通过诉讼解决纠纷的，可以就该部分债权提起诉讼

根据《最高人民法院、司法部关于公证机关赋予强制执行效力的债权文书执行有关问题的联合通知》（司发通〔2000〕10号，以下简称《联合通知》）第1条的规定，赋予强制执行效力的公证债权文书必须符合当事人已经就强制执行问题在债权文书中达成书面合意的条件。换言之，如果仅有公证的形式，而没有当事人关于执行问题的特殊合意，也不能产生可以申请强制执行的效果。

对于存在有强制执行效力的公证债权文书，当事人对部分债权又约定可以通过诉讼解决纠纷的，是通过合意的方式变更了可以直接申请强制执行的内容，当事人可以就该部分债权提起诉讼。在（2014）民二终字第199号李某诉辽宁某房屋开发有限公司金融不良债权追偿纠纷案中，涉案的《欠息通知书》对于部分债务约定了诉讼等纠纷解决方式，变更了原来的约定，开发公司收到前述通知书之后并未提出异议，而是签章确认，应视为双方就欠息部分归还的方式达成了新的合意。对此，最高人民法院认为，法院可以就该部分债权债务进行受理。

（三）债权人逾期未向公证机构申请执行证书的，可以向法院提起诉讼

在当事人办理的债权文书公证中，一般会载明申请执行证明书的期限，如"债务人若逾期不还借款本金和利息，担保人又不履行担保义务，债权人

×××可在借款合同期满后两年内向××公证处申请执行证明书，向有管辖权的人民法院申请强制执行”等。

在（2014）民申字第1423号中国农业银行股份有限公司咸阳某支行与咸阳某房地产开发有限责任公司等金融借款合同纠纷案中，农行某支行未在约定的期间内向公证处申请执行证明书，最高人民法院认为，逾期未申请执行证明书，即债权人未取得公证债文书、公证机构并未赋予涉案公证书强制执行的效力。故，涉案公证书不属于《17号批复》规定的情形，法院受理债权人的起诉并无错误。

其实，以上第（二）点、第（三）点两种情况，本质上是公证债权文书未取得强制执行效力，进而可被法院受理。也就是说，在保证赋予公证债权文书强制执行效力制度稳定性的前提下，只有在当事人合意可诉讼解决或公证机构无法为债权文书赋予强制效力时，才可向法院提起诉讼，否则即视为当事人自愿放弃诉讼权利，相应公证债权文书有着与法院生效裁判、仲裁裁决同样的执行效力。

二、债权人应否对担保债务单独办理强制执行公证，并就担保债务单独提出执行申请

（一）担保合同可以单独办理强制执行公证

关于担保合同可否办理强制执行公证的问题，此前在《联合通知》中并未明确,仅在其第2条第(6)项中规定了“符合赋予强制执行效力条件的其他债权文书”也可以办理强制执行公证。因此，在实践操作中，并未对该问题形成统一认识。

而在（2014）执他字第36号批复中，最高人民法院认为：“现行法律、司法解释并未对公证债权文书所附担保协议的强制执行作出限制性规定，公证机构可以对附有担保协议债权文书的真实性与合法性予以证明，并赋予强制执行效力”“公证机构依法赋予强制执行效力的包含担保协议的公证债权文书，人

民法院可以强制执行”。

之后颁布的《最高人民法院关于人民法院办理执行异议和复议案件若干问题的规定》（法释〔2015〕10号，以下简称《执行异议复议规定》）第22条第1款规定：“公证债权文书对主债务和担保债务同时赋予强制执行效力的，人民法院应予执行；仅对主债务赋予强制执行效力未涉及担保债务的，对担保债务的执行申请不予受理；仅对担保债务赋予强制执行效力未涉及主债务的，对主债务的执行申请不予受理。”至此，最高人民法院已经明确担保合同可以办理强制执行公证。

（二）担保债务与主债务一并办理强制执行公证，更有利于最终向法院申请执行

公证债权文书的执行管辖法院为被执行人住所地或被执行财产所在地法院。这意味着，债权人就主债权和担保债权分别进行强制执行公证而后分别申请执行时，很有可能受不同的法院管辖。此时，为了避免重复执行、债权人双重受偿，执行担保债权的执行法院可能告知债权人，需等待主债权执行完毕后再申请执行。这相比将主债权、担保债权一并作强制执行公证、一并申请执行的，债权人的执行效率和受偿可能性都会有不同程度的降低。

所以，即便《执行异议复议规定》明确了担保债权可以单独进行强制公证并申请执行，天同律师仍然建议债权人在签订担保合同后，尽可能争取通过重新公证或《补充协议》等形式，将担保债权与主债权一并作以强制执行公证。

三、对于公证机构执行证书记载内容错误或不出具执行证书的，债权人如何实现救济

（一）公证机构核对内容与申请内容不符时，债权人可选择不办理执行证书

债权人在申请公证机构办理执行证书时，需谨慎核对公证机构对债务履行

的认定情况，存在异议的，可以停止申请办理执行证书，并与公证机构沟通作出《不予出具执行证书的决定》。

因为执行证书一旦作出，即成为执行依据，届时债权人对执行内容存在异议，将处于两难状态——作为申请执行一方，债权人向法院申请不予执行，意味着自己推翻自己申请办理的执行证书；若不申请不予执行，又很难另行寻求诉讼救济。因此，建议将风险防范在公证机关出具执行证书之前。

（二）公证机构不予出具执行证书的，多数法院受理债权人的起诉

根据《中国公证协会办理具有强制执行效力债权文书公证及出具执行证书的指导意见》第 14 条规定，公证机构在以下四种情况下不予出具执行证书：（1）债权人未能对其已经履行义务的主张提出充分的证明材料；（2）债务人（包括担保人）对其已经履行义务的主张提出了充分的证明材料；（3）公证机构无法在法律规定的执行期限内完成核实；（4）人民法院已经受理了当事人就具有强制执行效力的债权文书提起的诉讼。

前 3 种情况即公证机构无法对债权范围作出与债权人申请内容一致的确认，继而无法办理执行证书。若对公证机构《不予出具执行证明决定》不服，债权人可按照《公证法》规定向作出决定的公证机构申请复查。

若复查之后仍未变更原决定，我们认为，这几种情况下，公证机构已经拒绝为债权文书赋予强制执行效力，债权人可以向法院提起诉讼。比如，在（2013）渝高法民初字第 27 号一借款纠纷案中，法院认为，公证机构出具《不予出具执行证书决定》后，公证债权文书不属于《17 号批复》规定的范围，故予以受理。

需要注意的是，实践中有少数法院对此仍不受理。如（2015）郑民三终字第 681 号周某与贾某等民间借贷纠纷案中，河南省郑州市中级人民法院认为，公证处已就案涉借款合同出具了具有强制执行效力的债权文书公证书，虽然公证处向周某出具了不予出具执行证书的决定，但该公证债权文书并未被人民法院裁定不予执行，故维持了一审驳回起诉的裁定。

但此种处理方式将导致债权人一方面拿不到执行证书、无法申请强制执行；另一方面，也无法提起诉讼，使债权债务关系处于不定状态，明显不利于保障债权人权益。实践中，债权人可争取让公证机构向法院出具相关说明，载明"该债权与合同约定的出具执行证书的条件不符，故决定不予出具执行证书，申请执行人可通过诉讼程序主张权利"。即在公证处不出具执行证书时，其未赋予公证债权文书以强制执行效力，公证文书仅能作为公证事实，相应案件应当被受理。

而第4种情况属于《公证法》第31条"不予办理公证事项"中第（4）项"当事人之间对申请公证的事项有争议的"，但由于2008年后已颁布《17号批复》，涉诉可能性较小。

（三）确因公证机构过失，导致本应出具执行证书而未出具或执行证书内容错误的，可向公证机构要求赔偿损失

当事人选择以公证方式赋予债权文书强制效力，本意是希望能够便捷、经济地实现债权，但如果因为公证机构的过失，债权人被迫通过另案诉讼等途径解决争议，付出了更多的经济、时间成本。根据《公证法》第43条、《公证程序规则》第69条规定，公证机构及其公证员因过错给当事人、公证事项的利害关系人造成损失的，由公证机构承担相应的赔偿责任；当事人、公证事项的利害关系人与公证机构因过错责任和赔偿数额发生争议，可以向人民法院提起民事诉讼，也可以申请地方公证协会调解。

《民事诉讼法司法解释》对“合同履行地”的再定义

◎杨骏啸

2015年2月4日，《最高人民法院关于适用〈中华人民共和国民事诉讼法〉的解释》（以下简称《民事诉讼法司法解释》）终于在千呼万唤中颁布施行。这部新的司法解释不仅针对2012年《民事诉讼法》中创造的许多新制度做了进一步细化的规定，还对一些原有的法律概念做了全新的解释。从本期下午茶开始，天同律师将会与各位同行交流在学习“大部头”司法解释过程中产生的问题与想法。

《民事诉讼法司法解释》的管辖部分较《最高人民法院关于适用〈中华人民共和国民事诉讼法〉若干问题的意见》（以下简称《若干意见》）的变化较多，变化的类型分为三种：第一种是将一些过时或者已经被其他司法解释修订，实际已经不再适用的内容删除，如补偿贸易合同履行地、票据纠纷管辖规定等；第二种是针对新类型纠纷和实践中对已有规定但理解不一致的情形做了明确，如知识产权法院管辖范围、网络买卖合同管辖、不动产纠纷的含义等；第三种是对《民事诉讼法》中的有关概念做了新的解释，最典型的就是《民事诉讼法司法解释》第18条对于“合同履行地”的重新定义。

一、原《民事诉讼法》及司法解释对合同履行地的定义

早在1982年公布的《民事诉讼法（试行）》中，合同履行地就成为确定合同纠纷的管辖依据。在此后的历次《民事诉讼法》修订中，这一点均未变化。最高人民法院通过《若干意见》、其他司法解释以及无数的管辖权争议复函，逐步明确了合同履行地的认定规则。从以往司法解释及复函中可以看出，最高人民法院力图为每一种类的合同找到一个明确的“履行地”，并以此作为确定管辖的依据。例如，最高人民法院在《若干意见》中对买卖、加工承揽、财产租赁等合同履行地作了明确规定，又在后续的司法解释、复函等文件中进一步细化各种合同履行地的概念。例如，在1993年《最高人民法院关于如何确定借款合同履行地问题的批复》中，最高人民法院认为借款合同是双务合同，但是，因贷款方先履行放款义务，应当以贷款方所在地为合同履行地；在1996年《最高人民法院关于确定经济纠纷案件管辖中如何确定购销合同履行地的规定》（已失效）中，最高人民法院面对实践中购销合同履行地认定标准混乱的情况，明确将“交货地”规定为购销合同履行地，而对于履行地或者交货地无约定或者约定不明的，不以合同履行地作为管辖依据。

这样的规则使得合同纠纷案件中的管辖权争议往往会演变成合同性质的争议，最高人民法院在 1996 年颁布的《最高人民法院关于经济合同的名称与内容不一致时如何确定管辖权的批复》中更是规定了法院应当按照合同约定的具体权利义务确定合同的性质，从而确定合同履行地和法院管辖权。最高人民法院每年处理的管辖权争议案件中，有许多是通过确定合同性质再决定管辖的情况。但是，合同性质本身属于实体问题，法院在确定案件管辖阶段就认定合同性质难免有本末倒置之嫌。

二、对《民事诉讼法司法解释》第 18 条的解读

《民事诉讼法司法解释》中对于合同履行地的定义与《合同法》的有关规定高度相似。其实在此之前，有学者和实务界人士曾建议将《民事诉讼法》中的合同履行地与《合同法》中的规定做统一定义，即按照《合同法》第 62 条第（3）项确定合同履行地并作为管辖依据。但是，该项规定是根据合同义务类型来确定履行地的，对于双务合同或者多务合同，有时会出现两个以上的履行地点，可能导致合同纠纷的管辖连接点变得不确定，反而给管辖的确定带来困难。

《民事诉讼法司法解释》第 18 条巧妙地解决了直接套用《合同法》第 62 条第（3）项可能产生的问题，规定合同对履行地点没有约定或者约定不明确时，以“争议标的”的内容确定履行地点，从而确定合同履行地和管辖权。根据该条规定，合同履行地的确定不再根据合同性质判断，而根据当事人争议或者案件纠纷所针对的合同项下的某项特定义务确定履行地。例如，在买卖合同纠纷中，当事人未约定履行地点，如果当事人因价款支付产生争议，该争议标的的内容为给付货币，应当以接收货币的卖方所在地为合同履行地；如果当事人因交货迟延发生争议，该争议标的属于“其他标的”，应当以履行交货义务的卖方所在地为合同履行地。

由此可见，在今后的合同纠纷管辖争议中，法院将不再先入为主地根据合同权利义务内容判断合同性质，而是根据当事人的诉讼请求、事实与理由等内容，判断当事人争议标的的具体内容，从而确定管辖地点。相较而言，争议标的内容远比合同性质更易判断，也更少掺杂主观判断因素。而对于律师来说，今后考虑合同纠纷立案地点或者应对管辖权争议时，应当从当事人争议的具体内容着手，向法官阐明当事人是因为合同的哪一条具体规定发生争议；同时，在确定诉讼请求及理由时，也需要注意可能对管辖权造成的影响。

当然，《民事诉讼法司法解释》第 19 条、第 20 条对财产租赁合同、融资租赁合同、网络买卖合同的履行地作了特别规定，因这些合同产生的纠纷，自然适用前述规定确定管辖。

三、几个需要注意的问题

由于《民事诉讼法司法解释》第 18 条完全颠覆了原有合同履行地确定规则，所以，在施行初期可能会面临一些理解上的问题。

第一，对于“合同履行地没有约定或者约定不明确”的理解。原有合同履行地确定规则是将某一特定合同义务的履行地点作为合同履行地，所以，只要该特定义务的履行地点未约定或约定不明，即视为未约定合同履行地。而《民事诉讼法司法解释》第 18 条第 2 款是按照争议标的内容来确定合同履行地的，那么，在多务合同中，如果当事人仅约定了部分义务履行地点，但是对未约定履行地点的义务发生争议的，如何确定合同履行地?

从《民事诉讼法司法解释》第 18 条的整体来看，该条文中的合同履行地应当理解为“义务履行地”，该理解更符合《合同法》关于履行地点的规定。按照前述理解，第 18 条第 1 款的规定就是指当事人对某一合同义务约定了履行地点的，且当事人因该义务发生争议的，以约定的履行地点作为合同履行地确定管辖。

如果当事人所争议的义务没有约定履行地点，则应当根据第18条第2款确定履行地。但是，从第19条、第20条的规定来看，最高人民法院仍然保留了在部分双务合同中确定单一履行地的规定，表明其并未完全放弃以特征义务履行地作为单一履行地的判断思路。因此，这一点可能要根据第18条的实施情况，由最高人民法院通过单独司法解释或者其他方式进一步明确。

第二，关于“给付货币”的理解。根据第18条的规定，争议标的是给付货币的，以接收货币一方所在地为合同履行地。那么，是不是今后所有的合同纠纷，只要诉请对方支付金钱，都可以在接收货币一方所在地起诉？

我们认为，不能简单地得出上述结论，因为《民事诉讼法司法解释》第18条的规定是针对“合同履行地”的确定，所以，该条文中的“给付货币”是指履行合同约定的给付货币义务，而不是诉讼请求中支付金钱的内容。当事人在合同纠纷中要求对方支付金钱，其依据可能是要求支付价款，也有可能是要求承担违约责任。而在违约之诉中，既包括因履行金钱债务导致的违约之诉，又包括因履行非金钱义务产生的违约之诉。对于后者，当事人发生的争议并不是针对合同中的“给付货币”义务，而是针对其他义务。在这种情况下，不能简单地以诉讼请求当中有支付金钱内容为由，将管辖地确定为原告所在地。

第三，当事人存在多项争议时的管辖确定。原有合同履行地采取的是单一履行地原则，即一类合同只有一个履行地认定标准，一个合同只有一个履行地，所以，无论当事人的诉请内容为何，只要确定合同性质便能确定合同履行地。在《民事诉讼法司法解释》第18条的规定下，如果当事人因同一合同项下不同种类的合同义务发生争议，可能会在一个案件中产生多个履行地。在此情形下，是每一个合同履行地法院均有管辖权，还是要区分义务的主次关系确定管辖权？我们认为，该种情形属于《民事诉讼法》第35条共同管辖的规定，但是，这种理解可能会引发当事人滥列诉请、挑选法院的情况，需要最高人民法院在实践中加以明确。

《民事诉讼法司法解释》对管辖权异议模糊处理，司法实践应如何应对

◎李　皓

管辖权异议作为当事人最经常采用的诉讼策略之一，关系到当事人诉讼成本甚至诉讼风险等切身利益。司法实践中，管辖权异议制度虽已运行多年，但因规定较为分散，在实务操作中仍存在一些模糊地带，新的《民事诉讼法》及其解释虽然解决了部分问题，如移送管辖应作出裁定等，但仍有一些争议问题未有定论。为此，笔者试将实务中可能碰到的问题稍作整理，并加以简略评述，以供参考。

一、诉讼标的额变化违反受理法院级别管辖标准，被告是否有权提管辖异议

（一）原告增加或者减少诉讼标的额，导致不符合受理法院级别管辖标准

对于此种情况下，《最高人民法院关于适用〈中华人民共和国民事诉讼法〉的解释》（以下简称《民事诉讼法司法解释》）第 39 条给出了明确意见，应当予以调整，以防止当事人利用变更诉请的权利规避管辖。但对于此种调整系以当事人提管辖异议的方式还是法院主动审查移送的方式进行，则无进一步说明。对此，结合《最高人民法院关于审理民事级别管辖异议案件若干问题的规定》第 3 条的规定，应得出被告有权在审理中再行提出级别管辖异议的结论。

（二）被告反诉的诉讼标的额超过本诉受理法院级别管辖标准，如何处理

《民事诉讼法司法解释》第 39 条的规定也涉及了反诉的情形，从条文解读来看，应当允许反诉被告提出级别管辖异议。但值得注意的是，在《最高人民法院民事诉讼法司法解释理解与适用》（上）中，对该问题作了如下解读："至于当事人提起反诉，不管其标的有多大，已表明其愿意接受受诉法院管辖，将本诉与反诉合并审理有利于及时解决纠纷，防止裁判冲突。"该解释显然有悖于第 39 条的规定。经查，该意见也出现在最高人民法院立案庭编写的《立案工作指导》（2013 年第 3 期）中（《对级别管辖中"本辖区"的理解——关于甲、乙公司建设工程施工合同纠纷管辖权异议上诉案》）。此种处理方式系基于以往对于管辖恒定原则的一般理解，同时也是考虑到反诉原告本有权选择另行起诉，此时由级别较低法院审理该案件符合反诉原告放弃级别管辖利益的意愿。但不得不指出的一点是，此种解释忽视了反诉被告的级别管辖利益保护，同时也变相承认了双方当事人合意可以选择级别管辖的方式。个人认为，对于此种情形，以受理法院报请上级法院将本诉和反诉合并上提的方式更为合理。

二、原管辖连接点消失，被告能否提管辖异议

所谓原管辖连接点消失，系指多被告案件中，出现以下两种情形：(1) 受理法院驳回了对作为唯一管辖连接点的被告的起诉；(2) 原告撤回对作为唯一管辖连接点的被告的起诉。在上述情形下，如案件已进入实体审理，其他被告能否基于该情形的出现再次提出管辖异议？对此，法律并无明文规定，但最高人民法院公布的北京智扬伟博科技发展有限公司与创思生物技术工程（东莞）有限公司、河南省开封市城市管理局居间合同纠纷案（最高人民法院2008民申字第1364号）对该问题发表了如下意见：在不适格被告被裁驳之前，原审法院受理案件并无不妥，且鉴于另一被告未在一审答辩期间提出管辖权异议，在案件进入实体审理后，管辖权已确定，作为管辖连接点的被告是否适格均不影响一审法院对案件的审理，不需再移送案件。显然，该案例对其他被告再行提出管辖异议持否定态度。但个人认为，此种情形下，只要案件尚未裁判，均应允许其他被告再提异议，理由在于：首先，在原管辖连接点存在的情况下，其他被告应诉答辩，不能视为自愿放弃提出管辖异议的权利，当不适格被告被裁驳后，其他被告接受管辖的前提已不存在，此时剥夺其异议权有失公允；其次，从处理效果上来说，如禁止其他被告再提异议，有可能产生鼓励原告以此种方式规避管辖的后果。

三、原告变更诉讼标的，被告可否再提管辖异议

原告在诉讼过程中变更了其主张的法律关系的性质，此种情形通常表现为原告对起诉依据的调整，尤其在发生请求权竞合的诉讼中，原告方以请求权A提起诉讼，被告方进行了答辩，但诉讼中，原告方将其起诉的依据变更为请求

权 B，此时，管辖的连接点发生了变化，案件性质也发生了变化，被告是否有权在此时提出管辖权异议？对此，存在两种观点：一种观点认为，此时已经超过了法律规定的提出管辖权异议的期间，且被告已经接受了受理案件法院的管辖。故无论是从期限上还是从应诉管辖的角度，都无权再提管辖权异议。笔者赞同相反意见，首先，在原告调整起诉依据后，诉讼标的发生根本性变化，此时，可以说已构成了一个新的诉讼，在诉讼标的变更后，司法机关也应给予被告方新的答辩期以应对原诉讼所发生的根本性变化，被告有权再次就新的诉讼标的提交书面的答辩状，与《民事诉讼法》规定的“在提交答辩状期间”提出管辖权异议的规定并不矛盾；其次，被告方对变更前诉讼的应诉答辩不能适用于变更后的诉讼，虽然诉讼标的变更前后当事人诉讼地位、案号、审判组织未发生变化，但管辖依据、法律关系性质、适用法律均存在差异，被告方应有权对变更后的诉讼从管辖角度再行提出异议。

四、案件审理中追加的被告，能否提管辖权异议

从法律规定的角度，新追加的被告也应享有同等的诉讼权利。根据《民事诉讼法》的规定，新加入的被告也享有答辩的权利，法院也应给予其答辩期做诉讼准备。在此期间，该被告有权提出管辖权异议。此为一般规则。其理由在于，新加入被告不能因其他被告接受管辖的行为而丧失该项权利，其他被告的默示接受不能直接作用于新加入的被告，此处与多被告案件中不因部分被告接受管辖而剥夺另外一部分被告提管辖异议的权利同理。

但是，如果该案件此前已经有其他被告提出过管辖异议，并已经有了生效的管辖异议裁定，则一般认为，新加入被告无法再提管辖权异议，其理由在于：在先的管辖异议裁定虽是基于其他被告所提管辖异议而作出的，但裁定的结论是在司法机关对案件管辖权进行全面审查的基础上得出的，其对案件的全部当

事人，无论是何时参与到案件中来的当事人，均具有约束力。此时结果已经确定，从诉讼效率的角度来说，法院不可能就同一案件在原管辖依据未发生变化的情况下，仅仅因诉讼当事人的增加而作出相反的裁定。此时，保障新加入被告单纯行使程序性权利的制度价值需让位于诉讼效率及维护生效裁定的效力。

结语：上述问题存在模糊地带或者产生争议的根源可能主要在于以下几点：（1）法律未对应诉管辖与管辖异议制度的衔接作出系统性的规定；（2）对于级别管辖与管辖恒定的关系未能理顺；（3）对管辖权的审查司法行政色彩过浓，当事人诉讼权利的定位未能彰显。裁判者需调整惯有思路，将被告提管辖异议作为其固有的程序性权利加以保护，结合具体案情方能作出公允的处理。

《民事诉讼法司法解释》法定再审事由实务解读

◎王　峰

2015年2月4日，被称为史上最长篇幅的《最高人民法院关于适用〈中华人民共和国民事诉讼法〉的解释》(以下简称《民事诉讼法司法解释》)正式颁布实施。这是最高人民法院自1992年7月14日颁布《最高人民法院关于适用〈中华人民共和国民事诉讼法〉若干问题的意见》之后，第一部针对《民事诉讼法》作出全面解释的司法解释。在此与诸同行分享一位长期研究和从事民商事再审案件代理工作的律师对《民事诉讼法司法解释》中关于再审事由规定的实务解读。

民事再审事由，是指当事人向人民法院申请再审，人民法院审查应否启动再审程序的理由和依据。民事再审事由向来被视为打开再审程序的钥匙，在民事审判监督制度中的重要性不言而喻。在本次《民事诉讼法司法解释》中，最高人民法院用 8 个条款（第 387 ~ 394 条），分别对《民事诉讼法》第 200 条规定的部分民事再审事由进行了进一步地细化和规范。

一、再审新证据

长期以来，我国民事诉讼实行“证据随时提出主义”，当事人提交证据没有明确的时限要求，且在各个诉讼程序中均有权提交证据；而法院出于尽可能查明案件事实的考虑，亦不会对此进行严格限制。这就造成部分当事人利用这样的制度缺陷搞证据突袭，客观上干扰了诉讼程序的正常进行，也影响对方当事人的合法权益和审判效率的提高。

为解决这一制度缺陷，最高人民法院在 2001 年颁布的《最高人民法院关于民事诉讼证据的若干规定》中，规定了相对化的举证时限和证据失权制度，并在第 44 条将法定再审事由中的“新的证据”明确为是“原审庭审结束后新发现的证据”。这是最高人民法院第一次通过司法解释对再审新证据作出解释。

2008 年 11 月，《最高人民法院关于适用〈中华人民共和国民事诉讼法〉审判监督程序若干问题的解释》（以下简称《审判监督司法解释》）第 10 条进一步明确规定如下四种证据属于法定再审事由中的“新的证据”：（1）原审庭审结束前已客观存在庭审结束后新发现的证据；（2）原审庭审结束前已经发现，但因客观原因无法取得或在规定的期限内不能提供的证据；（3）原审庭审结束后原作出鉴定结论、勘验笔录者重新鉴定、勘验，推翻原结论的证据；（4）当事人在原审中提供的主要证据，原审未予质证、认证，但足以推翻原判决、裁定的。

然而，前述两个司法解释更多地是从证据的形式要件，即相关证据的出现和提出时间，对再审新证据作出界定，这并没有从根本上解决再审新证据的认定标准问题。司法实践中对于何为新的证据、在何种情况下可以认定新的证据“足以推翻原判决、裁定”仍争议不断。

此次颁布的《民事诉讼法司法解释》涉及再审新证据的条文共两条，分别是第387条和第388条。这两个条款并没有沿用此前司法解释的处理方法，从证据的形成、发现和提交时间的形式要件来定义再审新证据，而是回归到法律条文的字面涵义本身；也就是说，只要不是在原审中已经提交、质证并作为裁判根据的证据，都属于新的证据。

对于是否应当采信《民事诉讼法》第200条第（1）项规定中的“新的证据”，《民事诉讼法司法解释》主要从以下两个角度考量：

第一，从实质要件看，必须是能够证明原判决、裁定认定基本事实或者裁判结果错误的证据，才属于法定再审事由中的新的证据。这主要是从新证据的重要性以及和原审主要讼争事实的关联性上考量。再审程序是民事诉讼中的特别救济程序，只有具有充分证明力，足以动摇原审判决、裁定认定的案件基本事实或裁判结果的新的证据，才能作为启动再审程序的证据。

第二，从主观要件看，再审申请人应当对其未在原审中提交证据说明理由，这主要考量再审申请人对逾期提交证据是否具有主观上的过错或恶意。如果再审申请人未能说明逾期提交证据的理由的，即使出现新的证据，也不构成法定的再审申请事由。

需要注意的是，根据《民事诉讼法司法解释》的规定，如果当事人能够依据新的证据另行提起诉讼主张权利，不应允许其据此申请再审。这是因为再审作为民事诉讼中的特别救济程序，相对于一般诉讼程序而言，其启动标准应当更为严格。如果当事人能够通过常规权利救济渠道获得保护，就不应允许其申请启动特别救济程序。

二、主要证据未经质证

《民事诉讼法司法解释》第 389 规定："当事人对原判决、裁定认定事实的主要证据在原审中拒绝发表质证意见或者质证中未对证据发表质证意见的，不属于民事诉讼法第二百条第四项规定的未经质证的情形。"

对于主要证据未经质证的再审事由，实务中需要注意两点：

第一，要注意区分这一再审事由与依据新的证据申请再审的区别。《民事诉讼法司法解释》第 388 条第 2 款规定，当事人在原审中已经提交，但原审法院未组织质证且未作为裁判根据的证据，不属于可以启动再审程序的新的证据。据此，如果当事人在原审中提交的证据虽然未经质证，但原审法院将其作为裁判根据的，则当事人应当依据《民事诉讼法》第 200 条第（4）项的规定，即"主要证据未经质证"这一再审事由申请再审，而不应依据第 200 条第（1）项申请再审。

第二，再审程序作为民事诉讼的特别救济程序，应当是针对原审裁判在认定事实、适用法律或诉讼程序上的错误启动。如果当事人自身存在拒绝发表质证意见、在质证程序中未发表质证意见的过错，不应认定为原审裁判存在认定案件事实的主要证据未经质证的错误。

三、法律适用确有错误

针对《民事诉讼法》第 200 条第（6）项规定的"原判决、裁定适用法律确有错误"这一再审事由，最高人民法院在《审判监督司法解释》中已经作出了解释。根据该解释第 13 条的规定，适用法律错误的情形有 6 项，分别是：（1）适用的法律与案件性质明显不符的；（2）确定民事责任明显违背当事人约定或者法律规定的；（3）适用已经失效或者尚未施行的法律的；（4）违反法律溯及力规定的；（5）违反法律适用规则的；（6）明显违背立法原意的。

在《民事诉讼法司法解释》中，最高人民法院对构成适用法律错误的具体情形虽然未作修改（仅作了个别文字修订），但大幅提高了适用法律错误的判断标准，即原审判决、裁定必须存在导致判决、裁定结果错误的适用法律错误，才构成法定的再审事由；如果原审判决、裁定虽然在适用法律上存在错误，但未导致判决、裁定结果错误的，当事人不得依据这一再审事由申请再审。

四、遗漏、超出诉讼请求

原审判决、裁定存在遗漏、超出诉讼请求的技术性错误的，也属于法定的再审事由之一。

针对这一法定再审事由，《民事诉讼法司法解释》在第392条进行了进一步明确和细化，该条规定："民事诉讼法第二百条第十一项规定的诉讼请求，包括一审诉讼请求、二审上诉请求，但当事人未对一审判决、裁定遗漏或者超出诉讼请求提起上诉的除外。"对于该条规定，我们认为在实务中需要注意两点：一是上诉请求也属于《民事诉讼法》第200条第（11）项规定的诉讼请求，二审判决、裁定如果遗漏、超出当事人的上诉请求的，同样构成法定的再审事由；二是如果当事人对于一审判决遗漏、超出诉讼请求未提起上诉的，嗣后不得再以该条再审事由为依据向人民法院申请再审。

五、作为裁判依据的法律文书被撤销或者变更

根据《民事诉讼法》第200条第（12）项的规定，如果据以作出原判决、裁定的法律文书被撤销或者变更的，当事人可以据此向人民法院申请再审。但

在司法实践中，对于什么样的法律文书可以纳入这一再审事由范围，存在较大争议。有观点认为，国家机关制作的公文、公证机构出具的公证书等，在广义上都应当属于法律文书的范围，如果这些文书被撤销或者变更，当事人当然有权依据《民事诉讼法》第200条第（12）项的规定申请再审。

在《民事诉讼法司法解释》中，最高人民法院对该项再审事由中法律文书的范围进行了限定。根据《民事诉讼法司法解释》第393条的规定，只有生效的判决、裁定、调解书、仲裁裁决书及具有强制执行效力的公证债权文书，才属于这一再审事由中的法律文书的范围。我们认为，在实务中应当注意的是，在原判决、裁定将国家机关制作的公文、公证机构出具的不具有强制执行效力的公证书作为判决、裁定的依据，在该裁判依据被撤销或者变更时，当事人应当依据《民事诉讼法》第200条第（2）项的规定申请再审，即“原判决、裁定认定的基本事实缺乏证据证明”。

六、审判人员存在违法裁判行为

根据《民事诉讼法》第200条第（13）项规定，如果审判人员审理案件时有贪污受贿、徇私舞弊、枉法裁判的行为，当事人申请再审的，人民法院应当予以受理。这是对2007年《民事诉讼法》第179条第2款内容的平移。《审判监督司法解释》第18条规定，《民事诉讼法》第179条第2款规定的“审判人员在审理该案件时有贪污受贿、徇私舞弊、枉法裁判行为”，是指该行为已经相关刑事法律文书或者纪律处分决定确认的情形。可见，《民事诉讼法司法解释》此次基本沿袭了2008年《审判监督司法解释》的思路，只是将“已经相关刑事法律文书或者纪律处分决定确认”修改为“已经由生效刑事法律文书或者纪律处分决定所确认”，进一步厘清刑事法律文书及纪律处分的范围。

在实务中，生效刑事法律文书的范围较好界定，但何为纪律处分决定仍有待明确。从原因来看，纪律处分决定是否限于针对“贪污受贿、徇私舞弊、枉法裁判”三项作出的处分决定，还是包括了《法官法》第32条中罗列的所有与案件审理相关的内容，如拖延办案、延误工作等？从处分形式看，是否包括《法官法》第34条规定的“警告、记过、记大过、降级、撤职、开除”等所有形式？从举证责任看，当事人在申请再审时是否需要提供这些法律文书或纪律处分决定？当事人是否有能力、有途径获得相关法律文书？

我们认为，尽管《民事诉讼法》和《民事诉讼法司法解释》在立法技巧上并未使用“等”做开放式的列举，但是再审程序的制度目标在于纠错，如果生效刑事法律文书或纪律处分决定能够证明法官存在不当行为，且该行为可能影响案件最终处理结果，则应尽量赋予当事人救济渠道。因此，对于是否构成《民事诉讼法》第200条第（13）项的法定再审事由，人民法院不应将范围严格限定在法律条文的字面涵义本身，而是应当根据《法官法》第32条的规定作出认定。

分期履行的租赁合同，诉讼时效何时起算

◎杨骏啸　李　谦

根据《民法通则》第136条规定，因欠付或拒付租金引发的诉讼，适用1年短时效，旨在督促债权人及时行权，以期发挥租赁物最大效用。实践中，双方当事人订立租赁合同，通常采取分期计付租金的方式，租金纠纷在分期履行的债务纠纷中最为常见。因欠付或拒付租金引发的纠纷，很多会涉及对诉讼时效起算点的争论。看似简单的问题背后，是法官对于效率与公平的个案衡量，包含着极大的司法智慧。

一、由一则简单案例说开去

甲乙签订了5年期（2005年1月1日至2010年12月31日）租赁合同，约定租金年付，第一期租金（即2006年租金）到账后甲交付房屋，此后每年12月31日前支付第二年租金。乙在支付两期后拒不支付，但一直占有使用租赁物。甲于2011年6月诉请乙支付剩余租金，乙以甲主张2008年、2009年租金超过诉讼时效为由抗辩，只愿补足2010年欠租。甲提出租赁合同属继续履行合同，是一个整体，其有权在最后一期届满时就全部未付租金主张债权。

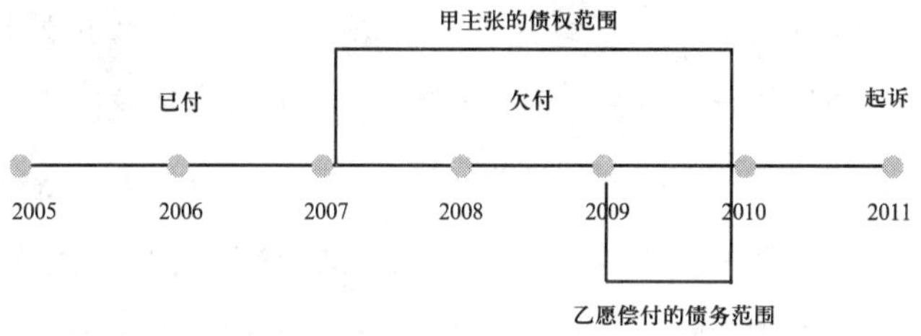

此类案件在现实生活中并不鲜见，看似简单的案例背后却隐藏着一个极具探讨价值的实务问题：**同一租赁合同项下分期支付的租金，诉讼时效自何时起算？**

二、左右摇摆的司法态度

在2008年《最高人民法院关于审理民事案件适用诉讼时效制度若干问题的规定》（以下简称《诉讼时效司法解释》）实施前，多个省级法院分别就分期计付债务诉讼时效如何起算请示过最高人民法院，最高人民法院的几个答复前后不一，且未区分分期履行债务的不同类型，答复内容是否可直接套用于拒付分期租金的个案仍待商榷，并未形成统一的司法观点。

编号	请示法院	答复主体	答复内容
法经〔2000〕244号	山东省高级人民法院	最高人民法院经济庭	诉讼时效从最后一期债务履行期限届满之次日起计算
〔2003〕民二他字第14号	辽宁省高级人民法院	最高人民法院民二庭	可以按每笔相对独立的债权到期之日分别计算
法函〔2003〕23号	云南省高级人民法院	最高人民法院	诉讼时效自单期债务履行期限届满之次日起算

《诉讼时效司法解释》颁布后，其第5条明确规定："当事人约定同一债务分期履行的，诉讼时效期间从最后一期履行期限届满之日起计算。"第一次通过司法解释的方法对"同一债务"分期履行债务诉讼时效起算点作出直接回应。但何种分期履行的债务才属于"同一债务"，司法解释却缄口不言。

通常来说，**分期履行债务分为同一债务分期履行及分期履行合同之债。**同一债务分期履行指债务在合同订立时业已确定，双方当事人只是依照设定的时间分期履行，譬如分期付款的商品房买卖。分期的发生不割裂债权债务关系的整体性，法律上仍应视作同一债务；分期履行合同之债指在继续性合同履行过程中持续发生的定期债务，譬如租金、水电费等。此类债务各期发生有先后且彼此独立，可视为不同债务。

从文义解释角度看，《诉讼时效司法解释》第5条仅明确了"同一债务分期履行"的诉讼时效起算方式，对于"分期履行合同之债"则做了模糊处理，将是否可适用第5条留待司法实践进一步明确。

各级法院在审判实践中是如何处理此类纠纷的呢？

根据我们的案例检索结果，各地各级法院在此问题上看法莫衷一是，处理态度大致有如下三种：（1）直接判定分期支付的租金属于"同一债务"；（2）认为分期租金不属于"同一债务"，但可类推适用"同一债务"处理规则；（3）认为分期租金不属于"同一债务"，每一期租金均应视为独立债务分别计算诉讼时效。

三、争论背后的法理博弈

以租金为代表的分期履行合同之债诉讼时效起算问题之所以扑朔迷离，法院裁判规则始终未能统一，实质是因督促债权人及时行权的制度需求和保护合法债权的实质公平这两种价值取向之间存在紧张关系，法院不得不在个案中寻求价值平衡。

根据最高人民法院民二庭法官的观点，以诉讼时效制度对债权的行使设限，是为避免债权债务关系长期处于不确定状态，保证司法效率。但效率原则却难以保证每次具体的交易争议都实现公平。“正因如此，在具体的纠纷裁判过程中，法官往往会从实质正义的理念出发，寻找各种理由来限缩诉讼时效制度的适用空间，使债权人获得最大限度保护。公平和效率这两大原则的权衡，在模糊的边界地带显得尤为艰难，分期履行合同之债就是一个典型范例。”

一方面，尽管分期支付租金是否属于《诉讼时效司法解释》第5条规定的“同一债务”存在争议，但在司法解释规定不明的情况下，如将此纠纷都类推适用第5条，能使当事人在订立和履行租赁合同的过程中明确判断诉讼时效起算时间，对于当事人合同权利的实现至关重要。且在租赁合同有效并继续履行的情况下，债务未履行的事实一般确实存在，赋予债权人自最后一期租金履行期限届满时起算诉讼时效的权利，会使司法裁判的标尺统一于债权人保护，更符合实质公平。

另一方面，从《民法通则》第136条将延付或拒付租金规定为1年的短时效，可以读出立法者希望督促债权人及时行权，避免债权债务关系长期处于不确定状态，以促进社会资源最大化利用的价值取向。从此类债务本身的特性看，各期租金的支付均有一定的独立性，具备单独主张的法律基础。如允许自最后一期履行期限届满起算诉讼时效，可能诱使债权人故意怠于行权，从而利用租赁合同中高额的迟延支付违约金条款谋取不当利益。

四、我们的观点

（一）分期履行的租赁合同不属于《诉讼时效司法解释》第5条规定的“同一债务”，此条规定不宜直接适用

虽然实践中很多法院直接以分期履行的租赁合同属于“同一债务”为由，判定诉讼时效起算点为最后一期债务履行期限届满之日。但我们倾向于认为，租金合同属于继续性合同，在履行过程中持续定期发生的债务彼此在金额和履行期限上可能各不相同，且每一期单独割裂出来都可独立成完整的、可被主张的法律关系。故在狭义文义解释范围内，此类债务不属于“同一债务”范畴，直接适用《诉讼时效司法解释》第5条是否妥当有待商榷。

（二）《诉讼时效司法解释》第5条是否可类推适用，应视个案情况酌情判断

每一份租赁合同的内容及履行都具有鲜明个性，不可一概而论。相应地，诉讼时效起算日的确定，最好能根据合同内容和履行情况作进一步细分。

1.如果债务彼此之间的同一性大于独立性，诉讼时效宜从最后一期履行期限届满之日起算。譬如，甲乙约定一年期租赁合同（2012年1月至12月），乙自7月起欠付房租，甲中途未经催要，在2013年9月催告无效后直接起诉，如果此时坚持诉讼时间按期单独计算，甲将丧失对7月和8月的租金请求权。在合同整体履行期限较短、各单独期限彼此联系相对紧密的情况下，应当统一计算诉讼时效。如坚持每期单独计算，不仅割裂同一合同的整体性，而且可能导致债权人在合同履行过程中因担心债权超过时效而频繁主张权利，且司法实践通常只认可正式提出的书面主张作为证据。但此类纠纷中，债权人通常采取口头催告的方式主张债权，如债务人否认，则无法证明诉讼时效因催告中断。这不仅造成债权人的过重负担，更会动摇交易双方的互信基础，过于苛刻。

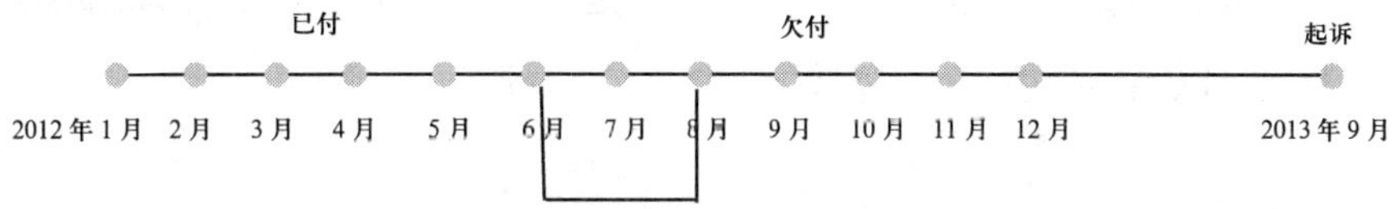

7、8两月租金请求权是否已罹诉讼时效

2. 如果债务彼此之间的独立性大于同一性，诉讼时效宜从每一期履行期限届满之日起算。譬如，甲乙约定的合同租期长达20年（1990 ~ 2010年），付款方式为年付，且约定了在不同年限之内的不同租金计价方式：前两年乙可免费使用，自第3年起，租金每3年上涨20%。此时，各单期债务之间的独立性较强，各债务之间的时间间隔也较长，如果债务人不履行付款义务，债务人有充足的时间利用通知催告等方式促成诉讼时效中断。如果在法律规定的诉讼时效内未及时主张，在很大程度上可归责于债权人怠于行使债权。此时如认定诉讼时效可从最后一期履行期限届满时起算，债权人可据此主张十几年前的债权，不但会导致双方权利义务的极大不稳定，更有违诉讼时效制度督促权利人及时行权的设计初衷。

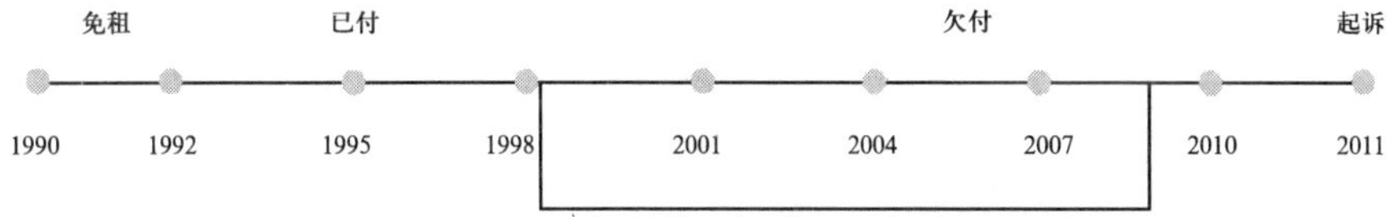

1999 ~ 2009年期间租金请求权是否已罹诉讼时效

当然，也有观点主张，如果对此类问题不划定统一的司法标尺，将裁量判断的权利完全赋予法官，可能导致司法态度的不一致，有损法律的确定性和稳定性；还有观点主张，我国诉讼时效长度较之他国本就偏短，为充分保护债权人利益，最好的方法是赋予此类诉讼双重时效：欠付租金时，如果租赁合同仍在履行，承租人继续使用租赁物可视为对债务的认可，可以作为诉讼时效重新起算的依据，只要租赁状态持续，就可将最后一期租金的履行期限届满日作为起算点，同时，债权人也可就分期租金分别主张。

需要强调的是，对此问题无论是理论还是实践均无统一意见，我们谨在此分享愚见，以期抛砖引玉，引发更多同行的深入探讨。

起草争议解决条款，哪些错误不能犯

◎王　峰　宋　峰

争议解决条款是当事人意思自治的体现，看似简单，但在总结归纳大量司法裁判文书后，我们发现，当事人就争议解决条款产生的纠纷并不在少数，日益增加的管辖权异议之诉即是典型。

本文对律师在起草争议解决条款时可能存在的主要问题进行了归纳，希望藉此抛砖引玉，与同仁交流。

一、争议解决方式约定不明

天同律师发现，当事人在合同中特别约定争议解决方式时，有时会倾向于通过仲裁解决纠纷，但又会因没有约定仲裁机构或仲裁机构约定不明、仲裁与诉讼约定矛盾等，导致仲裁协议无效，最终纠纷发生时只能无奈地选择诉讼。

（一）没有约定仲裁机构或仲裁机构约定不明

选择明确的、唯一的仲裁机构，是仲裁条款的必备要素之一。《仲裁法》第 16 条第 3 款规定，仲裁协议应当具备“选定的仲裁委员会”；第 18 条规定：“仲裁协议对仲裁事项或者仲裁委员会没有约定或者约定不明确的，当事人可以补充协议；达不成补充协议的，仲裁协议无效。”

如果在争议解决条款中遗漏仲裁机构名称，或具体仲裁机构约定不明（如写错仲裁机构名称导致无法确定唯一机构），甚至约定的仲裁机构并不存在，都会被法院认定仲裁协议无效。此时，当事人只能通过诉讼解决纠纷，而不能实现仲裁的本意。《最高人民法院关于仅选择仲裁地点而对仲裁机构没有约定的仲裁条款效力问题的函》（法函〔1997〕36 号）、《最高人民法院关于四川省高级人民法院经一请字第 13 号请示报告的复函》（〔1996〕经他字第 26 号）等多个司法解释性文件都阐明了没有约定仲裁机构、仲裁机构不存在或者约定不明确将导致仲裁条款绝对无效。

（二）同一法律关系存在仲裁与诉讼的矛盾约定

若当事人就同一法律关系先后签订多份合同，且前后合同存在替代关系，此时争议解决条款一般以最后一份合同的约定为准，即只要最后的协议约定仲裁管辖，就应认定排除了诉讼管辖。

实践中，当事人可能就同一法律关系的不同事项分别签订数份协议，而协议间又对诉讼或仲裁作出了不同选择。如果当事人仅就该法律关系的某一事项产生争议，且关于该事项的协议仅约定仲裁管辖的，则当事人一般可就该事项申请仲裁。但如果当事人就合同具体事项分别约定管辖，一旦双方就合同效力、合同解除等整体法律关系产生争议，则很难通过某一孤立事项的仲裁协议覆盖约束整个法律关系。此时，法院很可能以当事人的约定矛盾或约定不明为由，认定仲裁协议无效。

例如，在长沙某置业公司诉北京某教育公司管辖权异议纠纷二审案［案号：（2014）民一终字第24号］中，双方签订《合作框架协议》，该协议中无争议解决条款约定；之后，双方又签订了几份附属协议，其中对仲裁或诉讼管辖的约定不同。争议产生后，一方主张确认《合作框架协议》无效，认为双方对整体协议管辖的并未作明约定，应由合同履行地法院管辖；而另一方主张，附属协议是《合作框架协议》的一部分，应从附属协议约定的管辖。

最高人民法院认为：双方当事人在履行整个交易过程中，是以双方签订的《合作框架协议》作为基础性协议，双方为履行《合作框架协议》又签订了《合作备忘录》《权益转让协议》等附属协议。故，当事人在《合作备忘录》中约定的“提交中国国际经济贸易仲裁委员会仲裁”、在《权益转让协议》中约定的“提交受让方所在地人民法院解决”等对纠纷解决方式的约定，应视为《合作框架协议》的组成部分。置业公司在本案的诉讼请求是确认整个《合作框架协议》无效，而非对某个附属协议的履行发生争议，因此，就整个《合作框架协议》而言，当事人对争议解决方法的约定既有仲裁又有诉讼。对于当事人的这种约定应认定当事人的真实意思表示不确定，该约定是无效的。

（三）格式合同中，当事人未以适当方式选择争议解决条款

格式合同是当事人为了重复使用而预先拟定，并在订立合同时未与对方协商的合同。为了交易便捷高效，格式合同越来越受当事人青睐。在格式合同中，通常都会提示当事人选择争议解决方式。需强调的是，在格式文本中，当事人选择的争议解决方式应清楚明确，避免法院以约定不明为由，否定仲裁条款效力。

例如，在江苏某建设集团有限公司诉黑龙江某房地产开发有限公司建设工程施工合同纠纷一案［案号：（2014）民一终字第183号］中，最高人民法院认为：仲裁协议必须反映当事人之间存在通过仲裁解决纠纷的真实意思表示。否则，不能认定存在仲裁协议。该案双方当事人采用的合同文本是当地行政部门制定的格式合同示范文本。在该文本中，对合同争议的解决方式约定为“申请仲裁”和“向有管辖权的人民法院提起诉讼”两种择一，并在每个选项前标有“□”作为选择区域。因此，按照合同文义解释，当事人应当在双方约定的选项前“□”内划勾作为双方当事人就争议解决的方式达成一致的意思表示。而本案双方当事人在该两选项前均未划勾，表明双方当事人对争议解决的方式并未达成一致。原审裁定以“双鸭山仲裁委员会”为制式合同中横线上填充书写，其他内容为制式合同中原有文字为由，认定双方当事人对解决争议方式进行了特别约定，不符合合同当事人本意。

（四）仲裁条款的范例

我们建议：当事人在选择仲裁解决纠纷时，尽量使用相关仲裁委员会公布的示范仲裁条款。以北京仲裁委网站公布的仲裁条款范本为例：

“因本合同引起的或与本合同有关的任何争议，均提请北京仲裁委员会按照该会仲裁规则进行仲裁。仲裁裁决是终局的，对双方均有约束力。”

值得注意的是，当事人还可以在仲裁规则允许的范围内，为自己量身订做适合的仲裁程序。例如，当事人可以选择在提起仲裁时现行有效的仲裁规则，或是选择签订合同时有效的仲裁规则；当事人还可以在仲裁条款中就适用简易程序还是普通程序等作出约定。

二、条款适用范围与当事人本意不符

多数情况下，当事人在合同中约定争议解决条款的本意，是适用于因合同产生的全部纠纷。但在起草争议解决条款时，有律师将其表述为“因合同履行产生的纠纷，由某某法院管辖”“因一方当事人违约产生的纠纷，由某某法院管辖”的并不少见，一旦当事人因合同效力等非履行原因发生争议，则交易对方有可能以纠纷不属于条款适用范围为由提出抗辩，进而使约定争议解决条款的本意落空。

例如，在陈某诉魏某确认合同效力管辖权异议纠纷一案［案号：(2014)民一终字第 315 号］中，最高人民法院认为：《合作协议书》第 9 条是明确针对当事人存在违约或者以一方当事人违约为由提起诉讼的情况下如何确定管辖法院的约定，该约定是双方当事人的真实意思表示，约定范围明确，只能针对因违约而提起的诉讼，不包括双方当事人之间的其他纠纷。本案系确认合同效力纠纷，根据被上诉人陈某在一审法院起诉时的主张，其并未依照合作协议约定要求认定上诉人魏某违约或承担违约责任，因此，本案诉讼并非因当事人违约而引发的诉讼，不受上述协议管辖条款的约束。

因此，我们建议，在起草争议解决条款时，需格外重视争议解决条款的适用范围，尽量表述周延，避免纠纷发生时被对方找到漏洞，并据此引发管辖权异议。

三、约定地域管辖无效

地域管辖纠纷是管辖权异议案件中最常见的类型。根据《民事诉讼法》第 34 条的规定，合同或者其他财产权益纠纷的当事人可以书面协议选择被告住所地、合同履行地、合同签订地、原告住所地、标的物所在地等与争议有实际联系的地点的人民法院管辖,但不得违反本法关于级别管辖和专属管辖的规定。

协议管辖是法律允许当事人在法律规定的范围内以书面形式协商一致自行选择解决纠纷的法院，其立法目的是在充分体现当事人意思自治的基础上，减少管辖争议，缩减诉讼成本。因此，协议管辖应是非常确定的管辖，应当具有排他性的管辖，即能够通过当事人的意思表示确定管辖的法院。但在实践过程中，当事人的约定管辖条款被法院认定无效的情形亦不鲜见，原因主要包括：

（一）约定的管辖法院与案件缺乏实际联系

2007 年修正的《民事诉讼法》规定当事人仅能在被告住所地、合同履行地、合同签订地、原告住所地、标的物所在地之间选择管辖法院。2012 年修正后的《民事诉讼法》对当事人选择管辖法院的范围进行了必要扩充，即允许当事人在上述管辖法院之外，另行约定管辖法院，但前提是约定的管辖法院所在地与案件具有实际的联系，否则，约定管辖条款无效。

在吉林某木业有限公司诉上海某国际货运代理有限公司海上货物运输合同纠纷管辖权异议一案［案号:（2013）民提字第 243 号］中,最高人民法院认为:本案木业公司诉货运代理公司海上货物运输合同纠纷，无论是当事人，还是运输合同的履行，均与香港特别行政区无实际联系。故木业公司主张应驳回货运代理公司提出的管辖权异议理由充分，应予支持。中航公司并非本案当事人，二审裁定认为中航公司住所地在香港特别行政区，香港特别行政区与本案有实际联系、香港特别行政区法院对本案具有管辖权，适用法律不当，应予纠正。

（二）约定两个以上法院管辖的

根据前述《民事诉讼法》第 34 条的规定，为了使管辖确定，当事人仅能在法律规定的范围内选择唯一的地域管辖法院，如当事人约定了两个或者两个以上地域管辖法院的，视为约定不明，争议解决条款无效。

例如，在浙江某汽车有限公司等诉某能源股份有限公司合同纠纷管辖权异议一案［案号：（2014）民提字第 231 号］中，最高人民法院认为：《合作协议》

第 15 条约定“如因履行本协议发生纠纷，双方同意：如甲方违约，乙方可选择乙方或者项目所在地法院管辖，如乙方违约，甲方可以选择甲方所在地法院管辖”，该约定对管辖法院并不明确。

综上，我们建议：尽量在《民事诉讼法》第 34 条规定的地域范围内选择管辖法院，以避免纠纷发生后，法院以约定管辖法院与案件缺乏实际联系为由否定管辖条款的效力；且当事人只能选择一个与案件存在联系的管辖法院，如当事人约定两个以上管辖法院的，视为约定不明，条款无效，当事人争议解决的预期亦无法实现。

抗诉真言

从检察院到天同，只是转身，并未远离

◎王　真

转身，并非意味着远离，也可能是换个立场更好地守望。2015年6月，王真离开工作了14年的北京市人民检察院，来到天同律师事务所。由其主笔/主持的天同诉讼圈全新栏目“抗诉真言”正式与读者朋友们见面。

作为办理了近千件各类民商事案件、在民事行政检察工作领域积累了丰富经验的前检察官，王真希望在这个栏目中与读者分享“抗诉”那些事儿：详解抗诉程序，分析抗诉案例，让抗诉不再“神秘”；也希望借笔抒义，分享检察官、法官转身的感悟，搭建检察官、法官与外界的交流平台。

于大多数民商事律师而言，抗诉或许还是一块略显陌生的领域，那么，每双周的周四晚上6点，“抗诉真言”期待与您共拓一片全新的实务交流天地。

2015年夏天，我恰满35岁。在录制全国精品课程《民商案件合议汇报技能》的最后，我说："能言与善辩是法律人的基本素能，无论我们将来在或不在这里，都要以此作为傍身之计。"其实，这句话多半是说给自己，彼时已失眠一周，为自己的去留。

一、我的去留与两个肘子

鼓足勇气去正在休假中的领导家中，算是给这段纠结一个了结。刚进门，领导说：知道你来，特意给你孩子炖了两个肘子，拿回家让孩子尝尝。满肚子的话瞬间被噎住，眼眶一热，差点一转身拎着香喷喷沉甸甸的肘子回家。那一天，跨过了领导温情与诚意的挽留，开弓便再没有回头箭。

14年共事，同事之间亲如一家，这样一个工作环境成为离开的最大牵绊，而另外一个是我从事了10余年的民事行政检察工作。大学毕业即到北京市人民检察院工作，记得负责分配的人事部门把我们聚在一间小屋里，神秘地一个一个把人领走。我被带到民事行政检察处，才知道自己将来要从事的是与检察院里其他部门完全不同的工作，不是批捕、不是公诉、更不是侦查，而是——审查民商事案件。

那一天开始，俯首在民商事案件审查中，一干就是14年。这十几年，有幸经历了民事行政检察工作的跨越式发展，从制度存废之争到立法明确定位，从单一抗诉手段到多元化监督格局，从全国几千案件的审查规模到如今10余万案件受理，从再审改判率不足40%到现下80%以上。这个时代的民行人，更多的像拓荒者，靠对工作的责任和热爱，摸索和打拼出一片沃土。2012年修正后的《民事诉讼法》全面强化了民事检察工作，对于民行人而言，有种"创业公司"终于上市的幸福感。而我作为"创业公司"老员工，亦算殚精竭力，参与了"公司"的建章建制，参与了近千件民商疑难案件的审办，参与了各类专项工作的推进，参与了《人民检察院民事诉讼监督规则（试行）》的拟定……工作的馈赠，前辈的信任，同事的支持，不知不觉中一把钝刀已开刃，民商法律体系架构渐趋形成，抗诉案件审查思路逐步确立，仕途之路也貌似徐徐展开。

然而，时间在催人变老，尝试另外一种可能性的期许在增加。**不同的职业体验，丰富的人生经历，成为即将步入中年的人对时间所做的唯一挽留。**于是，未能熬过第二个“七年之痒”。

二、个人选择与家国情怀

离职进行得平稳有序，要到各部门盖章走程序，确认各项交接手续的完成。这是一个有些许煎熬的过程，年纪大的同事多半是惋惜，年轻的同事多半是祝福。只有一位同事的一番话，至今振聋发聩。她讲的主题就是一个：如果大家都选择离开，谁来坚守这项事业。当时“不烂之舌”所做之振振有词的回应，其实没有抵挡住这段对话在内心已经投射并渐渐晕开的涟漪。

结束这番谈话的那天晚上，恰巧听到高晓松在《晓松奇谈——朝花夕拾》里讲自己的爷爷奶奶留学的往事，他们的船舷离开上海的时刻是 1937 年 8 月 17 日，中日淞沪抗战爆发，所有留学生在船头对着炮火连天的祖国泪流满面，誓学成归来报效国家。相比之下，忽然觉得自己像那个年代未能浴血奋战、保家卫国的“逃兵”。在此之前，从未将个人选择与家国情怀相连，亦未将自己的选择与家国事业相连。而离职这一刻，却被这股莫名的情绪笼罩，使我的离职过程没有了对“世界这么大，我想去看看”的美好憧憬，反而变成了至今犹存的愧意。

我想，这样的心态在每位离职检察官心中都或多或少地存在，甚至较其他行业更为明显。因为在法庭上，我们习惯了说“我是国家公诉人，我代表国家提起公诉”，我们习惯了说“我代表国家行使法律监督职责”，潜意识里不断强化，使检察官群体对法律有更接近军人般“守护城池”的使命感。这就是为什么，在离职检察官群中，每增加一位，引发的都是对同行人的理解认同与对那份遥相守望事业的担心扼腕相互交织的复杂情感。这也是为什么，在李斌做《检察官离职问卷调查》的时候，很多离职检察官慎重地选择了“如果检察院需要，我还会选择回去”的选项。而因担心被冠以“知行不一”的虚伪表象，这些情感都在秘而不宣中悄悄传递和交换。

三、角色转换与名门正派

从“为公”到“为私”，从“客观中立”到“预设立场”，从“决定权”到“说服力”，这些都是离职检察官、法官转型做律师后要面临的心态转换。所幸的是天同的体系，为从事多年抗诉工作的我，提供了一套几乎可以无缝衔接的心理对接机制。

每年，客户尝试委托天同代理的案件大约 300 件到 400 件，通过天同研判流程正式缔结委托关系的，仅占客户尝试委托案件的 10% 左右，这与近年来检察院对民商事案件提出监督意见数与受理数的比例几乎一致。每天要做的工作——对案件进行严谨细致的分析，作出专业判断，跟进确有改判可能的案件，回复原判无误案件。这与抗诉案件的办案程序非常接近，尤其是天同律师耗费大量时间对原判无误案件所做解释说服，与我们曾经所做服判息诉工作如出一辙。

2015 年，有这样一起案件，客户希望委托我们做抗诉阶段的代理，案件标的很大，客户也愿意支付高额的前期费用。但我们评估后认为，虽然法院裁判有瑕疵，但不符合提起抗诉的条件。我们答复后，客户又发送了 500 余页的案件材料，希望我们进一步评估并尽量代理此案。为了说服客户，我们在明知不可能代理的情况下，依然审阅了全部案件材料，指导客户通过其他途径救济权利，客户最终放弃了抗诉申请。

另一起案件，客户拟到香港特别行政区进行一场旷日持久的诉讼，这个案子接下来将意味着可观的代理费。但分析后我们发现，香港特别行政区的裁判在国内的承认与执行存在诸多障碍，按照我们的诉讼方案，案件在国内诉讼一样可以解决问题，但如果在当事人本地诉讼，客户可能不会再委托我们代理。果然，当事人获得这个宝贵的"key"后，未再委托我们代理。即便结果已然预见，类似的实例、相似的情形，我们还是都选择了"讲真"。

所以，在去年年终总结会上，**我说对天同的最大认同，不是三大诉讼法宝，而是我身在其中感受到的"名门正派"的气度。在这一点上，依然可以保持客观中立的立场，依然可以保持不俯首不犬儒的执着，不感觉与曾经的职业有太远的距离，是对离职群体最宝贵的慰藉。**

在这样一个氛围下，提供了做些自己想做事情的可能。繁忙的办案之余，研究诉讼技能，与各地律师交流和提升诉讼能力；在无讼学院讲授课程，传递诉讼正能量；撰写抗诉方面实务指引文章，扫除各界对抗诉程序的误解。在天同想为行业做些与众不同的事情的大框架下，也有了一点点"回馈"的成就感。

四、开设栏目与写点什么

还能做些什么，是最近一直在思考的问题，蒋勇律师建议我在天同诉讼圈也开设一个栏目。我的惴惴之情溢于言表，一来无辛正郁老师民商领域博大精深的功底，亦无蒋律师对律师行业的独特视角；二来已然习惯在真意与言说之间保持一段安全距离，未养成随性发声与直抒胸臆的习惯；三来栏目写点什么，能否持续提供有内容有价值的文章，心中并无底数。

最近因为工作原因，去了几趟法院和检察院，发现自北京市昌平区人民法院马彩云法官殉职后，法院、检察院似乎又提高了安检级别。原来的一重关卡都增设为两道，第一道身份校验后，法警对来访人员要再次核查，然后还需通知你要拜访的人员亲自接入办公区域。这让我想起离职前曾草拟过一份申请，在民行案件接待日出现持刀袭击法警事件后，要求控告申诉部门加强安检措施。如今身处高墙之外，应可充分理解与配合，却亦升腾出些许无奈与不适。体制内外这种碉堡化的自我保护，将墙内人与墙外人的阻隔更加有形化，输出的公平正义亦被介质拦截或折射，无法反映全貌。

有感于此，我想，如要开设栏目，就做些蓝领工作，干些“拆墙透绿”的活儿吧——**先来讲讲“抗诉”那些事**。凭多年积累且还算热腾的经验，让更多人了解这项职能——**通过对抗诉程序的详解，消除抗诉程序的神秘感与外界对抗诉认识上的盲点；通过对抗诉案例的解析，总结检察院抗诉案件的审查思路**。因程序问题通常较为枯燥，希望栏目以轻松的小品文为基调，能让读者在轻松阅读中亦有所获。间或，**还可以有些内容随性的访谈或随笔，开放给检察官、法官、律师，作为就抗诉程序或其他法律问题相互交流的平台，亦希望曾经的同事友人不吝赐稿**。

如能实现，高墙化为琉璃，两造彼此映照，就算是一个“逃兵”为如今远离但守望的“战场”所尽之微薄之力。

一图看懂案外人救济的另一条途径：申请检察监督

◎王　真

《民事诉讼法》修改的一项重要成果就是丰富了案外人救济途径，而第三人撤销之诉、执行异议之诉、案外人申请再审程序的交织难辨也成为了《民事诉讼法》修订之后最大的一滩“浑水”。《最高人民法院关于适用〈中华人民共和国民事诉讼法〉的解释》（以下简称《民事诉讼法司法解释》）虽然进行了部分厘清，但实践中仍有诸多混乱，吸引大量法律圈人士围观研究，相关文章也多见诸各类律政公众号，成为搜索热门。

然而，在这份“热闹”里，大家又习惯性忽视了案外人救济的另一重要途径——申请检察监督。检察监督程序中是否也有案外人救济的途径，与上述三类程序如何衔接，是民事检察必须解决的理论与实践问题。看来，即便是“浑水”，也不得不“蹚”，让我们一起来看看案外人申请检察监督的路径选择。

民事申请监督案件指南

1. 哪些人有权提起检察监督

（1）当事人。指与申请监督的生效裁判或申请监督的其他事项有利害关系的当事人或案外人，要求对申请监督事项有再审或纠正的实体利益。

（2）控告、举报人。指当事人以外的向检察院控告和举报法官违法行为或执行违法行为的公民、法人或其他组织，对申请监督事项无实体利益。

（3）检察院。指检察院发现可以依职权监督的事项，即可以依职权提起检察监督程序。

2. 何为再审或纠正的实体利益

（1）当事人对申请监督的事项，必须具有再审或纠正的利益，即当事人因生效裁判文书而承担实体义务，或因审判人员违法审判行为或执行行为导致了权利损害的后果。

（2）在原审中全部诉讼请求获得支持的当事人或者未被判决承担实体权利义务的当事人不具备实体利益，部分诉讼请求获得支持的当事人对于未获支持的部分诉讼请求具备实体利益。

（3）违法审判行为或执行行为导致其实体或程序权利损害的具备纠正利益，不因违法审判行为或执行行为导致实体或程序权利损害的不具备纠正利益。

3. 原审当事人死亡或终止的，如何提起再审

原审当事人死亡或终止的，其权利义务承受人可以申请检察监督。

4. 哪些案外人能够申请检察监督

（1）有独立请求权第三人或无独立请求权的第三人，因不可归责于本人的原因，未参加诉讼，提起第三人撤销之诉后再审被驳回或直接申请再审被驳回。

（2）在执行程序中，对原生效裁判所确定的执行标的提出书面异议被驳回，依然对原裁判不服，申请再审后被驳回的案外人。

（3）因虚假诉讼权利受到损害的案外人。

5. 案外人申请检察监督与其他案外人救济程序如何衔接

详见文章最后的图解。

你不服一份民事生效判决，来到检察院的控告申诉大厅，控告申诉部门首先要求你出示身份证明，查验“你是谁”。概因检察院对民事申请监督案件受理条件的第一条，即为主体合格。

如果你与生效判决上记载的当事人一致，主体一关即顺利通过，当然这也是申请监督案件最常见的情形；如果当事人死亡或终止，则需出示你为权利义务继受人的相关证明，通常继承公证、继承判决书或工商登记变更证明均可以作为有效证明，提供相关证明后，主体亦被视为合格。

然而，如果你是案外第三人，则情况会瞬间变得“复杂”。案外人能否申请检察监督，依据哪项规定申请，是否需要再审前置等一系列问题接踵而至。**而《人民检察院民事诉讼监督规则（试行）》（以下简称《监督规则》）则似乎把案外人就民事生效裁判的申请监督“拒之门外”抑或“无心遗漏”。**案外人申请检察监督的问题，确实悬而未决。

一、案外人能否申请检察监督

《监督规则》第23条规定了民事诉讼监督案件的来源有三类：（1）当事人向人民检察院申请监督；（2）当事人以外的公民、法人和其他组织向人民检察院控告、举报；（3）人民检察院依职权发现。

当事人与案外人或利害关系人在概念上已有明确区分，这里的当事人应指以自己的名义参与诉讼并受裁判拘束的人，包括原告、被告、共同诉讼人、第三人。**因此，从上述规定看，申请监督的主体只能是案件当事人，而不包括案外人。**

那么，案外人似乎可以走第二条路径，按照本条第（2）项规定，通过举报和控告方式将案件向检察院提交。这条路是否走得通，让我们再看《监督规则》第 39 条第 1 款规定：当事人以外的公民、法人和其他组织认为人民法院民事审判程序中审判人员存在违法行为或者民事执行活动存在违法情形的，可以向同级人民检察院控告、举报。这里又仅规定了案外人仅能就审判人员违法行为与执行活动违法进行控告举报，将案外人对生效裁判进行控告举报的权利排除在外。这一点在《人民检察院民事诉讼监督规则（试行）条文释义》一书中亦予以明确："当事人以外的公民、法人和其他组织向人民检察院控告、举报的，只能是针对审判人员、执行人员的违法行为提出，而不能对生效裁定、判决或调解书本身提出。"**可见，案外人认为生效裁判、调解书错误且侵犯其权益的，亦无法通过举报控告途径申请监督。**

最后，再看看第三条路径——检察院的依职权发现，能否接纳案外人的申请依职权启动监督程序。由于涉及公权力对私权的干预，检察院能否依职权对民事诉讼进行监督，多有争议。在《监督规则》的起草过程中，从尊重民事诉讼规律、慎用公权干预的角度出发，《监督规则》特意将检察院的依职权监督做了严格的限缩解释。根据《监督规则》第 41 条规定，三种情形下，检察院才能依职权启动监督程序：（1）损害国家利益或者社会公共利益的；（2）审判、执行人员有贪污受贿、徇私舞弊、枉法裁判等行为的；（3）依照有关规定需要人民检察院跟进监督的。上述规定没有兜底条款，即表明检察院的依职权监督严格限于上述规定的三种情形。而大多数案外人对生效裁判、调解书的不服，均不涉及损害国家利益或社会公共利益，更很难证明原审审判人员的违法问题，案件未进入程序更谈不上跟进监督。想通过该项进入监督程序，更是难上加难。

由此看来，《监督规则》并未给案外人就生效裁判案件不服而申请检察监督留下空间，案外人申请监督亦似乎无据可循。

二、案外人申请检察监督在理论与实践中有无障碍

1. 民事检察监督属性推导。民事检察监督权的本质系通过公权力监督审判权、执行权的合法运行，防止权力滥用，维护法律统一正确适用。因民事检察监督系通过个案纠正方式实现，客观上也承担了对私权救济的功能。从民事检察监督基本属性出发，《民事诉讼法》规定了检察院对民事诉讼实行监督，对于符合《民事诉讼法》第200条的生效裁判均属于检察监督的范围，无理由将案外人提起的监督排除在外。从私权救济角度，虽然有第三人撤销之诉与执行异议之诉的规定，案外人维权依然较当事人程序繁琐、能力受限，尤其是虚假诉讼，更可能因未进入执行程序或案外人不符合第三人身份而无程序救济。从权利救济角度，案外人提起的监督申请与当事人提起亦不应有所差别，更不应被"拒之门外"。**因此，无论从监督审判权角度，还是从私权救济角度，都无理由将案外人对生效裁判的申请排除在检察监督之外。**

2. 案外人申请再审制度的推导。民事检察监督系民事诉讼审判监督程序的一部分，探讨案外人申请检察监督的问题，亦需从案外人申请再审制度谈起。《民事诉讼法》在审判监督程序中，虽也仅规定了当事人可以申请再审，但通过执行异议制度及相关司法解释将申请再审主体扩大到了案外人。案件进入执行程序的，案外人可根据《民事诉讼法》第227条之规定申请再审；案件未进入执行程序的，案外人则需根据《最高人民法院关于适用〈中华人民共和国民事诉讼法〉审判监督程序若干问题的解释》（以下简称《审判监督解释》）第5条之规定申请再审。可见，虽然在提起的条件上理论界还有

争议，但案外人系申请再审的合法主体，已为法律及实践所确认。**《民事诉讼法》对裁定再审与监督的条件无差别规定，应理解为申请再审的案件应均可申请检察监督。**

3. 实践中做法的推导。虽然《监督规则》没有给案外人申请监督留下路径，但多数检察院在实践中却采取了与《监督规则》相反的态度，对案外人申请监督"大门敞开"或"格外宽容"。在多数检察院，如果案外人已经申请过再审，且证明其与裁判结果有利害关系，检察院一般会受理审查。2015 年，全国检察机关开展了打击虚假诉讼的专项活动，各地也诞生了非常多针对虚假诉讼抗诉成功的案例，而大多虚假诉讼案件的提起都是由案外人发动的。这也从侧面印证了案外人申请检察监督，检察院在实践中已有了较为统一的认识，并不存在太大障碍。

三、如何确定案外人申请检察监督的路径选择

既然实践中检察院可以接受案外人申请的监督，那么研究案外人申请监督的依据还有实践意义吗？答案是肯定的：一是目前实践中认识混乱，有必要统一认识，为《监督规则》的修订做好理论准备；二是路径选择决定了检察院受理的条件、前置程序设定及审查程序等实践问题。

确定案外人申请监督的法律依据有以下几种路径选择：

1. 扩大举报控告案件范围。《监督规则》第 39 条规定，举报控告只能针对审判人员或执行人员的违法行为提出，控告检察部门对收到的控告、举报，应当依据《人民检察院信访工作规定》《人民检察院举报工作规定》等办理。上述规定的表述对于行外人可能不明就里，但行内人会立刻明白该条所指程序与申请监督间的巨大差别。

举报控告是检察院受理案件的另一套体系，主要针对公职人员的贪污受贿

或渎职侵权行为，控告申诉部门会根据相关规定作为信访或侦查线索处理分流，不作为申请监督对待，《监督规则》也不适用于上述控告举报案件。因此，上述案件针对的是审判人员、执行人员而非个案，案件通常不由民事检察部门审查，也不能采用抗诉方式监督，审查程序、审查期限、答复程序均与当事人申请监督案件有巨大区别。

而案外人对生效裁判的申请，显然系针对个案，希望通过抗诉或检察建议实现对个案的纠正，应当适用《监督规则》的相关规定。将其界定为举报控告，不符合举报控告承载的功能，不利于案外人实体权利的保护。**因此，案外人申请检察监督不能通过扩大举报控告范围实现。**

2. 扩大依职权监督范围。也有人认为，案外人申请监督只能走检察院依职权发现的路径，为依职权监督设定兜底条款，并将案外人申请纳入依职权监督范畴。这种看法亦值得商榷。首先，目前《监督规则》将检察院依职权发现严格限定为三种类型，三种类型均不是以提起的主体进行划分，而是从监督的公权属性出发设定。特别是为案外人"设口"硬塞入依职权监督，有违立法技术上的逻辑性。其次，对依职权监督的严格规制，系检察院对自身监督属性作出深入思考后确定的，是检察院自我限权的难得之举。**案外人申请再审显系对私权的救济，与检察院依职权监督的出发点不符，对依职权案件随意作扩大解释，似为立法上的倒退。**

3. 对"当事人"做扩大解释。《审判监督解释》第5条与《民事诉讼法》第227条均可以理解为是对审判监督程序中再审申请主体"当事人"的扩大解释。依此，将申请检察监督主体中的"当事人"扩大解释为"案外人"，似为一条便捷之举。

笔者认为，检察院扩大对"当事人"的解释，是目前法律框架下成本最低、结构最通顺的途径。首先，此路径下，所有适用于当事人申请监督的受理条件、审查程序的规定均适用于案外人申请，无需单独规定，成本最低。其次，按照当事人申请监督的条件，案外人的申请监督亦需符合《民事诉讼法》第209条的条件，即必须再审前置，符合穷尽法院救济途径后再启动检察救济的程序顺位。

当然，选择此路径，还有一些细节问题需要敲定：第一，不能申请再审的案外人能否申请检察监督。因《民事诉讼法》设计了第三人撤销之诉，有观点认为,未进入执行程序案件,案外人符合第三人撤销之诉条件的,不能申请再审。如果案外人不能申请再审，就不符合第209条规定的再审前置程序，案外人是可以直接申请检察监督,还是需要等待漫长的第三人撤销之诉后走入再审程序,才能申请监督？第二，虚假诉讼的案外人如不符合有独立请求权的第三人或无独立请求权的第三人的条件，无法提起第三人撤销之诉，能否直接申请检察监督？第三,如果因上述主体不合格法院作出驳回再审申请,能否申请检察监督？有观点认为，只要案外人申请了再审，其自然成为了案件的当事人，即使法院以主体不合格驳回再审申请，也可以申请检察监督。

四、案外人申请检察监督与其他案外人救济程序如何衔接

上述问题的解决，其实最终只需要作一个价值判断：是否彻底贯彻穷尽法院救济原则。笔者赞同以穷尽法院救济为前提来设计案外人申请监督制度，避免“多头申诉”与“矛盾认定”，以实现程序的安定性与个案公正的平衡。

在此原则下，笔者拟用下图表示在笔者心目中可以实现的案外人申请检察监督与其他案外人救济途径的顺位与衔接问题：

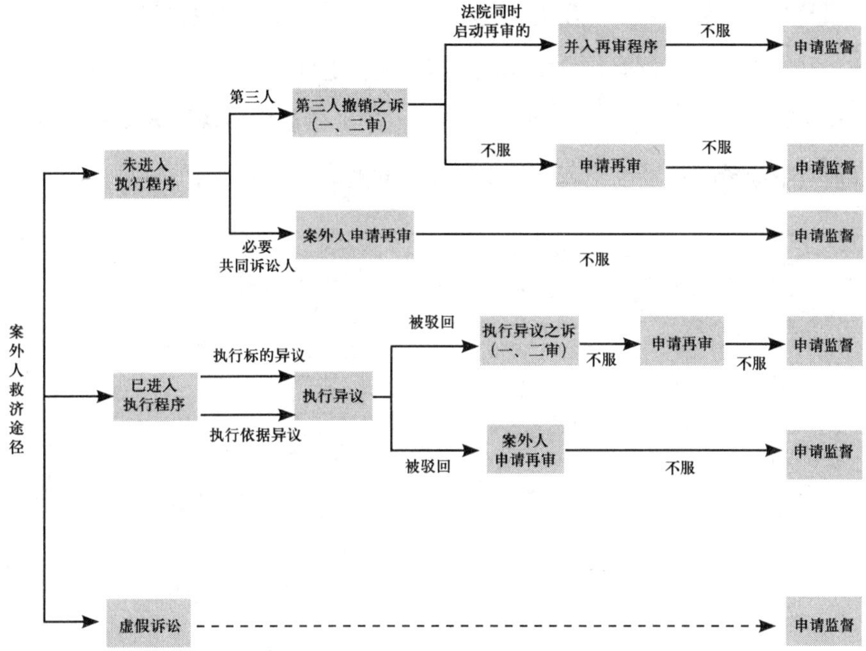

实务 TIPS1：此图中案外人救济仅定位于案外人不服裁判结果类监督案件，不包括案外人对审判人员违法行为与执行行为的申请监督。

实务 TIPS2：本图单纯以是否进入执行程序划分，并以此作为两条线表示，系为了描述通常情形，亦是为简洁清晰之便。实际上，按照《民事诉讼法》及司法解释，并不是如图样划分为清晰而平行的两条线。**第三人撤销之诉与执行异议后的再审之诉存在相互交织的情形：即使已进入执行程序的，案外人亦可不提执行异议而提起第三人撤销之诉，但如果已经提出了执行异议，就不能再走第三人撤销之诉。如已经提起第三人撤销之诉，尚可以提出执行异议，但执行异议被驳回的，第三人撤销之诉继续进行，不能再申请再审。**

实务 TIPS3：虚假诉讼的愈演愈烈催生了第三人撤销之诉、执行异议之诉等一系列制度。但从目前司法实践看，这些制度对虚假诉讼的纠正及案外人权利救济，均有“力有不逮”之感。而相比之下，检察监督对于虚假诉讼的及时发现和纠正确有无法比拟的优势。对于虚假诉讼的申请监督问题，应该与其他案外人申请监督做不同考虑。**由于文章篇幅所限，本文暂不展开，以后文章会单独讨论虚假诉讼的申请监督问题。**

民事检察监督不是抗诉那么简单

◎王　真

昨天，一位新入职的实习律师来问我，说一个客户咨询她关于抗诉方面的问题，她对抗诉程序不够了解，不知如何答复。客户的问题是申请监督和申请抗诉有什么区别，客户的案件已经向检察院提交了《抗诉申请书》，如果检察院认为这个案件不能抗诉只能发检察建议，会不会因为提交的是抗诉申请而驳回这个案件。

我瞪大眼睛问姑娘："不会这么巧吧，真的有客户问你这个问题？"姑娘点点头："是啊！"我乐不可支地说："请他明天看天同诉讼圈'抗诉真言'的文章吧，会有详细的解答。"

好吧，姑娘，你就是来告诉我，我准备好的这篇文章是一场及时雨。

民事申请监督案件指南

1. 为何不再叫民事抗诉程序

（1）检察院对民事案件的监督范围不仅限于生效裁判，还包括诉讼全过程及执行程序，而这些程序不能通过抗诉进行监督，如果仅称为民事抗诉程序，不能涵盖其他监督范围。

（2）检察院对民事案件的监督手段不仅有抗诉，还有检察建议等同级监督手段，如果仅称民事抗诉程序，不能涵盖其他监督手段。

2. 当事人能否申请抗诉

监督方式的选择由检察院决定，检察院对于生效裁判案件的监督，可以根据案件情况决定抗诉或向同级法院发出检察建议。因此，当事人不能直接申请抗诉，只能申请检察监督。

参加工作之初，被人问到所从事的工作，我会说“民事检察”，看到对方错愕的表情，必须立即再补一句“抗诉”，然后就会看到对方恍然大悟的表情。但彼时，这种恍然大悟还是来源于对刑事抗诉的了解，而非对民事抗诉的认知。要想说清楚自己从事的工作，大概还需要半小时左右的详解。

在《民事诉讼法》修改之前，将“民事检察”等同于“抗诉”，问题还不是很大，因为抗诉本身就是检察院对民事诉讼进行监督的主要手段，检察院的工作也大多是围绕“抗诉”而展开。但在《民事诉讼法》修改后，情况就发生了变化。如同当车路过最高人民检察院门口，导游向游客介绍说“这里是中国反贪污贿赂总局，最高人民检察院也在这里办公”，会遭到检察院其他职能部门的“白眼”一样，如果现下还将“抗诉”等同于“民事检察”，也会被认为是对民事检察的曲解。所以，本“栏目”冠以“抗诉”二字，确不能反映检察院对民事诉讼监督的全貌，实乃为了简洁上口的无奈之举，请读者对这份“蓄意”予以见谅。因为如今，要说清楚这项工作，从名称上已难以涵盖，还需要两小时左右的详解。

用检察院内部的语境讲，在《民事诉讼法》修改后，民事检察从“一元化监督格局”步入了“多元化监督格局”的阶段。这个“多元化”内涵丰富，成为检察院对民商事案件监督的新发端，也为当事人提供了一条权利救济的新路径。

一、监督范围不仅是审判程序

修订后的《民事诉讼法》将“人民检察院有权对民事**审判**进行监督”修改为“人民检察院有权对民事**诉讼**实行监督”。两字之差，背后是检察院20年摸索、实践与博弈的成果，背后是学界争议之声未噤之际，立法机关对民事检察应然之回应。

据此，检察院在民事诉讼中的监督范围不再限于“审判活动”，而是扩展到包括普通程序、简易程序、特别程序、督促程序、公示催告程序、破产程序、执行程序，甚至海事诉讼特别程序。反向来说，如果问哪些民事诉讼程序是检察院不能进行监督的，目前权威的答案应该是“**暂时没有**”。概因《民事诉讼法》概括性规定了检察院对民事诉讼实行监督，并未将某一程序排除在外，检察院也无权在监督范围上做限缩解释。同时，检察院对程序性监督事项的实践还不足，检察监督介入哪些程序会引发弊端还需等待实践检验。因此，目前在任何民事程序中遇到认为应由检察院监督的事由，即可大胆尝试向检察院提出监督申请，检察院通常不会因你提出的程序不属于监督范围而不予受理。

但需明确的是，检察院对民事诉讼的监督虽然涵盖了全部民事程序，不代表检察院的监督成为了一种泛化的监督，更不代表检察监督由“事后监督”变为了“事前监督”或“事中监督”。第一，检察监督是针对具体事项的监督，这里的事项通常包括两个：一个是结果，一个是行为。结果，系指法院对纠纷所做的结论性或阶段性意见，如判决、裁定、调解书等；行为，包括审判人员、执行人员做出的举动、采取的措施，如组成合议庭、采取强制措施等。第二，检察监督是针对已经发生或已经存在的监督事项的监督。对结果类监督，需要该结果已经发生法律效力；对行为类监督，需要该行为已经实际发生且对当事人权益造成了影响。因此，如果问什么时候可以申请检察监督，不够专业但更为直接的回答是“事后”。

二、监督对象不仅是生效裁判

根据修改后的《民事诉讼法》第208条、第235条，检察院对调解书、审判程序中审判人员的违法行为、执行活动均有权监督。虽然仅是两个条文的变化，却将检察监督的对象进行了全面扩张。根据《人民检察院民事诉讼监督规则（试行）》（以下简称《监督规则》），检察监督的对象可以概括归纳为以下几类：

1. 法院作出的生效判决、裁定。这里的判决、裁定特指生效的裁判，未生效裁判不能成为检察监督对象，例如，经过再审审理程序作出的裁判为生效裁判，不能再就原二审判决申请监督。生效判决书应均属监督对象，而裁定的情况稍显复杂。大部分裁定都可以申请监督，如不予受理裁定、驳回起诉裁定、先予执行裁定、诉讼保全裁定、中止诉讼程序、执行程序中的裁定等。但有三类裁定的申请存在障碍：

一是**驳回再审裁定。**驳回再审裁定通常被认为具有形式既判力，不具有实质既判力，不能作为再审或抗诉的对象。根据《监督规则》第35条的规定，人民法院裁定驳回再审申请或者逾期未对再审申请作出裁定，当事人向人民检察院申请监督的，由作出原生效民事判决、裁定、调解书的人民法院所在地同级人民检察院控告检察部门受理。可见，驳回再审申请裁定被明确排除在监督对象之外，不属于监督受理范围。

二是**管辖异议裁定**。根据《最高人民法院关于适用〈中华人民共和国民事诉讼法〉的解释》第381条的规定，当事人认为发生法律效力的不予受理、驳回起诉的裁定错误的，可以申请再审。上述规定将管辖异议裁定排除在了申请再审程序之外，系考虑管辖异议的救济可以通过实体审判程序进行，而实体判决通过对判决申请再审予以救济，更符合诉讼效率与经济的原则。而《监督规则》中亦未将管辖权异议裁定明确纳入监督范围，可见检察院对管辖权异议申请检察监督亦持谨慎态度。

三是**执行异议裁定**。执行异议分为两类：一类是当事人或利害关系人对执行行为提出的异议，一类是案外人对执行标的主张权利，排除特定执行标的的强制执行。前一类驳回执行异议的裁定经过上级法院复议程序后可向检察院申请监督；而后一类执行异议裁定，无论是案外人还是当事人，均可通过提起执行异议之诉寻求救济，如允许案外人或当事人申请检察监督，可能导致并行重复审查，亦可能导致两机构作出不同结论的尴尬。

因此，笔者认为，对后一类执行异议裁定，案外人或当事人应当首先提起执行异议之诉，对执行异议之诉的判决不服，符合《民事诉讼法》第209条申请监督条件的，检察院方予受理审查。

2. 法院作出的调解书。损害国家利益、社会公共利益的调解书属于检察院抗诉的对象，但并不代表检察监督的对象仅限于此。对于违反自愿、合法原则的调解书或虚假调解，检察院可以通过其他监督方式进行监督。

3. 法院作出的决定。民事决定是指法院为保证民事诉讼的顺利进行，对诉讼过程中发生的障碍，或者阻碍诉讼活动正常进行的特殊事项依法所作的判定。例如，决定审判人员是否回避，对妨害民事诉讼行为采取强制措施的决定，对当事人申请顺延诉讼期间的决定等。根据《监督规则》的规定，对检察院对决定事项的监督集中在对审判人员回避及采取强制措施两项。而对于诉讼费减免的决定等，因尊重法院裁量权的考虑，通常不认为属于监督对象。

4. 审判人员、执行人员违法行为。这里的违法行为，通常指未能外化为裁定、决定等法律文件的行为。审判程序中的违法行为，包括违法送达、超审限审理、违反职务廉洁性的行为等。执行程序中的违法行为，包括超范围执行、怠于执行、违法追加执行人、违法终止执行程序等。

三、监督方式不仅是抗诉

在《民事诉讼法》修订之前，检察院就在抗诉之外，创造性地使用检察建议实现了同级检察院对同级法院的监督。新法吸收了这一实践经验，第 208 条第 2 款规定：地方各级人民检察院发现同级人民法院的生效判决、裁定、调解书符合法定情形，可以向同级人民法院提出检察建议。该条第 3 款规定：各级人民检察院对审判监督程序以外的其他审判程序中审判人员的违法行为，有权向同级人民法院提出检察建议。

根据上述规定，针对不同的监督事项，新法创设了两类检察建议：一类是再审检察建议，一类是检察建议。

上述两类检察建议与抗诉一起，形成了检察监督方式上的“三驾马车”。另外，还有一个不常使用但发挥着“护卫舰”作用的“纠正违法通知”，与三驾马车一起，并列成为检察监督的四类主要监督方式。

上述监督方式适用范围不同、优缺各异，**抗诉“效力最强”、再审检察建议“效率最高”、检察建议“包罗万象”、纠正违法通知“威力最大”，**细解如下图：

	方式	特点	特点说明
1	抗诉	效力最强	1. 检察院作出抗诉决定后，即产生两个法律效力：一是法院必须裁定再审，二是裁定再审的同时中止原判决的执行。 2. 检察院派员出席再审法庭，履行监督职责。 3. 需经过同级检察院提请抗诉及上级检察院抗诉两个程序，案件审查流程长
2	再审检察建议	效率最高	1. 检察院发出再审检察建议后，由法院决定是否采纳，不必然启动再审程序。 2. 检察院通常不派员参加再审法庭。 3. 只经过同级检察院审查，审查流程短，监督效率高
3	检察建议	包罗万象	1. 针对的监督对象最为丰富，包括不能申请再审的裁定、违反合法自愿原则的调解书、审判人员违法行为、执行裁定与执行行为等。 2. 根据建议的内容不同可以分为多类，包括个案纠错类检察建议、更换承办人检察建议、类案认定事实类检察建议、类案法律适用类检察建议等
4	纠正违法通知	威力最大	1. 针对审判机关或审判人员的严重违法行为发出。 2. 上述违法行为有可纠正性，对于虽然违法但无法纠正的，只能发出检察建议。 3. 要求审判机关在规定期限内纠正，审判机关需在一定期间内就纠正情况回复检察院

四、监督方式不能由当事人选择

修改后《民事诉讼法》第209条第1款是这么表述的："有下列情形之一的，当事人可以向人民检察院申请检察建议或者抗诉……" 从文义上看，似赋予了当事人对检察监督方式的选择权，这也成为很多当事人及律师的通常理解，这一点在很多申请文书依然使用《抗诉申请书》上即可见一斑。

在《监督规则》制定时，对是否赋予当事人对监督方式的选择权，也存在较大争议。最终，最高人民检察院在综合考虑立法本意、加强再审检察建议制度等方面的基础上，在《监督规则》中确立了"当事人申请检察监督，检察院决定监督方式"的规则。在此规则下，当事人或代理律师在撰写法律文书时就要注意以下几点：

TIPS1：题目为《监督申请书》，不能使用《抗诉申请书》《再审检察建议申请书》类的题目。即使使用了《抗诉申请书》或《再审检察建议申请书》，检察院也统一以申请监督对待。因此，如果当事人提交了《抗诉申请书》，检察院认为应当发出再审检察建议，也不会因你提交的是抗诉申请而驳回，通常会径行采取发出再审检察建议的监督意见。【此即为回答文章开始客户所提问题】

TIPS2：《监督申请书》的请求中可以根据对案件的把握提出申请检察院发出再审检察建议或申请检察院抗诉的请求，该请求对检察官具有一定参考意义，但最终决定采用何种监督方式，由检察院自主决定。

敲开检察监督的第一道门
——提交申请材料

◎王 真 宋 峰

因专栏的开办，与各地律师就检察监督的命题交流讨论的较多。这些话题中，被询问最多的竟然不是实体问题，而是案件受理阶段的材料提交问题。“当事人应向哪一级检察院提交材料？”“应提交哪些申请材料？”成为被反复“复制”“粘贴”的问题。

大家对如何启动检察监督程序的陌生，一方面源于《民事诉讼法》和《人民检察院民事诉讼监督规则（试行）》（以下简称《民事诉讼监督规则》）关于检察监督受理的规定比较原则和抽象；另一方面，源于各地有各自细化而未充分披露的受理要求。即使在天同所自己代理的检察监督案件中，每次代理律师到不同地域提交材料，也有准备不完全符合当地细节要求之处，也有准备得过于充分实无必要之举，每次都有新鲜的收获和经验。

本期抗诉真言，我们结合自身在检察监督案件受理程序中积累的经验，搜集整理了各地检察监督案件受理阶段的材料提交要求，与大家分享，以期大家在申请检察程序中更高效地“备料”、更精准地“投放”。

民事申请监督案件指南

1. 申请民事检察监督时，应如何确定受理案件的检察院

（1）对生效法律文书申请检察建议或者抗诉的，当事人应当向作出生效法律文书法院所在地的同级检察院申请监督。

（2）对民事审判程序中审判人员违法行为或执行活动申请监督的，当事人应当向审理案件或执行法院所在地同级检察院申请监督。

2. 申请民事检察监督时，应提交哪些材料

（1）根据《民事诉讼监督规则》第 25 条第 1 款的规定，申请民事检察监督时应当提交监督申请书、身份证明、相关法律文书及证据材料。提交证据材料的，应当附证据清单。

（2）对于监督申请书、相关法律文书以及证据的提交份数等事项，没有统一规定。各省、自治区检察院一般都制定了受理案件的操作指引或实施细则进行细化。

提交材料前，建议先与受理案件的检察院沟通，确定提交材料的具体要求。

3. 检察院受理案件时，如何进行审查

（1）根据《民事诉讼监督规则》第 30 条的规定，检察院在受理案件时，原则上只进行形式审查。

（2）检察院在受理案件时，可能会要求当事人或代理人简要陈述案情及争议焦点，并要求当事人说明申请监督的理由和依据。

一、向哪级检察院提交申请监督材料

根据《民事诉讼监督规则》第 11 条的规定，对已经发生法律效力的民事判决、裁定、调解书的监督案件，最高人民检察院、作出生效法律文书的人民法院所在地同级人民检察院和上级人民检察院均有管辖权。仅从本条规定看，当事人似乎既可以向作出生效法律文书法院所在地的同级检察院申请监督，也可以向上级检察院申请监督，甚至可以直接向最高人民检察院申请监督。

而事实上，在《民事诉讼监督规则》的制定中，特意区分了管辖与受理的概念，即在检察监督程序中，管辖和受理并不统一。上级检察院虽然有管辖权，对案件却一般不予受理，案件材料只能向有受理权的检察院提交。因此，材料提交不能仅看管辖规定，更要看受理的相关规定。《民事诉讼监督规则》第 34 条第 1 款规定，向人民检察院申请检察建议或者抗诉，由作出生效民事判决、裁定、调解书的人民法院所在地同级人民检察院控告检察部门受理。即先由同级检察院受理审查，如果生效法律文书存在《民事诉讼法》第 200 条规定情形之一的，再由同级检察院提请上一级检察院抗诉。

作出上述区分的原因在于，虽然《民事诉讼法》规定了“上抗下”的监督模式，由作出生效法律文书法院所在地的上一级检察院提出监督，但这种模式使上级检察院的案件数量激增，形成了案件受理的“倒三角”。因此，为了缓解上级检察院的办案压力，案件需全部通过同级审查后提请抗诉方式才能进入上级院审查视线。

TIPS1：对生效法律文书申请检察建议或者抗诉的，当事人应当向作出生效法律文书法院所在地的同级检察院申请监督并提交申请材料。

TIPS2：对民事审判程序中审判人员违法行为或执行活动申请监督的，当事人应当向审理案件或执行法院所在地同级检察院申请监督并提交申请材料。

TIPS3：对已经再审裁定驳回的案件申请监督，监督的对象是仍然是原二审或一审生效法律文书，当事人应当向作出原二审或一审生效法律文书法院所在地的同级检察院申请监督并提交申请材料。

二、如何准备和提交申请材料

《民事诉讼监督规则》第 25 条规定：当事人向人民检察院申请监督，应当提交监督申请书、身份证明、相关法律文书及证据材料。提交证据材料的，应当附证据清单。但是，对于各类材料的提交要求及份数等事项，《民事诉讼监督规则》并没有作出明确的规定。对此，各省、自治区检察院一般都制定了各自的受理操作指引或实施细则，对当事人提交材料等事项进行了细化。我们根据自身申请监督过程中提交材料的经验，进行更为细致的总结梳理：

1. 监督申请书。《民事诉讼监督规则》第 27 条第 2 款规定："申请人应当按照其他当事人的人数提交监督申请书副本。"所以，从《民事诉讼监督规则》的规定来看，监督申请书的提交份数应为"其他当事人人数 +1"。

省、自治区人民检察院	申请书提交份数（N 为其他当事人人数）
河北	N+3
云南	N+3
湖南	N+2
内蒙古	N+2
黑龙江	N+1
辽宁	N+1
四川	N+1
北京	N+1
宁夏	N+1
重庆	N
广西	N
吉林	4
海南	3
河南	3
甘肃	2

续上表

省、自治区人民检察院	申请书提交份数（N为其他当事人人数）
山西	2
山东	2
天津	2
青海	2
湖北	1
广东	1

但是，根据我们申请监督提交材料的经验，各地检察院对监督申请书份数要求不一：[①]

TIPS1：各地对监督申请书的形式要求的严格程度不同。有的检察院要求较宽松，名称为《抗诉申请书》或《申诉书》的也可以被接纳。大部分检察院要求比较严格，必须严格按照申请书的名称、格式撰写，否则材料会被整体退回。因此，建议尽量按照监督申请书的严谨模板制作。

TIPS2：对于当事人的监督申请，检察院一般需要向其他当事人送达。所以，我们建议在申请书中，不要简单照抄原审裁判文书列明的其他当事人的地址，应核实后在申请书中列明各方当事人最新的送达地址，以免检察院送达时被退回。此外，有的检察院要求提供最近的其他当事人联系方式，应在查明其他当事人的真实联系方式后，在申请监督书中明确列明。

TIPS3：在提交监督申请书的同时，当事人还需要提交能够证明当事人身份的营业执照、组织机构代码证及法定代表人身份证明，如果当事人为自然人的，还需要提交居民身份证复印件。身份证明文件只提交一份加盖公章的复印件即可（自然人的不需要），具体要求基本与法院立案一致，故本文不再赘述。

2. 生效法律文书。检察监督的对象是生效法律文书，所以，在申请监督时需要提交法院审理案件过程中的相关生效法律文书。

---

① 我们收集的均为省、自治区一级人民检察院的规定，但尚不完整，我们会继续收集整理并在文章中及时更新。

TIPS1：关于生效法律文书的提交套数，《民事诉讼监督规则》没有明确规定。但从我们申请监督的经验来看，在前述列举的检察院中，除了湖南省、河南省人民检察院比较特殊，分别要求当事人提交4套和3套以外，其他大多数检察院都均要求当事人提交1～2套复印件。所以，除非检察院有特别要求，当事人准备2套即可。

4套	3套	2套	1套
湖南	河南	天津、山东、甘肃、青海、云南	北京、黑龙江、吉林、辽宁、内蒙古、河北、山西、湖北、广东、广西、海南、四川、重庆、宁夏

TIPS2：关于提交生效法律文书的范围，当事人需要注意的是法院审理过程中产生的所有生效法律文书，不仅包括一、二审判决或裁定，还包括再审裁定；如案件已经再审过的，需要提交再审裁定和再审判决；如案件经过一审、二审以及发回重审后的一审、二审的，不仅需要提交重审的法律文书，还要提交原审的法律文书；另外，上级法院在监督下级法院办案时，有时会以通知或发函的方式要求下级法院重审案件或组织当事人调解，这种通知或者函件也应理解为在生效法律文书的范围之内，在申请监督时一并提交给检察院。

TIPS3：关于案件受理过程中是否需要携带生效法律文书原件，根据我们目前掌握的情况，在前述列举的检察院中，内蒙古自治区、海南省、青海省、云南省、重庆市、广西壮族自治区人民检察院明确要求核对原件，其他检察院在受理案件过程中只要求当事人提交生效法律文书的复印件，但我们建议在案件受理过程还是尽量携带生效法律文书的原件，确保万无一失。

要求核对原件的地区	不要求核对原件的地区
内蒙古、海南、青海、云南、重庆、广西	北京、天津、黑龙江、吉林、辽宁、河北、河南、山西、山东、广东、湖北、湖南、宁夏、甘肃、四川

3. 证据清单及证据材料。《民事诉讼监督规则》仅要求应当附证据清单，

但对于当事人提交证据的套数、能否提交新证据等并没有明确规定。我们根据经验，对检察监督的证据提交规则进行了梳理：

TIPS1：对于提交证据的套数，在前述列举的检察院中，除了河南省人民检察院要求当事人提交 3 套，山西省、湖南省、甘肃省、青海省人民检察院要求当事人提交 2 套外，其他检察院要求当事人仅提交 1 套即可。但在准备材料时，我们建议可准备 2~3 套，宁多勿少。

提交 3 套	提交 2 套	提交 1 套
河南	山西、湖南、甘肃、青海	北京、天津、黑龙江、吉林、辽宁、内蒙古、河北、山东、湖北、广东、海南、重庆、云南、宁夏、四川、广西

TIPS2：关于新证据的问题，法律并没有禁止当事人在检察监督阶段提交新证据，但我们建议，新证据在原审证据之外单独提交，并说明其属于新证据以及在该阶段才提交的正当理由。由于新证据还涉及向其他当事人送达的问题，所以，当事人可在原审证据以外，按照其他当事人的人数多额外准备几套新证据。

TIPS3：当事人在准备申请文件时，应避免将监督申请书、生效法律文书与证据清单及证据材料装订在一起。监督申请书、法院裁判文书与证据材料分属不同的文书类型，也是检察官审查案件时最常翻阅的文件材料，检察官装订卷宗材料时也需要将上述文件分置。如将上述文书装订成册，检察官还需拆分使用，增加检察官工作量。因此，如将上述文书都装订在一起，也可能导致控告部门不收取上述材料。

TIPS4：根据我们的了解，检察官在讨论案件过程中，经常需要引用监督申请书、证据清单以及生效法律文书中的事实和观点。所以，为了检察院工作的便利，我们建议当事人将监督申请书、证据清单、生效法律文书的 word 版本拷贝到一张光盘里一并提交给检察院。

4. 原审诉讼卷宗材料。当事人的监督申请书和证据难免带有倾向性，所以，检察院仅凭申请人一方提交的申请材料往往难以作出最终的判断，检察院内部一般也规定必须看完案件的全部卷宗材料后才能启动监督程序。所以，《民事诉讼监督规则》第 51 条第 1 款规定，人民检察院审查案件，可以依照有关规定调阅人民法院的诉讼卷宗。

对于当事人在申请监督时，是否需要提交法院原审诉讼卷宗，《民事诉讼监督规则》没有明确规定，但从检察院可以根据有关规定调卷人民法院的诉讼卷宗的规定看，似乎当事人不需要提交原审诉讼卷宗。事实上，根据我们的经验，除了山东省人民检察院要求当事人在申请监督时提交诉讼卷宗外，其他检察院对此均无明确要求。

TIPS：根据我们的了解，检察院在决定提请抗诉或发出检察建议前，原则上必须调阅原审诉讼卷宗。因此，即使检察院不要求当事人提交原审诉讼卷宗，为了便于检察院全面了解案情，加快审查进度，我们也建议当事人在提交监督申请书以前，到法院档案室调取和复印原审的全部诉讼卷宗并加盖法院档案章，在申请监督时一并提交给检察院。

明确要求提交卷宗	不要求提交卷宗	明确拒绝提交卷宗
山东	北京、天津、黑龙江、吉林、辽宁、河北、河南、山西、湖北、湖南、海南、青海、云南、四川、重庆、宁夏、甘肃、广东、广西	广东

三、需要注意的其他事项

1. 检察院受理案件时，是否进行实质审查。《民事诉讼监督规则》第 30 条规定：“当事人申请监督符合下列条件的，人民检察院应当受理：（一）符合本规则第二十四条的规定；（二）申请人提供的材料符合本规则第二十五条至第二十八条的规定；（三）本院具有管辖权；（四）不具有本规则规定的不予受理情形。”据此，检察院在受理案件时，对当事人的材料只进行形式审查，不进行实质审查。

不过，根据我们的经验，天津市、青海省检察院在受理案件时，控告申诉部门将会同民行检察部门，要求当事人简要陈述案情和案件的争议焦点，并要求当事人说明申请监督的理由和依据。而内蒙自治区和吉林省人民检察院要求在其拟制的表格中列明简要案情和申请请求及理由。

TIPS1：我们建议当事人在提交申请材料前，可以准备一份200~300字左右的案情简介以及申请监督的理由和依据，以便检察院询问时可以简明扼要、准确地向其介绍案件情况。代理律师提交材料前，应当熟悉基本案件情况，或指派熟悉案件情况的律师提交材料。

TIPS2：虽然控告申诉部门在收材料时不对案件的实体内容进行询问和审查，但对于当事人的申请是否符合形式上的受理条件还是要进行询问和调查的。例如,《民事诉讼法》第209条规定人民法院逾期未对再审申请作出裁定的，当事人可以申请检察监督。对于当事人据此提出的监督申请，检察院将询问当事人提交再审申请的时间以及是否进行过询问、调卷，甚至不排除检察院要与法院进行沟通后，才能决定是否受理当事人的监督申请的可能。所以，当事人对于形式上是否符合受理条件，也提前要有充分的应对。

2. 实习律师是否可以单独办理申请监督工作。实习律师能否单独办理申请监督工作,《民事诉讼监督规则》没有明确规定。目前法院立案原则上还要求必须由执业律师办理，实习律师不能单独立案。

根据我们的了解，在前述列举的检察院中，除了黑龙江省、内蒙古自治区、湖北省、青海省、云南省人民检察院规定实习律师不能单独办理申请监督工作以外，其他检察院都允许实习律师单独办理。

允许实习律师单独办理的地区	不允许实习律师单独办理的地区
天津、辽宁、河北、河南、山东、山西、湖南、海南、广东、广西、四川、重庆、甘肃、宁夏	黑龙江、内蒙古、湖北、青海、云南

TIPS：为了体现对当事人和检察院的尊重，同时也避免实习律师应对突发情况经验不足，我们还是建议由执业律师或者执业律师带实习律师去办理申请监督。

3. 各地对于提交材料的时间是否有特殊规定。各省检察院因业务学习、整理案件工作等原因，可能在某些时间无法受理案件。例如，河南省、湖南省人民检察院因业务学习，每周二、周五下午不受理当事人的监督申请，黑龙江省人民检察院周三、周五下午不受理监督申请，辽宁省人民检察院每周三、周五不受理监督申请，这也需要当事人予以注意。

周二、周五下午不受理	周三、周五下午不受理	周三、周五全天不受理	工作日均受理
河南、湖南	黑龙江	辽宁	北京、天津、吉林、河北、山东、山西、湖北、海南、广东、广西、四川、重庆、云南、甘肃、青海、宁夏

以上是天同律师在申请监督过程中归纳和总结的一些经验，我们建议当事人或者律师在提交监督申请材料以前，检索一下当地检察院的网站上是否有关于案件受理的规定或者指引。如有可能的，可以通过电话的方式核实确认具体流程以及检察院收材料的具体要求，争取一次性提交成功。

撰写检察《监督申请书》不能犯的那些错误

◎王　真

“抗诉真言”专栏开办以来，除了针对个案的法律评析和建议，同行朋友要求我提供的最具“实质意义”的帮助——就是“请发一份您撰写的监督申请书”。甚至有一位厚道的同行在微信上提出这样要求后，还配以一个“羞涩”的表情外加一个“包轻情义重”的红包。

我当然没有收这个红包，也没有发这样一份完整的监督申请书，而是给这位同行发送了一个模板。当然不是嫌“红包小”，更不是对知识产权的“敝帚自珍”，主要原因是出于对客户案件信息的保密。同时，鉴于个案上的差异，即使有一份现成的监督申请书作为参考，提供的帮助也是有限的。

但因辜负了同行的信任，时常会有亏欠之感。为了弥补这些愧意，本期“抗诉真言”，特意就自己在《监督申请书》撰写方面的一些心得与思考进行总结并分享给大家，希望此文会比一份现成的文书有更多启发。

检察监督系以书面审查为主，不一定有检察官会见和听证的环节，监督申请书可能是申请人唯一表达观点的机会，《监督申请书》也当然是申请检察监督阶段最重要的法律文书。但检察监督阶段，忽视该文书写作成为了普遍现象，一方面，当事人和律师认为该文书仅是提起程序，后面会有进一步阐述观点的机会；另一方面，认为案件审查是检察院的职责，文书上不用着过多笔墨。在从事检察监督工作期间，竟很少看到制作精良的监督申请书，同事工作中亦经常吐槽监督申请书不知所云、逻辑混乱，不仅不能辅助检察官办案，还成为了工作负担。

为给大家更多鲜活的提示，笔者特意就“检察官眼中的监督申请书”做了一个小型的访问采集，看看你写的《监督申请书》有没有可能被检察官吐槽。

检察官甲：很多申请书直接写申请撤销一审、二审以及再审驳回裁定书，很不规范，检察机关无权撤销法院的文书。有的理由过于细致，似乎是在对检察官进行普法，阅读感受很差。

检察官乙：检察官一般都是先阅读裁判文书，看完后对于裁判究竟有没有错已基本心中有数，然后才看申请书。所以，申请书的理由和依据一定要明确有力，要引导检察官注意错误的地方或者强化检察官对于发现的错误点的认识。

检察官丙：不希望见到的监督申请书：（1）手写。不论书法好与否，请不要手写申请监督材料，字迹识别将耗费不必要的精力；（2）主观猜测过多。在没有证据证明的情况下重笔描述法官与对方当事人存在利害关系、私下会见等内容，这将使检察官对监督书其他内容的真实性产生怀疑；（3）理由过于琐碎。整个申请监督材料没有重点，没有条理，意见十几点、材料几十篇，比较关键的理由散落于不显眼的段落中，不利于检察官快速抓住核心问题。

检察官丁：曾经办过一件股东滥用股东权益非法减资的案子，法院以起诉时被告已经不是原公司的股东、主体不适格为由驳回起诉。律师的监督申请书写得非常具有理论基础，主要以“刺破公司面纱”理论，详细论证了起诉时不具备股东身份也具备起诉资格。这个论点对是对，但他忘了检察监督案办理的一个很重要的规则，即通常实体有误才会抗诉。所以，律师在监督申请书中应着重，从证据罗列和事实经过的展示中，告诉检察官，因程序上的错误导致实体上的不公。可怜的检察官，拿到这个案子，调来的卷里啥都没有，纯粹是由检察官自行一点点补足证据，证明原审实体错误，才得以顺利抗诉，否则仅仅说《公司法》没规定起诉时非得是股东，根本过不了检察官联席会议这一关。

《监督申请书》结构上讲，通常分为：当事人基本情况、监督请求、申请人主张的事实、申请监督理由、尾部五大部分。笔者将从每部分常见问题入手，逐项细致讨论撰写技能与方法。

一、题目应该怎么拟

1. 常见问题：将名称拟为：《申诉书》《抗诉申请书》《检察建议申请书》《执行申请书》《审判违法行为申请书》。

2. 正确做法：《监督申请书》。

TIPS1：名称不规范控告申诉部门会要求修改后提交，从而可能影响检察院对案件的顺利受理。

TIPS2：名称不规范通常不影响检察官对案件的实体审查，也不影响检察官依据案件情况自行决定监督方式。

TIPS3：无论是民事案件还是行政案件，均使用《监督申请书》作为文书名称。

TIPS4：无论是申诉对裁判结果进行监督还是对执行活动、审判违法行为监督，均统一使用《监督申请书》，但需要在申请事项中明确申请监督事项及不同的法律依据。

TIPS5：申请检察院采取的监督方式，系监督请求事项，不需要在文书名称中体现。

二、“当事人基本情况”不能轻视

1. 常见问题：（1）申请人写为“申诉人”；（2）其他当事人写为“被申请人”或“被申诉人”；（3）不写原审诉讼地位；（4）不提供联系人及联系方式。

2. 正确做法：

申请人：××（一审诉讼地位、二审诉讼地位、再审诉讼地位）、性别、年龄、民族、工作单位、有效联系方式。（申请人为单位的，写明单位名称、住所地、法定代表人或主要负责人姓名、职务、有效联系方式）

其他当事人：××（一审诉讼地位、二审诉讼地位、再审诉讼地位）、性别、年龄、民族、职业、工作单位、有效联系方式。（其他当事人为单位的，写明单位名称、住所地、法定代表人或主要负责人姓名、职务、有效联系）

TIPS1：申诉人系信访体系下的称谓，因检察监督系法定监督程序，《人民检察院民事诉讼监督规则（试行）》中统一并明确了申请检察监督当事人的法定称谓为“申请人”。

TIPS2：申请人以外的当事人统一称为“其他当事人”，不要使用“被申请人”“对方当事人”等称谓。因检察院对案件的监督是履行对法院裁判行为进行监督的职责，理论上讲，申请人的申请只是为检察院履行监督职责提供线索，被申请的是法院裁判或违法行为，而非某方当事人。因此，不再使用“被申请人”等称谓，一律称为“其他当事人”。

TIPS3：列明各当事人在原审中的诉讼地位，包括再审中的诉讼地位，便于检察官直接在结案报告中引用，提高文书制作效率；原审第三人也称为“其他当事人”，原审诉讼地位中明确为“原审第三人”即可。

TIPS4：写明申请人与其他当事人的联系人及联系方式，否则可能面临材料退回的风险；尤其是明确对方当事人的现有联系方式，抗诉案件通常检察官会向对方送达监督申请书等待对方答辩，并可能会见对方当事人，没有联系方式将大大延长案件审查进程。

三、这个“帽子”怎么戴

1. 常见问题：（1）不撰写该部分内容；（2）不明确监督对象；（3）不明确监督依据。

2. 正确做法：

【裁判结果监督类】申请人因与 ×× 纠纷一案，不服 ×× 人民法院作出的 ×× 号民事判决（裁定），申请人已于 ×××× 年 ×× 月 ×× 日向 ×× 人民法院申请再审，法院于 ×××× 年 ×× 月 ×× 日作出驳回再审申请裁定（或者法院至今未作出裁定）。根据《民事诉讼法》第 209 条、第 200 条第（×）项之规定，提出监督申请。

【执行监督类】申请人因与 ×× 纠纷一案，不服 ×× 人民法院作出的 ×× 号执行裁定（或不服针对 ×× 号民事判决的执行行为），申请人已于 ×××× 年 ×× 月 ×× 日向 ×× 人民法院提出异议（复议），法院于 ×××× 年 ×× 月 ×× 日作出驳回异议（复议）申请的裁定。根据《民事诉讼法》第 235 条之规定，提出监督申请。

【违法行为监督类】申请人因与 ×× 纠纷一案，不服 ×× 人民法院在 ×× 诉讼程序中作出的 ×× 违法行为。根据《民事诉讼法》第 208 条之规定，提出监督申请。

TIPS1：本项目应列明双方争议及申请监督的对象和内容，裁判结果监督类案件要列明要求监督的裁判文号，执行监督类要明确是监督执行行为还是监督执行裁定，违法行为监督类需直接描述违法行为的情形。

TIPS2：列明申请人已经完成了监督的前置程序，裁判结果类已经申请再审，执行监督类已经提出异议复议。

TIPS3：列明申请监督的依据，裁判结果监督类应当明确到《民事诉讼法》第200条的具体项，执行监督类、违法行为监督类列明《民事诉讼法》第235条、第208条即可。

四、"请求事项"很关键

1. 常见问题：（1）将监督请求与向法院提出的诉讼请求混同；（2）不明确要求检察院采取的监督方式；（3）只请求抗诉，没有明确提请抗诉的请求。

2. 正确做法：

【裁判结果监督类】请求事项：（1）申请人不服××人民法院作出的××号民事判决，请求××人民检察院依法就上述判决提请××人民检察院向××人民法院提出抗诉（或发出再审检察建议）；（2）请求××人民检察院就本案向××人民法院抗诉，并监督××人民法院依法提审本案，撤销××人民法院作出的××号民事判决，改判××，并由其承担本案全部诉讼费用。

【执行、违法行为监督类】请求事项：（1）申请人不服××人民法院作出的××号执行裁定（或不服法院针对××号民事判决的执行行为、不服法院在××诉讼程序中的××违法行为），请求××人民检察院依法向××人民法院提出检察建议；（2）××人民检察院依法监督××人民法院撤销××号执行裁定（或纠正执行违法行为、诉讼程序中的违法行为）。

TIPS1：检察监督主旨在于程序性提起再审，不能代替法院行使裁判权，请求主要内容是请求检察院抗诉、发出再审检察建议或检察建议，不能将请求法院裁判的内容进行罗列。

TIPS2：明确请求的监督方式。此处是重点表达希望检察机关采取监督方式的部分，虽然检察院根据案件情况决定采取何种监督方式，但此处的请求会产生一定影响。

五、“事实部分”求简洁

1. 常见问题：（1）长篇大论与原审查明无异议的事实；（2）事实部分在理由中重复表述。

2. 正确做法：

【事例】××年××月，××公司起诉我司，依据与我司签订的《××保险单》，要求我司承担支付保险赔偿款的责任。终审法院认为××条款系加重被保险人责任，应为无效，据此判决我司支付保险赔偿金及逾期利息。

TIPS1：如申请监督理由中有“法院认定案件基本事实缺乏证据证明”，申请人主张的事实可以在申请监督理由中作为驳斥法院认定的内容重点陈述，这部分内容可省略，避免重复。

TIPS2：如有原终审法院查明事实不一致的事实，可重点撰写该部分事实。但如果将该事实认定错误作为申请监督的理由，可以重点在申请监督理由中陈述，不列在案件事实部分。

TIPS3：如有原终审法院判决后的新事实或对案件有影响的案外事实，可以在此部分描述。

六、“申请监督理由”是重头戏

申请监督理由无疑是《监督申请书》的核心部分，如果前面部分主要是规范，这一部分则主要靠功力。

1. 常见问题：（1）针对性不足，不结合原审错误问题进行有针对性驳斥，不围绕《民事诉讼法》第200条的13项内容进行阐述；（2）逻辑混乱，定性问题、实体问题和程序问题糅杂在一起论述；（3）论点不集中，问题罗列过于细碎，对法院裁判问题不归类不整理；（4）大段引用原审裁判内容，只破不立，立论不足；（5）只陈述事实不结合证据，只讨论问题不引述法律依据。

2. 正确做法：

（1）简要概述：

【事例】我司认为，本案有新证据足以推翻原判决，原终审判决认定案件的基本事实缺乏证据证明，适用法律确有错误。具体理由如下：

TIPS1：概括申请监督理由，点明终审判决符合《民事诉讼法》第200条的哪一项。

（2）拟好大标题：

【事例】我司就保险标的安全保障已经尽到了合理的注意义务，对案涉事故的发生不存在故意或重大过失。终审判决以“场地未经消防审核擅自施工，未经验收擅自投入使用”为由认定我司存在重大过失，认定案件基本事实缺乏证据证明。

TIPS1：大标题切忌“不对原审进行总结、直接罗列二百条内容”的表述。例如，直接将“原审判决适用法律错误”作为标题，标题没有实质内容，检察官阅读全部内容后尚需自行总结申请监督观点，不一定能反映申请监督观点的全貌，且增加工作负担。

TIPS2：大标题要有“立”有“破”，先“立”再“破”。立是对论述内容的概括总结，破是针对法院裁判错误的概括驳斥。此处的“破”要具体，不要仅陈述原审判决适用法律错误。

（3）拟好小标题：

【事例】（1）案涉事故发生的原因是第三人不当施工导致，与我司场地是否通过消防验收之间不存在任何因果关系。（2）我司对保险标的尽到了安全操作等方面的审慎注意义务，对案涉事故不存在重大过失。

TIPS1：多个事项说明一个总的问题的情况下，方使用小标题。小标题通常只立不破，点明下面内容的核心观点。

TIPS2：注意小标题之间的逻辑顺位，通常按照程度顺序排列，重要的观点放在前面。

（4）事实用证据说明：

【事例】本案中，导致案涉事故的直接原因，是“第三方施工单位违规电焊引燃酒蒸汽发生火灾”，×× 市公安消防大队作出的《火灾事故认定书》、×× 市消防大队副队长在法院调查时出具的证言，均能够证明上述事实（证据 1）。另，我司审查了 ×× 公司的安全生产资质，确认其具有特种设备安装改造维修等许可证的情况下，方与其签订了安装合同（证据 2）。我司为保障施工安全，还专门指定副总 ×× 负责安全生产事宜，并指派专人每天到场区检查施工安全。上述事实有 ×× 市公安消防大队的多份询问笔录佐证（证据 3），充分证明我司履行了应尽的安全保障义务。

TIPS1：不要仅就事实谈事实，需结合证据进行论述，证据做小标签在事实部分引述，使检察官审查案件事实时，能直接关联证据审查，思维连贯的情况下容易被你陈述的观点说服。

TIPS2：事实部分也要分层次论述，不要无逻辑地混乱堆砌在一起，按照一条逻辑主线串联事实。

（5）尽量引述法律依据：

【事例】根据《票据法》第 46 条规定，保证人必须在汇票或者粘单上记载“保证”字样并由保证人签章。《最高人民法院关于审理票据纠纷案件若干问题的规定》第62条规定："保证人未在票据或者粘单上记载'保证'字样而另行签订保证合同或者保证条款的，不属于票据保证，人民法院应当适用《中华人民共和国担保法》的有关规定。"根据前述法律及司法解释规定，票据保证系要式法律行为，保证人必须在票据或者粘单上记载"保证"字样并以保证人身份签章，方构成票据保证，否则应认定为普通的民事保证，并适用《担保法》的有关规定。本案中，我司未在案涉票据及粘单上记载"保证"字样……

TIPS1：尽量每一个观点都有法律支撑，没有法律规定的查找双方合同依据，没有法律规定和合同依据的，做裁判观点的研究。对法律规定与本案事实有偏差的，要用对法律的解析补足。

TIPS2：不要法条堆砌，引述直接的法律规定，简单的法条不用全文引述不要给检察官"教授"或"普法"的感觉。

TIPS3：不要过于掉书袋，上升到理论高度更要有度，点到为止，不可长篇大论。

（6）监督必要性的论述：

检察监督是最后一道救济程序，能得出抗诉结论的背后有很多价值判断、利益权衡与法益平衡。监督申请书仅讨论事实与法律适用问题，尚有深度上的欠缺，某些情况下尚难打动检察官去撼动一个裁判的稳定性。

TIPS1：可以在尾部适当阐述本案抗诉的必要性，强调案件背后的价值选择、当事人权益损害、已无其他救济途径等情况。某些重大和前沿的商事案件，应交待案件涉及的商事交易习惯，申明案件对交易安全、秩序甚至行业的影响。

附文书模版：

监督申请书

申请人：××（一审诉讼地位、二审诉讼地位、再审诉讼地位）、性别、年龄、民族、工作单位、有效联系方式。

（申请人为单位的，写明单位名称、住所地、法定代表人或主要负责人姓名、职务、有效联系方式）

其他当事人：××（一审诉讼地位、二审诉讼地位、再审诉讼地位）、性别、年龄、民族、职业、工作单位、有效联系方式。

（其他当事人为单位的，写明单位名称、住所地、法定代表人或主要负责人姓名、职务、有效联系）

申请人因与××××纠纷一案不服××人民法院作出的××号民事判决，申请人已于××××年××月××日向××人民法院申请再审，法院于××××年××月××日作出驳回再审申请裁定（或者法院至今未作出裁定）。根据《民事诉讼法》第二百零九条、第二百条第（×）项之规定，提出监督申请。

请求事项：1. 申请人不服××人民法院作出的××号民事判决，请求××人民检察院依法就上述判决提请××人民检察院向××人民法院提出抗诉；

2. 请求××人民检察院就本案向××人民法院抗诉，并监督××人民法院依法提审本案，撤销××人民法院作出的××号民事判决，改判驳回××的全部诉讼请求，并由其承担本案全部诉讼费用。

事实及理由：

此致

××人民检察院

申请人：

××年××月××日

私人印章的法律效力

◎王　真

很多抗诉案件都像一部曲折斗转的文艺大片，绵长、辗转，有时还虐心。主人公在片中坚持、放弃或执拗，剧情也常常跌宕起伏，最后柳暗花明。

本期“抗诉真言”为大家介绍的就是这么一部“片子”，案件历经3次行政诉讼、5次民事诉讼，经过漫长的10年，最终水落石出，尘埃落定。这部剧中检察院的角色像敏锐的侦探，运用调查核实权抽丝剥茧，使案件事实浮出水面；最高人民法院的角色更像睿智的老人，通过对法律鞭辟入里的分析，使剧尾结局圆满。

本案涉及的核心问题是私人印章的法律效力问题，案件中几级法院的不同认识反映出了这个问题在法律适用层面上的复杂性。案件最终由最高人民检察院抗诉、最高人民法院改判，明确了私人印章与法人公章法律效力上的区别，为该类型案件的恰当解决提供了明确的判例指引。

案情

1998 年，唐某与 A 公司签订《房地产买卖合同》，以 127083 元总价购买重庆谢家湾房屋一套，在合同上加盖了私章，但无唐某手写签名。后，唐某取得了房屋所有权证。

2000 年，重庆市房地产交易中心收到以唐某为卖方、程某为买方的《房屋买卖合同》，房屋总价为 8 万元。该合同加盖双方私章，无唐某手写签名。《买方申请书》《卖方申请书》均由程某之夫向某书写，分别盖有唐某、程某私章。次日，交易中心收到补交的购房款《收条》（仍由向某书写，盖有唐某私章）后，将房屋过户给了程某。

2003 年，唐某以从未与程某签订房屋买卖合同为由，诉重庆国土资源和房屋管理局、重庆房地产管理局向程某颁证行为违法。该行政诉讼经过一审、二审，维持了上述两局房屋权属转移登记行为及颁证行为。唐某申请再审，重庆市高级人民法院指令重庆市第一中级人民法院再审，重庆市第一中级人民法院作出行政裁定，以唐某未授权王某代为提起行政诉讼，原告主体不适格为由，裁定驳回唐某的起诉。该裁定书“再审查明”中认定：唐某与程某盖章签订制式房屋买卖合同，同时向房屋管理部门递交了申请书等材料……行政诉讼中，唐某委托司法鉴定中心对《卖方申请书》及收条上的“唐某”签名进行鉴定，结论为“与唐某本人签名字迹样本不是同一人所写”。

2007 年，唐某提起民事诉讼，要求确认 2000 年《房屋买卖合同》无效，程某返还房屋。该民事诉讼经过了一审、二审、中院再审、高院再再审，案件一波三折，经过了驳回——撤销一审——撤销二审、维持一审——维持再审，我们通常称的“翻烙饼”式的裁判结果。而上级院不同的案件结论，源于对案件下列焦点问题的认识分歧：（1）仅有私人印章能否证明私章代表人的真实意思表示；（2）谁承担私人印章代表人表意真实的举证责任；（3）行政裁定中确认的事实能否作为认定案件事实的依据。

一审法院观点：（1）唐某未能举证证明房屋买卖合同的盖章为伪造，应承担举证不能的后果；（2）行政裁定书已确认，程某唐某同时向房屋管理部门申请进行权属转移登记。对行政裁定确认的事实当事人无需举证，法院应当采信。

二审法院观点：虽然房屋买卖合同上有唐某印章，但证明房屋已经出卖的其他证据均证明房屋买卖不是唐某真实意思表示，房屋买卖合同应为无效合同。

中院再审观点：（1）根据《合同法》第32条，房屋买卖合同上加盖有唐某的印章，合同依法成立且生效；（2）行政裁定认定的事实应作为认定事实的依据。

高院再审观点：（1）唐某无证据证明印章为伪造或他人盗盖，无法推翻印章真实性；（2）行政裁定确认了行政行为合法有效。

最高人民检察院抗诉

检察院的“可圈可点”之处在于，相较于法院法律适用上的纠结，检察院着眼于案件事实，利用调查核实权对案中疑点各个击破：（1）查明涉案房屋过户登记所需材料均由向某冒写，实际的买卖双方为案外人向某与黄某（唐某前男友）；（2）经对向某、黄某调查，二人均承认唐某未到房屋管理部门办理过户手续；（3）房屋管理部门经办人张某推翻原在行政诉讼中出具的证言，不确认唐某是否到场，房屋权属登记部门负责人确认唐某未到场办理转移登记手续。

最高人民检察院基于调查事实，认为：（1）本案房屋买卖合同非唐某真实意思表示，系买受人与案外人恶意串通出卖他人房屋。（2）原行政裁定系从程序上驳回了唐某起诉，裁定中认定事实的依据虚假，不应作为民事判决的事实依据。据此向最高人民法院提出抗诉。

最高人民法院裁判

最高人民法院最终采纳了抗诉意见，判决撤销前述全部判决，改判程某返还房屋给唐某，为本案画上了圆满的句号。最高人民法院的“亮点”在于，未拘泥于本案事实，而是从统一该类案件裁判尺度出发，明确了涉及私章法律效力案件的几个裁判规则：**（1）公司公章与自然人私章对外公示效力不同；（2）私章代表一方否认私章为其所有或盖章为其所为，主张合同关系成立一方当事人承担私章为私章代表一方所有且为其所盖的举证责任；（3）行政裁定系程序上驳回起诉的，只能证明行政程序的合规性，不能证明民事法律关系是否成立。**

本案启示

私章的使用在我国有一定的历史与习惯基础，自古代起就作为个人身份象征具有代表个人意思的作用。市场经济时代，受上述习惯的影响，自然人私章依然大量使用于民间借贷、担保、金融等领域。而根据《合同法》第32条之规定，当事人采用合同书形式订立合同的，自双方当事人签字或者盖章时合同成立。据此，普遍理解为我国法律赋予签字和盖章在合同成立上同等的法律效力。因此，大多数法院在判断私章的法律效力时多采用印章形式主义，认定私章即代表个人真实意思表示。上述对法律的机械适用，为盗用、冒用他人印章实现非法目的提供了土壤。厘清私章的法律效力，对涉及私章类的案件的合理处理有非常大的实践意义。

1. 私章与意思表示的距离

书面合同的取信制度是指通过一定方式确定书面合同当事人并将合同权利义务归属于当事人的制度。对于自然人签署的书面合同，各国通例为以签字为唯一取信方式。盖因签字具有唯一性和较强的人身依附性，签字与自然人真实意思表示具有直接相关性，作为取信方式更为可靠。

而自然人印章的信用能力显然无法与签字等同，我国并未建立起私章的刻制、管理制度，存在一人使用多枚印章、重名使用相同印章、印章与身份证名字不符、人章分离等大量混乱情形。而根据我国《合同法》第 32 条，签名与盖章均是合同取信方式，显然扩大了自然人印章可以承载的证明意思表示主体的功能，导致了裁判尺度的不一，或在个案上的明显不公。司法实践中，对私章与当事人意思表示之间的关系始终未能确立统一而合理的司法裁判规则。在本文所举案例中，几级法院始终在印章能否直接证明印章代表人意思表示之间徘徊。

鉴于自然人印章与真实意思表示之间关联度的模糊性，在司法实践中，亟待修正加盖自然人印章对印章代表人意思表示的证明效力。而运用法律解释规则，合理理解《合同法》第 32 条即为路径之一。《合同法》第 32 条明确了当事人签字或盖章时合同成立，当事人持有并加盖私章就成为本条应有之意。据此，承认私章和签名均为合同取信方式，但在仅有私章而无签名的情况下，还需要证明当事人持有并加盖了该枚私章，方符合合同法私章取信的本意。

2. 私章与公章公示能力之别

同样作为合同取信方式，私章与公章在对外公示和公信力上不可同日而语，法人组织的公章具有直接代表法人意识的对外公信力，而私章则难以取得有直接代表自然人意识的公示和公信效力。

首先，私章的刻制无管理规约，公章的刻制有严格的管理规定。根据《公安部印章管理办法》的规定，企业事业单位、民政部门登记的民间组织、村（居）民委员会和各协调机构及非常设机构需要刻制印章的，应当凭上级主管部门出具的刻制证明和单位成立的批准文本到所在地县级以上人民政府公安机关申请办理准刻手续。需要刻制印章的单位应当到公安机关批准的刻制单位刻制。实践中，任何单位（包括个体工商户）刻制公章，均需办理《刻章许可证》凭刻章许可证到经公安机关核定的刻章企业刻制印章。与公章相比，私章刻制既不需要有关机关批准，更不需要到指定的刻章企业，有非常大的自主性和随意性。

其次，私章无备案要求，公章有明确的备案要求。根据上述规定，刻制单位将刻制的印章向公安机关办理印鉴备案后，方准启用。需要更换印章的，须公告声明原印章作废后按照本办法重新办理备案或准刻手续。可见，公章的备案管理有严格规定，也因此，双方发生争议可以用鉴定方式确认公章的真伪。而私章无任何备案管理规定，双方发生争议难有权威样本比对。

最后，私章的私刻与公章私刻在法律责任上有明显差别。根据《治安管理处罚法》第 52 条第（1）项的规定，伪造、变造或者买卖国家机关、人民团体、企业、事业单位或者其他组织的公文、证件、证明文件、印章的，处 10 日以上 15 日以下拘留，可以并处 1000 元以下罚款；情节较轻的，处 5 日以上 10 日以下拘留，可以并处 500 元以下罚款。根据《刑法》第 280 条之规定，伪造公司、企业、事业单位、人民团队的印章的，处三年以下有期徒刑、拘役、管制或者剥夺政治权利，并处罚金。可见，私刻公章要承担明确的治安处罚责任甚至于刑事责任；而仅就私刻自然人私章行为，并无明确法律规定应当承担的责任，尚需结合其刻制目的、刻制服务的违法行为等判断。

基于私章在管理制度等方面的天然劣势，诉讼中亦不能将公章与私章的法律效力等同。公章具有直接代表法人意识的证明力，作出否认一方需承担公章虚假的证明责任，而私章尚需补足与自然人意思表示之间的距离。

3. 私章取信能力补足之径

以签名作为自然人契约唯一取信方式，已在学界有一定共识。但在法律做进一步修订之前，尚需在法律适用层面寻找到个案中的解决之道。本案最高人民法院如仅就事实论事实，该案的解决便只能成为孤例。可喜的是，最高人民法院在本案中未从案件事实角度出发，而从法律已有明确规定的合同成立的举证责任作为逻辑起点，给私章法律效力类案件找到一条极为妥帖的路径。

最高人民法院的逻辑脉络为：**私章对外不具公示效力→私章代表一方否认私章为其所有或为其加盖，实质是否认双方合同成立→双方当事人就合同是否成立发生争议，由主张合同成立一方当事人承担举证责任→由主张合同成立方证明私章为私章代表人所有，且盖章行为系私章代表人所为。**本案中，程某未能举证证明案涉买卖合同私章与唐某 1998 年签订的买卖合同私章为同一枚私章，未能举证证明该私章为唐某所有且盖章系唐某所为，遂判决程某败诉。

将举证责任分配给非私章代表人一方，有三重积极意义：一是匡正要求私章代表人一方就“不持有该印章和未加盖该印章”的消极事实承担举证责任；二是避免私章代表人证明私章虚假申请鉴定而无对比样章的尴尬；三是督促合同相对方尽到合理的注意义务，取得另一方当事人签名，方为意思表示之完成，避免将来纠纷的产生。

当然，需要明确的是，上述规则亦不能机械适用。如涉及金融机构预留印鉴、法定代表人私章，或依循双方交易习惯可得出内心确认的，均不能盖依上述规则简单定案。由于篇幅所限，上述例外情形暂且不表。

事实问题还是法律问题？两则抗诉案例告诉你

◎王　真　郭遥远

在无讼学院讲授法律文书课，我会事先给学员布置一道文书撰写题，请大家根据案件材料撰写一份再审申请书。这个案件涉及善意取得的认定问题，文书当然也需围绕法院认定不构成善意取得是否正确来进行论述。

查看大家提交的作业，不讨论文书撰写的质量和技巧，有一个自认为已经解决的问题，却反映得格外突出——此类法院认定法律关系错误的问题，是案件事实问题，还是法律适用问题？文书中应当援引《民事诉讼法》第200条的第（2）项，还是第（6）项？对此，每位律师都有不同认识，课堂上学员之间亦为此引发争议。

在检察抗诉阶段，这类问题更不鲜见。有的案件对合同性质认定有误，例如，将预约合同认定为本合同，将借款合同认定为合作合同；有的法律关系存在复合的案件，法院按照单一法律关系审理；有的案件认定符合或不符合某类法律关系构成要件有误，例如，认定不构成表见代理等。对此类判决，由于涉及合同解释或案件事实的认定，存在事实问题与法律问题的交叉混淆。检察官也需要厘清上述问题，以决定援引的法律规定。本文拟从两则检察抗诉事例出发，使这一问题明朗化。

民事申请监督案件指南

1. 法律关系主体、性质、效力认定错误，系认定事实问题还是适用法律问题？

法律关系主体、性质、效力认定错误属于适用法律错误问题，应当援引《民事诉讼法》第 200 条第（6）项之规定申请检察监督。

2. 实践中，法律关系主体、性质、效力等认定错误，包括哪些情形？

（1）认定符合或者不符合某类法律关系主体资格错误；

（2）民事行为效力认定错误；

（3）民事行为性质认定错误；

（4）确定的法律关系与当事人诉请不符；

（5）对复合的法律关系，按照单一法律关系处理；

（6）认定构成或不构成某类法律关系与相关法律规定明显相悖。

《民事诉讼法》第 200 条针对当事人申请法院再审的事由作了列举式的规定，该条也系检察院对民事申请监督案件的抗诉条件。如将上述事由作一个粗线条的划分，可以分为三大类：**（1）事实问题（证据问题亦归于此类）；（2）法律适用问题；（3）程序问题。**

司法实践中，程序问题往往最好区分，而事实问题与法律问题往往交织在一起，存在归属难辨之乱象。例如，在融资性贸易案件中，法院认定合同为买卖合同，检察院认为本案合同应为借贷合同。合同内容明确无争议，对合同的解释和性质认定存在争议，究竟是事实认定错误还是法律适用错误，不无疑问。再如涉及表见代理的案件中，事实基本框定，法院认为这些事实足以证明构成表见代理，检察院认为现有事实无法成立表见代理，上述错误是事实认定问题还是适用法律问题，亦有争议。

根据《最高人民法院关于适用〈中华人民共和国民事诉讼法〉的解释（以下简称《民事诉讼法司法解释》）第418条之规定，对检察院以事实问题为理由提出抗诉的，法院可以交由下一级法院再审。因此，检察院抗诉系因事实问题提起还是法律适用问题提起，直接关系到检察院抗诉后，是由受理抗诉的同级法院审理，还是可以交由下一级法院再审，并可能因此影响案件的再审结果。因此，对于上述案件究竟系认定事实错误类案件，还是法律适用错误类案件，确实有一定规制之必要。

在《人民检察院民事诉讼监督规则（试行）》（以下简称《监督规则》）中，对上述问题，似已有明确答案。根据该规则第80条第（2）项的规定，认定法律关系主体、性质或者法律行为效力错误的，应当认定为《民事诉讼法》第200条第（6）项规定的“适用法律确有错误”。上述设例似均可以归属于认定法律关系性质错误项下，并以法律适用问题提出抗诉。

以下笔者推荐习读两则检察院抗诉并获改判的案例，该两案即属于认定法律关系性质错误的不同类型案件，检察院均以法律适用错误为由提出抗诉。希望读者对“何为法律关系性质认定错误”有一个较为具象的认识。

案例一：借款合同还是授信合同

A银行与B公司签订《总额借款合同》，约定：A银行在5年内，向B公司发放贷款，所贷款项的本息总金额在5000万元内，根据B公司的资金要求和相关标准，经贷款人审核后，可一次或分次向B公司发放，并逐笔签订借款合同。随后双方签订《抵押合同》，约定：B公司将其自有的价值1亿元的房屋作为债务的履约担保，并办理了抵押登记手续。此后，A银行与B公司共签订六份借款合同，金额共计1500万元，并分别签订了抵押合同，载明的抵押物系此前《抵押合同》中的抵押物。后，B 公司致函 A 银行申请发放剩余贷款，A 银行以 B 公司不符合贷款条件为由拒绝。B 公司遂向法院提起诉讼，请求：解除借款合同、抵押合同；A 银行支付违约金及抵押物闲置的损失共计 2500 万元。

本案的焦点问题是，案涉《总额借款合同》的性质为授信合同还是借款合同。就上述焦点问题，法院与检察院存在不同认识。**原审认为：**《总额借款合同》《抵押合同》中，不仅约定了借款限额、借款期限、款项用途，还提供了足额担保，双方之间已经成立借款合同法律关系，A 银行负有依约向 B 公司发放贷款的义务，其未按约放贷，构成违约，应当向 B 公司承担赔偿损失等违约责任。**检察院抗诉认为：**原审法院对于合同的定性错误，虽然上述合同表面上具有借款合同的特征，但实质上属于授信协议。A 银行在授信协议项下并不直接负有放贷义务，仅在 B 公司的申请符合特定条件时，才负有与其签订具体借款合同的义务。最终，再审法院支持了检察院的抗诉观点，判决解除双方的《总额借款合同》《抵押合同》；驳回 B 公司要求 A 银行承担违约责任的诉讼请求。

对于案件一，检察院抗诉的核心观点系原审对合同性质认定错误，为典型的法院认定法律关系性质错误的案件。本案中合同明确、双方对案件事实均无争议，虽然涉及对合同条款的解释，但法院对合同性质的认定系依据法律规定对合同条款的解读，不属于依据证据对案件事实的认定。因此，原审的问题更趋近为法律适用问题，而非事实问题。

案例二：是否构成善意取得中的“善意”

甲入狱服刑期间，甲的母亲乙持甲的身份证、房屋所有权证，与丁签订了《房屋买卖合同》，约定将甲所有的房屋以 65 万元的价格卖给丁，乙在《房屋买卖合同》上签署了甲的名字。后，丁支付了全部购房款，乙与丁办理了房屋过户手续。该房屋系甲以120万元的价格购买，并于2000年获得该房屋的所有权证。甲出狱后，提起行政诉讼。法院以房屋登记管理部门办理过户登记时依据的材料存在虚假内容且甲本人未亲自到场为由，判决撤销过户登记及颁发产权证的行为。后，丁以甲为被告提起民事诉讼，请求：确认其系善意第三人；判决该房屋归其所有。

本案的焦点问题是，丁是否构成善意取得。就上述焦点问题，法院与检察院亦存在不同判定。**原审认为**：乙在事前未取得甲授权，事后未得到甲追认的情况下，擅自出售甲的房屋，属无权处分。丁已支付合理价款，并办理了房屋过户手续，系善意第三人，符合不动产善意取得的构成要件。**检察院认为**：善意取得制度中的“善意”指基于对房屋登记簿中关于物权登记的信赖，丁在签订合同时明知乙不是房屋所有权人，过户时明知房屋所有权人未到场，仍然办理了过户，未尽到正常购房人的合理注意义务，丁受让时主观上并非善意；同时，丁购买房屋的价款明显低于市场价格，系以明显不合理低价购买房屋，不符合不动产善意取得的构成要件。最终再审判决认定丁不构成善意取得。

对于案例二，检法认识分歧在于对善意取得中“善意”的认定，善意作为一种主观状态通常需通过客观表象来推断。因此，对于“善意”的认定大都是依据事实得出，很多人据此认为法院对于善意认定错误系认定事实问题。笔者认为，此类案件，事实问题已经固定，不存在法院采信伪证、违反证据规则认定证据、举证责任分配错误等导致对事实认定错误的情形。检法的分歧在于对法律构成要件的理解，在于适用法律过程中对“善意”的不同认识，此类问题主要系对法律僵化理解或不能灵活运用的错误，同样属于适用法律问题。

（案例一、二涉及的法律问题，请在文后延伸阅读中查阅。）

实务提示

实务 TIPS1：法律关系定性错误通常被认定为原审判决的"硬伤"，是首要考量的申请监督的问题点。

法律关系认定错误，必然导致适用法律错误，此系原审判决的"硬伤"，是抗诉最有力的说服点。检察官案件审查思维，通常是将法律关系认定是否正确作为逻辑起点。例如，合同纠纷案件，检察官也通常首先考虑原审判决认定合同效力是否正确，其次判断合同性质认定是否正确，最后才是合同解除或违约的处理是否适当。律师在代理申请监督案件中，亦应沿寻此思维主线，首要裁度法律关系定性有无问题，有问题的作为第一项申请监督理由提出。

实务 TIPS2：申请检察监督时勿将"案由错误"作为主要申请监督理由。

法律关系性质错误的案件，也往往伴随着法院将案由确定错误，例如，融资性贸易案件，法院确定案由为买卖合同纠纷，实应确定为借贷纠纷。有的律师即将"本案案由确定错误"作为了申请监督的重要理由提出。

司法实践中，案由是人民法院对诉讼案件所涉及的法律关系的性质进行概括后形成的案件分类名称，通常由立案部门确定。审判部门审理过程中发现法律关系与案由不对应，常有忽略调整的情况。因此，案由错误并不必然说明原判对法律关系认定错误。将"案由确定错误"作为申请监督的理由提出，很可能"舍车保卒"或者"抓小放大",使"法律关系性质认定"错误的问题被忽略。

实务 TIPS3：关注检察院抗诉理由及援引法律规范，及时矫正再审法院的指令再审。

如果检察院抗诉理由仅涉及法律适用问题，且援引的法律只有《民事诉讼法》第 200 条第（6）项，此类案件检察院抗诉后，应当由受理抗诉的同级法院审理。如受理抗诉的法院指令下级院再审，违反了《民事诉讼法司法解释》第 418 条之规定，代理律师应当及时提出异议，确保案件的审级利益。

案例一的延伸阅读

授信协议与借款合同在名称、内容及是否提供担保等方面均存在一定的相似性，在实务中容易混淆。授信协议并非有名合同，对其性质的认定，应结合约定的具体内容、订立的背景与目的等综合考量。具体而言：

1. 授信协议为银行与客户之间，就未来一定期限内，为客户的特定业务开展融资事宜达成的合意。就银行而言，通过授信审查可以控制风险；就客户而言，通过获得授信，取得在将来一定期限内便捷融资的可能。

2. 授信协议与借款合同存在本质区别。授信出于风险控制，为银行“授予”客户一定期限内的信用额度，具有明确的指向性、单方性。重在基本框架确定与借款资格审查；借款为双务合同，应当具备借款金额、款项用途、利率等必备要件，借款为授信可能的后果，授信非借款的必要前提。

案例一中，授信协议虽然约定了明确的授信额度、授信期间、款项用途，还设立了抵押担保，形式上与借款合同类似，但其欠缺具体的借款金额、支付方式、利率等必备要素，同时缺少“B 公司提出借款申请并经 A 银行审批通过”这一借款合意形成的环。因此，不能以授信合意取代借款合意、更不应将借款合同等同于授信合同。案涉两份合同系授信协议而非借款合同。

3. 授信协议往往作为借款合同的预约。授信协议签订后，银行在特定条件下负有订立本约的义务。具体而言，在授信期间，申请人提出申请时，只要其不存在违反授信协议约定的情形，且资信状况较授信时无重大变化，银行即负有与其订立借款合同的义务。但是，违反预约义务与违反本约义务的后果不同，当银行怠于依照预约的约定订立本约时，相对方只能请求赔偿因此造成的损害，不能按照预定的本约内容，请求其赔偿可期待利益损失。因此，本案中 B 公司要求 A 银行承担违约责任，赔偿因抵押房屋闲置而造成的损失缺乏法律依据。

案例二的延伸阅读

我们认为，善意取得制度系建立在公示公信基础上的物权法特别制度，有其严格的适用范围；善意取得制度系为保护交易安全而设立，其前提为公示公信原则。《物权法》第106条应当建诸受让人是否对登记所表彰的权利状态存在信赖的基础上。即只有在存在权属登记错误，且由该登记权利人处分不动产时，才可能产生受让人善意取得问题。因为，在实际权利状态与登记所体现的权利状态一致的情况下，该处分为有权处分；而在处分人本身并非登记权利人的情况下，受让人的善意信赖无从谈起。具体而言：

1. 不动产善意取得应同时满足四个条件：（1）不动产登记权利人的无权处分行为；（2）受让人在受让该不动产时为善意，即信赖房屋登记簿中关于物权登记的记载，不知道或不应当知道不动产登记权利人无处分权；（3）以合理的价格转让；（4）转让的不动产已经办理变更登记。

2. 善意取得制度中的无权处分仅指不动产登记权利人的无权处分。而乙并非该房屋的登记权利人，因此，其所谓的无权处分并非善意取得制度中的无权处分，应归属于无权代理的范畴。

3. 善意取得制度中的善意仅指基于对房屋登记簿中关于物权登记的信赖，不知道或不应当知道登记权利人无处分权。而丁系基于对乙有代理权的信赖，虽系善意的买受人，但其“善意”并非善意取得制度中的“善意”，而是涉及能否构成表见代理。

4. 善意取得制度中的已经登记是指经合法登记。本案中，丁虽然已经办理了过户登记并取得房产证，但因登记时材料系虚假的，已在行政诉讼中被法院判决撤销。因此，不符合善意取得制度中的已经登记。

综上，丁对案涉房屋不构成善意取得。而对无权代理中所涉及的善意第三人，自有表见代理等制度来保护，并无适用善意取得制度的必要。

四张图告诉你：民事抗诉案件有多少被支持

◎王 真 王 峰

12月初的下午茶，笔者作为前检察官以自身实务经验，为大家梳理了律师对抗诉程序最易产生的五大误读。由于民事抗诉程序是一套完全独立于法院体系的独立系统，相关审查程序与再审审查程序有明显区别。除了上述五类误读之外，对于民事抗诉程序还有很多环节需要澄清。本期下午茶，笔者继续为大家清扫抗诉程序的盲点，并提供更为实用的律师代理实务指引。

律师是当事人与法官之间的一道理性屏障，任何一个诉讼程序中律师的缺席，都可能会造成司法资源浪费。民事抗诉程序是各诉讼阶段中律师缺席率最高的程序之一，对抗诉程序的不了解不仅影响律师代理的积极性，也影响到检察监督案件质量和审查效率。律师与检察官在抗诉程序中良性互动的缺乏，使大量应该纠正的案件未进入检察监督领域。同时，也有大量无监督价值案件流入检察监督程序，影响了这个程序作用的充分发挥。

本期下午茶，作者继续梳理律师对民事诉讼抗诉程序最容易产生的一些误解，并以此为出发点，提供一些抗诉案件代理的实务指引，供大家在实践中参考。

误读一：检察院抗诉后的再审改变率不高

检察院抗诉成功率如何，是律师对抗诉程序最关心的问题之一。既然是民事诉讼程序的最后救济阶段，支持抗诉的概率低、抗诉改判难度大，也是该程序的应有之义。但从下图显示的数据来看，相信还是超过了大多数人的预期和大多数律师的了解：

图一：

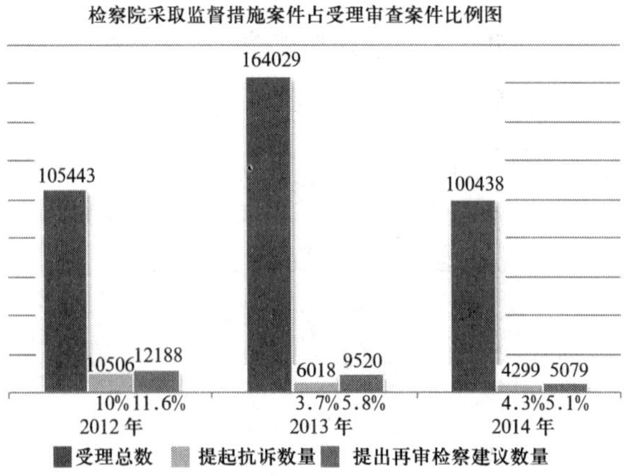

图二：

民行抗诉案件再审改变率图

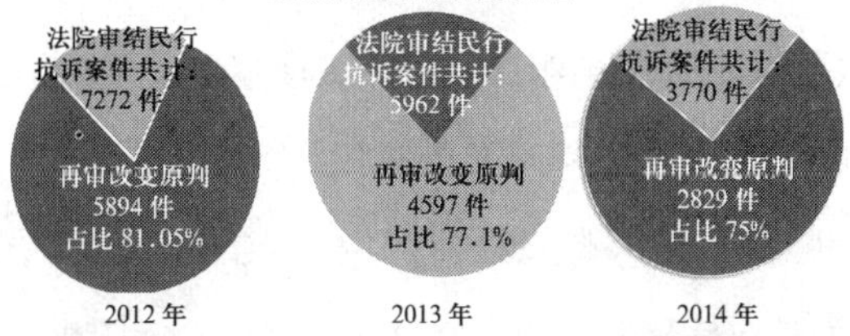

注：此处“再审改变原判”包括改判、调解、撤销原判发回重审

图三：

再审检察建议采纳率图

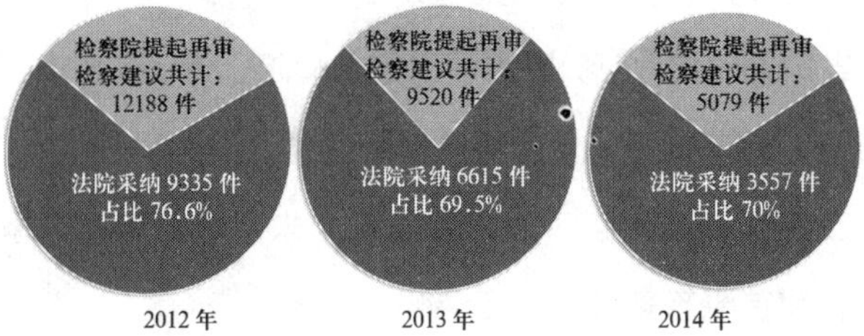

图四：

执行检察建议采纳率图

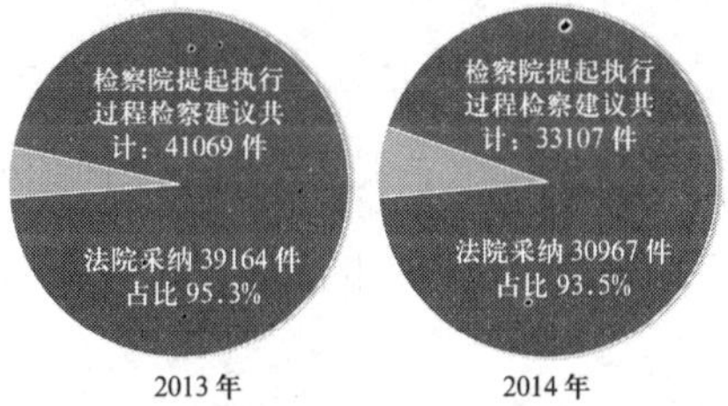

违法行为检察建议采纳率图

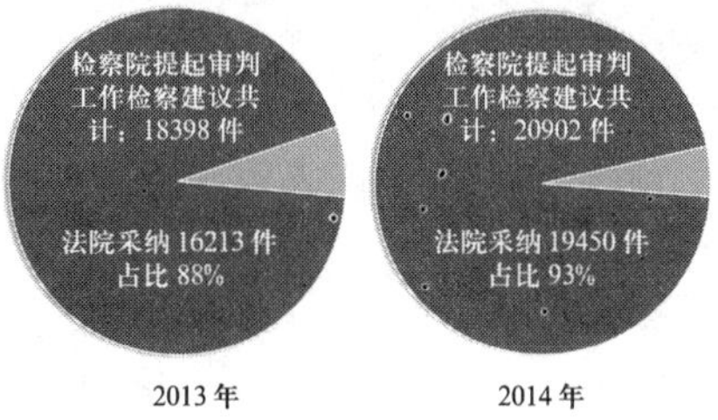

误读二：检察机关对所有案件均可以依职权监督

《民事诉讼法》第 208 条与第 209 条，将检察院发现的情形与当事人申请监督情形分列，被认为是检察院有权依职权监督的依据。《人民检察院民事诉讼监督规则（试行）》（下称《监督规则》）第 23 条将检察院依职权发现作为案件来源之一，视为是对检察院依职权监督的法定化。依职权监督指不需要当事人申请即可由检察院主动提起监督程序，因依职权监督可以回避当事人申请的受理条件，对实务中的某些案件意义重大：

情景一，当事人一审败诉，因主观原因未提起上诉，在申请再审被驳回后，欲申请检察监督，但该案不符合检察院受理条件。

情景二，当事人二审败诉，在再审期限内未申请再审，欲申请检察监督，但该案不符合检察院受理条件。

情景三，当事人申请检察监督，检察院抗诉或发出检察建议，法院作出的再审判决，当事人仍不服，欲申请检察监督，但该案不符合检察院受理条件。

上述三种情形，检察院都不能再受理当事人申请，但却有可能依职权监督。从这个意义上讲，对某些案件而言，检察监督并不是最后救济途径，依职权提起的检察监督才是最后的救济途径。但并不是所有案件均可以依职权进行监督，少数情形下（详见下表）才能申请检察机关依职权监督：

	情形	解读	依据
1	损害国家利益或者社会公共利益	对国家利益和社会公共利益的解读尚无定论，根据个案判断，但通常认为食品安全、消费者权益保护、环境侵权类案件属于涉及社会公共利益案件	《监督规则》第41条
2	审判、执行人员办理该案中有贪污受贿、徇私舞弊、枉法裁判等行为	这里对贪污受贿、徇私舞弊、枉法裁判虽用了刑法上的概念，但实践中并不要求审判、执行人员被追究刑事责任，行政处分、纪律处分或立案侦查都可以作为依职权监督的依据	
3	需要人民检察院跟进监督	检察院跟进监督的情形有三种：（1）法院审理民事抗诉案件作出的判决、裁定、调解书仍符合抗诉条件；（2）法院对检察院提出的检察建议未在规定的期限内作出处理并书面回复；（3）法院对检察建议的处理结果错误	

实务 TIPS1：律师可以代理当事人申请检察院依职权监督，在该申请中的理由部分，一定要说明本案申请监督符合上述三种情形的哪一项并说明理由。同时应注意，该申请通常不具有案件受理的意义，仅是检察院依职权监督的线索来源，检察院无义务给你任何答复。

实务 TIPS2：《监督规则》第 41 条没有兜底条款，原则上讲上述三种情形以外的情形，检察院不能依职权监督。但实践中还有以下两种情形，检察院有可能依职权进行监督：一是检察院在审查 A 申请监督案件中，发现另案 B 是以 A 案为依据，而两案均符合抗诉条件，或 A 案是以另案 B 为依据，而两案均符合抗诉条件，检察院会对 B 案依职权启动监督程序；二是检察院的刑事检察部门在办理刑事案件中发现案涉民事裁判符合抗诉条件，将线索移交民事检察部门，民事检察部门审查后确认当事人有意愿申请监督，可依职权启动监督程序。

误读三：检察机关对调解的监督仅限于“两益”案件

根据《民事诉讼法》第208条规定，检察院发现调解书损害国家利益、社会公共利益的，应当提出抗诉或向同级人民法院提出检察建议。从《民事诉讼法》的规定来看，似乎检察院对调解书的监督仅限于“两益”案件。实际上，《监督规则》已突破《民事诉讼法》对调解书监督的范围，对以下几种情况，检察院同样可以监督。

情景一，调解违反自愿原则：A公司因借款纠纷将B公司及担保人C公司、D公司诉至法院，B公司与C公司伪造了一份D公司的特别授权委托书参加诉讼，并最终代D公司达成调解协议。

情景二，调解协议的内容违反法律规定：A公司与B公司因买卖合同纠纷达成调解协议，内容为将未经审批的划拨土地由A公司转让给B公司。

情景三，虚假调解：张某为了逃避对第三人债务，与李某串通，虚构债务，双方在法院达成调解将名下财产直接抵偿给李某。

实务TIPS1：上述三种情形，检察院均不能抗诉，只能提出检察建议。实践中由于检察建议的实际效力要低于抗诉，因此，检察院对调解书的监督标准通常较高，尤其是违反自愿合法原则的调解监督，通常要当事人提供确实的证据证明，否则支持的可能性不高。

实务TIPS2：上述三种情形中，虚假调解案件检察院发出监督意见的比例更高，且被法院采纳的比例也更高。实践中，对虚假调解案件，只要有初步证据使检察官怀疑本案虚假可能性较大，检察院通常会采取比较积极的调查措施，案件被监督和撤销的可能性均较其他监督类案件要高。

误读四：检察院的抗诉标准高于法院再审标准

根据《民事诉讼法》第200条的规定，检察院抗诉的条件与法院再审条件并无差别，但很多律师仍然认为检察院抗诉标准要高于法院再审标准，原因可能是将检察院民事抗诉标准与刑事抗诉标准混同。实务中，检察院对民事案件抗诉标准并不比法院再审标准高，且有可能难度要低于法院再审。理由有以下两方面：

一是检察院是监督机构，其对案件的审查目的在于纠错，检察院只要确认原审存在符合抗诉条件的错误，即可提出抗诉，通常不会面临原审法院或法官考核等案外因素的压力。而法院再审由于涉及原审法院及法官的差错案件评定等因素，提起再审可能存在一定的内在压力。

二是多数法院再审程序调整后，再审案件审查不再由立案庭进行，而是由审判庭一并进行再审审查、再审审理两个程序。由于审判庭在立案审查阶段即要考虑如裁定再审，在再审审理阶段应如何审判，以及最终是否需要改判，这就使得法院裁定再审的难度大大增加。而检察院抗诉阶段虽然也会考虑再审纠正可能性及执行回转难度等因素，但对抗诉的影响通常不具有决定意义。

实务 TIPS1：检察院更倾向于抗诉的几类案件：

1. 法律适用错误案件

案例：最高人民检察院抗诉的孚信永得拍卖公司申请监督案认为，法院强制拍卖行为与一般的委托拍卖行为性质不同，属于公法范畴，应适用《民事诉讼法》及相关司法解释关于人民法院强制执行的规定，原审适用《拍卖法》及《城市房地产管理法》错误。该案再审法院完全采纳了检察院的抗诉意见，改判案涉《成交确认书》有效。[①]

① 参见最高人民检察院民事行政检察厅编：《民事行政检察精品案例选》（第1辑），中国检察出版社2013年版，第3页。

2. 维护弱势权益案件

案例：北京市人民检察院抗诉的李德旺申请监督案认为，根据现有证据，可以认定李德旺与昌盛机械厂之间已形成劳动关系，二审法院以李德旺重度智力残疾为由认定其不具有劳动关系主体资格，缺乏法律依据。再审法院撤销原判发回重审，昌盛机械厂认可存在劳动关系并一次性支付李德旺10万元补偿金。[①]

3. 结果显失公正案件

案例：安徽省人民检察院抗诉的星通公司申请监督案认为，案涉委托贷款既有第三人保证，又有债务人自己的房产抵押，应当依法先就抵押房产实现债权，二审判决星通公司就全部债务承担连带责任，结果显失公正。另，判决对星通公司关于逾期综合费用、逾期滞纳金过高，应予调整的请求未予支持，适用法律错误，结果显失公正。再审法院撤销原判发回重审，双方当事人完全采纳抗诉意见并达成和解协议。[②]

实务TIPS2：检察院不倾向于抗诉的几类案件：

1. 法官行使裁量权案件：法官无论是程序上还是实体上，均有一定程度的自由裁量权，只要是行使自由裁量权在法律规定且合理范围之内的，检察院通常会尊重。因此，如法官正常行使裁量权认定证据、分配责任或酌定数额，检察院通常不会抗诉。

2. 事实认定或法律适用有认识分歧的案件：案件客观事实无法还原，对依照现有证据推定的案件事实无法形成统一认识，或者案件缺乏明确的法律规定，对如何适用法律存在认识分歧的，检察院通常认为不符合《民事诉讼法》

---

① 参见最高人民检察院民事行政检察厅编：《人民检察院民事行政抗诉案例选》第19集，中国检察出版社2014年版。

② 参见最高人民检察院民事行政检察厅编：《人民检察院民事行政抗诉案例选》第20集，中国检察出版社2015年版，第51页。

第 200 条规定的抗诉条件。

3. 有其他救济途径的案件：当事人申请监督的裁判中，为当事人留有另诉途径，或案件当事人可以通过另行提起诉讼、提起第三人撤销之诉等其他诉讼途径解决的，检察机关通常会告知当事人先通过其他诉讼途径解决。

误读五：检察监督是一次性审查

《民事诉讼法》第 209 条规定，人民检察院对当事人的申请应当在 3 个月内进行审查，作出提出或者不予提出检察建议或者抗诉的决定。当事人不得再次向人民检察院申请检察建议或者抗诉。上述规定，被视为检察院一次性审查的依据。问题在于如果是作出生效裁判法院的同级检察院作出的不予提请抗诉决定，当事人是否有权再次申请监督？根据《监督规则》第 32 条第（5）项之规定，很多人认为，检察院作出的不予提请抗诉决定也是审查终结决定，检察院不能再行受理。

实践中，由于上级检察院有纠正下级检察院错误结论的职责，最高人民检察院和一部分省市检察院打开了上述案件的再次申诉通道，对于作出生效裁判法院的同级检察院作出不支持监督申请决定的，当事人可以向上级检察院申请复查一次，由有抗诉权的检察院对下级检察院结论进行监督。

实务 TIPS1：目前，尚不是所有检察院都打开了上述复查渠道，渠道开放的程度也不同。有的检察院绝对不受理，有的全部受理审查并作出书面答复意见，有的仅受理一部分明显错误的案件，代理律师需要具体了解所在省市的具体情况。

实务 TIPS2：上述案件受理与第一次申请监督受理性质上有所区别，理论上更接近于信访程序，因此，检察院通常会有甄别的受理，且审查和答复均无时间规制，上级纠正下级结论的难度进一步加大。

误读六：申请监督的法律文书与再审申请书同质

大多数被裁定驳回再审申请的案件，由于申请再审和申请监督针对的裁判同一，很多律师在代理抗诉案件后直接将再审申请书修改名称即提交检察院。将申请监督文书与再审申请书同质对待，可能降低案件代理质量和代理成效。

实务 TIPS1：如果申请监督的裁判存在多类问题，最好按照案件定性问题、事实认定问题、法律适用问题、程序违法问题这一逻辑顺序排列，更符合检察官的思维习惯。

实务 TIPS2：《监督申请书》是针对生效的裁判制作，理由部分主要围绕原生效裁判，但如果驳回再审裁定中对原审法律适用或事实问题做了变更，还需同时针对驳回再审裁定错误问题进行回应。

实务 TIPS3：案件如存在其他需反映的情况，可在理由的最后部分增加一部分“其他需要说明的情况”，例如，检察官可以调查核实的线索、法院存在的违法行为等情况反映。

实务 TIPS4：检察监督阶段更关注实体公正，而且强调监督必要性，文书中在理由的最后部分可简短分析该案的监督必要性。例如，对当事人权益的影响程度、案件不良的引导意义、社会效果等。

这五大民事诉讼抗诉程序的要点，经常被律师误读

◎王　真　王　峰

2012年《民事诉讼法》修订的一项主要内容，就是加强了检察院对民事诉讼的监督，检察监督成为案件再审后民事权利唯一也是最后的救济途径。但修订后《民事诉讼法》实施已近三年时间，律师对抗诉案件的代理却未见明显增加。据笔者观察，律师代理抗诉案件的积极性不高，与对抗诉程序的不了解和误读密切相关。本文从律师对抗诉程序最容易产生误读的五个要点出发，梳理民事检察监督程序的一些实操性内容，供各位在实务中参考。

民事检察监督是检察院诉讼监督的重要组成部分。2012 年修订的《民事诉讼法》涉及民事检察监督的条款多达 8 条，不仅拓展了检察监督的范围，还增加了检察监督方式，并明确了检察监督手段，全面加强民事检察监督的意图明显。但即便如此，据检察部门统计，律师代理民事检察监督案件的比例至今还不足 10%。

检察监督案件中律师代理比例不高的原因主要有以下几个：一是案件拣选成本高。作为可依当事人申请发起的最后一个救济程序，检察监督案件多采用风险代理方式，对案件质量要求高，案件代理转换率低，案件拣选投入成本过高。二是案件周期长。由于要经过同级检察院提请抗诉、上级检察院抗诉两道程序，再加上法院再审程序，正常取得案件结果的周期至少都在一年以上。三是律师价值体现度不高。抗诉案件的办理以书面审查为主，没有开庭程序，大多也不进行听证。律师提交抗诉申请书后常常是“一入侯门深似海”，只能被动等待审查结果，难以主动推进程序，律师价值体现不明显，委托人往往只注重结果，对律师专业性的认同度比较低。

《民事诉讼法》将检察监督程序置于法院再审程序的规定之后，对再审后的救济途径作出了明确指引，如向法院申请再审没有得到支持，检察监督就成为唯一也是最后的救济途径。但通常律师并不倾向于将案件指引至检察监督环节。据笔者观察，虽然有上述可能的理由，但律师对民事检察监督程序的不了解和误读，才是更重要的原因。笔者从律师对检察监督最容易产生的模糊点出发，梳理民事检察监督程序的一些实操性内容，供律师在实务中参考。

误读一：民事检察监督等于抗诉

《民事诉讼法》第 14 条将“人民检察院有权对审判活动实行法律监督”

修改为“人民检察院有权对民事诉讼实行法律监督”。上述修改对检察院监督的范围进行了法定意义上的巨大扩张，即囊括了民事诉讼的全过程。而监督对象则包括了法院生效裁判、法院诉讼行为及执行行为。传统的抗诉程序仅是针对生效裁判进行监督，而这现在仅仅是检察机关检察监督业务的一小部分。

这项修改使检察监督具备了综合性和整体性监督的巨大优势，对于跨领域、跨阶段疑难民商事案件代理提供了一个可能更为有效的途径。

情景一：刑民交叉。某国有银行对外签订了一份保函，原行长因出具保函一事涉嫌渎职犯罪被检察院立案侦查。债权人提起民事诉讼要求国有银行承担担保责任，法院经过一审、二审和再审，均判决国有银行败诉，国有银行不服，认为原行长与债权人系恶意串通或以合法形式掩盖非法目的，保函应属无效。

实务 TIPS：此类情形下，因原行长涉嫌渎职案尚未侦查终结，其在检察院的供述对民事案件的纠正至关重要。而检察院对刑事案件证据的调取有明显强于法院的天然优势，如果申请检察院对该案民事判决抗诉，同时申请调取刑事案件中的关键证据，该案经检察院抗诉及法院再审获得改判的几率将大大增加。

情景二：民行交叉。某区房屋土地管理局将依法查封的 B 公司名下房产过户给了 C 公司，对 B 公司享有合法债权的 A 公司提起行政诉讼，法院以 B 公司仅享有普通债权不具有行政诉讼主体资格，驳回 A 公司的起诉。A 公司又提起要求确认 B 公司与 C 公司之间房屋买卖合同无效的诉讼，法院又以房屋已经过户给 C 公司，C 公司善意取得为由驳回 A 公司诉讼请求。

实务 TIPS：此类情形下，A 公司可就两个案件一并向检察院申请抗诉，由于大多数检察院民事和行政检察部门并未分设，依然是民事行政检察部门统帅两类诉讼监督职能，其对于上述两个案件可统一考虑，一并提出抗诉。抗诉后因两案均在审判监督庭审理，通常由同一合议庭审理，可实现两个案件同时再审，大大节约当事人的诉讼成本。

情景三：判执交叉。A 公司诉 B 公司建筑工程合同纠纷，双方经过招标程序备案的合同中明确 B 公司先期垫付工程款。法院认为，A 公司作为发包方因未能提供前期工程款项，造成工程窝工及停工损失，判决解除合同并判决 A 公司赔偿 B 公司窝工损失 1000 万元。在 A 公司申诉期间，B 公司申请执行，法院超裁判范围查封了 A 公司名下的房产。A 公司对于生效判决和执行行为均不服。

实务 TIPS：检察院既有监督生效裁判的职能，也有监督执行行为的职能，检察院审查认为生效裁判错误，执行行为亦存在超范围执行等违法情形的，可以先就执行行为向法院发出说明函，要求法院说明执行行为的合法性，法院不能说明的，检察院应当向法院提出检察建议，要求纠正违法执行行为。法院采纳检察建议并纠正执行违法行为的情况下，就为当事人提供了宝贵的暂停执行时间，防止检察院抗诉至法院裁定再审期间对方当事人转移财产。

需要注意的是，受理生效裁判监督案件的检察院与受理执行监督案件的检察院通常情况下并不同一，但鉴于检察机关上下级是领导关系，上下级间的汇报、沟通更为通畅，实现对民事裁判和执行行为的协同监督不存在障碍。代理律师亦应注意及时向承办检察官说明两案申诉情况，申请上级检察院督促下级检察院尽快履职。

误读二：申请对生效裁判监督应向有抗诉权的检察院提出

2013 年 11 月实施的《人民检察院民事诉讼监督规则（试行）》（下称《监督规则》）关于管辖和受理分别在两章中规定。第二章第 11 条规定，对已经发生法律效力的民事判决、裁定、调解书的监督案件，最高人民检察院、作出该生效法律文书的人民法院所在地同级人民检察院和上级人民检察院均有管辖权。

上述规定让很多人产生了误解，认为生效裁判的同级及上级检察院均能受理案件。但认真阅读《监督规则》的人会发现，第四章第 35 条只规定了生效裁判的同级检察院受理。上述规定似存在矛盾之处，实则是最高人民检察院解决案件“倒三角”并将案件下沉的安排。实践中，如向上级检察院提交监督申请，上级检察院通常不会收取材料并告知应向同级检察院提出。因此，我们建议律师不要勉强提交，即使上级检察院接受材料，也一样会将材料函转下级检察院，且上述函转不带有任何督办意义，而材料在途时间无法把控，时间白白浪费。

情景四：A 公司不服北京市第二中级人民法院二审判决，向北京市高级人民法院申请再审，北京市高级人民法院作出驳回再审申请的裁定，A 公司不服该裁定，向北京市人民检察院申请抗诉。

实操 TIPS：此类情形下，北京市人民检察院不会受理上述申请材料。驳回再审申请的裁定或驳回再审的通知书不属于检察院民事检察监督的范围，申请监督还是要向作出原生效裁判法院的同级检察院即北京市人民检察院第二分院提出。

误读三：申请检察监督的条件与申请再审条件一致

检察院受理检察监督案件的条件，与法院受理再审申请案件的条件大相径庭。有很多符合《民事诉讼法》第 200 条的案件，当事人提出的检察监督申请可能因不符合检察监督受理条件而不能获得受理。

为此，笔者结合《监督规则》及实务，以下表更为简洁的方式将检察院受理（不受理）情形“一网打尽”。

阶段	情形		受理	依据
二审生效判决	已申请法院再审	1. 法院驳回再审申请	是	《民事诉讼法》第209条
		2. 法院超过3个月未对再审申请作出裁定		
		3. 法院作出了再审判决、裁定		
		4. 法院裁定再审且未审结	否	《监督规则》第31条
		5. 法院受理再审并在审查当中		
		6. 因超过法定6个月申请再审期限，法院驳回再审申请		
	未申请法院再审	7. 对方申请再审，法院作出再审判决	是	实践把握
		8. 对方申请再审，法院裁定驳回其再审申请	否	
		9. 其他情形	否	《民事诉讼法》第209条
一审生效判决	法院原因未上诉	10. 法院送达文书违反法律规定影响上诉权行使	是	《监督规则》第32条
		11. 本案依据的生效裁判被撤销或变更		
		12. 审判人员有贪污受贿、徇私舞弊、枉法裁判行为		
	客观原因未上诉	13. 因不可抗力未上诉		
		14. 因人身自由受限或严重疾病未上诉		
		15. 他人暴力、威胁、欺诈阻止上诉		
		16. 其他客观原因		
	主观原因未上诉	17. 对二审不良预判	否	实务操作
		18. 考虑另诉救济		
		19. 未缴纳上诉费		
		20. 其他主观原因		
	小额诉讼	21. 符合1、2、3项之一	是	
		22. 不符合1、2、3项之一	否	
	其他情形	23. 再审后一审生效裁判或再审发回重审后的一审生效裁判	是	

阶段	情形		受理	依据
已申请检察监督案件	检察院已作出决定	24. 抗诉	否	《监督规则》第 31 条
		25. 检察建议		
		26. 终止审查决定		
		27. 不予监督决定		
	检察院监督后法院已经再审	28. 再审改判或维持	否	
		29. 再审采纳或不采纳再审检察建议		
特殊案件	解除婚姻关系案件	30. 对解除婚姻关系申请监督	否	《监督规则》第 31 条
		31. 仅对财产分割申请监督	是	

注:28、29 项，虽然检察院不受理当事人申请，但检察院认为确有错误的，有权依职权跟进监督，再次抗诉或发出检察建议。

误读四：检察院的调查核实“有声无势”

《民事诉讼法》2012 年修订前，检察院在民事检察监督案件中始终以谦抑为原则，较少进行案件事实调查，由于缺乏法律规定，检察院调取证据的效力及地位也一直存在争议。2012 年修订后的《民事诉讼法》明确赋予了检察院调查核实权，《监督规则》更是专节规定了调查核实权的具体行使，检察院的调查权已法定化。主要内容可用下表列明：

<table>
<tr><th>项目</th><th colspan="2">内容</th><th>解读</th><th>依据</th></tr>
<tr><td>启动</td><td colspan="2">依职权启动为主
当事人申请为辅</td><td>检察院调查权启动模式与法院调查权的启动模式相反</td><td></td></tr>
<tr><td rowspan="3">范围</td><td>生效裁判监督</td><td>原裁判可能存在法律规定的需要监督的情形，通过案卷和现有材料难以认定</td><td rowspan="3">1. 范围非常宽泛，没有严格的限制条件，给予检察院启动调查核实广泛的自由裁量权；
2. 调查核实的原则：围绕公权力监督属性。即调查核实对象通常是检察院认为法院存在违法情形、监督必须查明的事项，而非当事人主张的案件事实的查明；
3. 各地对调查核实范围有不同的掌握尺度，大部分在执行中比《监督规则》的规定要更严格</td><td rowspan="3">《监督规则》第 65 条</td></tr>
<tr><td>违法行为监督</td><td>审判人员可能存在违法行为</td></tr>
<tr><td>执行活动监督</td><td>执行活动可能存在违法情形</td></tr>
<tr><td rowspan="6">措施</td><td colspan="2">查询、调取、复制证据材料</td><td rowspan="6">调查措施与法院调查措施基本一致，目前没有具体的实施细则，由检察院根据案件情况自行掌握采取何种调查核实措施</td><td rowspan="6">《监督规则》第 66 条</td></tr>
<tr><td colspan="2">询问当事人或案外人</td></tr>
<tr><td colspan="2">咨询专业意见</td></tr>
<tr><td colspan="2">鉴定、评估、审计</td></tr>
<tr><td colspan="2">勘验</td></tr>
<tr><td colspan="2">其他</td></tr>
<tr><td>效力</td><td colspan="2">再审庭审中经过质证，可以作为认定案件事实的依据</td><td>检察官出庭任务之一，系对依职权调查的证据予以出示和说明。检察官说明后由双方发表质证意见，法院根据质证情况决定是否采信</td><td>《监督规则》第 94 条</td></tr>
</table>

实务 TIPS：

1. 虽然原则上检察院是以依职权启动调查为主，但实践中自行启动的并不常见，当事人提出调查核实的申请非常必要。申请理由要围绕原审需监督事项，而非当事人主张或查清案件事实。例如，原审法院采信了伪证，属于监督事项，以该项理由申请调查核实被检察院接受的概率将大大增加。

2. 申请调查核实前需了解当地对调查核实范围的规制。例如，北京市人民检察院将调查核实范围限定为四类：（1）可能损害国家利益或社会公共利益；（2）原审法院采信了伪证；（3）人民法院应当调查收集的证据没有调查收集；（4）审判或执行人员可能存在贪污受贿、徇私舞弊、枉法裁判或其他违法行为的。

误读五：民事检察监督审理周期过长

在2012年以前，没有法律对检察院案件审查期限作出明确规定，抗诉案件审查周期长成为普遍现象。修订后的《民事诉讼法》第209条第2款明确规定，人民检察院对当事人的申请应当在3个月内进行审查，作出提出或不予提出检察建议或抗诉的决定。《监督规则》则根据实际情况，将上述期限界定为了“2个3个月”，即同级检察院提请抗诉3个月期限，上级检察院决定抗诉3个月期限，且上述期限没有规定可以延长或不计入审查期限的情形，比审判监督程序中的审理期限规定得更为严格。因此，通常情况下，6个月之内检察院会作出是否监督的决定。

实务TIPS：

1. 检察院目前法定的可以不计算在审限内的时间就是调取原案卷宗时间。如代理律师在提交申请监督材料时能附上原审卷宗（特别是原审全部证据材料及庭审笔录），将大大缩短检察院的案件审查期限。

2. 检察院审查案件需要全套卷宗材料，代理律师需调取一审、二审、再审（如果有）的全部卷宗材料，全卷复印并加盖法院档案专用章后提交检察院。

除了上述误读，还有认为民事检察抗诉后再审改变率不高、检察院对调解的监督仅限于“两益”案件等错误认识。

涉外邦

纽约南区法院凭什么罚中国银行的款

◎朱华芳　石佳筠

2015年11月，中国银行因拒绝向美国纽约南区地方法院（以下简称纽约南区法院）提供Gucci America,Inc.,et al. v. Weixing Li, et al.案（以下简称Gucci案）中相关被告在中国银行的境内账户信息，被该法院认为构成"藐视法庭"并处以按日累计的巨额罚款。此事引起国内各界的广泛关注。本文在研究梳理2010年至2015年美国法院针对该案作出的若干决定和命令的基础上，归纳了其在该案中关于管辖权、礼让原则、藐视法庭等几个问题的核心观点，以求在了解美国法院裁判思路的基础上，更好地探讨在美国有分支机构的中国公司如何避免类似风险的发生。

2015 年 11 月，中国银行因拒绝向纽约南区法院提供 Gucci 案中相关被告在中国银行的境内账户信息，被该法院认为构成“藐视法庭”并处以按日累计的巨额罚款。此事引起国内各界的广泛关注，人民网甚至发文质疑“如果在中国发生的随便一起民事纠纷，中国一家地方法院都要求美国的银行公开客户资料，不听从就进行巨额处罚，美国的银行能不能接受”。

人民网的质疑反映了该案的一个核心问题，即纽约南区法院对中国银行有无管辖权。中国银行并非 Gucci 案的当事人，法院要求中国银行提交的大部分信息位于中国境内；中国银行在纽约虽然设有分行，但中国银行纽约分行并无权限访问中国银行国内客户账户信息。

该案的另一个核心问题是中美两国法律冲突。根据中国法律，中国银行对客户信息负有保密义务，只能依据国内有权机关的命令及法定程序协助查询、冻结、扣划客户账户，不能直接依据外国法院命令向外提供客户账户信息。外国法院或者相关当事人要获取相关信息，应当通过国际司法协助途径，比如说根据海牙取证公约要求中国相关机构协助。纽约南区法院直接要求中国银行向其提供境内客户账户信息，让中国银行陷入两难境地：遵守美国法院的命令提供信息，会违反中国的法律；若不提供信息，则会被美国法院裁定“藐视法庭”并处以罚款。

中国银行为什么会处于这种两难境地？纽约南区法院凭什么认为其对中国银行有管辖权，又是凭什么罚中国银行的款？纽约南区法院是如何考虑该案所涉的两国法律冲突的？ 针对这一系列问题，本文在研究梳理 2010 年至 2015 年美国法院针对该案作出的若干决定和命令的基础上，归纳了其在该案中关于管辖权、礼让原则、藐视法庭等几个问题的核心观点，以求在了解美国法院裁判思路的基础上，更好地探讨在美国有分支机构的中国公司如何避免类似风险的发生。

一、中国银行在美国被裁定藐视法庭并处以罚款

2010 年 6 月，因李某、赵某等（以下合称被告）涉嫌在美国制造、销售假冒古驰美国公司商标的产品，古驰公司向纽约南区法院提起诉讼，要求被告停止侵权，赔偿损失。

2010 年 7 月 12 日，纽约南区法院作出预先禁令 (Preliminary Injunction）及证据发现令，冻结被告资产并禁止被告继续实施侵权行为。古驰公司发现被告将制假售假的非法所得汇入了其在中国境内的中国银行账户，故其随后两次向中国银行纽约分行送达传票（subpoena，2010 年传票和 2011 年传票），要求中国银行采取必要措施，提供各被告在中国银行的所有账户信息及相关文件。

2011 年 8 月 23 日，纽约南区法院作出命令，指令中国银行遵守古驰公司的传票及预先禁令的要求，并驳回中国银行申请复议的动议，要求中国银行于该命令作出之日起 14 天内提供传票要求提供的信息。

2011 年 11 月 30 日，中国银行向纽约南区法院提出动议，请求该院批准中国银行申请重审和豁免适用 2011 年 8 月 23 日命令的动议，判令古驰公司等必须通过《海牙公约》程序从中国银行寻求进一步的文件，并判令预先禁令的范围不涉及位于中国境内的账户。2012 年 5 月 18 日，纽约南区法院驳回中国银行申请重审的动议。

2012 年 11 月 15 日，纽约南区法院认定由于中国银行长达 14 个月故意藐视 2011 年 8 月 23 日命令和根据禁令承担的证据披露义务，构成藐视法庭，对中国银行处以 75000 美元的强制罚款；若 7 日内仍未能遵守 2011 年 8 月 23 日命令，将于随后每日处以 1 万美元的强制性罚款，直到其遵守命令。

随后，中国银行针对藐视法庭的裁定向美国第二巡回上诉法院提出上诉，同时申请延缓处罚并得到准许。2014 年 9 月 17 日，美国第二巡回法院作出决

定，维持纽约南区法院作出的预先禁令，但撤销纽约南区法院于2011年8月和2012年5月作出的命令，并指定纽约南区法院就以下两个问题进行重审：(1)纽约南区法院对中国银行是否拥有特别管辖权；(2)纽约南区法院行使上述特别管辖权是否符合礼让原则（the principle of comity）。

2015年9月，纽约南区法院作出裁定，认为其对中国银行拥有特别管辖权，且行使该管辖权并不会违背礼让原则。基于此，法院命令中国银行遵守古驰公司的传票，提供相关的账户信息及其他文件。同年11月，纽约南区法院认定中国银行未遵守相关传票及命令，判定中国银行在民事上藐视法庭，并对中国银行处以每日5万美元的强制性罚款。

2015年12月8日，美国第二巡回法院针对中国银行提出的紧急终止处罚动议作出临时裁定，中止原本自12月8日起对中国银行每日5万美元的罚款。

2016年1月20日，中国银行致函纽约南区法院，告知法院其已根据相关传票及命令的要求，向古驰公司提供所有相关的账户信息及文件资料。该案最终以中国银行迫于罚款压力作出让步而告一段落。

二、中国银行在国内的两个相关诉讼均败诉

使中国银行内外交困的是，2013年起，中国银行因Gucci案在国内先后被诉和起诉，但均以败诉告终。

（一）赵某某等诉中国银行股份有限公司北京朝阳支行合同纠纷案

2013年，赵某某、徐甲、徐乙在北京市第二中级人民法院起诉称，因美国Gucci案，中行丽都饭店支行非法冻结了他们在中行丽都饭店支行的所有存款，请求法院判令中行丽都饭店支行立即解除对其在中行丽都饭店支行的所有存款的冻结状态。该案的一审法院和二审法院均支持了赵某某等人的主张，要求中行丽都饭店支行于判决生效之日起7日内解除对赵某某、徐甲、徐乙所有

银行账户中止服务、暂停交易的状态。

法院认为，根据中国银行和赵某某等人签订的《个人账户开户及综合服务协议书》，只有在申请人违反该协议或其他银行相关规章制度或存在恶意操作、诋毁、损害银行声誉、恶意攻击银行电子银行系统等行为，或者申请人涉嫌从事洗钱、恐怖融资或其他违法犯罪行为时，银行才有权依据其认定的正当理由或风险控制等相关因素，中止或终止该协议及提供相关服务，并保留追究申请人责任的权利。而中行丽都饭店支行未能举证证明赵某某、徐甲、徐乙已实际实施了恶意操作、诋毁、损害银行声誉、恶意攻击银行电子银行系统等行为；赵某某、徐甲、徐乙在美国涉及诉讼，案件正在审理之中，尚无结论，目前在中国境内尚未有生效的裁判文书认定赵某某、徐甲、徐乙涉嫌从事洗钱、恐怖融资或其他违法犯罪行为；中行丽都饭店支行也未向法院提交足以认定其认为的正当理由或风险控制的证据；且目前中国银行也没有按照美国法院的命令支付罚款及向古驰公司支付费用。

同时，根据《商业银行法》的规定，**商业银行依法开展业务，不受任何单位和个人的干涉；商业银行应当保障存款人的合法权益不受任何单位和个人的侵犯；商业银行办理个人储蓄存款业务，应当遵循存款自愿、取款自由、存款有息、为存款人保密的原则**。故中行丽都饭店支行应当按照约定全面履行自己的义务，其对赵某某、徐甲、徐乙的银行账户自行采取中止服务、暂停交易的措施没有合同依据和法律依据。

（二）中行丽都饭店支行诉赵某某等侵权责任纠纷案

2014年，中行朝阳支行在北京市朝阳区人民法院起诉称：赵某某、徐甲、徐乙涉嫌在美国从事制造、销售假冒商标的商品的违法行为，并在我行开立账户，将相关收益汇回国内，导致中国银行被卷入美国诉讼。同时，赵某某、徐甲、徐乙在美国被起诉后，拒绝应诉，最终导致美国法院对中国银行作出了强制性禁令及命令，使中行不得不应对，导致中国银行为此支付了大量的费用，并很可能承受进一步的损失。赵某某、徐甲、徐乙的行为致使中行遭受了巨额损失，应承担相应的赔偿责任。

朝阳法院认为美国法院的行为系美国法院自主作出的司法行为，不能等同于被告的行为，亦不能视为三被告的侵权行为；中国银行聘请律师维护自己的合法权利，相关律师费用亦非三被告的行为所直接导致的损失，遂驳回了中行的诉讼请求。

中行提起上诉，北京市第三中级人民法院在二审判决中认定，就现有证据来看，并无生效判决证实赵某某、徐甲、徐乙涉嫌从事违法犯罪行为。虽然中行因赵某某、徐甲、徐乙涉及的诉讼在美国诉讼期间聘请律师、专家证人等可能产生相应的办案费用，但该费用系应对美国法院所作出的司法行为产生的必然花费，就现有证据难以认定该费用系赵某某等三人的侵权行为给其造成的损失，中行朝阳支行据此主张所产生的损失应由赵某某、徐甲、徐乙三人承担，缺乏事实及法律依据。原审法院严格按照侵权行为的构成要件对本案事实进行分析，驳回中国银行朝阳支行的上述请求，处理适当，故予以维持。

三、纽约南区法院对中国银行是否有管辖权

根据美国法律，对非当事方，美国法院只有对其具有属人管辖权时，才可要求其遵守传票。所以，纽约南区法院要认定中国银行因不遵守传票而构成藐视法庭，需要先确立其对中国银行的属人管辖权。

1. 纽约南区法院基于一般属人管辖权向中国银行发送了相关传票和命令，但第二巡回上诉法院认为纽约南区法院对中国银行没有一般属人管辖权

纽约南区法院基于一般属人管辖权（general jurisdiction）向中国银行发送了 2010 年传票和 2011 年传票，并作出 2011 年 8 月 23 日命令和 2012 年 5 月 18 日命令。但是，第二巡回上诉法院在其 2014 年 9 月 17 日作出的决定中认为，

根据美国最高法院 2014 年新作出的 Daimler AG v. Bauman 案，纽约南区法院对中国银行并不享有一般属人管辖权。

在 Daimler 案前，最高人民法院和纽约各上诉法院均有案例，基于某外国公司在美国城内设立分支机构从事交易这一事实，就认定美国法院对该等外国公司具有一般管辖权；第二巡回上诉法院之前的倾向性意见也是，纽约法院对在纽约设有分行的外国银行具有一般管辖权。但 Daimler 案中，最高人民法院认为，仅仅当某外国公司与美国某州的联系，与其在本国及全球的活动相比，如此持续而系统以致它在美国该州其实就跟在家一样，这时美国该州的法院才能对其行使一般管辖权。而中国银行在中国拥有 10145 家分支机构，在其他 27 个国家拥有 689 家分支机构，其中仅有 4 家在美国，其全球业务仅有一小部分是在纽约州开展，没有达到一般管辖权所要求的联系标准。

基于此，上诉法院将该案发回纽约南区法院重审，要求纽约南区法院考虑其对中国银行是否享有特别管辖权（specific jurisdiction），从而有权强制要求中国银行履行传票要求。

2. 纽约南区法院在 2015 年 9 月 29 日的 OPINION AND ORDER 中认定其对中国银行拥有特别管辖权。

联邦法院要对一个主体行使属人管辖权，必须符合三个主要条件：（1）该主体必须被合法送达；（2）法院行使该等属人管辖权必须具有法律依据（statutory basis）；（3）行使该等属人管辖权符合宪法规定的正当程序。各方对中国银行已被合法送达并无异议，故纽约南区法院着重分析了后两个条件。

首先，纽约南区法院认为其有法律依据对中国银行行使属人管辖权。

纽约的长臂法案（long-arm statute）规定，若某非居民自己或者通过代理人在纽约州从事交易，而原告的诉由源于该等交易，则法院可以对该等非居民行使属人管辖权（a court “may exercise personal jurisdiction over any non-domiciliary…who in person or through an agent…transacts any business within the state" so long as the plaintiff' s "cause of action aris[es] from" that "transact[ion]")。所以，在对一个主体行使属人管辖权之前，法院需要决定：(1) 被告是否在纽约从事交易；(2) 诉由是否源于该等交易。

中国银行在纽约拥有不动产，并有两个分支机构；中国银行总行在纽约摩根大通银行开立有代理银行账户，以便摩根大通银行的客户向中国银行的客户直接转账。法院据此认定中国银行在纽约从事交易。法院还进一步认为，古驰公司宣称被告利用中国银行在摩根大通银行的代理银行账户完成美国与中国的电子转账，是其制假售假业务的关键组成部分。古驰公司的两份传票要求中国银行提供与这些电子转账以及被告与中国银行关系相关的信息。可见，古驰公司的证据开示要求与中国银行在纽约的交易活动密切相关。

中国银行辩称，古驰公司要求提供的信息在中国，并不在纽约。根据独立主体规则，即便一家在纽约有分行的外国银行作为(接到扣押令的)第三债务人(garnishee)时需要接受纽约法院的属人管辖，但该外国银行其他的分支机构应被作为独立主体对待。但纽约南区法院认为这并无说服力，因为根据相关判例，当原告寻求的救济措施是传票时，独立主体规则并没有禁止该等传票的执行,原告需要证明的是作出传票的法院对该等银行及其分支机构具有管辖权。

其次，纽约南区法院认为其行使属人管辖权符合宪法规定的正当程序。

在评估法院对某主体行使特别属人管辖权在宪法上是否恰当时，法院必须分两步来分析：首先必须确定该主体与该法域具有充足的"最小联系"；其次，必须确定在这种情况下行使管辖权是合理的。

纽约南区法院认为中国银行在纽约有实质运营、员工和办公场所并积极在纽约开拓业务和客户，其与纽约存在有意且重复发生的联系；而且，中国银行向其纽约的客户提供广泛的服务，从而与纽约具有充足的"最小联系"。

法院在判断其向某外国主体行使属人管辖权是否符合公平竞争和实质正义的传统理念时，通常会综合考虑五方面的因素：(1) 行使管辖权给该主体带来的负担；（2）法院所在国家裁判该案要支持的利益；（3）原告获取方便和有效的救济的利益；（4）国际司法体系效率；（5）所涉的不同国家推进实体政策方面的共同利益。纽约南区法院对这五个因素进行分析后认定，其对中国银行行使属人管辖权，迫使其遵守 2010 年传票和 2011 年传票，符合公平竞争和实质正义，也符合正当程序。

四、纽约南区法院行使该等管辖权是否符合国际礼让原则

中国银行就管辖权问题提出抗辩表示，若其根据纽约南区法院传票的要求向古驰公司提供客户账户信息等材料，将违反中国的银行保密法律的相关规定并需承担民事甚至刑事责任。也就是说，本案涉及两国法律冲突。正因如此，2014 年 9 月美国第二巡回上诉法院将该案发回纽约南区法院重审时，要求后者要分析考虑其对中国银行行使特别管辖权是否符合国际礼让原则。

在处理类似法律冲突问题时，美国法院通常会采纳美国对外关系法重述（第三）的第 442（1）（c）条规定的五要素测试法，综合考虑如下五方面的因素后决定是否命令相关方提交材料：（1）要求提交的文件或者其他信息对调查或者诉讼的重要性；（2）文件提交要求的明确程度；（3）相关信息是否源于美国；（4）有无获取该等信息的替代方式；（5）不遵守该等要求对美国重大利益的损害程度，及遵守该等要求对信息所在国重大利益的损害程度。法院还会考虑当事方遵守提交材料的要求时所遭遇的困难，以及其在抗拒执行时是否善意。纽约南区法院对上述因素逐一进行了具体分析，篇幅所限，本文仅简单介绍其对上述第（4）和第（5）项因素的分析。

纽约南区法院认为海牙公约不是原告获取其所需信息的可行备选方案。

中国银行认为，海牙公约为原告提供了充分的获取其所需信息的手段，而又无需迫使中国银行违反中国法律，故原告应当通过海牙公约调查证据。但原

告主张，根据海牙公约提出要求不合理地昂贵、耗时且结果很不确定。双方对在中国根据海牙规则调取文件的情况均提供了专家报告，最后纽约南区法院认为原告专家关于“美国法院根据海牙公约提出的调取文件的要求对本案原告获取其所需信息并非一个现实的有意义的选择”的意见更有说服力，而中国银行未能提供具体证据证明中国执行海牙公约的情况已大为改观。故其认为海牙公约不是原告获取其所需信息的可行的备选方案。

纽约南区法院认为国家利益平衡测试明显对原告有利。

在对中美两国所涉利益进行比较时，纽约南区法院认为，中国银行保密法关于未经同意不得披露个人账户信息的规定对中国建立与其他国家接轨的现代银行系统来讲是必要的。但其根据中国银行提供的专家意见得出结论，中国的银行保密法提供的保护可以由开户人自己放弃或者由人民法院、税务机关、公安机关、工商部门及证券监管部门等有权机关豁免。法院由此认定，中国的银行保密法仅仅是赋予客户一项个人特权，并未反映一项值得认真尊重的国家政策。法院还认为中国银行在选择到纽约开展业务、享受纽约作为美国主要金融中心的诸多好处时，就不能躲在中国银行保密法这样一个保护盾后面，逃避其他美国金融机构都要面对的要求。与此同时，纽约南区法院认为，美国在执行国会通过的法案方面拥有强大的利益，尤其是执行像兰哈姆法案这样意在保护知识产权和防止消费者混淆的法案。通过比较两国所涉利益，考虑到被告等造假者看起来是有意利用外国银行保密规定为其实施违反兰哈姆法案的侵权行为提供便利，纽约南区法院认为国家利益平衡测试明显对原告有利。

法院还认为，中国银行未能证明其遵守传票要求将导致在中国承担民事或者刑事责任的实际可能性；虽然中国银行提供了吴志攀教授提供的中国法律专家意见以及银监会和中国人民银行等监管部门关于中国的银行保密法律的信函，但纽约南区法院认为中国银行未能提供中国金融机构因为遵守外国法院提供信息的命令而被处罚的具体案例。

对中国银行提出的其在中国境内败诉的事实，纽约南区法院的认定出人意料，它认为这使得国家利益平衡更倾向于美国利益。因为，这些判决认可了中国银行对其客户的账户信息拥有广泛的合同权利，比如说在特定情形下暂停或者终止服务的权利；中国银行未能充分证明这些情形的存在不能改变北京判决认可中国银行拥有该等权利的事实。北京判决未能提供支持证明中国银行的主张，未能证明中国的银行保密法被严格执行，或者是一项利益超过美国执行兰哈姆法案的利益的强大的国家政策。

综合分析后，纽约南区法院得出结论，认为其对中国银行行使管辖权符合国际礼让原则。

五、为什么纽约南区法院可以判决中国银行藐视法庭，并对其处以罚款

根据美国《联邦民事诉讼规则》45（g）的规定，若一方无充分理由未遵守已送达的传票或法院命令，法院有权判令其在民事上藐视法庭。具体而言，根据美国第二巡回上诉法院 2004 年作出的 Paramedics Electormedicina Comercial, LTDA.,v.GE Medical Systems Information Technologies Inc. 案，纽约南区法院认为，只要满足以下三个条件便可认定构成民事上藐视法庭：（1）未被遵守的法院命令内容是清晰且无歧义的；（2）存在清楚有力的证据证明案涉当事人未遵守法院命令；（3）案涉当事人并没有积极尝试以合理的方式遵守法院命令。

根据纽约南区法院于 2015 年 11 月 30 日作出的命令，中国银行已承认法院作出的相关命令是清晰且无歧义的，同时也承认存在有力证据证明其未遵守法院命令。但中国银行抗辩称，其一直尝试以合理的方式遵守法院作出的命令，

其对纽约南区法院 2015 年 9 月 29 日命令不服且打算就该命令提起上诉。纽约南区法院认为中国银行的抗辩理由没有任何案例支持，而且，如果法院支持这一理由就意味着当事人可以以打算上诉为理由，来逃避遵守法院命令。显然，法院不能支持这样的抗辩理由。鉴于中国银行曾以书面方式和在庭审过程以口头方式表明其没有任何打算遵守法院作出的命令，纽约南区法院认为中国银行的行为构成民事上的藐视法庭。

至于纽约南区法院对中国银行处以高额罚款的依据，法院在 2015 年 11 月 30 日作出的命令中明确提及，对中国银行处以强制性措施以保证相关法院命令得以遵守是必要的。根据美国第二巡回上诉法院在 1987 年作出的 Dole Fresh Fruit Co. v. United Banana Co. 案，对藐视法庭的当事人处以何种强制措施，法院具有较大的自由裁量权，其主要考虑以下三个因素：（1）当事人未遵守法院命令所导致的损害大小；（2）所施加的强制措施能保证法院命令得以遵守的可能性；（3）当事人的经济状况和所施加的强制措施会给当事人带来的负担。

基于上述考量因素，2015 年 11 月 30 日纽约南区法院决定对中国银行处以每日 5 万美元的强制性罚款，直到中国银行遵守命令。法院的理由主要有以下四点：第一，中国银行不遵守相关命令导致古驰公司无法追踪李某等人制假卖假收入的资金流向，也就无法获取李某等人制假卖假的关键证据。由于美国商标法不仅保护古驰公司的权利，也涉及美国公众的利益，故中国银行不遵守法院命令的行为也对美国公众的利益造成了一定的损害。第二，法院认为中国银行自 2011 年起一直采用拖延战略，从而避免遵守法院命令。举例说明，中国银行曾向法院提出申请，要求法院延缓实施 2015 年 9 月 29 作出的决定，并称“正在积极考虑如何解决义务冲突问题，并在等待国内有关机关的答复”。但是，在随后 11 月 24 日法院庭审过程中，中国银行又明确指出其从未打算遵守法院命令。基于中国银行的拖延策略，纽约南区法院认为必须对中国银行施加较严厉的处罚措施才能保证中国银行遵守命令。第三，法院认为中国银行有足够的财力负担该笔罚款。第四，鉴于 2012 年法院曾判令中国银行民事上藐视法庭并对其处以每日 1 万美元的罚款，法院认为此次罚款的金额必须大大高于 2012 年罚款的金额，才能保证中国银行尽快遵守法院命令。

这起涉外仲裁案例，读一个顶十个

◎朱华芳

涉外民商事争议中，判定当事人之间是否存在仲裁协议，应当如何确定适用的法律？是否与判定仲裁协议是否有效一样，在当事人没有约定的情况下，应当适用仲裁地的法律？《仲裁法》相关条款所述“仲裁委员会”是否包括外国仲裁机构？外国仲裁机构对涉外仲裁协议的效力作出决定后，当事人向人民法院申请确认仲裁协议效力的，人民法院是否应予受理？租约中的仲裁条款有效并入提单需要满足什么条件？《仲裁法》和仲裁法司法解释不同条款中提到的“仲裁协议的效力”的含义是什么？

这些问题，在最高人民法院2013年2月4日就天津海事法院受理的神华煤炭运销公司（以下简称神华公司）诉马瑞尼克船务公司(Marinic Shipping Company)（以下简称马瑞尼克公司）确认之诉一案（在该案中，神华公司主张与马瑞尼克公司之间不存在仲裁协议）的复函中都有涉及。本文拟通过分享该案例对上述问题做一梳理和探讨。

一、基本案情

2005年6月13日，原告神华公司与案外人FIL公司签订买卖合同，约定由FIL公司向神华公司购买56万吨煤炭，FOB中国新港。

2005年11月，神华公司将49098吨煤炭在天津新港装上FIL公司承租的“瑞姆(Rmever Aim)”轮，从天津新港运往土耳其，天津北方联合国际船舶代理有限公司作为船舶代理人于2005年11月13日签发了提单，记载的托运人为神华公司，收货人凭指示。该提单注明采用“康金提单”1994年版本，提单正面记载“与租约合并使用，运费按照2005年11月7日的租约支付，租约中的波罗的海航运公会船舶国际安全管理条款、千禧年条款、新杰森条款、互有责任碰撞条款、保赔协会加油条款、时间统一条款和首要条款等并入本提单”。

马瑞尼克公司为“瑞姆”轮的船舶所有人，其将该轮期租给TKB。2005年11月7日，TKB公司将该轮程租给YST公司。同日，YST公司与FIL公司签订了航次租船合同，将“瑞姆”轮程租给FIL公司。该合同第33条约定，本租船合同产生的争议应在伦敦仲裁并适用英国法。

2005年12月9日，“瑞姆”轮在航行途中发生火灾。马瑞尼克公司以该事故系神华公司的货物所致并给其造成巨大损失为由，向神华公司提出索赔并提交伦敦仲裁。2010年1月28日，神华公司收到马瑞尼克公司的仲裁索赔书。2010年2月24日，神华公司致函伦敦仲裁庭，认为双方不存在仲裁协议，仲裁庭没有管辖权，要求驳回马瑞尼克公司的索赔。2010年3月30日，仲裁庭认为其有管辖权，驳回了神华公司的异议。

2010年11月10日，神华公司向天津海事法院提起诉讼，要求确认其与马瑞尼克公司之间不存在英国伦敦仲裁协议。

二、本案所涉焦点问题

1. 本案应当适用中国法还是英国法。

2. 在确定法律适用的前提下，双方是否存在仲裁协议。

3. 本案是否适用《最高人民法院关于适用〈中华人民共和国仲裁法〉若干问题的解释》(以下简称《仲裁法解释》）第 13 条第 2 款规定的“仲裁机构对仲裁协议的效力作出决定后，当事人向人民法院申请确认仲裁协议效力或者申请撤销仲裁机构的决定的，人民法院不予受理”。

4. 本案是否属于《最高人民法院关于人民法院处理与涉外仲裁及外国仲裁事项有关问题的通知》(以下简称《通知》）中规定需要报最高人民法院审查确认的情形。

三、三级法院对上述问题的意见

（一）关于本案应当适用的法律

被告认为，根据《仲裁法解释》第 16 条，“对涉外仲裁协议的效力审查，适用当事人约定的法律；当事人没有约定适用的法律但约定了仲裁地的，适用仲裁地法律；没有约定适用的法律也没有约定仲裁地或者仲裁地约定不明的，适用法院地法律”。本案当事人没有约定仲裁协议应当适用的法律但约定了仲裁地为伦敦，故应当适用英国法律。

但天津海事法院和天津市高级人民法院均认为，本案属于请求确认双方之间不存在仲裁协议之诉，不属于在存在仲裁协议的前提下，确认仲裁协议效力的案件。本案中双方是否就仲裁协议达成约定尚不能确定，因此，无法适用《仲裁法解释》第 16 条的规定。鉴于双方未能就法律适用达成一致，而涉案运输的起运港及提单签发地均为中国天津，因此中国法律与本案具有最密切联系，本案应适用中国法律。

最高人民法院也认为，本案系神华公司请求确认不存在仲裁协议之诉，并非对租约中仲裁条款效力的审查，天津市高级人民法院认为应当适用中国法律确认双方当事人之间是否存在仲裁协议的观点正确。

（二）关于双方是否存在仲裁协议

在明确应适用中国法来确定双方是否存在仲裁协议后，天津海事法院进一步认为，根据最高人民法院（2006）民四他字第49号复函的精神，可以认定涉案租约中的仲裁条款没有并入提单，即双方并不存在仲裁协议。

最高人民法院也认为，涉案提单为与租约合并使用的简式提单，但提单正面并未明示记载将租约包括仲裁条款并入提单，故租约中的仲裁条款并未有效并入提单。

（三）关于本案是否应当适用《仲裁法解释》第13条第2款

对这个问题，三级法院意见不一。

天津海事法院形成两种意见：

第一种意见认为，《仲裁法解释》仅适用于国内仲裁，国外仲裁问题应该适用《纽约公约》。此外，该解释第13条第2款针对的是确认仲裁条款的效力，而本案是确认仲裁协议是否成立，因此，该规定不适用于本案，应判决确认双方并不存在仲裁协议。

第二种意见认为，《仲裁法解释》不仅适用于国内仲裁，也适用于外国仲裁。神华公司的主张应根据《仲裁法解释》第27条第2款的规定，在仲裁裁决作出后提出。本案的情况与上述规定的精神一致，因此，应驳回神华公司的起诉。

天津海事法院倾向于第一种意见。

天津市高级人民法院的意见是：

1. 关于《仲裁法解释》能否适用于涉外仲裁的问题。天津市高级人民法院认为，在当事人提起确认不存在仲裁条款诉讼时，对于法院与仲裁机构的管辖权问题，《纽约公约》尚无规定，因此应适用我国法律的相关规定。《仲裁法》第 65 条规定："涉外经济贸易、运输和海事中发生的纠纷的仲裁，适用本章规定。本章没有规定的，适用本法其他有关规定。"在该法涉外仲裁章节没有特别规定的情形下，该法的有关规定及《仲裁法解释》中的规定可以适用于涉外仲裁。

2. 关于《仲裁法解释》第 13 条能否适用于仲裁条款存在与否的情形。天津市高级人民法院认为，仲裁协议是仲裁机构取得仲裁管辖权的依据，当事人认为仲裁协议不存在及认为仲裁协议无效，其实质都是对仲裁机构管辖权提出异议。《仲裁法解释》第 13 条"依照仲裁法第二十条第二款的规定，当事人在仲裁庭首次开庭前没有对仲裁协议的效力提出异议，而后向人民法院申请确认仲裁协议无效的，人民法院不予受理。仲裁机构对仲裁协议的效力作出决定后，当事人向人民法院申请确认仲裁协议效力或者申请撤销仲裁机构的决定的，人民法院不予受理"之规定，是就当事人对仲裁机构管辖权向法院提出异议在时限上的要求。根据该条的立法精神，在当事人向仲裁机构提出管辖权异议、仲裁机构对自己是否有管辖权作出决定后，当事人向人民法院申请确认仲裁机构没有管辖权的，人民法院应不予受理。而且，根据《仲裁法解释》第 18 条的规定，"……仲裁协议被认定无效或者被撤销的，视为没有仲裁协议"，从该规定可以看出，仲裁协议被认定无效与没有仲裁协议，两者在法律效果上具有同质性。因此，根据《仲裁法解释》第 13 条第 2 款规定的精神，本案应该驳回神华公司起诉。

最高人民法院的意见是：

依照《仲裁法》第七章的规定，同意天津市高级人民法院关于《仲裁法》及《仲裁法解释》的规定可以适用于涉外仲裁的意见。但是，《仲裁法解释》第 13 条系针对《仲裁法》第 20 条作出的司法解释。《仲裁法》第 20 条所指的仲裁委员会系依据《仲裁法》第 10 条和第 66 条设立的仲裁委员会，并不包括外国仲裁机构。故《仲裁法解释》第13条的规定并不适用于外国仲裁机构对仲裁协议效力作出认定的情形。

（四）关于《最高人民法院关于人民法院处理与涉外仲裁及外国仲裁事项有关问题的通知》的适用问题

天津市高级人民法院认为，本案不属于《通知》中规定的情形，但因其对本案的处理意见与天津海事法院存在分歧，故其仅就法律适用和是否适用《仲裁法解释》第13条第2款两个法律适用问题向最高人民法院予以请示。

最高人民法院表示，各级法院应当严格遵守通知规定的报告制度，不能以不属于仲裁范围或者仲裁条款无效等理由规避报告制度。本案涉及租约仲裁条款是否有效并入提单，亦属于通知中规定的情形。

四、对本案所涉问题的评析

（一）关于"仲裁协议的效力"该如何理解

我国法律对"仲裁协议的效力"的含义在仲裁协议有无效力之外，是否包括仲裁协议的存在并无明确规定。本案中三级法院对《仲裁法》和《仲裁法解释》不同条款中的"仲裁协议的效力"的含义似乎采取了双重标准。

在确定本案应当适用的法律时，三级法院均对《仲裁法》第16条中"涉外仲裁协议的效力审查"作出狭义的解释，认为请求确认不存在仲裁协议之诉并非对仲裁条款效力的审查，从而排除了该条款的适用，并通过冲突法规则认定应适用中国法。

在解释《仲裁法解释》第13条第2款中"仲裁机构对仲裁协议的效力作出决定"的含义时，天津海事法院的倾向性意见还是采取了狭义，认为"该解释第十二条第二款针对的是确认仲裁条款的效力，而本案是确认仲裁协议是否成立，因此，该规定不适用于本案"。但是，对同一条款，天津市高级人民法院认为，当事人认为仲裁协议不存在及认为仲裁协议无效，其实质都是对仲裁机构管辖权提出异议。天津市高级人民法院还根据《仲裁法解释》第18条推定，仲裁协议被认定无效与没有仲裁协议，两者在法律效果上具有同质性。故其认为本案应当适用《仲裁法解释》第13条第2款的规定，这意味着其认为该条款中的“仲裁协议的效力”问题包括仲裁协议是否存在。

我们再进一步看一下天津海事法院对此案管辖权的依据，这在天津市高级人民法院的请示和最高人民法院的复函中均没有直接谈及。《仲裁法》第20条第1款规定：“当事人对仲裁协议的效力有异议的，可以请求仲裁委员会作出决定或者请求人民法院作出裁定……”本案原告请求确认的是双方当事人之间不存在仲裁协议，三级法院均没有认为这不属于法院的管辖范围，最高人民法院还明确认定“神华煤炭运销公司向天津海事法院请求确认其与马瑞尼克船务公司之间不存在仲裁协议，天津海事法院应当予以受理”。从这个角度推理，三级法院应当均认为，《仲裁法》第20条所述“仲裁协议的效力”问题包括仲裁协议是否存在；从天津市高级人民法院对《仲裁法解释》第13条第2款的解读分析，也可以得出天津市高级人民法院应当认为《仲裁法》第20条所述“仲裁协议的效力”问题包括仲裁协议是否存在。另外，根据《仲裁法解释》第12条第3款，“涉及海事海商纠纷仲裁协议效力的案件，由仲裁协议约定的仲裁机构所在地、仲裁协议签订地、申请人或者被申请人住所地的海事法院管辖；上述地点没有海事法院的，由就近的海事法院管辖”。合乎逻辑的推测是，原告是根据该条，向其住所地北京就近的天津海事法院提出确认不存在仲裁协议之诉的。这么分析的话，三级法院在该案中应当也认可《仲裁法解释》第12条中的“仲裁协议效力”问题包括仲裁协议存在与否。

可见，对《仲裁法》和《仲裁法解释》各条中规定的“仲裁协议的效力”问题是否包括仲裁协议的存在，司法意见并不明确；而《仲裁法》第20条中的“仲裁协议的效力”问题是否包括仲裁协议的效力范围，业界也存在不同的看法，但大多认为不包括。例如，厦门仲裁委员会仲裁规则第 7 条规定：“（一）当事人对仲裁协议的存在、效力以及仲裁案件主体资格问题提出异议的，应当在仲裁庭首次开庭前以书面形式提出……（六）当事人对仲裁请求事项是否属于仲裁协议范围提出异议的，应当在辩论终结前提出，由仲裁庭进行审理并作出裁决……”由此可见，厦门仲裁委员会认为仲裁请求事项是否属于仲裁协议范围不属于《仲裁法》第 20 条规定的仲裁协议的效力的问题，因此，无需根据该条的规定在仲裁庭首次开庭前提出，而是在辩论终结前提出即可。

（二）关于租约仲裁条款并入提单的条件

在 2007 年关于原告中国平安财产保险股份有限公司大连分公司与被告中远航运股份有限公司、广州远洋运输公司海上货物运输合同保险代位求偿案所涉仲裁条款是否有效的请示的复函中，最高人民法院便确立了必须在提单正面明确记载将租约中的仲裁条款并入提单，才能构成租约仲裁条款的有效并入的规则。在本案复函中，最高人民法院再次重申了该原则。

之所以要求在提单正面明示记载，是因为提单条款为承运人事先签署的格式条款，当提单持有人不是租船人时，要其在没有被记载于显著位置的语言明确提示时接受租船合同中的仲裁条款的约束，对提单持有人并不公平。

（三）关于《仲裁法》中规定的“仲裁委员会”是否包含外国仲裁机构

在本案复函中，最高人民法院明确《仲裁法》第 20 条所指的仲裁委员会系依据《仲裁法》第 10 条和第 66 条设立的仲裁委员会，并不包括外国仲裁机构。在一个多月后（2013 年 3 月 25 日），在《最高人民法院关于申请人安徽省龙利得包装印刷有限公司与被申请人 BPAgnatiS. R. L 申请确认仲裁协议效力案的请示的复函》中，可以读出最高人民法院认为当事人选定的国际商会仲裁院属于《仲裁法》第 16 条中规定的“选定的仲裁委员会”。有人因此指责最高人民法院在短期内对《仲裁法》规定的“仲裁委员会”的范畴作出截然相反的解释；但应当看到，两个案件涉及的是《仲裁法》不同条款中提到的“仲裁委员会”，从《仲裁法》第20条规定的内容来看，其所指“仲裁委员会”确实不应包括外国仲裁机构。最高人民法院在龙利得案中的立场因其与国际仲裁实践接轨的态势而颇受赞誉，但根据该等仲裁协议作出的仲裁裁决的国籍如何确定，按何路径申请强制执行并不明确。

（四）关于该案的进展

我们试图查询天津海事法院最后就此案作出的裁定及该案的后续进展，但没有找到相关公开信息。根据请示和复函所展示的情况，结果很可能是，天津海事法院根据其内部的倾向性意见，认定神华公司和马瑞尼克公司之间不存在仲裁协议。值得注意的是，天津海事法院对本案的裁定对彼时伦敦正在开展的仲裁并没有约束力，伦敦的仲裁庭没有义务履行该裁定从而撤销仲裁案件或者据此驳回马瑞尼克的申请。但是，可以预见的是，伦敦仲裁庭作出的仲裁裁决若想根据《纽约公约》在中国法院申请承认和执行，中国法院很可能会以不存在有效的仲裁协议为由予以拒绝。

神华公司即便在本案发生的阶段不向中国法院申请确认双方不存在仲裁协议，也不会丧失在对方向中国法院申请承认和执行伦敦仲裁裁决时以不存在有效仲裁协议进行抗辩的权利。但其在仲裁的早期启动本案程序并取得胜利，一定意义上可以打击马瑞尼克在伦敦将仲裁进行到底的信心和决心，因为，没有谁会愿意在预计仲裁裁决不能得到执行时（当然，马瑞尼克还可以在中国以外的有神华公司资产的《纽约公约》成员国及与英国有相关司法协助条约的法域申请承认和执行，天津海事法院的裁定对这些法域决定是否予以承认和执行并无实质影响），还花费大量的时间和金钱去仲裁。在这种压力下，双方可能能够以比较有利于神华公司的条件达成和解。

另一个有意思的问题是，若马瑞尼克在取得伦敦仲裁裁决后向中国法院申请承认和执行，而中国法院以双方不存在仲裁协议为由拒绝承认和执行的话，是否违反《纽约公约》？笔者曾就此问题与英国的一位仲裁法专家进行探讨，这位专家的意见是,《纽约公约》第五（1）(一）条中关于法律适用的规定既适用于判定仲裁协议有无效力，也适用于判定有无仲裁协议。因此，在马瑞尼克向中国法院申请承认和执行英国仲裁裁决，而神华公司以不存在仲裁协议主张应拒绝承认和执行时，中国法院应当适用《纽约公约》第五（1)(一）条的规定，根据仲裁地法律来判断是否存在仲裁协议，否则构成对《纽约公约》的违反。

到底按谁的规矩办
——图解国际商事仲裁法律适用

◎朱华芳

同一国际商事仲裁案件中通常会涉及多国法律的适用，这不仅是因为争议本身包含跨国因素，更是仲裁这种争议解决方式自身的特点所致。笔者在给企业法务同仁进行该话题分享时，发现大家很感兴趣，故特撰写本文介绍国际商事仲裁案件均会涉及的三方面的法律适用问题：争议适用的实体法律，仲裁适用的程序法律，以及仲裁协议本身适用的法律。三者各自适用不同的规则确定（见下图），可能为同一法律，也可能各不相同。国际商事仲裁中还会涉及其他的法律适用问题，如裁决在承认和执行阶段中的法律适用，以及当事人在仲裁地以外的国家或地区申请临时措施时的法律适用等，本文也将简单介绍。

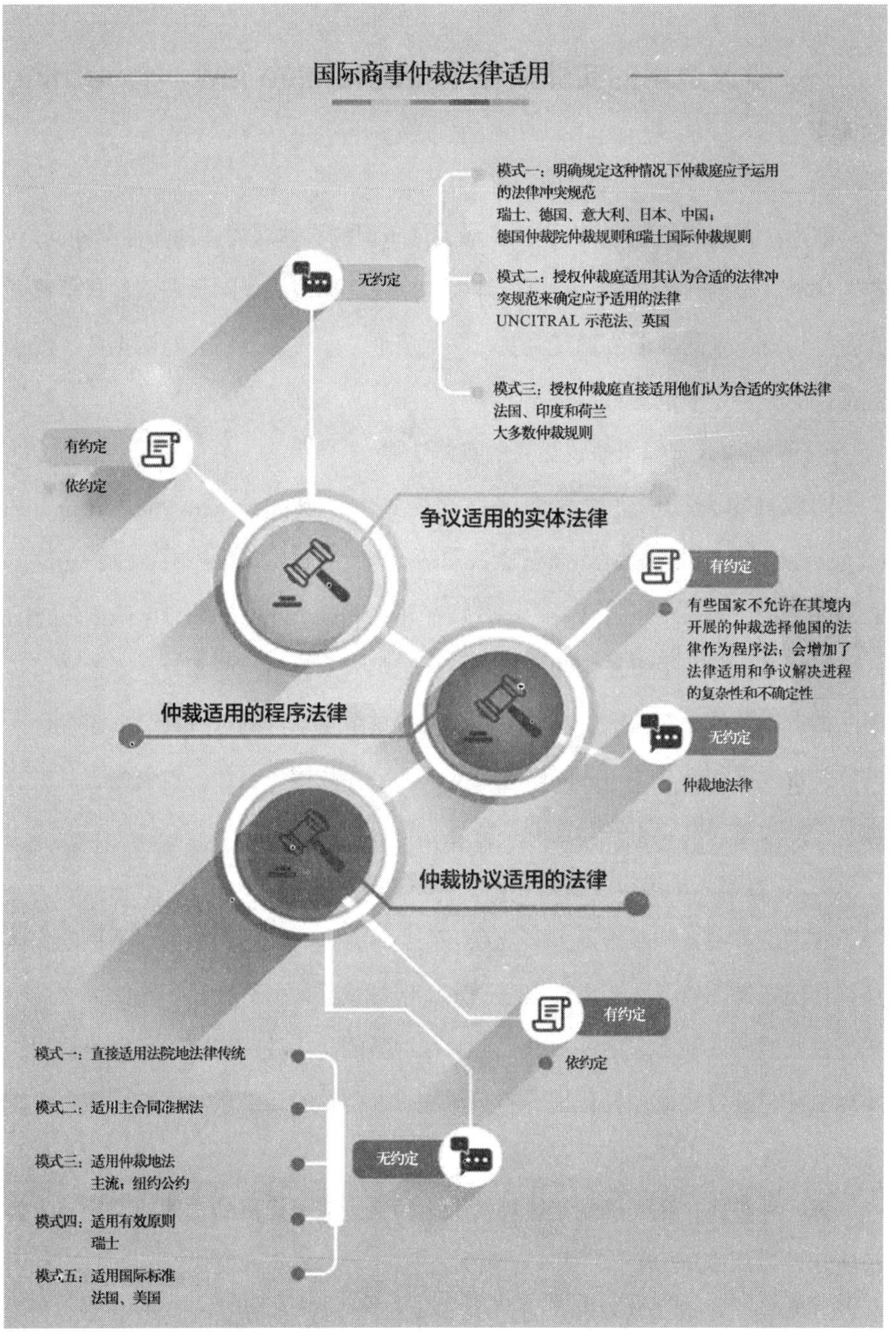
国际商事仲裁法律适用
无约定
模式一：明确规定这种情况下仲裁庭应予运用的法律冲突规范
瑞士、德国、意大利、日本、中国；
德国仲裁院仲裁规则和瑞士国际仲裁规则
模式二：授权仲裁庭适用其认为合适的法律冲突规范来确定应予适用的法律
UNCITRAL 示范法、英国
模式三：授权仲裁庭直接适用他们认为合适的实体法律
法国、印度和荷兰
大多数仲裁规则
有约定
依约定
争议适用的实体法律
有约定
有些国家不允许在其境内开展的仲裁选择他国的法律作为程序法；会增加了法律适用和争议解决进程的复杂性和不确定性
仲裁适用的程序法律
无约定
仲裁地法律
仲裁协议适用的法律
有约定
依约定
无约定
模式一：直接适用法院地法律传统
模式二：适用主合同准据法
模式三：适用仲裁地法
主流：纽约公约
模式四：适用有效原则
瑞士
模式五：适用国际标准
法国、美国

一、争议适用的实体法律（substantive law，governing law）

前述法律适用问题中，人们往往最关注争议的实体法律适用即准据法问题，亦即仲裁庭根据什么法律对争议所涉实体问题作出裁决。国际商事仲裁争议多为合同纠纷，合同准据法确定主要有两大情形：一种是当事人对准据法作出了选择，另一种是未选择。

（一）当事人选择了争议适用的实体法律

国际商事合同中通常包含法律选择条款，例如，“This Agreement shall be governed by and construed in accordance with the laws of the State of New York, U.S.A., except such laws as require the application of the laws of another jurisdiction”。各国法律及各仲裁规则基于当事人意思自治原则，基本都认可该类法律选择条款的有效性，仲裁庭亦会充分尊重当事人的选择，除非该等选择违反仲裁地强制性法律（mandatory law）或公共政策。当然，对何为强制性法律及公共政策，观点不一，在此不赘述。

（二）当事人未选择争议适用的实体法律

各国法律及各仲裁规则大多规定，在当事人未对国际仲裁争议适用的实体法律作出选择的情况下，由仲裁庭确定；但仲裁庭如何确定，各国法律规定不一。过去的做法通常是由仲裁庭根据仲裁地国的法律冲突规范确定应予适用的实体法律，或直接适用仲裁地国的实体法律，但这种传统做法已被摒弃，现在各国处理此问题主要有以下三种模式。

第一种模式，是明确规定这种情况下仲裁庭应予运用的法律冲突规范（如最密切联系原则）。瑞士、德国、意大利和日本均属此种模式。例如，瑞士国际私法规定，仲裁庭应依据当事人选择的法律规则对争议作出决定，在当事人未予选择时，则应依据与案件有最密切联系的法律规则。我国没有类似的专门针对国际仲裁中的实体法律适用的规定，但《涉外民事关系法律适用法》第41条规定："当事人可以协议选择合同适用的法律。当事人没有选择的，适用履行义务最能体现该合同特征的一方当事人经常居所地法律或者其他与该合同有最密切联系的法律。"

第二种模式，是授权仲裁庭适用其认为合适的法律冲突规范来确定应予适用的法律。UNCITRAL示范法和英国即为这种模式。UNCITRAL示范法第28条规定："仲裁庭应当依照当事人选择的适用于争议实体的法律规则对争议作出决定"，"当事人没有指定任何适用法律的，仲裁庭应当适用其认为适用的法律冲突规范所确定的法律。"

第三种模式，是授权仲裁庭直接适用他们认为合适的实体法律，而无需运用任何法律冲突规范。法国、印度和荷兰等国采取的就是这种模式。

在这个问题上，仲裁规则多采取第三种模式。如国际商会国际仲裁院（ICC）仲裁规则第21条规定："当事人有权自由约定仲裁庭处理案件实体问题所应适用的法律规则。当事人对此没有约定的，仲裁庭将决定适用其认为适当的法律规则。"新加坡国际仲裁中心（SIAC）仲裁规则第27条规定："仲裁庭应当适用当事人指定的法律规则，作为争议实体的准据法；当事人未指定的，仲裁庭应当采用其认为适当的法律规则。"UNCITRAL仲裁规则在这个方面也作出了与UNCITRAL示范法不一样的规定，采取了第三种模式。少数仲裁规则采取了第一种模式，要求仲裁庭适用与争议有最密切联系的国家的法律，如德国仲裁院仲裁规则和瑞士国际仲裁规则。

与之而来的一个问题是，**在仲裁地法律与适用的仲裁规则对此存在不同规定时，仲裁庭应当依从哪个规定？**大多数国家基于当事人意思自治原则，认为在这个问题上当事人选择的仲裁规则应优先于仲裁地法律适用。从逻辑上讲，既然法律允许当事人直接选择适用的实体法律，即无理由不允许当事人通过选择仲裁规则来间接地确定其争议应予适用的实体法律。但也有国家认为，仲裁地国这方面的法律规定是强制性的，在该国进行的仲裁均需遵守这些规定，与之相冲突的仲裁规则不能适用。

值得一提的是，与法院诉讼程序不同，国际商事仲裁中仲裁庭对争议作出裁决，并不是一定要以某国法律为依据。除了相关国家的法律之外，仲裁庭亦可依当事人明确授权，以友好公断人（amiable compositeur）身份或根据公平合理原则（ex aequo et bono）对争议作出裁决。

二、仲裁适用的程序法律（procedural law，lex arbitri 或 curial law）

仲裁适用的程序法律是指仲裁程序本身要遵守的法律规则，比如说仲裁员的选任、更换和免除，仲裁员拥有的权利，仲裁过程中的司法干预和协助，临时救济措施和撤销仲裁裁决的标准和程序等方面的法律规定。

（一）仲裁适用的程序法多为仲裁地法

在绝大多数情况下，国际商事仲裁适用的程序法为仲裁地法。其中的逻辑是，当事人若选定某地为仲裁地，则该地的法律成为与该仲裁程序具有最密切联系的法律；当事人选择某地作为仲裁地本身，也意味着其愿意接受该地的仲裁法律的约束。因当事人通常会选择中立的第三国作为仲裁地，所以仲裁适用的程序法可能与争议适用的实体法律不一样。

此处的**仲裁地（seat of arbitration）是一个法律概念，而非单纯的地理概念**。当事人选择了某地例如香港作为仲裁地，并不意味着仲裁程序实际要在香港开展，而是意味着仲裁程序需要遵守香港的仲裁条例；当事人想撤销该裁决的话，需要到香港相关法院申请；在仲裁过程中，当事人可以向香港相关法院申请其在仲裁庭的管辖权、仲裁员的选任和免除、临时措施和证据搜集等方面提供司法协助或者监督。在实际操作中，**开庭地可以与仲裁地不一样**，各仲裁规则也对此多有规定。例如，香港国际仲裁中心（HKIAC）机构仲裁规则第14.2条规定："除非当事人另有约定，仲裁庭可在仲裁地之外的其认为适当的任何地点进行仲裁庭内部讨论，听取证人证言、专家证言或当事人意见，或检查货物、其他财产或文件，而仲裁应依然在任何意义上被视为在仲裁地进行。"

正是因为仲裁地意义重大，所以当事人通常会在仲裁协议中作出约定。根据2015年伦敦大学玛丽皇后学院发布的国际仲裁调查报告，最受欢迎的5个仲裁地依次为伦敦、巴黎、香港、新加坡和日内瓦，主要原因就是这几个地方的仲裁法律制度相对成熟和友好。

当然，实践中也不乏当事人因为缺乏经验或者无法达成一致等原因而未约定仲裁地的情况。各主要仲裁规则对这种情况下如何确定仲裁地也都作出了规定，**原则上均将选择的权利授予仲裁机构或者仲裁庭，但具体机制上有些差异。**不少仲裁规则规定当事人未约定仲裁地的，仲裁地即为仲裁机构所在地，除非仲裁庭认定另一地为仲裁地更为合适，如伦敦国际仲裁院（LCIA）、HKIAC、SIAC和中国国际经济贸易仲裁委员会（CIETAC）的仲裁规则都是如此规定；而有些仲裁规则则直接将选定仲裁地的权利授予仲裁院或者仲裁庭，如ICC仲裁规则第18条规定："仲裁地由仲裁院确定，但当事人另有约定者除外。"

在仲裁地法律之外，仲裁规则对仲裁程序的开展进行了更为详细具体的规定。**对仲裁程序当中的问题，当仲裁地法与仲裁适用的仲裁规则的规定不一致时，哪个应当优先适用？**这与仲裁地的该等法律规定是否强制适用有关。一般而言，仲裁地的强制性法律优先于选定的仲裁规则，而选定的仲裁规则优先于仲裁地的非强制性法律。

（二）当事人选择仲裁地法以外的法律为程序法律

国际公认的规则是当事人选定了仲裁地，即选定了仲裁适用的程序法，所以当事人一般不会专门在仲裁协议中对仲裁适用的程序法律作出约定。但实践中也有极少数在仲裁协议中选择非仲裁地法律作为程序法律的例子，这种选择增加了法律适用和争议解决进程的复杂性和不确定性，除了制造不必要的麻烦外，别无好处；与各国基本都认可国际仲裁当事人选择实体法律的自由相比，有些国家也不允许在其境内开展的仲裁选择他国的法律作为程序法。

这方面比较有名的一个案例是 Union of India v. McDonnell Douglas。涉案两方签订的关于人造卫星发射的协议的第 8 条规定："In the event of a dispute or difference arising out of or in connection with this Agreement,…the same shall be referred to an Arbitral Tribunal… The arbitration shall be conducted in accordance with the procedure provided in the Indian Arbitration Act of 1940 or any reenactment or modification thereof …The seat of the arbitration proceedings shall be London, United Kingdom"，第 11 条规定："the agreement is to be governed by, interpreted and construed in accordance with the laws of India。" 英国法院最后认为仲裁应当适用的程序法仍为仲裁地法即英国法，印度仲裁法的相关规定则类似于仲裁规则，仅在不与英国法的强制性法律相冲突的情况下对仲裁程序中的内部关系适用；当事人若要撤销相关裁决，应向英国法院申请。

三、仲裁协议适用的法律

仲裁协议适用的法律是指据以判定仲裁协议的成立、效力和解释等相关问题的法律，亦即仲裁协议的准据法。各国法律对仲裁协议有效性判定的尺度宽严不一，适用不同国家的法律可能会得出仲裁协议有效与否的不同结果。如"仲裁地在香港适用英国法"这样的超短仲裁条款，无论是根据仲裁地法香港法还是根据主合同准据法英国法都是有效的，但根据我国法律则是无效的，因为，其并未指明具体的仲裁机构。可见，仲裁协议的法律适用问题殊为重要。

（一）确定仲裁协议准据法的主要模式

过去法院通常会直接适用本国法律判定与仲裁协议相关的问题，但现在国际仲裁实践中则有更多样的模式：在当事人约定了仲裁协议的准据法时适用当事人约定的法律，在当事人没有就仲裁协议的准据法作出约定时，则或者适用主合同的准据法，或者适用仲裁地法，也有采纳有效原则或者主张适用国际法的。

1. 适用主合同的准据法

像当事人可以选择主合同的准据法一样，当事人也可以选择仲裁协议的准据法，各国法律也多认可这种选择。但实践中，当事人很少单独就仲裁协议的适用法律作出约定，而往往只是宽泛地规定主合同适用的法律。有一种观点认为，当仲裁协议以主合同中的仲裁条款的形式出现时，因其也是主合同的一部分，在当事人没有另行约定的情况下，主合同的准据法自然也应适用于仲裁协议。上文介绍的 Union of India v. McDonnell Douglas 案中，英国法院便认为应当根据主合同的准据法印度法来判定仲裁协议的效力。

这种观点忽视了仲裁协议的独立性。仲裁协议可以是一份独立的协议，也可以是主合同中的仲裁条款；无论是哪种形式，仲裁协议都是独立于主合同而存在的，主合同的变更、解除、终止或者无效都不影响仲裁协议的效力。**仲裁协议的这种独立性决定了当事人选择的适用于主合同的实体法律并不延伸到仲裁协议，仲裁协议的准据法可以与主合同的准据法不一样。**

2. 适用仲裁地法

现在更主流的观点是，在当事人没有约定仲裁协议的准据法时，与仲裁协议有最密切联系的法律是仲裁地的法律，所以**就仲裁协议的成立、效力和解释等问题应当适用仲裁地法律。**从另一个角度讲，仲裁协议的效力、范围和解释等问题，也是仲裁程序的一部分，而作为仲裁程序法的仲裁地法应当适用到仲裁程序的各个方面。

这种观点与《纽约公约》相关规定的精神也是一致的。根据《纽约公约》第五(一)(甲)条的规定,在仲裁协议"依当事人作为协定准据之法律系属无效,或未指明以何法律为准时,依裁决地所在国法律系属无效"时,一国法院可以拒绝承认和执行另一国的仲裁裁决。当然,该条规定的是在仲裁裁决的承认和执行阶段法院对仲裁协议的效力作出判定时应当依据的标准,这在仲裁协议的执行阶段即管辖权争议阶段是否也适用,存在不同看法。现在的多数观点是认为可以比照适用,即在根据《纽约公约》第二(三)条的规定,一国法院判定仲裁协议是否存在"无效、失效或不能实行"的情形时,准据法的确定可以比照第五(一)(甲)条的规定,在当事人未予约定的情况下,适用仲裁地法。

3. 适用有效原则

有些国家认为,当事人约定了仲裁协议,就是表明了其想以仲裁方式解决争议的决心,所以在仲裁协议的法律适用上应当采取有效原则,即若仲裁协议根据任何可能适用的法律是有效的,则应当认定该仲裁协议有效。例如,瑞士国际私法规定,若某仲裁协议根据当事人选择的法律中的任何一种、争议适用的实体法律或瑞士法律是有效的,则其应当被赋予法律效力。

4. 适用国际标准而非某国法律

还有些国家认为,国际仲裁协议不应受任何一国法律管辖,而应当适用国际标准,除非违反国际公共政策,否则应充分尊重当事人意思自治。法国法院即持该立场,美国法院也采取类似做法。

(二)我国仲裁协议法律适用的立法与实践现状

我国关于仲裁协议法律适用的立法和司法实践有一个逐步发展变化的过程。2006 年 9 月《最高人民法院关于适用〈中华人民共和国仲裁法〉若干问题的解释》(以下简称《《仲裁法司法解释》》)实施前,因为缺乏对仲裁协议法律适用的法律规定,我国司法及仲裁实践对仲裁协议效力的法律适用极不统一。2006 年《仲裁法司法解释》改善了这一状况,该解释第 16 条明确规定:"对涉外仲裁协议的效力审查，适用当事人约定的法律；当事人没有约定适用的法律但约定了仲裁地的，适用仲裁地法律；没有约定适用的法律也没有约定仲裁地或者仲裁地约定不明的，适用法院地法律。”应当说，该规定本身比较符合国际惯例，但因为引入了“法院地”这个连接点，司法实践中出现了滥用法院地法的倾向，导致某些本应适用境外法律的境外仲裁条款因为适用我国法律而无效，未能充分尊重当事人选择仲裁的自由。

有鉴于此，2011 年 4 月 1 日实施的《涉外民事关系法律适用法》弃用了“法院地”这个连结点，但同时增设了“仲裁机构所在地”这一连结点（我国是少有的赋予仲裁机构所在地重要法律意义的国家，我国据此确定仲裁裁决国籍的做法更是与国际仲裁惯例相左），将仲裁协议的准据法限定在当事人选择、没有选择的适用仲裁机构所在地法律或者仲裁地法律的范围内。2012 年《最高人民法院关于适用〈中华人民共和国涉外民事关系法律适用法〉若干问题的解释（一）》又再次引入“法院地”连接点，规定：“当事人没有选择涉外仲裁协议适用的法律，也没有约定仲裁机构或者仲裁地，或者约定不明的，人民法院可以适用中华人民共和国法律认定该仲裁协议的效力。”有意思的是，2011 年 4 月 1 日后，最高人民法院在其关于涉外仲裁协议效力的诸多复函中，大多仍援引《仲裁法司法解释》第 16 条，而少有提及位阶更高也更新从而应优先适用的《涉外民事关系法律适用法》。

四、其他法律适用问题

国际商事仲裁还涉及其他法律适用问题，例如，仲裁裁决在仲裁地国以外申请承认和执行，应适用执行地国相关法律；在仲裁地国以外的法院申请临时措施应适用法院地法（2015 年广受业界关注的 Top Gains Minerals Macao Commercial Offshore Ltd v. TL Resources PTE LTD 案中，仲裁地为新加坡，仲裁申请人向香港高等法院申请玛瑞瓦禁令，后者根据香港法律作出并维持了禁令）；根据《纽约公约》第五（一）（甲）条的规定，如果仲裁协议的“当事方依对其适用之法律有某种无行为能力情形者”，一国法院可以拒绝承认和执行另一国仲裁裁决，这又涉及根据何种法律确定当事人行为能力的问题。

到底归不归它管
——承认及执行外国仲裁裁决公约适用的六个误读

◎朱华芳

1958年《承认及执行外国仲裁裁决公约》(以下简称《纽约公约》)是国际商事仲裁的基石，它解决了国际仲裁裁决的跨境执行问题，是仲裁作为国际商事争议解决方式广受欢迎的最重要原因。该公约篇幅精短,全文共16条，核心条款仅有5条(第1条至第5条)。《纽约公约》的名称广为人知，但其内容包括其适用范围却常被误读。《纽约公约》仅是一部承认和执行外国仲裁裁决的公约吗？非缔约国的仲裁裁决能否根据《纽约公约》获得承认和执行？在《纽约公约》缔约国申请承认和执行仲裁裁决是否必须适用《纽约公约》？本文通过问答的方式澄清《纽约公约》在适用方面特别是在我国适用的六个问题。

问题一：《纽约公约》仅是一部承认和执行外国仲裁裁决的公约吗？

《纽约公约》全称《承认及执行外国仲裁裁决公约》，开篇第一句便明确指出该公约适用于在某缔约国申请承认和执行在该国领土以外就自然人或者法人间的争议作出的仲裁裁决；公约的 5 个核心条款中，有 4 条均为规定外国仲裁裁决的承认和执行；该公约之所以成为最成功的国际条约之一，也是因为它解决了国际仲裁裁决的跨境执行问题。不少人由此形成一个印象，认为《纽约公约》所有条款均关于外国仲裁裁决的承认和执行。

其实，《纽约公约》还有另一部分非常重要的内容，即第 2 条关于仲裁协议的承认和执行的规定。根据联合国贸易法委员会官网的表述，《纽约公约》"寻求为承认仲裁协议以及法院承认和执行外国和非国内仲裁裁决提供共同的立法标准"，其主要宗旨是"外国和非国内仲裁裁决不会受到区别对待，并要求各缔约国确保这类裁决在其法域内同国内裁决一样得到承认并普遍能够强制执行"，附带宗旨是"要求各缔约国法院为充分执行仲裁协定而拒绝当事人在违反其将有关事项提交仲裁庭处理的约定的情况下诉诸法院"。

《纽约公约》第 2 条共 3 款，第 1 款要求各缔约国承认当事人作出的将其合同或其他法律争议提交仲裁解决的书面仲裁协议，第 2 款明确了何为书面协议，第 3 款要求缔约国法院应依一方当事人请求，令对方当事人将已达成仲裁协议的争议提交仲裁，除非其认为该等仲裁协议无效、失效或者不能实行。

该条是在公约磋商的最后关头才加入，所以相对简单且存在一定疏漏，如既未规定适用公约的仲裁协议的范围，亦未规定第 3 款中相关法院应根据何等法律确定相关仲裁协议"无效、失效或者不能实行"。第二方面的疏漏导致实践中在对仲裁协议效力进行认定时做法不一，有适用法院地法的，也有适用主合同准据法的，而主流观点认为应比照适用《纽约公约》第 5 条第 1 款（甲）项的规定，在当事人未约定的情况下，适用仲裁地法。这一方面可以保证在仲裁协议的执行与仲裁裁决的执行两个不同阶段对同一仲裁协议效力认定的一致性，另一方面也符合最密切联系原则。

2008 年《纽约公约》50 周年纪念时，著名专家 Albert Jan van den Berg 教授发表了其对《纽约公约》的建议修正稿。在建议稿中，他把公约的名称修改为《仲裁协议和裁决的国际执行公约》(Convention on the International Enforcement of Arbitration Agreement and Award)，并补充了关于仲裁协议执行的相关条款，这也从侧面反映了这部分内容的重要性。

问题二：《纽约公约》仅适用于承认和执行在执行国领土以外作出的仲裁裁决吗？

如公约名称所示，其承认和执行的裁决是外国仲裁裁决，缔约国本国裁决并不属于《纽约公约》管辖范围。那外国仲裁裁决如何定义？根据《纽约公约》第 1 条第 1 款，“外国仲裁裁决”包括两类：一类是在申请承认和执行国领土外作出的裁决（也有仅将这一类裁决界定为“外国仲裁裁决”的），另一类是虽在申请承认和执行国领土内作出，但该国法律不视其为本国裁决的裁决，又称“非内国裁决”。也就是说，《纽约公约》对外国仲裁裁决的确定采取地域标准和非内国标准这双重标准；除此之外，当事人的国籍、居住地或住所地都与裁决是否为外国裁决无关。

在地域标准中，如何确定裁决在何处作出？国际公认规则是，仲裁裁决在仲裁地作出。此处的仲裁地（seat of arbitration）是一个法律概念，而非单纯的地理概念，在实际操作中，开庭地（venue of arbitration, place of hearing）可以与仲裁地不一样。正如香港国际仲裁中心机构仲裁规则第 14.2 条所规定，“除非当事人另有约定，仲裁庭可在仲裁地之外的其认为适当的任何地点进行仲裁庭内部讨论，听取证人证言、专家证言或当事人意见，或检查货物、其他财产或文件，而仲裁应依然在任何意义上被视为在仲裁地进行”。

非内国标准是为了解决一类特殊情况的仲裁裁决的执行问题而设立的。一般来讲，在一国领土内作出的裁决即为该国国内裁决，在该国不存在承认的问题，其执行亦应依该国法律进行。但有些裁决虽是在一国领土内作出，却适用另一国的程序法，或存在其他因素而不被仲裁地国视为国内裁决。这类裁决不能根据仲裁地国国内法执行，若也不能作为外国仲裁裁决申请承认和执行，则将面临执行无门的境况。《纽约公约》本着促进仲裁裁决执行的精神，规定了非内国标准，将这类裁决纳入外国仲裁裁决范畴，允许其在仲裁地国根据《纽约公约》申请承认和执行。

值得注意的是，非内国标准并不为所有缔约国所接受。例如，我国在加入《纽约公约》时就明确声明，我国“只在互惠的基础上对在另一缔约国领土内作出的仲裁裁决的承认和执行适用该公约”。正因为我国不认可非内国标准，使得现行法律框架下境外仲裁机构在我国境内作出的裁决在承认和执行时可能寻求的后路被堵。

司法实践中，境外仲裁机构在我国境内仲裁的约定多被认定为无效。理由是，我国《仲裁法》第 16 条约定仲裁协议必须包含选定的仲裁委员会，而第 10 条第 3 款又规定：“设立仲裁委员会，应当经省、自治区、直辖市的司法行政部门登记”，境外仲裁机构不属于我国仲裁法认可的仲裁委员会，不能在我国境内进行仲裁。龙利得案改变了这一状况。该案所涉仲裁协议约定“因合同而发生的纠纷由国际商会仲裁院进行仲裁”，“管辖地应为中国上海”。最高人民法院在于 2013 年 3 月致安徽省高级人民法院《关于申请人安徽省龙利得包装印刷有限公司与被申请人 BP Agnati S.R.L 申请确认仲裁协议效力案的请示的复函》[（2013）民四他字第 13 号] 中，认为该仲裁协议有请求仲裁的意思表示，约定了仲裁事项，并选定了明确具体的仲裁机构，应认定有效。2013年12月，最高人民法院在致浙江省高级人民法院《关于宁波市北仑利成润滑油有限公司与法莫万驰公司买卖合同纠纷一案仲裁条款效力问题请示的复函》[（2013）民四他字第13号]中，认可了当事人约定在北京按照ICC仲裁规则仲裁的协议的效力。

这是我国仲裁司法实践在与国际接轨方面所作出的重大突破，但并未解决根据该等仲裁协议作出的裁决在执行时可能面临的问题。一方面，根据我国《民事诉讼法》第283条的规定及司法实践，我国在确定仲裁裁决国籍方面，主要适用仲裁机构所在地标准，而非国际通行的仲裁地标准，且ICC等境外仲裁机构并非我国《仲裁法》第16条和第18条之外的相关条款所指之"仲裁委员会"，所以在我国现行法律框架下，难将ICC在上海或北京作出的裁决认定为中国仲裁裁决，从而很可能不能根据中国国内法申请执行。另一方面，该等裁决是在中国境内作出的，并不符合"在另一缔约国领土内作出"的条件，故无法在中国适用《纽约公约》予以承认和执行。该类裁决本可借道"非内国裁决"适用《纽约公约》，却也因我国并不承认非内国标准而此路不通。2009年，浙江省宁波市中级人民法院将ICC在北京作出的一个仲裁裁决认定为非内国裁决，并根据《纽约公约》予以承认和执行。该举虽符合《纽约公约》倾向执行的精神，却与我国作出的互惠保留相冲突，于法无据。这个问题的根本解决，需要我国仲裁立法在多方面进一步突破。

问题三：非《纽约公约》缔约国的仲裁裁决就不能根据《纽约公约》获得承认和执行吗?

如上所述，根据《纽约公约》第1条第1款，在某缔约国境外作出的仲裁裁决以及虽在某缔约国境内作出但该国法律并不将其视为本国裁决的仲裁裁决，均可根据《纽约公约》在该缔约国申请承认和执行。但是，《纽约公约》第 1 条第 3 款又规定，缔约国可以作出互惠保留，只对另一缔约国领土内作出的仲裁裁决予以承认和执行。

根据联合国贸法委官方网站信息，156 个缔约国中，半数以上的缔约国作出了互惠保留，其中 74 个国家声明其适用公约仅限于承认和执行在另一个缔约国领土上作出的裁决，9 个国家声明对非缔约国领土上作出的裁决，其适用公约仅限于提供互惠待遇的那些国家（其中有 5 个国家同时作出两项声明）。未作出任何互惠保留的缔约国有 78 个，包括澳大利亚、加拿大、德国、意大利、西班牙、瑞士、泰国、阿联酋等；非缔约国领土上作出的仲裁裁决，可以根据《纽约公约》在这些国家申请承认和执行。即便如此，在选择仲裁地时，仍应尽量选择在《纽约公约》缔约国，以避免裁决得不到执行的风险及尽量提高裁决得到执行的可能。

如上所述，我国在 1986 年加入《纽约公约》时明确作出互惠保留声明。所以，非《纽约公约》缔约国的仲裁裁决不能根据《纽约公约》在我国申请承认和执行，而只能按照《民事诉讼法》第 283 条的规定，根据我国与裁决来源国之间的条约（若有）或者互惠原则决定是否执行。

问题四：在《纽约公约》缔约国申请承认和执行外国仲裁裁决，必须适用《纽约公约》吗？

答案是不一定。《纽约公约》第 7 条第 1 款规定："本公约的规定不影响缔约国参加的有关承认和执行仲裁裁决的多边或双边协定的效力，也不剥夺有关当事人在被请求承认或执行某一裁决的国家的法律或条约所许可的方式和范围内，可能具有的利用该仲裁裁决的任何权利。"

这是《纽约公约》关于"更优惠权利条款"的规定。若执行地国关于承认和执行外国仲裁裁决的国内法或其参加的其他国际条约的规定比《纽约公约》的规定对申请人更有利（如申请程序更宽松或者不予执行的理由更少），则申请人可以请求不依《纽约公约》，而依该等国内法或者其他国际条约申请承认和执行。该规定虽可导致《纽约公约》不被适用，却正是《纽约公约》促进国际仲裁裁决承认和执行宗旨的体现。

例如，根据《纽约公约》第 5 条第 1 款第（戊）项的规定，仲裁裁决在裁决地所在国或裁决所依法律之国被撤销，是执行地国法院拒绝承认和执行的理由之一。但法国国内法并未将这一事由作为拒绝执行外国仲裁裁决的理由之一，在来源国被撤销的仲裁裁决，在法国还是可能被承认和执行。法国这一做法在公约上的依据，第一个是《纽约公约》第 5 条规定的是，在且仅在存在第 5 条规定的 7 种情况下，执行地国法院才可拒绝承认和执行符合公约规定的仲裁裁决；公约行文用的是“may”，而非“shall”，由此赋予了各国法院一定的自由裁量权；第二个便是“更优惠权利条款”，因法国国内法比《纽约公约》对申请执行人更有利，故其可选择适用前者。对此，另有观点认为，在仲裁裁决被裁决来源国的法院撤销后，裁决便不复存在，自然不应在其他国家得到承认和执行；《纽约公约》给予各缔约国法院的自由裁量权不应适用到裁决已被撤销这种情况。

法院能否在当事人未提出相关请求的情况下，主动适用比《纽约公约》更优惠的国内法或者其他条约？对此各国观点不一，法国最高法院认为可以，但瑞士联邦最高法院认为不可以。

问题五：外国投资者与东道国间的投资仲裁裁决能否根据《纽约公约》申请承认和执行？

大部分双边投资协定及不少多边投资协定和投资法规定外国投资者与东道

国间的投资争议应提交国际投资争端解决中心（ICSID）仲裁解决。《关于解决国家和他国国民之间投资争端公约》(以下简称《华盛顿公约》) 第四章第6节专门就ICSID仲裁裁决的承认和执行作了完全不同于《纽约公约》的规定。根据《华盛顿公约》，每一缔约国均应承认依照该公约作出的裁决具有约束力，并在其领土内履行该裁决所加的财政义务，正如该裁决是该国法院的最后判决一样。也就是说，对于ICSID仲裁裁决，任何国家的法院均无权撤销或者拒绝执行该等裁决。

但也有部分投资协定规定可选择根据《联合国贸易法委员会仲裁规则》(以下简称UNCITRAL仲裁规则）解决投资争议。2013年联合国贸易法委员会对UNCITRAL仲裁规则作出修订，增加了第1条第4款，规定对于依照为投资或投资人提供保护的条约提起的投资人与国家间的仲裁，UNCITRAL仲裁规则包括《贸易法委员会投资人与国家间基于条约仲裁透明度规则》，原因之一正是UNCITRAL仲裁规则被广泛用于解决投资者与东道国间基于条约的争议。根据UNCTITRAL仲裁规则作出的投资仲裁裁决，将被视为仲裁地国的裁决，跟国际商事仲裁裁决一样可以按照《纽约公约》的规定在相关缔约国申请承认和执行。

值得注意的是，我国在加入《纽约公约》时作出了商事保留。根据1987年4月10日《最高人民法院关于执行我国加入的〈承认及执行外国仲裁裁决公约〉的通知》，我国仅对按照我国法律属于契约性和非契约性商事法律关系所引起的争议适用该公约。而“契约性和非契约性商事法律关系”，具体是指由于合同、侵权或者根据有关法律规定而产生的经济上的权利义务关系，例如货物买卖、财产租赁、工程承包、加工承揽、技术转让、合资经营、合作经营、勘探开发自然资源、保险、信贷、劳务、代理、咨询服务和海上、民用航空、铁路、公路的客货运输以及产品责任、环境污染、海上事故和所有权争议等，但不包括外国投资者与东道国政府之间的争端。

问题六：港澳台仲裁裁决在内地的认可和执行是参照适用《纽约公约》吗？

香港特别行政区、澳门特别行政区和台湾地区的仲裁裁决在内地的认可和执行并不适用《纽约公约》，而是分别根据最高人民法院的三个文件，即2000年2月1日开始实施的《最高人民法院关于内地与香港特别行政区相互执行仲裁裁决的安排》（以下简称《香港安排》），2008年1月1日开始实施的《最高人民法院关于内地与澳门特别行政区相互认可和执行仲裁裁决的安排》（以下简称《澳门安排》）和2015年7月1日开始实施的《最高人民法院关于认可和执行台湾地区仲裁裁决的规定》（以下简称《台湾规定》）。这3个文件所规定的拒绝认可和执行的理由与《纽约公约》第5条基本一致，但在程序上分别作了一些更为详细具体的规定。

在上述三个区际安排中，最高人民法院均明确采取了地域标准确定裁决的来源地。《香港安排》规定“内地人民法院同意执行在香港特区按香港特区《仲裁条例》所作出的裁决”，并在2009年12月30日《最高人民法院关于香港仲裁裁决在内地执行的有关问题的通知》（法〔2009〕415号）中进一步澄清：“当事人向人民法院申请执行在香港特别行政区作出的临时仲裁裁决、国际商会仲裁院等国外仲裁机构在香港特别行政区作出的仲裁裁决的，人民法院应当按照《安排》的规定进行审查。”《澳门安排》规定：“内地人民法院认可和执行澳门特别行政区仲裁机构及仲裁员按照澳门特别行政区仲裁法规在澳门作出的民商事仲裁裁决……适用本安排。”《台湾规定》第1条明确：“台湾地区仲裁裁决的当事人可以根据本规定，作为申请人向人民法院申请认可和执行台湾地区仲裁裁决。”第2条界定“本规定所称台湾地区仲裁裁决是指，有关常设仲裁机构及临时仲裁庭在台湾地区按照台湾地区仲裁规定就有关民商事争议作出的仲裁裁决”。

涉外民商事案件集中管辖实务简析

◎朱华芳

2002年，中国加入WTO，为了提高涉外案件审判质量，维护中国司法权威，我国开始实行涉外民商事案件的集中管辖制度。本文拟对该制度出台的背景、哪些涉外案件需要实行集中管辖、哪些法院具备涉外民商事一审案件管辖权以及北京市法院涉外民商事案件的管辖分工进行梳理和介绍。

2002年，我国加入世界贸易组织。面对新的政治经济形势，为了提高涉外案件的审判质量，克服司法领域的地方保护主义，减少错案率，维护中国司法在国际上的形象，最高人民法院建立实施涉外民商事案件的集中管辖制度。该制度出台后，引起学术界、司法实践部门的诸多批评，但也切实地起到了保障涉外民商事案件裁判质量的作用。

一、涉外民商事案件集中管辖的相关规定

我国涉外民商事案件集中管辖制度并不是由《民事诉讼法》本身确立的，而是由最高人民法院通过发布两个司法解释的方式所建立。

2002年2月，最高人民法院发布**《关于涉外民商事案件诉讼管辖若干问题的规定》(以下简称《规定》)**，将部分涉外民商事案件的一审管辖权集中到了国务院批准的经济技术开发区人民法院，省会、自治区首府、直辖市所在地的中级人民法院，经济特区、计划单列市中级人民法院和最高人民法院指定的其他中级人民法院，从而取消了绝大多数基层人民法院和中级人民法院受理第一审涉外民商事案件的权限。

实行集中管辖后，经济发达地区因涉外案件众多，具有涉外民商事案件管辖权的法院负担太重，影响了案件处理的质量和效率，而到远离双方住所地的法院进行诉讼也给当事人带来很多不便。为了解决这些问题，**2004年12月，**最高人民法院调整思路，发布了**《最高人民法院关于加强涉外商事案件诉讼管辖工作的通知》(以下简称《通知》)，**规定由各高级人民法院在调研的基础上，确定其辖区内可以审理集中管辖的涉外民商事案件的中级人民法院名单报请最高人民法院审批；在此基础上，还进一步授权广东省和各直辖市的高级人民法院根据实际工作需要指定辖区内的基层人民法院管辖本区的第一审涉外（含涉港澳台）商事案件，明确基层人民法院与中级人民法院的案件管辖分工，并将

指定管辖的情况报最高人民法院备案。可见，《通知》在《规定》的基础上进行了大幅放权，但同时《通知》也强调，指定管辖一审涉外商事案件的法院要设立专门的涉外商事审判庭或者合议庭，配备足够的审判力量，确保审判质量；需要管辖第一审涉外商事案件但暂不具备条件的，要加强法官培训，待符合条件后再报请指定。

该制度出台后受到学界的诸多诟病。根据《规定》和《通知》颁布时适用的1991年《民事诉讼法》的规定（2012年《民事诉讼法》仍保持了该等规定），一般涉外民商事案件由基层人民法院管辖，重大涉外民商事案件（包括争议标的额大的案件、案情复杂的案件，或者一方当事人人数众多等具有重大影响的案件）由中级人民法院管辖。集中管辖制度大大突破了该等规定，而又未取得立法机关的合适授权，导致学界出现不少质疑其合法性的声音。但因为该制度本身的现实意义，十多年来司法实践中该制度一直被执行并不断完善。

二、实行集中管辖的涉外民商事案件的范围

首先，如何界定涉外民商事案件？根据《最高人民法院关于适用〈中华人民共和国民事诉讼法〉的解释》（以下简称新民诉法解释）第522条，“有下列情形之一，人民法院可以认定为涉外民事案件：（一）当事人一方或者双方是外国人、无国籍人、外国企业或者组织的；（二）当事人一方或者双方的经常居所地在中华人民共和国领域外的；（三）标的物在中华人民共和国领域外的；（四）产生、变更或者消灭民事关系的法律事实发生在中华人民共和国领域外的；（五）可以认定为涉外民事案件的其他情形。”另外，根据新民诉法解释第551条和《规定》第5条，人民法院审理涉及香港、澳门特别行政区和台湾地区的民事诉讼案件，可以参照适用涉外民事诉讼

程序的特别规定，故涉港澳台民商事案件也适用2002年《规定》和2004年《通知》。

其次，是否所有涉外民商事案件都实行集中管辖？**答案是仅对《规定》第3条明确规定的以下五类案件实行集中管辖**："（一）涉外合同和侵权纠纷案件；（二）信用证纠纷案件；（三）申请撤销、承认与强制执行国际仲裁裁决的案件；（四）审查有关涉外民商事仲裁条款效力的案件；（五）申请承认和强制执行外国法院民商事判决、裁定的案件。"《规定》的第4条还进一步明确："发生在与外国接壤的边境省份的边境贸易纠纷案件，涉外房地产案件和涉外知识产权案件，不适用本规定。"

三、具备涉外民商事案件管辖权的法院范围

根据《规定》第1条，下列人民法院有权审理上述需要集中管辖的第一审涉外民商事案件：（1）国务院批准设立的经济技术开发区人民法院；（2）省会、自治区首府、直辖市所在地的中级人民法院；（3）经济特区、计划单列市中级人民法院；（4）最高人民法院指定的其他中级人民法院；（5）高级人民法院。

《通知》发布后，各高级人民法院陆续向最高人民法院报请指定了一大批中级人民法院和基层人民法院对集中管辖的涉外民商事案件行使管辖权；被指定的基层人民法院也并未局限于《通知》第2条所述的广东省和各直辖市辖区内的基层人民法院。根据2014年11月召开的第四次全国涉外商事海事审判工作会议上时任最高人民法院副院长贺荣的讲话，截至2014年10月底，全国共有**203个中级法院和204个基层法院具有一审涉外民商事案件管辖权**，覆盖了开放水平较高的沿海省份、自治区、直辖市的大部分中、基层法院，中西部地区的涉外民商事案件管辖权也有了适度拓展。

四、北京市涉外民商事案件管辖分工

2012年，北京市高级人民法院发布《关于指定北京市基层人民法院审理部分一审涉外民商事案件的通知》，对北京市各级法院对《规定》要求集中管辖的案件的管辖权限进行了明确分工：

16家基层法院管辖诉讼标的额在**3000万元**以下的第一审涉外（含涉港澳台）民商事案件。

中级法院管辖下列第一审重大涉外（含涉港澳台）民商事案件：（1）诉讼标的额在3000万元以上的案件；（2）案情复杂或者居住在国外的当事人人数众多的案件；（3）申请撤销、承认与强制执行国际仲裁裁决的案件；（4）审查有关涉外民商事仲裁条款效力的案件；（5）申请承认和强制执行外国法院民商事判决、裁定的案件。

高级法院管辖本辖区有重大影响的第一审涉外（含涉港澳台）民商事案件。

对疑难、新类型和在适用法律上有普遍意义的第一审涉外（含涉港澳台）民商事案件，由上级法院自行决定由其审理，或者根据下级法院报请决定由上一级法院审理。

五、涉外民商事案件集中管辖制度的完善

如前所述，该项制度的建立有其特殊的历史背景，也确实发挥了提高审判质量，维护司法权威的作用，但因为其在法理上、立法技术上以及实践操作方面的一些弊端，一直以来也饱受批评。

在2014年11月召开的第四次全国涉外商事海事审判工作会议上，时任最高人民法院副院长贺荣表示要完善涉外民商事案件集中管辖制度。对于涉外商

事海事案件管辖权异议、申请承认与执行外国或者港澳台仲裁裁决或法院民商事判决的案件，应当集中由涉外商事审判庭统一审查。要合理调整涉外商事案件集中管辖的格局。并表示，**最高人民法院拟将第一审涉外商事案件管辖权原则上下放至所有中级人民法院，**并制定相应的级别管辖标准，逐步确立新类型案件、特殊类型案件、有普遍法律适用意义的疑难案件指定管辖、提级管辖制度。今后，**同一高级人民法院辖区内已有较多基层人民法院具有第一审涉外商事案件管辖权的，原则上不再新增指定辖区内的其他基层人民法院。**对于年均收结案量长期不足的基层人民法院，高级人民法院可以适时提出调整建议，报最高人民法院批准后公布。

那些我们追问过的国际商事仲裁问题——仲裁与诉讼的PK

◎朱华芳

随着世界经济全球化和我国改革开放的不断深入，中国企业的对外经济活动日益扩展和深入，仲裁作为国际商事领域通行的争议解决方式之一，成为中国企业法务关注越来越多的一个话题。本文拟梳理出公司法务在处理国际商事仲裁时经常会问到和关注的一些问题，以问答的方式通过系列文章来介绍国际商事仲裁的基本概念、规则和实践。本次分享的是仲裁和诉讼作为国际商事争议解决方式各自的优劣。

一、解决国际商事争议，仲裁好还是诉讼好

这个问题不能一概而论。在国际商事领域，相比诉讼，仲裁可能是一种更受欢迎的争议解决方式。这主要是基于其如下的特征和优势：

1. 跨境执行力。截至 2015 年 6 月 19 日，1958 年联合国《承认及执行外国仲裁裁决公约》（以下简称《纽约公约》）的签约国已达 156 个，几乎覆盖了所有国际商事活动相对活跃的国家和地区。这 156 个国家均有义务按照《纽约公约》的规定承认和执行外国或者其他缔约国的商事仲裁裁决。这种世界范围内的可执行性无疑是国际商事仲裁广为接纳的最主要的原因。法院判决在相互承认和执行方面，虽然也存在少量区际安排（如欧盟的布鲁塞尔规定），但并不存在一个与《纽约公约》影响力相当的全球性公约。一国的法院判决能否在另一国家得到承认和执行，往往取决于两国之间是否存在双边司法协助条约和执行地国的法律，这使得法院判决在外国的承认和执行比仲裁裁决要困难和不确定很多。

2. 中立性。国际商事争议的当事人经常会希望在己方所在地的法院诉讼解决纠纷，但又绝对不希望在对方所在地的法院进行诉讼，而仲裁能给双方提供一种中立的选择。他们可以协商确定一个双方均能接受的仲裁机构，还可以选择一个中立的仲裁地和仲裁语言。可以说，当事人选择仲裁，往往不是因为这是对其最有利的争议解决方式，而是因为这是在市场谈判的情况下能够达成的最少不利的争议解决方式。

3. 充分的意思自治及程序上的灵活性。仲裁的核心精神就是当事人意思自治。跟诉讼中当事人既不能决定自己的案子由哪个法官审理，也不能改变诉讼既有的程序不同，在仲裁中，不仅仲裁机构、仲裁员、仲裁地、仲裁语言以及仲裁程序适用法律可由当事人选定，而且当事人和仲裁庭还可以量体裁衣，

在选定的仲裁规则的基础上根据争议的具体情况和特点就开庭审理、证据的提交和意见的陈述等事项设计符合自己特殊需要的程序。

4. 管辖的确定性。根据《纽约公约》，在当事人之间存在有效仲裁协议的情况下，缔约国法院不得行使管辖权，这可以避免选择法院管辖时可能产生的管辖权纠纷以及平行管辖的问题。这些问题不仅将使得争议解决所需的时间和费用倍增，而且将使得原来就不确定的判决执行问题变得更为脆弱。当然，并不是说选择仲裁这种方式就一定能够避免管辖权争议，因起草不当的仲裁协议而引起的管辖权纠纷也不少，但与选择法院管辖相比，只要仲裁协议起草得当，不存在纽约公约及仲裁地法、执行地法规定的协议无效或者裁决不可执行的一些因素，则所涉的管辖权及裁决的执行都是相对确定和有保障的。

5. 仲裁庭的专业性。有些纠纷的事实判别强于法律判断，而这些事实判别又需要相当丰富的专业方面的知识。法官虽然是法律方面的专家，但有时候可能对争议所涉的业务或者技术方面的专业知识了解并不多，这无疑将影响他们对案件事实作出准确的认定，从而也可能影响法律适用。在仲裁中，当事人不仅可以选择争议所涉法律领域的专业人士担任仲裁员，当争议事项涉及某一特定业务或者技术领域时，当事人还可以选择具备相关知识和从业背景的专家担任仲裁员。这些具备相关专业知识且熟悉法律规范的专家仲裁员审理案件更具有权威性和说服力，有利于纠纷得到合理公正的解决。

6. 保密性。在大部分国家，诉讼程序和诉讼文书一般都是公开的，任何第三方都能从公开渠道查到相关当事人涉诉的情况以及相关的裁判文书。这对不希望外界了解到己方涉诉的当事人来讲，无疑是头痛的事情。但仲裁程序和仲裁裁决书等文件通常都是非公开的，各国仲裁法及各主要国际仲裁机构的仲裁规则对仲裁的保密性也都作了明确规定，以保护当事人的商业秘密和商业信誉。如我国《仲裁法》第 40 条规定："仲裁不公开进行。当事人协议公开的，可以公开进行，但涉及国家秘密的除外。"新加坡国际仲裁中心（SIAC）仲裁规则第

35 条明确规定，当事人与仲裁庭始终必须对有关仲裁程序和仲裁裁决的全部事项保守秘密。如当事人违反本条保密规定，仲裁庭有权采取适当措施（包括发出惩罚性措施命令、带有惩罚性质的费用命令或者费用裁决）。中国国际经济贸易仲裁委员会（CIETAC）仲裁规则的第 38 条也明确规定，仲裁庭审理案件不公开进行，双方当事人及其仲裁代理人、仲裁员、证人、翻译、仲裁庭咨询的专家和指定的鉴定人，以及其他有关人员，均不得对外界透露案件实体和程序的有关情况；双方当事人要求公开审理的，由仲裁庭决定是否公开审理。

7. 一裁终局。法院判决可以上诉甚至申请再审，但仲裁裁决一经作出即为终局，对当事人具有约束力。仲裁裁决虽然可能在裁决作出地被法院裁定撤销或在执行地被法院裁定不予承认和执行，但是，法院裁定撤销或不予承认和执行的理由是非常有限的，通常仅限于程序问题。这意味着当事人可以在更短的时间内以更少的费用取得一个确定的可执行的结果，在看重效率的当事人眼中，是仲裁的一大优势。但从另一个角度看，这也意味着当事人对结果不满时，不能进行上诉，这在仲裁裁决确实存在实体问题时，无疑又是不公的。为了让仲裁更好地满足不同当事人的需求，有些国家的法律允许当事人通过明示方式，在仲裁协议中约定在一方对仲裁裁决不服时，可以就实体问题提出上诉。

二、解决国际商事争议，仲裁真的比诉讼更快捷更便宜吗

因为，仲裁是一裁终局，而且程序灵活，所以原则上来讲应当比诉讼更快捷，但事实并不总是如此。有实质争议的国际商事仲裁往往需要 18 个月到 36 个月才能达成最终裁决，而管辖权异议、申请仲裁员回避、仲裁员日程太满或者 3 个仲裁员之间的日程冲突等原因都将进一步延长这个时间。同时，因为仲裁庭能对当事人采取的强制手段有限，仲裁程序也可能会因为当事人的恶意拖延而变得冗长拖沓。

人们通常认为仲裁比诉讼成本更低，但很多情况下结果可能相反。在仲裁中，当事人不仅要支付仲裁机构的管理费用，还要支付仲裁员的费用。虽然因为一裁终局及程序的灵活性，仲裁在律师费用上可能会比诉讼少，但综合的结果却可能会比法院的诉讼程序昂贵。另外，仲裁费用的多少，很大程度上取决于仲裁员的人数和收费以及当事人和仲裁庭的态度和经验。仲裁员为三人比仲裁员为一人时所发生的费用显然会高很多。有经验的仲裁庭和合作的当事人通常可以更加有效和节约地完成仲裁程序；但若仲裁庭参照法院特别是英美法院的对抗式程序来开展仲裁，或者机械地适用仲裁规则规定的程序而无意根据具体情况进行调整，又或当事人采取拖延不合作的策略，则费用均将大大增加。

我们借助上海市中级人民法院官网上的诉讼费计算器以及各国际仲裁机构官网上的费用速算器，以一件涉外商事争议在我国法院进行诉讼、在CIETAC、北京国际仲裁中心（BIAC）、香港国际仲裁中心（HKIAC）、SIAC、斯德哥尔摩商会仲裁院（SCC）和国际商会仲裁院（ICC）进行仲裁分别涉及的案件受理费或仲裁机构管理费及仲裁员费用为例，计算出不同争议金额下各自的费用情况：

当仲裁庭由独任仲裁员担任时：

各争议解决机构费用对比表——独任仲裁员（单位：人民币）

	500000	1000000	5000000	10000000	50000000	100000000	500000000	1000000000
中国法院一审终审	8800	13800	46800	81800	291800	541800	2541800	5041800
中国法院二审终审	17600	27600	93600	163600	583600	1083600	5083600	10083600
CIETAC	30000	49600	160000	235000	635000	885000	2805000	5155000
BIAC	24550	34550	62550	92550	287550	487550	2087550	4087550
SCC 中位	76062	101806	254719	364209	675883	828746	1318160	1318160
SCC 高位	96644	131077	341917	497282	942599	1156258	1891947	1891947
HKIAC	77804	116340	332862	465400	862541	1055266	1893873	2146239
SIAC 中位	64041	92913	277337	391602	695860	843970	1517618	1761344
SIAC 高位	84883	123388	367631	518110	919848	1117375	2004934	2329978
ICC 中位	80687	124089	334618	501949	983922	1181707	1900755	2140761
ICC 高位	109273	170118	466112	705737	1380517	1649962	2654008	3030411

当仲裁庭由三名仲裁员组成时：

各争议解决机构费用对比表——三人仲裁庭　（单位：人民币）

	500000	1000000	5000000	10000000	50000000	100000000	500000000	1000000000
中国法院一审终审	8800	13800	46800	81800	291800	541800	2541800	5041800
中国法院二审终审	17600	27600	93600	163600	583600	1083600	5083600	10083600
CIETAC	30000	49600	160000	235000	635000	885000	2805000	5155000
BIAC	24550	34550	62550	92550	287550	487550	2087550	4087550
SCC 中位	137581	182589	456078	659371	1244288	1531283	2450704	4382347
SCC 高位	156280	209783	538525	787112	1495748	1831403	2994180	4382347
HKIAC	184212	288976	874888	1238120	2298222	2794421	5028085	5785183
SIAC 中位	157979	235597	727540	1026230	1817218	2190307	3907243	4638423
SIAC 高位	209502	313000	964478	1357906	2402425	2899914	5164492	6139471
ICC 中位	186670	285483	768419	1159904	2286634	2738440	4446485	5130125
ICC 高位	272624	424551	1165162	1775496	3487750	4159829	6738488	7832691

注：

1. 争议金额超过 1 亿欧元时，SCC 的费用由 SCC 董事会根据案件具体情况确定；故在标的为 10 亿元人民币时，SCC 的收费并无确定标准。本图表所示三人仲裁庭时 SCC 的收费系 SCC 在某超过亿欧元案件中的收费；独任仲裁员图表中所示仅为示意金额。

2. 上述数据是否分高位和中位取决于相关机构的收费规则或官网计算器有没有作此区分。

3. 上述费用并未包括可能发生的律师费、专家证人费用以及其他相关费用（如仲裁员的差旅杂费等）。

大家可以看到，总体来讲，在仲裁员为三人时，中国法院收取的案件受理费基本比各仲裁机构管理费加上仲裁员费用要低；但在独任仲裁员的情况下，争议金额为 5 亿元人民币以上时，中国法院收取的案件受理费则比一些仲裁机构管理费加上仲裁员费用要高，在二审终审的情况下更是如此。所以，仲裁是不是更便宜并无定论，其优势也不是在于更便宜，而是在问题一中所提到的各项特点。另外，其他法域的法院诉讼收费跟中国法院的标准并不一样，故上述图表主要供中国当事人在评估不同涉案金额下不同争议解决方式和不同仲裁机构成本时参考。

三、什么情况下国际商事争议通过诉讼解决更合适

尽管仲裁在解决国际商事争议上有上述诸多优势，但在如下情况下，诉讼可能更为合适：

1. 在争议存在多方当事人或者是因相关联的多份合同引起时。因为，仲裁的权力来源于仲裁协议，所以除非当事人各方以及第三方均同意，否则仲裁庭无权追加第三人。而在争议发生后，往往很难让各方达成这样的一致。所以若一个争议涉及多方，而这些方之间并不存在一个统一的仲裁协议，则相关争议可能需要通过不同的仲裁程序甚至诉讼程序来解决。例如，A 要求 B 赔偿其损失，而 B 打算向 C 追偿，在诉讼中，B 可以申请法院将 C 追加为第三人一并参加诉讼;但在仲裁中，除非 A 和 C 均同意（一般来讲 C 是不会同意的），否则B只能另行对C提起追偿请求。这不仅使得整个争议解决的过程冗长不便，而且不同程序对相关事实的认定也可能不一致，从而增加了各方之间达成和解的难度。类似地，在一个交易存在多份合同且这些合同规定的争议解决方式不一致，从而不能合并仲裁的情况下，也会存在这一问题。

2. 在一方当事人恶意拖延时。跟法庭相比，仲裁庭对当事人行为的强制手段和威慑力非常有限，虽然有些情况下仲裁庭可以求助法院执行仲裁庭的程序命令，但这些均需要时间来申请、审核和处理。所以若当事人一方故意采取拖延政策，仲裁庭要止住这种拖延，比法庭要困难很多。

3. 在案件主要事实不存在实质性争议时。有些国家的法院在案件主要事实不存在实质性争议时，比较倾向于不经开庭审理便作出即决判决，以节约当

事人的时间和费用以及国家司法资源。原则上，仲裁庭也可以作出即决裁决，但仲裁庭很少这么做。所以，在事实清楚，争议不大的情况下，向法院提起诉讼并申请法院即决判决可能是效率更高的解决方式。

4. 在需要对一类标准合同的效力进行确认时。因为，仲裁裁决一般是不公开的，也基本不会作为先例对后来的案件具有约束力或者较强的参照指导作用，所以，若当事人想通过一个争议解决程序取得对一类合同相关法律问题的有约束力的认定，则诉讼更为合适。

总而言之，仲裁在解决国际商事争议方面具有很多优势，但某个具体案件仲裁和诉讼哪个是更合适的解决方式，则应视情况而定。

中国企业必须了解的美国民事诉讼第一利器——Rule B 扣押令

◎朱华芳

在美国发生过纠纷的中国航运和外贸企业对美国的 Rule B 扣押令一定不会陌生。这个强大的财产保全利器让多少中国企业不得不现身美国法院，花费巨额律师费去打一场自己可能并不理亏的诉讼。在这样一场诉讼中，即便最终取得胜诉，因胜诉方并不能从败诉方取得律师费补偿，实质上虽胜尤败。笔者处理过的案件中有两起，对方均利用这一武器让中方处于非常被动的地位；两起案件中，部分中方企业某种意义上都是无辜的，却因巨额货款被 Rule B 扣押令扣押而不得不应诉。本文拟通过回答问题的方式介绍这一强大武器的适用条件、申请程序、救济措施及其他相关问题。

一、两起案件案情概要

案件一：A 公司业务人员将客户 B 公司发到其个人邮箱的订单飞单给 C 公司，由 C 公司办理货物的出运并收款。货物属于易燃易爆品，但 C 公司并未向承运人 D 公司如实申报；货物在运输途中自燃导致 D 公司损失。D 公司在美国纽约南区法院提起诉讼，将 A 公司、B 公司、C 公司及其他几个相关方均列为被告。随后，D 公司向法院申请了 Rule B 扣押令并送达美国纽约相关银行，在 A 公司作为付款人或者受益人的美元电子转账资金通过这些银行清算中转时予以扣押。该案历时近两年半，在根据主审法官要求进行的调解程序中，调解法官认为 D 公司仅有 10% ~ 20% 的几率取得对 A 公司的胜利，双方借此机会和解，但 A 公司花费的律师费已远超百万美元。

案件二：承运人甲公司在伦敦高等法院取得了对托运人乙公司的胜诉判决后，在美国十几个州的法院提起了承认和执行英国判决的诉讼，并申请了针对乙公司及其若干关联公司（统称丙公司）的 Rule B 扣押令。乙公司及丙公司的客户根据扣押令扣押了需向乙公司或者丙公司支付的数百万美元的货款。丙公司是独立运营的法人主体，但却深受干扰，不得不暂停其美国业务。

二、什么是 Rule B 扣押

Rule B 是指美国 Federal Rules of Civil Procedure（美国联邦民事诉讼程序规则）第 13 章 SUPPLEMENTAL RULES FOR ADMIRALTY OR MARITIME CLAIMS AND ASSET FORFEITURE ACTIONS（海事诉讼请求及资产扣押补充规则，有 RULE A–RULE G 共 7 项规则）的第 B 项规则“RULE B. In Personam Actions: Attachment and Garnishment”。

根据 Rule B 的规定，**当原告对被告享有海事请求权（maritime claim）而被告又不在受案法院管辖区域时，原告可以凭“一面之词”（ex parte）单方在索赔金额范围内申请受案法院签发扣押令（Writ of Attachment and Garnishment），扣押由第三人保管的被告的财产。**

美国联邦法律设计 Rule B 扣押制度，起因是海事案件的主体及其资产经常处于移动状态，海事案件中要找到被告的资产，通常比传统民事案件中要难。Rule B 规定海事案件的被告不在辖区时原告可以申请扣押辖区内的第三人保管的被告的财产，主要想实现两个目的：一是受案法院由此取得对被告不在辖区的纠纷的准对物管辖权（quasi in rem），二是为原告将来可能取得的胜诉裁决的执行提供财产保障。这样，原告即便没有资源或者精力跟在被告的屁股后面满世界地去搜寻被告资产并在对被告具有管辖权的法域主张其权利，也可在美国任何有被告财产（包括第三方持有的被告财产）的地方向法院申请扣押该等财产以使该等美国法院获得管辖权，或者迫使被告为解除该扣押令对其的干扰而向原告提供担保。

三、Rule B 扣押令的适用条件是什么

原告要申请 Rule B 扣押令，需在被告资产所在地的美国联邦地区法院提交一份经过证实的诉状（verified complaint）和相关初步材料。若原告在诉状中能表明：**（1）它对被告存在一个有效的初步成立的海事诉讼请求；（2）被告不能在受案法院辖区内找到（原告或其律师需就此提交 affidavit 即宣誓书）；（3）在受案法院辖区内能找到被告的资产，法院就可以签发 Rule B 扣押令。**可见，Rule B 扣押适用的门槛很低。而且，申请 Rule B 扣押无需原告提供担保，美国联邦法律也没有规定在错误扣押的情况下，被告可以请求原告赔偿损失。

上述 Rule B 扣押适用条件中，第一个条件的实质是要求原被告之间的纠

纷应当属于美国联邦法院认定的海事管辖权范围。那如何界定纠纷属于海事管辖权范围？根据美国联邦法律，在可航行的水域上发生的纠纷以及牵涉到传统海事贸易某些方面的纠纷为海事纠纷，如水上运输合同纠纷、租船合同纠纷、共同海损纠纷、海事保险保单下的保费纠纷、与船舶运营有关的必要补给（如拖航、引水、码头）等服务合同纠纷，但造船合同和船舶销售合同引发的纠纷不属于海事纠纷（但美国纽约南区法院亦曾就一起关于船舶买卖合同的伦敦仲裁纠纷作出 Rule B 扣押令）。

如何界定被告不能在受案法院辖区内找到（cannot be found within the district）？一般来讲，这包括两方面的要求：一是被告从管辖权角度不在所涉的美国法院辖区，如在该辖区并无实质的持续的商业活动从而缺少最小联系（minimum contact）而不受制于该法院的对人管辖权；二是无法在该法院辖区内对被告进行送达。实践中，有企业为避免 Rule B 规则的适用而在美国相关州进行商业注册并委托当地代理机构作为送达接收方。

四、电子转账资金（Electronic Fund Transfer）是否可以被扣押

美国法律对可以根据 Rule B 进行扣押的“财产”的界定非常广义，包括船舶、货物、银行存款、应收款、票据、债权、信用证、提单、账户以及其他有形及无形资产，甚至包括仲裁裁决、互保协会的担保函等。但最有争议的扣押对象是瞬间通过中转行汇给被告（作为该笔电子转账的受益人）的电子转账资金。

2002年，在 Winter Storm Shipping v. TPI 一案中，美国第二巡回上诉法院认为，经过纽约南区中转行的电子转账资金可以根据 Rule B 进行扣押。这一判例确定后，Rule B 威力倍增，被使用得更为频繁，而这一判例也遭受了越来越多的诟病。一方面，因全球美元交易资金支付基本均需通过纽约各大银行清算，纽约南区

法院的 Rule B 扣押案件急剧增多，纽约各大银行也不得不增设岗位以应付应接不暇的 Rule B 扣押令；另一方面，美元计价交易的资金划转效率受到很大影响，美元计价的国际贸易数量开始下降，一定程度上威胁到了纽约作为国际金融中心的地位；更重要的是，该判例法律上的合理性也不断受到质疑。

2009 年，美国第二巡回上诉法院在 Shipping Corporation of India Ltd. V. Jaldhi Overseas PTE Ltd. 一案中推翻了其在 2002 年作出的判决，**认为被告作为受益人的瞬间通过纽约中转行的电子转账资金并不属于被告的资产，不能根据 Rule B 予以扣押**。只有转账完成该等资金到了受益人银行后才属于被告的资产；若此时，受案法院对受益人银行有管辖权，则可以禁止该受益人银行将该等资金释放给受益人，但若该受益人银行不受该等法院管辖，则不能要求受益人银行扣押该等资金。

文首所述案件一发生在 2007 年，截至 2009 年 10 月 Jaldhi 案判决作出，原告 D 公司已通过纽约多家银行扣押了 A 公司在全世界各地的客户支付给其的需经纽约各银行中转清算的货款 300 多万美元。为了防止更多货款被扣，A 公司曾一度避免使用美元作为其合同的结算货币。Jaldhi 案判决作出后，就其对包括案件一在内的几百件已被美国联邦法院扣押的电子转账资金是否具有溯及力曾有不同看法；但约一个月后，美国联邦第二巡回上诉法院便在 Hawket, Ltd. v. Overseas Shipping Agencies 一案中明确，Jaldhi 案确定的裁判规则具有溯及力。2010 年初，A 公司正是基于此案要求法院及纽约各银行释放了其被扣的美元电子转账资金。

五、在美国境外的诉讼或者仲裁的当事人能否向美国法院申请 Rule B 扣押令

Rule B 并未限制境外诉讼或者仲裁当事人根据该规定在美国法院申请扣

押令。而且，因美国与全球经济的紧密联系，特别是纽约作为国际金融中心的特殊地位，Rule B 扣押令被境外争议的当事方广泛使用。

文首介绍的案件二中，在英国诉讼阶段，甲公司便成功地取得了纽约南区法院作出的扣押令，扣押了乙公司部分电子转账资金。第三部分所介绍的两个标志性案件的主体争议解决程序均为伦敦仲裁。Winter Storm 案中，Winter Storm 是一家马耳他公司，其租船给泰国 TPI 公司，后因 TPI 未支付到期运费，Winter Storm 根据租约在伦敦提起仲裁，并在纽约南区法院申请 Rule B 扣押令。Jaldhi 案中，Jaldhi 是新加坡公司，其从印度公司 Shipping Corporation of India Ltd.（SCI）承租船舶运输铁矿到中国，后因租金纠纷，SCI 在伦敦提起仲裁并在纽约南区法院申请 Rule B 扣押令。

六、申请在美国执行外国判决时，是否可以适用 Rule B

根据美国法律，Rule B 扣押是判决前机制（pre-judgment mechanism），美国第二巡回上诉法院明确表示"Rule B 不能作为判决后救济措施（post-judgment remedy）"。

文首介绍的案件二中，乙公司和丙公司能否以 Rule B 不能作为判决后救济措施为由，要求各法院撤销其发出的扣押令？

美国一家非常知名的律所最初出具书面意见很肯定地确认，乙公司和丙公司可以主张 Rule B 扣押不能用于执行已经下达的判决，相关法院适用 Rule B 扣押令以执行英国判决的做法不适当，应予撤销。但另一家律所认为，根据以往判例，美国法院会认为甲公司在美国提起的承认和执行英国判决的诉讼是一个新的诉讼，对新诉讼来讲，判决尚未下达，此时申请 Rule B 扣押尚属于 pre-judgment，并无问题。随后，前一家律所认可了后一家律所的观点。提及此细节，是想分享两个感受：一是不能迷信大所名所；二是争议解决中的关键性问题，有时候有必要多花一点费用去印证一下。

七、为什么作为独立法人主体的关联公司的货款也可以作为 Rule B 扣押的对象

文首介绍的案件二中，甲公司除针对英国判决债务人乙公司申请了 Rule B 扣押令之外，还撕破公司面纱取得了针对乙公司的关联公司丙公司的扣押令。

一般来讲，美国法院非常不愿意仅仅基于原告关于判决债务人与其关联公司之间的公司面纱应当刺破的主张就扣押非判决债务人的资产，因为这将引发严重的正当程序（due process）问题。但是，在适用 Rule B 时，法院的态度就不一样了。大多法院认为，原告作出的可信的主体混同责任（alter ego liability）的主张，足以确立其针对某个被告的表面诉请（prima facie claim）。若干法院都认为，当原告能提供合理理由（reasonable grounds），证明撕破公司面纱的条件可能存在时，一项针对关联公司的海事扣押就应当维持。

案件二中，甲公司声称丙公司是乙公司的另一个自我（alter ego），其仅向法院提交了乙公司在某次展销会宣传资料中关于其与丙公司之间关系的描述作为证据，法院便在扣押令中将丙公司也纳为扣押对象。

八、被扣押人有何救济措施

海事诉讼请求及资产扣押补充规则的 Rule E（4）（f）Procedure for Release From Arrest or Attachment 规定：“ Whenever property is arrested or attached, any person claiming an interest in it shall be entitled to a prompt hearing at which the plaintiff shall be required to show why the arrest or attachment should not be vacated or other relief granted consistent with these rules。”

故法院根据原告的“一面之词”签发 Rule B 扣押令后，被告可以申请撤销扣押令并要求短期内召开听证会（hearing）。原告要维持扣押令的话，需要在听证会上证明本文第二部分所述申请 Rule B 扣押令的三个条件存在，以及该等扣押并不被法律所禁止。若原告不能证明上述四个条件均符合，则法院将撤销扣押令。

香港形成证据之使用攻略

◎曹玉龙

《最高人民法院关于民事诉讼证据的若干规定》第11条第2款规定:“当事人向人民法院提供的证据是在香港、澳门、台湾地区形成的,应当履行相关的证明手续。”可惜条文规定相对模糊,不少当事人第一次需要提交香港特别行政区形成的证据时仍然不知从何下手。天同律师根据办案经验,总结了一套完整的香港证据使用攻略,以飨各位读者。

依然记得初次需要在一起仲裁案件中提交域外证据时，首席仲裁员在质证环节要求我们对“证据形式”发表意见。当时心头一紧，对“证据形式”的第一反应是《民事诉讼法》第 63 条所规定的“书证”等内容。其实，仲裁员是希望律师向仲裁庭指明该份域外证据在形式上满足了公证、认证等一系列法律要求。毕竟，形式上合法是证据被采信的必要前提。仲裁庭和法院形式审查的重视程度由此可见一斑。

其中，针对从香港远道而来的证据具体会进行如下两个方面的形式审查：（1）是否经在司法部注册的香港委托公证人（律师）进行公证，并加盖火漆封印;（2）是否经中国法律服务（香港）有限公司加章转递。这个过程看似简单，却有些细节问题需要我们加以注意。

一、印鉴与火漆封印，一个都不能少

2002 年 2 月，司法部颁布《中国委托公证人（香港）管理办法》（下称《管理办法》），委托在香港执业律师办理有关公证手续。对发生在香港特别行政区的法律行为、有法律意义的事实和文书，按照司法部规定或批准的委托业务范围、出证程序和文书格式出具公证文书。

根据《管理办法》，凡在香港形成的证据和文件，都要审查是否经委托公证人公证。经委托公证人公证的文件，除了有蓝色固式印鉴和签字外，整套文件均需加盖火漆封印。（见下图）

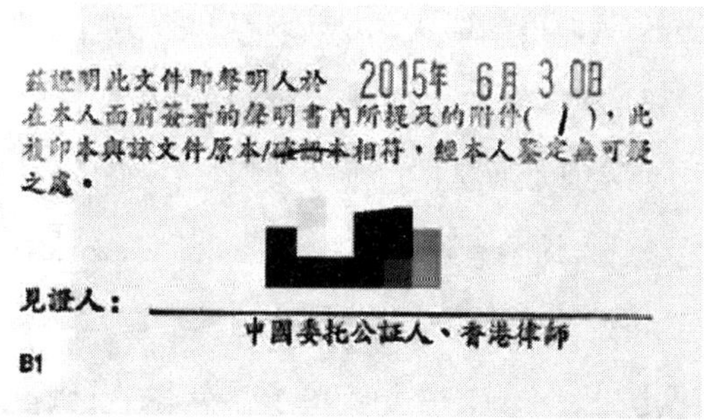

火漆封印的要求源自 1985 年《司法部关于委托香港八位律师办理公证的若干问题的通知》第 1 条第 2 款，委托公证人出具的公证书不论页数多少，有无附件，一律用火漆封印。赤红的火漆，带着一股宣示资格的霸气，毕竟并非所有的香港执业律师都具有委托公证资格。根据《管理办法》第 2 条的规定，委托公证人需要经过司法部考试、考核合格后才具备公证资格。

那么问题来了，哪里才能找到在司法部注册的委托公证人呢？我们总结了四种办法：

1. 律师行里藏专家

香港的当事人可以直接联系既往提供过法律服务的律师行，咨询该律师行是否有律师具有委托公证的资格。香港有超过 230 家律师行有委托公证人提供内地使用涉港公证文书的服务。因此，就算是“摸黑”直接登门造访，找到提供相关业务的律师行也并非难事。

2. 官网检索更方便

伴随着委托公证人制度的建立，中国委托公证人协会有限公司（下称协会）于 1988 年成立。截至 2015 年 11 月 30 日，协会目前共有 361 名委托公证人加入。协会网站上列明了各委托公证人的区域，律师行名称和联系方式，非常方便查询。（见中国委托公证人协会有限公司网址，http://www.caao.org.hk/）

此外，司法部每批准一批委托公证律师后都会在其网站予以公布。有相关需求的，可以根据司法部公开的名单简单予以检索，找到该律师目前就职的律师行。（见《司法部关于印发 2015 年度注册的中国委托公证人（香港）名单的通知》，http://www.moj.gov.cn/lsgzgzzds/content/2015-04/21/content_6052826.htm?node=280）

3. 名片常备有保障

现在香港和内地之间的司法交流越来越频繁。如果大家留意香港律师的名片，会发现有的律师名片上标注为 attesting officer，该律师即具有委托公证人的资格。

4. 公司推荐很靠谱

司法部的网站上公开了中国法律服务（香港）有限公司（下称公司）相关业务部门的联系方式。公司及办公部门人员的态度非常好且解答专业。如果向其“倾诉”找委托公证人之困难，他们甚至会帮忙推荐委托公证人，忍不住想给五星级好评！

二、容易被忽视的非证据“附属品”

对于在香港生成的证据，我们自然会格外注意其形式的合法性。容易被忽视的，是证据之外涉及当事人主体资格、律师权属等一系列具有法律意义文件的公证和转递。

例如，当事人是香港公司或个人，其出具的授权委托书则须经过公证和转递。否则一旦对方当庭对代理资格提出质疑，不只是尴尬，八成会成为我们执业生涯中的黑历史。

另需要提醒大家注意，公司出具的任何文件和意见，例如，刚刚提到的授权委托书，需附以公司的注册证书、更改名称（注册）证书、商业登记证、周年申报表、公司授权代表香港身份证复印本等证明公司主体资格的文件。毋庸置疑，这些附件亦需要一并公证并转递。

如果实在难以辨别哪些文件具有法律意义，我们建议一切需要向法庭提交的在香港形成的文件，都经过委托公证律师公证，并经公司转递。如果因文件过多而收费压力较大，也至少提前和内地的司法裁判部门沟通，确认哪些文件不存在公证和转递的必要。

三、相对“高大上”的价格

回避不开的问题，自然还是“Money”！可惜我们获取的信息尚有限，不能给大家提供具有统计意义的价格范围。在我们代理的某一案件中，委托公证人提供了如下报价方案：

“The estimate attestation fee should be in the region of HK$15,000.– including disbursements and time cost for visiting your office.（预计公证费用会高于 15000 港元，包括前往您办公地点的计时收费及相应支出）Kindly note the estimate attestation fee should be in the region of HK$21000– for 4 sets of the notarisation, including disbursements and time cost for visiting your office.（提请您知晓，4 套公证文件的公证费用预计为 21000 港元，包含前往您办公地点的计时收费及相应支出）”

可见，委托公证人的收费会根据“工作小时数”“相关支出”“公证文件套数”的不同而有所变化。需要加以解释的是“相关支出”。公证工作的本质是见证某行为发生之事实，并以其自身资质对该行为赋予公信力，故在签名处可见“见证人”字样。公司出具董事会决议、香港律师发表声明等都需要在公证人面前作出。若当事人要求委托公证人前往其处进行见证，需要承担路费等相关支出。

四、转递是最终要务

《管理办法》第 5 条规定 :“委托公证人出具的委托公证文书，须经中国法律服务（香港）有限公司审核,对符合出证程序以及文书格式要求的加章转递,对不符合上述要求的不予转递。公司应定期（7 月 15 日前报上半年，1 月 15 日前报上年度）将加章转递情况报司法部。”1992 年,《司法部关于授权中国法律服务（香港）有限公司办理加章转递实务的函》(司发函［1992］008 号),授权公司的办事机构办理对司法部委托的香港律师出具的发往内地使用的公证文书，进行登记、核查并加章转递国内用证单位的有关事务。(转递章见下图)

根据上述规定，如果提交的证据和文件未经公司转递，则不具备证据的合法性要件。目前公司虽然分别在北京和深圳成立办事处，且在印章上能看到“深辦第 N 號”字样，但是北京和深圳其实并不提供转递服务，转递程序必须在香港完成。不用担心！通常委托公证人会协助我们走完这最为重要的一步。如果您遇到的委托公证人提供的服务中不包含转递服务，那可以考虑更换公证人了。

当事人另一个比较关注的问题是，转递需要多长时间？其实所谓转递，并非将文件从香港公司邮寄至其内地办事处。内地司法机构对转递只进行形式审查，即加盖转递章。委托公证律师在公司加盖转递章后即可将文件带走，在法院或仲裁庭要求的截止日前交邮即可。

我们曾代理某一香港当事人在内地起诉。因诉讼时效还有一周即经过，时间非常紧张。委托公证人公证并由公司加盖转递章后，当事人人肉快递送至北京，材料准备完成后整个程序在三天内完成。

综上可见，要使得香港证据形式要件合法化并不难，找个靠谱的委托公证人，就成功了一半！

2000～2015年，不予承认和执行的30个外国仲裁裁决

◎曹玉龙

本文不完全统计了从2000年至今我国拒绝承认与执行的外国仲裁裁决，以期进一步了解我国司法实践中对于《纽约公约》的应用规则。

《最高人民法院关于人民法院处理与涉外仲裁及外国仲裁事项有关问题的通知》规定，申请承认和执行的外国仲裁裁决不符合我国参加的国际公约的规定或者不符合互惠原则的，必须待最高人民法院答复后，方可裁定不予执行或者拒绝承认和执行。因此，最高人民法院所作答复基本涵盖了我国全部不予承认与执行的案例。（偶有最高人民法院给出处理思路，需原审法院进一步确定事实自行判断的回复，本文未作统计）

本文以最高人民法院在《中国涉外商事海事审判指导与研究》及《涉外商事海事审判指导》上发布的复函（答复）为主要数据来源，同并搜集了相关论文、中国涉外商事海事审判网、案例检索网站上公布的复函。虽在为数不多的案例中确立实践规则并非易事，但仍可看出我国司法机关在承认与执行外国仲裁裁决中审查的广度与深度。

这些视角，一方面，可以有利于国际商事主体选择合法有效的救济途径；另一方面，对企业成为被申请执行人时选择合理合法的抗辩理由也有一定借鉴意义。（见文后附表）

一、超越第五条的 NO

《纽约公约》全称为《承认及执行外国仲裁裁决公约》。各国缔结的初衷，是为了鼓励和促进仲裁裁决在他国的承认与执行。公约第 5 条以否定之形式穷尽列明了各国可不予承认与执行外国仲裁的情形，旨在确保裁决执行国的司法机构严格在此标准范围之内审查。故很多人认为第 5 条是判断应否承认与执行外国仲裁的唯一标准。

然此番理解有一定局限性。《纽约公约》第 1 ～ 3 条虽未规定不予承认和执行外国仲裁的情形，但作为公约的核心条款也对当事人主体资格、仲裁协议之形式和相关程序性事宜加以规制，可谓是第 5 条审查程序的前提。

我们搜集的30件案例中，据前述情形作出不予承认和执行的案例有10件，占整体比例的1/3。（亦有学者认为未达成仲裁合意或不存在书面的仲裁协议应统归为第5条第1款甲项之情形，本文在此不作详述）

其中，仅因当事人未达成仲裁合意或未据《纽约公约》第2条形成书面的仲裁协议，而被最高人民法院决定不予承认和执行的案件就达到7件，接近整体数量的24%。值得注意的是，仲裁协议必须以书面形式确定，这一形式要件现已被世界各国普遍承认。在"Concordia Trading B.V.申请承认和执行英国油料、种子和脂肪学会联合会有限公司仲裁裁决案"中，最高人民法院强调仲裁条款必须以书面协定达成，并认为《纽约公约》不接受默示的仲裁协议。

除第2条外，《纽约公约》第1条关于公约适用的仲裁范围之规定亦对当事人主体资格提出了要求，即"自然人或法人间之争议"。在"赛百味国际有限公司申请承认和执行国际争端解决中心国际仲裁庭作出的50114T 0017107号仲裁裁决案"中，被申请人北京萨伯威餐饮有限公司并未在我国工商行政管理机关注册登记，故最高人民法院认定应裁定驳回赛百味国际有限公司的申请。赛百味公司这个哑巴亏也给从事域外贸易的商主体提醒：不了解对方情况时要请当地律师行做尽职调查，以免发生纠纷才发现救济无门。

细心的读者不难发现，在2004年"塞浦路斯瓦赛斯航运有限公司申请承认和执行英国伦敦仲裁庭仲裁裁决案"，以及2006年"彼得·舒德申请承认和执行美国仲裁委员会仲裁裁决案"中，是因为超过了1991年《民事诉讼法》规定的6个月的申请执行期限而被不予执行。（2007年，申请承认和执行的期限已经延长为2年）司法机关援此条款作出裁定，是因为《纽约公约》第3条规定裁决需"依援引裁决地之程序规则及下列各条所载条件执行之"。可见，赢得裁决绝非最终胜利。若要申请承认并执行域外当事人的财产，切记熟悉被申请人所在地国关于执行程序的相关规定。

二、逾矩，方能从心所“欲”

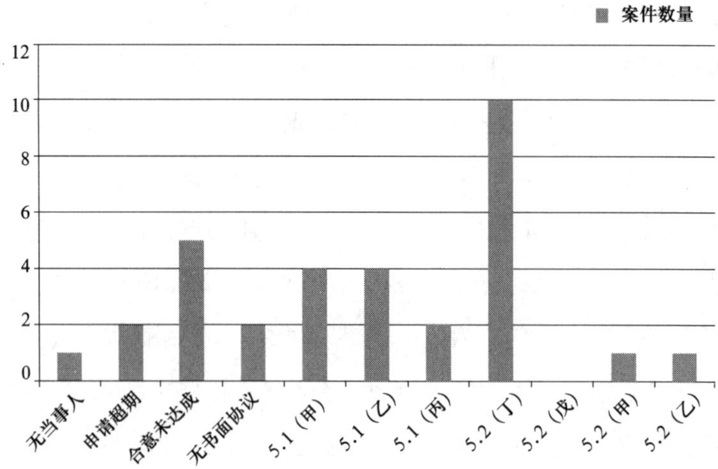

上图显示，《纽约公约》第 5 条第 1 款（丁）项可谓是“业界翘楚”，共计 11 件案例因“仲裁机关之组成或仲裁程序与各造间之协议不符，或无协议而与仲裁地所在国法律不符”而最终被认定不予承认和执行，超过依第 5 条他项不予承认和执行案件总数的一半。另有 4 起案件，因被申请人“未接获关于指派仲裁员或仲裁程序之适当通知，或因他故，致未能申辩”而最终被认定不予承认和执行。

依此可见，遵守当事人之间的仲裁协议，遵照仲裁规则和仲裁地所在国法律，是仲裁裁决能够最终得以执行的必要要件。对方当事人未参加庭审时，更要格外注意保留相关通知业已送达的证据。

三、知己知彼，还要知准据法

《纽约公约》第 5 条第 1 款第 1 项规定 ：“第二条所称协定之当事人依对其适用之法律有某种无行为能力情形者，或该项协定依当事人作为协定准据之法律系属无效，或未指明以何法律为准时，依裁决地所在国法律系属无效者。”

仲裁虽以自愿原则为精髓，但仲裁协议的约定不可违反准据法，在当事人未约定准据法时，不可违反仲裁地所在国法律。

在“北京朝来新生体育休闲有限公司申请承认和执行大韩商事仲裁院仲裁裁决案”中，最高人民法院认为我国法律并未授权当事人将不具有涉外因素的争议交境外仲裁机构或者我国境外临时仲裁，案涉仲裁条款无效而认定该裁决应不予承认。仲裁虽自由，却不可逾越边界。至于边界划至何处，则需当事人在约定准据法或确定仲裁地之时格外留意。（在最近上海市第一中人民法院针对西门子公司申请承认与执行新加坡国际仲裁中心仲裁裁决一案中，突破了涉外因素的认识，感兴趣的朋友可延伸阅读）仲裁地并非是简单的地理概念，它不但可以决定仲裁裁决的国籍（《纽约公约》以仲裁地确定仲裁国籍，我国以仲裁机构确定仲裁国籍），同时，也是仲裁协议的准据法和确定仲裁程序须遵循的强制性规定。

四、一部倾向执行的公约

毫无疑问，《纽约公约》是一部倾向执行的公约。为了保证我国商事仲裁的发展和司法声誉，像公约第 5 条所涉公共政策这样的兜底性条款，司法实践中很少触及。目前的司法判例中，我们只搜集到“Hemofartn DD、MAG 国际贸易公司、苏拉么媒体有限公司申请承认和执行国际商会仲裁院仲裁裁决案”因违反我国公共政策而被不予执行。不少案例中，即使地方中级人民法院和高级人民法院的请示中认为裁决违反公共政策，最高人民法院也未采纳。在“韦斯顿瓦克公司申请承认和执行英国仲裁裁决案”中，最高人民法院强调：“只有在承认和执行外国商事仲裁裁决将导致违反我国法律基本原则、侵犯我国国家主权，危害国家及社会公共安全、违反善良风俗等违反我国根本社会公共利益情形的，才能援引公共政策事由予以拒绝承认和执行。”

另见最高人民法院民四庭杨宏磊法官所著《人民法院涉外仲裁司法审查情况的调研报告》中提到这样一组数据："根据最高人民法院民四庭与17个高级人民法院合作进行的调研项目的统计数据，在2002～2006年间申请承认及执行的外国仲裁裁决的74起案件中，有58件的结果为承认及执行，占案件总量的78.38，而不予承认及执行的仅5件，占6.76%。"可见法院对于不予承认和执行的决定慎之又慎。

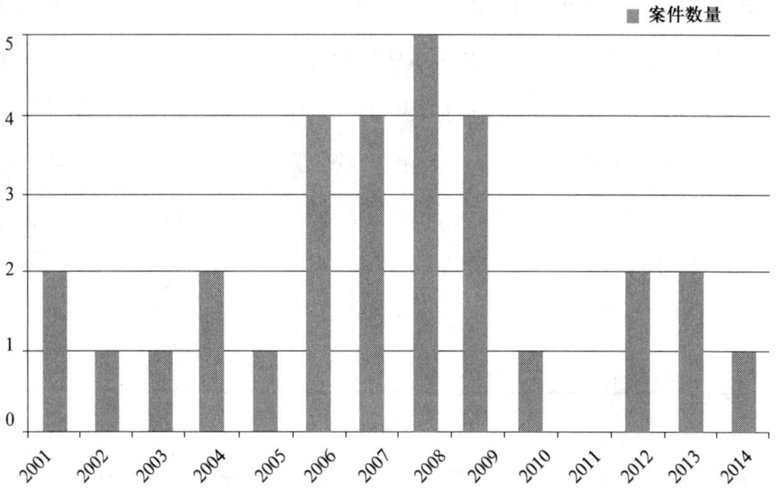

据下面我们制作的图表显示，最高人民法院认定不予承认和执行的案件的高发在2005～2009年这段时间。2010年之后，公开渠道可查询的范围内只有5件，呈明显下滑的趋势。虽然可分析数据量较少，但或能在一定程度上反映司法机构的态度。国际仲裁在我国兴起初期，很多企业认为只要躲在家里就可万事大吉。但在与国际仲裁接轨的大潮中，此"招"不但无法阻挡案件的裁决、承认和执行，更是白白丧失了申辩的机会，得不偿失。

作为国际商事中最重要的争议解决方式，国际仲裁已被越来越多的当事人所采纳，承认和执行国际仲裁裁决的司法实践的地位也逐步提升。

外国商事仲裁的承认和执行			
序号	复函年份	案件	依据
1	2001	英国嘉能可有限公司申请承认及执行英国伦敦金属交易所仲裁裁决案	根据**《纽约公约》第5条第1款（甲）项**，合同当事人行为能力的认定，按照属人主义应当适用中国法律。被申请人职员孙健未经授权与申请人签订合同，属于无权代理，被申请人未追认，且其行为也不符合两公司以往习惯做法，不能认定为表见代理，因此包括仲裁条款在内的合同均属无效
2	2001	新加坡益得满亚洲私人有限公司申请承认和执行伦敦可可协会有限公司仲裁裁决案	仲裁条款或者协议生效的前提是有关当事人就通过仲裁解决争议达成合意。本案中双方未就争议解决达成通过仲裁解决的合意。根据**《民事诉讼法》第269条**和**《纽约公约》的相关规定，**应当拒绝承认和执行。
3	2002	某申请承认执行临时仲裁庭裁决案	仲裁是依据有关当事人签订的623号合同中的仲裁条款提起（624号合同无此仲裁条款），仲裁庭裁决了当事人之间624号合同，但是623号合同已经被622和624号合同所取代，且622号合同与624号合同都有自己独立的仲裁条款
4	2003	美国GMI公司申请承认和执行英国伦敦金属交易所仲裁裁决案	**根据《纽约公约》第5条第1款（丙）项**的规定，仲裁事项超出申请范围的，应不予执行，但如果仲裁庭有权裁决部分与超裁的部分可被区分，则有权裁决的部分应当承认和执行。 本案中仲裁庭应仅就申请人与芜湖冶炼厂签订的买卖合同根据申请人的申请作出仲裁，其对于申请人与芜湖恒鑫铜业集团之间的纠纷作出仲裁的部分，显然超出了仲裁范围。综上，最终裁决中，明确裁决由芜湖冶炼厂单独承担责任的部分，应当承认执行。其他使用被申请人这一称谓表示承担责任的裁决，因无法区分，故不予承认执行
5	2004	德国旭普林公司申请承认与执行ICC仲裁裁决案	协议被中国法院认定无效；根据**《纽约公约》第5条第1款（甲）项**的规定，应当不予承认和执行
6	2004	塞浦路斯瓦赛斯航运有限公司申请承认和执行英国伦敦仲裁庭仲裁裁决案	申请人申请承认和执行，已超过6个月申请执行期限。根据**《民事诉讼法》第219条**关于申请执行期限的规定，应当对本案仲裁裁决不予承认和执行

续上表

序号	复函年份	案件	依据
7	2005	Future E.N.E 申请承认和执行伦敦仲裁裁决案	涉案提单正面仅记载“运费根据 2004 年 3 月 24 日的租约预付”，并未明确记载将该租约及相关仲裁条款并入提单。涉案提单背面记载的有关并入的格式条款并不能构成有效并入。因此，可以认定涉案租约中的仲裁条款未并入提单，申请人美景公司与提单持有人深圳市粮食集团有限公司之间并未达成仲裁协议，法院对涉案仲裁裁决应当不予承认和执行
8	2006	韩进船务有限公司申请承认和执行英国伦敦仲裁裁决案	本案所涉提单在正面载明“与租船合同一并使用”，在背面条款中特别载明提单正面所注明的租船合同的所有条件、条款、权利和除外事项，包括法律适用和仲裁条款，都并入本提单”。申请人所提交的包运合同当事人并非申请人，其不能证明其所提交的包运合同是提单所载明的租船合同。因此包运合同的仲裁条款没有并入提单。申请人与被申请人之间不存在书面仲裁协议，申请人申请承认和执行英国伦敦仲裁裁决不符合**《纽约公约》第 2 条**的规定
9	2006	世界海运管理公司申请承认和执行伦敦仲裁裁决案	申请人未能提供被申请人确认收到电子邮件或者能够证明被申请人收到电子邮件的其他证据，证明被申请人得到指定仲裁员和仲裁程序的适当通知。因此根据**《纽约公约》第 5 条第 1 款（乙）项**的规定，法院应当对该仲裁裁决不予承认和执行
10	2006	彼得·舒德申请承认和执行美国仲裁委员会仲裁裁决案	承认和执行仲裁裁决的申请超过了法定期限，根据**《民事诉讼法》第 219 条**关于申请执行期限的规定，本案仲裁裁决应当不予承认和执行
11	2006	邦基农贸新加坡私人有限公司申请承认和执行国际油、油籽和油脂协会（伦敦）仲裁裁决案	被申请人指定的仲裁员自主回避后，仲裁庭未向被申请人发出选定替代仲裁员的通知，而是直接重新指定了仲裁员。违反了当事人约定的仲裁规则。因此符合**《纽约公约》第 5 条第 1 款（丁）项**之规定的：“仲裁机关之组成或仲裁程序与各造间协议不服”的情形，不予承认和执行
12	2007	百事（中国）投资有限公司申请承认及执行瑞典斯德哥尔摩商会仲裁院 111/2003 号仲裁裁决案	涉案仲裁程序与仲裁协议不符。依据**《纽约公约》第 5 条第 1 款第（丁）项**的规定，不应得到人民法院的承认和执行
13	2007	百事（中国）投资有限公司申请承认及执行瑞典斯德哥尔摩商会仲裁院第 076/2002 号仲裁裁决案	

续上表

序号	复函年份	案件	依据
14	2007	日本信越化学工业株式会社申请承认和执行日本商事仲裁协会东京04-05号仲裁裁决	本案仲裁裁决作出的期限及相关通知程序与《日本商事仲裁规则》不符，仲裁庭未按照《仲裁规则》的规定按期作出仲裁裁决，且未将推迟作出仲裁裁决作出日期通知被申请人，符合**《纽约公约》第5条第1款（丁）项和（乙）项**的情形
15	2007	马绍尔群岛第一投资公司申请承认和执行英国伦敦临时仲裁庭仲裁裁决案	仲裁庭由三名仲裁员组成，但是一名仲裁员未参与仲裁的全过程，没有参与最终仲裁裁决的全部审议，因此仲裁庭的组成或仲裁程序与当事人之间仲裁协议的约定不符。符合**《纽约公约》第5条第1款第（丁）项**规定的不予承认和执行仲裁裁决的情形
16	2008	中海发展股份有限公司货轮公司申请承认和执行英国伦敦仲裁员裁决案	合同约定在香港仲裁，适用英国法。仲裁条款的准据法并未约定，故适用仲裁地香港的《仲裁条例》及其指向适用的《联合国际贸易商事仲裁示范法》。 本案仲裁裁决仲裁员的任命违背了上述程序，符合**《纽约公约》第5条第1款（丁）项**的规定，涉案仲裁裁决应当不予承认和执行
17	2008	日本信越化学工业株式会社申请承认和执行日本商事仲裁协会东京05－03号仲裁裁决案	本案仲裁裁决作出的期限及相关通知程序与《日本商事仲裁规则》不服，符合**《纽约公约》第5条第1款（丁）项**的情形。信越公司不能证明仲裁庭将变更申请通知鑫茂公司，实际上剥夺了鑫茂公司申辩的权利和机会，符合**《纽约公约》第5条第1款（乙）项**的规定：受裁决原因之一造未接获关于指派仲裁员或仲裁程序之适当通知，或因他故，致未能申辩者
18	2008	赛百味国际有限公司申请承认和执行国际争端解决中心国际仲裁庭仲裁裁决案	根据北京市第二中级人民法院查明的事实，本案所涉被申请人北京萨伯威餐饮有限公司并未在我国工商行政管理机关注册登记，因此，我国法院无法根据《纽约公约》的规定承认和执行涉案仲裁裁决。由于被申请人并不存在，因此，本案应当裁定驳回申请人赛百味国际有限公司的申请
19	2008	Hemofartn DD、MAG国际贸易公司、苏拉么媒体有限公司申请承认和执行国际商会仲裁院仲裁裁决案	合同中仲裁条款仅约束合资合同当事人就合资事项的争议。国际商会仲裁院在仲裁中对被申请人和合资公司之间的租赁合同纠纷进行了审理和裁决，显系超裁。中国有关法院已就涉案租赁合同纠纷对合资公司的财产进行了保全并判决。国际商会仲裁院的仲裁裁决侵犯了中国的司法主权和司法管辖权。根据**《纽约公约》第5条第1款（丙）和第2款（乙）项**的规定，应拒绝和承认涉案仲裁裁决
20	2008	VOEST-ALPINE国际贸易公司申请承认新加坡国际仲裁中心裁决案	未达成仲裁协议

续上表

序号	复函年份	案件	依据
21	2009	Concordia Trading B.V. 申请承认和执行英国油料、种子和脂肪学会联合会有限公司仲裁裁决案	《纽约公约》规定仲裁条款必须满足书面形式的要件。《纽约公约》并不接受默示的仲裁协议。被申请人未在附有仲裁争议解决条款的合同上签字或者盖章。本案没有证据证明当事人之间有仲裁合意并达成了书面形式的仲裁条款，不符合**《纽约公约》第 2 条第 1 款、第 2 款**关于仲裁协议书面形式要件的规定
22	2009	荷比卢家装投资公司申请承认和执行国际商会国际仲裁院仲裁裁决案	当事人仲裁协议约定“争议将根据国际商会的仲裁规则交由该规则任命的三名仲裁员裁决。本案仲裁庭虽由三名仲裁员组成，但其中一名仲裁员未参与仲裁全过程。本案仲裁庭未经仲裁院授权，由其余仲裁员继续组成仲裁庭，签署并作出仲裁，违反了国际商会的仲裁规则，也与当事人仲裁协议的约定不符。根据**《纽约公约》第 5 条第 1 款（丁）项**的规定，该仲裁裁决不应予以承认和执行
23	2009	吴春英申请承认和执行蒙古国家仲裁庭仲裁裁决案	**《纽约公约》第 5 条第 2 款（甲）项**规定：声请承认及执行地国之主管机关认定依据该国法律争议事项系不能以仲裁解决，得拒不承认及执行仲裁裁决。我国**《仲裁法》第 3 条**规定继承纠纷不能仲裁。 而涉案仲裁裁决主要是对申请人的继承事项作出的裁决，因此本案仲裁应当不予承认和执行
24	2009	蒙－艾多拉多有限责任公司申请承认和执行蒙古国家仲裁庭仲裁裁决案	包含“决议程序及仲裁听证会日期”在内的相关文件并未送达被申请人，导致被申请人未能出庭陈述意见。故本案符合**《纽约公约》第 5 条第 1 款（乙）项**的规定。 如果被申请人展诚公司能证明涉案合同中的印章不真实，则可以认定当事人之间不存在“书面协定”
25	2010	日本信越化学工业株式会社申请承认和执行日本商事仲裁协会东京 07-11 号仲裁裁决案	涉案仲裁作出前，已存在生效仲裁裁决，裁决内容是合同的可履行性。本仲裁裁决中申请人申请违约损失，隐含了合同的可履行性问题，故本案所涉仲裁属于重复受理。而仲裁终局力原则在本案当事人之间的仲裁协议有明确规定，涉案仲裁显然违反了该项约定，因此满足**《纽约公约》第 5 条第 1 款（丁）项**的规定。关于公共政策，本案已存在的拒绝承认情形，不宜再使用公共政策原则
26	2012	ALSSTOM Technology Ltd 申请承认和执行新加坡国际仲裁中心仲裁裁决案	当事人双方约定因协议产生的纠纷由新加坡国际仲裁中心根据国际商会仲裁规则进行仲裁。而案涉仲裁庭首席仲裁员是由一名边裁提名，另一名边裁不予反对产生，不符合国际商会仲裁规则的规定。对此，被申请人表示反对，并声明保留异议权。上述情形符合**《纽约公约》第 5 条第 1 款（丁）项**之规定，因此法院应当拒绝承认与执行涉案仲裁裁决

续上表

序号	复函年份	案件	依据
27	2012	韦斯顿瓦克公司申请承认和执行英国仲裁裁决案	根据双方的合同约定，本案仲裁庭由两名仲裁员组成，后其中一名仲裁员辞去职务。因此涉案问题是仲裁庭的空缺如何填补。本案裁决由申请人指定的仲裁员独任仲裁作出。申请人未按照英国仲裁法的规定向法院申请作出仲裁庭组成的决定，故涉案仲裁庭的组成违反进行仲裁地国家的法律，符合**《纽约公约》第5条第1款（丁）项**的规定
28	2013	宝腾汽车（中国）有限公司申请承认和执行新加坡国际仲裁中心仲裁裁决案	如《备忘录》双方当事人真实签订。备忘录中的诉讼管辖条款修改了原合资合同中的仲裁条款，原仲裁条款不具备法律效力。新加坡国际仲裁中心根据不具有法律效力的仲裁协议受理并作出仲裁裁决，满足**《纽约公约》第5条第1款（甲）项**的规定。
29	2013	北京朝来新生体育休闲有限公司申请承认和执行大韩商事仲裁院仲裁裁决案	本案争议焦点是当事人签署《合同书》中的仲裁条款是否有效。合同双方当事人为中国法人、案涉标的物在中国境内，合同在中国境内签署和履行，因此本案所涉《合同书》不属于涉外合同，《合同书》以及包含的仲裁条款应当适用中国法。我国法律并未授权当事人将不具有涉外因素的争议交由境外仲裁机构或者我国境外临时仲裁，因此案涉仲裁条款无效。且仲裁协议的效力性瑕疵不能因当事人在仲裁程序中未提出异议而得到补正。仲裁庭对本案争议不具有管辖权。根据**《纽约公约》第5条第1款（甲）项**，涉案仲裁裁决应当不予承认与执行
30	2014	爱仑宝棉花公司申请承认和执行国际棉花协会仲裁裁决案	当事人通过仲裁解决争议达成合意是仲裁条款或者仲裁协议独立生效的前提，也是仲裁机构受理仲裁案件的前提，本案中申请人既无法证明涉案协议中被申请人公司印章的真实性，也无法证明其有权代表被申请人，因此没有证据证明当事人双方就案涉争议通过仲裁解决达成了合意。国际棉花协会受理本案缺乏事实和法律依据

法务芳谈

从央企法务到天同律师，视角转变，初心未改

◎朱华芳

2015年7月，朱华芳离开工作了13年的世界500强企业中国中化集团公司法律部，加入天同律师事务所。2015年9月，天同诉讼圈“涉外邦”栏目开通，朱华芳作为主要撰稿人，分享涉外争议解决领域的热点动态、案例分析或实践总结。根据天同诉讼圈整体升级安排，由朱华芳主笔/主持的天同诉讼圈全新栏目“法务芳谈”现正式与读者朋友们见面，原“涉外邦”主题内容将由新栏目吸收承继。

“法务芳谈”将从争议解决律师的角度观察企业的法律风险管理、介绍境内外商事争议解决实务知识和案例、邀请法务负责人和资深法务分享法务管理经验和职业成长故事；希望它在分享知识和经验的同时，也传递温度和力量。

从央企法务到天同律师，视角转变，初心未改。每单周的周四晚上6点，“法务芳谈”与您共同开拓一个有料、有趣又有爱的法务交流平台。

2015 年此时，我向工作了 13 年的公司提交辞职信。两个月后，我加入天同。

过去一年，我收到最多的评价是“你真有勇气”；也有朋友替我惋惜，觉得我不应“在法务工作风生水起，未来前景一片光明时离开”。决定转换轨道前，我也曾犹豫纠结，最后问自己：如果心无恐惧，你会做什么？我清晰听到内心声音，决定放手一搏。初到天同时，我在一次主题分享活动中说，我已放下对未来不确定性的恐惧，做好了兵来将挡、水来土掩的准备。但这一年，我要面对的挑战却非“心无恐惧”就可解决。再无恐惧，我也不可能一夜完成职业转换。朋友们经常问，你觉得做律师和做法务有何不同？现在感觉压力大吗？你过得好吗？

好吧，趁着“法务芳谈”栏目开设之际，我先回应下大家的关心，认真交代一下我的“这一年”。

一、从甲方到乙方

很多朋友问我，做乙方是不是没有做甲方感觉好？之前也有前辈提醒，我要面临的最大挑战可能是从甲方到乙方心态上的调整。**确实，做律师和做法务，工作和生活的状态很不一样。**

选择适合的方式。做法务无需开拓业务，相对自在；做律师迟早要面临开拓业务压力，不少法律人不选择这个行业，就是觉得自己的性格不适合这部分角色。我起初也有顾虑，但到天同后，我越来越意识到，每个律所、每个律师都会有适合自己的业务拓展模式，找到适合自己的方式，就不会觉得为难。我非常幸运地到了天同这个平台，我们已有优秀的团队和傲人的业绩，“天同诉讼圈”拥有超过 30 万[①] 的微信订阅用户。我的方式就是向更多的人分享我们的理念、知识和经验，让他们了解我们的专业能力、团队特长和工作方式。2015 年 9 月开始，我以平均两周一篇的频率撰写天同诉讼圈专栏文章，去企业做仲裁、涉外争议解决和企业法律风险防范方面的交流研讨，也保持着和法务朋友们的联系互动。我真诚地分享干货内容，读者听众也给予了热情回馈，央企法务同仁更是提供了诸多支持和帮助。这些都坚定了我为客户精诚服务的决心，唯有如此，才能不辜负这些信任和支持。

始终都有新挑战。法务工作服务的是所在企业这唯一一个客户，经过一段时间即可熟悉情况，能相对游刃有余地工作。而律师服务的是不同客户，这些客户处于不同行业，有不同法律服务需求；现实压力使律师必须不断学习，永无尽头。天同虽然专注于商事争议解决，业务领域相对较精，但是案件类型多样：可能今天是银行保险，明天是国际贸易，后天就是投资并购。做一个商事争议解决律师，乐趣就来源于永远都有新东西在等着你，永远都需要你精神百倍，严阵以待；这种活到老、学到老的状态需求，让人振奋，也易让人崩溃。你会发现再身经百战，下个案子中也会有你现在不知道答案，需研究探求才能回答的问题，而有些问题就是无解。

时间永远不够用。公司重大法律事务一般会聘请外部律师协助，法务可根据自身需求选择将所有或部分工作委托给外部律师完成，但律师基本不可能再倚赖他人，必须得自己完成客户委托的工作并承担责任。为不辜负客户信任，律师出具给客户的意见往往会反复研究，再三斟酌，看起来几页纸的东西，背后工作量是展示出来的数倍。不办具体法律事务时，律师通常还要为将来业务需求储备和更新知识，还要花时间开拓业务。一句话，律师总有得忙，工作生活难得平衡。过去一年，我的周末不是在看材料、写文章，就是在外上课；晚

① 现天同诉讼圈微信订阅用户已超过 35 万。

上也舍不得睡觉，总觉得时间不够用。

扮好自己的角色。或许因为做法务时，我一直将律师视为合作者甚至师友，并无甲方的优越感，所以做律师后，也没觉得有太大落差。我现在提及中化还是下意识地说“我们公司”“我们部门”“我们同事”——13年烙印沦肌浃髓，难以抹去。可能正是这种内心认同上的联结，使我跟法务相处，总有同事的感觉，特别是对央企法务同仁，我本能地会将他们当作同事甚至是娘家人。当然，律师是提供服务的一方，本来就应尊重客户意志，在法律允许的限度内尽力维护客户利益。但律师和法务二者身份并无高下，只是各自角色不同。摆正了位置，自然就无不适。客户眼睛是雪亮的，律师做好一分，客户尊敬就多一分；多年来，天同正是用专业能力和服务水准不断赢得客户的尊重和信赖。

二、过去一年

这是我将自己用得最狠，也是内心能量增长最快的一年。忙碌、辛劳，这些在我2015年作出选择时就甘愿面对，不足为道。闺蜜点评，“华芳是一个不会觉得累的人”——她太懂我了，我是一个会累，但不会觉得累的人。因为内心充盈，日有所获，所以虽苦尤乐。而我的好奇心，也让我的转型之旅充满孩童森林探险般的乐趣，记住的都是美好时刻。

最兴奋的，当然是为客户赢得胜利的时刻——拿到转型后第一个胜利的仲裁裁决，为客户避免上亿元损失时的欣喜若狂，我终身难忘；最骄傲的，是碰到再难啃的案子，身后团队也能通力合作轻松搞定；最感动的，是合伙人们无条件的支持鼓励和同事们尽心尽力的协助配合；最踏实的，是有任何疑难问题，几步之外就能请教大师专家；最温馨的，是春日午后，小院阳光明媚，同事们以世界杯的排场踢着毽球赛，一院子欢声笑语，屋里我怀着稳赢的毽球赛投注带来的满足感，放着音乐写着文章……当然，你再热爱一份工作，它也会有一地鸡毛的一面；而最幸福的时刻，就是你发现所做事情即便一地鸡毛，仍确信这就是你想做的。

我欣慰地发现，走过的路都没有白走。以前做过的那些境内外并购和资本市场项目，本以为对现在工作帮助不多，最后却成为法宝。因为起草、审核、修改、谈判过的股权转让协议量“多、类、全”，复杂的、简单的，中式的、西式的，都曾耳鬓厮磨过；每个项目从头盯到尾，谈判中的各种考量，履行时的各种变数，也都一一亲历过。所以，处理股权转让争议时，看案卷材料会有看电影早早猜出剧情的快感，还会自动脑补出很多材料里看不到的东西。国际贸易是中化主营业务之一，起草审核贸易合同和协助业务部门处理贸易争议是法务日常工作之一；前面谈到的那个胜诉仲裁案件，涉及几千页证据材料，因大部分是国际贸易合同和单据而瞬间变得熟稔可亲。

在中化集团总部工作 13 年，能源、化工、农业、地产和金融几个业务板块的投资并购、重组上市、融资发债、产权转让、争议解决等大事小情我都处理参与过。再三讨论的那些方案、来回谈判的那些文件、反复权衡的那些因素和不断考虑的那些问题，都成为我思维的一部分，对我影响至深。正是因为这些经历，我可能更能理解争议后面的业务运营和商务意图，更会关注客户的需求和期待，我们的团队也因此能有更全面的分析角度，更落地的处理思路和更迅捷的响应速度。

当然，这一年里，也有困惑沮丧、焦虑迷失的时刻。回头看时，当时困扰我的事件本身已经模糊，几个感悟却刻骨铭心：

1. 承认自己的局限性会让人变得更加强大。追求完美的人往往会自我桎梏，越想永远得 100 分，越是在事前容易犹豫纠结，事后容易尴尬后悔；而犹豫、纠结、尴尬和后悔是最消耗能量、最没用的情绪。内心太过骄傲，就会不愿求助于人，现实中反而越脆弱。坦然接受自己的局限性，允许自己犯错误，承认自己需要帮助并积极寻求帮助，反而会更有力量。

2. 拥抱不确定性，珍惜每个让你神经紧绷或百爪挠心的时刻。我儿子学围棋，上网找人下棋时不敢挑战段位比自己高的。我总鼓励他，跟高手过招，虽败犹胜，因为每失败一次，功力就长几分，更何况你也有机会取胜。其实，这也是自我激励：要勇于接受挑战，不要总想等到自己完全准备好的时刻，因为那一刻可能永远不会到来。Google 之母 SusanWojcicki 回忆她怀孕 4 个月从 Intel 辞职加入仅十多个员工的 Google 时说，她最大的启示就是，好的机遇往往是在混乱不堪的时候到来，而不是完美的时刻。不要害怕不踏实的感觉，很多事情都可边做边学，每次百爪挠心后，心都会变大变强。

3. 彻底抛弃个人英雄主义。天同是一家一体化管理的律所，我们的优势在于，任何一个人都不是单枪匹马，每个人身后都有全所资源的鼎力支持和配合。作为合伙人，我的目标不是自己能做好一切。我在不断精进自己业务能力的同时，更要做好资源整合，充分挖掘和合理调配律所的一切优秀元素为客户赢取胜利。Netflix 公司前首席人才官曾分享，**企业能为员工提供的最佳福利，就是让他和最优秀的人一起工作，让他光速成长。**一年即将过去，我从容许多，除了心无旁骛，勤思苦学，靠的就是这样的福利。

三、从“涉外邦”到“法务芳谈”

“涉外邦”栏目自 2015 年 9 月开设以来，每两周一篇，已有十数篇之多。虽不敢说篇篇精品，但每篇皆用心尽力，诚意十足。王泽鉴老师在论及法学研习方法时说要靠写作来学习，他说“写才使你能够深刻”。确实如此，十余篇“涉外邦”栏目文章的写作，我得以更深入地思考相关问题，也借这个平台与同行们进行了诸多探讨，受益良多。不时有同行反馈，这些文章“干货满满”，有着“专业期刊文章的质量”，这让我颇觉欣慰；虽然“涉外邦”写作占据了大部分周末时间，我仍乐此不疲。所以，当天同诉讼圈开启整体升级计划时，我各种不舍，颇像恋爱正酣的少年因为上大学而不得不跟初恋女友分离。

我找法务朋友做调研。他们都坦诚反馈，“涉外邦”文章质量过硬，但篇幅和深度不适合手机阅读。他们希望读到题材更广、更精短通俗的实务文章，也希望听到不同法律人的成长故事。天同诉讼圈栏目资源稀缺，决定取舍时，自然应把客户需求放在第一。考虑再三，我们决定推出“法务芳谈”这一栏目。

这个新栏目，将是天同与法务同仁交流分享的平台。我是栏目的主持人和主要撰稿人，也欢迎法务同仁们不吝赐稿。我经常自嘲，我现在外在身份是律师，内心认同是法务，思维和工作方式是律师和法务的结合。所以，主持“法务芳谈”，是我安置内心认同，与法务同仁们继续欢谈畅聊的一种方式。**我会尝试从争议解决律师的角度回头看企业的法律风险管理，将平日处理案件时在这方面的观察和感悟梳理成文；栏目也会尽量通过活泼有趣的文章，介绍境内外商事争议解决实务知识和案例；我们还计划向法务负责人和资深法务约稿，请他们分享法务管理经验和职业成长故事。**

在我心中，它应当生长成**有料、有趣又有爱**的模样，在分享知识和经验的同时，也传递温度和力量。

最高人民法院裁判规则：企业国有资产交易未履行规定程序的效力

◎朱华芳

从 1991 年的《国有资产评估管理办法》到 2016 年的《企业国有资产交易监督管理办法》，25 年间我国陆续颁布实施了诸多企业国有资产交易方面的法律、法规和规章，确定了评估、审批和进场交易这三大企业国有资产交易原则。

违反这些规定的国有资产交易是否有效，该问题一直广受关注。本文通过对最高人民法院相关案例的梳理，拟对此问题作一解析。

一、企业国有资产交易监督管理的相关规定

为规范企业国有资产交易行为，加强企业国有资产交易监督管理，防止国有资产流失，从 1991 年开始，我国陆续发布实施了**《国有资产评估管理办法》**（国务院令第 91 号令）、**《企业国有资产监督管理暂行条例》**（国务院令第 378 号，并经 2011 年国务院令第 588 号修订）、**《企业国有产权转让管理暂行办法》**（国务院国有资产监督管理委员会、财务部令第 3 号）、**《国有股东转让所持上市公司股份管理暂行办法》**（国务院国有资产监督管理委员会、中国证券监督管理委员会令第 19 号，以下简称 19 号令）、**《企业国有资产法》**（主席令第 5 号）、**《金融企业国有资产转让管理办法》**（财政部令第 54 号）及**《企业国有资产交易监督管理办法》**（国务院国有资产监督管理委员会、财政部令第 32 号，以下简称 32 号令）等法律、行政法规和部门规章，对企业国有资产交易行为提出了明确具体的规范和要求[①]。

这些规范性文件确立了企业国有资产交易（包括企业产权转让、企业增资和企业资产转让）的如下 3 个基本原则：

1. 转让方 / 增资企业应当对拟转让的标的 / 增资企业进行评估，转让 / 增资价格应当以经核准或备案的资产评估结果为基础确定。

2. 企业国有产权的转让 / 增资应当经过相关人民政府、国有资产监督管理机构或所出资企业的批准。

3. 企业国有资产交易原则上应当在依法设立的产权交易机构中公开进行（简称进场交易）。

① 详见文尾所附文件。

二、《合同法》及司法解释的相关规定

实践中上述规定并不总能得到遵守。违反上述规定，未进行评估、未获得批准或未进场交易的企业国有资产交易行为是否有效，首先来了解《合同法》及相关司法解释的规定。

《合同法》第 44 条第 2 款规定：**“法律、行政法规规定应当办理批准、登记等手续生效的，依照其规定。”**

《最高人民法院关于适用〈中华人民共和国合同法〉若干问题的解释（一）》（以下简称《司法解释一》）第 9 条规定：“依照合同法第四十四条第二款的规定，法律、行政法规规定合同应当办理批准手续，或者办理批准、登记等手续才生效，在一审法庭辩论终结前当事人仍未办理批准手续的，或者仍未办理批准、登记等手续的，**人民法院应当认定该合同未生效**……”

根据上述规定，未依法获批的企业国有资产交易的效力，取决于该等企业国有资产交易是否属于法律、行政法规规定应当办理批准手续才生效的合同。若是而又未办理批准手续的，应认定其未生效。

《合同法》第 52 条第（5）项规定：**“违反法律、行政法规的强制性规定的合同无效。”**《司法解释一》第 4 条规定：“合同法实施以后，人民法院确认合同无效，应当以全国人大及其常委会制定的法律和国务院制定的行政法规为依据，不得以地方性法规、行政规章为依据。”《最高人民法院关于适用〈中华人民共和国合同法〉若干问题的解释（二）》（以下简称《司法解释二》）第 14 条进一步规定：“合同法第五十二条第（五）项规定的“强制性规定”，是指**效力性强制性规定。**”

根据上述规定，未进行评估或未进场交易的企业国有资产交易行为的效力，取决于要求进行评估、要求进场交易的规定的性质。若属于效力性强制性规定，则合同无效；若属于管理性强制性规定，则并不必然无效。

什么是效力性强制性规定？《合同法》及相关司法解释并未明确，但最高人民法院在相关讲话及其印发的指导意见中进行了阐述。

在 2007 年 5 月全国民商事审判工作会议上，最高人民法院指出，“强制性规定又包括管理性规范和效力性规范。管理性规范是指法律及行政法规未明确规定违反此类规范将导致合同无效的规范。此类规范旨在管理和处罚违反规定的行为，但并不否认该行为在民商法上的效力……**效力性规定是指法律及行政法规明确规定违反该类规定将导致合同无效的规范，或者虽未明确规定违反之后将导致合同无效，但若使合同继续有效将损害国家利益和社会公共利益的规范**。此类规范不仅旨在处罚违反之行为，而且意在否定其在民商法上的效力。”

《司法解释二》实施后，最高人民法院在 2009 年 7 月印发的《关于当前形势下审理民商事合同纠纷案件若干问题的指导意见》中也表示：“人民法院应当综合法律法规的意旨，权衡相互冲突的权益，诸如权益的种类、交易安全以及其所规制的对象等，综合认定强制性规定的类型。**如果强制性规范规制的是合同行为本身即只要该合同行为发生即绝对地损害国家利益或者社会公共利益的，人民法院应当认定合同无效……**”

企业国有资产交易监督管理的大部分规定均为部门规章，主要规定中仅《企业国有资产法》《企业国有资产监督管理暂行条例》和《国有资产评估管理办法》为法律和行政法规。司法实践中，这些文件关于评估和进场交易的相关强制性规定是会被认定为效力性强制性规定，还是管理性强制性规定，以下我们通过相关案例来解析。

三、案例解析

（一）未依法评估的企业国有资产交易是否有效

关于该问题，最高人民法院裁判观点经历了一个明显的发展变化过程。

在(2008)民申字第461号侵权纠纷申请再审案中,最高人民法院认定:"《国有资产评估管理办法》第三条规定……属于强行性规定，而非任意性规定。原判决根据该规定认定本案所涉房地产转让合同无效正确。"《司法解释二》实施前，地方各级法院也多以违反法律、行政法规的强制性规定而将未经评估的企业国有资产交易合同认定无效。

《司法解释二》实施后，**最高人民法院在诸多案例中明确，《企业国有资产法》和《国有资产评估管理办法》关于国有资产评估管理的规定系管理性规定而非效力性规定，不能据此认定未经评估的交易合同无效**。如最高人民法院（2012）民提字第29号代位权纠纷再审案、（2013）民申字第2119号案外人执行异议纠纷申请再审案（以下简称罗玉香案）、（2013）民申字第2036号项目转让合同纠纷申请再审案（以下简称山西能源案）、（2013）民二终字第33号股权转让纠纷上诉案（以下简称联大集团案）和（2014）民提字第216号房屋买卖合同纠纷再审案。

罗玉香案中，最高人民法院认为：有关国有资产评估的强制性规定是效力性的还是管理性的，需要通过综合分析来确定。首先，有关强制性规定约束的应当是国有资产占有单位……违反国有资产评估规定的责任应当由国有资产占有单位及其责任人员承担。如果认定合同无效，则受让人在无义务的情况下也承担了法律后果。其次，有关强制性规定没有对合同行为本身进行规制，没有规定当事人不得就未经评估的国有资产订立转让合同，更没有规定未经评估、转让合同无效。第三，未经评估而转让国有资产不必然导致国家利益或者社会公共利益受损害……如果认定有关规定是效力性的，进而一概认定转让合同无效，当事人（包括受让人在资产贬值后）就可能据此恶意抗辩，违背诚实信用原则，就会危及交易安全和交易秩序。因此，**从法律条文的文义和立法宗旨来看，都应认定关于国有资产转让须经评估的强制性规定是管理性的，而非效力性的。如果出现国有资产占有单位与他人恶意串通，故意压低资产转让价格的情形，则可按照《合同法》第52条的规定，以恶意串通，损害国家利益为由**

认定合同无效，这同样能达到保护国有资产的目的。

山西能源案中，最高人民法院认为：《国有资产评估管理办法》第 3 条的立法目的是为了保护国有资产，避免国有资产因低价转让而流失。但**这并不等于在流通领域特别是市场主体间就财产流转发生争议时，要对占有、使用、经营国有资产的民事主体给予特殊保护**。

联大集团案中，最高人民法院认为：虽然《国有资产评估管理办法实施细则》（以下简称《办法》）第 10 条规定"对于应当进行资产评估的情形没有进行评估，或者没有按照《办法》及本实施细则的规定立项、确认，该经济行为无效。"但该细则属于部门规章，不是法律、行政法规，不能直接否认案涉协议的效力。

当然，**近年仍有最高人民法院或各地高级人民法院认定未经评估的国有资产交易合同无效的个案**。如最高人民法院（2013）民申字第 1301 号承租人优先购买权纠纷申请再审案及贵州省高级人民法院（2014）黔高民提字第 7 号股权转让纠纷案。

（二）未依法取得审批的企业国有资产交易合同是否有效

最高人民法院对此问题的裁判观点同样有个发展变化过程。在最高人民法院（2006）民二终字第 70 号民事判决书中，最高人民法院认为案涉国有产权收购合同因未依照当时的规范性文件要求经省级人民政府审批而应认定无效。但**现在司法实务界的主流观点是未经审批不生效，人民法院应当秉持鼓励交易的原则，寻求程序瑕疵的补救，以成就合同生效的法定条件**。在最高人民法院（2007）民二终字第 190 号股权置换纠纷上诉案（以下简称华融公司案）和（2013）民二终字第 42 号股权转让纠纷上诉案（以下简称陈发树案）中，最高人民法院均持该观点。

华融公司案中，最高人民法院认为案涉股权置换协议中关于股权置换的条款应由财政部审批后才生效，而该案一审法庭辩论终结前，当事人尚未办理股权置换的审批手续，故应认定协议中的股权置换条款未生效。由于华融公司请求继续履行报批义务，且该案存在继续履行报批义务的可能性，故贵绳集团等应承担继续履行报批义务的责任。

陈发树案中，最高人民法院认为，根据国务院第19号令，国有企业云南红塔转让所持云南白药集团上市股份的《股份转让协议》依法属于应当办理批准手续才生效的合同。而云南红塔的上级主管机关中烟总公司明确作出不同意本次转让的批复，据此协议已无法经由财政部批准，故应认定为不生效。且因协议已确定无法得到有权机关批准，最高人民法院判决云南红塔向陈发树返还股权转让款及相应利息。该案中，虽然当事人在协议中明确规定“本协议自签订之日起生效”，但最高人民法院认为，《合同法》第44条和《司法解释一》第9条对合同生效的要求，是合同的法定生效条件，属于强制性规定，不允许当事人通过约定的方式予以变更。

对最高人民法院的上述二审判决，陈发树提出再审申请，要求云南红塔为未能取得审批承担缔约过失责任。最高人民法院审查后认定，云南红塔已按照协议约定，积极履行了报批、信息披露等法律手续，只是由于其上级主管机构中烟总公司不同意本次股权转让导致协议未生效，云南红塔无需承担缔约过失责任。

虽然现在主流观点是未审批不生效，但最高人民法院似乎未有统一意见。2011年最高人民法院审判监督庭编写的《全国法院再审典型案例批注》论及此题时表示：“未经审批的国有股权的转让，涉及国家利益和社会公共利益，鉴于很多现实条件，事后补办的资产评估、交易方式的模拟都无法对当时的交易条件作出令人满意的补正。对程度要求的放松，将导致国有资产的大量流失。因此，**在一、二审程序中处理该类纠纷应当严格要求，不宜将未经审批的股权转让行为认定为不生效。但基于再审案件的特殊性，再审审理该类纠纷，应当综合考虑原审判决作出之后的法律效果和社会效果，地方政府及国有资产管理部门的基本立场，不宜轻易否定转让行为的效力。**”

（三）未依法在产权交易场所内进行的企业国有资产转让是否有效

违反规定未进场的国有资产交易是否有效，笔者并未检索到最高人民法院案例。

在（2009）沪高民二（商）终字第22号股权转让纠纷上诉案（以下简称巴菲特案）中，上海市高级人民法院认定，根据国资委、财政部制定的3号令的规定，企业国有产权转让应当在依法设立的产权交易机构中公开进行。根据上海市政府制定实施的《上海市产权交易市场管理办法》的规定，上海市所辖国有产权的交易应当在产权交易市场进行。上述两个规范性文件虽非行政法规，但均系依据国务院的授权对《企业国有资产监督管理暂行条例》的实施所制定的细则办法。而且，规定企业国有产权转让应当进场交易的目的，在于通过严格规范的程序保证交易的公开、公平、公正，最大限度地防止国有资产流失，避免国家利益、社会公共利益受损。因此，这两个文件的上述规定，符合上位法的精神，不违背上位法的具体规定，应当在企业国有资产转让过程中贯彻实施。由于上海水务公司在接受自来水公司委托转让讼争股权时，未依照上述规定处置，擅自委托拍卖公司拍卖，并在拍卖后与巴菲特公司订立股权转让协议，其行为不具合法性。水务公司依据拍卖结果与巴菲特公司订立的股权转让协议无效。

该案例入选《最高人民法院公报》2010年第4期，或可推定当时最高人民法院认同上海市高级人民法院观点，**即相关规范性文件中关于进场交易的规定应为效力性强制性规定，违反该等规定未进场交易的企业国有产权转让合同应为无效**。

上述判决作出的同一月，《企业国有资产法》实施，重申了国务院国有资产监督管理委员会财政部3号令关于企业国有产权转让要进场交易的原则性规定。2016年6月24日开始实施的32号令还把进场交易的范围从企业国有产权转让扩大到国有企业增资和企业国有资产转让。按照上述案例的逻辑，违反该等规定未进场交易的企业增资及资产转让行为亦应为无效，但也存在相关法院认为32号令仅为部门规章，不能据此认定合同无效的可能性。

（四）小结

综上，对未履行规定程序的企业国有资产交易合同的效力，司法实践存在不同裁判观点。梳理最高人民法院或各地高级人民法院相关案例可见，现主流观点为：**未依法评估的国有资产交易合同并不必然无效，未依法经审批的国有资产交易合同为未生效合同，而未依法进场交易的国有资产交易合同应为无效。**

附：企业国有资产交易主要规范性文件相关条款归纳

一、法律

1. 企业国有资产法（2009.5.1 实施）

第 47 条　国有独资企业、国有独资公司和国有资本控股公司合并、分立、改制，转让重大财产，以非货币财产对外投资，清算或者有法律、行政法规以及企业章程规定应当进行资产评估的其他情形的，应当按照规定对有关资产进行评估。

第 53 条　国有资产转让由履行出资人职责的机构决定。履行出资人职责的机构决定转让全部国有资产的，或者转让部分国有资产致使国家对该企业不再具有控股地位的，应当报请本级人民政府批准。

第 54 条第 2 款　除按照国家规定可以直接协议转让的以外，国有资产转让应当在依法设立的产权交易场所公开进行。转让方应当如实披露有关信息，征集受让方;征集产生的受让方为两个以上的，转让应当采用公开竞价的交易方式。

第 72 条　在涉及关联方交易、国有资产转让等交易活动中，当事人恶意串通，损害国有资产权益的，该交易行为无效。

二、行政法规

1. 企业国有资产监督管理暂行条例（2003.5.27 实施，2011.1.8 修订）

第 23 条　国有资产监督管理机构决定其所出资企业的国有股权转让。其中，转让全部国有股权或者转让部分国有股权致使国家不再拥有控股地位的，报本级人民政府批准。

第24条　所出资企业投资设立的重要子企业的重大事项，需由所出资企业报国有资产监督管理机构批准的，管理办法由国务院国有资产监督管理机构另行制定，报国务院批准。

2. 国有资产评估管理办法（1991.11.16实施）

第3条　国有资产占有单位（以下简称占有单位）有下列情形之一的，应当进行资产评估：（一）资产拍卖、转让……

三、部门规章

1. 国有资产评估管理办法施行细则（1992.7.18实施）

第10条　对于应当进行资产评估的情形没有进行评估，或者没有按照《办法》及本细则的规定立项、确认，该经济行为无效。

2. 企业国有产权转让管理暂行办法（国资委、财政部令第3号，2004.2.1实施）

第4条　企业国有产权转让应当在依法设立的产权交易机构中公开进行，不受地区、行业、出资或者隶属关系的限制。国家法律、行政法规另有规定的，从其规定。

第13条第1款　在清产核资和审计的基础上，转让方应当委托具有相关资质的资产评估机构依照国家有关规定进行资产评估。评估报告经核准或者备案后，作为确定企业国有产权转让价格的参考依据。

第25条　国有资产监督管理机构决定所出资企业的国有产权转让。其中，转让企业国有产权致使国家不再拥有控股地位的，应当报本级人民政府批准。

第26条　所出资企业决定其子企业的国有产权转让。其中，重要子企业的重大国有产权转让事项，应当报同级国有资产监督管理机构会签财政部门后批准。其中，涉及政府社会公共管理审批事项的，需预先报经政府有关部门审批。

第30条　对于国民经济关键行业、领域中对受让方有特殊要求的，企业实施资产重组中将企业国有产权转让给所属控股企业的国有产权转让，经省级以上国有资产监督管理机构批准后，可以采取协议转让方式转让国有产权。

第32条　在企业国有产权转让过程中，转让方、转让标的企业和受让方有下列行为之一的，国有资产监督管理机构或者企业国有产权转让相关批准机构应当要求转让方终止产权转让活动，必要时应当依法向人民法院提起诉讼，确认转让行为无效。

（一）未按本办法有关规定在产权交易机构中进行交易的；

（二）转让方、转让标的企业不履行相应的内部决策程序、批准程序或者超越权限、擅自转让企业国有产权的……

3. 国有股东转让所持上市公司股份管理暂行办法（国资委、证监会令第19号，2007.7.1实施）

第9条　国有控股股东转让股份不符合前条规定的两个条件之一的，应将转让方案逐级报国务院国有资产监督管理机构审核批准后实施。

第10条　国有参股股东通过证券交易系统在一个完整会计年度内累计净转让股份比例未达到上市公司总股本5%的，由国有参股股东按照内部决策程序决定，并在每年1月31日前将其上年度转让上市公司股份的情况报省级或省级以上国有资产监督管理机构备案；达到或超过上市公司总股本5%的，应将转让方案逐级报国务院国有资产监督管理机构审核批准后实施。

第14条　国有股东拟协议转让上市公司股份的，在内部决策后，应当及时按照规定程序逐级书面报告省级或省级以上国有资产监督管理机构，并应当同时将拟协议转让股份的信息书面告知上市公司，由上市公司依法公开披露该信息，向社会公众进行提示性公告。公开披露文件中应当注明，本次股份拟协议转让事项须经相关国有资产监督管理机构同意后才能组织实施。

第38条　国有股东所持上市公司股份间接转让的，国有股东应在产权转让或增资扩股方案实施前（其中，国有股东国有产权转让的，应在办理产权转让鉴证前；国有股东增资扩股的，应在公司工商登记前），由国有股东逐级报国务院国有资产监督管理机构审核批准。

第 40 条　在国有股东转让上市公司股份中，转让方、上市公司和拟受让方有下列行为之一的，国有资产监督管理机构应要求转让方终止上市公司股份转让活动，必要时应向人民法院提起诉讼：

（一）未按本办法有关规定在证券交易所公开股份转让信息的；

（二）转让方、上市公司不履行相应的内部决策程序、批准程序或者超越权限、擅自转让上市公司股份的……

4. 金融企业国有资产转让管理办法（财政部令第 54 号，2009.5.1 实施）

第 12 条　国有及国有控股金融企业转让一级子公司的产权，应当报财政部门审批。除国家明确规定需要报国务院批准外，中央管理的国有及国有控股金融企业转让一级子公司的产权应当报财政部审批；地方管理的金融企业国有资产转让的审批权限，由省级财政部门确定。

国有及国有控股金融企业一级子公司（省级分公司或者分行、金融资产管理公司办事处）转让所持子公司产权，由控股（集团）公司审批。其中，涉及重要行业、重点子公司的重大国有产权转让，或者导致转让标的企业所持金融企业或者其他重点子公司控股权转移的，应当报财政部门审批。

第 30 条第 1 款　转让方为上市公司控股股东，应当将股份转让方案报财政部门审批后实施。

第 31 条　转让方为上市公司参股股东，在 1 个完整会计年度内累计净转让股份（累计减持股份扣除累计增持股份后的余额，下同）比例……达到或者超过上市公司总股本 5% 的，应当事先将转让方案报财政部门批准后实施。

第 35 条第 1 款　有下列情况之一，经国务院批准或者财政部门批准，转让方可以采取直接协议转让方式转让非上市企业国有产权和上市公司国有股份。

（一）国家有关规定对受让方有特殊要求；

（二）控股（集团）公司进行内部资产重组；

（三）其他特殊原因

第 51 条　金融企业国有资产转让过程中出现下列情形之一的，财政部门可以要求转让方立即中止或者终止资产转让活动：

（一）未按本办法有关规定在产权交易机构中进行交易的；

（二）转让方不履行相应的内部决策程序、批准程序或者超越权限，或者未按规定报经财政部门和相关部门审批，擅自转让资产的……

5. 企业国有资产交易监督管理办法（国资委、财政部令第 32 号，2016.6.24 实施）

第 7 条　国资监管机构负责审核国家出资企业的产权转让事项。其中，因产权转让致使国家不再拥有所出资企业控股权的，须由国资监管机构报本级人民政府批准。

第 8 条第 1 款　国家出资企业应当制定其子企业产权转让管理制度，确定审批管理权限。其中，对主业处于关系国家安全、国民经济命脉的重要行业和关键领域，主要承担重大专项任务子企业的产权转让，须由国家出资企业报同级国资监管机构批准。

第 12 条　对按照有关法律法规要求必须进行资产评估的产权转让事项，转让方应当委托具有相应资质的评估机构对转让标的进行资产评估，产权转让价格应以经核准或备案的评估结果为基础确定。

第 13 条　产权转让原则上通过产权市场公开进行……

第 31 条　以下情形的产权转让可以采取非公开协议转让方式：

（一）涉及主业处于关系国家安全、国民经济命脉的重要行业和关键领域企业的重组整合，对受让方有特殊要求，企业产权需要在国有及国有控股企业之间转让的，经国资监管机构批准，可以采取非公开协议转让方式；

（二）同一国家出资企业及其各级控股企业或实际控制企业之间因实施内部重组整合进行产权转让的，经该国家出资企业审议决策，可以采取非公开协议转让方式。

第 34 条　国资监管机构负责审核国家出资企业的增资行为。其中，因增资致使国家不再拥有所出资企业控股权的，须由国资监管机构报本级人民政府批准。

第 35 条第 1 款　国家出资企业决定其子企业的增资行为。其中，对主业处于关系国家安全、国民经济命脉的重要行业和关键领域，主要承担重大专项任务的子企业的增资行为，须由国家出资企业报同级国资监管机构批准。

第 38 条第 1 款　企业增资在完成决策批准程序后，应当由增资企业委托具有相应资质的中介机构开展审计和资产评估。

第 45 条　以下情形经同级国资监管机构批准，可以采取非公开协议方式进行增资：

（一）因国有资本布局结构调整需要，由特定的国有及国有控股企业或国有实际控制企业参与增资；

（二）因国家出资企业与特定投资方建立战略合作伙伴或利益共同体需要，由该投资方参与国家出资企业或其子企业增资。

第 46 条　以下情形经国家出资企业审议决策，可以采取非公开协议方式进行增资：

（一）国家出资企业直接或指定其控股、实际控制的其他子企业参与增资；

（二）企业债权转为股权；

（三）企业原股东增资。

第 48 条　企业一定金额以上的生产设备、房产、在建工程以及土地使用权、债权、知识产权等资产对外转让，应当按照企业内部管理制度履行相应决策程序后，在产权交易机构公开进行。涉及国家出资企业内部或特定行业的资产转让，确需在国有及国有控股、国有实际控制企业之间非公开转让的，由转让方逐级报国家出资企业审核批准。

看美剧学法律：16个问答带你系统认识律师－当事人特免权

◎朱华芳

《傲骨贤妻》的铁粉们一定记得第一季中的下述场景：女主角Alicia所在的Stern，Lockhart&Gardner律所的创始合伙人Jonas Stern因酒驾被诉，Alicia担任他的代理律师。期间Alicia发现Jonas在服用多奈哌齐，她知道这种药物是治疗痴呆症的，就向Jonas核实了他的病况。原来Jonas因痴呆症撞车，为了不让人发现他患病的真相，他在车祸后喝酒，让警察误以为他酒驾撞车。Alicia建议他披露健康状况避免牢狱之灾，但Jonas坚决不想让人知道他的状况，也要求Alicia不以此辩护，不向任何人提及此事，并多次提到Alicia受attorney-client privilege（律师－当事人特免权，也译为律师－当事人特权，或律师－当事人保密特权）的约束。

那么什么是律师－当事人特免权？它是指律师对当事人的保密义务吗？主张该特免权需要符合什么要件？律师对从当事人处收到的文件有义务披露吗？哪些情况可能导致该特免权的丧失？这些都是笔者十几年前处理一起美国案件第一次接触到这个概念时曾提过的问题。本文拟通过问答的方式，尽量简洁地介绍美国律师－当事人特免权制度的前述问题，供已在或可能在美国发生诉讼的企业参考。

与大陆法系国家诉讼当事人一般仅需提交证明己方观点的证据不同，英美法系国家的诉讼当事人有义务根据对方请求，提交所有与案件相关的证据，除非该等证据受特免权保护（be privileged）；另一方面，英美法系下每个人都有作证义务，除非存在特免权豁免证人作证义务的情形。

英美证据法上设立特免权规则的目的在于保障特定的国家政策和具有普遍性的价值观念。常见的特免权包括律师－当事人特免权（attorney-client privilege）、医患特免权（physician-patient privilege）、反对自我归罪特免权（privilege against self-incrimination）及婚姻特免权（marital privilege）等。中国企业在美诉讼中最可能碰到或用到的，是律师－当事人特免权。

一、什么是律师－当事人特免权

律师－当事人特免权是英美法系一项重要的证据法规则。它不单纯是律师对当事人的保密义务，更是当事人享有的一项免证特权。根据该规则，当事人（亦称委托人或客户）与其律师间为获得或提供法律服务而进行的书面或口头的保密性交流，受特免权保护；除当事人放弃保持该交流的保密性外，当事人有权在诉讼程序中不披露且禁止其律师披露交流的内容。

二、设立该特免权制度的目的是什么

律师－当事人特免权制度的现代理论基础是“信赖说”，认为强制律师披露委托人秘密违背了律师与委托人之间的信赖关系和律师对委托人的忠诚义务。法律设立该制度的目的，是为了鼓励委托人在与律师交流时更加坦诚和完整，从而让委托人获得建立在充分信息基础上的法律建议和有效代理。

三、该制度是否弊大于利

反对该制度的人认为，该制度会压制证据甚至保护犯罪，但支持该制度的人认为：若没有这项制度，很多人会担心律师随后被要求作证并提供当事人在咨询时披露的情况，而不愿寻求律师的帮助；或即便向律师咨询，也仅披露部分情况，而律师全面了解相关信息是其作出正确法律判断的前提。

四、适用该特免权保护需满足什么要件

1. 主张受特免权保护者必须是客户或试图成为客户者，而与客户进行交流的人必须是律师或其下属且以律师的角色进行交流；

2. 该交流是为获得法律意见、法律服务或法律程序上的协助，且并非为进行犯罪或欺诈行为；

3. 该交流是保密性交流；

4. 该特免权保护已被客户主张，且未被放弃。

五、谁拥有该特免权

当事人，而非律师拥有该特免权。律师也可主张该特免权，但仅可代表当事人的利益主张。在没有相反证据的情况下，律师通常可以委托人名义主张该项特免权。有意思的是，该特免权起源于英国，最早由出庭律师所拥有，后来特免权主体逐渐扩大到非出庭律师，并最后从律师转变为当事人。

六、提供法律咨询服务的不是真正的律师，客户是否享有该特免权

美国联邦证据规则草案曾试图就特免权作出具体规定，在该等草案中，对律师－当事人特免权中的“律师”的定义是，“被授权或者委托人合理相信被授权在任何州或国家执业提供法律服务的人”（a person authorized，or reasonably believed by the client to be authorized，to practice law in any state or nation）。

一般来讲，只要委托人合理相信其咨询的对象有资质提供法律服务，就可享受该特免权，哪怕实际上该“律师”并无提供法律咨询服务的资质。若委托人明知其所求助的对象并非律师，则尽管该人可能受过相当的法律训练且拥有相应的法律技能，其与委托人之间的交流也不受该特权保护。

七、律师－当事人特免权中的“律师”能否为公司内部法律顾问（in-house counsel）

能。但内部法律顾问与内部客户沟通的内容往往更为广泛，仅与寻求和提供法律咨询相关的交流才受该特免权保护。公司内部法律顾问行使商务或管理等非法律的职能，或对相关事务的参与有限时，律师－当事人特免权并不适用。公司在讨论相关问题时抄送公司内部法律顾问，仅该举动并不能使得该等交流受律师－当事人特免权保护。

当内部法律顾问与内部客户的沟通既有法律咨询的内容，又有商务咨询或行政管理等其他内容时，该等交流是否受特免权保护存在不确定性。法官通常会审查交流的内容，判断内部法律顾问是在行使律师的职责还是公司管理或执行人员的职责。为尽量避免该不确定性，内部法律顾问应将其法律建议与商务

建议分开。

八、是否当事人与律师的所有保密性交流均受该特免权保护

不是。当事人与律师的交流中，仅为获得或提供专业法律服务所进行的交流才受该特免权保护。当事人将律师视为朋友、商业顾问或政治顾问等角色进行咨询时，律师－当事人特免权并不适用。

当事人的身份、地址、聘任律师这一事实、律师费安排及委托代理协议的其他条件，一般也不受特免权保护。

此外，律师与当事人之间就行政性事务（ministerial matters）进行的交流也可能不受保护。某案中，委托人被保释等待庭审，但在庭审时未出现。检察官要求律师就其是否已告知委托人庭审时间和地点作证，律师主张律师－当事人特免权予以拒绝。法官认为，律师和委托人之间关于庭审日期的交流并未关系到委托人所涉法律问题，律师仅是行使通知职能，该等交流在性质上是非法律的，不受特免权保护。

九、律师与当事人所交流的事实受保护吗

律师－当事人特免权保护的是律师与客户之间的交流（communication），而非他们所交流的事实（the underlying facts that are communicated）。所以，仅把事实传递给律师，并不能阻止这些事实从其他无特免权的渠道被强制披露。

例如，甲被乙开车撞伤，聘请律师丙起诉乙。甲告诉丙，事故发生时，她正闯红灯过马路。基于律师－当事人特免权，丙作为律师不会被要求披露甲告知他闯红灯一事或就此作证（当然，若事故发生时，丙目击了甲闯红灯，则丙需作为目击证人就此作证）。但当甲在法庭上被询问当时指示灯是否为红色

时，她不能以自己与律师就此进行沟通而主张特免权，而必须如实回答当时指示灯为红色，当然，她可拒绝回答是否已就该情节与丙沟通。

十、公司作为客户时，是否公司任何雇员与律师的交流均受保护

该问题并无明确答案。1981 年前,美国法院主要采纳“控制群体”（control group）标准，只有与律师交流的雇员是公司控制群体成员（即其所担任的职位能控制或能对公司根据律师建议而决定采取的行动发挥重大作用）时，该等交流才受特免权保护。

1981 年，美国最高法院在 Upjohn 案中拒绝采纳控制层标准，认为级别较低的员工经常也掌握着律师所需信息，且律师的建议通常由级别较低的员工实施。但该案并未明确是否公司任一员工与律师就该公司相关事务寻求法律咨询进行的保密性交流均受特免权保护。现在的趋势是，若员工与律师的保密性交流是在履行其在公司的职责，则受律师－当事人特权保护。

十一、免费法律咨询是否受特免权保护

律师－当事人特免权并不以客户支付律师费为前提。有观点认为，即便客户向律师进行初步免费法律咨询后决定不聘任该律师，他们之间此前的交流也可受特免权保护。但也有观点认为，这种情况下是否适用该特免权应视具体情况而定。

十二、交流具有保密性的具体要求是什么

客户与律师之间进行的保密性交流才受特免权保护，但美国法院关于保密

性的标准并不高。若客户向律师进行披露时，意在该等交流仅限于客户与律师及其同事之间,该等交流就是保密性交流。客户无需明示希望该等交流被保密，只要在当时情境下，他能合理相信其与律师之间的交流不会披露给其他人，保密性要求即可满足。

当客户是公司时，保密性要求并非意味着公司方面仅参加交流的公司代表可知晓，但公司必须将披露范围限制在必须知晓的范围内（on a "need to know" basis），即只能披露给根据公司结构和职责分工必须知道该等交流以确保律师能获取充分和准确的信息的人。为了避免公司与律师的交流被视为不具备保密性而不受律师－当事人特免权保护,公司在采用邮件方式与律师交流时，应当谨慎地选择抄送范围。

十三、客户的什么行为将被视为放弃律师－当事人特免权

客户可明示或通过行为放弃律师－当事人特免权。

若客户与律师交流时有第三方在场，或随后客户向第三方披露了与律师交流的内容，则会被视为放弃了该特免权。例如，客户在拥挤的电梯内与律师交流，将被视为客户并不期待该等交流被保密，也就不能就该等交流主张特免权保护。若客户在与律师会议后，将会议情况告知朋友，也可能被视为放弃了特免权。

但若第三方在场是为了促进、协助客户与律师之间的交流，例如律师的助理或客户的翻译等辅助人员在场，不会导致特免权的放弃。此外，若客户对交流内容的披露涉及另一种特免权，则该等披露也不应视为放弃律师－当事人特免权。例如，当事人将他与律师的保密性谈话的内容告知配偶，因相关内容受配偶特免权保护，这种披露不应被视为放弃特免权。

若委托人尽了合理努力使自己与律师的交流处于保密状态，则即使该交流

内容因被窃听而被第三方知晓，委托人也不会因此丧失特免权；相反，委托人不仅可拒绝披露交流的内容，还可阻止窃听者披露该内容。

十四、律师从客户处收到实物证据或文件后，是否有义务披露该等证据的存在及其取得该等证据的途径

这是关于律师－当事人特免权最难的法律问题之一，美国各法院对此并无统一意见。

一般来讲，在若该等证据仍在客户手上而客户有义务披露或提交该等证据的情况下，则从客户处取得该等证据的律师也必须披露或提交该等证据。就律师是否必须披露其取得该等证据的途径，有些法院认为律师可不披露，但也有法院认为，律师应当披露如何取得该等证据的，否则相当于协助客户将证据洗白。

当律师从客户处收到的证据是文件时，若该文件不是客户准备的，则仍适用上述规则；若该文件为客户所准备，则客户可能受反对自我归罪特免权的保护而无需披露，在这种情况下，律师的立场与客户相同，也无需披露该文件。

十五、该特免权的例外情形有哪些

1. 犯罪或欺骗。当事人为实施或抗辩将来的犯罪或欺骗行为而寻求律师的法律意见，不适用该特免权。但若当事人在实施犯罪或欺骗行为后寻求法律咨询，则受该特免权保护，除非当事人是为如何掩盖其犯罪或欺骗行为而寻求法律咨询。

2. 委托协议纠纷。当律师和当事人因法律服务产生纠纷（如律师诉当事人支付律师费或当事人诉律师执业不当赔偿损失）时，他们此前就法律服务进行

的沟通在该纠纷中不受特免权保护，律师可以披露相关内容。

3. 共同以已故委托人的秘密为由主张特免权。以遗嘱继承案件为例，若诉讼各方均主张拥有继承权，却又都以已故立遗嘱人的名义主张其与律师之间交流的特免权，法庭将无从判断立遗嘱人的真实意愿。在这种情况下，法律规定各方均无权主张特免权,从而必须披露立遗嘱人在向律师咨询期间交流的内容，以便查明立遗嘱人的真实意图。

4. 共同聘雇。两个以上的当事人为同一事务聘用相同的律师后，当事人因该事务发生纠纷时，任何一方不得就之前其与律师交流的内容主张该特免权。

5. 律师见证文件。若某文书属于律师见证文书，则在有关文书内容的问题上，委托人不得以该特免权为由拒绝披露或阻止律师披露。

十六、我国法律有类似律师－当事人特免权的制度吗

没有。我国现行《律师法》第 38 条第 1 款规定："律师应当保守在执业活动中知悉的国家秘密、商业秘密，不得泄露当事人的隐私。"第 2 款规定："律师对在执业活动中知悉的委托人和其他人不愿泄露的有关情况和信息，应当予以保密。但是，委托人或者其他人准备或者正在实施危害国家安全、公共安全以及严重危害他人人身安全的犯罪事实和信息除外。"但该等规定是律师职业道德和执业纪律规范，与作为证据法规则之一的律师－当事人特免权存在重大区别。

10 个问答，读懂内地与香港判决相互认可和执行

◎朱华芳

2016 年 2 月，香港高等法院在吴作程 v. 梁俪 and others 一案中，驳回了被告要求撤销对广东省深圳市中级人民法院 1 份调解书的登记的申请。这是 2008 年两地关于民事判决的相互认可和执行的安排生效后，首个被报道的香港法院根据该等安排认可和执行内地法院判决的案例。而另一方面，能检索到的内地法院认可和执行香港法院民商事判决（离婚案件除外）的案例也有限。这说明内地和香港的经贸往来虽很发达，但两地判决的相互认可和执行状况却不容乐观。

本文拟通过问答方式解析两地判决相互认可和执行安排的主要规定，亦将简单介绍内地判决在香港寻求执行的其他途径，希望有助于从事两地经贸活动的企业了解和利用好这些机制。

香港特别行政区享有独立的司法权和终审权，内地和香港处于不同法域，故内地法院判决不能直接在香港执行，反之亦然。那两地法院判决如何进行相互认可和执行呢？

香港回归前，双方均将对方法院判决视为外国判决，分别根据《民事诉讼法》和普通法的规定审查决定是否予以承认和执行。1997 年香港回归后，这种做法已不合适，但新的区际司法协助规定又因法律体系和司法现状的巨大差异未能尽快达成，使得在香港回归后长达 10 年时间里，两地法院判决的相互认可和执行渠道不畅，一定意义上阻碍了两地经贸关系的健康发展。

为解决此问题，最高人民法院与香港特区政府经协商后本着先易后难的原则，于 2006 年 7 月 14 日签署了《关于内地与香港特别行政区法院相互认可和执行当事人协议管辖的民商事案件判决的安排》（以下简称《安排》），先对分歧较小的当事人明确约定了管辖法院的商事合约案件的判决在两地的认可和执行的条件及程序作出具体规定。香港特区政府为实施《安排》，在 2008 年 4 月通过《内地判决（交互强制执行）条例》（以下简称《条例》）。2008 年 8 月 1 日，《安排》和《条例》正式生效。

《安排》和《条例》的适用条件相对严格，实践中据此予以认可和执行的判决有限。但了解《安排》和《条例》的规定，能够帮助相关企业在开展两地经贸往来时有针对性地在合同中对管辖作出约定，以充分利用《安排》和《条例》提供的便利。

一、哪类判决可以根据《安排》申请认可和执行

根据《安排》第 1 条规定，“内地人民法院和香港特别行政区法院在具有书面管辖协议的民商事案件中作出的须支付款项的具有执行力的终审判决，当事人可以根据本安排向内地人民法院或者香港特别行政区法院申请认可和执行”。

具体讲，适用《安排》的判决必须同时具备以下 4 个条件：

1. 当事人以书面形式明确约定内地人民法院或者香港特别行政区法院具有对争议的唯一管辖权，而判决由该等约定的法院作出。如果没有管辖约定或者约定不明，便不能适用《安排》。

2. 只能是民商事合同（不包括雇佣合同以及自然人因个人消费、家庭事宜或者其他非商业目的而作为协议一方的合同）案件的判决。《安排》暂不适用于婚姻、继承、侵权、劳动争议、破产等其他民商事案件。

3. 只适用于源于商业合约的争议所做出的给付金钱的判决，不包括确认权益或者要求履行某种行为等的其他判决。

4.《安排》所适用的民商事判决必须是具有执行力的终审判决。

《安排》所称判决，在内地包括判决书、裁定书、调解书和支付令，在香港特别行政区包括判决书、命令和诉讼费评定证明书。

二、任何一家内地法院符合上述条件的判决均可适用《安排》吗

不是。《安排》并不适用于所有内地法院的判决，只有指定法院的判决才能适用《安排》。

指定法院包括最高人民法院、高级人民法院、中级人民法院以及《条例》附件清单所列的认可基层人民法院[①]。

鉴于认可基层人民法院的范围可能发生变动，《条例》规定，如在订立选用内地法院协议当日，有关选用法院不是认可基层人民法院，则即使该选用法院其后成为认可基层人民法院，就《条例》而言，该选用法院不得被视为认可基层人民法院；就任何内地判决而言，如在订立选用内地法院协议当日，有关

① 认可的基层人民法院指经授权管辖第一审涉外、涉港澳台民商事案件的基层人民法院，目前已达 200 多家。

选用法院是认可基层人民法院，并在该判决作出当日仍属认可基层人民法院，则即使该选用法院其后不再是认可基层人民法院，就《条例》而言，该选用法院须被视为认可基层人民法院。

三、如何确定某判决是否为具有执行力的终审判决

《安排》签署前，香港法院在有关判例中拒绝认可内地法院判决的最主要原因，是认为内地民事诉讼存在审判监督程序，故内地法院生效判决并非终局性判决；而根据普通法，只有最终的、不可推翻的判决方可执行。

在《安排》磋商过程中，两地对内地法院判决的终局性问题存在较大分歧。最后，《安排》未使用“终局性判决”这一用语，而是规定判决必须是“具有执行力的终审判决”。

对于何为“具有执行力的终审判决”，《安排》第2条明确界定，在内地是指：（1）最高人民法院的判决；（2）高级人民法院、中级人民法院以及经授权管辖第一审涉外、涉港澳台民商事案件的基层人民法院依法不准上诉或者已经超过法定期限没有上诉的第一审判决，第二审判决和依照审判监督程序由上一级人民法院提审后作出的生效判决。在香港是指终审法院、高等法院上诉法庭及原讼法庭和区域法院作出的生效判决。值得注意的是，内地由原审法院再审作出的生效判决，不能适用《安排》和《条例》在香港申请认可和执行。

《安排》第6条还进一步规定，申请人向有关法院申请认可和执行判决时，应当提交作出终审判决的法院出具的证明书，证明该判决属于《安排》第2条所指的终审判决，在判决作出地可以执行。这一做法看似增加了申请人负担，却是两地磋商时最高人民法院针对港方对内地判决终局性的顾虑，本着务实的态度提出的解决方案。

《条例》根据《安排》对此作了类似规定。同时，《条例》还明确，如原审

法院发出证明书，证明某内地判决在内地是最终且是可在内地执行的判决，则该判决在相反证明成立前，应被作为可在内地执行的判决。

文首所述案例中，香港高等法院 Harold Leong 法官驳回被告将对深圳中院调解书的登记作废的申请的原因之一，便是认为，原告已提供原审法院出具的证明书，被告要将登记作废，必须提供能够证明该内地调解书不是终局且不具有执行力的有力反证，而被告在内地提出撤销内地执行令（而非撤销内地调解书）的申请（即便该申请确实仍处待定状态）远远不够。

四、认可和执行申请应在多长时间内提出

《安排》统一采纳了《民事诉讼法》规定的申请执行期限，规定申请人申请认可和执行判决的期间为二年。该期间，内地判决到香港特别行政区申请执行的，从判决规定履行期间的最后一日起计算，判决规定分期履行的，从规定的每次履行期间的最后一日起计算，判决未规定履行期间的，从判决生效之日起计算；香港特别行政区判决到内地申请执行的，从判决可强制执行之日起计算，该日为判决上注明的判决日期，判决对履行期间另有规定的，从规定的履行期间届满后开始计算。

值得注意的是，根据香港时效条例，基于任何判决的诉讼，应在该判决可予强制执行日起 12 年内提出；而就任何判定债项的欠缴利息，应在利息到期应缴日起 6 年内追讨。故若某案根据《安排》和《条例》申请登记执行期限已届满，但尚未超过 12 年，则胜诉方可选择根据普通法以内地判决为诉因起诉以执行内地判决。

此外，内地与香港特别行政区对仲裁裁决相互执行的申请期间作了不同规定。《最高人民法院关于内地与香港特别行政区相互执行仲裁裁决的安排》（以下简称《仲裁裁决安排》）第 5 条规定："申请人向有关法院申请执行内地或者

香港特区仲裁裁决的期限依据执行地法律有关时限的规定。”而香港时效条例规定，强制执行某项裁决的诉讼应在诉讼因由产生日起6年内提出，故香港仲裁裁决在内地申请认可和执行的期限仍为2年，但内地仲裁裁决在香港特别行政区申请认可和执行的期限是6年。

五、申请应向什么法院提出，能否同时向两地法院提出

申请认可和执行符合《安排》规定的民商事判决，在内地向被申请人住所地、经常居住地或者财产所在地的中级人民法院提出，在香港向香港高等法院原诉法庭提出。

为避免恶意和重复执行，2000年的《仲裁裁决安排》禁止申请人同时分别向两地法院提出执行申请，规定："只有一地法院执行不足以偿还其债务时，才可就不足部分向另一地法院申请执行。”该规定对债权人实现债权的门槛设置过高，对债权人显失公允。所以，《安排》作出调整，对被申请人的住所地、经常居住地或财产所在地，既在内地又在香港的，允许申请人同时分别向两地法院提出申请，但要求“两地法院分别执行判决的总额，不得超过判决确定的数额。已经部分或者全部执行判决的法院应当根据对方法院的要求提供已执行判决的情况”。

另一方面，对被申请人住所地、经常居住地或者财产所在地在内地不同的中级人民法院辖区的，《安排》要求申请人选择向其中一个人民法院提出认可和执行的申请，而不得分别向两个或者两个以上人民法院提出申请。

六、根据《安排》申请认可和执行需提交哪些文件

当事人需向法院提交以下文件：

1. 请求认可和执行的申请书。申请书应载明下列事项：当事人的有关情况；申请执行的理由与请求的内容，被申请人的财产所在地及财产状况；判决是否在原审法院地申请执行以及已执行的情况。

2. 经作出终审判决的法院盖章的判决书副本。

3. 作出终审判决的法院出具的证明该判决属于终审判决且在判决作出地可以执行的证明书。

4. 申请人的身份证明材料。

七、哪些情形可以拒绝认可和执行

《安排》规定了不予认可和执行的 7 种情形，其中前 6 种均需由原审判决债务人提供证据证明，第 7 种情形可由法院自行认定：

1. 根据当事人协议选择的原审法院地的法律，管辖协议属于无效。但选择法院已经判定该管辖协议为有效的除外。

2. 判决已获完全履行。

3. 根据执行地法律，执行地法院对该案享有专属管辖权。

4. 根据原审法院地的法律，未曾出庭的败诉一方当事人未经合法传唤或虽经合法传唤但未获依法律规定的答辩时间。但原审法院根据其法律或有关规定公告送达的，不属于上述情形。

5. 判决是以欺诈方法取得的。

6. 执行地法院就相同诉讼请求作出判决，或者外国、境外地区法院就相同诉讼请求作出判决，或有关仲裁机构作出仲裁裁决，已经为执行地法院所认可或执行的。

7. 内地法院认为在内地执行香港特区法院判决违反内地社会公共利益，或者香港特区法院认为在香港特区执行内地法院判决违反香港特区公共政策的。

考虑到内地与香港特区分属不同法域，拥有不同的社会制度、经济制度、风俗习惯和法律原则，《安排》在不予认可和执行的情形中加入了专属管辖条款和公共秩序条款。当然，一国之内各法域间的合作应比国与国之间更为密切，两地应尽量限制公共秩序条款的适用，以维护司法正义和当事人权益，促进两地交往。

八、对于拒绝认可和执行的判决有什么救济措施

当事人对认可和执行与否的裁定不服的，在内地可向上一级人民法院申请复议，在香港特别行政区可根据其法律规定提出上诉。

在法院受理当事人申请认可和执行判决期间，当事人依相同事实再行提起诉讼的，法院不予受理。已获认可和执行的判决，当事人依相同事实再行提起诉讼的，法院不予受理。

对于不予认可和执行的判决，申请人不得再行提起认可和执行的申请，但可按照执行地法律依相同案件事实向执行地法院提起诉讼。

九、按照《安排》和《条例》在香港申请认可和执行内地判决遵循什么程序

《安排》第 8 条第 1 款规定："申请人申请认可和执行内地人民法院或者香港特别行政区法院判决的程序，依据执行地法律的规定。本安排另有规定的除外。"故在香港申请认可和执行内地判决，主要依据《条例》和香港《高等法院规则》，其大致程序如下：

1. 判定债权人向香港高等法院原讼法庭提出申请，符合《条例》第 5 条规定条件的，由原讼法庭作出登记内地判决的命令，并指明判定债务人申请将已

登记判决的登记作废的期限。

2. 判定债务人可在上述期限内向原诉法庭申请将前述登记作废，但在该期限内，判定债权人不得寻求强制执行已登记判决。

3. 据判定债务人的申请,原诉法庭若认定存在《条例》第 18 条规定的事由，则须将已登记判决的登记作废。这些事由与《安排》规定的不予认可和执行的情形基本一致。

4. 若判定债务人未在前述期限内申请将登记作废，或判定债务人关于登记作废的申请被驳回，则判定债权人可申请强制执行该内地判决。

十、除根据《安排》和《条例》，有无其他方式在香港执行内地判决

涉及金钱给付的内地判决亦可通过普通法的方式在香港寻求执行。判定债权人可将内地法院终审生效判决作为债权证据在香港法院起诉，请求香港法院根据内地判决的内容作出判决。原则上香港法院不再审理内地判决所涉实体问题，但可能会根据判定债务人提出的抗辩，对内地判决法院有无管辖权、判决是否具有终局性、审判程序的正当公正及判决是否涉及金钱给付进行审查。若判定债务人不能提出合理抗辩，则法院可根据判定债权人的申请作出即决判决（summary judgment）使内地判决的内容得到认可和执行。

最高人民法院案例："动摇"一份仲裁裁决的路，他们一一走过

◎朱华芳

仲裁为一裁终局，裁决作出后，失利一方不能上诉，但法律为其规定了两种救济途径：一是主动向法院申请撤销仲裁裁决，二是在对方申请执行仲裁裁决时，向法院申请不予执行作为对抗措施。

申请撤销裁决和申请不予执行裁决有何异同？当事人若对法院审查撤裁或不予执行申请作出的裁定不满，有无进一步救济措施？本文拟从一则案例开始，对这些问题进行解答。该案穷尽了仲裁裁决司法审查可能涉及的程序，涵盖了与此相关的大部分问题：裁决债权人向北京市第一中级人民法院申请执行贸仲裁决，裁决债务人先申请撤销裁决，被驳回后申请不予执行，再次被驳回后向北京高院申请复议；复议请求被支持后，裁决债权人向最高人民法院申诉，最高人民法院通过执行监督程序支持了北京市第一中级人民法院驳回不予执行申请的裁定。

一、案情简介

（一）中国国际经济贸易仲裁委员会作出裁决

2011年6月27日，中国国际经济贸易仲裁委员会（以下简称贸仲）就淄博福禄国际贸易有限公司（以下简称淄博福禄公司）与某企业（以下简称A公司）合同纠纷一案，作出裁决，确定A公司向淄博福禄公司返还货款并支付相关违约金及费用。

（二）A公司申请撤销裁决

因A公司未履行裁决义务，淄博福禄公司向北京市第一中级人民法院（以下简称北京一中院，即A公司所在地的中院）申请执行。在执行过程中，A公司以淄博福禄公司向仲裁庭隐瞒了双方以往所签合同，伪造工矿购销合同和8张银行汇票为由，于2011年12月22日向北京一中院（当时贸仲所在地的中院）申请撤销贸仲裁决。北京一中院于2012年2月22日，裁定驳回A公司的撤裁申请。

（三）A公司申请不予执行裁决

2012年3月7日，A公司以仲裁裁决认定事实的主要证据不足及仲裁裁决适用法律错误为由向北京一中院申请不予执行仲裁裁决。北京一中院未予认可，并认为A公司以本案合同系伪造的为由申请撤销裁决，已被法院依法驳回；根据《最高人民法院关于适用〈中华人民共和国仲裁法〉若干问题的解释》第26条的规定："当事人向法院申请撤销裁决被驳回后，又在执行程序中以相同理由提出不予执行抗辩的，人民法院不予支持。"2013年12月20日，北京一中院裁定驳回A公司不予执行裁决的申请。

（四）A公司向高级人民法院申请复议

A公司向北京市高级人民法院（以下简称北京高院）申请复议。北京高院认为，人民法院对2013年1月1日前已受理、2013年1月1日尚未审查完毕的申请不予执行仲裁裁决的案件，适用2012年修改前的《民事诉讼法》，并进而依据2007年《民事诉讼法》第213条第2款第（4）项（即认定事实的主要证据不足）的规定，于2014年12月19日裁定撤销北京一中院裁定，不予执行贸仲裁决。

（五）最高人民法院进行执行监督

淄博福禄公司向最高人民法院申诉，以北京高院的执行裁定适用法律错误为由，请求撤销北京高院裁定，维持北京一中院裁定。最高人民法院经审查认为：本案争议的焦点问题是杨晓丽以A公司化工处的名义与淄博福禄公司签订《工矿产品购销合同》，收取淄博福禄公司以银行承兑汇票形式支付的860万元，其行为是否属于职务行为，其行为结果是否由A公司承担。贸仲裁决认定化工处具有签订合同的主体资格、合同合法有效，认定淄博福禄公司完成了向A公司支付860万元货款义务，不属于认定事实的主要证据不足的情形。北京高院裁定的认定确有不妥，应予纠正。北京一中院裁定结果正确，应予维持。2015年11月27日，最高人民法院根据1998年《最高人民法院关于人民法院执行工作若干问题的规定（试行）》（以下简称《执行工作规定》）第129条，裁定撤销北京高院裁定，维持北京一中院裁定。

二、申请撤销裁决与申请不予执行裁决的异同

（一）可依据哪些事由撤销或不予执行裁决

2007年《民事诉讼法》规定的申请撤销国内裁决和申请不予执行国内裁决的事由并不一致，2012年《民事诉讼法》修正时对不予执行国内仲裁裁决的事由进行修订，修订后与撤销国内仲裁裁决的事由完全一致。前述案例所涉的不予执行的两个事由，即仲裁裁决认定事实的主要证据不足及仲裁裁决适用

法律错误均被删除。

根据现行法律，撤销或不予执行国内裁决的事由有7个：（1）当事人在合同中没有订有仲裁条款或者事后没有达成书面仲裁协议的；（2）裁决的事项不属于仲裁协议的范围或者仲裁机构无权仲裁的；（3）仲裁庭的组成或者仲裁的程序违反法定程序的；（4）裁决所根据的证据是伪造的；（5）对方当事人向仲裁机构隐瞒了足以影响公正裁决的证据的；（6）仲裁员在仲裁该案时有贪污受贿、徇私舞弊、枉法裁决行为的；（7）（执行）该裁决违背社会公共利益的。

撤销涉外裁决和不予执行涉外裁决的事由自始一致，较上述范围要小，且与《纽约公约》规定的不予执行外国仲裁裁决的事由基本相同。具体为：（1）当事人在合同中没有订有仲裁条款或者事后没有达成书面仲裁协议的；（2）被申请人没有得到指定仲裁员或者进行仲裁程序的通知，或者由于其他不属于被申请人负责的原因未能陈述意见的；（3）仲裁庭的组成或者仲裁的程序与仲裁规则不符的；（4）裁决的事项不属于仲裁协议的范围或者仲裁机构无权仲裁的；（5）（执行）该裁决违背社会公共利益的。

（二）应在什么期间提出申请

《仲裁法》第59条规定：“当事人申请撤销裁决的，应当自收到裁决书之日起六个月内提出。”而根据《最高人民法院关于适用〈中华人民共和国民事诉讼法〉的解释》（以下简称《民诉法司法解释》）第481条，当事人请求不予执行仲裁裁决，应当在执行终结前提出。实践中确实通常是胜利一方向法院申请执行裁决后，失利一方在裁决执行程序中提出不予执行申请。

那胜利一方应在多长时间内申请执行仲裁裁决？《民事诉讼法》的规定是2年，该期间从仲裁裁决规定履行期间的最后1日起计算；仲裁裁决规定分期履行的，从规定的每次履行期间的最后1日起计算；仲裁裁决未规定履行期间的，从仲裁裁决生效之日起计算。

司法实践中有对上述规则进行变通的先例。在上海市高级人民法院（以下简称上海高院）作出的（2009）沪高执复议字第2号执行裁定中，针对当事人超过按上述规则确定的期限提出的贸仲裁决执行申请，上海高院认为，“涉外案件的申请执行期限，应当从发现被执行人可供执行财产之日起算”。其逻辑是，我国法律有关申请执行期间起算的规定，是针对生效法律文书作出时，被执行人或其财产在我国领域内的一般情况作出的。若仲裁裁决生效当时，我国法院对其并无执行管辖权，申请执行人在发现被执行人有财产在我国领域内之后即向人民法院申请执行，而申请人此前不存在任何怠于行使申请执行权的问题，则申请执行期间宜从发现被申请人在我国有可供执行的财产之日起算。当然，该案存在被申请人住所地所在的外国法院多次恶意驳回申请人的承认和执行裁决的申请等情节，故前述变通处理，或为保护申请执行人正当利益的无奈之举。

（三）应向什么法院提出申请，并由法院的什么部门进行审查

撤销裁决的申请应向仲裁委员会所在地的中级人民法院提出，而不予执行裁决的申请应向仲裁裁决的执行法院，即被执行人住所地或者被执行的财产所在地的中级人民法院提出。

文首案例撤裁申请发生在2011年，当时贸仲所在的西城区属北京一中院辖区（从2013年8月21日起属北京二中院辖区），故当事人向北京一中院申请撤裁；被执行人住所地在海淀区，亦属北京一中院辖区，故被执行人向北京一中院提出不予执行裁决申请。

《仲裁法》及《最高人民法院关于适用〈中华人民共和国仲裁法〉若干问题的解释》（以下简称《仲裁法司法解释》）规定，当事人申请撤销或不予执行仲裁裁决的案件，人民法院应组成合议庭审查，但并未规定应由法院哪个部门审查。实践中，撤销仲裁裁决案件一般由审判庭审查，但不予执行申请的审查部门各地做法不一，多为审判庭，也有些是执行庭。

江苏省高级人民法院规定，申请执行国内仲裁裁决的案件，被执行人提出不予执行国内仲裁裁决抗辩的，应作为执行异议案件移送审理涉外商事案件的审判庭审查。广东省高级人民法院（以下简称广东高院）规定，执行法院立案庭负责对当事人请求不予执行仲裁裁决的申请是否符合立案条件进行审查，并在作出立案决定后2个工作日内将案卷材料移送相关民事审判庭审查。而重庆市高级人民法院（以下简称重庆高院）规定，被申请人提出不予执行申请的，人民法院执行机构应当组成合议庭进行审查并依法作出是否准予执行的裁定。

（四）法院应在多长时间内作出审查决定

《仲裁法》第60条明确规定，人民法院应在受理撤销裁决申请之日起两个月内作出撤销裁决或者驳回申请的裁定。对不予执行仲裁裁决申请作出决定的期限，《仲裁法》及《仲裁法司法解释》并未明确，但有些地方法院对此有规定。

如广东高院和四川省高级人民法院均规定，人民法院受理不予执行裁决的申请后，应在立案后两个月内审查完毕，并作出裁定。特殊情况需要延长的，由院长批准。而2014年上海市第二中级人民法院关于适用《中国（上海）自由贸易试验区仲裁规则》仲裁案件司法审查和执行的若干意见规定，对仲裁庭适用简易程序或小额争议程序的仲裁案件，且事实清楚、仲裁程序争议不大的，以及当事人已以相同理由提起撤销仲裁裁决申请并被驳回的仲裁案件，当事人申请不予执行仲裁裁决的，可以采用简易听证程序或书面审查，一般应当在立案之日起15日内作出裁定。

文首案例中，北京一中院在受理后整整两个月时裁定驳回撤销裁决的申请，但在受理一年半后才作出驳回不予执行申请的裁定。

（五）法院是否会裁定中止执行

仲裁法明确规定，一方当事人申请执行裁决，另一方当事人申请撤销裁决的，人民法院应当裁定中止执行；待审查撤裁申请的法院作出撤裁或驳回的裁定后，执行法院再相应裁定终结执行或恢复执行。但仲裁法及仲裁法司法解释均未规定，一方当事人申请执行裁决，另一方当事人申请不予执行时，执行是否应当中止，实践中各地做法不一。

根据《执行工作规定》第102条，仲裁裁决的被申请执行人依据《民事诉讼法》的规定向人民法院提出不予执行请求，并提供适当担保的，人民法院应当裁定中止执行。但广东高院规定，申请不予执行仲裁裁决案件审查期间，仲裁裁决不停止执行。被执行人提供确实有效的担保请求暂缓执行的，可以准许。暂缓执行期间，不停止对被执行人财产的查封、冻结、扣押等控制性执行措施。申请执行人同时提供相应担保请求继续执行的，应当继续执行。

（六）法院有哪些处理方式，能否通知重新仲裁

根据《仲裁法》第60条和第61条的规定，人民法院对撤销仲裁裁决的申请有撤裁、通知重新仲裁和驳回申请3种处理方式：（1）符合《仲裁法》第58条规定的条件的，裁定撤销裁决；（2）若仲裁裁决所根据的证据是伪造的或对方当事人隐瞒了足以影响公正裁决的证据的，可以通知仲裁庭在一定期限内重新仲裁并在通知中说明要求重新仲裁的具体理由；（3）不存在《仲裁法》第58条规定的情形的，裁定驳回申请。当然，实践中也有当事人超期提出撤裁申请，法院直接裁定不予受理的。

根据《仲裁法》及《仲裁法司法解释》，人民法院对不予执行裁决的申请，有裁定不予执行和裁定驳回申请两种处理方式，并无通知仲裁庭重新仲裁这一方式。但实践中也有不同做法，如陕西省高级人民法院规定，人民法院在审查不予执行申请时，如发现仲裁裁决有裁决所根据的证据是伪造的或对方当事人隐瞒了足以影响公正裁决的证据情形之一的，征得当事人同意，人民法院可以参照《仲裁法》第61条的规定，通知仲裁机构在一定期限内重新仲裁。

三、当事人若不服法院对撤销裁决或不予执行裁决申请作出的裁定，有无进一步救济措施

（一）不能上诉、申请再审或由人民检察院提起抗诉

按照《民事诉讼法》第154条、《民诉法司法解释》第381条及最高人民法院的相关通知和批复，撤销仲裁裁决的裁定、驳回申请撤销仲裁裁决的裁定、不予执行仲裁裁决的裁定以及驳回不予执行裁决申请的裁定均不能上诉，也不能申请再审或由人民检察院提起抗诉。

法院裁定撤销或不予执行仲裁裁决后，当事人间的纠纷回到初始状态。根据《仲裁法》第9条第2款的规定，这种情况下，当事人就该纠纷可以根据双方重新达成的仲裁协议申请仲裁，也可以向人民法院起诉。

（二）对不予执行裁决的裁定不能复议，对驳回不予执行裁决申请的裁定或可复议

2015年2月4日实施的《民诉法司法解释》第478条还进一步规定，人民法院裁定不予执行仲裁裁决后，当事人对该裁定提出执行异议或者复议的，人民法院不予受理。这就改变了2015年1月1日实施的最高人民法院《关于执行案件立案、结案若干问题的意见》（以下简称《执行案件立结案意见》）第10条的相关规定（北京高院在内的部分高院此前也有类似规定）。根据该《执行案件立法案意见》第10条，当事人不服人民法院作出的不予执行仲裁裁决、驳回不予执行仲裁裁决申请的裁定，向上一级人民法院申请复议的，应予立案。新法优于旧法，故对不予执行裁决的裁定，当事人不能提出执行异议或复议，这已明确。

然而，《民诉法司法解释》第478条并未明确，对人民法院驳回不予执行仲裁裁决申请的裁定，当事人是否可以申请复议。有观点认为，既然执行案

件立结案意见第 10 条规定这种情况可以申请复议，而《民诉法司法解释》第 478 条又未予以禁止，那自然应可。但也有观点认为，虽然根据《执行案件立结案意见》第 9 条的规定，法院把不予执行仲裁裁决申请作为执行异议案件立案，但它与一般执行异议案件性质很不一样，法院审查的依据也完全不同；从尽量减少司法对仲裁的干预，促进仲裁发展的角度出发，在法院驳回当事人不予执行裁决申请后，不应赋予当事人申请复议权。

文首案例中，当事人在北京一中院驳回其不予执行裁决的申请后，根据 2009 年《北京市高级人民法院关于适用 < 中华人民共和国民事诉讼法 > 执行程序部分及其司法解释若干问题的指导意见（试行）》第 14 条的规定，向北京高院申请复议并获得成功。当然，该案复议申请是在 2013 年提出的，笔者并未查到 2015 年《民诉法司法解释》实施后，高院仍受理该等复议申请的案例，故该问题的答案仍有待司法实践的验证。

（三）对不予执行裁决申请作出的裁定，可以申请执行监督

文首案例中，最高人民法院裁定援引的是《执行工作规定》第 129 条关于执行监督的规定。实践中，最高人民法院或有关高级人民法院以执行监督的名义，改变下级法院对不予执行裁决申请作出的裁定的案例并不少见。

在另一个类似案例中，最高人民法院受理当事人申诉并作出（2013）执监字第 204 号执行裁定，撤销了北京高院复议后作出的裁定，维持了北京市一中院不予执行相关裁决的裁定。对一方当事人提出的最高人民法院不应再就对方当事人的再审申请进行审查的质疑，最高人民法院回应如下：1996 年 6 月 26 日《关于当事人因不予执行仲裁裁决的裁定不服而申请再审人民法院不予受理的批复》是指“人民法院不予受理当事人因对不予执行仲裁裁决的裁定不服而提起的再审申请”，并不涉及执行监督问题。《执行工作规定》第 129 条规定，上级人民法院依法监督下级人民法院的执行工作。最高人民法院依法监督地方各级人民法院和专门法院的执行工作。第 130 条规定，上级法院发现下级法院在执行中作出的裁定、决定、通知或具体执行行为不当或有错误的，有权予以纠正。根据上述规定，本院有权立案处理当事人就不予执行仲裁裁决案件提起的执行监督申请。

部分高院也据此作出相关规定。如重庆高院规定，当事人、利害关系人不服人民法院裁定驳回不予执行仲裁裁决和调解书申请的，可以向上一级人民法院提出申诉。当事人、利害关系人因不服人民法院对仲裁裁决和调解书的执行审查裁定申诉的，人民法院按照执行监督程序办理。

值得注意的是，有观点认为，最高人民法院、高级人民法院对下级法院就不予执行裁决申请作出的裁定适用执行监督制度，不符合《民事诉讼法》第237条和《仲裁法》第9条关于法院裁定不予执行裁决后当事人救济途径的规定，即无上位法民事诉讼法的授权，又违背了《仲裁法》一裁终局和有限司法监督的原则，应予改变。

法务技能 get：9 个案例告诉你如何起草和审核合同仲裁条款

◎朱华芳

与诉讼相比，仲裁在我国仍是相对小众的一种争议解决方式，但过去几年发展迅速。据国务院法制办公室发布的数据，2015 年，全国 244 家仲裁委员会共受理案件 136924 件，比 2014 年增长 20%；案件标的总额 4112 亿元，比 2014 年增长 55%。企业法务越来越多地要起草或审核合同中的仲裁条款，其最重要的目标之一是确保仲裁条款合法有效。

本文精选最高人民法院作出复函或者二审裁定的 9 个仲裁条款，邀请大家通过练习的方式，了解我国仲裁协议效力裁判规则，掌握如何制订合法有效的仲裁条款。

打开中国裁判文书网，以“仲裁协议效力”为关键词检索，可搜到从2007年到2016年各级法院作出的2327份裁判文书，其中2014年为729份，2015年为626份，2016年为163份；再进一步以案由“申请确认仲裁协议效力”进行检索，得到1454份裁判文书，其中2014年为440份，2015年为394份，2016年为107份。可见，仲裁条款看似简单，但实践中争议多发。大量仲裁条款因为当事人不了解我国《仲裁法》及司法解释的相关规定而存在瑕疵，引发条款效力之争。本文精选的9个条款便是实践中常见的问题仲裁条款。

一、根据我国法律，这九个仲裁条款是否有效

案例一：因本合同或其执行而产生的任何争议，如果有，将通过友好协商解决。如果双方的协商不能解决，争议将提交仲裁庭仲裁。仲裁庭由两名仲裁员组成，一名中国籍的由买方指定，另一名泰国籍的由卖方指定，首席仲裁院由双方协商一致任命。仲裁地点经协商后一致确定。

案例二：双方都应诚信合作，如有争议应友好协商。如协商不成双方均可以向中国国际贸易促进委员会对外贸易仲裁委员会提交仲裁，也可以向浙江一顺进出口有限公司所在地法院直接起诉。

案例三：本合同履行时如发生争议应友好协商解决，或依照中华人民共和国有关法律、规章提交南京国际贸易仲裁委员会仲裁。

案例四：凡因执行本合同或与本合同有关事项所发生的一切争执，应由双方通过友好方式协商解决。如果不能取得协议时，则在卖方所在地（连云港市）根据仲裁程序规则进行仲裁。

案例五：在执行本合同期间，如产生分歧，双方将本着友好合作精神，协商解决。协商不成，向北京仲裁机构申请仲裁。

案例六：协商不成的，应向北京市仲裁委员会申请仲裁。

案例七：在本合同下或与本合同相关的任何以及所有无法友好解决的争议应通过仲裁解决，仲裁应根据中国国际经济贸易仲裁委员会调解和仲裁规则进行，仲裁应在北京进行。

案例八：任何因本合同引起的或与其有关的争议应被提交国际商会仲裁院，并根据国际商会仲裁院规则由按照该等规则所指定的一位或多位仲裁员予以最终仲裁。管辖地应为中国上海，仲裁应以英语进行。①

案例九：如发生纠纷时，双方首先应进行友好协商，达成协议，对于不能达成协议的部分可向大韩商事仲裁院提出诉讼进行仲裁，仲裁结果对于甲乙双方具有同等法律约束力。②

二、有点拿不准是吗，参考资料来了

（一）法律

1. 中华人民共和国仲裁法

第 16 条第 2 款　仲裁协议应当具有下列内容：

（一）请求仲裁的意思表示；

（二）仲裁事项；

（三）选定的仲裁委员会。

第 18 条　仲裁协议对仲裁事项或者仲裁委员会没有约定或者约定不明确的，当事人可以补充协议；达不成补充协议的，仲裁协议无效。

（二）司法解释

1. 最高人民法院关于适用《中华人民共和国仲裁法》若干问题的解释（简

---

① 注：该合同为涉外合同。

② 注：甲方和乙方均为在我国注册成立的公司，其中甲方为内资企业，乙方为外商独资企业。

称《仲裁法司法解释》)

第 3 条　仲裁协议约定的仲裁机构名称不准确，但能够确定具体的仲裁机构的，应当认定选定了仲裁机构。

第 4 条　仲裁协议仅约定纠纷适用的仲裁规则的，视为未约定仲裁机构，但当事人达成补充协议或者按照约定的仲裁规则能够确定仲裁机构的除外。

第 5 条　仲裁协议约定两个以上仲裁机构的，当事人可以协议选择其中的一个仲裁机构申请仲裁;当事人不能就仲裁机构选择达成一致的,仲裁协议无效。

第 6 条　仲裁协议约定由某地的仲裁机构仲裁且该地仅有一个仲裁机构的，该仲裁机构视为约定的仲裁机构。该地有两个以上仲裁机构的，当事人可以协议选择其中的一个仲裁机构申请仲裁；当事人不能就仲裁机构选择达成一致的，仲裁协议无效。

第 7 条　当事人约定争议可以向仲裁机构申请仲裁也可以向人民法院起诉的，仲裁协议无效。但一方向仲裁机构申请仲裁，另一方未在仲裁法第二十条第二款规定期间内提出异议的除外。

从以上规定可以看出，相较于仲裁立法和实践更为成熟的国家，我国仲裁协议的效力标准太过严格。大部分国家均认可临时仲裁，而我国《仲裁法》禁止在我国境内开展临时仲裁,要求仲裁协议必须明确选定管理案件的仲裁机构。加之我国法律和司法实践禁止将非涉外争议提交境外仲裁，这些都使得当事人将争议提交仲裁的意愿容易因为仲裁条款起草不慎而落空。

三、对下答案吧

案例一：无效。仲裁协议必须约定仲裁机构，临时仲裁协议无效。

最高人民法院在 2010 年《关于泰国德盛米业有限公司诉广州市御品轩贸易有限公司国际货物买卖合同纠纷一案仲裁条款效力问题的请示的复函》中表

示，本案所涉仲裁条款中当事人没有约定仲裁机构，在一方当事人已经向人民法院提起诉讼的情况下，可以认定双方无法就仲裁机构问题达成补充协议，该仲裁条款应当认定无效。

案例二：无效。或裁或诉仲裁协议无效，除非当事人未及时提出异议。

最高人民法院在2011年《关于浙江一顺进出口有限公司与MOHAMED.MOHAMOUD.OULD.MOHAMED国际货物买卖纠纷中涉外仲裁条款效力问题的请示的复函》中表示，根据《司法解释》第7条的规定，当事人约定争议可以向仲裁机构申请仲裁也可以向人民法院起诉的，仲裁协议无效；但一方向仲裁机构申请仲裁，另一方未在仲裁庭首次开庭前提出异议的除外。

值得一提的是，根据最高人民法院2016年3月作出的久益环球（佳木斯）采矿设备有限公司与大同市龙煤煤矿机械销售有限公司买卖合同纠纷二审民事裁定书，**或裁或诉条款中的仲裁协议虽然无效，但若该条款中关于诉讼管辖的约定符合《民事诉讼法》第34条关于约定管辖地应与争议有实际联系的规定，应当认定该约定有效。**

案例三：无效。约定的仲裁机构不存在的仲裁条款无效。

最高人民法院在2011年《关于奥地利Weingartiner机械制造有限公司与优励聂夫（南京）科技有限公司买卖合同中涉外仲裁条款效力问题的请示的复函》中表示，"南京国际仲裁委员会"并不存在，当事人亦未就此达成补充协议，涉案仲裁条款无效。

案例四：无效。仅约定仲裁地点，不能确定仲裁机构的条款无效。

最高人民法院在2004年《关于连云港星球塑料有限公司申请确认仲裁协议效力案 的请示的复函》中表示，当事人签订的仲裁协议未约定明确的仲裁委员会，当事人亦未达成补充协议，仲裁协议无效。本案审理法院认为"在卖方所在地根据仲裁程序规则进行仲裁"的约定仅是选择了仲裁地点，并未选择仲裁机构。

若本案仲裁条款约定“在卖方所在地的**仲裁机构**根据仲裁程序规则进行仲裁”，则因卖方所在地连云港仅有连云港仲裁委员会一家仲裁机构，根据《司法解释》第6条，应视为约定了仲裁机构，若无其他无效因素，该仲裁条款有效。

《最高人民法院仲裁法司法解释的理解与适用》一书也持相同观点，即仅约定在某地仲裁而未约定由某地的仲裁机构仲裁，不能适用《司法解释》第6条。

案例五：无效。北京市有3家仲裁机构，约定向北京仲裁机构申请仲裁的条款无效。

最高人民法院在2008年《关于加拿大摩耐克有限公司申请确认仲裁条款无效一案的请示的答复》中认为，北京有3家仲裁机构即北京仲裁委员会、中国海事仲裁委员会和中国国际经济贸易仲裁委员会，其中至少有两家仲裁机构都可受理涉案合同争议。根据《仲裁法》第18条和《仲裁法司法解释》第6条的规定，该仲裁协议应认定无效。

案例六：有效。约定的仲裁机构名称不准确，但能够确定具体的仲裁机构的，应当认定选定了仲裁机构。

最高人民法院认为，《仲裁法司法解释》第6条所称“仲裁协议约定由某地的仲裁机构仲裁”，应理解为双方当事人约定由某行政区划或地域范围内仲裁机构仲裁的情形。本案中，双方当事人约定由“北京市仲裁委员会”仲裁，而非“北京市的仲裁委员会”仲裁，不具备强调地域性的意思表示特点，应视为出于在仲裁机构名称中增加字词的原因，导致约定的仲裁机构名称不准确。由于北京市其他两个仲裁机构分别为中国国际经济贸易仲裁委员会和中国海事仲裁委员会，名称中均不含“北京”一词，故**可确定双方当事人约定的“北京市仲裁委员会”为“北京仲裁委员会”，仲裁条款有效。**

案例七：有效。仅约定纠纷适用的仲裁规则，但按照约定的仲裁规则能够确定仲裁机构的仲裁协议有效。

最高人民法院在2006年《关于江门市华尔润玻璃有限责任公司诉斯坦

因·霍特公司、上海斯坦因·霍特迈克工业炉有限公司产品责任纠纷案有关仲裁条款效力的请示的复函》中认为，该仲裁条款虽然未约定仲裁机构，但其约定了适用的仲裁规则即《中国国际经济贸易仲裁委员会仲裁规则》，而根据该规则第 4 条第（3）项的规定，凡当事人约定按照该规则进行仲裁但未约定仲裁机构的，均视为同意将争议提交中国国际经济贸易仲裁委员会仲裁。因此，该条款属于根据仲裁规则的内容可以确定仲裁机构的情况，应为有效。

案例八：有效。约定境外仲裁机构在中国境内仲裁的协议有效。

最高人民法院在 2013 年《关于申请人安徽省龙利得包装印刷有限公司与被申请人 BP Agnati S.R.L 申请确认仲裁协议效力案的请示的复函》中表示：涉案仲裁协议有请求仲裁的意思表示，约定了仲裁事项，并选定了明确具体的仲裁机构，应认定有效。

在龙利得案之前，约定境外仲裁机构在我国境内仲裁的条款多被认定无效。龙利得案被视为我国仲裁司法实践在与国际接轨方面所作出的重大突破，但并未解决根据该等仲裁协议作出的裁决在申请撤销或执行时可能面临的问题，故在实践中**仍应尽量避免约定境外仲裁机构在我国境内仲裁。**

案例九：无效。约定将没有涉外因素的争议提请境外仲裁机构仲裁的协议无效。

最高人民法院在 2013 年《关于北京朝来新生体育休闲有限公司申请承认大韩商事仲裁院作出的第 12113-0011 号、第 12112-0012 号仲裁裁决案件请示的复函》中表示，本案中朝来新生公司（内资企业）与所望之信公司（外商独资企业）均为中国法人，合同书内容是双方就朝来公司在中国境内的高尔夫球场进行股份转让及合作，所涉标的物在中国境内，合同亦在中国境内订立和履行，没有涉外民事关系的构成因素，不属于涉外合同。该合同以及所包含的仲裁条款之适用法律，无论当事人是否作出明示约定，均应确定为中国法律。根据我国《民事诉讼法》第 271 条及《合同法》第 128 条第 2 款的规定，我国法律未授权当事人将不具备涉外因素的争议交由境外仲裁机构或在我国境外临时仲裁，故本案当事人约定将争议提交大韩商事仲裁院仲裁的条款属无效协议。

值得注意的是，2016 年 12 月 30 日，最高人民法院印发了《关于为自由贸易试验区建设提供司法保障的意见》，放宽了涉外因素认定尺度。该意见第 9 条允许在自贸区内注册的外商独资企业相互之间约定商事争议提交域外仲裁，并通过禁止反言原则进一步扩大域外仲裁适用范围。

四、如何制订合法有效的仲裁条款

要避免仲裁协议的效力出现问题，最简单的做法是**尽量使用相关仲裁机构发布的示范仲裁条款**。这些条款不仅在制订时充分考虑了各方面的因素，也经受了仲裁和司法实践的考验，在效力和操作性上均有保障。各仲裁机构一般都会在其官网醒目位置贴出其示范条款，如 CIETAC（http：//www.cietac.org/）的示范仲裁条款为："凡因本合同引起的或与本合同有关的任何争议，均应提交中国国际经济贸易仲裁委员会，按照申请仲裁时该会现行有效的仲裁规则进行仲裁。仲裁裁决是终局的,对双方均有约束力。"北京仲裁委员会官网（http：//www.bjac.org.cn/）还在示范条款旁贴出了"如何起草仲裁条款"的指南。

还要注意的是**尽量避免混合仲裁条款**，即约定由某常设仲裁机构适用非本机构的仲裁规则进行仲裁的条款。一方面，各机构仲裁规则越来越趋同，混合安排没有必要；另一方面，虽然很多机构仲裁规则均认可混合仲裁条款，不少国家对混合仲裁条款的效力和可执行性亦持肯定态度，但混合仲裁条款极易被仲裁被申请人一方或者仲裁失败一方挑战，从而导致程序的拖延、成本的攀升和结果的不确定性。

每周蒋讲

青年节致青年律师：其实你比想象的更强大

◎蒋　勇

今天是五四青年节，凌晨我特地赶写了这篇文章，送给青年律师们。在中国律师行业里，青年律师占到了绝大多数。他们年轻、上进，对未知充满好奇，对未来充满期待，却也有着许多茫然、困惑甚至焦虑。在这个青年人的节日里，我只想告诉青年律师们，你们其实有太多的力量和可能性尚待挖掘，远比想象的更强大。

零点已过，时间已经来到了 2016 年 5 月 4 日。今天是青年节。

忙完手头的工作，夜已经很深了。打开笔记本电脑，很想对今天过节的青年律师们说点儿什么。

这些年在各地讲课，还有“每周蒋讲”专栏里每周发出的文章，我认识了全国很多很多律师。我总是非常自豪：我也许是全中国认识律师最多的律师，而这其中，绝大多数都是青年律师。

许多年长的律师都曾试图给过青年律师们成长的建议，其中当然也包括我。我戏称自己为“煲汤高手”，在每一次的交流中，我都希望能传递给青年律师们一些听上去还不错的建议。但是，所谓“心灵鸡汤”嘛，对青年律师们来说，“然并卵”。

然而现在我写上的标题，却是一句看上去更为“鸡汤”的话：**你其实比想象的更强大。**

毋庸讳言，青年律师被认为是律师界的“屌丝”。不仅仅是资深律师觉得青年律师没有经验，连一些青年律师对自己也没有信心。

我想说，我们从来就不需要用他人的成功来定义自己的成长。不活在那些律师前辈们的阴影里，挖掘出自己的力量，你会发现，你真的比想象的更强大。

一

首先是要遵从自己的内心做自己想做的事。

常常有人问我，蒋律师，我是选择综合性大所好，还是精品化小所好；是找一个好的专业领域重要，还是找一个好师傅重要；如果选择了这个专业领域，以后发展空间会不会受限了……

提问的人多了，反而让我觉得着急。因为我发现，许多青年律师都把精力浪费在这样的反复纠结中，迟迟没有走出重要的第一步；即使好不容易迈出了，也总是瞻前顾后，游移不定。

这里，我特别想和大家分享一个我的真实故事。

这个故事可以从我参加高考的那一年讲起。那是1989年，本来在模拟考试中取得了全省前3名成绩的我，却在高考前的体检中被医生检查说心脏有问题，拒绝在体检表上盖章，并且医生断言，说我的心脏最长只有20年的“代偿期”。这是一个专业术语，通俗地说，就是20年之内，我的心脏必须换掉。

这让我失去了参加高考的资格。我本来都几乎认命了，打算安安心心在父母工作的湘西的那个纺织厂里当一个普通的纺织工人，好心的县教育局局长却在知道我的故事后找到了我，勉励我继续读书。他把我的故事讲给了负责高考体检的县医院副院长，带着我登门求情。最后，这位副院长终于被打动了，他说，我明年保证让你通过体检。

就这样，我侥幸在第2年取得了参加高考的资格，并且以全地区第1名的成绩考上了中国政法大学。但是，心脏的问题却成了我一直不敢和人提起的隐忧。无论是学校的体检，还是分配到最高人民法院工作后的每一次体检，我都会想办法悄悄地溜掉。这成为多年来压在我心头的一块巨石。

这样过去了六七年，当我想要转换职业道路，离开最高人民法院自己创业的时候，我的思想负担很重：万一我刚辞职还没赚到钱呢，心脏就出问题了，没有了公费医疗，我该怎么办？

为此，我做了两件事情。一件事情是去买了一份健康保险，这份保险我到现在还在续费；另外一件事情就是去北京医院挂了一个特殊专家门诊。这个专家的名字叫曾昭耆，是最著名的心脏科大夫。

老大夫当年已经70多了，满头银发，和蔼可亲。看到我来看心脏科，他十分惊讶：“小伙子，你才刚29岁，这么年轻，怎么要来看我的心脏科呢？”我就把我高考体检出心脏有问题，这些年来一直不敢做自己想做的事情，以及我想换一个工作却又担心没有保障等等，原原本本地告诉了他。

老大夫拿着听筒，非常认真地听了我的心脏。放下听筒之后，他说："小伙子，我告诉你，你的心脏什么问题都没有！"

我当时就傻眼了。难道我这么些年一直担心的事情根本就子虚乌有？

老大夫接下来说的话却更让我感到震撼，至今记忆犹新。他说："小伙子，你知道吗？只要你自己想去干的事情，你就去干。如果你因为担忧心脏的问题，想做的事情一辈子都没去做，那才是最遗憾的事情！"

或许，我的心脏是不是真的有问题，在这位老先生眼里早就不是问题了。当人生回首，曾经的纠结不已，都不过是轻描淡写。我想，这应该是当初这位老先生 70 多年人生感悟，给我的最大的触动。

随着年龄的增长，20 年早就过去了，我的那颗心脏一直都还在健康有力的跳动着。

今天在专栏文章中首次披露我的这段真实故事，是想把这位老大夫的这番话送给青年律师们。**"只要你自己想去干的事情，你就去干。"**别犹豫！

唯有这样，你才能体验一种没有遗憾的人生。

二

其次是用尽全力地去探索极限。

许多青年律师对我说，道理我们都懂，就是难做到或者难坚持。

我想再和大家分享我的另外一个故事，那是我在最高人民法院的早期，我的工作和律师助理、行政秘书的工作极为相似，甚至更为基础和繁琐。作为庭里最年轻的"小后生"，我要承担所有内勤工作，打水、拖地、擦桌子、整理材料、收发文件……

这样的工作似乎是相当枯燥无趣的。当时我所在庭的副庭长江必新，曾获

“十大杰出青年法学家”称号，他在迎新谈话时告诉我一个他的秘诀：**每天不论工作再忙再累，坚持读书 2 个小时！**这段听似简单的话对我的影响极大，我努力践行。下班之后，我会留在办公室看书、写作，撰写案例，甚至开始编写专业书籍。那段时间，我给自己定了个目标，要求自己每天写 1 万字，常常从下班之后便沉浸在“笔耕不辍”中，清晨四五点，抬头看窗外，东方已经泛起了鱼肚白，于是在办公室把两个凳子一拼，和衣躺下睡上两三个小时，就又开始新的一天工作。

六七年过去，我出版的书摞起来竟有半人高。当时法律出版社的开户行是工商银行长安街支行，我去取稿费的次数多了，连办理这项业务的大姐都已经认识我了。每次在柜台前她看见我就和我打招呼，“小伙子，你又来领稿费了？来来来，这次是几万块钱？”那个时候，我每个月的工资只有 300 多块钱而已。每次闻到新书的墨香、领取“巨资”稿酬，我都感觉人生如此幸福满足！

这段日子让我体验到：**人生就像拉健身弹簧，你能把这个弹簧拉多长，完全取决于你自己有多用劲！**

或许，你之所以觉得自身能力有限，是因为你从来没有把弹簧拉到过接近极限的长度。每每把弹簧拉到一定程度，刚开始觉得费劲，你就把它松回去了，但如果你经常把弹簧朝最极限的长度拉，你再次把弹簧拉到极限其实并不困难，至于拉到一般人拉到的长度，那就更是稀松平常。

这段时期的“极限弹簧”训练，让我获得的不仅仅是我在开始写作之初没有想到的大量著作和稿费，它也大大提升了我的疲惫阈值和应对所有可能的困难的能力。

我相信，当你真正下定决心，把你的精力、你的热情、你的时间都倾注到某项事业中去时，你其实就为未来铺下了无限的可能性。因为，你会对自己的能力更有信心，你会遇到，那个更强大的自己。

三

2015年11月份的一个傍晚，我和3位沪上律师好友在上海黄浦江边的香格里拉饭店畅谈。他们是方达律师事务所的创始人周志峰、中伦律师事务所的联席管理合伙人乔文骏，还有通力律师事务所的创始人、上海律协会长俞卫锋。

聊的时候发现，4个人都是70年、71年出生的。我们笑谈，当今的中国律师行业，是以60后为领军人物，70后为中坚力量，80后为新生代的一支队伍。正如我们这帮人在过去10年、20年的逐渐成长一样，完全不需要预言，再过10年，这个行业就会由70后领军，以80后为中坚，90后为新生代；那再过20年呢，我们几个肯定该退休啦，那时，这个行业就会由80后领军，90后为中坚，00后开始崭露头角……

我们都不约而同地感慨，正如眼前这黄埔江水必将东流入海一样，在律师行业里，同样也是后浪推前浪，永不停歇。

对青年律师来说，这恰恰是最大的机遇所在。10年1代人，无论现在多么资深和优秀的律师，总会渐渐淡去，甚至完全退隐江湖，而崭新的未来，正等待着新一代的青年律师来引领。

互联网领域里有一句常说的话，叫做“得屌丝者得天下，得屌丝者得未来”。我说，中国律师行业，也必定是“得青年律师者得天下，得青年律师者得未来”！

青年律师们，当未来来临的时候，我们再回首时就会发现，自已竟然比想象中更强大！

行文至此，不知不觉，天色已经微亮了，必将到来的明天已经来临。

前不久我刚过了45岁生日，正式告别了青年，步入中老年的行列。今天的青年节，也是我第一次没有资格过了。在此，请允许我以此文，以一个中老年律师同行的身份，向所有今天过青年节的全国的青年律师们，不论我认识的还是暂时还不认识的朋友们问好，愿大家享受这个专属的节日，享受成长的快乐！

天同内部讲话：让我们为胜利欢呼[1]

◎蒋　勇

各位小伙伴：

今天我们大家欢聚在一起，是为了庆祝我们近期代理案件连续取得的几次胜利。对于诉讼律师来说，我们知道，“胜败乃兵家常事”，没有人永远是“常胜将军”，但正因如此，这几次的连续胜利更显得弥足珍贵。它充分体现了那种敢于打硬仗，敢于胜利的诉讼律师精神。

① 本文为2016年8月蒋勇律师在天同案件庆功会上的演讲。

让我们为胜利欢呼

因为，为了这些胜利，大家付出了太多太多的努力。

比如，我国台湾地区客户的这个案件，在从接案到开庭之间的这一年半时间里，我们每个月甚至每周都在和客户研究，细致地讨论案件中的每一个事实和法律问题。会议纪要写了好几十份，每一张提交给法院的图表也都至少修改了七八次以上。我们梳理了对方提出的所有主张，列出了 6 张争点整理表，仔仔细细地逐一反驳。就为了开庭时提交给法院的这套资料，我们前前后后开了二十几次讨论会，每次都是满满当当的一两个整天！

又比如说江苏客户的这个案子，它涉及的证据的复杂程度是前所未有的。原始单据材料有 4 万多份，时间跨度长达 4 年。为了把这些单据搜集全面，梳理清楚单据之间的逻辑关系，核实到最真实准确的数据，我们一次又一次地赶赴江苏，和客户的各个部门反复核对，一点一点地把事情弄明白。这其中需要付出的精力，我们经过了那么多个不眠之夜的承办律师最了解。

让我们为胜利欢呼

因为，为了这些胜利，大家表现出来的扎实专业功底令我无比骄傲。

比如说海上货物运输保险合同的案子。我们接触该案时，是最高人民法院因对方的申请而提审。我们知道，这种情况下的改判几乎是铁板钉钉的。我们基于对原审虽然在法律适用上确有不当，但并不影响最终判案结果的判断，经过审慎考虑，还是接下了这个案件。通过深入研究，我们弄清楚了对大多数专业人士来说都非常生僻的印度海关流程、大型航运公司的惯常货物交接过程等细节问题，吃透了海上货物运输制度的设计初衷、历史发展和适用范围。这样细致的研究帮助我们迅速弄懂了原本陌生的领域，最终取得了维持原判的胜诉结果。

又比如，银行客户的案子，在担保人的船舶停靠在我国港口的短时间内将其扣押，是我们帮助客户实现债权的唯一机会。为此，我们想尽各种办法，实时追踪对方船舶的动态，并事先搜集了所有证据，准备好了全部文件和担保，提前赶到法院，在船舶靠岸 3 小时后即成功实现了扣押。在此过程中，看到船舶轨迹一点一点向我国港口移动又突然停滞不前的忐忑、确定船舶已停靠港口的欣喜，以及成功扣船后的释然，这段“扣船历险记”，参与此案的各位小伙伴一定会终生难忘！如果没有广博的知识面，没有对扣船流程的超强把控，没有对客户的认真负责，我们是很难取得这样的战绩的。

让我们为胜利欢呼

在这个高亮时刻，我们心存感激。

首先，要感谢客户。正是因为他们的信任，我们才有了这样的“建功立业”的机会。也正是因为他们的严格要求和不断鞭策，我们才会有更大的进步。

律师代理案件，说到底是一种委托法律关系，客户对我们的委托，是建立在信任基础上的。尤其是委托天同代理的案件，对客户来说，往往都是生死攸关命悬一线的。这是要有多大的信任,才会把这样的事情委托给我们啊！所以，无论付出何种努力，我们要对得起这份信任。

大家一定还记得，在客户关系的处理上，我们一直强调两个准则，那就是**“与客户共同成长”“客户是最好的老师”**。

这次我国台湾地区客户就是最典型的例子。它的法律事务负责人姓张，是一位有 30 多年从业经历的律师，在台北开有自己的律师事务所，在我国台湾地区、美国都有执业资格。从他的身上，我们看得到一位受过良好训练的律师的那种很正统的法律思维。

他要求我们写在文件里的每一个字都是最精确的，第一句话就能打动法官；他要求我们在法庭上讲的每一句话都是经过充分斟酌的，不给对手任何反击的空间；他要求我们提出的法律主张的每一个细节都有充分的请求权基础，都能找到与之相对应的法条、案例和事实依据。他事无巨细地把控着案件的每一个节点，这有时也让我们的律师很崩溃，私下开玩笑说他是“张监工”。但玩笑归玩笑，客户的严格要求的的确确督促着我们对案件精雕细琢，也给我们年轻律师在工作习惯养成和客户关系处理方面，上了很重要的一课。

其次，要感谢优秀的法官。如果没有法官的辛勤劳动，就不会有法庭的艺术呈现。

刚才提到的我们律师办案的那些辛苦，对法官来说其实也一样。他们需要从厚厚的案卷材料中梳理清楚案件的事实、法律关系。我们这几个案件，常常开庭一开就是一整天，但他们总是耐心细致地认真调查每一个事实和每一个法律争点。

更重要的是，正是因为法官对案件的强大把控能力，庭审才得以有序高效地进行，我们也才有机会在法庭上全面清晰地表达主张。我们拿到的这几份裁判文书，细细读来，我想大家都能从字里行间感受到法官们的深厚功力所在，那种细致的条分缕析和透彻说理是值得我们学习的。

我听说最高人民法院某位优秀法官还成了我们天同某位女律师心目中的男神呢。那次出庭回来之后，她就被这位法官的学识风范所折服，在律所向小伙伴们宣布了对男神的仰慕之情，并且向业务主管合伙人申请，以后如果有由这位法官审理的案件的代理机会，都要记得安排她去开庭。

我们从来就坚信，**法庭是诉讼律师的战场，庭审是一门艺术，是法官和诉讼律师共同打造的艺术。**

再次，要感谢律师同行。从一个个敬业的律师同行身上，我们也学到了很多。

他们中有的是我们的队友。从 2012 年天同面向同行全面开放以来，我们和各地律师们分享知识和技能，也因此结识了很多律师好友。他们很信任我们在商事诉讼方面的能力，主动与我们合作案件，为我们提供了不少宝贵的代理机会。他们和我们共同为案件做出的努力，也是我们今天之所以能够取得胜利的重要基石。

他们中也有我们的对手，我们在法庭上针锋相对，彼此寸步不让，也正因如此，优秀的对手其实是督促我们更加努力的不竭动力。这和体育竞技是一样的道理，对手越强大，你才会越快地成长和进步。同时，和优秀的对手交手时那种酣畅淋漓的对抗和攻防也是一种让人难以忘怀的人生体验，就像羽毛球场上的林丹与李宗伟那样。

有许多次庭审结束后，对方律师主动走过来，当庭和我们交换名片，表达相互学习的意愿。我们举办的很多活动，有些受邀前来的律师就曾是我们在法庭上的对手。

我们要始终记得**我们处理律师同行关系的原则："同行同志为同行"**。无论同行是我们的队友还是对手，他们都是我们在共同进步道路上不可或缺的好伙伴。

让我们为胜利欢呼

案件代理成功固然让人兴奋，但更让我们兴奋的，是自己的成长！

前几天，我和我国台湾地区客户代表——那位很有经验的"张监工"聊了很久，听他谈了和我们合作的感想。我这才知道，他当时在北京走访了20多家律师事务所，最终决定交给我们来做。

他说，之所以如此，是因为有些律师事务所的合伙人给他的感觉是高高在上的，没有那么关心这个案件，但我们给他的感觉是很年轻、充满朝气，还在努力成长。所以，他相信我们会更加认真负责地对待他的案件。

我也非常欣赏大家那种永远想要进步，想要把事情做到更好的精神，并且也非常高兴地看到大家在每一个案件中实实在在的成长。正是因为你们每一个人的成长，才构成了今天整个天同的成长。

同时，我也还想提醒大家，虽然天同这些年成长很快，我们要高度警惕与之同步增长的自满情绪。我们要时刻告诫自己，无论对个人还是团队来说，在成长的每一个阶段都必定会碰到或高或低的天花板。只有不断地追求更高的目标，不断创新，我们才能够不断地顶破天花板，获取持续成长的空间，释放出无穷的发展潜力。所以我常和大家说，只有不断成长中的团队，才是不可战胜的团队。

让我们为胜利欢呼

我们的成长，与整个国家法治的进步，是紧密相连的。

我们是全国 30 万律师中的一份子，作为诉讼律师，代理当事人参加到司法过程中去。这个过程不是一个简单的流程，而是法律在解决社会纠纷时的解释和具体应用。作为一种重要的社会规则，法律承载着人们对公平正义、社会发展、甚至人类文明进步的共同期待，而这些价值的具体实现，很大程度上都体现在这个时代的具体个案的裁判上。

因此，诉讼律师在每一个案件中维护当事人的合法权益，其实就是在通过我们的努力让每一个案件都凸显公平正义。甚至，我们可以通过在个案中的努力，推动某一方面法律法规或者司法解释的制定或变革。

我们最近取得胜利的这个涉及 VIE 结构合法性的案件就是这样的一个例子。我们最初讨论时，就判断这个案件可能涉及很多资本市场前沿问题，最高人民法院可能会需要征求商务部、证监会的相关意见。我们也充分讨论了，最高人民法院可能会关注哪些重要的焦点，过去对此的态度是怎样的，在这个案件的处理上会不会考虑到资本市场发展的需要而有所突破。

当我们思考这些问题的时候，其实是站在这个行业的最前沿，它跟我们代理一个普通案件的意义是完全不同的。看看天同过去代理的那么多被写入最高人民法院公报的案例，就能明白，这并不是一件容易的事情。但我想，天同既然致力于成长为一家受人信赖和尊敬的律师事务所，我们就不仅要具备克难攻坚，为当事人赢得重大疑难案件的能力，更要积极参与到整个社会和法治发展的最前沿的进程中去。也只有这样，才不会辜负我们的这些小伙伴——经过千挑万选才加入天同的最优秀的毕业生们，你们所应该承担的历史使命。

我们应该谨记，当我们要成长为一家从优秀迈向卓越的律师事务所，就应该承担起与之匹配的责任，表现出应有的风范，并且在各个方面都以更高更严的标准要求自己。

让我们为胜利欢呼

从来没有人可以在法庭上战无不胜，我们也会有败诉的时候。败诉本身并不可怕，重要的是我们要从中汲取到经验教训，体会到公平正义。[①]

如果我们认为这个裁判不符合我们心中的公平正义，我们当然应该支持和帮助委托人及时寻求救济途径。但是，如果我们以足够的专业水准，判断这个裁判并无不当，那我们也绝不能为了推脱自己的责任或减轻自己的压力，在委托人面前信口开河，让法院背黑锅。这样的事情我们绝对不能干，我们要时刻以江湖上名门正派的风范来严格要求自己。

别的我就不再多说了，胜利和成长的喜悦需要分享，这是人生的一大幸事啊！套用人们常说的“四大喜”，我把它改为我们今天的版本：久旱逢甘霖，

---

① 参见 2015 年 10 月 23 日“每周蒋讲”专栏文章《律师，不要为败诉哭泣》。

他乡遇故知，洞房花烛夜，案件胜诉时！

我提议，以后我们每赢得一个案件，就举办一次这样的庆功会！每次取得胜利后，我们第一时间就像今天这样聚在这里：**请承办案件的律师讲讲他在这个案件中的体会、收获和成长，我们一起来为获胜的小伙伴，同时也是为我们自己欢呼鼓劲**！

最后，我想说，人活一辈子，总要有些时候，是可以让我们拼了命地工作，可了劲地欢庆，撒了欢地玩儿，不是吗？

此时此刻，让我们，为了胜利尽情地欢呼！

谢谢大家！

是资源，而非成本：律师人才的选、育、用、留

◎蒋　勇

今天，我想和大家谈谈律所里的律师。这里的“律师”，指的是律所里非合伙人的普通律师。他们是律所中人数最多的一类人，也是办理业务的主力军。但是，他们的价值，尤其是其中青年律师的价值，却往往没有被充分认识和利用。

有的合伙人把他们视作负担，觉得花时间指导他们会浪费自己的精力，因而不愿意带徒弟；有的合伙人把他们视作成本开支，一心想着削减成本，压低他们的薪资。他们进入律所容易，想得到恰当的指导却很难。他们不得不茫然地打拼，承担起与自身资历完全不相匹配的责任和风险，这无论对律师还是律所都是极为不利的。

许多合伙人忽视了，律师是律所里宝贵的人力资源。而所谓资源，是需要被挖掘，被充分利用的。**对律师人才价值的短视是律所发展过程中最致命的危险。唯有找对人才，教对人才，用对人才，律所的发展才能有持久的生命力。**

今天，我想借用传统人力资源理论的经典视角，从律师人才的选、育、用、留四个维度，结合天同的实践，和大家分享我对律所人力资源管理的一些看法。

一、选：重新定义“人才”

（一）在人才选拔上，应该树立一种分层的人才观

当我们说人才难招时，眼光往往只是紧盯着一流法学院毕业的一流学生。但其实，不同定位的律师事务所对人才的需求并不相同。比如说，如果你要参与第一梯队律所的竞争，那么，你的确必须到一流的高校招聘毕业生，而且要招当年最拔尖的毕业生。但是，如果你要参与的是第二或者第三梯队律所的竞争，你就应该去筛选第二层或者第三层的人才；如果你定位于地方法律服务市场，你的人才策略就更应该立足于本地市场的需要。

因此，人才的选拔一定不能眼高手低。对三四线城市的中小律所来说，立足于当地的人才市场，立足于当地能够提供的教育资源，照样能发展成当地最好的律师事务所。我们并不赞成在人才选拔方面不顾律所所处竞争环境及发展阶段，一味强调所谓“最优秀的”。

（二）应该按照自身业务特色设计与之匹配的招聘方案

在天同的校园招聘中，我们会从投简历的1000多位学生中邀请50位到天同来参加为期一至两天的“体验之旅”。所谓“体验之旅”，不是通常意义上雇主对雇员高高在上的招聘，而是把毕业生当作法律人中的一分子，邀请他们来到天同，亲身体验诉讼律师的工作。

在“体验之旅”中，我们会组织团队竞赛，藉此观察特定考察对象的团队精神和领导力；我们会组织模拟法庭，让尚缺乏诉讼实战经验的毕业生们切实体验出庭的感觉。在这样的体验式招聘中，毕业生们更能够表现出真实的性格和能力，我们就能更好地观察应聘者是否在品行、能力各方面与我们的要求相匹配。同时，毕业生也可以通过亲身参与，切身体验自己是否真的适合做诉讼律师。

这样的招聘方式帮助我们“千里挑一”，找出真正的“诉讼发烧友”。从几年前我们开始采用这一套招聘方式以来，效果非常不错。每年我们招到的毕业生在之后几年的成长，都证明了我们选应届毕业生的这套方法是行之有效的。我想，其他律所和律师团队完全可以借鉴类似思路，根据自身的业务定位和岗位的不同需求，量身打造体验式的招聘流程，更好地找到与之匹配的人才。

（三）人才的选拔一定要确保公平

经常会有领导或者好朋友联系我们，希望安排人来天同实习或者工作。从表面上看，这些都是人之常情，许多律所管理者碍于情面，或者认为的确没必要太较真，往往就会答应下来。但这不仅可能损害律所的工作质量，更会破坏律所里的良好风气：既然靠专业能力和靠关系是一回事，遵守规则和不遵守规则是一回事，专业能力和规则的意义何在呢？所以，遇到这样的情况，我们都会诚恳地说明，在求得理解后婉言拒绝。

人才的选拔从源头上体现和塑造着律所的价值观，而非一件可以随意让步的小事。越是推崇精专精神的律师事务所，就越应该在招聘过程中做到公平公正，不偏不倚。

二、育：培育新人，共同进步

招到适合律所的优秀人才固然是幸事,但我们并非总能如愿。更重要的是，就像璞玉需要打磨一样，很多人才其实是后来雕刻出来的，只有经过培养才能最大程度地释放潜力。

从本质上来说，律师工作是手艺活，很大程度上，技能的培养靠师傅带徒弟式的言传身教。但这样的培养方式毕竟效率较低，我们可以有意识地总结和提炼工作中的经验体会，并将其上升到可供全所乃至全行业共享的知识层面。

天同的“三大诉讼法宝”就是这样形成的。诉讼可视化、模拟法庭和案例大数据，从天同创立之初的无意识探索，到之后在工作中经常有意识地自觉使用，我们不断总结经验，提炼规律。这就使得一些好的工作方法不再只是师徒之间一对一的传承，而是可以形成共享的知识，在全所范围内推广。

这样的知识甚至可以被复制到全行业。在互联网时代，律所内部的人才培训体系完全可以和全行业的人才培养和成长体系打通。一位律师或者一家律所的经验，可以通过互联网，迅速地在全行业内推广开来，分享者也会从这样的分享中获益，从而实现行业人才培养的良性循环。天同总结开创的这“三大诉讼法宝”，就是藉由我们自身的对外传播，以及 iCourt、无讼学院等机构组织的培训，成为了青年律师知识体系的有益补充。

当然，对许多合伙人来说，人才培养的难点或许并不在于如何培养，而在于不愿意培养。他们总担心，如果我把徒弟教好了之后他就跑了，甚至成为我在业务上的竞争对手，岂不是白费功夫，自讨苦吃？

我认为，这样的顾虑是完全不必要的，而且对律师行业人才培育、知识传承极为有害。

首先，合伙人需要意识到，人才流动是很正常的事，是人才成长的内在诉求。再说了，中国的离婚率还那么高呢，凭什么要求徒弟一辈子都跟着你这个师父呢？

其次，合伙人在带徒弟的过程当中，其实自己也能成长。因为只要你教会了徒弟，不管他能跟你干多久，都能或多或少地成为你的帮手，分担你的工作，而这自然会提高你的工作效率。

再次，即使他真的要离开，就让他走吧，不能因为他会离开就不培养他。古语有云：“一日为师，终身为父。”即使他离开了，你也还是他的老师。如果你对他好，他走了也还是会念着你的好，甚至跟你遥相呼应，经常有业务上的来往，这不也是一件挺好的事情吗？

所以说，业内流传的这句“教会了徒弟，饿死了师傅”是一种心胸狭隘的想法。何况，培养徒弟并非是一种施舍，而是师徒共同进步的过程。合伙人应该有培养人才的胸怀和眼光，这对合伙人自身的成长和律所的长远发展都是有百利而无一害的。

三、用：知人善任，稳步成长

所谓“用”，就是把恰当的人才用在恰当的岗位上。在人才的成长过程中，能力不断提升，律所也需要提供与之配套的晋升机制。

在天同，我们根据人才成长的一般规律，为毕业后加入我们的小伙伴设置了从辅庭律师到出庭律师，再到合伙人的晋升路径。

我们认为，刚刚毕业的法律学生，对于案件的把控能力还十分不足，他们很难独立承办案件，更无法承担律所经营的风险。但是，他们年轻，求知欲旺盛，学习能力强，经过系统培训能快速掌握法律检索、制作可视化图表等基本技能。这些办理案件的辅助性工作是团队中不可或缺的，也能让他们不断积累经验，发展能力。因此，他们毕业之后进入天同，首先做的一定是辅庭律师的工作。

一定年限以后，如果我们认为辅庭律师已经具备了独立处理案件，独立面对客户等方面的能力，他就可以升任出庭律师。而再过一些年限，如果他具备了管理律所，承担律所经营风险的能力，就可以申请成为合伙人。

设置晋升机制的核心在于，要让工作内容与律师能力形成动态的匹配。否则，律师要么会因为无法很好地完成工作而自信心受挫，要么会因为工作过于基础而失去兴趣，甚至因此觉得能力成长过缓，个人发展前景堪忧。

不过，在匹配过程中，可千万不要低估了年轻律师成长的速度。最好的匹配方式是为他们设定一些踮一踮脚能够摸得着的工作目标，尽可能地让他们放手去做。

你会发现，如果你把他们当小孩，一直不放手，他们就真的很难独当一面；如果你放手让他们去做了，他们可能会犯一些小错误，但会很快地成长起来，而那些小错误，完全是可以承受的代价。

四、留：待遇留人，事业留人，情感留人

我常常引用马云的那句话：别人之所以会离开你，只有两个原因，“要么钱给少了，要么人憋屈了”。

在律师事务所里，如果年轻律师已经成长了，合伙人却没有相应地提供更多报酬，这是“剥削”他，他当然要走。又或者，人家已经成长了，合伙人却没有真正尊重他，不给他施展才华的空间，他当然会觉得“憋屈”。所以说，律所与其他所有行业一样，要想留人，首先要做到这两条：待遇留人，事业留人。

除此之外，还有情感留人，这其实可以归结为一些具体的团队建设方法。

比如说，合伙人们要以身作则，要善于和勇于表达自己的观点。在一家律师事务所里，团队氛围是靠那么几个有影响力的合伙人促成的。正能量一旦生成，就会慢慢地滚动和强化，律所的整体氛围就会越来越好。相反地，如果有人充满负能量，就很容易引导律所走向充斥负能量的氛围。

又比如说，要有一些团队建设的活动。在天同，我们每年都会拿出一定比例的收入作为团队建设经费，组织一年一度的出国旅游、不定期的体育运动等活动。大家组成了羽毛球小组、奔跑吧等运动兴趣小组，春秋季还会在四合院里各举办 1 次踢毽子比赛。再比如，我们建设了一个员工食堂，所有员工都享有免费三餐，后勤团队的师傅们变换着花样来满足大家的胃口，甚至晚上加班还有宵夜。“要想栓住他的心，先要栓住他的胃。”这条老婆对老公的原则，用在律所对律师，也是蛮适用滴！

此外，吃吃喝喝、唱唱歌、发发红包也是必要的团队建设增进感情的活动。

我曾经在 2016 年春节期间连续写过两篇文章，介绍这些简单却行之有效的团队建设方法。①

如果待遇、事业、情感这三个方面还留不住人的话，也就不必耿耿于怀了，“天要下雨，娘要嫁人，由他去吧”。事实上，“提供终身工作以换取忠诚服务”的时代已经过去了，在这个竞争激烈而又充满变化的时代里，灵活的职业选择无论对律师还是律所来说都不是坏事。

五、一种联盟式的工作模式

事实上，领英（Linkedin）创始人里德·霍夫曼在《联盟》一书中为这个时代提出了一种新的工作模式——雇主与员工之间从商业交易转变为互惠基础上的联盟，鼓励公司和个人的相互投资。

这样的模式其实也完全适用于新时代里的律所人才管理。律师的选、育、用、留应该建立在一种新的人才观的基础之上：**律师并非律所的附属品，而是律所的亲密盟友。**

这样的联盟是基于他们为彼此创造价值的能力和承诺而建立的。律所应该挑选那些能够为自身创造价值的人作为盟友，并且在联盟中履行承诺，提供必要的培训和充分展现才华的舞台，让律师专心投入工作。律师应该尽职尽责地为律所的发展贡献力量，却并没有永久依附于律所的义务。

甚至，在结盟之初，双方就应该对结伴同行的时间长短有基本的预期，并且据此安排双方的权利义务。很可能会到来的分离不应该成为放弃联盟，或者在联盟中拒绝履行承诺的理由。

这种给予彼此更多自由的人才观提供了律师与律所关系的更多可能性：即

① 参见“每周蒋讲”栏目文章《发个红包吧！这是激励团队的最好办法》《一起做个有爱的“吃货”，这是团队建设的好方法》。

使律师离开了，与律所之间的联盟关系也仍然可以通过分享信息、推荐客户、巩固品牌等形式继续下去。这无疑比“要么永久合作，要么拒绝合作”的相处方式更加适应这个时代的现实。

记得在天同发展早期，就是不断地有人加入有人离开。比如，今天在律师界崭露头角的青年才俊陈凯律师、廖鸿程律师，都在离开天同后开创出了一条自己的发展道路，却从未间断过和天同之间的合作伙伴关系。我曾听金杜律师事务所的创始合伙人王俊峰说，在金杜 20 多年的发展历程中，离开的律师人数已经是好几个金杜了。这些离开的律师，能与天同、金杜继续保持盟友关系，就是律所的一笔宝贵财富啊！

因此，律所其实不必纠结于应该找什么样的律师，如何培训和使用这样的律师和如何才能把他们留住。**当你确定了自己的战略目标，并且用最大诚意招来盟友，对待盟友，即使他们最终离开了，你也会欣喜地看到，其实到处都有你的朋友。**

解密：天同合伙人是怎样分配利润的

◎蒋　勇

我在全国各地和律所合伙人们交流的时候，被问得最多的一个问题是，律所合伙人分配和律师薪酬机制应当怎样安排？这似乎是中国律所管理的“天下第一问”。在我印象当中，这个问题在20年前就是律所管理者最困惑的问题，而20年后的今天，状况仍然没有改观。我猜想，这个问题，再过20年，估计还会是难解之题。

在这方面，业内一直存在着提成制与公司化孰优孰劣之争。我认为，这其实是一个伪命题。**合伙人分配，不论采取哪一种机制，其实重中之重的是要促成一体化律师事务所的形成。**也就是说，我们是“一家律所”，而不是各自缴纳摊位租金的个体户的集合体。

我想以我们天同律师事务所的合伙人分配机制为例，和大家分享分配机制是如何促成律师事务所的一体化的。

一、计点制及其基本原理

（一）计点制的概念

目前，我们采取的分配模式通常被称作“计点制”。它发源于英国的律师事务所，英文叫做“Lockstep”，也就是锁定等级。

这种分配模式认为，进入律所工作的法学院毕业生，如果有相同的勤勉程度，其成长的速度基本相同，每年薪酬增长的幅度也应该是一致的。

比如说在英美的一些律所，一流法学院毕业生进入律所工作第一年的年薪是十多万美元，然后会在这个基础上，以基本相同的幅度逐年上涨，一直涨到七年级。满七年的时候，就可以申请成为合伙人。

合伙人又被分为两个层级。首先是薪酬合伙人，这类合伙人的薪酬会比七年级律师高出一个大台阶，不过仍然是固定薪酬。薪酬合伙人可以参与律师事务所的部分决策，但是不参与分红，也不承担律师事务所的经营风险。这样的安排既是对薪酬合伙人在成长为权益合伙人之前的考验，也是对不完全具备风险承担能力的合伙人的一种保护。

两三年之后，薪酬合伙人就可以申请成为权益合伙人。权益合伙人承担经营风险，同时参与利润分配，有些类似于公司的股东。

权益合伙人的利润分配是按照点数来计算的。这个算法其实很简单，我们先计算全年总利润，也就是用总收入减去总成本（人力成本、办公室租金、物业管理费、发展基金、退休基金、其他所有办公成本等的总和），然后根据每个人的点数去分配。

假设我们律所一共有 200 点，四个权益合伙人分别拥有 80 点、60 点、40 点和 20 点的话，用全年创收的利润除以 200，就可以得到每个点对应的金额（我们称之为每点含金量）。用每点含金量乘以每个人的点数，就可以算出每位合伙人应该分红的金额。

（二）计点制分配模式的设置贯彻着三个基本原理

第一，事务所是由合伙人经营管理的，应该由合伙人承担风险，享受分红。尚未成熟的低年级律师是律所的人力资源，以自己的劳动获取相应的报酬。律所应该把这些报酬视作人力资源成本，而不应该让年轻律师承担经营风险。当前，很多律所对年轻的非合伙人律师也实行提成制，让他们“eat what you kill”，其实是把羽翼尚未丰满、尚不具备经营能力的年轻律师直接推向市场，而律所不承担人力成本。这是与这个基本原理相违的。

第二，要形成一体化的律所，业务分配和利润分配的脱钩是前提。案件来源是案件来源，操作业务是操作业务，利润分配是利润分配，这是三条独立的线。而如果谁承揽的案件就由谁操作，并且获得这个案件的收入分配，把利润分配和案件的来源简单挂钩，就难以促进一体化律所的形成。

第三，合伙人基于各自的成长背景、教育背景、资源背景互相认可各自的点数后，只要其以相同的勤勉敬业程度对待工作，不论他承担的是开发市场的工作，代理案件的工作，还是管理律所事务的工作，每年的点数增长都基本稳定，而且原则上各位合伙人的点数涨幅基本持平。

二、点数如何设定

我们可以为合伙人点数的增长设置一个最低点和最高点，每一位合伙人的点数都在这样的范围内增长，在不同时期增长的快慢则由律师能力发展的一般规律来决定。

具体来说，假设我们把最低点设定为20点，最高点设定为100点，那么在一位律师由薪酬合伙人晋升为权益合伙人的第一年，他所拥有的点数就是20点。这时候，他距离从法学院研究生毕业已经差不多有10年时间了，年龄在 35 岁左右。

另一方面，我们认为合伙人事业的最高峰是在他 55 岁的时候。那么，在这个年纪，他应该可以拿到合伙人最高的点数——100 点。

从 35 岁到 55 岁的这个阶段，从 20 点到 100 点，合伙人的点数每年的增长幅度可以由合伙人们商定。

比如说，可以设定，合伙人从 20 点到 50 点期间每年涨多少点，从 50 点到 80 点期间每年涨多少点，在 80 点到 100 点期间每年涨多少点。还可以设定，达到 50 点、80 点的时候，对合伙人的点数是否继续往上升进行评估。对于能力成长有限或者勤勉程度不够的合伙人，可以暂停上涨点数甚至是下调点数，但这应当在控制合伙人人数比例的前提下进行。

在 55 岁以后，合伙人就该逐步退休了。这时可以设置一个“**金色降落伞**”计划，在评估合伙人状况后决定是否实施。

实施方式是让合伙人的点数逐年相对快速下降，从本人的高点或者是事务所的最高点“降落”到起始的 20 点。这 20 点所对应的金额也就是对合伙人退休后继续为事务所“发挥余热”的回报。也可以设定，在退休的合伙人基本不参与事务所工作之后，就只拿固定金额的退休金，不再拥有分红点数。

这样的计点制实际上是英美很多一流律所采取的合伙人分配机制。虽然这些律所可能会在这个机制的基础上做一些微调，比如说根据每年的考评和总体业绩状况决定具体的上涨幅度，采取所谓的改良版“Lockstep”，但在律所的总利润池中按照相对稳定可预期的点数进行分配仍然是他们的利润分配模式的基础。

三、为什么计点制有利于形成一体化的律师事务所

英国“Magic Circle”律所之一的年利达律师事务所执行合伙人托尼·安吉尔（Tony Angel）曾经这样解释 Lockstep 为律所带来的好处：“**Lockstep 基**

于这样的假设，即随着时间的推移，我们通过消除跨业务和办事处团队合作的障碍而获得的利益将比用财务报酬来奖励特定个人的行为有效，因为这种体制使我们能够更有效地完成针对目标客户的目标工作，促进广泛的机构关系的发展，以及最大限度地减少内部竞争。” [①]

对我们来说，这样的利润分配模式最大的好处是它让整个律师事务所确确实实完全一体化。**每个合伙人关注的不再是个人创收的多少，而是整个事务所的发展情况**。只要大家努力让事务所的利润提高，每一点的含金量就会提高，每个人的分红也会水涨船高。在这样的律师事务所里，大家不分你我，而是一起开拓市场，通力协作做好业务，共同把蛋糕做大。

在具体案件的承办上，接到案源的律师会真正愿意把案子交给律所里最适合做这个案子的人。这也就意味着，对待任何一单业务，律师们都可以集全所之力，拿出最优质的人才和资源为客户提供服务，保障法律服务的质量。

比如说天同的模拟法庭，如果律所没有实现一体化，每个合伙人各自有各自的利益诉求，那么，就很难有人愿意模拟对方或者担任模拟法官。即算偶尔做一次，也很难把这个对出庭准备工作有重要价值的举措持续进行下去。

更重要的是，这样的机制可以让律师们专注发展自身的长处，在互相的取长补短中协同发展。比如说，对于擅长业务操作的律师，他可以不需要考虑案源，专心做业务；对于擅长拓展市场的人，他可以将更多的精力投入在案源的获取上。

通过彼此能力的交换，律所才能形成真正的内部市场。[②] 每一位律师都可以把自身的长处发挥到极致，合力推动律所品牌的建设。这是律所和律师自身发展的良性循环。

---

① 出自哈佛大学商学院案例。

② 关于律所内部市场的形成，参见 2015 年 10 月 30 日“每周蒋讲”文章《四个版本更迭：更高效的律所模式是什么样的？》。

相反地，在各自为政的律所里，很少有人愿意把到手的案源“拱手让人”。即使能够通过内部分成等方式让拉案子的律师和做案子的律师形成合作，但是由于缺乏价值层面或者具体分成比例的共识，或者碍于熟人情面，难以讨论出双方都满意的分成方式,仍然无法形成一个活跃的律所内部市场。而这个时候，每位律师都硬着头皮做或许与自身能力并不完全匹配的案子，自然难以提供优质的法律服务。

对合伙人个人来说，当我们不再只把关注点放在自己在每个案件的创收额是多少、我能提成多少这样的问题上的时候，我们的心态会更平和，幸福感会大大提升。你会发现，这个世界上，有太多太多的事情，比关注自己的创收额重要得多得多。另一方面,计点制下的合伙人也更会关注律所总体目标的实现，愿意把目标放得更长远，在此基础上，合伙人来讨论“愿景、使命、价值观”才能真正落到实处。

相较于利润分配，律所架构是更高位阶的考量

◎蒋　勇

对律所合伙人来说，最关心的问题无疑是合伙人的利润分配。这个问题被我笑称为中国律师行业的“天下第一问”，有关公司化和提成制孰优孰劣的争议，这些年来从未消停。

在今年早些时候的“每周蒋讲”专栏文章中，我曾经针对这个问题连续写过三篇文章。[①] 在这3篇文章中，我得出结论：**从来没有一种合伙人分配模式是放之四海而皆准的。公司化也好，提成制也罢，只是一种激励机制而已，它的优劣取决于它是否适应特定律所在特定发展阶段的战略目标。**

更重要的是，合伙人分配机制虽然影响重大，它仍然只是律所架构中的一小部分。我们需要思考，还有哪些机制在律所架构中同样发挥着重要作用。我们如何才能根据每一家律所所处的特定环境，系统性、全局性地设计律所架构，并且根据发展变化做出调整？由此我们也才能考量，究竟是哪些因素决定了我们应该采取怎样的合伙人分配机制？

基于此，我认为，**相较于分配机制，律所架构才是合伙人应该考量的更高位阶的问题。**

---

① 参见《解密：天同合伙人是怎样分配利润的？》《解惑：律所合伙人分配机制如何转型？》《解读：律所合伙人分配模式怎样才是最好的？》。

一、律所架构的六个维度

所谓律所架构，就是律所内部有关权力运行、收益分配和责任承担的制度设计。这些制度设计会为律师提供不同的激励机制，也会导致律所内部的不同决策模式。它们是否与律所当时的战略方向、业务性质、组织特征相符合决定着律所能否健康稳定地发展下去。

我们认为，律所架构应当从以下六个维度来考量：

1. 专门化程度。律所是否被按照地域、客户所在行业、服务类型等标准，区分为不同的内部单元。

2. 中心化程度。管理权是否由律所最高层掌握。律所层面掌握的决策权越多，内部单元层面做出的决定越少，律所架构的中心化程度也就越高，这就是我们常说的一体化程度更高的律所。

3. 决策参与程度。如果在一个内部单元中，仅有少数律师能够参与决策，律所的决策过程就是等级化的；如果许多律师都能分享决策权力，决策就是合议型的。

4. 正式化程度。是否形成了正式的规章制度。就拿招聘和晋升制度来说，正式化的律所架构会设定一系列明确的招聘办法和晋升规则，非正式化律所架构下的招聘和晋升则可能因人而异，缺乏固定的程序和标准。

5. 分配机制。我们此前经常谈到的是公司化（Lockstep 或者类似模式）和提成制（eat what you kill），前者的考量标准以资历为主，后者则以绩效为主。当然这二者之间还有一种折中，考核标准更加客观和多元，会通过引进诸如律师和客户评价这样的维度，更全面地评估合伙人的表现。

6. 晋升机制。欧美传统精英律所往往采取了“要么晋升，要么出局”（up or out）的晋升机制。如果律师未能在特定时间后升任合伙人，就会被解雇或者自动离开律所。另一种模式则不那么严格，即使律师未能成为合伙人，也可以在律所获得初级合伙人或薪酬合伙人这样的职位。

以上六个方面构成了律所架构的基本维度，也是我们思考律所架构问题的基本框架。

二、影响律所架构设计的三大因素

那么，究竟应该如何设计每一个维度下的律所架构呢？我们理解，有这样三大影响因素：战略、文化和环境。

（一）战略

战略与律所的发展定位紧密相关。不同的业务性质、不同的律所规模，必然要求律师事务所采用不同的管理架构。

1. 服务定制化程度。一直以来，我们总认为法律服务是定制化的。但其实，不同法律服务的定制化程度可能存在很大的差异。比如说，商标注册和重大疑难诉讼的定制化程度必然不同，它们适合的管理架构也就并不相同。

法律服务的定制化程度越低，律所架构的正式化程度会越高。因为定制化程度越低，服务的重复性就越高，服务流程和服务成果的标准化就会随之提升，每一位律师所扮演的角色也会因此确定。在这样的律所里，精细化地评估每一个人的表现也就成为可能。

提供高定制化法律服务的律所则更加适合通过采用公司化的 Lockstep 或类似的分配模式来强调资历的作用，以及适用“要么晋升，要么出局”（up or out）的晋升机制来确保合伙人的一致性。原因在于，高定制化法律服务对个人能力要求高，难以对每个人的贡献作精准评估，公司化的 Lockstep 或类似的分配模式是可行的；同时，客户很难评估这类服务的质量，“要么晋升，要么出局”（up or out）是一个很好的人才筛选机制，保障着律所的服务水准。

2. 服务多样化程度。服务多样化程度决定了律所是综合性律所还是专业化律所。这两种不同定位也必然意味着律所架构的不同选择。

服务多样化程度的增加首先会提高律所架构的专门化和去中心化程度。律所需要根据不同的业务领域建立不同的单元，并且授予它们一定的自治权。

同时，服务多样性程度越高，律所层面的合议式决策就越困难。专注于某一领域的律师并不拥有参与其他专业业务领域的决策所需要的特有知识储备，决策效率也十分有限，因而会采取等级化程度更高的决策方式，律所架构的中心化程度也会更高。

此外，服务多样性程度越高，不同业务之间的利润率也就越可能出现差异，而这是与公司化分配机制存在冲突的。在公司化分配机制下，合伙人收入会受到其他合伙人的表现的影响，大家也就不太愿意引入利润率相对较低的业务领域。也就是说，律所服务的多样性程度越高，采用公司化分配机制的可能性就越低。这就可以帮助我们理解，为什么大家感觉公司化律所往往是业务相对单一的律所。

3. 规模大小。规模越大的律师事务所合伙人人数也就越多。为了保障决策效率，同时降低律师之间难以相互监督而带来的执业风险，大型律所会更加倾向于采取专门化、去中心化、等级化的律所架构，并且形成更加正式的工作规则和人事规范。

（二）文化

律所文化事关律所每一个人的愿景、使命和价值观。说到底，人是律师事务所最核心的资产，由不同的人组成的律师事务所，律所文化也会各有特色。但总的来说，我们可以从以下两个维度理解律所文化对律所架构的影响。

1. 同质性程度。所谓同质性，即律师们是否拥有相同的信念和价值观。律所文化的同质性会让律师们更容易形成共识，也就更容易形成合议型的决策机制和去中心化的管理结构。

但是，随着异质性的增加，这样的管理方式将不再有效，等级化、中心化程度更高的律所架构才是更好的选择。同时，这样的律所也会更倾向于采取提成制分配机制。

此外，强大的律所文化可以很好地起到凝聚律师的作用。在此前的“每周蒋讲”专栏文章中，我曾经提到，公司化分配方式存在的“大锅饭”问题可以由其他管理机制弥补，同质性的律所文化就是其中之一。

2. 律所文化的内涵。这方面存在着两种不同的价值观：

如果律师们更加看重个人自治，就会倾向于采取去中心化的管理结构和提成制分配方式；如果律师们更加看重律师事务所的集体目标，就会倾向于采取更加中心化和正式化的管理方式，分配方式也更加类似于“Lockstep”。

（三）环境

这里的环境主要是指执业风险，即是否会因为服务质量问题被客户投诉甚至是诉讼，而这在很大程度上取决于客户能否判断服务质量。这促使律所采取更加标准化的招聘和培训以保障服务质量，降低经营风险。这样的规范化建设需要在全所层面开展，也会导致管理的中心化。

三、从更高位阶重新审视律所管理

对于不同的律师事务所来说，由于组成人员不同，市场定位不同，自然也就会出现战略、文化和环境上的差异，应当采取不同的律所架构。即使是同一家律师事务所，在不同的发展阶段，战略、文化和环境也可能发生变化，律所架构也需要随之调整。

最典型的例子是，随着服务标准的确立和技术的进步，一项原本高精尖的定制化法律服务，往往会慢慢地变得更加标准化，成为可以为更多人掌握的日常服务。我们需要及时意识到这些变化，要么调整自身的战略定位，要么调整相应的律所架构，否则就会带来管理上的混乱。

当然，相较于律所管理者面临的复杂现实，无论是战略、文化、环境这 3 个考量因素，还是前面提到的律所架构的 6 个维度，或许都并不全面，对它们的相互关系的分析也仍显粗陋。但是，这至少从更高的位阶提供了全局性的分析方法。

作为律所管理者，我们一定要把眼光从公司化和提成制之争上移开，从合伙人分配机制上移开，看到律所的整体架构和更广阔的战略定位、市场环境。这是律所管理者应该承担的责任，唯此，才能保障律所健康发展。

四个版本更迭：更高效的律所模式是什么样的

◎蒋　勇

亚当·斯密在《国富论》中开篇即有这样的论断："劳动生产力最大的进步，以及劳动在任何地方的运用中体现的大部分技能、熟练度和判断力似乎都是分工的结果。"

作为复杂劳动的一种，律师提供的法律服务在技能、熟练度和判断力上的提升，律师事务所乃至整个法律服务行业在生产力上的进步，同样有赖于劳动分工的愈加深刻。

借用互联网产品版本升级的概念，我们可以根据分工程度的不同，把中国律所所处的不同形态分为由低到高的 4 个版本。

我们相信，由几乎没有分工的 1.0 版向全行业充分分工协作的 4.0 版的升级进化，将是中国律师业发展的必然方向。

一、律所 1.0 版：作坊时代

1.0 版的律师事务所，几乎像是一个个小作坊，律师则是作坊里独立的工匠，独自完成法律服务的全过程。

从前期的品牌推广、拓展案源，到会见客户、达成代理协议，到法院立案、案例检索、法条分析、证据搜集、出庭陈述等代理案件的具体环节和这一过程中与客户的不断沟通，都是由同一位律师来完成。

虽然有许多律师在同一家律所里执业，但 1.0 版的律所提供的只是执业平台和办公场所。律师向律所缴纳一定费用就可以在这里执业，律师与律师之间鲜有合作。在这样的律所里，律师数量再多，实质上提供的仍然是作坊式的法律服务。

对律师个人而言，他们几乎完全自力更生，新入行的律师生存尤其困难。除了专业性很强的业务操作之外，他们还需要花大量心思在案源拓展上，但又往往收效甚微。同时，为了尽可能地抓住案源，创造收益，他们只能有案必接，自嘲道："苍蝇也是肉嘛！"

在精力分散和领域分散的双重作用下，律师的专业能力很难得到较快提升。

并非没有人意识到问题的存在。许多律师都承认，只有专业化才能形成竞争力，但真正舍弃案源却让人很难做到。即使做到了，在专业化道路上经历的那段收入锐减的痛苦转型期又很容易让他们退回"万金油"的状态。

此外，随着创收能力的提高，律师会逐渐有能力雇佣律师助理，甚至组建自己的律师团队。不过，这与其说是分工，倒不如说是"打杂"。律师助理们往往事务繁杂，很难说形成了真正的分工。

可以说，中国目前大多数律师事务所尚处于这个时代：所内的律师完全单打独斗，互相之间极少有合作发生。

二、律所 2.0 版：合作社时代

要摆脱作坊时代，提高律师和律所整体的生产力，实现律师事务所内部的业务分工是最根本的解决方案。

那么，律所内部应该如何分工？这首先需要对原来由一位律师承担的工作进行拆分：**根据涉及的不同法律部门，拆分为不同的业务领域；根据工作内容的专业性高低，拆分为辅庭、出庭等不同的工作层次。**

不同法律领域的法律知识各不相同，不同的业务性质又在能力层次上高低有别，把它们交由不同的人去做，将可以使每一个人都在自己的领域更加专注，从而大大提高效率。

要促成这样的分工，必须让律师之间可以就能力进行交换。

比如说，当某一专业领域中擅长某一类工作的律师代理的案件涉及其他领域的知识或其他类型的工作，可以邀请相关律师合作办理案件，并且向他们支付相应报酬，从而形成专业能力上的交换和学习。

再比如说，当某一专业领域的律师接到了其他领域的案源，或者手头的案源太多以至于没有足够精力承办，那么他可以把案源推荐给相关领域的专业律师，并且获得相应报酬，从而形成案源能力上的交换。

要想让这样的交换成为现实，必须同时满足这样两个前提条件：**交换者十分信任合作者的能力；交换者可以从能力的交换中得到激励。**

因此，律师事务所需要为律师之间的信任和了解搭建桥梁，同时设定内部能力交换的激励机制，让律师之间的能力交换成为常态。

这是一种“人人为我，我为人人”的时代，每一位律师都可能得到其他律师在专业能力和案件资源上的共享，专注于提升自己的能力。

目前，中国少数律所进入了这样的时代：律所内部被分为不同的律师团队，团队间经常有合作的个案发生。

不过，这样偶发的一次性的交换存在着难以克服的缺陷：无论是律师的专业能力还是案源能力，它们在交换上的价值都很难界定。如果参与其他律师负责的案件或者将案源转介给其他律师，这样的能力交换应该获得多少报酬往往争议性极强。如果每次都为此反复商议，无疑将有损效率。

三、律所3.0版：工厂时代

进入工厂时代，律所内部的分工将更为彻底和便利：由律师事务所统一受案，确定承办团队。

在确定承办团队时，律师事务所可以专业能力为主要考量因素，同时，综合执业经验、领域、业绩、价格、服务史、客户意愿、精力分配等多种因素，在律所内部组织出与客户的需求最为匹配的法律服务力量。

而在承办团队内部，可以进一步就工作类型进行分工。比如说，设定业务秘书岗位，专门负责技术含量不高的行政性事务；设定辅庭律师岗位，专门负责案例检索等基础工作；设定专门的出庭律师岗位，专心制定诉讼策略，以便出庭应诉……

在这样的律师事务所里，律师的业务分配与利润分配完全脱钩。律师之间不再需要考虑这是谁的案子，也不需要为单个案件收入的分配反复谈判，而会获得与自身工作技术含量和工作经验多少相匹配的薪酬。

具体来说，由于行政性事务的技术含量远不如出庭应诉的技术含量，业务秘书的薪酬就会远低于出庭律师的薪酬；同样是出庭律师，或者同样是合伙人级别的律师，它们的薪酬就可以依据从事相关工作的时间长短和经验多少来具体确定。

通过将宽泛意义上的律师工作细分为不同性质的工作种类，为不同性质的工作种类设定不同层级的薪资标准，可以大大压缩法律服务的成本——客户不再需要为资深律师的基础工作，乃至行政性工作付费，将其交由薪资较低的业务秘书和辅庭律师同样可以获得很好的成果。同时，每个人只需要专注在自己最擅长的领域，让能力得到最充分的发挥。

目前，中国只有极少数的顶级律所进入了这个时代：在律所内部实现完全一体化，全所拥有不同专长的律师的通力协作，实现律所生产力的飞跃式提升。

你一定会问：为什么只有如此少数的律所升级到了 3.0 版，连 2.0 版的律所也不多见？

原因在于：分工依赖于交换，分工程度的高低当然取决于交换能力的大小，也就是市场范围的大小。如果律所规模很小，可参与能力交换的律师人数很少，那么分工就难以深入。正因如此，规模化是律所发展的一个大趋势。

但是，以规模扩张提高生产力却面临着这样两重限制：一方面，规模扩张必须是建立在律所内部成熟能力交换机制的基础之上，否则规模本身对律所来说意义有限，甚至将导致成本的上升。另一方面，律所规模在根本上受到当地法律服务市场大小的限制。如果当地客户对各类法律服务需求的量并不大，也没有跨省乃至跨境的法律服务需求，那么律所规模的大小和律师分工的深入程度都会因此受限。

四、律所 4.0 版：平台时代

互联网时代的到来为破解前述第二重限制带来了新的可能。

正如水运开辟了陆地无法完成的巨大市场，然后才会有工业和产业的改良，互联网时代的到来将更广范围的律师“连接”起来，为整个律师行业的升级奠定基础。

这样的“连接”不仅是信息流通的方便快捷，更是在陌生律师之间搭建信任关系。

此前，律师能力交换的范围往往受限于律所规模或者行业内熟人圈子的大小。但在互联网时代，律师的执业经历、知识积累、社交状况乃至作业的全过程,都可以作为数据被互联网记录下来,形成一幅清晰客观的律师“数据图像”。这样的“图像”将在陌生律师之间建立起了解和信任，为更广范围内的能力交换创造条件。

在这样的互联网平台上，只要有恰当的能力交换规则，再加上对能力交换过程和后续服务过程的监督作为保障,律师的能力交换范围可以扩张至全行业。律师们在整个行业范围内的大分工、大协作，将把全行业的生产力推升至另一个量级。

甚至,随着交换范围的扩大，另外一种能力可以从律师能力中再拆分出来，即律师的服务能力。

我们认为，律师服务能力又可以被细分为以下两个方面：（1）**拓展市场的能力**：虽然律师的市场拓展离不开律师自身的专业能力，但这里的市场拓展能力专指专业能力之外的有关品牌、推广本身的能力；（2）**控制案件流程质量，保证用户体验的能力**：比如说与客户约定会谈时间、撰写会议记录、提醒律师在关键节点提供相应工作交付物等等。

你会发现，这两种能力并非法律专业能力：作为法律专业人士的律师，在市场拓展上很难得心应手；对如何更好地经营客户关系，提升客户的体验，律师们往往也没有清晰的意识。

古语有云：“术业有专攻”，都说让专业的人做专业的事，那么，把这类事项交由有法律背景的专门服务人员来做无疑会更加高效。到那时，每一位律师都将真正以法律专业能力立身，而其他与此无关的事项，都可以由专门的服务平台来提供支持。

目前，成型的此类律所尚未在中国出现：它不再仅仅是律师执业的场所，而将承担起越来越多高效分配资源、服务律师的功能。甚至，我们可以更大胆的猜测，这样的律所将以无边界平台的形式出现[①]。你说它是4.0版的律所也对，你说它不是律所也对。

五、结论

上述这四种版本，只是从分工这个角度观察，并不全面，亦不存在高低贵贱之分。而且，它并非完全依据律师行业现实演进的时段而分，也不专门针对某一种律所组织模式而论，请勿“对号入座”。

但是我们相信，这幅分工不断精细，律所1.0版本向4.0版本的不断升级，从作坊时代逐步步入平台时代的图景，将是行业必然的发展方向。

在竞争日益激烈的市场中，只有更高效率、更低成本的竞争者才能占尽先机。这样的力量曾经让机械化大生产的工厂取代原始的手工业者，让工业革命战胜小农经济，同样也将推动整个法律服务行业和行业内的每一个参与者向更高“版本”的方向不断前行。

---

① 参见2014年5月23日“每周蒋讲”文章《无界律所的无限可能》。

法律服务互联网化与工匠精神是对立的吗

◎蒋　勇

每当谈到法律服务的互联网化，常常会有这样一种意见：互联网是浮躁喧嚣的，作为手艺人，律师应该坚守工匠精神。这种把工匠精神与互联网对立起来的论调，往往站在一种居高临下的道德高度，在一些律师会议或论坛上颇受追捧，但却是值得我们深思的。

所谓工匠精神，就是对工作执着，对所做的事情和生产的产品精益求精、精雕细琢的精神。李克强总理在2016年的政府工作报告中首次提到了“工匠精神”，让这个词成为了年度热词。

工匠精神的典型代表是瑞士的制表匠和日本的“寿司之神”。瑞士制表匠对每一个零件、每一道工序、每一块手表都精心打磨、专心雕琢；一位叫做小野二郎的寿司大厨，一生都在做寿司，从食材、制作到入口瞬间，每个步骤都经过缜密计算，永远以最高标准要求自己。甚至，为了保护创造寿司的双手，他在不工作时也永远带着手套，连睡觉也不例外。

这样的工匠精神无疑是值得敬佩和学习的。但是，互联网就必然意味着工匠精神的反面，意味着浮躁吗？如果是，我们又如何解释信息革命带来的科技进步和社会变革，如何解释像谷歌这样的不断探索科技前沿的伟大互联网公司。

不可否认，的确有一些浮躁的创业者，有互联网之名，却没有真正理解互联网，也没有做出真正的互联网产品。**但如果我们因此看轻互联网，必然会忽视互联网带来的影响，也就无法正确应对这个时代最大的挑战和机遇。**

因此，我们确实有必要抛弃一些“老炮儿”般的情怀论调，深入思考：互联网和工匠精神到底是一种什么关系？

一、从产品逻辑看互联网的工匠精神

互联网的本质是连接，这种连接会切实地影响生产者与消费者之间的关系，从而发展出不同于人类以往任何时代的产品逻辑。我们不妨从消费者地位和消费者关系两个层面，理解互联网为传统产品逻辑带来的改变。

（一）消费者地位

在过去，由于企业占据了更多资源，它在与消费者的关系中往往处于强势地位。移动互联时代传播方式的变革让每个人都成了发声者，过去通过媒体单向灌输的传播方式已经不再奏效。要想让产品被更多人了解和接受，它就必须让购买者发自内心地认可，并且乐于把它推荐给其他人。

因此，在互联网时代，"用户至上"成了产品逻辑的核心所在。产品的设计、生产、渠道等各个流程都需要"以用户为中心"来重构，实现更好的用户体验。

比如说在淘宝卖坚果的"三只松鼠"。"三只松鼠"之所以火起来，不仅因为它把干果店开到了互联网上，更因为它提供了特别好的用户体验。它是第一家不仅卖干果，同时还提供开箱器、坚果包装袋、封口夹、垃圾袋、卡通钥匙链和湿巾的干果店。在许多细节上，"三只松鼠"超越了客户的预期，从而在上线短短 3 个月后就成为了电商坚果第一品牌。难以想象这个干果店 2015 年的营业额是 25 亿！如果不是把产品做到极致并借助互联网的网络效应，我们怎么可能想象一家店能卖出如此多的干果？

（二）消费者关系

在传统的产品逻辑中，消费者被视为客户，但在互联网时代，消费者则是用户。

它们的核心区别在于，当一次买卖结束，企业和客户的关系就结束了。即使有售后服务，也只是一种被动的，浅层次的联系。以信息产品为例，当厂商把软件出售给客户，它和产品之间的联系就终止了，客户需要自己负责产品的运行和维护。如果时隔若干年，软件厂商推出了新版本的产品，客户又需要重新购买。

在互联网时代，企业与用户的关系却不会随着买卖的完成而终结，相反，这是两者关系的真正开始。互联网产品会根据用户的使用情况，以周甚至以天为周期不断迭代，在一路“小步快跑”中趋于完美。在这个过程中，互联网产品与用户的关系也愈加紧密。

从这两个层面来看，精益求精，做出“让用户尖叫”的极致产品是互联网的核心所在。甚至，互联网本身的特性就推动着产品朝着这样的方向发展。如果开发者做不出极致的产品，用户会“用脚投票”，在没有任何行政强制力的互联网世界，一切是好产品说了算。

以我们的“无讼案例”产品为例，我亲自参与了这个产品从立项、研发到上线的全过程。无讼的数据攻城狮和程序猿们，一年多的时间，夜以继日，才在2015年4月底推出第一个版本上线。上线后至今这一年多时间里，持续保持着一周迭代一个版本、三个月一次大升级的频率。

这样的努力没有白费，“无讼案例”的用户体验大大改善，根据国际权威互联网流量排名网站Alexa上的最新排名，“无讼案例”（itslaw.com）已经位居第3035位，大大超出了另一家已经做了20余年的国内老牌中文案例检索网站，成为国内同类型中文案例检索网站的第一。

我经历这个过程，对于互联网产品开发中所坚持的“不断迭代”“小步快跑”等理念也就更是有了亲身的体验。

在流传甚广的小米创始人雷军的“七字诀”里，专注、极致、口碑、快被认为是互联网领域最重要的方法论。也就是说，要专注于尽可能少的产品，把它们做到别人达不到的高度，超越用户的期望。

这些思维和方法论的内涵与瑞士钟表匠或者“寿司之神”的精神理念是何其相似啊！只不过换了一种与当下时代结合更紧密的表达方式，引入了新的用户视角而已。

二、法律服务的互联网产品真正体现了工匠精神

有人可能会觉得，即使互联网不违背工匠精神，法律服务也无法与互联网相融合。法律服务只能以个性化的方式由律师在线下完成，它的互联网化只会变成律师在互联网上营销甚至炒作，这仍然是十分浮躁的。

不可否认，的确有一些律师借互联网炒作，但这样的炒作并不会真正奏效。互联网上的自吹自擂无法转化为潜在客户的信任，而没有信任，法律服务也就无从谈起。

要真正在互联网上实现法律服务供需双方的对接，律师能力的客观评价体系是不可或缺的。在过去，对律师能力的评价往往因为主观因素占比颇多而面临争议，但在互联网大数据时代，我们有可能借助客观全面的数据资源，建立更具公信力的评价体系。

这样的评价体系一旦形成，对供需双方的精准匹配将成为可能，而这将从以下两方面提升全行业的法律服务水平：一方面，全行业范围内的资源可以得到更高效的重新配置，当事人可以得到最为适合的服务；另一方面，地域和人脉网络对律师专业化水平的限制也将被打破，即使是在极其细分的领域，律师也不用为“吃不饱”而担心。

与互联网相结合，律师的工匠精神非但不会被削弱，反而可以更好地实现：律师可以专注在自身的业务领域，而不必为了市场拓展过多分心。同时，互联网也推动着律师提高专业化水平，因为只有这样，才能积累起在这一领域的数据优势，树立品牌。[①]

---

① 参见 2016 年 3 月 31 日“每周蒋讲”文章《给律师代表大会提建议：呼吁国家加大对律师行业基础设施建设的投入》。

此外，律师的工作也并非必须在线下完成。互联网时代的 SaaS 技术可以解决律师在工作中的痛点，提高律师的工作效率。

所谓 SaaS，是 Software as a Service 的简称，它是一种基于互联网的信息化建设。SaaS 不仅可以提供在线储存文档和协作的平台，更可以根据法律领域的具体特点和用户的工作习惯提供工具性质的服务，在一个个工作场景上切实解决律师的痛点。[①]

因此，法律服务的互联网化非但不会带来浮躁，反而会助推律师工匠精神的形成。它让工匠精神不再简单停留在情怀层面甚至异化为口号，而是通过为律师提供更广阔的案源机会，帮助律师提高工作效率，让律师拥有足够的精力和工具去真正践行工匠精神。

三、工匠精神呼唤永无止境的技术创新

即使如此，也仍然有人会提出，律师应该坚守手艺人的精神，应该对自己的工作全心投入，做好每一个细节，而不是使用互联网。

但是，这样的观点其实是对工匠精神的误读。当我们说向瑞士制表匠和“寿司之神”学习工匠精神，要学习的一定不是在手工作坊里，完全用人力制造产品的方式，而是他们精益求精的精神。

制作钟表和寿司的最佳方式不一定是相同的，它们和提供法律服务的最佳方式更不一定相同。同时，过去提供法律服务的最佳方式，随着科技和社会的进步，或许也会成为守旧落后的代名词。

律师的工匠精神不应该是对其他行业工作方式的照抄照搬，不应该是对已有工作方式的一味坚守，更不应该是老炮儿式的冥顽不化。精益求精是工匠精

① 参见 2016 年 4 月 22 日“每周蒋讲”文章《将给律师业务带来“无法计算的价值”的云到底是什么？》。

神的核心所在，而越是追求精益求精，就越应该尝试所有可能的方式，提供更加优质的法律服务。

在今天的时代，当互联网为律师提供更加优质的服务创造了条件，甚至激励着律师朝这样的方向不断努力，我们没有理由拒绝法律服务的互联网化。

事实上，互联网之所以为许多行业带来了摧枯拉朽的影响，正是因为它代表着更先进的生产力。它从来不会把二流的产品变为一流产品，而会助推超一流产品的出现。如果与这样的趋势相违背，任何服务和产品都会被互联网时代迅速淘汰。

所以，我们没有必要哀叹工匠精神在互联网时代的失落。相反地，正是工匠精神推动着人们淘汰低效落后的工具和方法，探索更好的工作方式，提供更加优质的产品和服务。

或许在未来，今天的互联网技术也会被更加高效的技术所替代，但我们仍然可以说，工匠精神永存。真正的工匠精神必定是忠于更加完美的产品和服务的，而不是某一种工作方式本身。

在2014年6月6日的“每周蒋讲”专栏文章《从“金砖”到“极客”》中，我曾经说过：“从追求极致与完美的角度上讲，极客和手工艺者、艺术大师们如出一辙。”“我们要做‘极客’律师，既有一种对于法律服务质量不懈追求的精神，不疯魔不成活；又善于利用互联网技术和思维改造与提升自我，非精专死不休。”

今天，我对这个观点更加深信不疑：**我们没有必要将法律服务的互联网化与工匠精神对立起来，更不要也不能以工匠精神之名顽固守旧，排斥创新。心怀对极致的不懈追求，用最开阔的眼界和心胸迎接每一个时代的变化和挑战，这才是真正的工匠精神。**

大数据能为律师行业带来什么

◎蒋　勇

在此前的一篇“每周蒋讲”栏目的文章中，我试图澄清律师行业中一些人对互联网的误解：互联网并不意味着喧嚣浮躁，更不是工匠精神的反面。法律服务互联网化进程，会切实帮助律师提高工作效率和服务质量[①]。今天，我想和大家谈谈实现这个进程最为关键的推动力——**法律大数据**。

所谓大数据，是一种规模大到在获取、存储、管理、分析方面大大超出了传统数据库软件工具能力范围的数据集合。在法律领域，海量的法条、合同、裁判文书等法律相关文本就构成了这样的大数据。通过新兴的数据解构方式，我们可以让机器读懂这些文本，解读出和法律规则、交易规则、诉讼参与人等有关的重要信息，并且发现数据之间的关联。这将从根本上改变法律服务领域的已有格局和传统工作方式。

① 参见2016年7月22日“每周蒋讲”文章《法律服务的互联网化与工匠精神是对立的吗？》。

总的来说，大数据会从以下两个方面为律师行业带来深远影响。

一、大数据的评价价值

我曾经在此前的一篇“每周蒋讲”文章中谈到，律师评价体系是律师行业最重要的基础设施：“由于法律知识的专业性，法律服务的受众对律师能力没有足够的判断力，其对律师的选择必须依赖于外界提供的评价。可以说，评价体系是法律服务市场供需对接的基础，从根本上决定了资源配置的走向。”①

然而，律师评价体系的建立却一直是律师行业里的一个难题。从律师主管机构的律师评级到一些市场机构发布的榜单，无一不因为样本的不全面和数据的不客观而或多或少地面临争议。有说服力的律师评价体系一直未能建立，这成为了制约行业发展的重要瓶颈。

同样的道理，对法律服务的互联网化而言，如果不能解决评价体系的问题，同样无法建立当事人与陌生律师之间的信任关系，资源的高效匹配就无从谈起。

不过，法律大数据可以为律师的评价体系提供更为客观的评价基础，从而在一定程度上解决律师能力的评价难题。

比如说，从公开的裁判文书法律大数据中，可挖掘出全国诉讼律师的执业信息，为每一位律师“画像”。随着公开信息的增多，这样的“画像”甚至可能扩展到律师的非诉业务。

比如说，从无讼阅读 APP 这样的法律内容社区的数据中，可以挖掘出律师们发表文章的情况，同行的评价与点赞则可以成为评价律师专业能力的重要依据。

除此之外，法律行业里其实已经沉淀着一部分有关律师执业状况的数据：

---

① 参见 2016 年 3 月 31 日“每周蒋讲”文章《给律师代表大会提建议：呼吁国家加大对律师行业基础设施建设的投入》。

在律师行业里，司法行政机关和律协掌握着所有律师的注册信息、执业登记信息等基本数据；在法院系统里，也留存着律师的案件代理状况、提交的代理意见等数据；在教育机构里，存留着所有律师接受教育和培训的信息，只要整个法律行业的信息公开越来越彻底和深入，就可以采集到这一部分数据。

将这些数据综合起来,就可以形成一个多维的律师评价体系。它是全面的，完全可以涵盖每一位律师；同时，它也是客观的，数据采集者的主观意愿可以被降到最低。

当然，即使如此，律师能力的评价也还是会面临争议：不同的因素应该占多大的比例？数据积累的匮乏是否会导致年轻律师在法律服务市场上的劣势？

其实，在互联网大数据时代，我们对律师评价的观念也应该适时更新。

评价律师的最重要的意义是为客户选择律师提供参考，而并非单纯为了选出某一领域能力最强的律师予以嘉奖。不同的法律服务难度不同，对经验的要求也就不同,在某一领域内能力最强的律师并非是所有法律服务最佳的匹配者。相反，资深的优秀律师往往提供服务的定价也更高，反而不适于寻求相对低价的法律服务的客户。

因此，律师评价体系不是为了评价而评价，而是为了更好地配置法律行业内的资源而评价。法律大数据能够为律师能力评价提供客观依据，但这并非配置资源的唯一因素。价格、服务意愿等因素也应该被一并纳入考虑。

所以，其实没有必要担心建立在大数据基础之上的评价体系会对缺乏经验和数据的律师不利。定位在适合自己的细分市场里，打造出与之匹配的专业特色，每一个人都完全可以在法律服务市场里找到自己的位置。

二、大数据的工具价值

从根本上说，大数据提高了承载着法律专业知识的法条、合同、裁判文书等数据被机器分析、读懂甚至应用的可能性，从而为律师的工作提供辅助工具。

当前最容易被采集、解构和分析的法律大数据，是法院上网公开的海量裁判文书。它不仅承载着律师的执业信息，更体现着每一位法官的裁判倾向。通过对裁判文书数据的深度挖掘，可以更好地理解裁判文书的内容，找出案件与案件之间的关联，帮助律师们从过往案例中提炼裁判规则。

具体而言，裁判文书大数据的工具价值至少可以从以下五个方面体现出来：

1. 提高法律检索的效率。通过对裁判文书的解构，可以实现更精准的关键词匹配，甚至可以判断裁判文书之间的相似性程度，自动向律师推送与他关注的裁判文书类似的其他裁判文书。更进一步地，当律师向系统上传新的案件的基本信息，系统将可以通过解构和初步标签化处理，自动推送相关案件和法律法规。这方面，目前我们的“无讼案例”已经实现了这些功能。

2. 预判案件结果。“能不能赢”是当事人最为关心的问题，在过去，只有相关领域极为资深的律师，通过对案件和过往判例的深入分析，才可以得出一个倾向性的结论，但是在大数据的帮助下，可以由系统自动找出相似案例，并且分析以往案例的裁判结果，从而给出对当下案件的预判情况。这样的案例数据基础更为全面，也会比人工的判定方式更加准确，同时，它将在第一时间呈现预判结果，帮助当事人更加冷静而理性地看待诉讼。

3. 辅助制定诉讼策略。除了通过提供审理法官的相关观点、最新审判的价值判断等信息，为争议本质提供新的洞见之外，大数据还可以辅助判断证据材料的可采纳性程度：只要将证据材料与待证事实之间的关联关系作为标签，对这种关联关系是否成立进行大数据分析，评估证据与案件事实间的关联关系，就可以辅助律师预判证据被法庭采纳的可能性大小。

4. 解决律师费报价的问题。案件究竟应该收多少的律师费才是合理的，这是律师和客户都感到十分困扰的问题。尽管有各地律师协会的指导性定价，但是由于市场信息的不透明，律师仍然很难把握收费标准，畸高畸低的情形时有存在。但是，如果全国的律师和当事人都愿意到互联网平台上贡献律师收费数据，就能够快速获取并统计同类案件的市场平均价格，结合案件难度为诉讼代理寻求合理报价。同时，这样的价格数据也将成为匹配法律服务供需双方的重要依据。

5. 提供服务全程数据支持。前述 4 个方面的工具性价值并非只能通过一个个单独的互联网工具来实现，它们可以被嵌入一套互联网化的律师办案流程中，从而在律师工作的每一个阶段提供数据支持。比如说，为律师提供在线的工作模板，自动推送相关的法律法规和法官的裁判倾向，从而为律师的工作提供智能辅助，提高律师工作效率。

以上五个方面是我对未来裁判文书大数据应用的一些畅想。它们并非立即可以实现，但却是在大数据的支持之下的可以预期的未来。

这只是一个应用的例子。通过对法律法规数据、合同文本数据等法律数据的搜集和深度分析，可以预见，大数据为律师工作带来的工具价值将是全方位的。

三、大数据与律师行业的未来

应该注意的是，大数据的评价价值与工具价值并非截然独立，而是彼此促进的。

一旦律师的工作更多地依赖于线上的大数据办案工具，并且养成线上工作习惯，就可以收集到律师的工作数据，从而将律师的每一次作业过程纳入评价体系，形成对律师更全面准确的能力评价。同时，根据律师使用大数据办案工具的反馈，又可以进一步优化工具本身，更好地为律师提供辅助。

这将完全改变人们依靠人脉找律师，律师在拓展人脉上花费太多精力而忽视专业能力本身的现象，律师执业仅凭个人知识和经验积累的“刀耕火种”的作业方式也将被改变。

可以说，法律大数据对于律师行业的最核心意义在于，它为分析经验和专业知识提供了工具。它既让普通人有了辨识陌生律师法律服务水平的能力，也为个性化极强，极其依赖于律师个人的知识和经验的律师工作提供了辅助工具。

法律大数据甚至为人工智能技术的发展提供了至关重要的训练基础。未来，当机器积累和学习了足够多的法律数据，它将发展为法律界的人工智能，在一定程度上替代律师的部分工作。事实上，建立在 IBM 的 Watson 认知计算系统基础上的 Ross 法律应用已经开启了这样的未来：使用者可以用通俗易懂的英语向它提出法律问题，它则会自动检索成文法、判例法以及其他资源。

这无异于工业革命之初棉纺机器对纺织工人的意义：工业革命中的机器替代的是人的体力劳动，并通过大规模生产的方式提高行业生产力水平；大数据技术则可以在信息不对称极其严重的法律服务领域实现更为高效的资源配置，免去律师花费在人脉上的过多精力，同时在一定程度上替代人的脑力劳动，甚至比人做得更好：对律师来说，要搜集并且阅读相关领域的所有案例并且对其烂熟于心几乎是不可能的事情，大数据则可以轻而易举地做到。

借由大数据的辅助，整个行业的资源配置方式和律师们的工作方式将大大不同于以往。律师工作将迎来“机器辅助时代”，将其称之为法律服务领域的“工业革命”或许都并不为过。

哈佛大学演讲：从天同到无讼，看中国律所在互联网上的探索[①]

◎蒋　勇

首先，我想给大家鞠一个躬。刚刚我在座位上，听着大家对天同的各种讨论，很多溢美之词，我非常感动。天同的案例居然有幸登上哈佛商学院的课堂，这对我来说已经是莫大的荣耀，但说实在的，刚刚大家表达的对天同的喜爱完全超出了我的预料，所以我首先要给大家鞠个躬表示感谢。

我在想，或许今天是很有意义的一天。这不仅仅是针对天同说的，更重要的是，我们有一群中国的律所管理者，在世界最顶级的商学院的课堂上，讨论一个中国律师行业中的新现象，而这个新现象有可能会在未来，我只是说有可能，长久地影响在中国尚且非常年轻的律师这个行业。

① 2015年，包括天同在内的3家中国律所入选哈佛商学院案例。本文为2015年11月18日，蒋勇律师作为案例主人公在哈佛大学商学院和华东政法大学联合打造的“律所领导力与发展战略——中国课程”上所作的演讲。

刚才大家替天同总结的所有的点，如果放在互联网的语境下来看，其实都是它的题中应有之义。

比如说丁伟晓律师和薛军律师都曾提到的“温度”，你去看有关互联网的阐述，以及所有有关互联网传播的理论，它们一定会谈到“温度”这个词：只有接受传播的对象感受到你的温度，这个传播才会被持续下去；只有他们觉得你传播的内容对他们有帮助，他们才会喜欢你，愿意成为你的“粉丝”。

当然刚刚大家也有一些对我个人未来发展方向的讨论，比如说蒋律师是应该继续专注在律师事务所呢，还是应该把精力投入到互联网与法律行业的结合创新中去呢？

我想，我既不会单纯专注在律师事务所，也不会单纯专注在互联网这块。这不仅仅是因为两者我个人都热爱，还因为我相信，未来所有的律师事务所都将是互联网化的。所以专注律所和专注互联网,这两者在未来是不必要区分的。

前段时间不是很流行一句话吗？说“未来将不会再有互联网公司，因为所有公司都会是互联网公司”。那我想，“公司”这个词应该包含了我们律师事务所这个行业。

对我自己来说，我把它看作一个机会，并且非常非常渴望抓住这个机会，在律师行业中做一些前人从来没有做到过的事情。

这并不是说前人不够聪明，不够能干，而是因为前人没有遇到这个时代，没有遇到互联网这种会带来前所未有巨大变革的东西，而我们恰好在这个年代遇到了。

而我们自己呢，从整个发展链条上看，我们先是专注在诉讼领域，然后恰好选择了最高端的商事诉讼领域。这个领域，大家都知道，是金字塔的尖儿，或者叫做“皇冠上的明珠”。在这个金字塔尖儿上，我们的业务能力是有可能辐射全中国的。

一个很重要的原因是，中国是一个法律一体化的国家，而不像美国，既有州的法律体系又有联邦的法律体系。

我们的诉讼案件打完一审之后会打二审，打完二审之后会打再审，也就是说，一个案件有可能从一个偏远山区一直打到北京去。从地级市到省里，到北京；从基层法院到中级人民法院，到高级人民法院，直至最高人民法院，这是一条线，而这条线从顶端开始往下，是可以织一张网的。

这就意味着，如果有人能够在这张网的最顶端把它拎起来，将有可能用最小的力量找到一个支点，撬动全中国的大网络。

这也意味着，在法律行业的互联网化上，中国律师的进步将有可能超过美国的同行。我前段时间完成了一篇文章，阐述我在这方面的想法，题目就叫《法律服务互联网之路，中国有机会超越美国》，只是觉得现在发表太早了，所以一直压了下来。但是我真的相信，互联网对中国律师行业来说是特别难得的机遇，中国律师行业在互联网上的探索是非常值得尝试的事情。

这件事情非常难得地落在我们身上了。

前面十年，我们是全心全意做诉讼的，从来没有想过未来会在互联网上去发展。那么，我们在发展过程中也照样遇到了和课堂上讨论过的案例，美国最牛的所 Wachtell 一样的瓶颈：它扩大规模就会降低人均利润率；如果不扩大规模，它永远只是一个小所，影响力有限。

但是在中国，在互联网时代到来这个时间点上，我们发现，其实我们有可能通过金字塔最顶端的这个点把整张网给拎起来。

因此，我们开始去开放，去尝试跟全国各地的律师建立联系。我们想把一条条线连起来，看未来有没有机会顺着这条线往下走。但是，当我们开放了，去跟各地的律师连接的时候，我确实是受到感染了，这种力量很自然地把我们往前推。在这个时候，我看了凯文·凯利（Kevin Kelly）那本著名的书，叫《失控》。

他把人类社会的结构当作一个生物体来研究。所以他最为基础的逻辑就是，整个社会其实是一个失控的社会，任何人都不可能通过一个中心的力量去把控别人。

我也开始意识到，我们这个以天同为中心去连接全国律师的结构是有问题的，因为它还是有中心的，不是真正的互联网。真正的互联网应该是去中心化，无边界的。

我们应该遵循这个规律，打破天同这个中心，让更多的律师和律师事务所相互建立起连接。

正因如此，在2014年年底，我们创立了新的品牌叫“无讼”。在这里，没有谁是控制者，没有谁是所有者。我相信，这才符合未来互联网世界的发展方向。

而为了让律师行业中更大范围的连接成为可能，2015年4月，我们上线了一个工具，叫“无讼案例”。对我们来说，这是一个入口级的产品。

我不知道大家能不能理解这个意思，其实每个行业都有一些入口，它的战略地位跟马六甲海峡和巴拿马运河是一个道理：只要把住了这些入口，所有的流量都必须从你这个入口走。

互联网上的入口级产品就是案例的检索，因为每一个律师在代理案件的时候他一定会先去检索案例和法律法规，事实情况也是，我向大家汇报，无讼案例上线半年，现在我们每周的PV量是超过100万人次。这意味着什么？这意味着大量的流量会通过这个入口走。

2015年9月底，在无讼案例的基础上，我们又进一步推出了一个新的互联网产品，叫做“无讼名片”。

过去时代的互联网是人去找工具，我必须坐在电脑前面使用这个工具，才能够跟互联网连接。但是现在，我们每个人的手上都有一个移动终端，工具跟着人走。所以说，这是一个以人为本的时代。

那谁是“人”？在我们这个律师圈子里面，律师就是我们需要去打造的人。推出无讼名片，我们希望为全中国律师打造一个移动互联网上的虚拟身份。

给大家披露一个小小的数据，我们这个名片产品上线才短短一个多月，现在在上面认证的律师人数已经超过万人。超过万人是什么概念？如果我们把这些人都当成是律所的律师的话，那会意味着什么？这方面的猜想，我今天在这里就不多展开了。

但可以确定的是，让他们互相之间发生关系，让他们在这上面学习、工作，提升他们的工作效率，帮助他们改善法律服务水平，这会是无讼未来的方向。

那么实际上，它会比现实生活当中的绝大多数律师事务所，对律师个体有更大的帮助。

在中国，像哈佛案例上讨论的这几家律所太少了，不超过 10%。90% 以上的律师执业的律所都不能给他提供有更大价值的平台。在座各位的所应该都在这 10% 之内，可能大家没有去体会那些属于 90% 的律所的律师的感受，不知道他们对于这样的帮助的渴求有多强烈。

我们相信，这样的问题将可以通过一个更大的互联网平台来解决。

最后，我想用几句话再概括一下我对于未来发展的预判，也回应一些朋友对无讼的担心。尤其是有人说，无讼未来可能会对传统的律所经营带来冲击，甚至颠覆律师行业，这让他们觉得很“恐惧”。

其实，在当今的互联网世界，有一个词非常热门，叫做“共享经济”。我们会发现，世界上最多的出租车公司 Uber 并不拥有一辆出租车，世界上最大的酒店 Airbnb 并没有一间客房，那么我们有没有可能去设想，未来中国甚至是全世界最大的律师事务所并不拥有一位自己的律师？

那我们来看，Uber 上的司机会抱怨 Uber 吗？把自己的房屋拿出来放到 Airbnb 上经营，并且和来自全球各地的人交朋友的这些出租者，他们会不愿意使用 Airbnb 吗？

同样的道理，如果真的有这样一个律师平台的话，为什么我们律师事务所和律师会去“恐惧”或者抵触呢？

大家其实只需要明白一个道理，就是如果这个互联网产品不是最受欢迎的产品，它永远没有前途，根本不足以让你“恐惧”；而如果你认为它是一个可能会让你“恐惧”的产品，那前提就是说它有巨大的影响力。而在互联网世界，这样的东西一定是最符合你需要的东西，否则它根本就没人用，当然就发展不起来。

这就是马云最近一直在谈的所谓的互联网上的“利他经济”。

你如果不能给予别人价值，你自己就不会有价值，这是互联网上最颠扑不破的真理。

所以，只要你想着如何更好地帮助别人，你的用户就会越多，这个网络的价值越大，你也就会更有动力去帮助别人，别人也会更好地来使用。那么到最后，你给予别人的价值越多，你自身的价值就越大。

我想，在互联网强大的影响力冲击下，未来所有的中国律师事务所一定会在价值观上重新树立自己的价值标准，这其实是一个看得见的趋势。

无讼带来的是一个开端，也是一个我们可以共同去改变的时机。它不会影响到我们每个人既有的利益，除非你所获得的利益本身就是阻碍律师业务发展的。如果真的是这种情况，那它当然应该被改掉，我相信你也愿意把它改掉。

当然，我不敢说在这条路上无讼未来一定会成功。

或许路途很遥远，或许我们会失败，但我们知道，只要方向对了，就不怕路远；只要努力过，就不在乎成败。我相信，不管成功还是失败，我们都会在中国乃至全球的律师行业里留下自己独特的印记。

今天，我想特别恳请哈佛大学商学院的 Das 教授和 Ashish 教授，希望你们能够继续跟踪天同和无讼的这个案例。我也非常期待未来会有一天，我能再回到哈佛大学商学院的课堂上来，代表中国的律师，给美国的同行讲讲中国律师的创新故事。

哈佛大学演讲：从交易成本理论看互联网背景下律所的组织结构变革 ①

◎蒋　勇

大家好！非常荣幸站上哈佛的讲台。互联网对律师行业的影响是一个大家都非常关注的重要课题，今天，我想结合罗纳德·科斯（Ronald H. Coase）的交易成本理论，对律所组织结构未来的变革方向作一些阐释和分析。

① 本文为 2016 年 8 月 9 日，蒋勇律师应哈佛大学与华东政法大学联合举办的“中国律所领导力”培训班的邀请，作为特邀授课教师在课堂上所作演讲。

一

交易成本理论，是科斯在《企业的性质》一文中提出的经典经济学理论。这篇文章写于1937年，不过短短万余字，科斯却因此获得了诺贝尔经济学奖，同时开创了一个经济学的新分支——交易成本经济学。这成为了后来的新制度经济学的起点，深刻地影响了二战后世界经济学领域的发展。

要理解这个理论的意义，我们首先需要从亚当·斯密发表于1776年的《国富论》说起。在这本书中，亚当·斯密提出了一个重要的结论：劳动分工和市场交换会带来经济繁荣。但是问题在于，既然市场是繁荣的原因，为什么还会有企业呢？为什么不是每一个个体依靠市场的价格机制推动经济的发展呢？

在《国富论》发表之后，直到科斯提出交易成本理论之前，这个问题在学界其实没有人研究。而这个时期，恰恰是公司起源和繁荣的过程。1837年，美国康涅狄格州第一次允许私人以股份有限公司的形式投资铁路。自此之后，公司这种经济组织形式得到了长足的发展。在不到一百年的时间里，就出现了第一家超过10亿美金的公司，也就是1901年的美国钢铁公司。可以说，公司是工业革命之后，人类在组织领域最大的创新，也越来越成为一种不可忽视的经济现象。

在《企业的性质》一文中，科斯终于对前面的问题给出了答案："市场的运行是有成本的，通过形成一个组织，并允许某个权威（一个'企业家'）来支配资源，就能节约某些市场运行成本。"

在科斯看来，企业和市场其实都是经济组织的组织方式。企业的运作依赖于看得见的科层制，会付出内部管理成本。市场的运作则依赖于看不见的价格机制，会付出外部交易成本。当外部的交易成本大于内部管理成本，企业就是有必要存在的；当外部的交易成本小于内部管理成本，企业就没必要存在了。

所以，科斯不仅指出了企业的性质是什么，他更指出了企业的边界是什么，其核心正是在于内部管理成本和外部交易成本之间的比较。这也正是科斯这篇文章最主要的观点。

在过去，在公司化成为主要的商业运动的过程当中，外部的交易成本都是大于公司内部管理成本的。所以，自公司诞生以来的近 200 年里，我们都认为它是最好的经济组织形式。

二

但是，公司并非没有缺陷。尤其是，随着公司规模的增大，两难困境愈加凸显：科层制强于纵向控制，但难以做到横向协同；能够强化集权控制，却容易压制分权创新。

而在今天的时代，互联网已经开始实现跨公司的大规模协作：外包越来越普遍，许多原本在公司内部完成的流程已经开始向外部转移；开源的技术贡献也逐渐成为主流，公司内部的技术正在无边界地向外扩张；更重要的是，互联网让社会化协作成为可能，无组织的组织力量开始显现，“维基百科”就是最典型的例子。

通过“后端云平台”加“前端灵活创新”的方式，互联网甚至可以打破公司的边界，形成一种平台式的新架构。

在这样的平台上，由平台提供用户体系、支付体系、信用体系、交易流程、服务标准控制等多方面的基础服务，并且以数据为导向，更高效地匹配资源。每一个个人或者团队，都可以基于平台提供的技术模块和商业流程模块，提供灵活多样的产品和服务，在平台上的协作也变得更加简单。

Uber(优步)是最典型的例子。它并不拥有任何一辆出租车,但通过互联网,它让愿意提供出行服务的车主与有出行需求的人进行交易的成本降低了。这样的成本甚至远远低于由出租车公司组织出行服务时的交易成本,传统的出租车公司因此变得不再必要,Uber 成为了全球最大的"出租车公司"。同时,由于平台的技术支持,大量的普通车主也拥有了提供出行服务的能力,闲置的社会资源因此被激活。

这实际上正是我们常说的互联网条件下平台对个人的赋能。一方面,平台提供的模块化支持可以帮助个人补足能力短板;另一方面,开放式的平台帮助商业主体突破了生产能力、市场能力、销售渠道等方面的限制,从而拥有更大的市场空间和发展潜力。

从根本上说,这是因为互联网的基础设施使得全社会的协同成本下降了。它打破了信息的不对称,去除了不必要的中间渠道,搭建了线上的协作平台,从而使得平台组织交易的成本有可能低于,甚至远远低于公司内部管理成本。这时,公司就变得没有必要了。

所以说,去公司化是互联网带来的一次新的商业运动。在许多领域,过去的"公司 + 雇员"模式,都正逐渐被"平台 + 个人"模式取代。

三

既然公司呈现出了这样的发展趋势,那么律所呢?

尽管律所与公司的法定组织结构及具体组织形式不同,但是,站在新制度经济学的角度来看,它们都属于替代市场组织生产的"企业"。就像公司在其他行业组织生产一样,在法律服务市场中,律所替代了价格机制,组织律师提供法律服务。

因此,我们也需要思考,律所在何种程度上降低了法律服务的交易成本,这些成本在互联网平台上又会发生什么样的变化。

当然，必须说明的是，这里的讨论并不涉及当下法律法规对律所组织形式和管理体制的具体规定，而只是借助于交易成本理论，从经济学意义上探讨律所这一组织形式在未来可能发生的变化。

其实，在科斯之后，许多学者对交易成本理论做了进一步的延展，并且归纳出了各种各样的交易成本类型。在我看来，其中这样六种交易成本是和法律服务相关的，可以为我们的思考提供框架：

1. 搜寻成本，即搜寻合适交易对象的成本。对法律服务而言，也就是所谓的品牌建设、市场拓展的成本，即我们通常所言的 Marketing 的成本。

2. 信息成本，即潜在交易对象之间交流信息的成本。对法律服务而言，最典型的信息成本就是找到潜在客户，并且销售给他的成本，即我们通常所言的 Sales 的成本。

3. 议价成本，即针对双方之间要达成的契约、价格、品质进行讨价还价的成本，也就是交易双方价格发现的成本。

4. 针对交易的决策成本，即进行相关决策和签订契约所需要的在内部形成一致意见的成本，比如内部管理流程所消耗的成本。

5. 监督交易进行的成本。在法律服务中，这其实就是律师与客户反复沟通的成本。

6. 违约成本。我们可以把它认为是法律服务中的客户违约的风险成本。

四

那么，律所究竟在哪些方面，在何种程度上降低了法律服务的交易成本？

首先，我们需要注意的是，不同法律服务的标准化程度不同，组织法律服务的方式也就不同。我们不妨用这样一个象限图来区分不同的法律服务类型：

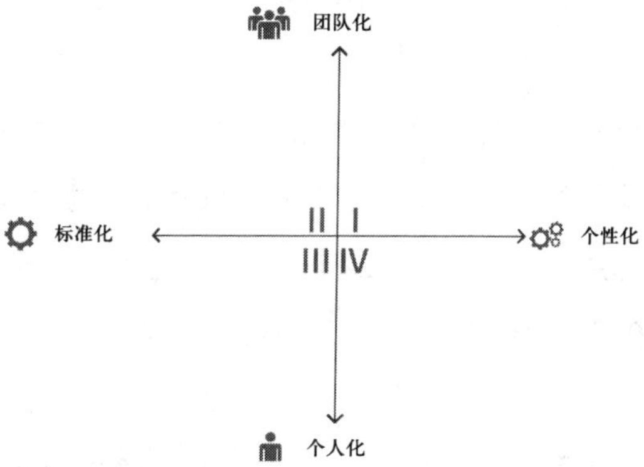

在这幅象限图中，横轴代表律师业务的个性化、标准化程度，纵轴代表完成业务所需的律师个人化、团队化程度。

纵轴的上半部分代表着对律师团队化的要求，它意味着，客户需要找到若干提供服务的律师，由他们协作提供服务。如果由市场组织服务，搜寻成本、信息成本、议价成本、决策成本、监督交易、违约成本都将成倍地增加。但是，如果由律所来组织律师提供服务，就让客户免去了寻找律师，与每一位律师单独谈判的时间成本等一系列成本甚至是麻烦。律所内部的工作流程和监督机制也会使监督交易进行的成本大大降低。

纵轴的下半部分代表着对律师个人化的要求，它意味着，客户只需要与单个律师磋商，并且监督单个律师的服务状况。律师与客户直接可以通过人脉网络完成交易对象搜寻的工作，并且一对一地进行信息交流、议价、决策和进一步沟通。由于有人脉网络的背书，违约成本也并不高。律所内部的组织机制反而显得流程繁琐，律所品牌的可信度也不一定强于建立在人际关系基础上的信任。所以我们经常可以见到，在现实业务中，客户往往首先知道的是办理这类业务的律师个人，而不是律所。

横轴的右半部分代表着法律服务的个性化程度，这样的知识难以通过知识管理的方式被沉淀下来，而更依赖于律师个人的智慧。对于这类业务，律所的组织结构能够起到的降低交易成本的作用有限，律师根据特定业务情况的自主发挥更加重要。

横轴的左半部分代表着法律服务的标准化程度，对于这类业务，律所可以通过知识管理体系将法律知识沉淀下来，辅助律师提供更加高效和有质量保证的服务，从而降低法律服务的决策成本和监督成本。

因此，我们会看到，位于四个不同象限的法律服务往往由不同类型的律所组织完成。

对于位于第Ⅰ象限的个性化、团队化业务来说，它对应的律所往往倾向于采取一种相对紧密的组织形式，由律所统一拓展市场，组织服务，分配利润。

对于位于第Ⅱ象限的标准化、团队化业务来说，它对应的律所同样倾向于采取相对紧密的组织形式，集全所之力完成知识管理的工作并将成果应用于所有律师的工作。

对于位于第Ⅲ象限的标准化、个人化业务来说，律所的知识管理对于降低法律服务交易成本的作用同样重要，但由于律师之间的协作需求较低，律所组织结构往往不如第Ⅱ象限业务对应的律所紧密。

对于位于第Ⅳ象限的个性化、个人化业务来说，律所在降低法律服务交易成本上的作用有限，律所们大多单独执业，律所结构更加松散。

当然，以上的分析只是基于单一法律服务的业务组织模型。在现实中，客户的需求是多元的，律师接触到的法律服务类型是多种多样的。但是，没有律师或者律师团队能够精通所有法律服务领域，律师协作的需求广泛存在。与更多不同领域的律师协作，也成为了推动律所走向规模化的重要因素。

律所通过提供统一品牌、案源转介机制甚至更紧密的案源分发机制和律师协作平台，起到了资源重新配置的作用，从而降低了多元法律服务需求的搜寻成本、信息成本、议价成本和决策成本。当然，随着规模的扩大，监督成本和违约成本也随之增加。它们与前述成本的相对高低决定了律所最终的规模大小。

五

在互联网的背景下，我们会发现，通过互联网平台组织法律服务会使法律服务的交易成本大大降低。

第一，对于搜寻成本而言，原来的律所品牌工作往往面临高昂的信息传播成本。除了信息到达范围的局限，许多接收信息的人并没有相应的法律服务需求，大量的品牌工作有效性不高，从而进一步推高了搜寻成本。互联网则会把这样的成本转化为流量，以更低的成本实现信息的精准传播。

第二，对于信息成本而言，互联网平台能够通过大数据实现对律师能力和客户需求的精准分析，原有的地域、行业、认知限制将被突破，从而在更广范围内实现法律服务供给侧与需求端的精准匹配和跨地域律师合作的临时搭建，成本也将大大降低。（或许大家会对这类匹配方式的公正性和有效性有所疑虑，但是，市场是最终的判定者。市场所能发挥的资源配置作用会让互联网平台的匹配效率愈加精准，否则，用户会用脚投票，它不会被市场接受）

第三，对议价成本而言，当所有交易都在互联网上完成，系统就可以解构出其中的价格信息，用算法形成一套定价机制。这样的价格是经过市场价格发现以后得来的相对公允的价格，双方可以在此基础上更快地形成价格共识，从而降低价格发现的成本。

第四，对决策成本而言，律师团队的内部管理和协同可以通过 SaaS 的方式大幅度降低。它能以更低的成本实现律师行业的信息化建设，帮助律师实现跨地域的数据共享，甚至可以通过提供线上化的律师协作平台和办案工具，进一步降低决策成本。

第五，对监督成本而言，当律师与律师，律师与客户能够拥有共享的互联网协作平台，沟通与协作可以更便捷地在互联网上进行，监督交易进行的成本也随之下降。

第六，对违约成本而言，当类似于支付宝的第三方支付工具得以引入，当律师信用机制和律师合作平台上的互评机制得以建立，违约成本也会大大降低。

这也就意味着，互联网能够以比传统律所更低的成本实现客户与律师的供需对接，并且帮助律师找到合适的合作律师。律所不再需要为了整合更多业务领域和地域资源而扩大规模，律师个体、律师团队和小型律所都可以从互联网平台上获得客户资源和协作律师资源，跨律所的无边界协作将越来越普遍。①

相应的，以上四个象限的业务所对应的律所组织形式也将发生变化。

第Ⅲ象限，标准化、个体化业务将最先由互联网来组织。原本以此为主要业务类型的松散律所主要通过律所品牌和内部案源转介网络起到降低信息成本的作用，但是，由于这类成本能够被互联网更大程度地降低，律所边界将被迅速打破，律师的执业活动将主要在互联网平台上开展，律所将仅仅承担法定的执业资格管理的职能，其存在仅因为法律法规要求律师在律所机构执业。

第Ⅱ象限，这类业务对团队化有一定要求，但是由于业务的标准化，这样的团队对律师个体的要求相对较低，业务也更容易被拆分，互联网可以通过律师个体临时组合和跨地域的协同作业的方式降低交易成本，原本以这类业务为主要类型的松散律所的边界也将逐渐被打破，跨律所的律师个体通过互联网协作完成这类业务将愈加常见。

第Ⅳ象限，个性化、个体化业务的互联网化速度将稍慢。因为，对个性化业务的分析和在此基础上的资源调配依赖于相关领域的数据积累和技术发展，需要一定的过程。但是，由于律所在降低这类法律服务成本上发挥的作用本来

① 参见 2014 年 5 月 23 日“每周蒋讲”专栏开栏第一篇文章《无界律所的无限可能》。

就有限，随着技术的进步，互联网在资源配置上的优势也会很快显现出来。

第Ⅰ象限，个性化、团队化业务难以被拆分，需要固定律师团队的长期协作。虽然这类律所的规模化倾向会因为互联网更低成本的资源配置而减弱，互联网组织这类交易的成本仍然难以低于紧密协作的线下律师组织，这类律所最终很可能会成为平台上紧密协作的团队。它们将保有在降低监督成本、律师协同成本上的优势，同时，又将受惠于平台在降低搜寻成本、信息成本等方面的作用。

在未来的互联网平台上，所有律师个体和团队都能获得客户资源对接、律师办案协同工具等方面的支持。而通过这样的“大平台＋小前端”的方式，为客户提供的法律服务也将变得更加高效、灵活和低成本。

六

随着互联网和法律科技的进步，这样的格局实际上会呈现出一个动态的过程。

随着技术的进步，很多过去需要个性化才能完成的工作会变成标准化的事项，今天你所拥有的独门秘籍，若干年之后，或许计算机就能完成了。因此，纵轴会逐渐向个性化一端移动。

而由于互联网平台对个人的赋能，过去必须要好几个人协作才能完成的工作，现在一名律师借助互联网工具或许就能搞定了。这也就意味着，需要团队协作的事项越来越少，横轴也会因此向上移动。

所以，这个“十字架”会逐渐地向右上方移动。这意味着，一些原本只能由紧密协作的律师团队完成的业务将可以由单独的个体通过互联网平台上的协作完成。紧密协作的律师团队则会主动顺应社会发展中法律服务需求的变化和律师行业的进步方向，沿着象限图的斜上方去开发更多依赖于律师的智慧和创造力、需要律师紧密协作才能完成的新型业务，创造出新的蓝海。

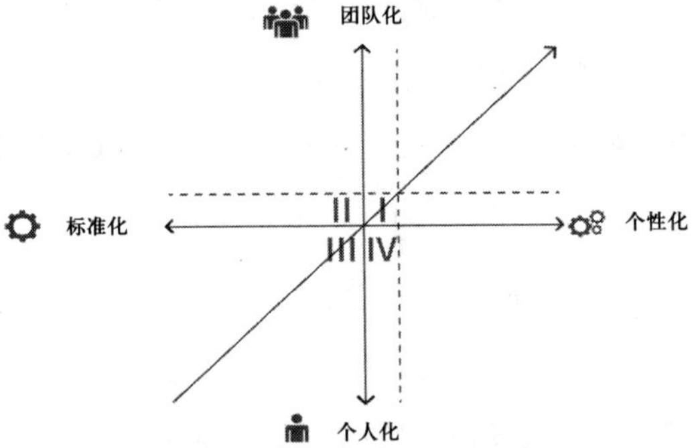

借助互联网提供的法律服务的类别将从左下角起步，逐渐往右上角迁移。甚至，原本需要单个律师完成的标准化的业务（位于第Ⅲ象限最左下角），会逐渐由人工智能替代完成，从而大大降低法律服务中的人力成本。也就是说，人工智能会逐渐沿着斜线向右上方推动律师行业的进步，而随着人工智能技术的进步，它们之间的距离或许会逐渐缩短。

尤其是，根据雷·库兹韦尔提出的“奇点理论”，由于计算能力剧增而成本骤减，创造的人工智能的数量将是当今存在的所有人类智能数量的大约10亿倍。到2045年，奇点将会来临，人工智能将完全超越人类智能。自然，到那个时候，律师智能也会被人工智能超越。

当然，这一理论还仅仅只是科学假设，人工智能对人类的意义究竟是替代还是辅助也仍然没有定论。在此前的文章中，我也做过专门的论述。①

七

我记得，律师行业去年曾经爆发过一场热烈的讨论：10年以后，大所还

① 参见2016年8月19日“每周蒋讲”专栏文章《人工智能对律师行业意味着什么？》。

存不存在？当时，行业里存在两种截然相反的意见。但是，在我的印象中，它们都更多的是基于情感元素的感性判断，而欠缺理论基础的支持。我想，科斯的交易成本理论会对我们思考这个问题有所帮助。

我希望，10 年以后，如果有人再翻出这篇文章，会发现我在今天讲到的一些设想已经变成了现实。就像今天我们看硅谷著名预言家凯文·凯利（KevinKelly）的文章，会惊叹于他在 20 年前对科技发展的预测与当下现实的高度吻合。

我想，在科技和社会发展的浪潮中，的确存在着许多必然的趋势。它不会以人们的主观意志为转移，也不会因为一时的阻力而停滞。我们应该从客观立场出发，结合科技发展趋势和经济学理论来分析和预判，藉此指导我们的行动。

作家科特·安德森曾说过这样一句话：“你所熟知的那个时代已经终结，你已经回不到从前，但是，这绝不是世界末日。”相信基于准确的预判和积极的行动，我们可以真正把握未来。

法务圈

一文彻底读懂动产（大宗商品）质押的风险及其防控

◎李　皓

大宗商品质押是企业对外寻求融资的重要方式之一。但由于质权人一般不实际占有质物，且在质权人和出质人之外，往往还会有监管方参与到交易中，这种质押方式对于资金提供方来说，存在着较大风险。

“法务圈”栏目为大家推荐的这篇文章，就围绕大宗商品质押可能产生的法律风险，通过对相关法律法规的梳理以及对案例的总结，提出切实可行的法律风险防控建议。

大宗商品，作为动产的特殊类型，由于其数量巨大，价格相对较为稳定，成为了企业对外寻求融资的重要方式之一。但因大宗商品体积较大，不便于转移，且往往存放于第三方处，故在大宗商品质押的设定中，除出质人及质权人之外，往往还需监管方参与到交易中。此时的交易结构相较于普通动产质押则稍有不同，且因监管方的存在，质物并未实际由质权人占有，由此会引发一定风险。尤其对于作为资金提供方的金融机构而言，如对交易流程把控不严，将有可能导致资金无法收回形成坏账的风险。故对该融资方式有必要进行全面的流程管理，以防控风险。

一、动产质押的操作方式及类型

动产质押尤其是以大宗商品（如粮食、钢材、原煤等作为质物）质押常见的类型可做如下分类：

（一）根据出质动产存放地点不同

1. 出质人以存放在自有场地的商品出质，由监管方与出质人签订场地租赁协议，再由出质人向质权人开具《货权转移证明》等文件。

出质企业质押融资前，货物存放于己处。设立质押时，为简便操作，减少运输等中间环节的成本，质物仍存放于出质人处。而由第三方（通常为从事物流、仓储的企业）通过与出质人签订场地租赁协议的方式占有出质货物，出质人据此与第三方成立保管关系。在质押合同订立后，出质人运用指示交付这一观念交付制度，将出质人对保管方的返还原物请求权转让给质权人。

2. 出质人以存放在第三方处的商品出质，通知仓储方，或者由仓储方与出质人、质权人签订动产质押监管协议，保障质物安全。

动产质押监管是出质人（融资企业）以其合法占有的动产向质权人出质，作为质权人向出质人授信融资的担保，监管（保管）人接受质权人的委托，在质押期间按质权人指令对质物进行监管的业务模式。出质人、质权人及监管方为了明确相互的法律关系，三方签订协议。质权人与监管方均可以要求出质人保证允许进出储存仓库动产的最低保障值，能够足额偿还贷款。监管方向出质人提供动产质押物的检验及仓储服务，并为质权人承担监管或者保管责任，运用其特殊的专业化管理手段进行管理并以此获取服务的对称价值。

（二）根据质押期间质物的状态不同

1. 静态动产质押

静态动产质押是指融资企业将生产资料、库存等动产质押给银行等资金提供方，质权人接受融资企业的商品作为质押物，为企业提供商品质押融资贷款业务。质押期间质物处于封存状态，即在封存状态质物的形态、数量和占有人均不改变。因质权人通常缺乏监管能力，质物可存储于企业自有仓库或监管方仓库，质物入库后一般不能更换，出质人可随融资额降低逐渐提取质物，直至质物所担保的融资完全清偿。

2. 动产浮动质押

质押期间质物处于波动状态。质权人确定质押物的种类、数量、质量和价值的最低要求，在质押期间，出质人可自由存储或提取超出银行规定的最低要求的部分质物。质物的实际价值超出银行要求的最低价值时，融资企业可就超出部分提货或换货。质物的实际价值等于质权人要求的最低价值时，融资企业需事先向质权人提交申请，并向质权人提供等值于提货价值的保证金或提前归还相应融资或向质权人提供符合要求的质物交付物流企业占有与监管。

（三）小结

上述交易模式中的质物相较于一般动产质押更为严苛。一般需符合以下条件：(1) 产品质检合格，符合国家有关硬性标准，具有使用价值；(2) 无形磨损损耗小，长期的储存之下不易变质；(3) 单位价值易于计量，单价较低，市场价值稳定，波动小；(4) 用途广泛，易于变现；(5) 规格明确，便于计量。

动产质押监管是物流服务和金融服务相结合的创新型业务模式，是动产融资担保的主要方式，解决了中小企业贷款难和融资难的问题，扩大了银行放贷规模，为物流企业创造了新的增值服务，达到了企业（出质人）——资金提供方（质权人）——物流企业（监管人）三方共赢的局面。

二、动产质押融资中的质押与传统质押的区别

（一）动产质押融资中的质押涉及三方当事人，且具有多重身份

融资企业既是债务人、出质人，又可能是存货人；金融机构既是债权人、

质权人，又是监管委托人；物流企业既是仓储保管人，又是质权人的委托代理人和实际监管人。因此，大宗商品融资中的质押关系涉及《物权法》《担保法》以及《合同法》相关规定，并同时涉及担保合同、担保物权、借款合同、保管合同、委托合同等类型的权利义务关系。

（二）动产质押融资中的质押物由物流监管企业代质权人实现占有

传统质押中，只有质权人现实占有出质物，质权才生效。商品融资质押中，由于出质物数量、体积庞大的特点，质权人直接占有并不现实，于是引入物流监管企业，按照质权人的委托对出质物进行占有，并在仓储优势的基础上对质物进行监管。

（三）动产质押融资中的质押物多处于浮动状态

目前，大宗商品融资质押多采用动态质押监管模式，即事先约定出质商品的最低要求，超过要求部分的处置商品可以提出进行流转买卖。传统质押多为静止状态，确保出质物固定化、特定化。

三、质押的风险及控制

大宗商品动产质押不仅具有传统质押的风险，还由于其与传统质押方式的不同而具有某些特有风险。主要有以下几个方面：

（一）质权设立与否的法律风险

1. 是否构成“交付”存在风险

质权的生效必须以质物的转移占有为要件，通说认为，质物的交付只能是简易交付与指示交付，占有改定不构成有效交付。**但在大宗商品质押融资中，存在着出质人将质物存放于自有仓库，通过与监管方签订场地租赁协议的方式对质权人进行交付，此种交付方式是否符合《物权法》第 212 条规定的“质权自出质人交付质押财产时设立”的规定存在不确定性，有可能落入《最高人**

民法院关于适用〈中华人民共和国担保法〉若干问题的解释》第 87 条第 1 款规定的范畴。令人欣喜的是，司法机关虽未就此作出明确的规定，但**从个案的判决中可以发现，其对该种方式设定质权持相对宽容的态度，**如江苏省高级人民法院（2014）苏商终字第 0300 号案（交通银行股份有限公司无锡分行与江阴鑫源金属制品有限公司、傅钰等金融借款合同纠纷案）、扬州市中级人民法院（2013）扬商初字第 0101 号案（中国工商银行股份有限公司扬州邗江支行与江苏华健国际经贸有限公司、张振兴等金融借款合同纠纷案）以及白山市中级人民法院（2013）白山民二初字第 52 号案（白山方圆信用担保有限公司诉临江市六道沟铁矿、李景武和第三人吉林银行股份有限公司白山新民支行借款合同纠纷案）中，司法机关均认可了以场地租赁协议方式完成交付的质权设立有效。

对于金融机构而言，如欲将风险降到最低，还需在质权设立过程中尽可能地完善质物转移占有手续。具体可采用的方式包括：

（1）完善质物转移交付的手续，如场地租赁协议、仓储协议；

（2）质权人或者质权人委托监管方派专人实际监管质物，而不是单纯签订协议；

（3）保证质物的特定化，不与出质人其他未出质货物混同。

2. 质物特定化的认定问题

质物的特定化既是认定质权是否成立的标准之一，也是质权人行使质权的前提。大宗商品由于其数量大，且属于种类物，故在质押设立中有可能存在区分不明显，未足以达到与未设定质押部分区分的效果。此种情形下，将有可能对质权是否成立构成影响。

对于此种风险，作为质权人在与出质人签订质押合同时，应对质物的名称、质量、价值、型号、折旧和投保方式等要素进行具体明确的规定。特别是对于动态动产质押中的质物，质权人与出质人约定的同时，还必须在与第三方物流企业的监管协议中详细写明。此外，还应当协议约定，质物需要出入库、置换、折旧时必须及时标注在质物清单下，同时生成新的质押数量，经出质人签字后才可进行。签字后的质押清单视为原质押合同项下的附件，与质押合同具有同等的效力，第三方物流企业应将签字后的合同附件及时移送给质权人。

质物特定化在质物存放于出质方仓库的动产融资质押操作中更为重要。存放与出质方仓库的质物必须划定专门的区域，贴上明显可辨的标识，与日常生产经营所需的物品作严格的区分。此外，第三方物流监管企业应加强监控的力度，提高报告的频率。

3. 浮动质押的无效风险

目前，我国《物权法》《担保法》中均无浮动质押的直接规定，现实中已经大量发生的浮动质押有可能被认为无效。由于在浮动质押合同签订后，出质人经常从“质物池”中取出、存入质物，因此导致质权人在行使质权时的质物与签订合同时的质物不同。在实践中，还发生过补充的质物并非出质人所有，以及出质人就同一批支付在不同的“质物池”中重复质押的情况。**关于“浮动质押”是否属于《物权法》规定的质押，如何认定其效力，法院有不同观点。**有法院认为，从尊重市场交易习惯出发，应承认浮动质押的有效性。也有法院认为，我国《物权法》《担保法》等法律法规对浮动质押均未有规定，且浮动质押的质物不特定，质押人可以对其自由处分，不符合质押的性质和特点，故否定浮动质押的物权效力，上海地区法院多采取此观点。**但是就我们了解的情况而言，就浮动质押性质和效力问题的讨论，仍主要集中在地方法院层面**（如（2013）盐商初字第0083号中国民生银行股份有限公司盐城分行与江苏祥鸿泰和棉纺织有限公司、何作铭金融借款合同纠纷案中，法院对此种质押效力予以了确认，并认定质权人有权就质押变现价值优先受偿），最高人民法院目前尚未作出明确表态。但最高人民法院此前曾作出保证金账户质押中金额变动不影响质押成立的认定[①]，在一定程度上可供参考。

上述风险，来源于此种交易模式本身，由于其商业上的合理性，恐难以要求融资交易的双方完全摒弃此种模式。但可采用以下方式降低被认定无效的风险：

（1）完善每次货物进出的手续，如条件允许，可通过签订补充协议的形式对质物数量、品类重新加以确定；

（2）限制质物品类的变化，即尽可能地保持质物的种类及品质同一，不允许出质人用其他种类物替代原质物；

（3）针对此种模式在担保合同中加以特别约定，如约定“出质人每次调整货物时均由监管方重新开具仓单，质权设立以最后一次仓单记载的数量为准”等。

（二）权利竞合的风险

1. 重复质押的风险

此种风险系指出质人与保管人串通，将动产重复设定质押，两方串通以同样交付方式向第三方设定新质押时，因为信息不对称，新质权人与原质权人均不易发觉。具体可能产生以下两种情况：（1）同一批货物，既以实物出质，又以仓单质押；（2）同一批货物，开出多份仓单，进行质押。

2. 动产抵押权与质权的竞合

主要有两种具体情形：（1）同一批货物，融资企业先在动产上设立抵押，再将已设立抵押的动产或仓单出质；（2）同一批货物，先将动产进行质押，再将质物进行抵押。

产生上述风险的原因在于动产融资质押中的非典型交付方式使得占有的公示效力降低，而我国目前还没有完备的动产质押登记场所与制度。

对该类风险的防控主要依赖以下几点：

---

① 参见《最高人民法院公报》2015 年第 1 期，中国农业发展银行安徽省分行诉张大标、安徽长江融资担保集团有限公司保证金质权确认之诉案。

首先，建立统一规范的登记公示系统，以便给商业活动中的各方当事人提供公开、统一的有效信息，使物权的每一次变动都能具体、方便地为公众所查询、知悉。目前，只有上海银行业为了防止钢贸危机的再次发生而率先成立的动产质押信息平台，该平台主要具有质押登记、仓单注册、实务监管、仓单融资、仓单交易等业务功能，有效提供了信息披露与查询的方式，对于控制重复质押风险具有关键性的作用。

其次，对于质权人而言，谨慎、全面调查质物的状态，并且选择资信状况较好的监管方。

3. 所有权与质权的冲突

在动产融资质押中，金融机构一般比较重视审查质物的数量、价值和质量，而对于质物原本是否具有法律上的权利负担审查不足。并且即使金融该机构意识到该类型风险，也往往缺乏有效的手段：仅仅对于相关单据的审核，难以发现出质人是否对于质物有无瑕疵的所有权。特别是在所有权保留的买卖中，买受人虽已实际占有了标的物，但并未获得标的物的所有权，依法也不能在标的物上设立质权。这种占有标的物却不享有所有权的权利构造模式使得标的物的实际权属状态与其表象不一致，从而容易引起利害关系人之间的就权利冲突。若融资企业所出质的动产所有权仍在另一方出卖人处，此时金融机构接受出质后即可能面临无法行权的风险。

此种情形下，质权人可采取的救济途径为《物权法》中的**善意取得制度**，但适用善意取得前提是质权人对于质物的权属状态进行了谨慎地调查并形成了善意的信赖，故质权人需完善质押合同订立前的调查程序，严格审查出质人提供的权利凭证及相应的协议、单据。

（三）质物价值波动的风险

虽然在出质前质押合同缔约双方会对质物价值进行评估，但鉴于质押周期较长，特定商品如原煤等市场价格波动较大，也有可能出现在特定时期质物价值低于担保债权金额的情形。此为质押设定中的商业风险，要防控此种风险需要质权人为质物确定合理的质押率。

四、第三方监管的风险及控制

（一）监管协议的法律定性

金融机构与第三方签订的监管协议中涉及仓储、保管、委托等多种权利义务内容，其具有仓储合同、保管合同及委托合同的部分特征，但权利义务类型又不限于其中任何一种，司法实践中对于监管协议如何定性也无定论。经检索可见，最高人民法院对该问题意见也不尽统一，如最高人民法院（2013）民申字第454号案（中国工商银行股份有限公司徐州鼓楼支行与中国外运江苏公司南京国际货运分公司及徐州金邦钢铁有限公司等借款合同纠纷案）即未对监管合同的法律属性予以明确认定；而最高人民法院（2013）民申字第591号案（蓬达资产管理有限公司与中国工商银行股份有限公司淄博分行、中国大地财产保险股份有限公司烟台中心支公司、淄博烨华贸易有限公司保管合同纠纷案）以及最高人民法院（2014）民申字333号案（中海华北物流有限公司与中国工商银行股份有限公司天津经济技术开发区分行及天津盟创钢铁有限公司、天津昊雄钢材加工有限公司委托监管合同纠纷案）对此类协议分别定性为保管合同及委托监管合同。另如陕西省高级人民法院（2014）陕民二终字第00040号案（北京中储物流有限责任公司与中国工商银行股份有限公司西安太华路支行、陕西博顺钢铁有限公司、中钢集团新疆有限公司仓储合同纠纷案）中即对监管协议的性质明确为保管合同。**我们认为，监管协议从通常约定内容来看，其兼具委托及保管、仓储的特征，但涉及合同定性时，应以合同约定的主要义务作为确定合同性质的依据，基于此，监管协议认定为保管合同可能更为准确。**但可以确定的一点是，司法实践中对于监管协议的效力均持肯定态度，无论如何定性，均不影响各方当事人依据约定内容主张权利。

（二）监管方中途退出的风险

此种情形通常出现在监管方系以签订场地租赁协议的形式介入融资交易中，质物存储的场地属于出质人所有，如监管方与质权人产生争议或者监管方与出质人合谋，则有可能出现监管退出的情形。此时无论出于何种原因，均有可能形成以下风险：

第一，质物监管不复存在，质物落入出质人掌控之中，随时有被转移、变卖的可能，质权有可能因质物灭世而消灭；

第二，如质物特定化程度不高，需要依赖监管方能确定具体质物的，监管方撤离将有可能导致质权因质物未特定化而不被确认。

（三）质物减少、灭失的风险

1. 虚假出质，质物本身并不存在

此种情形虽然较为极端，但并非绝无仅有，此时，因质物不存在，质权当然也未能设立，债权人只能向债务人、担保人主张违约责任，或者以刑事途径寻求救济，但效果往往不好。

2. 出质人强行出货，导致货物减少或者全部灭失

此种情形，监管方在其中是否应该承担责任应视情形而定。通常，监管协议中会对监管方遇到上述情形作出预先的约定，但对于出质人强行出货时，监管人应履行何种合同义务需视具体合同而定，且如监管方资信状况不良，将有可能导致救济无效果。

（四）法律救济途径的选择

对于监管方违反合同义务，导致质物毁损、灭失，质权人应如何救济，实务中有不同观点：**有的法院认为主债权的诉讼与要求监管方承担责任的诉讼不能合并审理**，如当事人根据不同的合同同时提起两种诉请时，应裁定驳回当事人对监管人的诉讼请求。理由是，监管关系与借款担保关系并非同一法律关系，也不存在附属、牵连关系，且监管人承担的是补充责任，在贷款担保纠纷执行终结前，银行的实际损失不能确定，一并判决时主文也难以表述。**有的法院则认为可以合并审理，**因为让监管人参加诉讼，有利于查清事实，一体解决纠纷，判决主文中可以表述为监管人在一定程度内承担补充责任，具体数额可在执行中解决。

我们同意后一种意见。在（2014）宁民商终字第15号中海华北物流有限公司与中国工商银行股份有限公司石嘴山支行、平罗县崇川煤业有限公司金融借款合同纠纷案中，法院认为：质押监管协议与商品融资合同之间相互依存，互相关联，在法律上具有牵连性，对于监管方物流公司的责任可在一案中处理。此种判例渐成趋势。如按照第一种观点，则对质权人保护不利，需要质权人先通过借款合同之诉要求债务人承担保证责任并执行无果后，再起诉监管方要求其在未获清偿的债务数额内承担赔偿责任，则加重了债权人的负担，增加了风险，也不符合设定监管的本意。此时，可由监管人在质物价值范围内与债务人对债权人承担连带清偿责任，再明确监管人可在实际承担责任后向债务人追偿，将追款的风险转嫁至监管方，更为公平。

银行业诉讼研究报告：动态质押的效力及风控要点

◎刘 欢

本文节选自《天同银行业诉讼研究报告》2015年（第4季），该报告分析了35家不同性质的银行2015年最后一季度的样本案件86件，对部分突出问题进行了详尽的诉讼风险分析，本文主要关注动态质押的效力及风控要点。

《天同银行业诉讼研究报告》是天同若干年来一直坚持为数家大型国有银行法律合规部门所做的专题研究项目，该报告以季度为单位，主要通过对诉讼数据的多维度解析，分析诉讼趋势；结合整体诉讼趋势，以及具有代表性的个案裁判观点，提示诉讼高发业务类型、风险及应对建议；并对代表性案例司法裁判意见、诉讼过程、事实情况及最高人民法院审理思路进行解析。

在本报告样本案例中，3例案件涉及质押担保纠纷，其中2例针对监管方对质物损害的赔偿责任，1例涉及银行能否善意取得质权。3例案件中，质押模式均为动态质押。

众所周知，在质押法律关系当中，质物由质权人掌握，所以质权制度对质权人的保护要高于一般抵押，但随之而来的是无法对质物进行充分利用，所以为加速质物的流转使用效率，动态质押成为一种经济生活中常见的，但并无法律明文规范的担保形态。

一、典型商业模式

典型的动态质押模式为：用资企业向金融机构申请贷款并以原材料、产品等动产进行质押担保，上述质押物在一定范围内可以由质押人置换、出入或做其他处置，但需保持整体价值在一定金额之上，只要质物的总价值始终不低于约定的金额即可。一般情况下，放款的金融机构会通过第三方监管机构对质押物进行监管。

二、突出风险

动态质押操作中主要风险有二：第一，债务人以其不享有所有权的货物设立质押。特别是存在分期付款、所有权保留情况时，银行深入了解其他主体的交易细节难度很大。第二，监管方未尽到审慎监管的责任，质押物减损、灭失、被债务人擅自转移，导致质权受损或者丧失。

三、司法观点

《物权法》并没有明文规定该质押模式，最高人民法院也将该模式作为金融机构新类型担保调研。实践中也确有法院因法无明文规定而否定动态质押担保的效力，多见于上海地区，例如，上海市闸北区人民法院（2013）闸民二（商）初字第147号案件，但主流观点仍肯定该模式的效力及实践价值。

四、风险防范

结合最高人民法院裁判观点，我们认为银行可采用以下思路防范此两项风险。

1. 特定化质物，严审权属。首先，在质押合同及质物清单中，要尽量将质物“特定化”，详细记录质物的品名、规格、质量等级、数量、价值等要素，不能笼统使用钢材、玉米等通用名称。其次，要严审质物权属相关单据，包括购销合同、发票、入库单据，尽可能审查货款是否已结清，是否存在所有权保留等影响权属的情形。最后，应在质押合同中明确“质物变动视为合同变更”的条款，明确双方均认可质物的变动是合同约定的“特定化”项下应有之意。

2. 切实转移占有，独立仓储。金融机构应尽量避免只与监管机构签订合同，不实际转移占有质物的情形。应尽量选择与出质人无关的仓库保存质物。即便情势所需，必须利用出质人仓库存放质押物的，也尽量将仓库与出质人的生产场所或其他仓库物品进行明显的空间隔断，确保设置仓库的地理位置独立化，对第三人起到明显警示识别作用，保证金融机构及其委托的监管机构对质物完全控制。

3. 明确监管流程及监管职责。委托监管合同在动态质押中至关重要，合同中至少应包含以下内容：质物提取、置换、补充的具体方式方法；质物在每次入库、换货及办理提货前，均需出质人与监管机构共同签署质物清单，并自动成为借贷合同项下的质物与附件，无需另行签订补充协议；每日监管机构应将监管质物进出库和库存的电子数据传送金融机构。此外，委托监管合同中还应明确监管流程，设定出入库异常汇报及处置方案，明确监管机构违约监管责任。操作中，银行作为权利人需审慎监督，保证约定的监管措施严格履行。

如果银行采取了上述措施，尽到审慎义务，即使质物权属存在瑕疵，银行亦可如最高人民法院（2015）民申字第1490号联盛纸业（龙海）有限公司与光大银行股份有限公司漳州支行、漳州金鑫辉包装有限公司等买卖合同纠纷案中，善意取得质权。如果监管方疏于履行义务损害质权，银行即可要求监管方承担赔偿责任，清偿债务。最高人民法院（2015）民申字第1968号中国工商银行股份有限公司铁岭分行与中国外运辽宁储运公司等金融借款合同纠纷案即为这一情形。

五、代表性案例

某粮油公司向银行申请贷款，拟以自有油罐油品作为质押物，银行委托某第三方监管公司进行监管，监管前，当事三方对质物数量进行了测量核定，期初核库质物（食用油）数量为875吨，最低控货值650万元，属于输出静态监管。不久，粮油公司提出其新生产的食用油无处存放，请求注入已被监管的油罐中。监管公司本着服务企业、融洽合作关系的原则，同意了企业的请求，双方约定，企业每次进出油品必须交给监管公司进出货物单据，以磅单数量为准。后因粮油公司无法偿还贷款，银行要求实现质权，遂经核库发现，油管中实际存油量仅为约定的1/3，遂诉至法院。法院查明在动态质押的过程中，随着油品进出的频繁，企业存在以少进多出、虚开进油数量等手段违规套取质物的情况，监管公司对此疏于监管，确认质物缺失150多吨。

六、风险溯源及操作实务

1. 什么环节导致企业以少充多，以虚充实的行为发生

答：企业的出入库环节，监管公司的初始环节，即对企业的出入库的监管。

2. 正确的出入库方式应该怎么操作

答：正确的出入库方式是："以入定出"，即入库多少，就出库多少，具体

做法是原875吨油忽略不计，不去动它，企业只有入库多少，才能出库多少，如果要动原875吨油，则需要银行出具提货通知书。

实践中，由于动态质押的质押物银行几乎不实际占有，为了防止发生银行实现质权质物数量少于出质时，甚至彻底灭失的风险，除了积极参与仓储企业的对账外，实践中有受委托的监管第三方采用安装地磅或者对油罐出口处安装相关仪表，随时读取记录每次数据，以防止质物落空的办法。

企业贸易型融资的头等法律风险——合同性质不明

◎石　睿

2015年夏天，受国务院国资委相关部门委托，天同律师事务所开展了有关"融资性贸易法律风险防控"的专题调研，现已形成10余万字的《融资性贸易法律风险防控及管理》专题报告，并于同年12月顺利通过了国务院国资委专家组的课题审议，受到了莅会专家的高度评价。

本期文章将对贸易型融资的商业风险和法律风险两方面进行介绍，重点阐述贸易型融资的法律风险，尤其是合同性质不明的风险，并结合相关案例具体剖析，希望对相关企业有所裨益。

一、贸易型融资的商业风险

（一）信用风险

信用风险又称违约风险，是指借款人、证券发行人或交易对方因种种原因，不愿或无力履行合同条件而构成违约，致使银行、投资者或交易对方遭受损失的可能性。信用风险仍是贸易融资的主要风险，理由如下：

首先，贸易融资业务具有自偿性，贸易融资申请人的还款能力、资金实力和还款意愿对融资风险起着关键性作用，也就是说贸易融资申请人的信用风险更为重要。

其次，贸易融资申请人的交易对手的信用风险也不容忽视。如果交易双方任何一方不履行合约，就会使另一方遭受损失，从而导致为贸易商提供融资的银行面临风险。

再次，存在着融资申请人利用假合同、假单据、假信用证等方式伪造贸易背景，骗取银行融资资金，从而出现信贷风险的可能。

最后，企业间相互担保风险。这种形式虽然可降低银行的授信风险，但如果发生系统性突发事件，就会由于关联关系使信贷风险增大。

（二）货物风险

除了信用风险外，贸易型融资还要面临来自货物的风险，这种风险同样也会对提供融资企业和金融机构银行造成挑战。

根据货物风险来源的不同，可将贸易型融资的货物风险进一步区分为市场风险和仓储物流风险两大类。

市场风险是指因各种市场因素的变化而导致的潜在损失的风险，具体体现为利率风险、汇率风险和商品价格风险。利率风险是指融资企业因市场利率波动导致机会成本或实际成本上升，导致无力履约而给债务的可能性。汇率风险是指融资企业由于借贷货币的汇率变化预期收益下降或预期成本上升，导致无力履约的可能性。商品价格风险是指融资大宗商品在担保期内价格下降而给提供融资企业及金融机构造成损失的可能性。

在仓单融资业务中，由于客户是将大宗商品仓单质押给银行，银行因此取得货物所有权，需要对质押大宗商品进行有效控制与监督管理，这时就会产生仓储物流等环节的风险，包括大宗商品货物的管理风险，仓单的流通性风险、货权风险等。

（三）操作风险

违规行为时有发生，操作风险应引起高度关注。调查发现，在办理票据贴现时，个别银行机构在企业对其票据真伪及由此导致的风险进行书面承诺后便为其办理贴现，随后再进行查询，使查询流于形式，这在一定程度上加大了票据操作风险。有的从业人员素质和风险意识不高，对贸易融资业务相关的物流环节认识不清、跟踪不及时。贸易融资各环节和要件审查不够严格，资金流向和回笼周期监管不到位，“三查”制度未真正落实。另外，也不排除银行个别业务人员勾结企业共同制造虚假贸易合同、骗取银行授信资金的可能。以上贸易融资业务环节管理和监测等操作不当问题，会使操作风险不断增加。

二、贸易型融资的法律风险及实例

（一）合同性质不明的风险

1. 风险点：合同性质不明的可能影响合同效力及责任划分

合同效力是指合同有效或无效。如果合同有效，双方应当根据合同约定履行或承担违约责任。如果合同无效，则双方无需继续履行合同。就已经履行的部分，根据《合同法》第58条之规定，合同无效后，因该合同取得的财产，应当予以返还；不能返还或者没有必要返还的，应当折价补偿。有过错的一方应当赔偿对方因此所受到的损失，双方都有过错的，应当各自承担相应的责任。

2015 年 9 月 1 日，《最高人民法院关于审理民间借贷案件适用法律若干问题的规定》正式施行，根据该司法解释第 11 条，法人之间、其他组织之间以及它们相互之间为生产、经营需要订立的民间借贷合同，除存在《合同法》第 52 条、本规定第 14 条规定的情形外，当事人主张民间借贷合同有效的，人民法院应予支持。因此，法院对企业间借贷的审判政策是区分企业间借贷的具体情况，对不具备从事金融业务资质，但实际经营放贷业务、以放贷收益作为企业主要利润来源的，应当认定借款合同无效。在无效后果的处理上，因借贷双方对此均有过错，借款人不应当据此获得额外收益。根据公平原则，借款人在返还借款本金的同时，应当参照当地的同期同类贷款平均利率的标准，同时返还资金占用期间的利息。对不具备从事金融业务资质的企业之间，为生产经营需要所进行的临时性资金拆借行为，如提供资金的一方并非以资金融通为常业，不属于违反国家金融管制的强制性规定的情形，不应当认定借款合同无效。

但是，在审判实务中，对于如何区分一般的连环买卖合同与名为买卖、实为借贷的合同，采用严格的实质审查标准还是形式审查标准，是否需要以物的交付或实际流转作为判断要件，如何区分为生产经营需要而进行的临时性借贷与以借贷为常业，如何界定以放贷收益作为企业主要利润来源的具体标准等，存在极大争议。因此，合同效力问题也极易成为贸易型融资案件的争议焦点。

（二）典型案件

1. 某再生资源有限公司与某投资有限公司买卖合同纠纷案

基本案情：

资源公司主张其与投资公司于 2011 年 8 月 18 日签订的《废钢购销合同》及《补充协议》、2012 年 6 月签订的另一协议，所产生的名为买卖、实为借贷的民事法律关系，依法应认定为无效。《补充协议》第 1 条约定：资源公司须在 2011 年 10 月 31 日前通过第三方回购货物；第 3 条约定：以投资公司实际付款金额作为基数，按照每月 1.5% 计算加价，作为投资公司的固定收益，根据投资公司销售回款的实际时间计算最终结算价格。第 6 条约定：货物交付后存在的质量问题，投资公司不负任何责任，由连云港资源公司承担。2012 年 6 月 13 日的协议约定，资源公司以货物作价交投资公司抵偿，但仍应保证投资公司的“预期收益”。因资源公司一直未能按约还本付息，投资公司于 2012 年 6 月 13 日与资源公司才约定以货抵债。综上，投资公司与资源公司之间的借贷合同违反有关金融法规，属无效合同。

投资公司辩称：合同是双方自愿达成的，资源公司提出的理由不符合法律规定合同无效的情形，即使有借贷的可能性，最高人民法院的观点是不认同无效的。

裁判意见：

天津市高级人民法院认为：根据《补充协议》第 1 条约定，对于《废钢销售合同》投资公司采购的废钢，资源公司负责通过第三方回购，如果资源公司未按本协议约定的期限回购，投资公司有权按市场价格处置货物，所造成的损失由资源公司承担。第 3 条约定，任何市场价格变化产生的盈亏均由资源公司享有和承担。投资公司以其实际付款金额作为基数，按照每月 1.5% 计算加价作为固定收益。由此可见，投资公司在废钢销售合同中，不承担任何风险只享受固定回报，系典型的资金拆借行为，应依法确认无效。鉴于资源公司实际使用了该款项，根据公平原则，资源公司应当给付投资公司一定补偿为宜，给付标准按照中国人民银行同期贷款利率计算。虽然资源公司在 2012 年 9 月至 2013 年 1 月分 6 次给付投资公司 1957 吨废钢粉碎料，但 2011 年 8 月 25 日双方签订的协议载明：鉴于资源公司资金紧张原因，资源公司同意以享有完全处分权的相应货物来抵顶该笔欠款。通常情况下，资源公司作为废钢销售合同的出卖方，其合同义务为交付货物，而双方当事人在该协议中的上述表述都是以物抵欠款，故投资公司关于双方为销售合同关系的主张，本院不予支持。

大宗商品贸易中货物单证流转的风险

◎石　睿

2015年夏天，受国务院国资委相关部门委托，天同律师事务所开展了有关“融资性贸易法律风险防控”的专题调研，现已形成10余万字的《融资性贸易法律风险防控及管理》专题报告，并于同年12月顺利通过了国务院国资委专家组的课题审议。

天同诉讼圈不久前刊登了《企业贸易型融资的头等法律风险——合同性质不明丨法务圈》一文，本期文章将重点关注大宗商品贸易过程中，货物权属认定的风险，并通过两起典型性案例阐述货物单证流转过程中的法律风险，希望对相关企业有所裨益。

一、大宗商品贸易中货权归属的认定风险

（一）风险点

货权归属不确定可能直接影响对合同效力以及履行情况的认定，而货物权属的认定又与载明相关信息的权利凭证息息相关。

根据《合同法》第135条规定，出卖人应当履行向买受人交付标的物或者交付提取标的物的单证，并转移标的物所有权的义务。因此，货物交付的途径有两种，一是实物交付，一是提取货物单证的交付。应注意的是，与货物交付相关的单据由两类，一是表征物权的单据，一是与货物相关的资料，交付前者是履行合同主义务，交付后者是履行合同附随义务。

在大宗商品贸易过程中的权利凭证交付主要是指仓单与提单的交付。仓单分为标准仓单与非标仓单两种，标准仓单的流通主要是在交易所内进行，而非标仓单更大量地在大宗商品贸易的其他领域使用。非标仓单再进一步又可细分为可流通的非标仓单与不可流通的非标仓单两个种类。而提单一运用于船运行业，提单是由承运人收到货物后出具的，代表所载货物的所有权的权利凭证。实践中则被大量五花八门的“小提单”所替代。

根据《合同法》第386条规定，保管人应当在仓单上签字或者盖章。仓单包括下列事项：存货人的名称或者姓名和住所；仓储物的品种、数量、质量、包装、件数和标记；仓储物的损耗标准；储存场所；储存期间；仓储费；仓储物已经办理保险的，其保险金额、期间以及保险人的名称；填发人、填发地和填发日期。

但是在交易实践中，仓单企业一般并不出具符合法律规定内容的仓单，而是提供如提货单、入货单、库存单、库存清单、交货清单、进仓单等凭证。就上述单据是否可以扩大解释为《合同法》意义上的仓单，是否可以基于上述单

据认定当事人间缔结了仓储合同？如果仓储方为同一批货物出具了多份上述凭证，应如何确定货权的归属，实践中也存在争议。

（二）典型案例

1. 中商华联科贸有限公司与昌邑琨福纺织有限公司买卖合同纠纷案。案号：（2013）民提字第138号

基本案情：

2010年3月19日，琨福公司、华联公司通过传真形式签订《棉花销售合同》1份，约定：琨福公司向华联公司购买棉花，货物名称为印度棉，质量以大货为准，质量不索赔。数量为481.9565吨（20箱），以商检结果为准，按商检净重结算，单价为15880元/吨，提单号为EPIRNDVVAI02617。交货地点及方式为青岛锦泰库交货，琨福公司自行提货，出库费用由琨福公司承担，仓储费自2010年4月3日后由琨福公司承担。华联公司保证货物在2010年3月23日前通关完毕，琨福公司在2010年3月23日前付款提货，2010年3月27日前付清全款，否则合同取消或双方重新商定价格。华联公司在收到琨福公司全款后向琨福公司办理货权转移手续并开具增值税发票。合同约定合同传真件有效，并约定了收款账号及纠纷解决方式等其他内容。2010年3月22日至23日，琨福公司通过银行电汇将7653469.22元货款支付给华联公司。2010年3月24日，华联公司通过传真将《货权转移证明》发送给琨福公司，主要内容为："昌邑琨福纺织有限公司：我公司将外商合同号EXP/1026/0910，提单号为EPIRINDVVAI02617项下共计20个整箱印棉的货权转移给贵公司，由贵公司直接与仓库联系提货事宜。此货权转移证明传真件有效。抄送：青岛多利是公用型保税仓库。"2010年3月31日，华联公司通过传真向琨福公司发出温馨提示，主要内容为："昌邑琨福纺织有限公司并杨经理：我公司于2010年3月24日编号：ZSHL10031802-0324《货权转移证明》已将合同号EXP/1026/0910、提单号为EPIRINDVVAI02617项下共计20个整箱印棉货权已转移给贵公司，该批货物已于3月23日通关完成，贵公司尚未提货出库。我公司对该批货物的仓储保险有效期至2010年4月1日零时终止，如贵公司在此期间没有安排提货出库等事宜，请贵公司及时安排对此单货物的仓储保险事宜，特传真温馨提示。”2010年4月22日，华联公司租用的青岛灵山锦泰储运有限公司（以下简称锦泰公司）仓库发生火灾，部分货物被烧毁。4月27日至28日，琨福公司从锦泰公司提取了剩余货柜5箱750件，箱号分别为：9612234、9616142、9367644、9182304、9058767，共计120.35吨，并支付了出库费及仓储费2398元。

琨福公司起诉华联公司，请求人民法院判令：华联公司继续履行合同，交付琨福公司印度棉花15箱，计361.6065吨，并赔偿琨福公司违约金78万元，若不能履行则请求解除与原华联公司间的棉花销售合同，华联公司返还琨福公司货款5742311.22元，并赔偿琨福公司经济损失1417497.48元。

裁判意见：

最高人民法院认为：本案双方当事人对于《棉花销售合同》中关于华联公司应“向琨福公司办理货权转移手续”的内容的履行标准和内容产生争议，应当根据合同目的和交易过程作出合法合理的合同解释。本案中，琨福公司作为买方的主要合同义务是支付货款，卖方华联公司的主要合同义务是交付货物。双方当事人在《棉花销售合同》中约定“华联公司在收到琨福公司全款后向琨福公司办理货权转移手续并开具增值税发票”。这是合同中关于华联公司在收到货款后的全部合同义务的约定，此外并无其他履行义务。同时，该合同约定了“琨福公司自行提货”,可见,华联公司履行“向琨福公司办理货权转移手续”的拟制交付行为应当满足琨福公司可以自行提货的全部必要条件，已完成交付货物的合同义务，其中“货权转移手续”应能满足提货人从仓储方锦泰公司提货的全部必备要件。

本案双方当事人对于什么内容的“货权转移手续”可以满足向仓储方的提

货要求各执一词，琨福公司不认可华联公司关于“货权转移手续”即《货权转移证明》的主张。由于本案中仓储方锦泰公司在发生火灾后停止经营，且相关人员拒绝就本案作证，故原审法院依据《货物储运合同》等有关证据和法律规定对于该部分合同内容进行认定并无不当。根据仓储保管人锦泰公司与存货人华联公司签订的《货物储运合同》第1条第（6）项的约定，商品出库时，要有锦泰公司提供的正式出库单，发货完毕要由承办人签字方可放行。该合同第2条第（5）项约定，一切货物出库凭证由锦泰公司负责人签字并加盖业务专用章的提货单标明的商品规格数量放行，放行货物须与提货单相符，凡不符合上述要求，锦泰公司擅自放货引起的损失由锦泰公司承担。可见，仓储保管人锦泰公司对于本案所涉货物的提货手续有着具体明确的要求，应包括正式出库单和提货单。根据《合同法》第385条、第387条的规定，存货人交付仓储物的，保管人应当给付仓单。仓单是提取仓储物的凭证。存货人或者仓单持有人在仓单上背书并经保管人签字或者盖章的，可以转让提取仓储物的权利。故本案合同中约定的“货权转移手续”应当包括仓单、提货单或者出库单的权利凭证和相关手续。本案中的《货权转移证明》既非出库单也非提货单，华联公司关于琨福公司持有《货权转移证明》传真件即可提取货物的主张既不符合法律规定，也不符合当事人《货物储运合同》的相关约定，该主张不能成立。华联公司主张买方琨福公司持卖方华联公司传真的《货权转移证明》即可向仓储保管人锦泰公司提货是一种特殊交易惯例，但未能提供确实充分的证据予以证明，应承担举证不能的法律后果。

2. 陈卫东与北大荒鑫亚经贸有限责任公司等合同纠纷案。案号：（2015）民二终字第69号

基本案情：

2011年11月3日，鑫亚公司与青枫公司签订XY-QFYM20111026-YM-GJ-337号销售合同（以下简称《337号销售合同》），约定：鑫亚公司向青枫公司销售亚麻原料；青枫公司支付货款后，鑫亚公司给青枫公司开具相应货款的提货单并附提货明细，青枫公司即取得该提货明细下货物的所有权；青枫公司付款前，任何人未经鑫亚公司书面同意，不得私自处置该货物。

在亚麻纱的加工过程中，鑫亚公司向青枫公司出具一份《货权转移明细（鑫亚转青枫）》（以下简称《货权转移明细》），该明细列明案涉《337号销售合同》项下剩余的2937.45吨亚麻原料的规格、数量及发往单位，该明细表加盖了青枫公司公章。青枫公司分别于2012年8月1日、9月15日以亚麻纱顶货款1928431元，并为此向鑫亚公司开具了三份增值税专用发票。双方于2013年1月31日签订一份《运费确认情况》。

鑫亚公司称：鑫亚公司分批向青枫公司销售亚麻原料和亚麻纱，合计总价款为198486208.42元，依据双方约定应扣除18726738元，实际价款为179759470.42元。青枫公司向鑫亚公司合计支付货款85274732.96元，尚欠鑫亚公司亚麻原料及亚麻纱货款94484646.46元，请求判令：（1）青枫公司向鑫亚公司给付货款94484646.46元；（2）青枫公司给付自应付货款之日起至实际付清之日止的逾期付款利息（自2011年12月24日起至2013年7月23日止，按中国人民银行同期贷款利率计算，已产生利息7695155.66元）。

裁判意见：

鑫亚公司虽主张《货权转移明细》是《337号销售合同》交付完毕的证明，明确了货权由鑫亚公司转至青枫公司。但从《货权转移明细》注明“鑫亚转青枫”的字面含义看，在《货权转移明细》出具前，货物的所有权人为鑫亚公司；从《货权转移明细》的手写内容来看，其注明“鑫亚继续监管原料库存及加工后产成品的销售回款。可以将此批原料转青枫”，“可以”是一种未然状态，是表明一种态度而非对已然状态的确认。在委托加工合同已经实际履行，双方之间的法律关系已确立为委托监管关系之后，鑫亚公司以《货权转移明细》作为证据证明《337号销售合同》仍继续履行的事实，其证明力明显不足。

全面解析融资性贸易的七大交易模式(一)

◎王 峰 石 睿

贸易形式容易被类型化，是融资性贸易的一大重要特点。随着融资性贸易业务的不断发展，其参与主体及交易形式也在不断变化，但就我国融资性贸易实践而言，资金方通常以两种形式为融资方提供融资便利：一是直接提供融资，二是提供融资增信服务。由于我国法律、行政法规禁止非金融机构以提供融资服务为主业，提供融资方不能直接与融资方开展借贷业务，只能借道商品或服务买卖，变相提供融资。因此，我们根据提供资金方的融资方式，将融资性贸易区分为买卖型融资性贸易和增信型融资性贸易，本篇主要介绍买卖型融资性贸易。

买卖合同是所有有偿合同的基础，也是融资性贸易案件最常见的法律关系种类。与增信型融资性贸易不同，在买卖型融资性贸易当中，资金方直接为融资企业提供资金。

从涉及主体来看，买卖合同法律关系最少包括两方当事人，即出卖人和买受人，如果存在第三人履行或者向第三人履行的情形，则涉及主体有可能随之增加。融资性贸易通常表现为一系列买卖合同构成的贸易链条，买卖型融资性贸易主要有以下几种形式。

一、托盘买卖贸易形式

（一）基本概念和结构

托盘贸易**是指托盘方与买卖双方企业分别签订采购合同，利用账期，为卖方提供融资的贸易形式**。托盘贸易通常会发生真实的货物流转，但是提供资金一方并不直接参与货物流转的过程。在托盘贸易中，如果企业作为实际出货方与托盘方订立合同，再由托盘方将货物转售给实际用货方，则企业虽未直接参与融资，但可能受到融资风险波及；如果企业作为托盘方直接联系实际出货方和实际用货方，则有可能面对既不能根据与下游卖方的合同要求给付货款，又不能根据与上游卖方合同要求交付货物的尴尬局面。

在典型的托盘贸易模式。与循环贸易不同，托盘贸易中存在真实的货物流转，也就是存在真实的卖方和买方。托盘方的介入，可以使真实买方取得一个

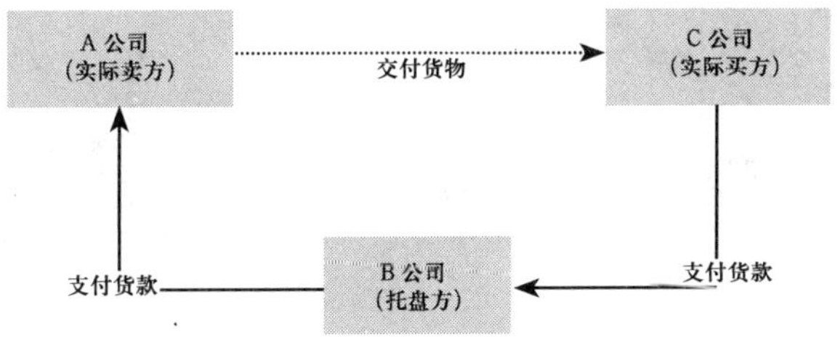

支付货款的差期，而托盘方从中收取一定的资金使用费。

（二）典型案例

查莉莉与杭州天恒实业有限公司、上海豫玉都钢铁贸易有限公司、常熟科弘材料科技有限公司企业借贷纠纷案［案号：最高人民法院（2010）民提字第110号］。

二、循环买卖贸易形式

（一）基本概念和结构

循环贸易**是通过相同企业，或者关联企业之间签订内容相同的多份买卖合同，形成一个闭合的货物流转回路，帮助融资方取得资金在一定时间内的使用权，同时无需发生实际的货物流转。**

在典型的循环贸易法律关系中，其中A、B、C、D四公司间分别订立货物买卖合同，履行方式为一方支付货款、一方交付货权凭证。货权凭证最初由A公司提供，并最终流向A公司，在整个交易过程中，A公司并不需要实际交付货物，而取得了货款在一定期间内的使用权。随着中间环节的增加，或者货权凭证最终流向合同的关联企业而非直接流向A公司等因素的出现，循环贸易的交易结构可以变得更加复杂。

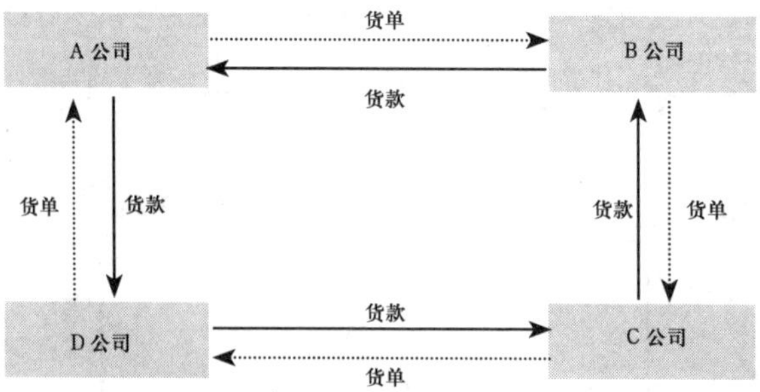

（二）典型案例

中国五金交电化工公司与江苏利协金属材料有限公司买卖合同纠纷案［案号：北京市第二中级人民法院（2015）二中民（商）终字第09571号］。

三、委托采购（销售）形式

（一）基本概念和结构

委托采购形式，**是指提供资金的企业接受融资方委托，代为采购货物。提供资金的企业将收购、保管、销售三环节全部交给融资企业完成，或将其中两个环节交由融资企业的关联方客户完成，企业不直接有效控制货权的委托性业务；无法有效控制货权的转委托业务。**此类贸易一旦发生纠纷，法院首先要确定的是，案涉各方当事人的真实意思表示，是建立委托法律关系还是买卖法律关系，并由此认定合同的性质和效力。

委托采购（销售）形式的结构与托盘买卖非常相似，所不同之处就是以委托法律关系取代了买卖法律关系。

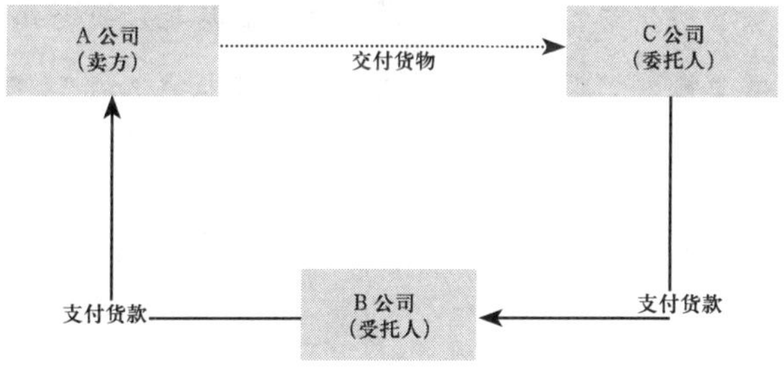

（二）典型案例

唐山建源钢铁有限公司、吕金弟等与厦门成大进出口贸易有限公司委托合同纠纷案［案号：最高人民法院（2014）民申字第1178号］。

全面解析融资性贸易的七大交易模式(二)

◎王 峰 石 睿

在买卖型融资性贸易(循环买卖、托盘买卖、委托采购(销售))这些贸易形式中,提供融资企业都需要通过贸易将自有资金转移给融资企业。但是在许多其他融资性贸易形式中,提供融资企业只是以贸易形式为融资企业增信,使其能够更顺利地获取金融机构融资,我们将其称为“增信型融资性贸易”,本文将对主要类型进行逐一介绍。

一、质押监管贸易形式

（一）基本概念及结构

质押监管贸易，是指监管方根据质权人委托对质物进行监管，如质物在监管期间灭失或强行出库，由监管方向质权人赔偿损失的贸易形式。

质押监管贸易是一种融合了委托和仓储保管等多重法律关系的贸易形式，其中融资企业就是质押人，通常是贸易关系的发起人；监管人就是提供融资增信的企业；质权人通常为金融机构。

在许多情况下，融资企业虽然拥有可供质押的财产，但是由于该财产并非不动产等较易被金融机构接受的类型，因此，还是难以获得金融机构融资。这时候，融资企业引入有实力的质押监管企业，与金融机构共同签订质押监管协议，其实质相当于质押监管企业就融资企业贷款提供保证，从而实现增信目的。

下图包含三重法律关系：一是A公司与银行间的贷款法律关系；二是A公司与银行间的质押法律关系；三是银行与B公司间的质物保管法律关系。在此交易结构中，B公司形式上提供质物保管服务，实际是为A公司的融资行为提供担保，这也是融资性贸易的一种主要形式。其法律风险在于，如果B公司不能实际占有控制质物，或者质物根本不存在，则B公司需要在A公司无力偿还贷款时，向银行承担赔偿责任。

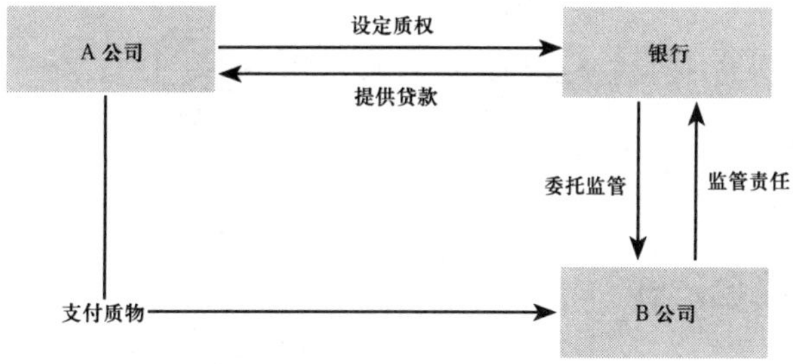

质押监管贸易是一种融资企业、物流企业，金融机构通过设计的业务

模式，有助于实现多方共赢。从质权人角度，由于其缺乏对贸易、仓储行业的了解，直接占有质物的成本和风险均较大，将质物监管委托给专业的物流企业相当于用较低的成本设立防火墙。从物流企业角度，委托质物监管既有利于业务开拓，也可以增加其与融资企业间的粘度。同时，由于物流企业实际控制质物，也对贸易链有较深了解，因此，也较有能力控制风险。从融资企业角度，通过开展质物监管服务贸易，实质上获得物流企业的增信，有助于其取得金融机构融资。

但需要注意的是，目前有许多企业以拓展金融物流、质押监管等新兴业务名义，利用新兴业务监管制度不健全，通过业务从银行套取资金。在此类案件中，法院会根据合同约定及实际履行情况，确定案涉当事人之间是委托监管法律关系，还是仓储保管法律关系。

二、仓储保管贸易形式

仓储保管贸易是结合了买卖和仓储保管双重法律关系的融资性贸易形式。在这种形式中，通常存在双重贸易性融资：一是货权人通过买卖形式为融资企业提供资金，二是仓储保管人通过仓储保管形式为融资企业提供增信。

仓储保管贸易与质押监管贸易在法律关系上极为相似，只是货权人取代了金融机构的位置，而货权人与融资企业之间法律关系的性质也从借款转化成了买卖。在仓储保管法律关系及与其关联的买卖法律关系中，交付通常体现以货权凭证而非实物的流转。

三、保兑仓形式

保兑仓是指以银行信用为载体，以银行承兑汇票为结算工具，由银行控制货权，卖方受托保管货物并对承兑汇票保证金以外金额部分由卖方以货物回购作为担保措施，由银行向卖方和买方提供的以银行承兑汇票的一种金融服务。

对生产商（卖方）而言，保兑仓业务的优势在于：增强经销商的销售能力，解决了产品积压问题；锁定销售渠道，在激烈的市场竞争中取得产业链竞争优势；无须向银行融资，降低了资金成本，同时也减少应收账款的占用，保障了收款。对经销商（买方）而言，保兑仓业务解决全额购货的资金困难，买方可以通过大批量的订货获得生产商给予的优惠价格，降低销售成本。

下图是保兑仓法律关系图。A 公司与 B 公司之间为一般的货物买卖法律关系，B 公司以承兑汇票形式支付货款，A 公司以仓单等货权凭证方式交付货物。B 公司与银行间为票据法律关系，银行为 B 公司的汇票进行承兑，B 公司向银行支付票据金额。保兑仓交易结构的特点在于，A 公司向承兑银行提供回购承诺，从而增加 B 公司的信用，以方便其获取银行承兑。

保兑仓是一种合法的交易结构，但是经常被利用而成为融资性贸易的主要模式之一。主要方式是，A 公司与 B 公司虚构交易，A 公司在取得货款后，以退货等名义将货款返给 B 公司，从而帮助 B 公司实现融资目的。

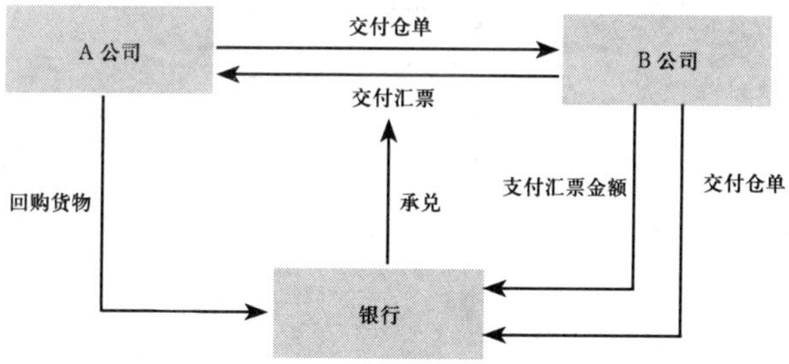

四、保理形式

保理，是指卖方将其现在或将来的基于其与买方订立的货物销售或服务合同所产生的应收账款转让给保理商（提供保理服务的金融机构），由保理商向其提供资金融通、买方资信评估、销售账户管理、信用风险担保、账款催收等一系列服务的综合金融服务方式。它是商业贸易中以托收、赊账方式结算货款时，卖方为了强化应收账款管理、增强流动性而采用的一种委托第三者（保理商）管理应收账款的做法。

在下图展示的保理法律关系中，A 公司、B 公司及银行间，存在两种法律关系：一是 A 公司与 B 公司间的货物买卖法律关系；二是 A 公司与银行间的应收账款转让法律关系。

保理也是一种合法的业务模式，但是如果 A 公司与 B 公司间没有真实的货物买卖关系，则会演变成一种违法的融资性贸易。而在此类融资性贸易纠纷中，除合同效力问题外，经常会发生管辖权争议，而争议的核心则是，是否应当突破借款法律关系的相对性，使其对债务人产生约束力。

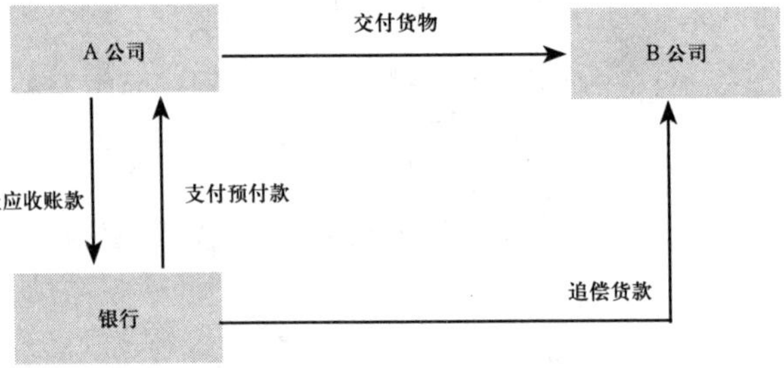

全面总结“融资性贸易”纠纷的几个重要特点

◎王 峰 石 睿

通过对近年来融资性贸易纠纷案件的持续观察，我们发现其通常具有这样几个特点，这里与大家分享。

一、融资性贸易纠纷标的金额通常较大，涉及案件类型复杂

融资性贸易通常发生在资金密集型产业，参与企业的资金需求大，融资频繁，直接导致纠纷标的金额较大。从案件爆发的情况来看，企业获取融资的途径主要有：

第一，直接从银行获取融资。为了确保信贷资金安全，银行通常会要求融资企业提供各种形式的抵押担保，并委托第三方物流或仓储企业对质物进行监管。一旦发生争议，就可能引发委托代理合同纠纷、保管仓储合同纠纷、保证合同及其他担保纠纷，保理或保兑仓等纠纷；

第二，通过融资性贸易间接融资，主要表现为托盘贸易及循环交易，与之相伴的通常是买卖合同纠纷、共同侵权纠纷甚至引发刑事案件。

第三，在开展融资性贸易业务过程中，有融资企业为达到融资目的，在缺乏真实交易背景的情况下，采用虚构贸易关系、伪造、虚开货权凭证等不法手段，从银行或国有企业骗取资金并挪作他用。而金融机构、国有企业在此类融资贸易中，常常存在业务人员审单不严、违规操作等情况，一旦这些企业出现资金风险，极易引发合同诈骗、集资诈骗，或是国有企业工作人员渎职等民刑交叉案件。

二、国有企业涉诉较多

根据对已公开裁判文书的分析整理，我们发现，大量国有企业，尤其是国有物流仓储及大宗商品贸易领域的相关企业，在贸易融资纠纷中扮演着“影子银行”“资金奶牛”的角色，其原因主要有三方面：一是相比于民企，国有企业自身信用资金情况较好，也比较容易获得金融机构资金支持，且融资成本较

低。二是在既往对国有企业以经营规模作为主要业绩考核指标的政策导向下，国有企业通常更关注其经营规模，而在一定程度上忽视了经营风险防控、盈利能力提升。当市场大环境改变导致国有企业主业发生萎缩的情况下，开展融资性贸易能够帮助企业“做量”，保持较好的纸面业绩。三是作为贸易标的的大宗商品因其具有便于成为融资的标的担保物的特点，使得国有企业忽视了融资性贸易业务中的商业风险和法律风险。以上种种因素，导致一旦发生大宗商品交易价格波动，极易引发诉讼纠纷，国有企业亦不可避免牵涉其中。

三、负责提供资金的企业对完整贸易链条通常缺乏了解

在融资性贸易中，为了保证资金以贸易形式最终流向需要融资的企业，提供资金企业与上下游间的贸易关系通常是由需要融资一方主动促成，因此，贸易链条通常由需要资金的企业掌握，而提供资金的企业一般对上下游企业缺乏了解，容易出现不见供应商、不见下游客户、不见货物的“三不见”贸易。

四、提供资金的企业，对标的货物缺乏通常实际控制力

融资性贸易的本质是融资，这决定了提供资金的企业通常不会直接参与甚至不会关注货物的采购、交付、检验及运输等环节。因此，常常无法实际控制货物，出现资金和货权“两头在外”的情形，一旦爆发纠纷，权利难以保障。

五、贸易结构模型化和融资主体重复性

流动资金的稀缺和信用风险较大，决定了融资企业与提供资金企业间一般具有相对较为紧密的联系，因此，融资性贸易时常会在特定主体之间重复发

生，并且采用相似或者相同的贸易结构。根据我们的研究，目前市场上常见的融资性贸易主要可以分为增信型融资性贸易和买卖型融资性贸易两大类。第一大类增信型融资性贸易主要是因为融资方信誉不够，无法从银行贷款，或出资方需要通过贸易将自有资金转移给融资企业，但具有法律或政策上的阻碍，因此，需要加入新的过桥方，使得资金流出更为顺畅，主要有委托监管模式、仓储保管模式、保兑仓、保理、信用证等模式[①]。第二大类是买卖型融资性贸易，与增信型融资性贸易不同，在买卖型融资性贸易当中，提供融资企业直接为融资企业提供资金。主要有循环买卖、托盘买卖、委托采购（销售）这些形式。[②]

六、一旦发生诉讼，极易出现管辖权争议

根据我们的研究，融资性贸易经常伴随着管辖权争议。究其原因，可能有：

第一，区域内资金总量限制及融资成本决定了企业向外融资欲望强烈。在融资性贸易中，融资企业通常集中在华东五省市及珠三角地区，而提供资金的企业则分布于各地。

第二，融资性贸易往往涉及多方主体，因此，容易发生管辖权争议。

第三，融资性贸易的资金提供方通常是在当地具有较大影响力的企业，因此也希望通过管辖权问题，取得一定的“主场优势”。

七、大量案件涉及民刑交叉

在融资性贸易纠纷案件中，经常出现民刑交叉问题。具体主要表现在两个

① 参见前述文章《全面解析融资性贸易的七大交易模式（一）》。

② 参见《全面解析融资性贸易的七大交易模式（二）》。

方面：一方面，在虚假融资贸易案件中，经常伴随着融资企业通过虚构交易关系、伪造货权凭证等手段，实施合同诈骗、集资诈骗等犯罪行为；另一方面，有些融资企业通过与国有企业员工、金融机构工作人员勾结，骗取金融机构贷款，可能存在渎职、行贿受贿等犯罪风险。

“名为买卖、实为借贷”案件的裁判思路剖析

◎王 峰 石 睿

2014年6月17日，最高人民法院在“中国航油集团上海石油有限公司与中设国际贸易有限责任公司等买卖合同纠纷案”［案号：（2014）民二终字第00056号，以下简称00056号判决］中认为，如无相反证据，买卖合同、收货证明及增值税发票可以证明买卖关系成立并已经实际交付货物，“走单、走票、不走货”的交易形式不违反法律、行政法规强制性规定，一方当事人仅以未实际交货、各方之间“名为买卖、实为借贷”为由，主张买卖合同无效，对此法院不应支持。尽管该判决并非指导案例，但仍在实务界引起广泛关注，被认为是体现了最高人民法院对类似案件的裁判思路。

半年多时间过去了，我们认为有必要结合相关案例再次研究上述案件判决，着重讨论三个问题：一是法院在处理“名为买卖、实为借贷”案件时的裁判思路；二是该案判决能否代表最高人民法院现阶段对相似问题的裁判思路；三是该案判决是否对地方法院产生示范性影响。

一、“名为买卖、实为借贷”的主要交易模式及法院裁判思路分析

（一）“名为买卖、实为借贷”的主要交易模式

“名为买卖、实为借贷”在商业行为中体现为多种交易模式，本文仅以最常见者为例：

1. 买卖加回购模式

买卖加回购模式通常发生在两方主体之间，体现为两份标的物相同、价格和履行期间不同的买卖合同，其中一方主体以获取回购差价而非取得货物为目的，因此，一般不发生标的物的实际转移。在下图中，A 公司为融资将货物卖给 B 公司，双方签订合同一，同时，约定 A 公司在特定时间或特定条件成就后与 B 公司签订合同二，以较高价格回购货物。

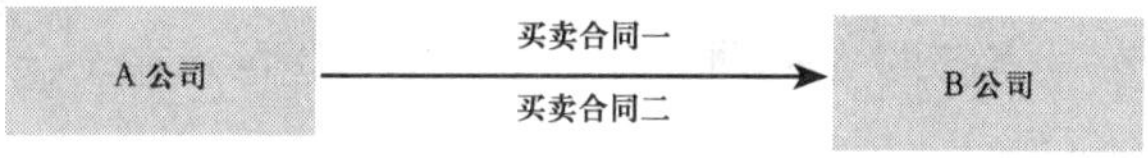

2. 循环贸易模式

如果对买卖加回购模式加以变型，增加第三方 C 公司（或更多主体），则可以构成循环贸易模式。如下图所示，通过签订三份标的相同、交付时间不同的买卖合同，A 公司可以取得一定期限的融资。因为 B、C 公司是获取差价而非占有货物为目的，所以不需要进行货物的实际转移。

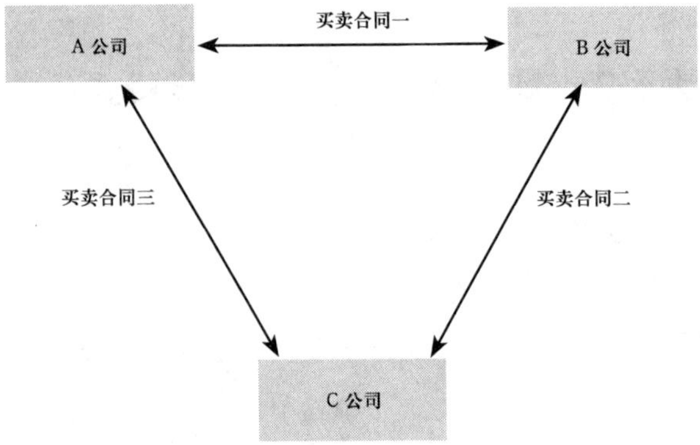

3. 托盘交易模式

循环贸易通常只有融资目的，因此，多方主体间均不需要实际的货物交付。但有些时候，市场主体是为了购买货物而进行融资，因此，存在买卖和融资双重目的，这就可能表现为托盘交易模式。在下图中，A 公司希望从 B 公司采购货物，但因资金不足需要从 C 公司融资。具体交易模式是，C 公司与 B 公司签订买卖合同一，并与 A 公司签订买卖合同二，两份合同标的物相同、价格不同、付款时间不同。由于 C 公司的交易目的是获取差价而非实际占有货物，因此，通常会指示 B 公司直接向 A 公司交付。托盘交易的特点在于，实际供需方之间并无直接合同关系。A 公司虽有取得货物的主观意思，但是其与 C 公司之间名为买卖，实为融资关系。

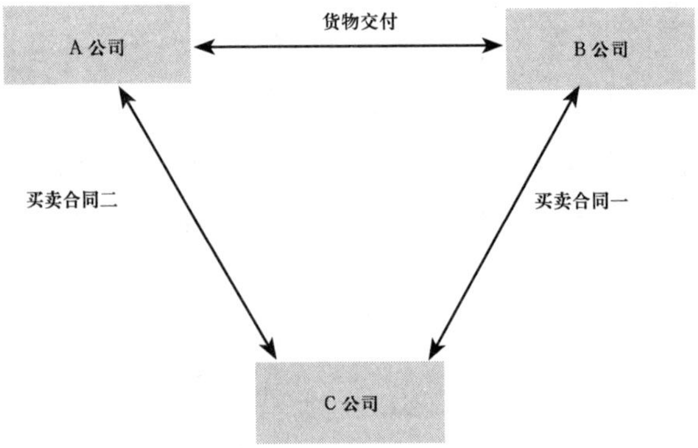

（二）法院裁判思路分析

在前述商业模式中，各参与主体间的真实意思表示显然是融资而非买卖，这就可能导致该表面行为被认定为因背离真实意思而无效；同时，企业间借贷有悖国家金融政策，亦可能被认定无效。因此，法院对此类案件的裁判思路备受关注。

1. 裁判思路与举证责任的分配

在审理“名为买卖、实为借贷”案件时，法院对合同性质及效力的认定通常的思路是：

第一，审查表面行为是否符合各方主体真实意思。根据《民法通则》第55条规定，意思表示真实是民事法律行为有效的要件。因此，在审理“名为买卖、实为借贷”案件时，如果一方主张履行买卖合同，另一方主张双方名为买卖、实为借贷，此时，法院通常会要求主张买卖合同为真实意思的一方当事人举证证明，如提供买卖合同文本、收货凭证、发票等；而另一方则通常会提交未发生货物交付的相关证据，来证明买卖不是各方真实意思。

但在很多行业内，不发生货物现实交付的贸易并不罕见。对法院而言，单纯以“不走货”即认定买卖并非各方真实意思，很难说是正确的。同时，考虑到维护商行为的外观主义原则，除非有确实证据表明存在表面行为与真实意思表示不一致，否则法院不应轻易刺破法律行为外观而直接对真实意思作出认定。

第二，依据各方真实意思认定的法律关系，来判断该行为是否违反法律、行政法规的效力性强制性规定。在法院对各方表面行为与真实意思表示是否一致作出认定后，会进一步作如下判断：依各方真实意思认定的法律关系，是否违反法律、行政法规的效力性强制规范？如违反，则认定其无效；如不违反，则根据符合真实意思表示的法律关系来确定各方权利、义务。

2.00056 号判决之前最高人民法院的裁判思路

2010 年 12 月 6 日，最高人民法院在查莉莉与杭州天恒实业有限公司、上海豫玉都钢铁贸易有限公司、常熟科弘材料科技有限公司企业借贷纠纷案［案号：（2010）民提字第110号，以下简称110号判决］中认为，该案中虽存在表面上的买卖法律关系，但各方并无实际交付货物行为。如果不存在专营或限制经营情况，且各方当事人间也没有沟通障碍，则循环采购行为有悖交易惯例，同时买卖合同、询问笔录、交易明细、电话录音等可组成证据链条，能够认定各方当事人间的真实意思并非“买卖”而是融资。

在交易模式相似的情况下，110号判决与00056号判决给出了截然相反的结果，被许多人认为是最高人民法院裁判思路的转变。但仔细分析两份判决，我们发现最高人民法院在两案中裁判思路并无实质差别。

在110号判决中，法院首先审查各方真实意思，并通过对买卖合同、询问笔录、交易明细、电话录音等证据的认定，最终确认“买卖”并非各方真实意思，并进而依法对真实存在的借贷法律关系作出效力认定。

而在00056判决中，法院也是首先审查各方真实意思。但最高人民法院在对该案证据进行认定时，认为当事人提供的《会议记录》、谈话录音等证据，并不足以证明“买卖”不是各方真实意思，并进而认定买卖行为有效。

因此，我们可以认为，无论是00056号判决还是110号判决，都体现了最高人民法院首先审查当事人真实意思的裁判思路。两案裁判结果不同，只是因证据的证明力有别所致，而非裁判思路转变。

二、00056号判决之后最高人民法院的裁判思路

我们对最高人民法院在00056判决之后对类似案件的裁判文书进行了梳理，并提炼其裁判观点，希望能够有助于发现和理解其裁判思路。

1. 如果各方当事人存在借款法律关系，又另行签订房屋买卖合同来担保债务履行，则自房屋买卖合同签订时起，各方之间的法律关系由原先的借款合同

关系变更为商品房买卖关系，该房屋买卖合同不违反法律、行政性法规的禁止性规定，应为合法有效。①

2. 如果一方当事人主张名为买卖实为借贷，应当从利息、还款期限、担保、违约条款等方面进行证明，否则应确认各方之间为买卖合同关系。②

3. 在连环买卖关系中，如果指示交付符合行业惯例，一方当事人以中间环节买受人未提货而主张买卖关系不成立，人民法院不予支持。③

三、00056 号判决之后地方法院审理相似案件的裁判思路

在梳理最高人民法院裁判文书的同时，我们也对部分地方法院在 00056 判决之后作出的相似案件判决进行梳理：

1. 天津市高级人民法院：在循环贸易中，即使存在买卖合同、货权转移证明及过磅单等文件，但如能证明中间环节的当事人不承担风险而享受固定回报，则属于典型的资金拆借行为，应当认定无效。④

2. 上海市高级人民法院：在连环交易中，如果当事人之间仅有资金流动而无实际货物交付，只是通过连环买卖的价差来获取固定回报，则应当认为是以买卖合同之名行借贷之实，真实目的是为了规避国家金融管理秩序的相关规

---

① 参见大庆市仁和房地产开发有限公司破产管理人与祝明会商品房买卖合同纠纷案。案号：（2014）民申字第 1627 号，2014 年 11 月 5 日。

② 参见内蒙古吉祥煤业有限公司与天津冶金集团贸易有限公司买卖合同纠纷案。案号：（2014）民申字第 1894 号，2014 年 12 月 08 日。

③ 参见山西榆次锦华冶金实业有限公司与太原市广达隆贸易有限公司等买卖合同纠纷案。案号：（2014）民申字第 361 号，2014 年 12 月 26 日。

④ 参见惠通物产（连云港）再生资源有限功能更该死与中金再生资源（天津）投资有限公司买卖合同纠纷案。案号：（2014）津高民二终字第 0060 号，2014 年 10 月 20 日。

定，应依法认定合同无效。[①]

3. 浙江省高级人民法院：在循环贸易中，如果当事人间进行短时间内的低买高卖，且不存在实际货物流转，结合当事人陈述，应认定是名为买卖实为融资，并进一步确认当事人间成立借款法律关系。[②]

4. 北京市第一中级人民法院：在循环贸易中，如果存在买卖合同及付款行为，一方当事人虽主张名为买卖实为融资，但不能提供充分证据的，应认定买卖合同成立。[③]

从我们的研究情况看，最高人民法院在处理此类案件时，对否认表面法律关系存在的一方当事人克以更高的举证要求；而地方法院则更倾向于认为，只要出卖人未履行交付货物的买卖合同主合同义务，即可能被认定为是“名为买卖实为借贷”。

---

① 参见上海津葳经贸有限公司与常熟市天铭物资有限公司等企业借贷纠纷案。案号:(2014)沪高民二(商)终字第16号，2014年12月15日。

② 参见宁波保税区宁化国际贸易有限公司与中国石化燃料油销售有限公司浙江舟山分公司等买卖合同纠纷案。案号:(2014)浙商终字第61号，2014年12月10日。

③ 参见首钢国际贸易(天津)有限公司与北新建材集团有限公司买卖合同纠纷案。案号:(2014)一中民(商)终字第8906号，2014年12月18日。